파리협정의 이해

편집대표 **박덕영·유연철**

최재철·박꽃님·김찬우·오진규·이대호·김래현·박순철·임서영·오대균·김용건
강주연·정재희·강정훈·오채운·정재혁·강상인·이재형·유승직·이수영·이성조

박영사

이 저서는 2016년 대한민국 교육부와 한국연구재단의 지원을 받아 수행된 연구입니다(NRF−2016S1A3A2925230).

머리말

국제사회는 기후변화대응을 위해 그간 꾸준히 노력해왔다. 기후변화에 관한 정부간 협의체(Intergovernmental Panel on Climate Change: IPCC)는 1990년 지구온난화를 인정하면서 이를 다루는 국제 규범의 필요성을 지적하였다. 이에 각국은 1992년 국제사회가 기후변화에 대응토록 기본틀의 역할을 하는 유엔 기후변화기본협약(UN Framework Convention on Climate Change: UNFCCC)을 채택하였고, 1997년 온실가스 감축을 구체적으로 실행하기 위한 교토의정서(Kyoto Protocol)를 채택하였다. 이후 2015년에는 모든 당사국이 온실가스 감축목표를 자발적으로 설정하고 이행하는 파리협정이 채택되었다.

기후체제(Climate Regime)는 기후변화관련 모법(母法)에 해당하는 기후변화협약(UNFCCC)과 그 이행규정으로 구성되는데, 그 이행규정이 교토의정서이면 구기후체제, 파리협정이면 신기후체제(New Climate Regime)라고 불린다. 파리협정이 채택되면서 신기후체제가 출범하였다고 말하는 이유가 여기에 있다.

구기후체제와 신기후체제의 가장 커다란 차이점은 교토의정서 체계가 지구온난화에 대해 '과거'의 역사적 책임이 있는 '선진국'에만 의무적으로 온실가스 배출을 감축한 데 비해, 파리협정체제는 '모든 국가'가 지구온난화에 대해 '과거뿐만이 아닌 현재와 미래'에 대한 책임을 지고 자발적으로 감축 노력을 하는 점에 있다. 이러한 측면에서 파리협정은 교토의정서의 시간적·공간적 확대체제로 지속가능하고 견고한 체제라고 할 수 있겠다.

기후변화의 영역은 매우 광범위하나 본서는 이 책의 제목인 「파리협정의 이해」에서와 같이 신기후체제의 중추인 파리협정의 내용을 보다 체계적이고 종합적으로 정리하여 파리협정과 기후협상에 관한 이해를 도모하는 데 초점을 맞췄다.

파리협정이 탄생하기까지 수많은 사람들의 헌신적인 노력이 있었다. 그 중에서 각국 대표단의 협상가들은 밤을 새며 논의를 하면서 파리협정의 탄생에 중추적인 역할을 수행하였다. 우리 대표단의 노고도 이루 말할 수 없을 만큼 컸었다. 그 경험과 지식은 값으로 매길 수 없을 만큼 매우 귀한 것이다. 각 조항과 사안별로 대표단으로서 협상에 직접 참여한 전문가들이 채택 과정에서부터 합의에 이르기까지의 내용을 상세히 정리하여 파리협정의 의미를 보다 깊게 파악하고 향후 해석과 적용에 도움이 되고자 하는 것이 본서의 의도이며, 이 책은 그러한 면에서 매우 독보적인 책이라고 말할 수 있겠다.

이 책의 특징으로 다음 세 가지를 들고 싶다. 첫 번째는 파리협정과 동 세부이행규칙과 관련된 협상에 참여한 전문가들이 직접 작성하여 현장의 생생한 목소리를 전하였다는 점이다. 이론서는 이론서대로 가치가 있지만, 이 책은 그 무엇과도 바꿀 수 없는 소중한 경험에 바탕한 것이다. 두 번째 특징은 집필진이 어느 한 사람의 글이 아니라, 매우 다양한 해당 분야의 최고 전문가적인 글을 읽을 수 있다는 점이다. 집필진에는 정부 관계자로부터 대학교수 및 연구원 전문가와 더불어 국회기후변화포럼의 대학생 참관단으로 회의에 참석했다가 후에 정부대표단의 일원으로 협상에 참석한 감동어린 이야기를 지닌 대표도 있어 매우 흥미롭다. 세 번째 특징은 협정 조문에 관한 해석뿐만 아니라, 협정의 각 조항을 채택하게 된 배경과 협상 과정을 기술하면서 협정내용에 대한 폭넓은 이해를 도모코자 한 점이다. 이 책의 파리협정 내 각 분야별 깊이 있는 분석은 향후 세부이행규칙에 따른 이행점검 등 후속 세부 협상과 관련하여 커다란 도움이 되리라 생각된다.

이 책은 서장에서 기후변화협약이 채택된 리우에서부터 파리까지의 기후체제의 전체적인 전개과정을 살펴보는 것을 시작으로 파리협정의 탄생과정과 각 조항별 설명에 이어 파리협정과 국내이행 및 향후과제로 맺고 있다. 그리고 부록에서는 국회기후변화포럼의 대학생 참관단의 후기가 눈길을 끈다. 우리나라도 기후변화에 대한 미래세대의 관심이 높아지고 있으며 미래세대들의 목소리에 경청을 해야 하는 시점이다.

여기에 실린 글들은 다양한 집필진이 작성한 것이어서 전체적인 체계의 일관성과 용어의 통일성을 위해 최선의 노력을 다하였지만 부족한 부분도 있는 것이 사실이다. 하지만 획일적인 것은 지양하는 것이 바람직하다는 생각하에 가능한 집필진의 의견을 존중하였다. 또한 독자들이 최대한 이해하기 쉽게 작성토록 노력하였지만 각 집필자의 작성 내용이 전문적인 부분도 있어 읽어나가기가 쉽지 않은 부분이 있을 것이다. 이러한 경우 다른 참고문헌들과 함께 읽기를 권하고 싶다.

　본서는 그야말로 많은 분들의 도움에 힘입었다. 무엇보다도 연세대 법학전문대학원의 박덕영 교수의 주도적인 역할이 없었다면 이 책의 출간은 불가능하였을 것이다. 이 기회를 통해 박덕영 교수와 편집에 큰 도움을 주신 조향숙 박사, 그리고 초고를 독자 입장에서 읽고 코멘트를 해준 연세대 기후변화와 국제법 연구센터 연구보조원 학생들에게도 깊은 감사를 드린다. 무엇보다도 매우 분주한 가운데 짬을 내어 손수 원고를 작성해주신 집필자 한 분 한 분께 커다란 고마움을 전한다. 이분들의 노고가 없었다면 이 책의 출간 역시 불가능하였을 것이다. 아울러 이 책의 출판을 흔쾌히 허락하여 주신 박영사의 안종만 회장님과 안상준 대표, 그리고 정성을 다하여 본서를 편집해 주신 이승현 과장과 출판과정에서 애를 많이 써주신 관계자 모든 분들께 각별한 감사를 드린다.

　이 책이 파리협정에 대한 이해도를 높여 향후 기후변화 협상과 대응에 있어 하나의 중요한 지침서로 활용되기를 바란다. 앞으로 파리협정 세부이행규칙에 관한 후속 협상이 개최되면 동 내용이 본서에 추가되어야 할 것이다. 그때는 지금 이 책의 부족한 부분을 수정·보완하여 한층 더 향상된 개정판이 나올 수 있기를 기대한다. 끝으로 이 책이 우리나라의 파리협정 이행에 대한 마중물이 되어 우리나라가 기후변화 대응의 선도국이 될 수 있기를 소망해 본다.

2020년 7월
집필진을 대표하여 유연철 拜

감사의 글

기후변화와 국제통상법적 쟁점이라는 주제로 연구사업단을 꾸려서 5 : 1의 경쟁을 뚫고 한국연구재단의 지원을 받기 시작한 지가 이제 10년이 다 되어간다. 엊그제 같은데 강산이 변한다는 10년이 다 된 모양이다. 기후변화와 국제법이라는 주제로 지금은 연구범위가 조금 확장되었지만, 10년간을 한 주제로 이어 온 것만도 대단한 일이다. 한국연구재단에서 2010년 처음 시작한 Social Science Korea(SSK) 연구사업에 선정된 것이 2010년 9월 초이었다. 그동안 기후변화 관련한 주제를 연구하는 분들과 공동연구사업단을 만들어 많은 세미나와 저술작업을 진행하여 왔다. 아마도 이번에 발간되는 「파리협정의 이해」는 우리 연구사업의 종지부를 찍는 출판이 되지 않을까 싶다.

이 지면을 빌려 그동안 우리 연구사업을 같이 해주신 모든 분들께 감사드린다. 먼저 소형 3년, 중형 3년, 대형 4년을 같이 해주신 여러 교수님들께 머리 숙여 감사드린다. 특히 부산대학교 경제학과의 김영덕 교수님은 10년을 같이 해주셨다. 참으로 고마운 일이다. 처음에 주제를 정해 놓고 법학이 아닌 다른 분야의 연구진을 모시려고 환경경제학을 하시는 분을 인터넷에서 검색하여 찾아낸 분인데, 나중에 보니 연세대 동기분이었다. 정년을 2년가량 앞둔 충남대학교 이재곤 교수님은 필자의 선배로서 연구팀에 누가 되지 않고자 노심초사 온갖 정성과 노력을 다해 주셨고, 세법을 가르치는 연세대학교 이중교 교수님은 언제나처럼 항상 일관된 자세로 도와주셨다. 좁은 지면에 모든 분들을 언급할 수는 없어 아쉽지만, 이런 분들을 만난 것이 필자의 복이 아닌가 싶다.

사실 연구사업단 운영에 있어서 가장 고생을 많이 하시는 분들이 연구교수님들이다. 넉넉지 않은 대우에도 불구하고, 연구 뿐만 아니라 행정, 회계 등 온갖 잡일을 도맡아주셨다. 특히 제1호 연구교수였던, 지금은 서울시립대학교 교수로 재직하고 계신 이태화 박사는 우리 센터의 시작부터 4년간 가장 고생을 많이 하셨던 분으로 지금도 여전히 감사하고 미안한 마음을 갖고 있다. 이태화 교수는 그 후 재직하셨던

KAIST 김하나 교수님과 함께 이제는 녹색성장위원회 위원으로서 활발하게 활동을 하고 계신다. 그리고 최근까지 재직한 이일호 박사는 매우 어려운 여건에도 불구하고 지난 3년 6개월간 매사에 성실하고 꼼꼼하게 연구업무와 출판업무를 챙겨주었다. 지난 10년의 연구사업단 기간 동안, 길게는 4년, 짧게는 6개월 동안 우리 연구사업단을 위하여 애써주신 열세 분의 연구교수님들께 진심으로 감사의 마음을 전한다. 지금도 함께하고 있는 김경우, 조향숙 박사님과 함께 10년간 진행되어 온 본 연구사업을 잘 마무리할 수 있기를 기대한다.

　　마지막으로 연구보조원들이다. 어떻게 보면 매달 장학금을 받아온 셈이지만, 다른 한편으로는 가장 귀찮은 일들을 도맡아주고 우리 사업단을 지탱할 수 있게끔 해준 사람들이다. 회계 등 행정업무, 책 출판 시의 교정 업무, 산학협력단과의 연락업무, 영수증 처리 등 눈에 보이지 않는 음지에서 우리 사업단이 지속될 수 있게 해주었던 학생들이다. 이미 박사학위를 받고 정부나 학계에 나가 일하는 사람들도 있고, 아직 석박사 과정에 재학 중인 학생들도 있다. 이들 모두의 앞날에 좋은 일만 가득하기를 기도한다.

*** *** ***

　　필자가 파리협정 채택을 위한 협상을 처음으로 참관한 것은 2015년 10월 독일 본에서 열린 마지막 점검 회의이었다. 오랫동안 기후변화 협상에 정기적으로 참가해 온 고려대학교 이재형 교수의 도움을 많이 받았다. 회의 진행 과정이라든가, 필자가 모르는 협상 용어 등을 친절하게 안내해주어 추후 매년 참가한 기후변화협약 당사국총회를 이해하는 데 큰 도움이 되었다. 이때 처음 인연을 맺었던 최재철 기후변화대사님은 그 후 우리 연구사업단의 일원으로 참여하여 최근에 「기후협상일지」(박영사, 2020)라는 책을 출간하시는 등 우리 연구사업단에 많은 도움을 주셨다.

　　파리협정이 채택된 2015년 COP21 파리 당사국총회를 비롯하여 그동안 줄곧 진행된 당사국총회를 다니면서 가장 아쉽게 생각한 점은 그동안의 우리나라의 협상 기록을 접하기가 매우 어려웠다는 것이다. 심지어 정부 각 부처별 협상담당자도 자주 바뀌어 협상 절차를 이해하기가 쉬운 일이 아닌데, 일반 연구자들이야 오죽하겠는가? 이에 언젠가 본서와 같이 협상에 직접 참여한 사람들이 협상의 절차도 소개하고, 파리협정의 내용을 조항별로 하나하나 소개하는 책을 출간하면 좋겠다는 생각을 갖게 되었다. 마침 2018년 폴란드 카토비체에서 대부분의 파리협정 세부이행규칙이 마련되었고, 현실적으로는 2020년 8월에는 한국연구재단의 지원이 종료되기로 예정되어 있어, 8월 이전에는 출간을 마무리해야 하는 상황에 이르렀다.

2020년 1월 본격적으로 본서의 출간작업을 시작하였다. 현재 기후변화대사 직을 맡고 계신 유연철 대사님께서 적극적으로 동의해 주셨고, 외교부 기후녹색협력과의 정재혁 사무관은 필진 구성 등 핵심적인 사항에 대하여 협의하는 파트너가 되어주었다. 파리협정 채택 시부터 기후변화대사를 역임하신 최재철, 김찬우 대사님께서도 적극적으로 필진으로 참여해 주시기로 하셨고, 각 조항별 협상에 참여해 주셨던 분들도 한 분도 빠짐없이 적극적인 참여의사를 나타내 주셔서 일이 순조롭게 진행되었다. 초고 집필뿐만 아니라, 편집진의 요구를 수용하여 수차례 수정작업을 다시 하는 등 묵묵히 협조해 주신 필자 여러분들께 진심으로 감사의 말씀을 드린다.

모든 초고가 모아진 후에 유연철 대사님은 전체 원고를 읽고 수정, 보완하는 작업을 직접 지휘하시는 등 필자가 기대한 이상의 솔선수범을 보여주셨다. 한국환경공단 임서영 과장, 외교부 정재혁 사무관은 약어 정리, 일러두기, 용어해설, 각종 통계자료 등 부록 작업을 도맡아 주셨다. 본서의 출간작업에 도움을 주신 모든 분들께 감사의 말씀을 드린다. 우리 사업단에서 본서의 출간지원을 총괄해 주신 조향숙 박사님과 교정작업을 도와준 연구보조원 여러분들께도 고마움을 전한다. 언제나 그렇듯이 어려운 출판 사정에도 본서의 출간을 맡아주신 박영사에도 감사의 말씀을 드린다.

우리나라가 조약 협상에 참여하여 조약이 채택되고, 우리가 가입하여 우리나라에도 적용되는 다자간 국제조약은 수도 없이 많을 것이다. 그러나 그 수많은 조약들 중에서 조약 협상에 참여한 실무자들이 모두 같이 모여 조약의 해설서를 내는 것은 적어도 국내에서는 이번이 처음이 아닐까 싶다. 기후변화문제에 관심있는 모든 분들께 일독을 권하며, 본서의 집필에 참여하신 모든 분들께 다시 한번 머리 숙여 감사의 마음을 전한다.

지난 10년간 필자와 우리 공동연구진들이 기후변화와 국제법 연구를 수행할 수 있도록 재정적 지원을 해주신 교육부와 한국연구재단에 진심으로 감사드리며 글을 마친다.

연세대 기후변화와 국제법 연구센터
박덕영 씀

차 례

PART 1   파리협정의 탄생과 목표

PART 6　파리협정의 국내이행과 향후과제

부 록

일러두기

기후변화 협상을 통해 합의된 용어나 표현은 그 배경 등을 알지 못하면 언뜻 보기에 이해하기 어려운 경우가 있다. 또한 그러한 용어나 표현을 우리말로 옮기는 과정에서 다양한 풀이가 있을 수 있다. 이에 따라 본서의 필진은 몇 가지 기후변화 협상의 주요 용어에 대해 아래와 같은 표현과 의미로 사용키로 하였으니 이 책을 이해하는 데 참고가 되기를 바란다.

CBDR (공동의 그러나 차별화된 책임)

CBDR이란 "Common But Differentiated Responsibilities"의 약어로 인류가 공유한 환경에 대한 보호책임을 인류가 공동으로 부담하지만, 구체적인 책임의 정도는 ▲환경 상태의 악화를 초래한 정도와 ▲각 국가가 가지고 있는 능력을 고려하여 달리 정할 수 있다는 것을 말한다. 이는 지속 가능한 발전원칙, 사전주의 원칙 등과 함께 국제환경법상 주요 원칙 중의 하나로, 기후변화협약 제3조 1항과 파리협정 제2조 2항에서도 이 원칙을 천명하고 있다.

그동안 이 원칙의 한국어 번역은 다양하게 행해졌다. 1992년 기후변화협약과 2015년 파리협정의 정부 공식번역본에서는 "공통적이지만 그 정도에 차이가 나는 책임"이라고 번역하고 있고, 학계에서는 일반적으로 "공통의 그러나 차별적인 책임"이라고 번역을 하고 있다.

그러나 정부의 공식번역은 "그 정도에"가 부차적으로 추가된 느낌이 들고, 학계에서 사용하는 번역상의 "차별적인"이란 용어는 또 다른 의미의 차별(discrimination)이라는 부정적인 느낌도 들어서, 본서에서는 차이가 나는 의미로 '차별화된' 전략이라는 용어를 많이 사용함을 감안, "공동의 그러나 차별화된 책임"으로 번역하여 사용하기로 하였다. 다만, 서장에서는 서장의 필자가 그동안 자신의 다른 글들에서 사용했던 용어와의 일관성 유지를 위하여 "공동의 그러나 차이가 나는 책임"이라고 번역하여 통일된 용어를 대부분 사용하면서도 획일성이 아닌 다양한 의견을 추구하였다.

Mitigation (감축)

'어떤 것의 심각성이나 강도를 경감하는 행위'를 의미하는 mitigation은 기후변화의 맥락에서는 '기후변화의 원인인 온실가스의 배출을 줄이고 흡수를 증가시키는 모든 인간 행위'를 의미한다. Mitigation에 대한 번역어로는 완화와 감축 두 개의 용어가 존재한다.

IPCC 평가보고서 등 기후변화와 관련한 여러 문서의 공식적인 번역에서는 mitigation 을 완화로 번역하고, 일반적인 경우에서는 감축이라는 용어가 완화보다 더 널리 통용되고 있다. 그러나 엄밀한 의미에서 감축과 완화 간에는 분명한 맥락적 차이가 존재한다. '온실가스의 배출을 줄이고 흡수를 증가시키는 인간 행위'는 온실가스 감축 행동을 지칭한다고 볼 수 있으며, 그러한 감축 행동을 통해서 기후변화라는 현상의 심각성이 완화되는 것이라 할 수 있다. 따라서, mitigation의 정의에 보다 가까운 용어는 완화가 아닌 감축이라고 볼 수 있다.

이러한 이유로 본서에서는 mitigation의 번역어로 온실가스 관련해서는 감축을 사용하고(예 온실가스의 감축), 기후변화 현상을 완화한다는 맥락에서만 감축 대신 완화(예 기후변화의 완화)를 사용토록 하였다.

Resilience (회복력)

기후변화에 관한 정부간 패널(IPCC) 제5차 평가 보고서(2014년)에 따르면, 회복력은 '사회, 경제 및 생태계가 필수 기능, 독자성 및 구조를 유지하는 방식으로 위해한 (hazardous) 현상 및 경향 혹은 교란에 대응하고 조직을 재정비함과 동시에 적응 (adaptation), 학습 및 변형(transformation) 역량 또한 유지하는 것'을 뜻한다.

기후변화와 관련한 Resilience는 회복력, 기후회복력, 탄력성, 회복탄력성 등의 용어로 다양하게 번역되어 사용되고 있으며, 현재 공식적으로 번역된 용어는 없다.

본서에서는 지형 공간정보체계 용어사전 등 환경과 밀접하게 연관된 사전에서 Resilience를 '회복력'으로 번역하고 있고, 우리나라 적응의 주요 추진 체계인 '제2차 국가기후변화적응대책' 또한 같은 용어를 사용하고 있음에 따라, '회복력'이라는 용어로 통일하여 사용하였다.

Finance (재원)

'Finance'는 금융, 재정, 재원 등으로 해석될 수 있으며 일반적으로 금융은 '금전을 융통하는 일', 재정은 '국가 또는 기관이 자금을 만들어 관리하고 이용하는 일', 재원은 '재화나 자금이 나오는 원천' 이라는 의미를 가진다.

본서에서 살펴보는 기후변화협약 및 파리협정 제9조(Finance)에서도 Finance는 다양한 의미를 담고 있으나 '선진국에서 개도국으로 전달되는 공공자원(public resources)' 이라는 뜻으로 빈번하게 사용되어 왔다.

따라서 본서에서는 용어의 일관성 확보를 위해 'finance'를 '재원'이라는 용어로 통일하였다. 그러나 재원 이외의 명확한 의미로 해석이 가능한 경우에는 금융, 재정 등의 용어도 사용하였다.

Communicate (통보하다)

기후변화 협상에서 사용하는 communicate는 '의사소통하다'라는 사전적 의미와는 달리 '통보하다'라는 의미로 사용된다. 이는 기후변화협약 협상 당시 사무국에 국가보고서를(통상 national report 사용) 제출키로 하는 조항이 있는데 주권국가가 사무국에 report하는 것이 적절치 않다는 주장이 제기되어 협약상 보고서는 communication으로 되어 있다.

즉, 기후변화협약에 따른 의무를 이행하기 위해 각 당사국이 제출하는 National Communication(NC)은 국가보고서라고 통상적으로 번역해왔으며 본서에서도 특정 보고사항을 담은 각 당사국의 보고 책자라는 의미를 살리기 위해 국가보고서라고 사용하였다.

NDC (국가결정기여)

NDC는 'nationally determined contribution(국가결정기여)'의 약어로서, 이 단어만 봐서는 무슨 뜻인지 이해하기 어렵다. NDC는 파리협정 제2조에 규정된 파리협정의 목표(온도 목표, 적응 목표, 재원 목표) 달성을 위해 각 당사국이 자발적으로 수립하여 국제사회에 서약(pledge)하는 국가별 기여방안을 지칭하는 것으로서 쉽게 이야기하면 각 국의 온실가스 감축 목표 등을 의미한다. 파리협정 협상 과정에서 각 국이 의무적으로 온실가스 감축 목표를 설정한다는 표현보다 자발적으로 온실가스를 감축하는데 기여한다는 표현이 각국의 행동을 유발하기 용이하다는 측면에서 동 표현이 최종적으로 채택되었다.

Account for (산정하다) vs. Account (계산하다)

파리협정 제4조 13항 첫 문장에서는 "당사국은 NDC를 account for 해야만 한다"고 규정되어 있고, 이어지는 문장에서는 "NDC에 상응하는 인위적 배출량 및 흡수량을 accounting하는 경우~"라는 표현이 사용되고 있다.

사전적 의미로 "설명하다"인 account for와 "계산하다"라는 의미인 accounting이 함께 사용되고 있는데, 파리협정 협상 당시, NDC에 대해서 정량적인 온실가스 감축 계산의 중요성을 강조하는 선진국과, 감축뿐만 아니라 적응, 지원(재원, 기술, 역량배양)을 포함하여 NDC 이행 및 달성을 설명하고자 하는 개도국 간 대립이 있었다. 결국 양측의 주장과 해석이 상존할 수 있도록 2개의 문장이 함께 포함되는 방향에서 파리협정이 타결되었다.

본서에서는 이러한 맥락을 고려하여, 우리말 사용 시 account for는 정량적 계산과 함께 정성적인 설명도 포함한다는 측면에서 "산정하다"로 사용하고 accounting은 "계산하다"로 사용하기로 하였다.

Invite (요청하다) vs. Request (요구하다)

유엔기후변화협약 당사국총회 결정문 등에서 자주 사용되는 Invite는 당사국총회(The Conference of the Parties)가 당사국 또는 다른 주체에게 Invite의 대상이 되는 행위를 정중하게 요청할 때 사용된다. 하지만 참여를 요구받은 당사국 또는 다른 주체가 절대적인 재량을 가지고 해당 행위의 이행 여부를 스스로 결정할 수 있다. 예컨대, 제21차 유엔기후변화협약 당사국총회 결정문 제21항에서 당사국총회는 IPCC 측에게 2018년에 1.5℃ 특별보고서를 제출토록 요청(invite)하였다. 이에 따라 IPCC 측은 총회를 개최하여 동 자료 제출 여부에 대해 논의한 후 이를 제출토록 결정하였다.

한편, Request는 당사국총회(The Conference of the Parties)가 당사국 또는 다른 주체

에게 요구(request)의 대상이 되는 행위를 의무적으로 이행할 것을 요구할 때 사용된다. 일반적으로 요구를 받은 당사국 또는 다른 주체(보통 유엔기후변화협약 부속기구 또는 사무국)는 해당 행위를 이행해야만 한다. 예컨대, 제21차 유엔기후변화협약 당사국총회 결정문 제24항에서 당사국총회는 2030년까지의 이행 기간을 포함하여 의도된 국가결정기여(INDC)를 제출했던 당사국들이 협정 제4조 9항에 따라 2020년까지 국가결정기여(NDC)를 통보(communicate)하거나 갱신(update)하도록 요구(request)하였다. 이에 따라 각 당사국은 이를 이행해야만 한다.

기타 사항

한글과 영어를 병기하는 경우, 한글에 맞춰 조사를 사용(예시: 기관적 의무(institutional obligation)"가")하고, 영어만 서술하는 경우에는 영어 발음에 준해서 조사를 표현(예시: COP"이")하였다.

아울러, 책 지면을 보다 효율적으로 활용하기 위해서 본문에는 파리협정 영문 조항을 가급적 제시하지 않고 부록에 파리협정 영·국문본을 수록하였다. 본문에는 한글에 각주를 달아 파리협정 영문 조항을 인용하였으므로 필요한 경우 부록의 파리협정 영·국문본을 참조하기 바란다.

약어표

약어	원어	국문 번역
A/R	Afforestation / Reforestation	(CDM) 조림 / 재조림 사업
AAUs	Assigned Amount Units	교토의정서에 의한 할당배출권
AC	Adaptation Committee	적응위원회
ADP	Ad Hoc Working Group on the Durban Platform for Enhanced Action	더반플랫폼 특별작업반
AGBM	Ad Hoc Group on the Berlin Mandate	베를린 위임사항 특별작업반
APA	Ad Hoc Working Group on the Paris Agreement	파리협정 특별작업반
AWG	Ad Hoc Working Group	특별작업반
AWG-KP	Ad Hoc Working Group on Further Commitments for Annex I Parties under the Kyoto Protocol	교토의정서 특별작업반
AWG-LCA	Ad Hoc Working Group on Long-term Cooperative Action under the Convention	장기협력행동 특별작업반
BAU	Business-As-Usual	배출전망치
BR	Biennial Report	(부속서Ⅰ 국가의) 격년보고서
BTR	Biennial Transparency Report	격년투명성보고서
BUR	Biennial Update Report	(비부속서Ⅰ 국가의) 격년갱신보고서
CAF	Cancun Adaptation Framework	칸쿤적응프레임워크
CBDR-RC	Common But differentiated Responsibilities and Respective Capabilities	공동의 그러나 차별화된 책임과 각 국의 역량
CBIT	Capacity-building Initiative for Transparency	투명성을 위한 역량배양 이니셔티브
CDM	Clean Development Mechanism	청정개발체제
CDM EB	Clean Development Mechanism Executive Board	청정개발체제 집행이사회
CERs	Certified Emission Reductions	CDM 사업에서 발급된 감축실적
CMA	Conference of the Parties serving as the meeting of the Parties to the Paris Agreement	파리협정 당사국회의

CMP	Conference of the Parties serving as the meeting of the Parties to the Kyoto Protocol	교토의정서 당사국회의
COP	Conference of the Parties	당사국총회
CRI	Climate Risk Index	기후위기지표
CRM	Comprehensive Risk Management approaches	포괄적 위험관리 접근법
CTCN	Climate Technology Centre and Network	기후기술센터 및 네트워크
CTF	Common Tabular Format	공통표양식
CTR	Climate Technology Roadmap	기후기술로드맵
DICE model	Dynamic Integrated Climate－Economy model	동태통합 기후-경제 모형
DNA	Designated National Authorities	(CDM) 국가승인기구
DOE	Designated Operational Entities	(CDM) 지정운영기구
EIT	Economies in Transition	체제전환국
EITE	Emission Intensive Trade Exposed	온실가스 다배출 산업이면서 무역에 노출된 산업
ERTs	Expert Review Teams	전문가 검토팀
ERUs	Emission Reduction Units	JI 사업에서 발급된 감축실적
ETS	Emissions Trading Scheme	배출권거래제도
FMCP	Facilitative, Multilateral Consideration of Progress	(격년투명성보고서에 대한) 진전에 대한 촉진적, 다자적 검토
FMRL	Forest Management Reference Level	산림경영기준선
FSV	Facilitative Sharing of Views	(비부속서Ⅰ 국가의 격년갱신보고서에 대한) 촉진적 경험공유
GCF	Green Climate Fund	녹색기후기금
GEF	Global Environment Facility	지구환경기금
GST	global stocktake	전지구적 이행점검
HWP	Harvested Wood Products	수확된 목재제품
IAR	International Assessment and Review	(부속서Ⅰ 국가의 격년보고서에 대한) 국제 평가 및 검토
ICA	International Consultation and Analysis	(비부속서Ⅰ 국가의 격년갱신보고서에 대한) 국제 협의 및 분석
IETA	International Emissions Trading Association	국제배출권거래협회
INC	Intergovernmental Negotiating Committee for a Framework Conventionon Climate Change	기후변화 기본협약을 위한 정부간 협상위원회

INDC	Intended Nationally Determined Contribution	의도된 국가별 기여방안
IPCC	Intergovernmental Panel on Climate Change	기후변화에 관한 정부간 협의체
ITMO	Internationally Transferred Mitigation Outcomes	국제적으로 이전된 감축결과물
JCM	Joint Crediting Mechanism	(일본) 공동 크레디팅 메커니즘
JI	Joint Implementation	공동이행제도
JISC	Joint Implementation Supervisory Committee	공동이행제도 감독위원회
KP	Kyoto Protocol	교토의정서
LDCF	Least Developed Countries Fund	최빈국 기금
LEDS	long-term Low greenhouse gas Emission Development Strategies	장기 저탄소 발전전략
LEG	Least Developed Countries Expert Group	최빈국 전문가그룹
LULUCF	Land Use, Land-use Change and Forestry	토지이용, 토지이용변화 및 임업
MA	Multilateral Assessment	(부속서 Ⅰ 국가의 격년보고서에 대한) 다자 평가
MDGs	Millennium Development Goals	새천년개발목표
MEAs	Multilateral Environmental Agreements	다자환경협정
MEF	Major Economies Forum on Energy and Climate	에너지와 기후에 관한 주요 경제국 포럼
MOI	Means of Implementation	이행수단
MP	Methodology Panel	(CDM) 방법론 패널
MPGs	Modalities, Procedures and Guidelines	(투명성 체계) 방식, 절차 및 지침
MRV	Measurement, Reporting and Verification	(온실가스)측정·보고·검증
NAMAs	Nationally Appropriate Mitigation Actions	(칸쿤합의문에 따른 비부속서Ⅰ 국가의) 국가별 감축행동
NAP	National Adaptation Plan	국가적응계획
NAPA	National Adaptation Programmes of Action	국가적응행동프로그램
NC	National Communication	국가보고서
NDC	Nationally Determined Contribution	국가결정기여
NDE	National Designated Entities	(기술개발 및 이전) 국가지정기구
NIR	National Inventory Report	(온실가스) 국가 인벤토리 보고서
NWP	Nairobi Work Programme on impacts, vulnerability and adaptation to climate change	(기후변화 영향, 취약성, 적응에 관한) 나이로비 작업프로그램

OOF	Other Official Flows	기타 공적자금
PAWP	Paris Agreement Work Programme	파리협정 작업프로그램
PCCB	Paris Committee on Capacity-building	파리역량배양위원회
QELROs	Quantified Emission Limitation or Reduction Objectives	(칸쿤합의문에 따른 부속서 I 국가의) 정량화된 배출 제한 또는 감축 목표
RD&D	Research, Development and Demonstration	연구 · 개발 · 실증
REDD+	Reduce Emissions from Deforestation and forest Degradation in developing countries	개도국의 산림화폐화, 산림전용으로 인한 온실가스 감축
REL/RL	Reference Emission Level / Reference Level	배출기준선 / 기준선
RIT	Registration and Issuance Team	(CDM) 등록 및 실적발급팀
RMUs	Removal Units	조림사업에서 발급된 감축실적
SB	Subsidiary Body	부속기구
SBI	Subsidiary Body for Implementation	이행부속기구
SBSTA	Subsidiary Body for Scientific and Technological Advice	과학기술자문부속기구
SCCF	Special Climate Change Fund	특별기후변화기금
SCF	Standing Committee on Finance	재정상설위원회
SDGs	Sustainable Development Goals	지속가능발전목표
TA	Technical Assistance	기술지원
TEC	Technology Executive Committee	기술집행위원회
TEP-A	Technical Examination Process on Adaptation	적응기술검토 절차
TER	Technical Expert Review	기술전문가검토
TFD	Task Force on Displacement	이주에 관한 특별전담반
TNA	Technology Needs Assessment	기술수요평가
TTF	Technology Transfer Framework	기술이전 프레임워크
UNFCCC	United Nations Framework Convention on Climate Change	기후변화에 관한 국제연합 기본협약
WIM	Warsaw International Mechanism for Loss and Damage associated with Climate Change Impacts	(기후변화 영향과 연관된 손실과 피해에 관한) 바르샤바 국제메커니즘
WIM ExCOM	Executive Committee of the Warsaw International Mechanism for Loss and Damage	WIM 집행위원회
WMO	World Meteorological Organization	세계기상기구
WRF	Warsaw REDD+ framework	바르샤바 REDD+ 프레임워크

용어해설

Addendum (Add.) / 추가문서

각종 회의문서에 대한 추가문서임을 표시할 때 사용(예 FCCC/SBI/2013/L.24/Add.1은 UNFCCC 2013년 SBI회의 시 배포된 L.24번 문서에 대한 첫 번째 추가 문서임을 의미)

Bureau / 의장단

당사국총회(COP) 의장단은 전통적으로 의장(COP President)의 업무수행을 지원(조언 제공, 의장을 대신하여 당사국과 협의진행 등)하고 주로 절차적 문제(신임장 검토 등)를 총괄하며, UNFCCC의 각 부속기구는 별도의 의장단 구성
의장단은 총 11명으로(5개 지역그룹이 선출한 대표(각 2명)와 AOSIS에서 선출한 1명), 당사국총회 의장, 7명의 부의장, 이행자문부속기구(SBI) 의장, 과학기술자문부속기구(SBSTA) 의장, 보고자로 구성(의장단 임원의 임기는 1년이며 1회에 한하여 연임가능)

Chair / 의장

정부대표단의 일원으로 당사국들에 의해 선출되어 UNFCCC내 부속기구의 심의과정을 주관하며, 차기 당사국총회까지 회기간 동안에는 합의과정을 촉진하는 역할을 수행. 여타 비공식그룹의 경우에 별도 의장 선출 가능

Committee of the Whole (COW) / 전체위원회

당사국총회(COP)가 문안협상을 위하여 구성하는 조직으로, COP에 참여하는 당사국들이 참여하고, 전체위원회가 작업을 종료하여 문안을 COP에 제출하면, COP에서 문안 최종본을 확정하여 채택

Conference of the Parties (COP) / 당사국총회

UNFCCC의 최상위 조직으로 현재 1년에 1번 회동하며 UNFCCC의 최종 의사결정 기구로의 역할을 수행

Conference of the Parties serving as the Meeting of the Parties to the Kyoto Protocol (CMP) / 교토의정서 당사국회의

교토의정서의 최고 의사결정 기구로 UNFCCC의 당사국총회(COP)가 교토의정서 당사국회의(Meeting of the Parties to the Kyoto Protocol)로서의 역할을 수행
COP과 CMP는 같은 기간에 개최되어 비용효율성 및 조정기능을 제고하는데 기여하며, 교토의정서 당사국이 아닌 UNFCCC 당사국들은 CMP 회의 시 옵저버로 참가
과거에는 교토의정서 당사국회의를 COP/MOP(Conference of the Parties serving as the Meeting of the Parties to the Kyoto Protocol)이라는 약어로 표시하였으나 현재는 CMP로 변경

Conference of the Parties serving as the Meeting of the Parties to the Paris Agreement (CMA) / 파리협정 당사국회의

파리협정의 최고 의사결정 기구로 UNFCCC의 당사국총회(COP)가 파리협정 당사국회의(Meeting of the Parties to the Paris Agreement)로서의 역할을 수행
COP과 CMA는 같은 기간에 개최되어 비용효율성 및 조정기능을 제고하는데 기여하며, 파리협정 당사국이 아닌 UNFCCC 당사국들은 CMA 회의 시 옵저버로 참가

Conference Room Papers (CRPs) / 회의장 문서

회기 중 배포되는 문서(in-session documents)의 하나로, 새로운 제안을 하거나(예 협상텍스트, 특정 이슈에 대한 당사국 또는 협상그룹의 입장), 회기 중 작업결과(예 총회에 제출하는 작업반 논의결과)를 보고할 목적으로 작성되며, 회기 중에만 사용

Contact Group / 연락그룹 또는 협상그룹

당사국총회(COP), 부속기구 또는 전체위원회 등이 협상과정에서 의장 또는 당사국의

제안으로 국가간 이견이 큰 쟁점사항에 대한 합의(Consensus) 도출을 위하여 설립할 수 있는 회의체로, 연락그룹에서 합의 문안이 도출되면 공식채택을 위하여 동 합의 문안을 전체회의에 회부(예를 들어, COP19 기간 중 기후재원에 관한 연락그룹, 손실 및 피해에 관한 연락그룹 등 다수의 연락그룹이 조직)

연락그룹 회의는 원칙적으로 모든 당사국들이 참석할 수 있고(open-ended), 참석한 당사국의 1/3 이상이 반대하지 않는 한 옵저버의 참석도 허용

Corrigendum (Corr.) / 정정한 문서

각종 회의문서(INF, MISC, TP, L, CRP 등)에 대해 동 문서를 정정한 문서임을 표시할 때 사용(예 FCCC/SBI/2013/6/Corr.1은 UNFCCC 2013년 SBI회의 시 배포된 6번 문서를 정정한 첫 번째 문서임을 의미)

Declaration / 선언

주요 회의에 참석하는 고위인사(장관 등)들이 발표하는 구속력 없는 정치적 성명(예 제7차 UNFCCC 당사국총회(COP7)시 마라케시 장관급 선언)

Documents / 문서

회의문서는 공식문서(official documents), 비공식문서(informal documents), 회기 전 문서(pre-session documents), 회기 중 문서(in-session documents) 등 다양한 종류로 구분

UNFCCC의 로고가 표시된 공식문서(official documents)는 모두에게 공개되고 고유의 문서번호로 식별되는 반면, 비공식문서(informal documents)는 당사국들이 정보제공 또는 의견제안 등을 위해 작성·배포하는 Non-paper와 옵저버들이 회의장 밖에서 정보제공 등을 목적으로 배포하는 문서 등을 지칭

회기 전 문서(pre-session documents)는 일반적으로 6개 UN 공식 언어로 번역되어 회기 시작 전에 배포되며, 회기중 문서(in-session documents)는 회의 기간 중에 배포 문서번호는 "FCCC/문서가 배포되는 회의명(CP, SBI, SBSTA, ADP 등)/문서가 배포된 년도(2012, 2013 등)/일반문서가 아닌 경우에는 문서형태(CRP, MISC, INF, L, IDR 등)/번호"로 표시

Drafting Group / 초안 작성 그룹

COP, 부속기구 또는 연락그룹의 의장이 설립하는 소규모 그룹으로 문안초안 작성을 위하여 비공개로 회동하며, 동 그룹에서 작성된 초안은 향후 전체회의에서 공식적으로 승인

Friends of the Chair / 의장의 친구들

COP, 부속기구, 연락그룹의 의장이 선정한 소수의 비공식 협상가 그룹으로 해결하기 어렵고 정치적으로 민감한 사안에 대한 협상 진전을 목적으로 구성. 특정 사안에 대한 컨센서스를 도출할 수 있는 문안을 작성할 수 있도록 의장을 지원

Informal Consultation / 비공식 협의

부속기구 또는 연락그룹(Contact Group)의 의장은 비공식 협의를 소집하여, 통상적으로 1인 또는 2인의 정부 대표에게 특정 이슈에 대한 협의를 진행하고 그 결과를 의장에게 보고하도록 요청함. 일반적으로 비공식 협의에는 모든 당사국들의 참석이 허용되나(open-ended), 소규모 그룹논의가 필요하다고 판단될 경우 의장의 책임 하에 소수의 당사국들을 초청하여 비공식 협의를 진행하기도 함

Informal Contact Group / 비공식 연락그룹

의장의 지시로 구성되는 정부 대표들로 구성된 그룹(group of delegates)으로, 이견을 조정하거나 타협안을 도출하고, 합의된 제안(많은 경우 서면형태)을 마련하기 위하여 공식석상이 아닌 장소에서 회동하여 특정 사항에 대하여 논의를 진행

Informal Informals / 비공식 비공식 회의

특정이슈에 대한 이견을 조정하거나 쟁점사항에 대한 협상을 진전시키기 위하여 당사국들의 합의로 또는 의장(COP, 부속기구 또는 연락그룹)이 자신의 책임 하에 설치할 수 있고, 의장은 한 명의 정부대표(a delegate)에게 회의를 진행할 것으로 요청할 수 있음. 비공식 비공식 회의는 모든 당사국들의 참석이 허용될 수도 있고(open-ended), 초대받은 소수의 정부 대표들만 참석할 수 있도록 제한할 수 있음

Information Document (INF. Doc) / 정보문서

실용적 데이터(예 참석자 명단 등), 실질적 정보 또는 워크숍 결과보고서 등 정보 제공을 목적으로 회의 전 또는 회의 중에 제공되는 문서로 협상 대상이 아니며 통상 영어로 작성되고 여타 공식 언어로 번역되지 않음

Joint Liaison Group (JLG) / 공동연락그룹

UNFCCC, 생물다양성협약(CBD) 및 유엔사막화방지협약(UNCCD) 사무국들의 대표로 구성된 그룹으로, 기후변화, 생물다양성 및 사막화 관련 문제에 대한 공동대응 활동을 모색하기 위하여 설립

Limited Distribution Documents (L. Doc.) / 제한배포문서

회기중 배포되는 문서(in-session documents)의 하나로, COP 또는 부속기구에서 채택하기 위한 문서 초안(예 결정문 초안)을 담고 있으며, 회의 참석자들에게만 그리고 문서 채택을 위해서만 제한적으로 배포되고, 6개 UN 공식언어로 번역

Miscellaneous Documents (MISC. Doc.)

당사국들의 제안이나 견해를 담은 문서로 통상적으로 당사국들이 제출하는 제안서(submissions)가 MISC 문서로 배포되며 당사국들이 제출한 문서형태 그대로(no formal editing) 발간됨. 원활한 논의진행을 위해 MISC 문서는 회의 전 UNFCCC 홈페이지에 게재됨

Non-Paper / 비공식 문서

회기중 문서로 협상진전을 촉진하기 위하여 비공식적으로 작성, 배포되는 문서로, 당사국들이 자국의 입장 또는 제안을 신속하게 배포하는 경우에 주로 사용되며, UNFCCC 로고가 없는 종이에 인쇄되며 필요시 작성자의 이름이 명시되기도 함

Non-Party / 비당사국

UNFCCC을 비준하지 않은 국가로 옵저버로 회의에 참석하는 국가

Observers / 참관인(옵저버)

UNFCCC 당사국총회 및 부속기구 회의에 참석은 허용되나 표결권은 없는 국가(비당사국) 및 정부간·비정부간기구

Plenary / 전체회의

COP, CMP 또는 부속기구의 공식회의로, 공식 결정문(Decision) 또는 결론(Conclusions)은 전체회의에서만 채택 가능

President / 의장

당사국들이 선출한 정부인사로, 주로 당사국총회(COP)를 개최하는 국가의 장관 또는 고위관리가 의장으로 선출되며, 동 의장은 의장수임 기간 중에는 소속국가의 정부대표로 협상에 참여하지 않음

Recommendation / 권고안

권고안은 과학·기술 또는 준수와 관련된 조직(COP에 부속된 조직)이 권고를 하거나 행동을 제안하는 경우에 사용(예 FCCC/SBI/2013/INF.3, Recommendation on possible changes to the joint implementation guidelines)
권고안은 당사국에 대한 법적 구속력이 없으며 결정문(decision) 또는 결의안(resolutions)보다도 약한 효력을 보유

Regional Groups / 지역그룹

UNFCCC내 5개의 지역그룹은 ▲아프리카, ▲아시아·태평양, ▲동유럽, ▲중남미, ▲서유럽 및 여타국가 그룹으로 구성되며, 의장단(Bureau) 위원 및 UNFCCC 하 여타 활동을 위해 구성된 조직의 위원을 지명

Regular Documents (REG Doc.) / 정규문서

정규문서는 해당연도에 따른 일련번호를 부여받고, UN이 지정한 공식 언어(6개국)로 번역

Resolution / 결의안

UNFCCC 당사국총회(COP)가 결정문(Decision) 이외에 협약 업무에 대한 지침을 주거나 COP의 의지를 표현하기 위하여 채택하는 문서형태로, 구속력이 없는 정치적 성명서(political statement)의 성격을 보유

예를 들어, 당사국들은 COP4와 COP6에서 극심한 기상재해를 입은 국가들(남아프리카 국가들)과의 연대감을 표현하기 위하여 결의안을 채택하였으며, 매년 COP 폐회시 주최국에 대한 감사내용을 담은 결의안(예 Resolution 1/CP.19, Expression of gratitude to the Government of Poland and the people of the city of Warsaw)을 채택

Revision (Rev.) / 수정한 문서

각종 회의문서(INF, MISC, TP, L, CRP 등)를 수정한 문서임을 표시할 때 사용(예 FCCC/SBI/2013/INF.12/Rev.2는 UNFCCC 2013년 SBI회의에서 배포된 INF.12번 문서에 대한 두 번째 수정문서를 의미)

Rules of Procedure / 의사규칙

의사결정과 참석 문제 등을 포함하여 COP, CMP 및 부속기구의 절차에 대한 규정으로, COP은 아직 공식적으로 의사규칙을 채택하지 않았으나, 표결(voting)을 제외한 모든 규정은 현재 "적용" 중

매년 COP에 의사규칙(안) 채택에 관한 의제가 포함되지만 "표결"에 관한 당사국간 합의부재로 인하여 별도 논의가 진행되지 않음

Subsidiary Body for Implementation (SBI) / 이행부속기구

SBI는 UNFCCC의 2개 상설 부속기구 중 하나로, 협약의 효과적인 이행을 위한 평가와 검토업무를 수행함으로써 당사국총회(COP)을 지원(매년 2회 회의개최)

SBI의 주요 작업분야는 투명성체계, 감축, 적응, 재원, 기술, 역량배양 등 기후변화협약, 교토의정서, 파리협정의 이행과 관련된 모든 사항이며, 특히 온실가스 배출량 및 흡수량에 대한 보고·검토에 관한 의제가 확대 중

Subsidiary Body for Scientific and Technological Advice (SBSTA) / 과학기술자문부속기구

SBSTA는 유엔기후변화협약의 2개 상설 부속기구중 하나로, 협약과 관련된 과학·기술적 이슈에 대한 시의적절한 정보와 자문을 제공함으로써 당사국총회(COP)를 지원 (매년 2회 회의개최)

SBSTA의 주요 작업분야는 기후변화의 영향·취약성·적응, REDD+, 기술개발 및 이전, 부속서 Ⅰ 국가의 온실가스 인벤토리 가이드라인 개선, 기후체계의 연구 및 체계적 관찰 등이며, 기후변화에 관한 정부간 패널(IPCC)과도 긴밀한 협력관계를 유지

파리협정 한눈에 보기

파리협정 (1)		
협정 (2)	COP21 결정문	국문번역
제1조	–	정의
제2조	–	목표
제3조	12~21항	국가결정기여
제4조	22~35항	감축
	28항	
	31항	
	26항	
	29항	–
	–	–
	34항	–
제5조	–	흡수
제6조	36~40항	국제시장메커니즘 등
제7조	41~46항	적응
	41, 42, 45항	
제8조	47~51항	손실과 피해
제9조	52~64항	재원
	55항	
	–	
	53항	
제10조	65~70항	기술 개발 및 이전
	67항	
	69항	
제11조	71~83항	역량배양
제12조	–	교육, 훈련 등 강화
제13조	84~98항	투명성체계
제14조	99~101항	전지구적 이행점검
제15조	102~103항	이행 및 준수 촉진
제16조	–	파리협정 당사국회의
제17조	–	사무국
제18조	–	부속기구
제19조	–	협정을 위한 기구 및 제도
제20조	–	서명 및 비준을 위한 수단
제21조	104항	발효
제22조	–	개정
제23조	–	부속서
제24조	–	분쟁의 해결
제25조	–	표결
제26조	–	기탁처
제27조	–	유보
제28조	–	철회
제29조	–	언어

(1) unfccc.int/process−and−meetings/the−paris−agreement/the−paris−agreement (웹사이트 설명)

(2) FCCC/CP/2015/10/Add.1, Annex (문서)

(3) FCCC/CP/2015/10/Add.1 (문서)

(4) unfccc.int/process−and−meetings/the−paris−agreement/paris−agreement−work−programme/katowice−climate−package (웹사이트 설명)

(5) FCCC/PA/CMA/2018/3/Add.1 (Decision 1~12/CMA.1) 및 FCCC/PA/CMA/2018/3/Add.2 (Decision 13~20/CMA.1) (문서)

※ 상기, 강조 국문 글씨는 파리협정 및 파리협정 세부 이행규칙의 영문명을 번역하거나 압축번역하여 본서에서 사용한 제목임

파리협정 세부 이행규칙 (4)		
CMA1 결정문 (5)		국문번역
–	–	–
–	–	–
–	–	–
4/CMA.1	–	감축 추가 지침
	부속서I	정보 지침
	부속서II	산정 지침
	–	특성 지침
5/CMA.1	부속서	감축 공공등록부 방식 및 절차
6/CMA.1	–	NDC 공통 타임프레임(이행기간)
7/CMA.1	부속서	대응조치 이행의 영향에 관한 포럼의 방식, 작업프로그램, 기능
–		
8/CMA.1		제6조 관련 지침(6.2 지침, 6.4 규칙·방식·절차, 6.8 작업프로그램)
–		
9/CMA.1	부속서	적응 커뮤니케이션 지침
10/CMA.1	부속서	적응 공공등록부 방식 및 절차
11/CMA.1	–	개도국 적응 관련 사항
–	–	–
–	–	–
12/CMA.1	부속서	기후재원 관련 사전정보 보고사항
13/CMA.1	부속서	적응 기금 관련 사항
14/CMA.1	부속서	신규 종합·정량적 재원 목표
–	–	–
15/CMA.1	부속서	기술프레임워크 운영 지침
16/CMA.1	부속서	기술메커니즘에 대한 주기적 평가의 범위 및 방식
–	–	–
17/CMA.1	–	교육, 훈련 등의 이행 강화 방안
18/CMA.1	–	투명성체계 방식·절차·지침
19/CMA.1	–	전지구적 이행점검의 방식 및 투입자료
20/CMA.1	–	이행준수위원회의 효과적 운영을 위한 방식 및 절차
–	–	–
–	–	
–	–	
–	–	
–	–	
–	–	
–	–	
–	–	
–	–	
–	–	
–	–	
–	–	

파리협정 (1)		
협정 (2)	COP21 결정문	영문명
제1조	–	**Definitions**
제2조	–	**Purpose**
제3조	12~21항	(Intended) Nationally Determined Contributions
제4조	22~35항	Mitigation
	28항	
	31항	
	26항	
	29항	-
	–	-
	34항	-
제5조	–	**Sinks and reservoirs**
제6조	36~40항	**Cooperative approaches, Mechanism to support sustainable development, and etc.**
제7조	41~46항	Adaptation
	41, 42, 45항	
제8조	47~51항	Loss and Damage
제9조	52~64항	Finance
	55항	
	–	
	53항	
제10조	65~70항	Technology development and transfer
	67항	
	69항	
제11조	71~83항	Capacity-building
제12조	–	**Enhancement of education, training, and etc.**
제13조	84~98항	Transparency of action and support
제14조	99~101항	Global Stocktake
제15조	102~103항	Facilitating implementation and compliance
제16조	–	CMA
제17조	–	Secretariat
제18조	–	SBSTA and SBI
제19조	–	**Bodies and Institutional Arrangements to serve Agreement**
제20조	–	**Signature and Instruments of Ratification, Acceptance, Approval or Accession**
제21조	104항	Entry into force
제22조	–	Amendments
제23조	–	Annexes
제24조	–	Settlement of Disputes
제25조	–	Voting
제26조	–	Depository
제27조	–	Reservations
제28조	–	Withdrawal
제29조	–	Language

※ 상기, 강조 영문 글씨는 파리협정 문서에는 없는 제목이나, 파리협정 협상 당시 협정문 최종안에 명시된 표현으로 본서의 이해를 돕기 위해 수록함(단, 파리협정 영문명칸에 쓰인 영문 글씨는 제21차 기후변화협약 당사국총회 결정문에 사용된 표현임)

파리협정 세부 이행규칙 (4)		
CMA1 결정문 (5)		**영문명**
–	–	–
–	–	–
–	–	–
4/CMA.1	–	Further guidance in relation to the mitigation section of decision 1/CP.21
	부속서I	– Further guidance for information to facilitate clarity, transparency and understanding of nationally determined contributions, referred to in decision 1/CP.21, paragraph 28
	부속서II	– Guidance for accounting for Parties' nationally determined contributions, referred to in decision 1/CP.21, paragraph 31
	–	– Further guidance on features of nationally determined contributions, referred to in decision 1/CP.21, paragraph 26
5/CMA.1	부속서	Modalities and procedures for the operation and use of a public registry referred to in Article 4, paragraph 12, of the Paris Agreement
6/CMA.1	–	Common time frames for nationally determined contributions referred to in Article 4, paragraph 10, of the Paris Agreement
7/CMA.1	부속서	Modalities, work programme and functions of the forum under the Paris Agreement on the impact of the implementation of response measures
–	–	–
8/CMA.1		Matters relating to Article 6 of the Paris Agreement and paragraphs 36-40 of decision 1/CP.21
–	–	–
9/CMA.1	부속서	Further guidance in relation to the adaptation communication, including, inter alia, as a component of nationally determined contributions, referred to in Article 7, paragraphs 10 and 11, of the Paris Agreement
10/CMA.1	부속서	Modalities and procedures for the operation and use of a public registry referred to in Article 7, paragraph 12, of the Paris Agreement
11/CMA.1	–	Matters referred to in paragraphs 41, 42 and 45 of decision 1/CP.21
–	–	–
–	–	–
12/CMA.1	부속서	Identification of the information to be provided by Parties in accordance with Article 9, paragraph 5, of the Paris Agreement
13/CMA.1	부속서	Matters relating to the Adaptation Fund
14/CMA.1	부속서	Setting a new collective quantified goal on finance in accordance with decision 1/CP.21, paragraph 53
–	–	–
15/CMA.1	부속서	Technology framework under Article 10, paragraph 4, of the Paris Agreement
16/CMA.1	부속서	Scope of and modalities for the periodic assessment referred to in paragraph 69 of decision 1/CP.21
–	–	–
17/CMA.1	–	Ways of enhancing the implementation of education, training, public awareness, public participation and public access to information so as to enhance actions under the Paris Agreement
18/CMA.1	–	Modalities, procedures and guidelines for the transparency framework for action and support referred to in Article 13 of the Paris Agreement
19/CMA.1	–	Matters relating to Article 14 of the Paris Agreement and paragraphs 99-101 of decision 1/CP.21
20/CMA.1	–	Modalities and procedures for the effective operation of the committee to facilitate implementation and promote compliance referred to in Article 15, paragraph 2, of the Paris Agreement
		–
		–
		–
		–
		–
		–
		–
		–
		–
		–
		–
		–

서 장

기후변화대응과 국제조약체계

박덕영(연세대학교 법학전문대학원 교수)

목 차

Ⅰ. 기후변화협약의 성립배경

지구의 기온은 대기 중에 존재하는 온실가스의 농도에 의해 커다란 영향을 받는다. 온실가스는 지구를 온화하게 유지해준다는 다소의 장점도 갖고 있지만, 인간 활동으로 인해 대기에 축적되는 온실가스는 이른바 온실효과를 일으키고, 특히 태양열이 지구 표면을 벗어나지 못하게 하여 지구온난화라는 원치 않는 결과를 발생시키게 된다. 이러한 기후변화의 문제를 해결하기 위한 국제적 법체계가 바로 국제기후변화법제(International Climate Change Law)이며, 주로 유엔을 중심으로 논의되기 시작한 세 개의 조약을 중심으로 발전해오고 있다.

기후변화에 대한 국제적 대응은 복잡하고, 국가 간 첨예하고 커다란 입장차이 속에서 진화하고 있다. 누구나 기후변화 문제의 시급성에 대해 인식하고 즉각적인 행동을 통해 기후변화 문제를 해결해야 한다는 점에 대해서는 자각하고 있지만, 이 문제를 다루는 구체적인 방법에 대한 합의에 도달하는 것은 각국의 이해관계를 고려하면 그리 쉬운 일이 아니었다.

국지적인 환경 문제에 대한 관심은 꽤나 오래전부터 이어져 왔지만, 이것을 국제적인 문제, 더 나아가 전 지구적 문제로 인식하기 시작한 것은 대략 1960년대부터라고 할 수 있다. 많은 국가들이 법과 정책을 통하여 환경 문제에 관심을 갖기 시작했으나, 개별 국가의 관심 내지 국지적 협력만으로는 문제를 해결할 수 없다는 것을 인식하게 되었다. 해양에서의 기름유출을 비롯한 해양오염 문제가 대두되면서 전 세계 대중이 환경 문제에 경각심을 갖게 된 것은 물론이고, 환경오염은 전 지구적으로 확산되는 문제라는 점이 큰 공감대 속에 확인된 바 있다.

특히 스웨덴 정부는 1968년 유엔이 인간과 환경에 관한 국제회의를 소집할 것을 요청하였는데, 여기서 제시된 목표는 환경 문제의 중요성과 심각성에 대한 관심을 촉구하는 동시에 유엔에서 이 문제를 구체적이고 장기적으로 다루도록 하는 기초를 마련하는 것이었다. 유엔총회는 결의 2398(XXIII)을 통해 환경 문제 해결을 위한 국제회의 개최를 결정하고, 1972년 6월 5일부터 16일까지 스웨덴 스톡홀름에서 유엔 환경회의를 개최하였다.

한편 민간 차원에서 1972년 세계 52개국의 학자와 기업인, 전직 대통령 등 각계 지도자 백 명으로 구성된 연구기관인 로마클럽[1]에서는 '성장의 한계(The Limits to Growth)'라는 보고서를 발간하였다. 이 보고서의 핵심내용은 지구상에 존재하는 천연자원은 한정되어 있고, 인구는 계속해서 증가할 것이므로 미래의 경제발전은 제한을 받을 수밖에 없다는 것이었다. 여기서는 특히 식량 산출량의 증가를 넘어서는 인구증가, 공업생산의 증대와 이보다 훨씬 빠르게 소멸하는 자본재의 문제, 재생 불가능한 자원 사용의 급속한 증가로 인한 자원고갈, 인류의 산업활동 증가에 따른 환경오염의 가속화 문제 등을 집중적으로 경고하고 있다.[2] 이 보고서는 경제발전과 환경 문제 간의 관계를 반성적으로 재조명함으로써 1980년대 이후부터 본격적으로 세계적 차원에서 환경 문제에 대한 국가 간 협력이 이루어지는 데 필요한 이론적 기반을 제공하였다.

특히 과학계는 20세기 중반부터 대기 중 이산화탄소가 해양에 의해 흡수되지 못할 수 있다는 점에 대해 경고하기 시작했고, 더욱이 대기 중의 이산화탄소 농도를 측정할 수 있게 됨에 따라 이산화탄소 농도가 매년 지속적으로 증가한다는 점과 기후변화로 인해 야기될 수 있는 환경적 영향이 매우 크다는 점이 확인되었다. 무엇보다 대기 중 이산화탄소 농도가 지구의 평균기온과 밀접하게 관련되어 있다는 점이 과학적으로 밝혀짐에 따라 기후변화 문제에 대한 경각심과 이를 억제하기 위한 노력의 필요성이 인식되었다.

기후변화 문제를 다루기 위한 국제적인 노력은 끊임없이 계속되었다. 1979년 스위스 제네바에서는 세계기후회의(World Climate Conference)가 개최되었고, 회의의 결과로 세계기후 프로그램(World Climate Program)이 만들어졌으며, 1985년에는 오스트리아 빌라흐 회의(Villach Conference)를 통해 기후변화의 과학적 측면에 대한 논의를 위한 장이 마련되기도 하였다.

1988년에는 지구온난화의 과학적 근거 마련 및 사회경제적 영향평가 수행을 위하여 '기후변화에 관한 정부 간 패널(Intergovernmental Panel on Climate Change:

---

1 로마클럽에 대한 보다 상세한 내용은 勝田 悟 저, 박덕영·이현정 역, 2018, 『CSR 환경책임』, 박영사, pp.67-68 참조.
2 최승국, "녹색경제를 향한 모색", http://happy100.tistory.com/340.

IPCC)'[3]이 설립되었고, IPCC가 1990년 최초로 발간한 평가보고서는 다음 한 세기 동안 지구의 평균기온이 0.2℃에서 0.5℃ 정도 상승할 수 있다고 경고한 바 있다. 여기서 기온의 상승은 전 세계의 강우량이 증가한다는 것을 의미할 뿐 아니라, 해수면이 2030년에는 20cm, 21세기 말에는 65cm까지 상승할 수 있다는 것을 의미한다.[4] 이는 1992년 브라질 리우데자네이루에서 열린 리우회의라고도 불리는 유엔환경개발회의(UN Conference on Environment and Development: UNCED)에서 '기후변화에 관한 국제연합 기본협약(UNFCCC, 이하 기후변화협약)'에 이르는 과학적인 근거가 되었다.

기후변화를 다루는 국제적 합의가 필요하다는 공감대 속에 1990년에 국가들 사이의 공식적인 논의가 시작되었는데, 유엔총회가 이 작업에 착수하고자 할 때, 가장 쟁점이 되었던 사안은 협정에 어떠한 내용을 어느 범위까지 어떻게 다루어야 하는지를 결정하는 문제였고, 다른 하나는 선진국들과 개발도상국들에 대한 규율방식 차등화를 어떻게 조약 속에 담을 것인가의 문제였다. 미국과 일부 선진국들은 구체적인 의무를 포함하지 않은 기본협약(framework convention)을 채택하는 방식을 선호한 데 반하여, 다수의 유럽 국가들과 도서국가들은 기후변화와 관련된 논의가 단지 기본협약을 체결하기에는 너무나 많이 진척되었으므로 보다 심화된 의무를 부여하는 협약을 만들어야 한다고 주장하였다. 한편 개발도상국과 선진국 사이의 차등화 문제는 과거에도 문제가 되었지만, 오늘날에도 여전히 미해결의 문제로 남아 있다. 이는 선진국과 개발도상국 간에 기후변화를 야기한 책임이 국가별로 누구에게 얼마나 있는가에 의해 좌우되는 것인데, 각 회원국이 부담해야 하는 협약상의 의무를 정하는 문제와도 밀접하게 연결되어 있는 이슈이다.

기후변화협약에 대한 협상이 개시되고, 협약의 발효에 이르기까지의 공식적인 조약체결 절차에는 3년이 조금 넘는 기간이 소요되었는데, 이는 환경과 관련한 국제협상치고는 비교적 짧은 기간이라고 할 수 있다. 게다가 실제의 협상은 협상기간이 종료되기 몇 달 전, 첨예한 쟁점에 대해서는 불과 몇 시간 전의 극적 합의를 통해 협

---

3 유엔환경계획(United Nations Environment Program: UNEP)과 세계기상기구(World Meteorological Organization: WMO)가 인간의 활동이 기후변화에 미치는 영향을 분석하기 위해 1988년 11월 설립. 기후변화에 관련된 과학적·기술적 사실에 대한 평가를 제공하고, 국제적인 대책을 마련하기 위한 정부 간 협의체.

4 IPCC는 1990년 8월, "2100년에는 지구 평균기온이 약 3℃ 상승한다. 대기 중 농도를 현재 수준으로 유지하려면 즉시 인간활동에 의한 CO_2 배출을 60% 이상 감축하지 않으면 안 된다"는 내용의 제1차 평가보고서를 발표하였다.

약이 성립될 수 있었다고 알려져 있다. 유엔총회가 1990년 기후변화협약을 위한 정부 간 협상위원회(Intergovernmental Negotiating Committee for a Framework Convention on Climate Change: INC)를 출범시켰지만 처음부터 협상당사국들 사이의 입장차는 컸다. 비단 선진국과 개발도상국 사이의 입장 차이 뿐만 아니라, 선진국들 상호간에, 또 개발도상국들 사이에서도 의견차가 적지 않았다. 막판에 가서는 기후변화협약이 어떻게든 성립되어야 한다는 필요성을 앞세워 몇몇 협상국들만이 협약문을 결정하는 일까지도 용인되었다. INC는 1991년 2월과 1992년 5월 사이에 5차례 회합하였고, 1992년 5월 9일에 기후변화협약을 기본협약의 형태로 채택하게 되었다. 이러한 기후변화협약이 채택되기까지 우리나라는 협상 초기부터 적극적으로 참여하였다.

협약은 재정 메커니즘(제11조), 상세한 보고 요구사항들(제12조)과 국제적 검토(제7조 2항 e호)를 포함하는 비교적 강력한 이행체제를 확립하고 있다는 점에서 전형적인 기본협약과는 다른 모습을 보여주고 있다. 이후 50개국이 비준한 결과 2년이 채 지나지 않은 1994년 3월 21일에 발효되었다. 기후변화협약은 2020년 5월 현재 197개의 당사국이 참여하고 있으며, 우리나라는 1993년 47번째로 협약에 가입하였다.

이렇게 협약이 초기에 성공할 수 있었던 이유로는 많은 국가들 사이에서 형성된 기후변화에 대한 공동대응의 필요성이라는 공감대가 있었고, 협약에서 1992년 6월 UNCED(United Nations Conference on Environment and Development)에서 서명하도록 최종기한을 설정한 점 역시 주효했던 것으로 평가된다. 이로 인해 국가들은 상당한 압박을 받았을 것으로 보인다. UNCED는 스톡홀름 회의로부터 20년 후에 개최된 회의로, 그동안 발생한 환경 문제들에 주목하고, 그간 국제사회에 의해 추진되어 온 노력들에 대한 평가가 이루어졌으며, 무엇보다 인류의 지속가능한 발전과 환경 문제의 상호관계에 대한 논의를 위해 마련된 것이었다(유엔총회 결의 44/228).[5]

특히 유엔은 환경 문제를 크게 9가지 범주로 나누었는데, 대기, 수자원, 해양환경, 육지자원, 폐기물 등 환경 문제와 함께 생활 및 직업 환경의 개선, 인간 건강의 증진 및 삶의 질 향상이라는 인간 중심의 문제 역시 함께 망라되었다. 동 회의에서는 기후변화협약과 함께 생물다양성협약(Convention on Biodiversity)도 서명되어, 현재까지 국제환경법의 발전에 있어 가장 중요했던 회의라고 할 수 있다.

---

5 UNCED는 그동안 환경 문제를 다루기 위한 가장 큰 규모의 국제회의로 일반적으로 리우 지구정상회담으로 불리우며, 동 회의를 통하여 환경과 개발에 관한 리우선언이 채택되었다. 리우선언의 구체적 내용은 박덕영, 2020, 『국제법 기본조약집』, (제4판), 박영사, p.561 참조.

Ⅱ. 유엔기후체제의 구조와 특징

기후변화에 대응하기 위한 국제적 노력은 다방면에서 이루어지고 있다. 비단 국가들 사이에서의 노력뿐만 아니라, 지방정부, 도시 또는 민간(시민사회 및 경제주체)의 노력도 끊임없이 이어지고 있다. 하지만 기후변화대응 논의에 있어 가장 핵심이 되는 규범을 형성하고, 전 세계적 행동을 규정하는 규범체계는 기후변화협약을 중심으로 발전하고 있는 이른바 유엔기후체제(UN Climate Regime)라고 할 수 있다. 유엔기후체제는 기후변화를 억제하기 위한 목표를 설정하고, 이를 실천하기 위한 구체적인 행동의무를 정하고, 이러한 행동에 대해 평가하고 그 이행방안을 강구하도록 하는 이행 메커니즘으로 구성되어 있다. 물론 이러한 세 가지 요소는 긴밀한 관계를 갖고 있으며, 상호보완적이다.

유엔기후체제는 환경 문제를 다루는 현대의 국제규범들에서 자주 활용되고 있는 이른바 기본협약-의정서(framework convention-protocol) 방식을 따르고 있다. 즉, 기후변화협약은 하나의 골격 혹은 원칙으로서의 기능을 하고, 이를 구체화하고 업데이트하는 것은 이후에 성립되는 또 다른 조약인 의정서에 맡기는 방식이다. 이에 따라 기후변화협약 제17조에는 의정서 성립에 관한 근거가 마련되었고, 실제로 협약이 성립되고 5년이 지난 후인 1997년 교토의정서(Kyoto Protocol)가 채택되었다. 이후 2015년 12월 파리협정(Paris Agreement)이 성립되었는데, 이는 형식적으로는 기후변화협약의 의정서는 아니지만, 실질적으로는 교토의정서와 마찬가지로 협약의 내용을 보충·구체화하고 모든 기후변화협약 당사국들의 참여를 인정한 보편적 협정이다.[6]

적어도 기후변화협약과 교토의정서 하에서는 공동의 그러나 차이가 나는 책임의 원칙에 따라 가입 당사국을 부속서 Ⅰ(Annex I) 국가, 부속서 Ⅱ(Annex II) 국가, 비부속서(Non-Annex I) 국가로 구분하여 각기 다른 방법으로 온실가스 감축의무를 부담하기로 결정하였다.

부속서 Ⅰ 국가는 주로 선진국들로 1992년 기준 24개의 OECD 가입국과 체제전환국(Economies in Transition: EIT)인 러시아, 발트해 연안 국가, 일부 동유럽 국가 및

---

6 그러나 그 명칭이 협약이든, 의정서이든, 협정이든 그 법적 효력에 있어서는 차이가 없다. 세 조약 모두 국제법에 의해 규율되는 국가 간의 문서에 의한 합의로서 당사국을 구속한다. 일단 조약의 당사국이 되면 반드시 해당 조약을 준수하여야 하며, 국내법을 이유로 한 조약의 비준수도 인정이 되지 않는다. 조약법에 관한 비엔나 협약, 제1조, 제26조 및 제27조 참조.

EU를 포함하고 있다. 그 후 제3차 기후변화협약 당사국총회(COP3)에서 6개국이 추가되었다. 부속서 II 국가는 부속서 I 국가 중 EIT를 제외한 OECD 가입국으로, 개발도상국에 재정과 기술을 지원할 의무를 지닌다. 비부속서 국가들은 대부분 기후변화의 부정적인 영향에 대처할 역량이 부족한 개발도상국을 포함하고 있다.

표A-1 기후변화협약(UNFCCC) 부속서 및 비부속서 국가 현황[7]

구분	부속서 I 국가	부속서 II 국가	비부속서 국가
국가	- OECD 국가 - EU - 체제전환국(EIT; 11개국)	부속서 I 국가 중 동구권 EIT 국가를 제외한 OECD 국가와 EU	기후변화협약 가입국 중 부속서 I 외의 국가
의무	온실가스 배출량 1990년 대비 평균 5.2% 감축	개발도상국에 재정지원 및 기술이전 의무	국가보고서 제출 등 협약상의 공통의무 이행

기후변화협약은 최고의사결정기구로 당사국총회(Conference of Parties: COP)를 두고 있으며, 1995년 독일 베를린에서 제1차 회의가 개최된 이래 매년 1회 개최되고 있다. 제1차 당사국총회에서는 2000년까지 온실가스 배출을 1990년 수준으로 감축시킬 것을 목표로 한 선진국의 공약이 부적절하다고 결론짓고, 부속서 I 국가들의 이행수준을 강화하기로 한 소위 '베를린 위임사항(Berlin Mandate)'에 합의하였다. 그 후 2년간의 협상과정을 거쳐 1997년 12월 일본 교토에서 개최된 제3차 당사국총회(COP3)에서 채택된 것이 바로 교토의정서이다.

교토의정서는 산업혁명 이후 지구온난화의 주요 원인을 제공해 온 선진국에게 역사적인 책임을 묻고, 실질적인 온실가스 감축목표를 달성하기 위해 부속서 I 국가를 대상으로 구속력 있는 온실가스 감축목표치를 부여하였다. 이에 따라 교토의정서는 2008~2012년에 이르는 제1차 공약기간 동안 38개국에 평균 5.2%의 의무 감축률을 설정하였다. 우리나라는 교토의정서 채택 당시 OECD 국가였으나, 금융위기(IMF) 등으로 인해 개도국으로 분류되어 멕시코와 함께 비의무감축국으로 남았다.

교토의정서의 가장 특징적인 부분은 선진국들이 자국에 부여된 감축의무를 국내적인 수단으로만 달성하기에는 한계가 있다는 점을 인정하여, 배출권 거래나 공동이행, 청정개발체제(CDM) 제도 등을 통해 의무 이행에 유연성을 부여했다는 점

---

7 석현덕 외, 2010, "기후변화협약 REDD+메커니즘의 이해와 향후 협상전망", 한국농촌경제연구원, p.36.

이다.[8] 그러나 2001년 3월, 단일국가로는 세계 최대 온실가스 배출국이었던 미국
(36.1%)이 교토의정서를 비준하지 않기로 함에 따라 교토의정서의 발효요건을 충족
하지 못하였고, 발효는 보류된 채 당해 11월 마라케시 합의문을 통해 교토의정서의
세부운영 규칙에 대한 합의만을 이루었다.[9] 2004년 11월 러시아의 비준으로 인해 발
효요건을 갖춘 교토의정서는 2005년 2월 발효되었고, 당시 부속서 I 국가의 총배출
량은 전 세계 배출량의 약 2/3를 차지한 바 있다.

표 A-2 유엔기후체제의 주요 연혁[10]

1988	유엔총회에서 기후변화에 대한 최초의 결의안을 채택하고 기후변화를 공동관심사라고 선언
1990	유엔총회가 적절한 의무를 포함하는 UNFCCC를 위한 협상을 시작하도록 INC를 설립
1992	UNFCCC가 채택되고 서명을 위해 UNCED에 개방
1994	UNFCCC의 발효
1995	베를린 위임사항이 채택되어 선진국들에 대한 수량적 배출 제한목표를 부여하나 개발도상국들에게는 새로운 의무를 부여하지 않는 의정서의 협상을 위임
1997	교토의정서 채택
2001	교토의정서 운영을 위한 마라케시 합의문 채택
2004	교토의정서 발효
2007	발리행동계획이 채택되어 기후변화에 대한 장기적 협력활동에 대한 종합적 절차를 시작
2009	국가 원수들이 코펜하겐 합의문을 채택하나 당사국총회(COP)가 이를 새로운 협정이나 의정서로 합의하는 데는 실패
2011	더반플랫폼이 채택되어 2020년 이후의 기간을 다루는 협상 시작
2012	도하개정을 채택하여 교토의정서를 2020년까지 연장하기로 합의했으나 아직까지 발효시키지는 못함
2013	바르샤바 COP 결정으로 2015년 당사국총회 전에 INDC를 제출하도록 요청
2014	기후행동에 관한 리마선언이 채택되어 '협상문 초안의 요소'에 합의하고 INDC에 대한 지침 마련
2015	파리협정 채택
2018	파리협정의 구체적 이행을 위한 세부이행규칙(rulebook)이 대체로 완성됨

---

8 앞의 글, p.38.
9 교토의정서 제25조 1항: "This Protocol shall enter into force on the ninetieth day after the date on which not less than 55 parties to the Convention, incorporating Parties included in Annex I which accounted in total for at least 55 percent of the total carbon dioxide emissions for 1990 of the Parties included in Annex I, have deposited their instruments of ratification, acceptance, approval or accession."
10 Daniel Bodansky, *et al.* 저, 박덕영 외 역, 2018, 『국제기후변화법제』, 박영사, p.143.

III. 기후변화협약 및 교토의정서의 주요 내용

1. 기후변화협약

가. 협약의 목적

기후변화협약의 가장 큰 성과는 기후변화에 대한 원인 중 인간활동이 중요한 부분을 차지하고, 이러한 인간활동에 대해 적절한 조치를 취함으로써 온실가스 농도를 안정시켜야 한다는 데 합의를 이룬 것이라고 할 수 있다. 즉, 협약 제2조 1문에서는 "기후체계가 위험한 인위적 간섭을 받지 않는 수준으로 대기 중 온실가스 농도의 안정화를 달성하는 것"을 협약의 궁극적 목적으로 언급하고 있다. 여기에서 '기후체계'란 협약 제1조에 명시된 바와 같이 '대기권, 수권, 생물권과 지리권 그리고 이들의 상호작용의 총체'를 의미한다. 협약의 목적이 이와 같기 때문에 대기권, 수권, 생물권 및 지리권이 인위적 간섭으로 인하여 온실가스의 배출농도를 측정하고 이를 감축하기 위한 노력 및 그 결과의 평가는 협약 이행에 있어서 가장 기초적인 과제가 된다.

그러나 이러한 목적의 타당성은 지구온난화 자체를 부정하는 이론 및 인위적 활동과의 연관성 부족에 대한 비판 등이 지속적으로 제기되면서 그 타당성을 의심받아 왔다. 이에 대응하기 위하여 IPCC는 정기적으로 발표하는 기후변화 보고서를 통해 각종 과학적 관측 결과와 분석을 통해 협약의 목적이 갖는 타당성을 입증하여 왔다. 기후변화 문제에 대한 과학의 역할과 과학적 근거 제시의 중요성 때문에 과학은 협상과 함께 기후변화에 대한 국제적 논의를 떠받치는 두 개의 기둥 중 하나라고 설명하기도 한다.[11] 이미 2007년 제4차 IPCC 평가보고서(Assessment Report)에서 유형별 온실가스 배출량을 분석해 "인류의 활동에 의하여 발생한 지구 온실가스(GHGs) 배출량은 산업화 이전부터 증가해 왔으며, 1970년부터 2004년 사이에는 70%나 증가하였다"는 점을 분명히 하였다.[12] 2014년 제5차 평가보고서는 더욱 적나라하고 충격적인데, 보고서는 다음과 같은 결론을 도출하고 있다.

---

11 Pierre-Marie, Dupuy, Jorge E., Viñuales, 2018, *International Environmental Law*, 2nd edition, Cambridge: Cambridge University Press, p.173.

12 IPCC, Climate Change 2007: Synthesis Report. Contribution of Working Group I, II and III to the Fourth Assessment Report of the Intergovernmental Panel on Climate Change.

- 기후시스템의 온난화는 "명백하다." 영국기상청의 최신자료에 따르면, 현재 지구의 평균기온은 산업화 이전 수준보다 거의 1℃ 정도 올라간 것으로 나타났다.
- "20세기 중엽부터 관찰된 온난화의 지배적 원인이 인간의 활동이었을 가능성이 매우 높다."
- "관찰된 많은 변화들은 수십 년에서 수천 년 동안 전례가 없던 것들이다. 대기와 해양이 온난해졌고, 눈과 얼음의 양이 줄어들었으며, 해수면이 상승했고, 온실가스의 농도가 증가했다."
- 이 변화들은 "모든 대륙과 모든 해양의 자연 및 인간 시스템에 영향을 미쳤다." "온실가스의 지속적인 배출은 온난화를 심화시킬 것이며, … 심각하고, 광범위하고, 돌이킬 수 없는 영향을 미칠 가능성을 증가시킨다."[13]

또한 시뮬레이션을 통해 자연적 요인과 인위적 요인에 따른 지표 온도의 변화값을 측정함으로써 지구온난화 현상이 인위적 강제력이 없이는 발생하지 않았을 것이라는 점도 밝히고 있다. 제1문에서 언급된 '위험한 인위적 간섭'에 대한 근거 역시 강화된 과학적 예측결과에 의해 뒷받침되고 있다. IPCC 제4차 보고서는 2090~2099년에는 1990~1999년에 비해 지구의 온도가 시나리오에 따라 최소 1.1℃에서 최대 6.4℃까지 상승하고 이러한 상승폭의 중간값인 3.8℃ 정도 상승한다고 가정할 경우, 생물종의 30~40%가 멸종위험에 노출되고, 모든 위도에서 곡물의 생산성이 감소하기 시작하여 3천만~1억 2천만에 달하는 인류가 기근의 위협에 놓이게 된다고 전망한다. 따라서 인위적 간섭이 현재와 같은 수준으로 유지될 경우에 초래될 기후체계에 대한 위험성은 명백하다고 할 수 있다.

마지막으로 '온실가스'에 해당하는 물질을 이산화탄소(CO_2), 메탄(CH_4), 아산화질소(N_2O), 수소불화탄소(HFC_S), 과불화탄소(PFC_S), 육불화황(SF_6) 등 여섯 가지로 분류하였다. 각각이 지닌 위험성의 정도와 전체적인 온실가스 농도 안정화에 미치는 영향은 본고가 다루는 범위를 벗어나는 전문적인 문제로, 자세한 내용은 IPCC의 제5차 보고서까지의 내용을 참고하기 바란다.

---

13 IPCC, Climate Change 2014: Synthesis Report (2014) Summary for Policymakers.

나. 협약의 원칙

기후변화협약의 원칙은 협약 제3조의 1항에서 5항에 걸쳐 규정되어 있다. 협약의 기본원칙은 기본'의무'라고도 말하는데, 이는 협약의 기초가 될 뿐만 아니라 이러한 원칙에 따른 행동을 회원국에게 요구하고 있기 때문이다. 예를 들어 협약 제3조 3항은 사전주의적 조치를 취하도록 하는데, 이는 당사국에게 이러한 조치를 취할 의무가 있다는 것을 천명한 것이기도 하다. 물론 당사국이 의무를 '이행'하기 위해서는 의무가 구체화될 필요가 있지만, 협약상의 원칙을 단지 지도원리나 가이드라인 정도로 볼 수는 없으며, 이들 역시 의무로서 당사국을 구속한다는 점을 염두에 둘 필요가 있다.

협약이 규정하고 있는 첫 번째 원칙은 '형평성에 입각하여 공동의 그러나 차이가 나는 책임과 개별국가 역량에 따라' 기후체계를 보호하는 것이다. 기후변화협약에서 가입 당사국을 부속서 I, II, 비부속서 국가로 나누어 각기 다른 의무를 부담하도록 한 것도 이러한 원칙에 의한 것이다. 부속서는 OECD 가입 여부, 시장경제체제를 갖추었는지 여부, 기후변화에 대한 책임 정도 등을 기준으로 각 국가를 분류하고 있다.

특히 선진국, 즉 부속서 I 국가에 더 무거운 감축의무를 부과한 것은 IPCC 제4차 보고서에서 언급된 바와 같이 산업화라는 인위적 활동이 19세기와 20세기에 걸쳐 지구온난화에 미친 부정적 영향을 고려한 결과라고 할 수 있다. 그러나 이러한 역사적 책임은 정량적으로 측정할 수는 없기 때문에, 선진국이 어느 정도의 책임을 분담할 것인지 정하는 데 있어서는 여전히 많은 논란과 이견이 존재한다. 선진국은 역사적 배출량뿐만 아니라 역량이라는 측면에서도 기후변화 대응에 있어 주도적인 역할을 담당해야 한다. 그러나 아무리 선진국의 역할이 중요하다고 하더라도 기후변화 대응은 공동의 과제이자 책임이며, 여기서의 형평성은 동시대적 형평성을 넘어 세대간 형평성(inter-generational equity)을 포괄하는 개념이다.

두 번째 원칙은 기후변화에 대한 부담의 정도를 결정하는 데 있어 '개발도상국의 특수한 사정에 대한 배려'를 하라는 것이다. 이는 동조 1항에서 천명된 형평 내지 공통의 그러나 차이가 나는 책임을 구체화한 것으로, 제3조 2항의 내용에 따르면, 특수한 사정이라 함은 '기후변화의 부정적 효과에 특별히 취약'할 수밖에 없는 환경적 또는 사회경제적 조건에 놓여 있다는 것을 의미하는 것으로 보인다. 기후변화에 얼마나 취약한가의 정도는 그 지역의 적응 능력과 그 지역에 미칠 기후변화현상의 잠재적 영향력에 따라 결정된다.

예를 들어, 가난과 자원부족, 식량난, 경쟁의 세계화, 무력분쟁, HIV/AIDS와 같은 질병의 높은 발병률 등은 그 지역이 기후변화로 인해 간헐적으로 발생하는 재해에 대비할 수 있는 인적·물적 자원이 부족함을 암시한다. 또한 협약 제4조 8항에 명시된 군소도서 국가, 저지대 연안국, 가뭄과 사막화에 취약한 국가 등은 같은 기후변화 현상에도 더 큰 피해를 입을 가능성이 높다. 이러한 사실은 실증적인 분석에 의해서도 두루 뒷받침되고 있는데, 대표적인 것 중 하나는 개발과 환경 분야의 비영리단체인 German Watch에서 개발한 기후위기지표(Climate Risk Index: CRI)이다.[14] CRI 분석에 따르면 1999~2018년 사이 기후변화위기로 인해 가장 심각한 피해를 입은 10대 취약국은 모두 개발도상국 또는 최빈국으로 나타났다.

이와 같이 대부분의 개발도상국은 기후변화에 대한 적응능력이 낮거나, 잠재적 피해의 가능성이 크거나 혹은 두 가지 모두에 해당하는 경우가 많으므로 기후변화협약에서는 온실가스의 감축의무에 있어 이들의 예외적 사정을 고려하기 위한 원칙을 명시하고 있다. 이를 종합적으로 보면, 협약은 유엔의 전통적 방식에 따라 우선 개도국(더 나아가 최빈개도국)과 선진국을 구별한 후, 개도국 중에서도 기후변화의 결과 및 기후정책에 영향을 받을 수 있는 국가들을 따로 나누어 그들에게 특별한 배려를 제공하고 있다. 또 선진국 그룹도 부속서 I 국가와 부속서 II 국가로 구분하여 부담하는 의무를 달리하고 있다. 특히 협약 제4조 7항은 선진국의 재정지원 및 기술이전이 개도국 의무이행의 전제가 된다고 밝히고 있어 선진국의 역할 없이는 개도국의 행동이 불가능할 것이라는 점을 분명히 하고 있기도 하다.

---

14 https://germanwatch.org/sites/germanwatch.org/files/20-2-01e%20Global%20Climate%20Risk%20Index%202020_10.pdf(Briefing Paper: Global Climate Risk Index 2020). CRI는 기후변화현상으로 인한 총 사망자 수, 인구 10만 명당 사망자 수, 총피해금액, GDP 대비 피해금액의 비중, 이 네 가지 지표를 바탕으로 작성된다.

순위	국가	CRI 지표	연간 사망자 수	총 피해액 (백만불)	연평균 10만 명당 사망자 수	GDP 대비 피해규모(%)	사건·사고 횟수
1	푸에르토리코	6.67	149.90	4567.06	4.09	3.76	25
2	미얀마	10.33	7052.40	1630.06	14.29	0.83	55
3	아이티공화국	13.83	274.15	388.93	2.81	2.38	78
4	필리핀	17.67	869.80	3118.68	0.96	0.57	317
5	파키스탄	28.83	499.45	3792.52	0.30	0.53	152
6	베트남	29.83	285.80	2018.77	0.33	0.47	226
7	방글라데시	30.00	577.45	1686.33	0.39	0.41	191
8	태국	31.00	140.00	7764.06	0.21	0.87	147
9	네팔	31.50	228.00	225.86	0.87	0.40	180
10	도미니카공화국	32.33	3.35	133.02	4.72	20.80	8

표 A-3 10대 기후변화 취약국 (1999~2018년)

세 번째 원칙은 '기후변화의 원인 및 부정적 효과를 완화하기 위한 예방적 조치'를 취해야 한다는 것이다. 제3조 3항에서 이러한 예방적 조치의 필요성은 주로 비용효율적인(cost-effective) 조치를 고려하도록 요구하고 있다. 또한 '과학적 증거의 불완전성'이 조치의 시행을 연기하는 데 유효한 근거가 될 수 없음을 언급함으로써 기후변화 현상으로 인한 피해 가능성을 최대한 사전적으로 판단해 대비할 것을 주문하고 있다. 이는 리우선언 제15원칙에 천명된 사전주의원칙(precautionary principle)과도 상응하는 것이다. 자연재해가 본질적으로 갖는 불확실성과 그 피해의 초국경적 파급효과를 고려해 볼 때, 이러한 원칙은 충분히 타당성을 지닌다고 할 수 있다.

네 번째 원칙은 각 당사국은 지속가능한 발전을 증진할 권리를 지니며, 기후체계 보호를 위한 조치가 각 국가의 발전계획에 통합되어야 한다는 것이다. 그리고 경제적 발전이 기후변화대응에 필수적인 만큼 이러한 통합에 있어서 각자가 지닌 고유한 상황이 고려된다. 이 원칙은 기후변화에 대응하는 데 있어 단지 환경정책 차원의 접근만으로는 충분히 효과적이지 않다는 현실적 인식을 담고 있다. 기후변화에 대한 적극적 대응이 지나친 사회적 비용을 초래하여 경제발전에 심각한 저해가 된다면 환경과 경제 둘 중 어느 것도 지속가능하지 않을 것이기 때문이다. 따라서 각 국가의 주어진 상황 속에서 지구온난화 방지를 위한 정책과 경제발전을 위한 정책이 서로 유리되지 않고 조화를 이룰 수 있도록 해야 한다. IPCC의 제3실무그룹이 발표한 제4차 보고서에서 "기후변화 및 다른 지속가능한 발전 정책들은 항상은 아니지만 종종 시너지 효과를 나타낸다. 예를 들면, 흔히 기후정책과는 별도로 여겨지는 거시적 경제정책, 농업정책, 다각적인 개발, 은행대출, 보험, 전력시장 개혁, 에너지 안보 및 산림 보전에 관한 의사 결정이 배출량을 상당히 감소시킬 수 있다는 증거들이 속속 등장하고 있다"고 밝힘으로써 지속가능한 개발과 기후변화의 완화가 정책적으로 보완적 관계로 발전할 수 있음을 보여주고 있다.[15]

다섯 번째 원칙은 개방적인 국제경제체제를 촉진하여 모든 당사국, 특히 개발도상국의 지속가능한 발전과 효과적인 기후변화대응을 이끌어 낸다는 것이다. 또한, 협약은 "기후변화에 대응하기 위한 조치가 국제무역체제에 대한 자의적 또는 정당화할 수 없는 차별수단이나 위장된 제한이 되어서는 안 된다"는 점을 명시함으로써, 개별국가가 취할 수 있는 기후변화 조치의 한계를 설정하고 있다. 이러한 표현은 GATT 제20조 예외조항의 두문과 거의 동일한 것인데, 이는 기후변화협약이 자유무역 국제경제체제의 예외로 작용하더라도 그 체제가 인정하고 있는 예외의 범위를 벗어나지 않을 것임을 나타낸다.

다. 공약 및 이행

'공통된 그러나 차이가 나는 책임과 개별적 역량'의 원칙에 따라 협약을 통해 이행하게 되는 공약 역시 모든 당사국의 공약과 선진국의 공약으로 나뉘어 있다. 제4조 1항은 모든 당사국의 공약사항을, 2항은 부속서 I 국가들의 차등화된 공약사항을 명시하고 있다. 각각의 공약사항에 담긴 핵심요지를 정리하면 다음과 같다.

라. 제4조 1항 – 모든 당사국의 공약사항

• 온실가스 배출원에 따른 인위적 배출량과 흡수원에 따른 흡수량에 관한 국가통계 작성 및 제출
• 온실가스 감축을 통한 기후변화 완화조치의 계획 수립 및 공표

---

15 http://www.ipcc.ch/pdf/assessment-report/ar4/wg3/ar4-wg3-spm.pdf(Contribution of Working Group III to the Fourth Assessment Report of the Intergovernmental Panel on Climate Change, 2007).

- 산업·농업·에너지 등 전 분야에 걸친 온실가스 감축기술 및 공정의 적용
- 생물자원·산림·해양 등 온실가스 흡수원의 보존 및 강화
- 기후변화로 인한 부정적 영향에 대비, 적응 및 대응계획 개발
- 기후체계에 관한 과학적·기술적·사회경제적 조사를 통해 기후변화에 대한 대응전략이 지니는 불확실성의 축소 또는 제거
- 기후체계에 관한 과학적·사회경제적·법적 정보의 포괄적이고 신속한 교환

마. 제4조 2항 – 부속서 I 국가의 공약사항

- 온실가스의 인위적 배출을 제한하는 내용을 포함하는 기후변화완화에 관한 국가정책의 채택. 2000년까지 1990년 수준으로 온실가스 배출량을 감축
- 채택된 조치의 결과로서 나타난 정기적인 배출량 감축정보를 당사국총회에 보고
- 협약의 목적 달성을 위하여 관련 경제적 및 행정적 수단을 검토하고 조정

제4조 1항과 2항을 비교해 보면, 두 국가군에 대한 협약의 기대수준에 차이가 확연히 드러난다. 제4조 1항은 공약을 수행하는 데 있어 각 국가의 특수한 국가적·지역적 개발 우선순위 등을 고려한다는 점이 명시되어 있는 반면, 2항에서는 그러한 언급 없이 공약에 대한 합의사실만 언급되어 있다. 이는 2항 (a)호에서 밝히고 있는 바와 같이 본 협약은 선진국에 단순히 공약의 준수 가능성을 기대하는 것이 아니라, 협약의 목적을 수행하는 데 있어 선도적인 역할(taking the lead)을 기대하고 있기 때문이다. 또한, 모든 당사국에 해당하는 공약사항과 달리 선진국의 공약사항에는 '1990년 수준'이라는 구체적인 목표 감축량도 정해져 있다. 그러나 제4조 6항에 따라 시장경제로의 이행기에 있는 국가군에 대해서는 이러한 공약내용을 이행하는 데 있어 어느 정도의 융통성이 허용된다.

바. 제4조 3~5항 – 부속서 II 국가의 공약사항

- 개발도상국의 제12조 1항에 따른 공약이행(이행관련 정보의 가공 및 통보)에 따르는 부가비용을 충족시키기 위해 새로운 추가적 재원 제공
- 기후변화에 취약한 국가에 대한 적응비용의 지원
- 개발도상국이 협약의 규정을 이행하는 데 필요한 기술 및 노하우 이전

부속서 II 국가에는 부속서 I 국가 중 시장경제로의 이행기에 있는 국가군이 포함되지 않기 때문에 개발도상국에 대한 재정적·기술적 지원의무가 더욱 구체적으로 명시되어 있다. 2001년 마라케시에서 개최된 제7차 당사국총회에서는 이러한 협약상 공약에 따라 '최빈국기금(Least Developed Countries Fund: LDCF)'과 '특별기후변화기금(Special Climate Change Fund: SCCF)'과 같은 개발도상국 지원기금을 설립하기로 결정하였다 이 기금들은 독립적인 금융기구인 GEF(Global Environmental Facility)[16]에 의해 운영되고, 선진국의 자발적인 기여에 의존하고 있다.[17]

사. 제12조 – 이행 관련 정보의 통보

제12조는 제4조에 명시된 공약의 이행을 위해 당사국이 충분한 조치를 취했는지에 대해 검증하는 메커니즘을 담고 있다. 제4조 1항에 명시된 바에 따라, 모든 당사국은 온실가스의 배출량과 흡수량에 관한 국가통계 및 협약이행을 위해 취한 조치의 내용 등이 담긴 보고서를 제공해야 하는데, 부속서 I 국가는 제4조 2항에 명시된 공약에 따른 조치사항을, 부속서 I 국가는 제4조 3~5항에 따라 취한 조치의 상세내용을 각각 사무국에 통보해야 한다. 부속서 II 국가는 4~5년마다 정기적으로 보고서를 당사국총회에 제출해야 하지만, 개발도상국은 특별히 정해진 주기가 없다. 제출된 보고서는 1~2년간 전문가 검토팀(Expert Review Teams: ERTs)이 협약상의 공약내용에 기초해 검토한다.

아. 기후변화협약의 기관

(1) 당사국총회(Conference of the Parties: COP)

기후변화협약 제7조는 당사국총회의 설치를 규정하고 있다. 당사국총회는 기후변화협약 내 최고의사결정기구로서, 협약체결 당시 해결하지 못했던 이슈들을 찾아내어 분류하고, 과학적 지식 및 기후상황의 발전에 비추어 이러한 이슈들에 대한 해

---

16 GEF(Globl Environmental Facility)는 개발도상국의 지구환경보호 프로젝트에 무상으로 자금을 제공하는 독립적 금융기구이다. 주요 분야는 기후변화, 생물다양성, 국제 수자원, 오존층 파괴방지, 토양보존 등이며, 1991년 세계은행의 파일럿 프로그램으로 설립되었고, 1992년 리우 정상회의를 통해 별도의 독립기구로 재탄생하였다. 현재 유엔 생물다양성협약(UNCBD), 기후변화협약(UNFCCC), 사막화방지협약(UNCCD), 스톡홀름협약의 재원 메커니즘으로 작용한다.
17 정지원 외, 2010, 『개도국의 기후변화대응을 위한 국제사회의 지원』, KIEP, pp.26-28.

결책을 모색한다. 또한 협약에 따라 제공된 모든 정보에 입각하여 당사국이 채택한 조치의 효과 및 성취도 등을 환경·경제·사회적 측면에서 평가한다. 당사국총회는 기후변화협약상의 의무 및 조치, 그리고 이행에 관한 제반 사항을 결정하기 때문에 당사국총회에서 달리 결정하지 않는 한 매년 1회 개최된다.[18] 1995년 독일 베를린에서 제1차 당사국총회가 개최된 후로 매년 1회 개최되었고, 가장 최근에는 2019년 12월 스페인의 마드리드에서 제25차 당사국총회가 약 2주간 개최되었다.

(2) 과학·기술 자문 보조기구(Subsidiary Body for Scientific and Technological Advice: SBSTA)

기후변화협약은 당사국총회의 의사결정 지원을 위해 두 개의 상설 하부기관을 설치·운영하고 있는데, 제9조에 명시된 SBSTA가 그중 하나이다. 객관적인 과학적 사실을 추구하는 IPCC의 과학자 실무그룹(Group I)과 달리, SBSTA는 유관 분야의 권한 있는 정부대표로 구성되므로 정부의 입장을 대변하기 위한 협상포럼의 성격을 지닌다.[19] 따라서 당사국총회가 개최되는 시기의 중간에 모여 IPCC의 실무그룹이 발견한 과학적 사실과 당사국총회가 추구하는 정책적 목표를 이어주는 역할을 하기도 한다. SBSTA의 주요 업무는 기후변화와 그 효과에 대한 과학적 증거들을 평가하고, 당사국이 협약을 이행하기 위해 채택한 조치들의 과학적 효과를 평가하는 것이다. 그밖에도 기후변화와 관련하여 환경 친화적 연구를 통해 새로운 기술을 개발하고 협약이행을 위해 적용할 수 있는 방법을 모색하는 것 등이 SBSTA의 업무에 포함된다.

(3) 이행보조기구(Subsidiary Body for Implementation: SBI)

기후변화협약의 두 번째 상설 하부기관은 제10조에 명시된 이행보조기구이다. SBI는 당사국총회가 협약의 효과적인 이행상황을 평가하고 검토하는 것을 지원하기 위한 목적으로 설치되었다. 즉 제12조 1항 및 2항에 따라 통보된 정보를 최신의 과학적 평가에 비추어 심의하는 업무를 수행한다. 또한 GEF와 함께 당사국총회에 비부속서 국가들에 대한 재정적 지원에 관련된 사항을 조언하기도 한다. SBSTA와 SBI는 매년 2회, 1회는 당사국총회와 같은 기간에, 나머지 1회는 5월이나 6월에 기후변화협약 사무국이 있는 독일 본에서 개최한다.

---

18 Michael Grubb, 1999, *The Kyoto Protocol-A Guide and Assessment*, Earthscan, pp.41-42.
19 *Ibid.*, p.42.

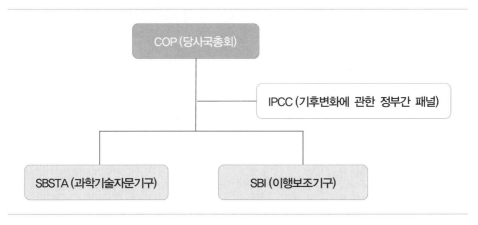

2. 교토의정서

가. 공약기간 및 감축목표

교토의정서의 주된 목적은 2000년 이후의 온실가스 감축체제를 구축하여 실질적이고 가시적인 기후변화 완화의 효과를 거두는 것이었던 만큼, 어떤 목표를 어느 정도의 기간 내에 달성할 것인가를 정하는 것은 매우 중요한 문제였다. 다수 국가들은 구체적인 연도에 맞추어 비강제적인 공약을 이행하는 방안을 선호했고, 미국은 이행기간은 유연하게 늘리되 강제적인 공약을 이행하는 방안을 선호했다. 1~3년은 예측불가능하고 변동성이 큰 기후변화의 특성을 고려할 때 지나치게 짧은 기간이라는 점에 동의하여 4년의 공약기간이 대안으로 등장했지만, 미국은 국내 정치적 주기와 겹치게 될 것을 우려해 이에 반대했다. 미국은 다시 5년이라는 공약기간을 제시했고 협상 막바지에 EU와 일본 등 다른 선진국들도 이에 동의함으로써 5년이라는 공약기간이 확정되었다.[20]

교토의정서에서 가장 중요한 성과 중 하나는 각 당사국에 구체적인 수치를 감축목표로 부과했다는 것이다. 제3조 1항에 따르면 공약기간(2008~2012년) 내에 1990년 수준의 5% 이상 감축하기 위해 기후변화협약 부속서 I 당사국은 교토의정서 부속서 A에 규정된 온실가스의 총 인위적 배출량이 부속서 B에 규정된 허용량을 초과하지

---

20 *Ibid.*, p.69.

않도록 해야 한다. 이에 따라 1990년 배출수준을 기준으로 하여 국가에 따라 8% 감축에서부터 최대 10% 증가를 허용하는 것까지 차등적으로 감축 의무가 부과되었다. 또한 교토의정서 제3조 2항에 따라 각 당사국은 이러한 공약을 달성하는 데 따른 가시적 진전이 있었음을 제시해야 한다. 2001년 3월 단일국가로는 온실가스 최대배출국이었던 미국이 교토의정서를 비준하지 않기로 하여, 감축목표치는 부과되었지만 이에 구속받지 않게 되었다.[21]

표 A-4 Quantified Emission Limitation or Reduction Commitment
[percentage of base year(1990) or period]

Party	%	Party	%
Australia	108	Liechtenstein	92
Austria	92	Lithuania*	92
Belgium	92	Luxembourg	92
Bulgaria*	92	Monaco	92
Canada	94	Netherlands	92
Croatia*	95	New Zealand	100
Czech Republic*	92	Norway	101
Denmark	92	Poland*	94
Estonia*	92	Portugal	92
European Community	92	Romania*	92
Finland	92	Russian Federation*	100
France	92	Slovakia*	92
Germany	92	Slovenia*	92
Greece	92	Spain	92
Hungary*	94	Sweden	92
Iceland	110	Switzerland	92
Ireland	92	Ukraine*	100
Italy	92	United Kingdom	92
Japan	94	United States	93
Latvia*	92		

* Countries that are undergoing the process of transition to a market economy.

---

21 김찬우, 2010, 『포스트2012 기후변화 협상』, 에코리브로, p.38.

또 한 가지 중요한 논점은 감축대상, 즉 온실가스의 범위이다. 교토의정서 협상 당시, EU와 일본은 이산화탄소(CO_2) + 메탄(CH_4) + 아산화질소(N_2O) 이렇게 세 종류의 묶음으로 한정하는 안을 선호했다. 한편 미국은 여기에 수소불화탄소(HFC_s), 과불화탄소($PFCs$), 그리고 육불화황(SF_6) 등 세 가지 종류를 추가한 묶음을 주장했다. 1990년대에 화학공업이 일찍 성숙한 단계에 이르러 있던 미국의 입장에서는 1990년대 수준으로 이들 가스의 배출량을 감소시키는 것이 상대적으로 수월했기 때문이다. 그러나 EU와 일본은 미국에 일방적으로 유리한 이 의견에 반대했고, 결국 최종안에서는 수소불화탄소($HFCs$), 과불화탄소($PFCs$), 그리고 육불화황(SF_6)의 배출량 측정 시 1990년 대신 1995년도를 기준연도로 사용할 수 있도록 하는 것으로 절충되었다.[22]

교토의정서 제3조 3항 및 7항은 토지이용 변화 및 임업활동(Land Use Change and Forests: LUCF)에 따라 온실가스가 배출되는 동시에 산림·토지 등으로 흡수되는 문제에 대해 규정한다.[23] LUCF는 교토의정서에서 채택된 용어로서, 온실가스의 배출감축을 위한 방법으로 산림의 증대나 수종의 전환 등을 수행하게 되면, 결과적으로 온실가스의 순감축을 이룰 수 있다는 논리에서 출발한다. 이는 산림과 토지를 온실가스 흡수원(sink)으로서 인정한 것이며, 토지이용의 변화와 산림이 새로운 온실가스 감축 수단으로 등장한 것이다.[24] 제3조 7항은 1990년도 이후의 토지이용 변화와 임업활동에 기인하는 온실가스 배출량과 흡수량은 전자에서 후자를 공제한 양을 해당기간의 배출량으로 간주한다는 점을 명시함으로써 이를 확인하고 있다.[25]

---

22 교토의정서 제3조 8항: "Any party included in Annex I may use 1995 as its base year for hydrofluorocarbons, perfluorocarbons and sulphur hexafluoride, for the purposes of the calculation referred to in paragraph 7 above."

23 교토의정서 제3조 3항: "The net changes in greenhouse gas emissions by sources and removals by sinks resulting from direct human-induced land-use change and forestry activities, limited to afforestation, reforestation and deforestation since 1990, measured as verifiable changes in carbon stocks in each commitment period, shall be used to meet the commitments under this Article of each Party included in Annex I. The greenhouse gas emissions by sources and removals by sinks associated with those activities shall be reported in a transparent and verifiable manner and reviewed in accordance with Articles 7 and 8."

24 기상청, 2009, 『기후변화 핸드북』, p.85,

25 교토의정서 제3조 7항: "In the first quantified emission limitation and reduction commitment period, from 2008 to 2012, the assigned amount for each Party included in Annex I shall be equal to the percentage inscribed for it in Annex B of its aggregate anthropogenic carbon dioxide equivalent emissions of the greenhouse gases listed in Annex A in 1990,

나. 교토 메커니즘(Kyoto Mechanism)

교토의정서에서 가장 주목할 만한 특징은 이른바 '교토 메커니즘'으로 불리는 시장원리에 입각한 온실가스 감축수단을 도입했다는 점이다. 교토의정서는 공동이행제도(Joint Implementation: JI), 청정개발체제(Clean Development Mechanism: CDM), 배출권거래제(Emission Trading: ET) 등을 통해 선진국의 의무 이행의 가능성을 높이고 이행비용도 절감할 수 있도록 하였다. 각 제도의 상세한 내용은 다음과 같다.

(1) 공동이행제도(제6조)

공동이행제도는 부속서 I 국가가 제3조의 공약을 이행하기 위해 온실가스를 감축하는 데 있어서, 다른 부속서 I 국가로부터 감축량을 취득하거나, 그들에게 감축량을 이전하는 등의 방식으로 공동으로 이행할 수 있다는 것을 의미한다. 예를 들어, 부속서 I 국가 A가 부속서 I 국가 B에 투자한 결과 일정량의 온실가스가 감축되었다면, 이는 배출저감단위(Emission Reduction Units: ERUs)에 해당되고, ERUs는 A국의 배출 저감실적으로 인정된다.[26] ERUs의 인증 등 공동이행제도와 관련된 주요 사항은 공동이행 감독위원회(Joint Implement Supervisory Committee: JISC)에 의해 검증 및 결정된다.[27] 실질적인 감축이 없는 상태에서도 다른 국가의 감축분을 구입하여 온실가스 배출 감축량으로 인정받는 배출권거래제와는 달리, 공동이행제도는 구체적인 사업을 통해 발생한 온실가스 배출량만을 감축량으로 인정받을 수 있다.[28]

(2) 청정개발체제(제12조)

청정개발체제는 부속서 I 국가가 비부속서국가에서 온실가스 감축사업을 수행해

---

or the base year or period determined in accordance with paragraph 5 above, multiplied by five. Those arties included in Annex I for whom land-use change and forestry constituted a net source of greenhouse gas emissions in 1990 shall include in their 1990 emissions base year or period the aggregate anthropogenic carbon dioxide equivalent emissions by sources minus removals by sinks in 1990 from land-use change for the purposes of calculating their assigned amount."

26 한국생산기술연구원 외, 2011, 『주요산업·국가별 무역 환경규제 대응 가이드라인』, 한국생산기술연구원 국가청정생산지원센터, p.24.
27 김호철, 2011, 『기후변화와 WTO』, 경인문화사, p.24.
28 김홍균, 2010, 『국제환경법』, 홍문사, pp.148-149.

얻은 감축량의 일부 또는 전부를 자국의 감축량으로 인정받는 것을 의미한다. 이 제도는 궁극적으로 비부속서국가의 지속가능한 개발을 돕고, 제3조에 의한 부속서 I 국가의 공약이행을 지원하는 데 그 목적이 있다. 이러한 제도를 이용해 선진국은 온실가스 감축량을 얻고, 개발도상국은 이들로부터 기술 및 재정을 지원 받을 수 있기 때문이다. 즉 공동이행제도가 선진국 간의 협력 메커니즘이라면, 청정개발체제는 선진국과 개발도상국 간의 협력 메커니즘으로 볼 수 있다. 또한 청정개발체제는 사업이 수행되는 국가가 개발도상국이기 때문에 공동이행보다 더 비용을 절감할 수 있다는 장점이 있다. 아울러 2000년부터 시작되는 청정개발사업은 제1차 공약기간 개시 전이라 하더라도 소급해서 공약기간 동안의 배출 감축량으로 취득할 수 있도록 하는 '조기 온실가스 감축활동(Early Action)'이 인정되었다.

(3) 배출권거래제 (제17조)

배출권거래제는 교토의정서에서 온실가스 감축목표를 부여받은 부속서 B 국가들이 제3조 공약의 달성을 위해서 상호 간 온실가스 배출권을 거래할 수 있도록 한 것이다. 배출권거래제하에서 각 국가는 각자가 배출한도로 할당받은 배출권(AAU), 공동이행제도(ERU)와 청정개발체제로 발생하는 배출권(CER), 그리고 조림 등을 통해 발생하는 배출권(RMU) 등을 주고받을 수 있다([표 A−5[). 배출권은 모두 이산화탄소 1톤을 기본단위로 하며 서로 자유롭게 교환할 수 있다.[29] 공동이행제도와의 차이점은 특정 사업으로부터 발생한 감축량을 취득하는 것이 아니라 온실가스 감축분을 기초로 실제 배출 할당량에서의 이전을 허용한다는 점에 있다.[30] 그런데 이러한 배출권 거래는 감축목표를 준수하기 위한 국내적 조치에 보충적(supplemental)으로만 활용 가능하다고 명시되어 있다. 이는 일부 선진국이 배출권거래제에만 의존하여 자국 내에서의 실질적인 온실가스 감축을 등한시하는 상황을 경계한다는 의미를 담고 있다. 즉, 배출권거래제는 어디까지나 감축의무 이행에 있어 보조적인 수단에 불과하다는 것이다.[31] 그러나 '보조적'이라는 것이 어느 정도의 수준까지 허용하는지에 대한 통일된 해석은 아직까지 존재하지 않으므로 논란의 여지가 있다.[32]

---

29 김찬우, 앞의 책, pp.40-41.
30 김호철, 앞의 책, p.25.
31 김홍균, 앞의 책, p.147.
32 파리협정 하의 새로운 시장 메커니즘에 대해서는 본서의 파리협정 제6조 설명 부분 참조.

표 A-5 교토 메커니즘상의 배출권 종류

종류	특징
AAU (Assigned Amount Unit)	– 교토의정서 부속서 I 국가들에 할당된 온실가스 배출권 – AAU를 달성하기 위한 배출권 거래허용
CER (Certified Emission Unit)	– 부속서 I 국가와 비부속서국가 간의 온실가스 감축사업인 CDM(청정개발체제)을 통해 발생하는 크레딧 – 투자국의 AAU에 영향을 주지 않는 추가적 사업으로부터 발생한 배출권
ERU (Emission Reduction Unit)	– 부속서 I 국가 간의 JI(공동이행)를 통한 온실가스 감축사업에 의한 감축실적 – 해당 국가의 AAU에 영향 – 2008~2012년 기간 동안만 유효
RMU (Removal Unit)	– 교토의정서 제13조 7항에 명시된 토지이용 변화 및 산림활동에 대한 온실가스 흡수원에 의한 감축실적

IV. 역대 당사국총회 결정의 주요 내용

1. 당사국총회 결정의 주요 내용

아래 [표 A-6]은 역대 기후변화 당사국총회의 차수, 개최연도 및 개최지를 표로 정리한 것이다. 각 회차에서 결정문 형태로 도출된 합의들 중에서 중요한 것들을 추려 정리한 후, 널리 인용됨에 따라 약칭 내지 별칭이 부여된 것에는 굵게 표시를 해두었다. 2005년과 2016년은 기후변화와 관련된 새로운 조약들이 발효되어 각각 새로운 논의가 개시된 시점인데, 이들은 각각 음영을 입혀 표시하였다. 여기에 제시된 결정문들에는 마지막 칸에 표시된 결정문 번호가 부여되어 있고, 이는 FCCC/로 시작하는 유엔의 문서분류에 따라 부여된 번호에 의해 식별되고 있다. 따라서 해당 결정문을 찾기 위해서는 FCCC/로 시작하는 문서를 찾아서 열람하면 된다.[33]

기후변화와 관련된 국제규범은 줄곧 진화하고 있다. 따라서 현재의 기후변화규범을 가지고 미래에 대해 예측하기는 쉽지 않으며, 조약에 의한 체제가 가지는 논의의 현주소를 보여주지도 못한다. 그 가운데 하나의 예가 교토의정서인데, 그것이 가

---

[33] 제15차 당사국총회 이후의 결정문은 박덕영, 『기후변화 국제조약집』(박영사, 2017)의 제3부에도 수록되어 있다.

지고 있는 실험적이고 긍정적인 역할에도 불구하고, 동 의정서가 앞으로 주목할 만한 역할을 계속 이어갈 것이라고 말할 수는 없다. 도리어 기후변화협약과 그로 인해 만들어진 당사국총회에서의 논의와 그 논의의 결과로서 도출되는 결정문들이 기후변화체계의 발전을 더 잘 반영하고 있다고 말할 수도 있다.

기후변화협약 당사국총회는 1995년부터 매년 개최되고 있다. 제6차 당사국총회가 2000년 헤이그에서 개최되었다가 그다음 해인 2001년 본에서 이른바 제6-2차로 연장되었던 것을 제외하면, 당사국총회는 한 해에 한 번씩 차수를 늘려가며 협상이 이루어지고 있다.

대체로 1995년부터 2004년까지의 당사국총회는 유엔기후체제를 더욱 구체화하고, 무엇보다 교토의정서의 성립과 발전을 위한 과정이라고 설명되고 있다. 비록 교토의정서는 1995년 새로운 의정서의 필요성이 확인된 이후에 단 2년간의 논의를 거쳐 탄생하기는 했지만, 이를 구체화하고 실행 가능한 상태로 만들기 위해 상당히 많은 시간이 필요했다. 교토의정서는 결국 2005년 2월 발효되었지만, 2001년 제7차 당사국총회인 마라케시총회에서 200여 페이지에 이르는 일련의 결정을 통해 이를 보충해야 했고, 2004년 총회에 와서야 시장 메커니즘에 관한 내용이 정리될 수 있었다. 의정서 발효 후에도 이를 세부적으로 조율하는 작업이 이어졌는데, 이하에서는 제1차 교토의정서 당사국회의가 기후변화협약 당사국총회와 동시에 진행된 몬트리올총회에서부터 협상의 배경과 총회를 통해 도출된 주요 내용에 대해서 살펴보도록 한다.

표 A-6 기후변화협약 당사국총회 중요 결정문 목록

회차 및 개최지(연도)	결정의 명칭 혹은 약칭	결정 번호 및 문서기호
제1차 베를린(1995)	Berlin Mandate	Decision 1/CP.1 FCCC/1995/7/Add.1
제2차 제네바(1996)	Geneva Ministerial Declaration	FCCC/CP/1996/15/Add.1
제3차 교토(1997)	Kyoto Protocol	Decision 1/CP.3 FCCC/CP/1997/7/Add.1
제4차 부에노스아이레스(1998)	Buenos Aires Plan of Action	Decision 1/CP.4 FCCC/CP/1998/16/Add.1
제5차 본(1999)	–	–

제6-1차 헤이그 (2000)	-	-
제6-2차 본 (2001)	Bonn Agreements	Decision 5/CP.6 FCCC/CP/2001/5
제7차 마라케시 (2001)	Marrakech Accords	Decisions 2-39/CP.7 FCCC/CP/2001/13/Add.1
제8차 뉴델리 (2002)	Delhi Ministerial Declaration on Climate Change and Sustainable Development	Decision 1/CP.8 FCCC/CP/2002/7/Add.1
제9차 밀라노(2003)	-	-
제10차 부에노스아이레스(2004)	-	-
제11차 몬트리올 (2005)	제1차 교토의정서 당사국회의 (CMP-1)	FCCC/KP/CMP/2005/8/Add.1
제12차 나이로비 (2006)	-	-
제13차 발리 (2007)	Bali Action Plan	Decision 1/CP.13 FCCC/CP/2007/6/Add.1
제14차 포즈난 (2008)	-	-
제15차 코펜하겐 (2009)	Copenhagen Accord	Decision 2/CP.15 FCCC/CP/2009/11/Add.1
제16차 칸쿤 (2010)	Cancun Agreements	FCCC/CP/2010/7/Add.1 FCCC/KP/CMP/201/12 /Add.1
제17차 더반 (2011)	Durban Platform for Enhanced Action	Decision 1/CP.17 FCCC/CP/2011/9/Add.1
제18차 도하 (2012)	Doha Amendment	Decision 1/CMP.8 FCCC/KP/CMP/2012/13 Add.1
제19차 바르샤바 (2013)	Further Advancing the Durban Platform	Decision 1/CP.19 FCCC/CP/2013/10/Add.1
제20차 리마 (2014)	Lima Call for Climate Action	Decision 1/CP.20 FCCC/CP/2014/10/Add.1
제21차 파리 (2015)	Adoption of the Paris Agreement	FCCC/CP/2015/L.9/Rev.1
제22차 마라케시 (2016)	제1차 파리협정 당사국회의 (CMA-1)	Decision 1/CP.22 FCCC/CP/2016/10/Add.1
제23차 피지/본 (2017)	Fiji Momentum for Implementation	Decision 1/CP.23 FCCC/CP/2017/11/Add.1
제24차 카토비체 (2018)	Rulebook for the Implementation of the Paris Agreement	Decision 1/CP.24 etc. FCCC/CP/2018/10/Add.1

2. 몬트리올총회 (2005): 포스트-교토체제의 서막

가. 협상 의제 및 전개

2005년 몬트리올에서 개최된 제11차 기후변화협약 당사국총회(제1차 교토의정서 당사국회의)는 교토의정서가 발효된 후 첫 회합이라는 의의를 지녔다. 교토의정서는 비록 발효되었지만, 의정서에서 설정한 의무기간이 2008년에서 2012년까지였으므로 그 이후의 의무기간에 대한 조속한 논의가 필요했다. 이에 더해 교토의정서의 두 번째 의무기간을 넘어서는 대략 2020년 이후의 감축에 대한 청사진을 그릴 필요성이 제기되었다.

1만 명이 넘는 참여자들로 애초부터 큰 기대를 모은 바 있는 몬트리올총회는 세 가지 I(영어 알파벳), 즉 Implementation(이행), Improvement(개선) 및 Innovation(혁신)이라는 모토를 가지고 협상을 진행했다. 전자의 두 가지는 교토의정서의 이행과 그 발전을 염두에 둔 것이라면, 후자의 혁신은 포스트-교토를 위한 혁신적 논의를 위한 것이었다.

다만, 몬트리올에서의 협상에서는 기존 교토의정서에 대한 논의를 거듭하기보다는 새로운 주제에 대해 논의하려는 노력이 두드러졌다고 할 수 있다. 이러한 전략을 통해 이미 합의가 이루어진 부분에 대해서 다시 협상이 이루어지고, 회원국들이 결국 자신의 본래 입장으로 회귀하는 일은 방지되어야 했다. 따라서 이미 마라케시총회를 통해 구체화된 내용들은 어떠한 추가적인 논의 없이 속전속결로 교토의정서 당사국회의의 결정으로 받아들여졌다. 그러나 시장 메커니즘과 관련해서 여전히 해결되지 못한 다소의 문제나 새롭게 제기되는 문제들이 있었는데, 이들에 대한 문제는 전반적으로 동 총회를 통해 해결되지 못하고, 향후의 논의로 그 결정이 미루어졌다.

나. 총회의 결과

당사국총회의 결과 역시 위에서 제시된 세 가지 I(영어)에 의해 요약될 수 있다. 우선 교토의정서의 이행과 관련해서 회원국들은 그간 당사국총회를 통해 구체화된 내용들을 별다른 논의 없이 받아들였다. 특히 시장 메커니즘과 관련해서는 마라케시 합의문을 통해 혹은 이후의 총회 결정들을 통해 상당한 구체화가 이루어진 바 있다. 다만, 아직까지 크게 진전이 이루어지지 못한 영역도 있었는데, 대표적인 것이 이행과 비준수 대응 문제에 관한 것이다. 감축의무를 준수하지 못한 회원국에게 그에 대한 제재로서 다음 의무기간에 1.3배의 감축을 하도록 한 것에 대해서는 합의에 이를 수 있었지만, 이것이 총회 결정만으로 가능한 것인지에 대해서는 의문이 제기되었다. 따라서 향후 열리는 두 차례의 당사국총회를 통해 의정서 개정을 논의하기로 결정하였다.

동 총회에서는 주로 교토의정서상의 시장 메커니즘과 관련하여 개선이 시도되었다. 메커니즘과 관련하여 가장 중요한 결정은 교토의정서상의 첫 번째 의무기간이 끝나더라도 메커니즘이 계속 운영되도록 한다는 점이었다. 이에 따라 첫 번째 의무기간이 경과하더라도 이미 수행되고 있는 사업은 물론이고, 이후에 시작되는 사업도 허가를 받을 수 있게 되었다. 또 공동이행과 관련하여 CDM의 집행위원회에 상응하는 기능을 하는 공동이행 감독위원회의 설치가 최종적으로 승인되었다. 한편 시장 메커니즘을 운영하면서 드러난 문제점들 역시 개선되기 시작했다. 예를 들어 그동안 제기되었던 CDM 사업의 승인 및 검증절차가 너무 느리고, 불투명하다는 지적에 따라 절차를 개선하고, 보다 신속한 절차가 이루어질 수 있도록 하는 예산을 편성할 것을 결정하였다. 더 나아가 CDM 사업을 하나로 묶어 이른바 범주별 CDM 사업이 가능하도록 하는 방안이 마련되었는데, 이는 추가성(additionality)에 대한 보고와 모니터링에 있어 사업자가 추가성을 입증하는 데 도움을 주기 위한 것이었다.[34]

이와 함께 그동안 승인되지 않았던 이산화탄소 포집 및 저장 프로젝트에 대한 승인 여부에 대해 본격적으로 논의하도록 결정되었고, 기존 토지이용, 토지이용변화 및 임업활동(Land Use, Land-Use Change, and Forestry: LULUCF) 논의를 산림 황폐화의 방지로까지 확대하여 이를 CDM 사업으로 승인할 것인지 여부 역시 계속해서 논의하기로 결정하였다.

끝으로 혁신과 관련해서도 몬트리올총회는 적지 않은 성과를 보였다. 우선 관련 협상은 두 가지 범주로 나누어졌다. 우선 교토의정서와 관련해서는 두 번째 의무기간에 대한 논의를 시작해야 한다는 점이 다시금 확인되었다. 물론 이는 의정서의 이행이라는 측면과도 관련이 있는데, 의정서 제3조 9항에서 의무기간이 종료되기 7년 전

---

34 CDM 사업에 있어서 추가성이란 CDM 사업이 추진됨으로써 추가로 개선되는 특성을 말한다. Each project must show that the emission reduction it produces are additional to what would have happened without the project. This requirement, ensuring that credits/units are not awarded for emission reduction that would have happened anyway, is called additionality.

부터 논의를 시작한다고 정해두고 있었기 때문이다. 다른 한편으로 의정서 제9조는 의정서가 발효된 후 의정서 전반에 대한 검토 작업을 하도록 정하고 있는데, 교토의정서가 생각보다 늦게 출범한 만큼 이를 평가하는 일 역시 서둘러 진행할 필요가 있었다. 이러한 필요에 따라 교토의정서 임시작업반(Ad Hoc Working Group on the Kyoto Protocol: AWG-KP)이 구성되었고, 동 작업반으로 하여금 필요한 업무를 수행하도록 위임되었다. 전반적인 논의의 방향으로 미루어 보았을 때, 교토의정서의 두 번째 의무기간에 있어서도 감축의무를 부담하는 것은 부속서 I 국가라는 점이 전제되었던 것으로 보인다. 하지만 이와 관련된 어떠한 명시적 결정이 내려진 것은 없었으며, 더욱이 의정서 제9조에 의한 검토절차가 마련된 것은 다분히 개발도상국 역시 언젠가는 감축의무를 부담해야 할 수 있다는 점을 어느 정도 전제로 했던 것이다.

이와는 별개로 기후변화에 적극적이지 않으면서도 서로 첨예한 입장차를 보여왔던 미국과 개발도상국 사이의 대화 역시 시도되었다. 이른바 협약에 따른 장기적 협력에 관한 대화(Dialogue on long term cooperative action under the Convention)는 주로 미국과 개발도상국이 더욱 심도 있는 대화를 나누고, 타협에 이르도록 하는 플랫폼 내지 포럼으로서의 역할을 담당하게 되었다. 물론 기후변화 행동에 대해 여전히 명백한 반대 입장을 가진 국가들도 있었지만, 2005년 제11차 총회 당시에도 이미 많은 개발도상국들이 특정 조건과 여건하에서는 감축의무를 부담할 수도 있다는 쪽으로 입장이 많이 누그러진 상태였다. 다만, 각자가 감축의무의 요건 내지 조건으로 삼고 있는 바는 서로 달랐으므로 이를 조율하는 일이 또 향후의 과제로 미루어졌다.

3. 나이로비총회 (2006): 아프리카를 위한 당사국총회

가. 협상 의제 및 전개

2006년 나이로비에서 개최된 제12차 당사국총회(제2차 교토의정서 당사국회의)는 포스트-교토체제를 공고히 하고, 이전 총회들에 의해서 위임받은 사항을 이행하고 점검하기 위한 것이었다. 세계은행 출신 경제학자인 Nicolas Stern이 낸 보고서에서 기후변화에 있어 적응이 감축에 비해 훨씬 더 많은 비용을 필요로 하게 될 것이라는 점이 지적되면서 기후변화 문제에 관한 대중 및 정치권의 관심이 꽤나 높아진 상황에서 당사국총회가 개최되었다. 하지만 실제로 협상국들이 기울인 관심은 몬트리올에 비할 수 없었는데, 이는 제1차 교토의정서 당사국회의라는 이벤트 이후에 치러진 회의라는 점과 동 총회가 유독 아프리카 관련 이슈들을 부각했다는 점에 의해 영향을 받았을 것으로 추측된다.

적어도 협상의 방향과 관련하여 가장 논란이 되었던 쟁점은 두 번째 의무기간에 관한 논의와 교토의정서의 재검토 사이의 관계를 어떻게 설정할 것인지였다. 선진국들은 이 두 논의를 가급적 긴밀하게 하고자 하였으나, 개발도상국들은 이 두 논제를 각각 분리하여 논의하기를 원했다. 선진국과 개발도상국이 각각 이러한 입장을 가졌던 데는 다음과 같은 이유가 있었다. 즉, 선진국들은 개발도상국들이 언제가 되었든 감축의무를 부담해야 한다는 전제하에 자신들의 감축의무와 개발도상국의 감축의무가 같은 장에서 논의되기를 원했다. 이에 반해 개발도상국들은 자칫 강력한 의무를 부담하게 될 것을 우려하였으며, 적어도 교토의정서에 있어서는 선진국과 개발도상국의 구별이 유지되기를 원했다.

나. 총회의 결과

나이로비 당사국총회의 결과 중에는 그렇게 주목할 만한 것은 없었다. 교토의정서 제3조 9항과 관련해서 두 번째 의무기간에 부속서 I 국가들의 의무를 어떻게 정할 것인지의 문제를 계속 논의하기로 결정했고, 이를 AWG-KP가 담당하기로 했다. 의정서 제9조상의 재검토와 관련해서 일단 이번 당사국총회에서 평가가 이루어지기는 했는데, 여기서 의정서에 의한 여러 시도들에도 불구하고, 적응 등 일부 영역에 대한 관심과 논의가 부족하다는 점이 지적되기도 하였다. 회원국들은 비공식적으로 2년 후에 재점검을 진행하는 것으로 정하기는 했지만, 개발도상국들은 자신들의 감축의무를 논의하는 것 자체를 대단히 꺼렸다. 즉, 자발성에 기반한 감축행동을 할 수는 있지만, 그것이 어떠한 목표, 더 나아가 의무와 결부되도록 하는 논의를 아직까지 받아들이지 못했던 것이다.

한편 적응 문제와 관련해서는 영향, 취약성 및 적응에 관한 나이로비 작업 프로그램(Nairobi work program on impacts vulnerability and adaptation)이 기획되어 기후변화에 취약한 개발도상국의 적응 문제에 대한 대응논의를 돕도록 했다. 이는 SBSTA에 의한 논의에 방향을 제시한 것 정도라고 평가할 수 있다.

또 기술이전과 관련해서는 기술이전 전문가위원회의 활동이 다음 해까지로 연장되면서 다시금 관련된 결정을 미루게 되었다.

4. 발리총회 (2007): 코펜하겐협정을 향한 첫 단계

가. 협상 의제 및 전개

2007년 발리에서 개최된 제13차 당사국총회(제3차 교토의정서 당사국회의)는 기후변화에 대한 국제적 논의에서 전환점 내지 혁신이라고 평가되는 코펜하겐 협정을 논의한 첫 단계라고 평가할 수 있다. 무엇보다 발리에서는 발리행동계획(Bali Action Plan)이 작성되는 과정에서 그동안 첨예한 대립을 보인 당사국들 사이에서 점차 타협의 가능성이 발견되면서 기후변화에 대응하기 위한 공동의 노력이 가능할 것이라는 희망을 갖게 했다. 특히 지구상 온실가스를 두 번째로 많이 배출하는 미국에 새로운 행정부가 구성되면서 기후변화 논의에서 기존과는 다른 태도를 보였고, 엘 고어가 제작한 〈불편한 진실〉이라는 다큐멘터리는 대중이 가지는 당사국총회에 대한 기대감을 크게 끌어올렸다. 과학적 측면에서 2007년 IPCC가 발간한 보고서는 기후변화에 대한 더욱 적극적인 대응을 요구하는 실증적 근거들을 제시한 바 있다.

물론 협상과정 중에서 미국은 여전히 개발도상국, 적어도 신흥국들이 감축의무를 부담하지 않는다면, 자신도 구속력 있는 감축의무를 부담할 의사가 없다는 점을 거듭 천명하였다. 개발도상국 역시 처음부터 공통의 그러나 차이가 나는 책임 원칙을 방패삼아 선진국들의 역사적 책임을 강조하는 전략을 포기하지 않았다.

나. 총회의 결과

미국과 개발도상국 사이의 팽팽한 긴장은 발리 당사국총회의 결정문인 발리행동계획이 작성되는 과정에서 서로가 조금씩 양보하며 타협을 이끌어내어 다소 해소되었다. 이에 따라 개발도상국들은 감축의무를 부담할 수 있다는 입장을 갖게 되었고, 미국 역시 감축의무를 부담할 것임을 확인하면서 구체적인 감축의무에 대해 협상하게 되었다.

이전 당사국총회에서와 마찬가지로 협상의 결과는 두 가지 트랙으로 나뉘어져 도출되었다. 우선 교토의정서의 두 번째 의무기간을 위한 협상 트랙과 이와 별개로 선진국 및 잠재적으로 개발도상국의 감축의무를 함께 논의하기 위한 협상 트랙이 마련되었는데, 특히 일부 회원국들의 요청에 따라 교토의정서에 의해 감축의무를 부담하는 국가들(부속서 I 국가들)과 의무를 부담하지 않는 국가들의 협상은 또다시 서로 나뉘어 진행될 수밖에 없었다.

이에 따라 우선 교토의정서의 두 번째 의무기간에 대한 논의가 이어졌으며, 그 결과로서 IPCC의 보고서에 제시된 감축수준을 수용해야 한다는 데 의견을 모았다. IPCC의 보고서에 의하면, 전 세계는 2020년까지 1990년을 기준으로 약 25%에서 40%까지 온실가스의 배출을 억제해야 한다. 이러한 공감대가 형성된 것이 곧 회원국이 바로 의무를 부담할 것임을 약속한 것은 아니었으며, 이를 구체화하는 논의는 결코 순탄하게 전개되지 않았다.

두 번째 협상 트랙에서는 선진국이 가지는 감축의무의 내용을 IPCC가 낸 보고서에 부합하도록 조정하고, 무엇보다 이전과 다른 참여의지를 보이는 미국의 감축의무를 정하는 임무를 수행해야 한다는 점에 대해 인식하게 되었다. 그 결과 지금까지 그랬던 것처럼 다시 임시 작업반을 설치하는 일로 논의를 시작했다. 이렇게 출범한 것이 바로 협약상 장기간 협력행동에 관한 임시작업반(Ad Hoc Working Group on Long−term Cooperative Action under the Convention: AWG−LCA)이었으며, 이는 2009년, 즉 코펜하겐총회 시까지 어떠한 가시적인 결과를 도출하도록 목표를 부여받았다. 선진국의 감축의무를 정하는 일과 이를 이행하는 체계를 구축하는 일, 즉 보고, 측정 및 검증을 위한 방법과 이행점검을 위한 기술적이고 정책적인 목표를 수립하는 것이 필요했다. 아울러 개발도상국이 감축의무를 부담한다면, 이들에게 그에 상응하는 금전 또는 기술 지원이 필요했으므로 이와 관련된 논의 역시 진행되어야 했다. 애초에 임시작업반 논의는 단지 결정문의 채택을 넘어, 새로운 의정서의 채택, 더 나아가 기후변화협약 자체의 개정까지도 염두에 둔 바 있다. 그만큼 발리에서의 목표설정은 대단히 야심찼다고 할 수 있을 것이다. 이와 관련하여 발리 행동계획은 더 이상 부속서 I 내지 비부속서 국가라는 말을 사용하지 않기 시작했는데, 이는 향후의 기후논의에 있어 목록을 기초로 하는 기존의 접근방식이 사용되지 않을 것이며, 이로써 국가구별을 보다 유연하게 할 수 있는 전제가 마련되었다고 할 수 있다.

또 한편으로 발리 당사국총회의 결과로 이른바 적응기금(adaptation fund)이 새롭게 나오게 되었는데, 이는 개발도상국이 협약상의 재정 메커니즘 기관인 GEF에 대해 가지는 유보적 태도를 해소하기 위한 것이었지만, 이것의 운영은 실질적으로 GEF와 세계은행에 맡겨졌으므로 이것이 기존 체제로부터의 작별을 의미하는 것은 아니었다.

기술이전 및 기후재정과 관련하여 주목할 만한 변화도 감지되었다. 개발도상국은 선진국의 재정지원 및 기술지원이 감축의무를 부담하는 데 전제조건이 된다는 점을 관철했고, 실효성을 확보하기 위해 이러한 지원조치들이 측정 가능하고, 보고되어야 하며, 검증될 수 있는 형태로 제공되어야 한다는 점이 명시되도록 했다. 그러나 개발도상국 역시 이러한 조치의 결과로 감축의무를 부담할 때, 측정 가능하고(measure), 보고되며(report), 검증될(verify) 수 있는 체계(MRV system)를 갖출 의무를 부담하도록 결정됨으로써 선진국의 입장 역시 반영되었다. 기술이전과 관련하여 본래 2007년까지 활동하기로 되어 있던 기술이전 전문가위원회는 그 활동을 5년간 연장하게 되었으며, 이를 통해 향후 기술 메커니즘이 출현할 수 있는 기초가 마련되었다.

또 몬트리올에서도 논의된 바 있는 바처럼 REDD 관련 논의도 계속 이어졌다. REDD 메커니즘은 감축의무를 이행하는 개발도상국 입장에서도, 이를 지원하는 선진국 입장에서도 필요한 조치로 인식되고 있다. 다만, 조림뿐 아니라 산림황폐화의 방지와 이와 관련된 재정지원까지 의무이행의 차원에서 다루어질 수 있는지에 대해서는 의문이 제기될 수밖에 없었다. 이와 관련해서는 지속적으로 논의가 이루어질 것이 예고되었으나, 당장 발리 당사국총회의 결과로서 어떠한 합의가 도출된 것은 아니다.

5. 포즈난총회 (2008): 코펜하겐으로 가는 중간 기착지

가. 협상 의제 및 전개

2008년 포즈난에서 열린 제14차 당사국총회(제4차 교토의정서 당사국회의)는 코펜하겐에서 성립이 기대된 바 있는 새로운 합의를 준비하고, 논의를 심화시키기 위한 하나의 중간지점 내지 도약판과 같은 역할을 했다. 교토의정서가 제1차 당사국총회인 1995년 베를린총회에서 결의되고, 이로부터 2년 후인 1997년 제3차 교토 당사국총회에서 성립된 탓인지, 새로운 합의에 이르는 데 필요한 시간이 매우 짧게 설정되어 있었다는 점에서 포즈난에서의 상당한 합의 내지는 절충이 진척되어야만 했다. 하지만 제2차 당사국총회인 제네바총회에서 별다른 성과 없이 바로 교토에서 교토의정서가 채택되는 경험을 한 회원국들은 포즈난총회에서 무엇인가 극적인 합의를 기대하지는 않았던 것으로 보인다. 더욱이 당시는 글로벌 금융위기로 인해 전 세계가 패닉 상태에 빠져 있던 시기였는데, 위기극복을 위한 노력에도 불구하고, 기후변화 문제와 경제 건전화를 위한 논의가 함께 이루어지지는 못했다.

협상 중에도 회원국 공동의 감축목표를 만들기 위한 노력이 계속되었고, 특히 교토의정서와 관련해서는 IPCC에서 권고한 바와 같이 2020년까지 25%에서 40%까지의 감축이 필요하다는 점이 줄곧 강조되기는 했지만, 이것을 구체적인 합의로 이끄는 데 있어 회원국들은 상당히 무기력했던 것으로 보인다. 이러한 상황에서 AGW-LCA는 2009년 코펜하겐 당사국총회에서 논의될 협상초안을 사실상 창작해내라는 의무를 부여받게 되었다.

나. 총회의 결과

포즈난 당사국총회는 사실상 이렇다 할 성과를 내지 못했다. 줄곧 감축목표에 대한 추상적이고 포괄적인 내용에 대해서만 논의가 전개되었다. 교토의정서의 두 번째 의무기간을 정하였으나, 교토의정서 제9조에서 정한 의정서 검토과정에서도 이렇다 할 합의점을 도출하지 못했다.

그나마 적응기금에 대한 세부적인 규칙과 절차가 정해진 것은 포즈난총회의 성과라고 할 수 있다. 그러나 개발도상국은 CDM 사업에서뿐만 아니라 여타의 교토 메커니즘에서 나온 배출 단위와 배출 크레딧에 대해서도 일정 수익을 적응기금에 편입되도록 해야 한다고 주장했으나, 여기서는 이러한 주장이 관철되지는 못했다.

한편 기술이전과 관련해서도 다소의 논의가 이루어졌다. 다만, 기술이전의 방법, 주체, 재정지원과의 관계 등에 대해 제기되는 지속적인 이견으로 인해 합의사항으로 도출된 부분은 거의 없었다. GEF에 위해 친환경 기술이전과 관련하여 수행되고 있는 투자사업을 포즈난 기술이전 전략 프로그램(Posnan Strategic Program on Technology Transfer)이라고 바꾸어 부르게 된 점 정도가 그나마 주목할 만한 성과였다고 이야기할 수 있다.

6. 코펜하겐총회 (2009): 신기후체제를 위한 밑거름

가. 협상 의제 및 전개

2009년 코펜하겐에서 열린 제15차 당사국총회(제5차 교토의정서 당사국회의)는 상당히 이례적인 회의로 평가될 수 있을 것이다. 12월 7일부터 19일까지 2주간 진행된 회의에서 협상 당사국 장관급 인사들이 거의 자리를 뜨지 않고 협상에 참여한 것은 물론이고, 총회가 끝나는 마지막 이틀간은 수많은 협상국의 대통령과 총리를 비롯한 국가원수가 참여해 기후변화 논의에 있어 하나의 전환점이 마련될 것이라고 기대를 모은 바 있다. 객관적인 결과로 본다면, 이러한 기대는 충족되지 못했는데, 협상의 결과로 조약은 고사하고, 결정문조차 채택되지 못했기 때문이다. 하지만 코펜하겐 당사국총회의 결과는 정치적 합의 내지 선언인 코펜하겐 합의(Copenhagen Accord)로 문서화되었고, 이는 향후의 기후변화 논의를 진전시키고, 파리협정을 성립시키는 데 있어 결정적인 역할을 하였다.

협상에 대한 기대에 비해 준비된 것은 크지 않았다. 다시 말해 엄청나게 높은 기대가 있었지만, 그에 상응하는 준비는 이루어지지 못했던 것이다. 즉, AWG-KP 와 AWG-LCA에 의한 그간의 회합에도 불구하고, 협상을 위한 적절한 문서가 준비되지 못했다. AWG-LCA의 의장이 준비한 협상문서는 150페이지에 이르렀으므로 협상을 위한 것이라고 하기에는 지나치게 많은 분량이었고, 수많은 선택지들을 어지럽게 정리한 수준이었다. 애초에 세부 분과별로 나누어 협상을 진행하려던 계획은 개발도상국의 반대로 인해 실현되지 못했다. 개발도상국들은 이러한 시도가 민주적이지 못하고, 합리적이지도 않다고 지적했다. 그러나 이러한 불합리한 협상방식의 대안으로 나온 방식 역시 그다지 훌륭했던 것은 아니다. 즉, 코펜하겐에서는 미국, 인도, 브라질, 중국 및 남아프리카 공화국으로 구성된 협상그룹이 비공식적인 회합을 하도록 하고, 이들 사이에서 어떠한 합의가 도출될 수 있도록 했다. 이들은 주로 기후변화 논의에 있어 반대의견을 내는 역할을 해왔던 국가들인데, 이는 각자의 문제를 스스로 자각하는 기회를 가졌을지는 몰라도, 이러한 회의방식이 유용한 것인지에 대해서는 큰 의문이 제기되었다.

나. 총회의 결과

총회의 결과는 코펜하겐 합의에 의해 정리되었다.[35] 형식적으로 내지는 법적 구속력 측면에서 본다면, 동 합의문은 어떠한 공식적인 채택절차도 거치지 않았고, 법적 구속력도 갖지 못하는 것이다. 즉, 이는 의도되었던 여러 옵션들 중에서 조약, 의

---

35 Copenhagen Accord의 텍스트는 박덕영, 2017, 『기후변화 국제조약집』, 박영사, p.153 참조.

정서 또는 여타의 국제법상의 문서에 해당하지 않은 것은 물론이고, 심지어 당사국 총회의 결정문으로서의 지위도 갖지 못했다. 이러한 상황에서 구속력에 대해서는 말할 필요도 없었다. 비록 코펜하겐 합의는 결정 2/CP.15라는 문서에 포함되어 있기는 했지만, 코펜하겐 합의 텍스트가 시작되기도 전에 "당사국총회는 다음을 인식한다 (takes note)."라는 술어를 포함함으로써 합의의 구속력을 부정했다. 그 결과 코펜하겐 합의는 단지 정치적인 합의에 머물게 되었다. 물론 파리협정이 성립된 현 시점에서 코펜하겐 합의는 결코 폄하될 수 없는 중요한 성과라는 점이 강조되기도 하지만, 이는 코펜하겐 합의 자체가 중요성을 가지기 때문에 그런 것인지, 코펜하겐 합의의 내용이 이후의 결정문들과 파리협정에 반영된 결과인지는 분명하지 않다.

어쨌든 코펜하겐 합의에는 일단 공동의 목표에 대한 내용이 담겼다. 현재 파리협정에 있는 2℃ 온도목표는 이 시기에 정착된 것이라고 볼 수도 있다. 이는 산업화 이전과 비교하여 지구의 기온상승을 2℃ 이하로 억제하자는 것인데, 이에 대한 평가는 엇갈린다. 우선 이를 긍정적으로 보는 견해는 2℃ 온도목표가 충분히 유연하다는 점을 강조한다. 2℃ 목표를 충족하기 위해서는 구체적으로 어떠한 행동이 필요한지에 대한 과학적 구체화가 요구된다. 이러한 요구를 충족하기 위해 필요한 조치는 과학계에 의해, 특히 IPCC에 의해 줄곧 규명될 것이고, 경우에 따라 최신의 증거에 따라 더 높은 수준의 감축목표를 제시하게 될 수 있다고 보았다. 이에 반해 2℃ 목표를 부정적으로 보는 견해는 2℃ 목표가 이미 1990년 중반부터 주장되던 것으로 어떠한 발전과 의지를 반영한 것이 아니고, 2℃ 목표만으로 의무가 충분히 구체화되지 않을 것이라는 점이 문제된다고 보았다. 더욱이 2℃ 목표를 위한 세부적인 감축목표가 바뀐다고 하더라도 회원국들이 이를 무조건 수용하여 자신들의 의무를 아무런 저항 없이 업데이트할 것이라고 보기도 어렵다고 판단하였다.

이러한 감축목표를 세워두기는 했지만, 감축의무를 부담하는 데는 상향식의 방법이 원용되었다. 이에 따라 선진국은 자신이 부담하게 될 감축목표를 스스로 정해 기후변화협약 사무국에 제출하도록 하는 접근방식이 시도되었다. 이에 따라 선진국들은 이른바 QELROs(Quantified Emission Limitation and Reduction Objectives)를 제출할 의무를 부담하게 되었고, 개발도상국은 NAMAs(Nationally Appropriate Mitigation Actions)를 기후변화협약 사무국에 보고하고, 보고한 바를 이행할 의무를 부여받았다. 개발도상국은 일단 측정, 보고 및 검증으로부터는 면제를 받았으나, 앞서 본 바와 같이 일단 선진국으로부터 재정 및 기술지원을 받은 경우에는 선진국과 마찬가지로 이를 보고할 의무를 부담하도록 되어 있었다.

지원과 관련하여 선진국 회원국들은 연간 1천억 달러의 재원을 마련할 것을 약속했으며, 기술 메커니즘이 만들어질 것임을 다시 한번 천명하였다. 또 그간 논의되었던 REDD 메커니즘에 대한 논의는 큰 진전을 이루지 못했지만, 코펜하겐 합의는 별다른 설명 없이 REDD를 REDD+로 바꾸어 부르기 시작했고, 여전히 그 중요성을 강조하게 되었다.

한편 코펜하겐에서의 논의의 결과로 이후 녹색기후기금(Green Climate Fund: GCF)으로 발전하는 Copenhagen Green Climate Fund의 조성이 합의되었고, 이 기금을 통해 REDD+ 사업에 대한 지원도 이루어질 것이 명시되기도 하였다.

총회는 아쉬운 대로 AWG-LCA의 활동을 다음 회기인 제16차 당사국총회 시까지로 연장하여 지속적인 논의를 다짐하면서 마무리되었다.

7. 칸쿤총회 (2010): 논의 및 목표의 거듭된 연장

가. 협상 의제 및 전개

2010년 칸쿤에서 개최된 제16차 당사국총회(제6차 교토의정서 당사국회의)는 코펜하겐에서 결정문을 도출하지 못한 데 따라 이를 만회하기 위한 총회로서 기대를 모았다. 이는 발리 행동계획상의 위임사항과도 관련되는 것으로서 협상국들은 계획된 바들이 칸쿤에서 매듭지어지는 계기가 마련되기를 바랐다.

그러나 협상은 코펜하겐에서와 마찬가지로 쉽지는 않았던 것으로 보인다. 미국과 개발도상국은 보고의무와 관련하여 여전히 대립했고, 특히 개발도상국의 보고의무에 대해서 서로의 이견을 드러냈다. 더 나아가 뒤에서 살펴볼 칸쿤 합의문은 볼리비아의 명시적인 반대에도 불구하고, 총회의 결정으로 채택되었다. 컨센서스가 결여된 결정문의 채택은 기후변화협약이나 당사국총회의 절차규칙에서 예정된 바가 아니었으나, 칸쿤 합의문은 그대로 채택되었다.

한편 유엔기후체제의 구조 문제 역시 논의의 대상이 되었다. 교토의정서에 참여하지 않은 미국은 신기후체제의 출범으로 만들어질 국제문서로 인해 기존 교토의정서가 폐지되는 모델을 선호한 데 반해, 다수의 국가들은 교토의정서와 새로운 국제

문서의 병존을 더욱 선호했던 것으로 보인다. 무엇보다 교토의정서에 정한 강력한 기후변화 억제를 위한 의무들을 완전히 폐지하는 것은 매우 아까운 일이며, 향후 이와 유사한 합의에 이르기는 대단히 어려운 일이 될 것이라고 본 것이다.

나. 총회의 결과

칸쿤 당사국총회의 결과로 도출된 결과는 이른바 칸쿤 합의문(Cancun Agreements)이다. Agreements가 복수형으로 쓰인 점에서도 알 수 있듯이 칸쿤 합의문은 총 두 개의 결정문으로 구성되어 있는데, 하나는 기후변화협약 당사국총회의 결정문이고, 또 하나는 교토의정서 당사국회의의 결정문이다. 물론 이렇게 별개의 결정문이 도출되기는 했지만, 이 둘은 상당히 큰 상호작용 속에서 결합되어 있었다. 예를 들어 감축의무에 있어 칸쿤 합의문은 기존과는 달리 교토의정서상의 목표와 이와 독립적인 향후의 목표를 서로 달리 다루었던 태도에서 벗어나 이 두 목표를 연계하기 시작했고, 공동의 목표를 달성하기 위해 회원국이 노력하기로 하였다.

공동의 목표와 관련하여 코펜하겐에서 확인된 2℃ 목표가 공식적인 승인을 받게 되었고, 산업화 이전과 비교하여 1.5℃라는 도전적인 목표를 달성하기 위해 노력할 것이라는 점이 추가적으로 확인되었다. 다음 해에 개최되는 제17차 당사국총회에서 2050년까지의 감축목표에 대한 검토가 이루어질 것이 예정되었고, 온실가스의 배출이 최고 정점에 이르는 시기에 대해서도 제17차 총회에서 논의되도록 계획이 수립되었다. 단, 이는 기후변화협약 당사국총회의 결정에 포함되었던 다른 계획 및 프로그램과는 달리 단지 권고 또는 목표에 머물러 있었다.

칸쿤 합의문은 감축의무와 관련해서도 코펜하겐에서보다는 다소 진일보한 측면을 보여주었다. 그러나, 여전히 코펜하겐 합의의 문언인 인식한다("takes note of")라는 표현이 반복되면서 합의로서의 의미는 상당히 무색해진 바 있다. 어쨌든 합의문은 선진국이 져야 하는 기후변화에 대한 역사적 책임에 대해, 또 그러한 이유에서 선진국이 담당해야 하는 주도적 역할에 대한 내용을 포함하고 있다. 합의문에 따라 선진국은 스스로 정한 감축목표를 제출할 의무를 부담한다. 더 엄밀히 말하면, 이러한 의무를 부담한다는 점을 인식하게 되었다. 다만, 칸쿤 합의문은 선진국인 회원국이 1년에 한 차례씩 온실가스 배출 인벤토리 보고서를 제출해야 한다는 점, 격년으로 감축성과에 대한 보고서와 개발도상국에 대한 지원에 관한 보고서를 제출해야 한다는 점을 확인함으로써 보고의무를 강화하는 데 성공했다.

시장 메커니즘에 관한 논의는 교토의정서에 의해 이미 도입된 바 있는 시장 메커니즘을 근간으로 하는 모델이 계속 이용될 것임이 확인되었다. 다만, 이를 구체화하는 것은 계속 논의되어야 하는 과제로 남게 되었고, 무엇보다 첫 번째 의무기간에 사용하지 않은 배출 단위 및 크레딧의 이월 가능성에 대해서는 큰 논란이 있었으므로 이에 대한 합의점이 도출되어야 했다.

개발도상국이 부담하는 감축의무도 다소 구체화되면서 강화되었다. 코펜하겐에서 확인된 바와 같이 지원을 받는 경우에 보고의무를 부담하게 된다. 하지만 아무리 보고의무와 국제적 검토절차가 없다고 하더라도 감축의무를 완전히 자율적으로 이행하도록 할 수는 없었다. 따라서 칸쿤 합의문은 개발도상국인 회원국이 스스로 측정과 보고를 하되 국제적인 기준을 사용하도록 정하였다. 선진국이든 개발도상국이든 상향식의 접근방식은 자명하고 당연한 것으로 인식되기 시작하였고, 여기에 국제적 기준 또는 검토절차라는 하향식 요소가 다소 추가되는 형식이 정착되었다.

기후변화 적응과 관련해서는 칸쿤 적응 프레임워크(Cancun Adaptation Framework: CAF)라는 새로운 메커니즘이 도출되었고, 이것의 운영기관으로서 적응위원회(adaptation committee)가 출범하도록 예정되었다. 위원회의 구성과 절차에 대해서는 추후 결정하기로 했다.

또한 칸쿤 합의문에 의해 GCF가 출범하였다. GCF는 24명의 위원으로 구성된 위원회에 의해 운영되도록 되어 있었는데, 일단 제17차 당사국총회가 열릴 때까지 40명으로 구성된 임시위원회에 세부적 사항에 대한 결정이 위임되었다. GCF를 포함하여 선진국은 연간 1천억 달러의 기금을 융통한다는 목표를 세워둔 바 있다. 동 기금과 함께 상설재정위원회(Standing Committee on Finance: SCF)가 설치되어 재정 관련 사안에서 당사국총회를 보조하게 되었다.

끝으로 기술이전과 관련하여 기술집행위원회(Technology Executive Committee: TEC)와 기후기술센터 및 네트워크(Climate Technology Centre & Network: CTCN)가 기술 메커니즘의 기관으로 설치되어, 기후기술의 개발과 확산이라는 측면은 물론, 이와 관련된 정책결정에서부터 이행단계까지를 담당하게 되었다. 전자는 정책결정을 위한 기관이고, 후자는 이행기관으로서 지역별로 기후기술을 활용하고 보급하는 역할을 하는 기관들이 네트워크를 구성하도록 의도되었다. 이렇게 기술 메커니즘이 구성됨에 따라 2012년 제18차 당사국총회까지 활동하기로 예정되어 있던 기존 기술이전 전문가위원회는 다음 해 총회에서까지만 활동하는 것으로 정해졌다.

8. 더반총회 (2011): 강화된 행동을 통한 신기후체제로의 도약

가. 협상 의제 및 전개

일반적으로 2011년 더반에서 열린 제17차 당사국총회(제7차 교토의정서 당사국회의)에서 2015년 파리총회까지를 하나로 묶어 신기후체제를 위한 노력이 경주되던 시기로 평가하고 있다. 그만큼 2011년 더반에서 열린 총회는 신기후체제를 위한 논의를 준비하기 위해 초석을 놓는 역할을 했던 것으로 평가된다.

특히 코펜하겐에서 채택된 코펜하겐 합의가 진정한 의미에서 결정문으로 평가될 수 없었는데, 칸쿤 회의를 거치면서 당시 합의되었던 많은 부분들이 결정문의 형태로 반영될 수 있었다. 더반총회는 이를 더욱 심화시킬 수 있는 계기로 인식되었으며, 따라서 AWG-LCA에 의한 논의와 관련된 총회 논의에 대해 긍정적인 평가와 기대가 모아진 바 있다. 이에 반해 AWG-KP에서의 논의에 대해서는 애초에 부정적인 평가가 많았다. 교토의정서 자체가 그다지 성공적이지 못했던 탓도 있지만, 교토의정서에 의한 감축의무를 부담하는 국가가 지구 전체의 온실가스 배출량 중 단지 15%만을 차지한다는 점에서 그 실효성에 대한 의구심도 커졌다. 하지만 2012년 종료되는 첫 번째 의무기간이 만료되면, 당시까지 2020년 출범을 목표로 한 신기후체제가 시작되기까지 지나치게 오랜 시간이 남아 있게 되어 교토의정서에 의한 임시적 규율은 불가피한 것이었다.

당사국총회의 논의과정에서는 특히 신기후체제의 형태에 관한 논란이 전개되었다. EU, 최빈개도국들 및 도서국가연합(Aliance Of Small Island States) 협상그룹의 도서국가들은 신기후체제가 교토의정서와 같이 기후변화협약에 대한 의정서 형태를 가져야 한다고 주장했다. 이에 반해 미국은 개발도상국이 감축의무를 부담하지 않는다면, 관련 합의가 의정서의 형태를 지닐 수 없고, 만약 그렇게 된다면, 미국의회의 비준을 받을 수 없을 것이라고 주장했다. 이와 달리 중국은 당사국총회의 결정만으로도 충분히 법적 구속력을 가질 수 있다고 보았고, 인도는 법적 구속력을 가지는 문서를 만드는 것 자체를 꺼리는 입장이었다. 무엇보다도 신흥국들은 교토의정서의 두 번째 의무기간이 받아들여지는 것을 조건으로 감축의무를 받아들일 수 있고, 감축의무에 있어서도 선진국과 개발도상국 사이의 차등화가 필요하다는 입장을 고수했다.

나. 총회의 결과

더반총회의 가장 중요한 성과는 이른바 강화된 행동을 위한 더반 플랫폼이라고 할 수 있다. 더반 플랫폼 논의를 위해 더반 플랫폼 임시작업반(Ad Hoc Working Group on the Durban Platform for Enhanced Action: ADP)이 창설되었고, 기존 AWG-LCA의 논의는 제18차 당사국총회 시까지만 진행하고 해산하기로 결정하였다. ADP에게 주어진 임무는 2015년 제21차 당사국총회에서 신기후체제가 채택될 수 있도록 2015년 초까지 협상초안을 마련하는 것이었다. 당연히 ADP의 활동기간은 동 초안이 마련되기까지로 설정되었다. 한편 발리 행동계획에서 의도된 바 있는 이원화 전략은 더반에 이르러 완전히 하나의 비차등화 모델로 전환되었다. 즉, 적어도 신기후체제에 있어서는 더 이상 선진국과 개발도상국 감축의무 사이에 어떠한 근본적 차별을 상정하지 않게 되었고, 단지 기후변화협약에서 존재하고 있는 공통의 그러나 차이가 나는 책임의 원칙이 간접적으로나마 향후 ADP 논의에 영향을 줄 것으로 예정되는 정도였다.

이른바 "AWG-LCA Outcome"이라는 결정문은 50페이지에 달하는 나름 방대한 내용을 포함하고 있다. 이는 회원국이 부담하는 보고의무에서 보고의 내용과 보고를 위한 여러 가지 방법론들을 정의하고, 칸쿤총회를 통해 만들어진 여러 메커니즘의 기관들 구성과 업무에 대한 다소 절차적인 측면이 구체화되었다. 이는 동 작업반이 추구한 장기적 목표 내지 행동에 관한 직접적인 내용이라기보다 이를 보조하는 보완적이고 간접적인 기능에 주력한 결과였다.

한편 AWG-KP의 논의는 일단 두 번째 의무기간을 가져야 한다는 데 대해서 기존 교토의정서의 회원국들, 특히 의정서상 감축의무를 부담하는 회원국들 사이에 합의로 이어졌다. 다만, 두 번째 의무기간이 언제까지 지속되어야 하는지, 의무는 첫 번째 의무기간에 비해 어떻게 강화되어야 하는지, 누가 의무를 이행해야 하는지 등에 대해서는 거의 논의가 이루어지지 못했다. 특히 미국은 애초에 교토의정서에 참여하지 않았고, 캐나다, 러시아, 일본은 제2차 이행기간에 참여하지 않기로 하여 감축의무에 관한 논의가 주는 실효성이라는 측면에 대해서도 큰 도전이 있었다. 의무의 내용과 관련해서는 보다 강화된 의무를 반영한 교토의정서 부속서B를 더반총회 시까지 마련한다는 계획이 세워져 그나마 구체화를 위한 회원국들의 의지가 다소 나타났다고 할 수는 있다.

9. 도하총회(2012): 신기후체제를 위한 본격적 논의의 시작

가. 협상 의제 및 전개

2012년 카타르 도하에서 개최된 제18차 당사국총회(제8차 교토의정서 당사국회의)는 매우 다양한 업무를 수행한 총회로 평가된다. 우선 AWG−LCA의 논의를 마무리하면서 어떠한 성과가 도출되어야 했고, 더반에서 출범한 ADP를 통한 논의가 진척되어야 했으며, 무엇보다 교토의정서의 두 번째 의무기간에 대한 구체적인 계획이 필요했다. 또 당사국총회로서는 최초로 OPEC 국가에서 진행되는 회합이라는 측면에서 지금까지 봉쇄작전을 펼쳐 온 산유국들의 입장변화가 기대되기도 하였다. 물론 도하총회의 가장 큰 성과 중 하나는 교토의정서의 제2차 공약기간(2013~2020)을 규정한 도하개정(Doha Amendment)에 대한 채택이었는데,[36] 이 중 일부가 잠정적으로 적용됨에도 불구하고 아직까지 이를 비준한 국가가 많지 않아 발효되지 못한 상태에 머물러 있다.

전반적으로 총회의 협상은 두 가지 트랙으로 비교적 분명하게 나뉘도록 예정되어 있었다. 첫 번째 트랙은 교토의정서의 두 번째 의무기간에 관한 논의를 위한 것이었고, 두 번째 트랙은 2015년을 목표로 하는 신기후체제를 위한 국제문서를 작성하기 위한 것이었다. 그러나 시간이 지남에 따라 이 두 가지 문제가 아무런 상호작용 없이 전개될 수 없다는 점이 드러났고, 무엇보다 각 협상국들은 자신들의 입장에 따라 두 트랙의 의제를 연계하는 전략을 구사했다.

AWG−KP의 논의에 있어 크게 첨예한 논쟁이 되었던 부분은 첫 번째 의무기간 중에 발생한 배출 단위인 AAUs를 두 번째 의무기간에도 이월하여 사용할 수 있는지 여부였다. 교토의정서상의 배출권거래제 및 공동이행 과정에서 드러난 문제 중 하나로 이른바 Hot Air 이슈가 있는데,[37] 뜨거운 공기 정도로 해석될 수 있는 이 문제는

---

36 Doha Amendment의 텍스트는 박덕영, 2017, 『기후변화 국제조약집』, 박영사, p.215 참조.
37 Hot Air는 의무이행 당사국 내에서 별다른 노력을 기울이지 않고도 자연스럽게 이루어지는 감축량을 말한다. 러시아나 시장경제전환국가들의 경우가 이에 해당한다.

1990년을 기준으로 감축의무를 부여한 교토의정서의 의무부여 방식으로 인해 당시까지 저발전 상태에 머물렀던 체제전환국들이 매우 달성하기 쉬운 목표치를 부여받게 되자, 배출 크레딧을 다량 보유하게 되고, 이를 부속서 I 국가들에게 이전하면서 기후변화 대응의 효과를 상당히 저해한 바 있다. 이러한 잉여 크레딧을 통해 이익을 보았던 국가들은 두 번째 의무기간에도 이를 활용할 수 있어야 한다고 주장했지만, 이것의 사용을 금지하거나 제한해야 한다는 협상국들이 더 많았다.

AWG-KP에서 제기된 또 하나의 쟁점은 두 번째 의무기간을 언제까지로 할 것인지를 결정하는 문제였다. 개발도상국들은 주로 2013년부터 2017년까지의 의무기간을 지지한 반면, EU는 2013년부터 2020년까지의 의무기간을 선호했다. 개발도상국은 2017년 이후 감축의무가 조정될 것을 기대했지만, EU는 표면적 이유로 신기후체제의 출범목표인 2020년까지는 의무기간이 유지되는 것이 바람직하다는 입장을 밝혔다. 다만, EU는 2020년 기후 및 에너지 정책의 변경을 예정하고 있었으므로 국제적 기후 논의에서 주도권을 빼앗기지 않으려고 이러한 주장을 한 측면 역시 있었다.

ADP의 논의는 두 갈래로 다시 나뉘었다. 첫째는 신기후체제를 성립시키기 위한 직접적인 논의였고, 둘째는 2020년까지 기후변화협약 회원국들의 감축목표를 높이는 일이었다. 이들은 각각의 작업반으로 나누어져 어젠다의 마련과 관련 논의가 진행되었고, 또 당사국총회에서도 이러한 틀 속에서 논의가 전개되었지만, 당시까지 상당한 논의가 답보상태에 머물면서 첨예한 대립을 불러왔다. 양 작업반이 가진 문제점은 거의 동일했는데, 우선 기후변화 행동과 지원을 위한 책임 내지 역할을 누가 또 왜 부담하는지에 대한 의견대립이 있었다. 역사적 책임과 역량을 강조하는 개발도상국과 달리, 선진국은 현재의 배출을 근거로 공동의 대응을 강조했다. 같은 맥락에서 개발도상국들 중 기후변화에 영향을 크게 받는 국가들은 손실과 책임 문제를 배상이라는 차원에서 접근한 반면, 미국을 비롯한 선진국들은 그것은 적응, 기술 및 지원의 문제로서 어떠한 책임 문제를 야기해서도 안 된다고 보았다.

나. 총회의 결과

협상과정에서의 첨예한 대립에도 불구하고, 도하총회는 나름의 성과를 내며 마무리되었다. 당사국총회의 명의로 26개에 이르는 결정문이 도출되었고, 교토의정서 당사국회의에서는 13개의 결정문을 냈다. 이들을 통칭하여 도하 기후 게이트웨이

(Doha Climate Gateway)라는 명칭이 부여되기도 했지만, 이는 하나의 패키지를 통칭하는 명칭일 뿐이었다.

총회의 결과를 간략하게 정리하면 다음과 같다. 우선 가장 괄목할 만한 성과로써 도하개정(Doha Amendment)이 도출되었다. 도하개정은 AWG−KP 논의를 통해 도출된 것으로 2013년부터 2020년에 이르는 2차 의무기간을 교토의정서에 추가적으로 부여하는 것을 내용으로 한다. 이에 따라 부속서 Ⅰ 국가들은 의정서 부속서B에 따른 감축의무를 부담하지만, 2014년 이후에는 이를 재검토하여 1990년 배출량을 기준으로 25%에서 40%에 이르는 감축목표를 갖도록 해야 한다. 다만, 이는 법적으로 구속력을 가지는 의무는 아니며, 정치적인 합의에 머물러 있었다.

교토 메커니즘과 관련하여 개발도상국은 계속하여 CDM에 참여할 수는 있었다. 그러나 동 메커니즘에 참여하기 위해서는 교토의정서상의 감축의무를 부담할 것을 약속해야 한다. 물론 이는 메커니즘 참여를 위한 전제조건이 될 뿐이지, 비부속서 국가는 교토의정서상의 감축의무를 부담하도록 강요받지는 않는다.

발생하는 CERs 중 2%로 적응기금을 조성하도록 했던 태도는 그대로 유지되었으며, 추가로 ERUs 및 이전되는 AAUs로부터도 2%씩을 취해 적응기금에 편입되도록 했다. 이는 여전히 최빈개도국에 대한 CDM 프로젝트에는 적용되지 않았다. 이른바 Hot Air 문제에 대한 논란에 있어 선진국은 이전 의무기간에서 나온 AAUs를 구입하지 않으며, 자신의 감축의무 이행을 위해서도 활용하지 않을 것이라고 천명함으로써 체제전환국의 주장을 무색하게 했다. 다만, "Previous Period Surplus Reserve"라는 명칭으로 이전 의무기간에 축적한 AAUs를 두 번째 기간에 자국에 부여되는 감축의무의 충족을 위해서는 사용할 수 있도록 배려함으로써 일종의 절충이 이루어졌다.

둘째, AWG−LCA의 논의결과는 이른바 "Agreed Outcome to the Bali Action Plan"에 의해 마무리되었다. 다만, 동 논의는 극히 합의되기 어려운 사안들을 어젠다로 삼았던 나머지 괄목할 만한 성과 없이 마무리되었고, 예정되었던 내용들을 전반적으로 다루지 못한 상태에서 마무리되었다. 일단 협상국들은 조기에 온실가스 배출의 최고 정점을 찍고, 이후에는 더 이상 회귀하지 않아야 한다는 점을 확인했다. 또 각종 보고의무에 따른 선진국의 보고서에 일관성과 비교가능성이 보장되어야 한다는 점에 착안하여 이를 구체화할 수 있는 프로그램과 연구를 진행하기로 결의하였다. 이와 동일한 수준은 아니지만, 개발도상국의 보고의무 역시 강조하면서 이들에 의한 보고에 있어서도 비교가능성을 높일 수 있는 척도가 마련되도록 프로그램을 마련하고 관련 연구가 진행되도록 했다.

셋째, ADP 논의와 관련해서는 2015년 새로운 국제문서가 나와야 하고, 그것이 법적 구속력을 가져야 한다는 점 외에 달리 결정된 부분은 없었다. 큰 논란이 되었던 공통의 그러나 차이가 나는 책임에 관한 부분은 신기후체제가 기후변화협약상의 원칙들을 계승한다고 천명함으로써 일단 봉합되었다. 신기후체제가 어떠한 형식을 취해야 하는지에 대해서는 합의가 이루어지지 않았지만, 그것이 구속력을 가져야 한다는 점에 대해서는 합의가 있었다.

10. 바르샤바총회 (2013): 신기후체제의 중간 기착지

가. 협상 의제 및 전개

2013년 바르샤바에서 개최된 제19차 당사국총회(제9차 교토의정서 당사국회의)는 발리 행동계획에서 코펜하겐 합의에 이르게 하는 과정 중에 있던 포즈난회의가 중간 기착지의 역할을 했던 것처럼 신기후체제를 향한 과정에서 관련된 논의를 점검하고, 전반적인 논의를 정리·조율하는 당사국총회로서의 역할을 담당했다.

물론 바르샤바 당사국총회에 대한 기대가 무척 컸지만, 감당해야 하는 부담 역시 대단히 컸던 것으로 보인다. 무엇보다 AWG－LCA에서의 논의가 성과를 내지 못하게 됨에 따라 ADP에서는 기존 프로그램을 버리고, 새로운 협상을 진행할 수밖에 없었고, 제18차 당사국총회에서 시도된 이른바 2트랙 전략도 더 이상 활용되지 않았다. 당사국들은 오로지 신기후체제를 구성하게 될 새로운 문서가 어떠한 내용을 담아야 하는지에 대해서만 집중해야 했다. 한편 코펜하겐에서 시작된 기후재정에 관한 논의는 바르샤바에서도 이어졌고, 심지어 바르샤바총회를 기후재정총회(Climate Finance Conference)라고 부르는 이들 역시 있을 정도였다.

바르샤바에서의 논의는 ADP의 논의에서와 같이 신기후체제를 위한 ADP 제1작업반과 손실과 피해에 관한 제2작업반이라는 분류 속에서 이루어졌다. 우선 제1작업반의 논의에서는 신기후체제가 지향해야 하는 원칙과 지도원리에 관하여 각자가 매우 상이한 입장을 내기 시작했다. 무엇보다 신기후체제가 가지는 의무부여의 방식이 상향식 혹은 하향식이어야 하는지에 대한 입장차이가 분명하게 나타났다. 또 공통의 그러나 차이가 나는 책임과 관련해서는 국가상황에 대한 유형화가 가능하고 정당한지, 차등화의 방법은 무엇인지에 대해서 논의가 있었다.

특히 상향식/하향식 논의와 관련하여 상향식을 주장하는 미국 내지 신흥국의 입장과 하향식 내지는 상·하향식을 결합해야 한다는 EU 및 AOSIS 국가들의 입장이 대립했다. 하향식은 교토의정서를 통해 이미 실현된 방식이었지만, 코펜하겐 합의는 국제적인 검토가 없는 감축목표의 제출이라는 모델의 가능성도 시사한 바 있다. 목표는 각자 내되 국제적인 검토를 받고, 이후에 새로운 목표에는 구속력을 부여하거나 일단 각자의 목표를 제출하되, 이후 이를 구속력 있는 조약에 포섭하도록 한다는 이른바 단계적 접근(step wise approach) 역시 제안된 바 있었다.

제1작업반에서는 국가의 유형화와 관련해서도 첨예한 대립이 있었다. 기존 부속서 I과 II로 나뉘었던 국가 분류는 더 이상 유용성을 제공해주지 않는다는 전제하에서 선진국과 개발도상국이라는 분류를 하는 것에 대해서는 대강의 합의가 이루어졌다. 다만, 어느 국가를 어떠한 부류로 분류할 것인지, 또 이 두 가지 분류만으로 차등화된 규율이 가능할 것인지에 대해서는 분명한 입장차가 존재했다.

제2작업반에서는 온실가스 감축에 관한 문제를 다루었다. 2012년 Emissions Gap 보고서에 따라 도출된 목표와 현실 사이의 격차가 매우 큰 것으로 나타나자 선진국과 개발도상국 사이에서 서로의 책임과 향후에 바람직한 행동에 관한 입장차를 드러냈다. 개발도상국은 선진국이 야심찬 목표를 제시하고, 이를 이행할 것을 촉구한 반면, 선진국은 최소한 신흥국만이라도 감축목표를 제시하고, 이를 이행할 것을 요구한 바 있다.

나. 총회의 결과

바르샤바 당사국총회는 다음과 같은 결정을 도출해냈다. 우선 전반적으로 상향식 방식에 의한 감축의무의 부담이 결정되었다. 물론 이 방식이 최종적인 것은 아니지만, 단지 하향식에 의한 의무부여는 실효성을 갖기 어렵다는 점이 인식되었다고 할 수 있다. 이에 따라 의도된 국가별 기여방안(Intended Nationally Determined Contribution: INDC)의 제출이 요구되었는데, '의도된(intended)'이라는 술어에서 알 수 있듯이 이는 단지 제안에 머물러 있을 뿐, 협상을 통해 바뀔 수 있다는 점을 염두에 두었다는 점에서 하향식 방식에 의한 평가 및 조율의 길은 열어둔 바 있다.

둘째, 이러한 상향식 방식에 따라 INDC의 제출이 2015년 1분기까지 이루어지도록 결정했다.

셋째, 손실과 피해 논의를 위한 장인 바르샤바 메커니즘이 마련되었다. 동 메커니즘에 따라 집행위원회가 마련되었고, 이는 기후변화협약 기관들의 구성원 중 2인들로 구성되었다. 손실과 피해에 대한 금전적 지원에 대해 논의할 것이 의도되었지만, 책임이나 법적 의무에 대한 논의가 불가능하도록 되어 있어 애초 개발도상국이 요구한 것과는 거리가 있었다.

넷째, 끝으로 이전 당사국총회에서도 논의된 바 있는 REDD+에 대한 결정이 이루어졌다. REDD+는 온실가스 흡수원이라는 기능을 담당하며, 생물다양성의 보존 및 원주민 보호라는 측면에서도 중요한 의미를 가진다. 그러나 이 문제는 기후변화협약에서만 다루어질 수 있는 문제가 아니며, 무엇보다 산림 흡수원으로서의 역할과 그 효율성에 대해서 객관적 입증이 이루어지지 못한 것이 문제이다. 즉, 조림 및 산림보존은 기후변화를 넘어 환경적 건전성을 가진 활동이지만, 환경 관련 레짐과 주체 중 누가 나서야 하는지가 명확하지 않고, 기후변화 억제력이라는 측면에서도 협상국들에 신념을 주지 못했다.

거듭되는 REDD+ 관련 논의에서 가장 문제되는 것은 조림사업에 대한 선진국의 지원을 배출 크레딧 등으로 인정받을 수 있도록 할 것인지, 그렇다면 그 계산은 어떻게 할 것인지에 대한 기준을 마련하는 것이었는데, 이는 바르샤바총회에서도 이렇다 할 성과를 내지 못했다. 그럼에도 불구하고, 바르샤바총회는 REDD+를 기후변화 논의에 편입시킴으로써 향후의 논의를 위한 초석을 놓게 되었으며, 이는 파리협정 제5조에 의해 성문화되면서 그 위상을 높였다.

11. 리마총회 (2014): 신기후체제를 향한 마지막 여정

가. 협상 의제 및 전개

파리협정이 성립되기 한 해 전인 2014년 리마에서 12월 2일과 12일 사이에 열린 제20차 당사국총회(제10차 교토의정서 당사자회의)는 신기후체제의 출범이 예정된 2015년 총회를 준비하기 위한 마지막 단계로서 그동안 쟁점이 되었던 여러 문제들에 대한 의견을 조율하고, 더 높은 수준의 합의가 담긴 초안을 도출하는 데 방점을 둔 바 있다. 협상 중에는 바르샤바 메커니즘과 관련하여 손실과 피해 문제를 어떻게 다룰 것인지, 더 나아가 기후재원을 어떻게 마련할 것인지, 또 재원은 감축과 적응에 대해 따로 마련되어야 하는지에 대해 열띤 논의가 전개되었다. 특히 재정지원의 주체를 국가로만 보지 않고, 민간재원이 활용될 수 있다는 측면을 동 당사국총회를 통해 명시적으로 확인하였다. 또 INDC가 어떠한 내용을 어떻게 담고 있어야 하는지에 대한 가이드라인을 탐색하기 위한 논의도 지속되었다.

나. 총회의 결과

리마총회의 결과는 Lima Call for Climate Action이라는 결정문에 의해 정리되었다. 이 결정은 지금까지 당사국총회에서 논의되었던 것들이 가지는 공통적인 내용들에 대해 다루고, 절차적인 측면들에 대해서 구체화하고 있다는 특징을 가진다. 다만, 결정문 부속서에는 2015년 파리협정을 위하여 마련된 협상초안이 첨부되어 있고, 여기에는 각 협상당사자 내지 협상그룹이 제안하는 조약안들이 옵션의 형태로 제시되어 있다. 다만, 40면에 이르는 분량으로 인해 향후의 험난한 협상을 예고한 바 있으며, 결국 ADP 논의를 통한 진전을 기대할 수밖에 없었다.

그럼에도 불구하고, 결정문은 2015년 5월 이전까지는 완성된 텍스트를 만들어 협약의 회원국들에 회람할 것임을 천명하되, 합의가 의정서, 조약 또는 여타 구속력 있는 법적 문서 중 어느 것에 해당해야 하는지에 대해서는 명확한 입장을 밝히지 않았다. 또 협약의 회원국들로 하여금 조속히 INDC를 제출하되, 늦어도 2015년 1분기 중에는 제출이 될 수 있도록 촉구하였다. 결정은 더 나아가 INDC에 포함되어야 할 요소들에 대해 권고하면서 협약이 가진 목표라는 측면에서 각국의 INDC가 얼마나 도전적인지, 또 그것이 전 지구적 목표에 얼마나 기여하는지에 대해 서술하도록 했다. 개발도상국들 중 일부는 선진국이 도하개정을 비준함으로써 교토의정서의 제2차 의무기간을 받아들일 것을 전제로 신기후체제 및 교토의정서에 따른 감축의무를 받아들일 수 있는 입장을 나타내기도 했지만, 도하개정은 당시는 물론이고 아직까지도 발효되지 않고 있다.

리마 결정문의 부속서에 포함된 내용들은 파리협정을 통한 절충이 이루어지기 이전 단계에서 각국이 가진 입장차를 잘 드러낸다. 이미 코펜하겐에서도 제시된 바 있는 온도 목표와 퍼센티지 목표 사이에서의 선택이 필요했고, 장기적 목표와 비전을 어떠한 문언을 통해 조약에 포함시켜야 할지에 대해서도 논란이 있었다. 이와 관련하여 특히 공동의 그러나 차이가 나는 책임과 관련해서 각자가 갖는 입장차는 상당했던 것으로 보인다. 가령 기후변화협약의 전문(Preamble)에 대한 선택지(option) 중에는 역사적인 책임에 따른 차이가 나는 책임만을 강조할 뿐, 현재의 온실가스 배출 문제나 선진국의 노력만으로는 기후변화 억제에 충분하지 않다는 내용이 생략되어 있기도 하고, 경제발전에 따른 에너지 소비의 지속적 증대를 불가피한 것으로 전제하는 안이 포함되어 있기도 했다. 목표에 대해 선언하면서도 기후변화협약상의 차이가 나는 원칙을 그대로 답습하는 모델, 역사적 책임을 강조하는 모델 및 공동의 책임을 강조하는 모델이 제시되는 등 커다란 입장차를 보였다.

부속서상의 감축의무와 관련해서도 선진국과 개발도상국의 의무의 강도와 방향에서 이견이 있었다. 선진국과 개발도상국 모두 동일한 감축의무를 부담한다는 선택지 역시 존재했지만, 선진국의 주도적 역할을 강조하는 것도 있었다.

한편 시장 메커니즘 역시 그것이 국내적 조치에 대해 추가적 내지 부수적으로 이용될 수 있다는 점이 확인되었을 뿐이지, 이를 구체화할 수 있는 어떠한 요소에 대한 합의가 있었던 것은 아니었다.

그 밖의 다른 영역에 대한 다양한 선택지들이 존재하였으며, 이들은 ADP 회합을 통해 계속 다듬어져 갔다.

표 A-7 국가 분류에 대한 각 국가의 입장

제안국가	국가 분류에 대한 입장
AOSIS	공통의 차등화된 책임원칙을 전제로 모든 국가가 행동에 나서야 한다는 원칙
아이슬란드	각국의 기여는 능력과 사회경제적 여건에 따라 비교 가능, 각국의 여건을 비교할 수 있는 핵심지표 설정이 필요
호주	비부속서국가에서 부속서 국가로의 이행(졸업제도)을 위한 객관적 기준을 확립
미국	최근의 과학적 지식의 발전, 경제사회적 여건 변화를 반영한 재분류가 필요
뉴질랜드	공통의 객관적 기준(common objective criteria)에 의거하여 당사국을 분류하고 다양한 형태의 감축행동이나 의무를 부과

V. 파리협정의 성립과정, 주요 내용 및 향후 과제

1. 성립과정

2011년 남아프리카 공화국 더반에서 더반 합의문에 따라 출범된 ADP를 중심으로 신기후체제를 위한 협상이 개시되었으며, 당사국총회는 위에서 살펴본 바처럼 2015년까지는 새로운 국제문서를 도출해야 한다는 데 동의하였다. ADP는 특히 적응, 재정, 기술개발 및 이전, 역량배양 및 투명성 문제에 대해서도 논의했는데, 이는 그만큼 파리협정이 다루게 되는 영역이 늘어나고 그 규율 내용이 구체화되는 계기가 되었다. 그 사이 ADP를 통한 협상회의가 파리 당사국총회가 개최되기까지 15차례 개최되었다. 2015년 2월 제네바에서 개최된 ADP 협상회의에서 제네바 텍스트(Geneva Text)를 마련한 후 약 10개월간 집중적인 협상을 거쳤다. 결국 2015년 11월 30일부터 12월 12일까지 프랑스 파리에서 개최된 기후변화협약 제21차 당사국총회는 EU 및 195개국이 모두 함께 참여하여 파리협정이라는 역사적인 결과물을 채택하였다. 이는 개도국과 선진국 모두가 국가별 기여방안(Nationally Determined Contribution: NDC)의 제출을 통해 자발적으로 감축목표를 설정하고 정기적으로 이행점검을 받는 국제법적 기반을 마련한 것이다.

파리협정은 기후변화협약 제17조에서 예정하고 있는 협약의 의정서로 채택되지는 않았다. 다만, 파리협정 전문 첫 번째에서 세 번째 문장 및 제2조 2항에서 기후변화협약을 줄곧 언급함으로써 협정이 기후변화협약을 토대로 발전한 국제적 합의라는 점을 잘 나타내고 있다. 이에 반해 파리협정은 여전히 발효 중인 교토의정서에 대해서는 아무런 언급을 하지 않고 있는데, 이로써 파리협정은 교토의정서와는 완전히 다른 신기후체제라는 점을 드러내고 있다. 즉, 교토의정서와 파리협정은 대체 관계에 있는 협정이 아니라, 기후변화협약하의 별개의 협정인 것이다.

기후변화협약 제21차 당사국총회에서는 개도국의 입장을 대변하는 중국과 G77 국가들로 구성된 개도국 그룹, 선진국의 입장을 대변하는 EU 및 Umbrella 그룹, 개도국과 선진국의 중간적인 입장인 대한민국, 스위스, 멕시코, 리히텐슈타인, 모나코로 구성된 환경건전성그룹(Environmental Integrity Group: EIG)[38] 등 다양한 협상그룹들이 파리협정 채택을 위한 협상에 임하였으며, 다양한 협상그룹의 이해를 반영하다

---

[38] 2017년 COP23에서 조지아가 새로이 가입하여 현재는 6개국이 EIG 그룹을 형성하고 있다.

보니 파리협정이 교토의정서와는 달리 다소 약한 의무만을 규정하고 있다는 평가도 받는다. 즉, 파리협정에서 가장 중요한 감축의무는 각국이 개별적으로 제출한 NDC에 의하는데, NDC는 당사국 스스로가 결정해 제출하는 것이라는 점에서 이는 상향식 방식(bottom-up approach)라고 할 수 있다. 또 당사국총회에서 논쟁거리가 되었던 기후변화로 인한 손실과 피해에 대해서도 결국 별개의 규정이 마련되었다. 결과적으로 주요 선진국들과 개도국들의 타협과 절충의 산물이 바로 파리협정인 것이다.

파리협정은 2015년 12월 12일 성립하였는데, 채택일로부터 1년도 되지 않은 2016년 11월 4일 발효하였으며, 2020년 5월 현재 우리나라를 포함하여 189개국이 당사국으로 되어 있다. 애초 동 체제가 정식으로 출범하기까지 약 5년의 시간이 필요할 것으로 예견된 바 있다. 이에 따라 "Post-2020"이라는 표현이 자주 사용되었으며, 체제가 공식적으로 출범하기 전까지 협정을 더욱 구체화할 계획이었다. 하지만 2016년 11월 미국의 대선을 앞두고 당시 공화당 대통령 후보였던 도널드 트럼프가 선거운동 과정에서 파리협정 불참을 공언하자, 전 세계는 상호 협력에 기초하여 파리협정의 조기 비준과 발효로 화답하였다. 아이러니컬하게도 트럼프의 불참 선언이 파리협정의 발효를 앞당기게 된 것이다.[39]

2. 기본원칙

파리협정에서는 기후변화협약의 기본원칙들을 전문(Preamble)에서 재확인하면서 기존 교토의정서의 부속서 I 국가들과 함께 온실가스 배출감축에 동참하게 되는 개도국들의 이익을 대변하는 원칙들과 개념들을 명시하였다. 대표적으로 온실가스 감축에 있어서 기후변화협약 제3조에서 명시하고 있는 "공동의 그러나 차이가 나는 책임(common but differentiated responsibilities)"과 함께 당사국들의 개별역량(respective capabilities) 및 국가별 상황(national circumstances)을 함께 고려해야 한다는 점을 전문에 포함했다.

개도국의 입장을 반영하는 새로운 개념들도 전문에 함께 명시되었다. 해양을 포

---

39 미국 트럼프 대통령은 선거운동 과정과 대통령에 당선된 후에도 파리협정 탈퇴를 천명하였다. 그러나 파리협정 제28조에 따르면 협정의 발효로부터 3년 후에 서면으로 탈퇴 통보를 할 수 있고, 통보로부터 1년 후에 탈퇴의 효력이 발생한다. 파리협정은 2016년 11월 4일에 발효하여 미국의 탈퇴 통보는 2020년 11월 4일 효력이 발생하였다. 2021년 1월 20일 새로이 바이든 대통령이 취임하게 되면 파리협정에 다시 가입할 것을 밝힌 바 있다.

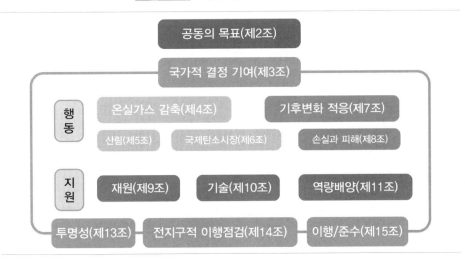

그림 A-2 파리협정의 주요조항 구조

공동의 목표(제2조)

국가적 결정 기여(제3조)

행동

온실가스 감축(제4조)

기후변화 적응(제7조)

산림(제5조)

국제탄소시장(제6조)

손실과 피해(제8조)

지원

재원(제9조)

기술(제10조)

역량배양(제11조)

투명성(제13조) ― 전지구적 이행점검(제14조) ― 이행/준수(제15조)

함한 전 생태계의 건전성과 생물다양성의 보호에 중점을 두고 형성된 개념인 어머니 지구(mother earth)와 기후변화 대응을 위한 조치를 취하는 데 있어서 고려해야 할 기후정의(climate justice)라는 개념을 직접 전문에서 언급함으로써 국제사회의 좀 더 적극적인 동참을 요구하고 있다.

3. 공동의 장기목표

교토의정서에서와는 달리 파리협정은 온도목표를 제시하고 있다. 애초에 온실가스의 감축을 정량 혹은 비율로써 정하거나, 온실가스 배출의 정점에 이르는 시기를 정하는 방식 등도 고려되었지만, 코펜하겐 합의에서 이미 등장한 바 있는 온도목표가 파리협정의 장기목표가 되었다.

파리협정은 제2조에서 협정의 장기목표를 명시적으로 제시하였다. 기본적으로 기후변화의 위협에 대한 세계적 대응의 강화를 목표로 하면서 산업화 이전수준 대비 지구의 기온상승을 2℃보다 훨씬 아래로(well below) 제한하고, 상승폭을 1.5℃ 이하로 제한하기 위해 노력할 것을 장기목표로 설정하였다. 선진국이 주장한 2℃ 이내 제한과 도서국가들과 기후변화 대응에 취약한 개도국들이 제안한 1.5℃ 이내 제한을 타협하여 양측의 주장이 모두 녹아들어 있는 표현을 사용한 것이다. 이러한 장기목표를 제시하면서 형평(equity)과 공동의 그러나 차이가 나는 책임의 원칙을 반영하여 목표를 이행할 것을 재차 확인한 점은 개도국들의 입장을 충분히 고려한 것으로 판단된다.

파리협정은 제2조에서뿐만 아니라, 제4조 1항에서도 목표를 제시하고 있는데, 여기서는 온도목표가 아닌 온실가스 배출의 정점과 관련된 기준을 제시하였다. 즉, 당사국들은 21세기 중반까지는 온실가스 배출의 최고 정점에 이르러야 하며, 21세기 후반부에는 생성되는 온실가스와 온실가스의 흡수가 균형을 이루어 지구상 온실가스가 일정하게 유지되는 상태에 이르러야 한다고 규정하고 있다.

4. 행동의무와 지원의무

파리협정 제3조에서 제8조까지는 당사국의 행동의무에 대해 규정하고 있다. 파리협정 제3조부터 제6조까지는 국가별 기여방안, 즉 NDC의 제출에 따른 온실가스 감축목표와 감축방식에 관한 내용을 기술하고 있고, 제7조는 적응, 제8조는 손실과 피해에 대해 다루고 있다.

제3조에서 규정하고 있는 NDC는 기본적으로 NDC가 감축, 적응, 재정, 기술개발 및 이전, 역량배양, 투명성 등 6개 요소를 포함하여야 하고, 개도국에 대해서는 지원이 필요함을 확인하였으며, 일부 개도국들은 자신의 감축목표와 선진국의 지원을 적극적으로 연계할 것임을 표명하기도 하였다. 이를 통해 당사국들은 온실가스 배출 정점에 최대한 빠른 시기에 도달하고 그 후에는 배출을 급속도로 감소시키는 것을 목표로 하면서, 개도국의 경우에는 배출 정점의 도달이 지연될 수 있음을 함께 확인하였다.

각 당사국들은 제4조에 따라 주기적으로 감축목표를 제출하고 이 목표를 달성하기 위해 노력할 의무, 더 나아가 목표를 도전적으로 설정하고 목표를 지속적으로 높일 의무를 갖는다고 할 수 있다. 하지만 NDC에 따른 감축의무는 해당국이 다른 당사국에 대하여 행한 대세적 약속으로 볼 수 있으며, 이렇게 볼 경우 NDC에서 정한 감축목표는 국제법상 구속력 있는 국가의 의무로도 평가될 수 있다. 다만, 이는 목표를 달성해야 하는 결과적인 의무가 아니라, 목표 달성을 위해 최선의 노력을 다할 과정상의 의무에 지나지 않는다. NDC와 관련해서도 공동의 그러나 차이가 나는 책임 원칙이 적용되며, 제4조는 개발도상국에 대한 배려와 지원에 대한 내용도 포함하고 있다. 제출된 NDC는 교토의정서의 부속서 체계에서와는 달리 조약의 부속서가 아니라, 기후변화협약 사무국이 운영하는 등록부(registry)에 기재된다. 한편 협정 제5조에서는 산림 등 온실가스 흡수원을 통한 배출량의 흡수에 대해 규정하고 있다.

기본적으로 당사국들은 NDC 달성을 위해 자국 내에서의 감축에 힘써야 하겠지만, 파리협정 제6조는 교토의정서의 시장 메커니즘과 마찬가지로 해외감축을 통하여 자국의 목표 달성에 보탬이 될 수 있도록 하는 제도를 마련하고 있다. 새로이 국제적으로 이전되는 감축결과(Internationally Transferred Mitigation Outcomes: ITMO)라는 개념을 도입하여 그 구체적인 실시방안에 대한 협상을 진행하고 있다. 제4항에 따라 교토의정서상의 CDM이나 공동이행제도와 마찬가지로 국제적인 시장 메커니즘을 활용할 수 있으며, 더 나아가 이른바 협력적 접근법이나 비시장 접근법을 통해서도 목표를 달성할 수 있다. 아직 이 체계들이 어떻게 운영될 것인지에 대한 구체적인 방안은 나오지 않고 있으나, APA(Ad hoc Working Group on the Paris Agreement)를 통한 논의에서 보다 구체적인 운영방안이 도출될 것으로 기대된다.[40]

파리협정은 온실가스 감축목표에 관한 내용과 함께 제7조에서 기후변화에 대한 적응방안에 대해서도 규정하고 있다. 기후변화에 대한 적응은 인류, 생활터전 및 생태계를 보호하기 위한 장기적인 대응방안으로 중요한 역할을 수행하며, 이를 위해서는 개도국들에 대한 지원과 국제협력이 동반되어야 한다는 점을 함께 명시하고 있다. 특히 미약한 형태이기는 하지만, 협정 제7조 4항에 따라 개도국의 적응조치는 선진국의 감축의무 및 지원의무 이행과 연결되어 있는데, 개도국의 적응 문제에 있어 선진국의 역할이 중요하다는 점이 다시 한번 확인된 것이라고 할 수 있다.

파리협정 제8조에 따라 기후변화로 인해 발생하는 손실과 피해 문제가 당사국들의 행동의무에 편입되었는데, 이는 개도국이 줄곧 주장해온 바가 어느 정도 관철된 결과이다. 선진국들은 적응을 위한 자발적 지원은 가능하지만, 이것이 기후변화에 대한 자신들의 책임과 결부되는 것을 꺼렸다. 이에 따라 동 조항이 배상책임(liability)이나 보상(compensation)의 근거가 될 수 없다는 점을 제21차 파리 당사국총회 결정문에서 확인하였는데, 이는 선진국들이 개도국을 지원할 용의는 있지만, 법적 책임을 지는 것은 아니라는 점을 분명히 한 것이다. 비록 협정 제8조가 선진국의 책임까지 인정한 것은 아니지만, 적어도 적응과는 별개의 범주로 확인했다는 점에서, 그리

---

40 기후변화협약 당사국들은 폴란드 카토비체에서 열린 COP24에서 대부분의 조항과 관련한 세부이행규칙에 대하여 합의하였으나, 제6조 시장 메커니즘에 대한 세부이행규칙은 합의에 이르지 못하였다.

고 별개의 조문을 통해 강조되었다는 점에서는 의의가 있다고 평가되고 있다.

파리협정 제9조, 제10조 및 제11조와 제12조는 지원체계에 대하여 규정하고 있다. 제9조는 재정적 지원에 대해 규정하고 있는데, 재정지원은 주로 선진국의 의무이지만, 여타의 당사국들도 이에 참여하도록 장려된다는 점에 주목할 필요가 있다. 제21차 당사국총회 결정문에서는 2020년부터 매년 최소 1,000억 달러 상당의 재원을 조성할 것을 강력하게 권고하고 있다. 향후 이의 달성여부를 둘러싸고, 선진국과 개도국들이 대립할 가능성이 매우 커 보인다. 제10조는 기후변화에 대응하기 위한 선진국의 협력, 특히 기술개발과 기술이전에 대한 당사국의 의무를 규정하고 있다. '기술이전'이라는 기존의 용어에서 '기술의 개발과 이전'이라는 용어로 변경하여 기후변화 관련 기술개발의 중요성을 강조한 부분에 유의할 필요가 있다. 제11조는 당사국에게 기후변화 대응에 필요한 역량을 갖추는 것이 중요하고, 이를 위해 당사국 간 협력이 갖는 중요성에 대해 규정하였다. 제12조는 기후변화에 대한 공공인식 제고 노력에 대한 국제적 협력을 규정하고 있다.

5. 감독체계 주요 내용

파리협정은 기후변화에 대한 비교적 느슨한 의무체계를 갖고 있다는 평가를 받는데, 이를 해소하기 위한 방안이 다소 고안되어 있다. 우선 협정 제13조는 기후변화협약 및 교토의정서, 이후의 당사국총회 결정을 통해 도출된 각종 보고의무를 종합하고 강화하여 이를 하나의 투명성 체계(transparency mechanism)에 집약시켰다. 동 체계는 원칙적으로 선진국은 물론이고 개도국에 대해서도 적용되며, 보고의 대상 역시 행동의무에 대한 것뿐만 아니라, 지원의무에 대한 것까지를 포괄한다. 여기에는 각종 보고와 정보제공이 포함된다. 보고는 원칙적으로 격년으로 이루어져야 하며, 전문가그룹 검토를 받도록 되어 있다.

투명성 체계가 단기적 목표의 이행과 그 점검을 위한 것이라면, 전지구적 이행점검(global stocktake)은 장기적 목표에 대한 이행 정도와 향후의 발전 방향을 위한 것이라고 할 수 있다. 협정 제14조는 각국의 감축노력을 평가하기 위하여 2023년부터 5년마다 전지구적 이행점검을 실시할 것을 규정하고 있다. 이행점검은 2023년부터 5년마다 실시되어야 하고, NDC 제출의 주기 역시 5년으로, 새로운 NDC 제출 시 이행점검의 결과를 반영해야 한다. 2023년부터 실시되는 이행점검의 결과를 각국이 어떻게 자국의 NDC에 반영하고, 지구가 감내할 수 있는 온실가스 감축을 달성할 수 있을 것인가에 파리협정의 성패가 달려 있다고 볼 수 있다. 전지구적 이행점검의 실시방법, 이에 따른 강화된 감축방안의 도출방안 등 향후 협상을 통해 해결해야 할 많은 사안들이 아직은 미해결 과제로 남아 있다.

파리협정 제15조는 이행과 비준수 대응 메커니즘에 대해 다루고 있다. 이행준수를 위한 메커니즘은 단일 위원회 형태로 설치하되 강제적이거나 징벌적인 성격이 아니라 촉진적인(facilitative) 성격을 지녀야 한다는 점을 명시하고 있다. 이미 교토의정서에서 제재적 이행강제가 국가들에게 환영받지 못하고, 실효성도 떨어진다는 점을 확인한 당사국들은 보다 촉진적이고 보조적인 준수체계를 마련하였다. 이에 따라 동체계는 협정 비준수에 대한 비난보다는 준수방안을 제시하고, 기술적 지원을 제공하는 등 그 역할이 훨씬 순화되었다고 할 수 있다. 그러나 향후 당사국총회의 세부 협상결과에 따라 구체적 업무 역할이 정해질 것이다.

마지막으로 제21조에서는 파리협정의 발효에 관한 내용을 규정하고 있다. 파리협정은 최소 55개 당사국이 비준하고, 비준한 국가들의 온실가스 총배출량이 세계 배출량의 55% 이상일 경우에 발효하는 것으로 규정되어 있는데, 발효 요건에 따라 2016년 11월 4일에 발효하였다.

6. 파리협정 이후의 당사국총회

파리협정 성립 당시부터 예고된 바와 같이 파리협정은 여전히 골격만 갖추었을 뿐, 이를 구체화하는 작업을 필요로 하였다. 이는 유엔기후체제의 하나의 특징이기도 하지만, 파리협정이 가지고 있는 특수한 상황도 반영된 결과이다. 교토의정서에서부터 우선 규범을 출범시킨 후 구체적인 내용을 협상하는 방식이 시도됨에 따라 점진적이고 소프트한(경성이 아닌 연성의) 규범 형성의 과정은 유엔기후체제에 있어 전형적인 것이 되었다. 게다가 파리협정의 철회(withdrawal) 내지 취소(cancellation)를 줄곧 천명한 바 있던 도널드 트럼프의 영향으로 파리협정은 출범(발효)이 예정되었던 2020년보다 훨씬 빠른 2016년 발효를 위한 요건을 구비하게 되었다. 그 결과 파리협정 당사국회의의 회차는 협정이 어느 정도 구체화될 때까지 본래 차수에 일련번호를 추가로 부여하여 제1－1차, 제1－2차, 제1－3차 등의 차수로 진행되었다.

2016년 마라케시에서 개최된 제22차 기후변화협약 당사국총회(제12차 교토의정서 당사국회의 및 제1－1차 파리협정 당사국회의)는 파리협정을 구체화하기 위한 여러 작업 프로그램 협상을 보다 신속하고 집중적으로 진행할 것을 결의하면서 2018년, 즉 제24차 당사국총회(제1－3차 파리협정 당사국회의)에서는 그 결과물이 채택될 수 있도록 해야 한다는 데 의견이 모였다. 이는 파리협정이 채택될 당시 파리협정과 함께 채택된 결정문(Decision 1/CP.21)에 포함되었던 것으로, 이를 두고 파리협정 작업 프로그램(Paris Agreement Work Program: PAWP)이라고 일컫고 있다. 이 프로그램에 따라 파리협정을 위한 임시작업반인 APA에 가장 많은 업무가 위임되었으며, 기후변화협약의 부속기구인 SBI 및 SBSTA 등에도 파리협정 구체화와 이행을 위한 여러 사안들이 위임된 바 있다.

2017년 피지를 의장국으로 하지만, 실제로는 본에서 열린 제24차 기후변화 당사국총회(제14차 교토의정서 당사국회의 및 제1－2차 파리협정 당사국회의)는 마라케시에서 확인된 작업일정을 재확인하면서 프로그램 진행을 서두를 것을 촉구한 바 있다. 2017년 제23차 당사국총회를 기점으로 당시까지 정리된 성과는 그렇게 가시적인 것은 아니었다. 다만, 많은 국가들이 제안서를 제출했고, 관련된 중간회의 및 워크숍이 개최되었으며, 각 당사국의 비공식적인 의견교환과 논의과정에 대한 비공개적 기록이 축적되고 있는 상황이었다. 이러한 기록의 축적은 비단 정책적 방향설정에 관한 것에 머물지 않고, 기술적이고 실무적인 것까지를 포괄한다. 이러한 자료들을 근거로 여러 옵션들을 포함한 협상안을 준비하여 이후의 협상에 임한 것으로 보인다.

2018년 12월 폴란드 카토비체에서 열린 제24차 당사국총회에서 APA, 협약의 보조기관인 SBI, SBSTA 등을 통하여 파리협정의 이행을 구체화하기 위한 세부규정 마련을 위한 협상이 진행된 바 있다. 지난 3년간의 협상의 결과는 200여 페이지에 이르는 마라케시 합의문과 마찬가지로 방대한 형태의 구체적 이행규정(rule book)으로 정리 예정에 있었으며, 결과적으로 130여 페이지에 이르는 결정문이 나오게 되었다. Rulebook 협상이라고도 불리는 일련의 협상의 결과는 2018년 대부분 타결되었으나, 아직 협정 제6조의 시장 메커니즘에 관한 세부 이행규칙이 마련되지 않는 등 미해결 과제들이 남아 있는 실정이다.[41]

---

41 세부이행규칙 의제 17개 중에 16개가 카토비체에서 합의되었으며, 나머지 남아있는 1개 의제가 국제탄소시장에 관한 것이다.

그 후 2019년 12월 마드리드 당사국총회와 2020년 글라스고 당사국총회 결정을 통하여, 카토비체에서 여전히 합의를 이루지 못한 사항에 대하여 세부이행규칙이 마련될 것으로 기대되었으나, 2019년 마드리드에서는 시장 메커니즘에 대한 논의만 다양하게 이루어지고, 구체적인 합의를 이루지는 못하였다. 2020년 11월에 글라스고에서 열리기로 예정되어 있던 제26차 당사국총회는 2020년 상반기 코로나 사태로 인하여 다음 해인 2021년 11월 1~12일로 연기되고 말았다.

VI. 마치며

1. 최근 동향

교토의정서의 제2차 의무이행기간(2013~2020년)에는 온실가스배출 세계 1~5위 대국들이 모두 참여하지 않은 데다, 개도국에 대한 선진국의 자금 및 기술지원 등의 중요한 세부쟁점들이 타결되지 못했기 때문에, 국제기후변화대응체제가 빈껍데기에 불과하다는 비판이 나오던 상황이었다. 결국 2012년 도하개정은 발효를 위한 요건을 충족하지 못하여 교토의정서의 제2차 의무이행기간은 성립되지 못하고 말았다. 그러나 2015년 12월 파리에서 국제 외교무대에서의 빅 플레이어인 미국, 중국 등 주요 국가들이 협력관계를 형성하여 제21차 당사국총회에서 기후변화협상을 타결하여 파리협정을 채택할 수 있었다.

비록 미국의 도널드 트럼프 대통령이 선거공약으로, 또 취임 이후에도 파리협정 탈퇴를 선언한 바 있기는 하지만, 기후변화에 대응하기 위한 국제적 노력은 계속될 것이다. 우리는 2018년을 비롯하여 최근 수년간의 여름의 폭염을 통해 깨닫게 된 바처럼[42] 기후변화에 보다 적극적으로 대응하고 행동하지 않으면, 지구온난화는 돌이킬 수 없는 재앙으로 인류를 끝내 멸종시킬지도 모른다는 사실을 충분히 인식하여야 할 것이다. 이하에서는 파리협정의 이행을 위하여 우리나라는 어떠한 노력을 하고 있는지를 살펴보기로 한다.

---

[42] 최근의 폭염사태 등 기상이변과 지구온난화에 대해서는 미국의 전 부통령이자 2006년 노벨평화상 수상자인 앨 고어가 기획한 다큐멘터리 영화, 불편한 진실(2006), 불편한 진실 II(2017) 등을 참조.

2. 한국의 이행 문제

가. 전반적 경향

2015년 12월 파리 당사국총회는 Post－2020 기후변화대응을 위한 새로운 조약인 파리협정을 채택하였고, 기후변화협약을 위해 각 당사국은 INDC를 사전에 2015년 10월 1일까지 제출하도록 요구받았다. 지금까지 기후변화협약 당사국 중 리비아를 제외한 모든 협약 당사국들이 INDC/NDC를 제출한 상태이고,[43] 그중에서 미국은 2025년까지 2005년 대비 26~28%, EU는 2030년까지 1990년 대비 최소 40%, 캐나다는 2030년까지 2005년 대비 30%, 중국은 2030년을 기점으로 온실가스 배출량을 더 이상 늘리지 않고, 2030년까지 단위 GDP당 온실가스 배출량을 2005년 대비 60~65%, 한국은 2030년까지 BAU[44] 기준 37%를 감축하기로 약속하였다. 온실가스 배출 대국인 미국과 중국이 온실가스감축을 위한 국제사회의 노력에 적극 동참할 뜻을 밝혀, 교착상태에 빠져 있던 국제온실가스 감축노력에 새로운 변화가 일어날 것으로 기대된다.

한국 정부는 최종 INDC를 제출하기 전인 2015년 6월 11일에 4가지 감축 목표안을 제시하였다. 이 네 개의 목표안은 ①안: 2030년 온실가스 BAU의 14.7% 감축, ②안: 2030년 온실가스 BAU의 19.2% 감축, ③안: 2030년 온실가스 BAU의 25.7% 감축, ④안: 2030년 온실가스 BAU의 31.3% 감축하는 것이다. 그러나 위 네 개의 목표안은 모두 2020년의 목표치인 5억 4,300만 톤보다 높으므로, 네 개 목표안 중에서 하나를 채택할 경우 한국은 리마선언의 후퇴금지의 원칙을 거스르는 첫 번째 국가가 되어 국제사회의 비난을 받을 수 있었다. 이에 온실가스 감축목표를 높게 설정하려는 국제사회의 분위기와 미국을 비롯한 주요국의 외교적 압력에 따라 한국 정부는 ③안의 25.7%를 채택하되, 11.3%는 해외감축이나 해외배출권을 매입하여 상쇄하기로 하여 총 37%의 감축목표를 제출하였다.

이와 같은 감축목표에 대하여 경제계는 경제성장의 발목을 잡는 암 덩어리라고 비난하면서 에너지 효율이 세계 최고 수준을 달성한 국내기업들의 추가 감축 여력은

---

43 파리협정이 채택되기 전인 2015년 상반기에는 INDC라는 명칭을 사용하였으나, 최종적으로 파리협정에서는 NDC라는 용어를 사용하고 있다. 파리협정 189개 당사국 중에서는 186개국이 NDC를 제출하였고, 나머지 3개국은 INDC를 제출한 상태로 되어 있다.

44 BAU는 Business As Usual의 약어로 아무런 감축수단을 사용하지 않았을 때의 배출전망치를 의미한다.

없다는 입장을 밝히고 있다. 온실가스감축이 경제에 부담이 되는 것은 사실이지만, 어차피 가야 하는 올바른 방향이라면 미래를 향한 비전을 갖고, 이를 기업의 기술혁신의 계기로 삼는 것이 현명할 것이다. 그동안 우리나라는 기후변화대응에 있어 GCF 사무국 유치 등을 통하여 국제사회의 주목을 받았고, 국내적으로는 2010년 1월 저탄소녹색성장기본법을 제정하여 기후변화대응법제의 기본틀을 마련하였으며, 2015년부터는 배출권거래제를 실시하고 있다. 우리 정부는 또한 기후변화대응을 위한 기술협력기구인 CTCN의 한국연락사무소 개설을 추진하고 있다. 비록 2015년 1월부터 시행하기로 예정되었던 저탄소차협력금제도는 연기되었지만, 저탄소사회를 실현하기 위한 노력은 앞으로 한층 더 계속되어야 할 것이다.

나. 감축목표 로드맵의 수정

2018년 6월 28일 문재인 정부는 2030년 국가 온실가스 감축목표에 대한 로드맵 수정안을 발표했다. 박근혜 정부가 2016년 12월에 발표했던 기존 로드맵을 수정·보완한 것이다. 기존 로드맵에서 가장 문제시되었던 부분은 국가 감축목표 중 무려 3분의 1에 해당하는 11.3%를 해외감축 및 해외배출권 구입을 통해 국외감축을 하겠다고 한 부분이었다. 이번 수정안에는 이 11.3%를 해소하기 위해 노력한 흔적이 보인다. 해외감축 11.3%를 축소하는 것은 국내에서의 감축노력을 강화하는 방안이 되어야 한다. 하지만 이번 수정안에서는 11.3%의 숫자를 줄이는 데에만 집중한 나머지 감축노력이라고 보기 어려운 수단들을 끼워 넣어 논란을 일으키고 있다.

바로 그 논란의 중심이 되고 있는 부분이 산림 흡수원을 통한 감축이다. 우리나라가 2015년 파리협정 당시 제출한 감축목표 문서에는 산림이 흡수하는 부분을 고려하지 않고 '총배출량'을 기준으로 감축목표를 정하였는데 이제 와서 산림 흡수원을 감축량에 넣겠다는 것이다. 우리나라의 산림이 흡수하는 온실가스의 양은 파리협정 채택 당시보다 점점 줄어들 예정인데, 이 줄어든 흡수량을 가지고 '감축노력'으로 인정받겠다는 발상이다. 정부는 산림 흡수량 2,200만 톤을 전부 감축으로 인정받겠다는 계획을 밝혔지만, 국제사회가 이를 그대로 인정해 줄 것인지는 의문이다.

여전히 남아 있는 해외감축 2%도 문제이다. 온실가스 감축은 국내에서 하든 해외에서 하든 감축비용이 드는 것인데, 이 비용을 누가 부담하고 어떻게 조달한다는 내용은 언급하고 있지 않다. 2%만 해외감축을 하려고 해도 2030년까지 막대한 해외

배출권 구입비용이 투입되어야 한다. 이러다가 배출기업들이나 실제 배출자들이 부담해야 하는 비용을 국민의 혈세로 메꾸게 될 수도 있다. 정작 온실가스 배출량 증가에 가장 큰 책임이 있고 가장 확실한 감축 여력이 있는 전환 부문(발전 부문)은 확정적인 추가 노력이 거의 없다. 4% 정도의 추가감축 잠재량은 '확정'이 아니라 '추후 확정'이라고 한다. 기존 로드맵을 애써 수정하는 판국에 '추후 확정'으로 여지를 남겨둔 것도 매우 이해하기 어려운 부분이다.

우리나라가 2009년 국제사회에 약속한 2020년 배출량 목표는 5억 4,300만 톤인데 이미 실제 배출량은 7억 톤에 이르고 있다. 현 정부는 미세먼지와 온실가스 감축을 위해 화석연료 사용을 줄이고 에너지전환을 할 것을 천명한 바 있다. 또한 2020년 코로나 사태 이후로는 그린 뉴딜 정책을 표방하고 있다. 그럼에도 불구하고 2018부터 시행된 제8차 전력수급기본계획, 2030 온실가스 감축 로드맵, 온실가스 배출권거래제 할당계획에서는 화석연료 감축과 에너지전환의 구체적인 실천 의지가 부족해 보인다. 이제부터는 정부가 필요시마다 대국민연설로 화석연료 감축과 에너지전환을 구호로만 외칠 것이 아니라, 정부가 앞장서서 구체적인 행동으로 실천하는 모습을 보여주어야 할 때이다.

다. 향후 과제

온실가스 감축은 더 이상 국제적인 약속을 지키는 차원의 문제가 아니라, 전 세계로 확산되고 있는 저탄소 경제와 에너지전환의 흐름에서 뒤처지지 않고 장기적 국가이익을 확보하기 위해 반드시 우리가 가야 할 길이다. 그동안 우리나라는 OECD의 일원이자 G20회의의 성원이라는 선진국의 지위를 강조하면서도, 다른 한편으로 WTO 협상이나 교토체제 하에서 개도국의 지위를 유지하려는 이중적인 태도를 보여 왔다.

그러나 파리 당사국총회에서 합의된 신기후체제인 파리협정은 선진국은 물론 개도국 모두가 온실가스 감축에 동참하는 새로운 기후변화 대응체제로, 한국이 선진국의 범주에 속하느냐, 개도국의 범주에 속하느냐의 논란은 더 이상 무의미하다. 우리나라도 이제는 국제사회의 기후변화대응에 발맞추어 대외신뢰도를 꾸준히 높여 나가면서 국제사회에서 차지하는 우리나라의 위상에 타당한 역할을 충실하게 수행하는 것이 매우 중요하다. 정부와 국민 모두가 어머니 지구를 지키고, 기후 정의를 실현하는 일에 좀 더 적극적인 자세로 동참해야 할 것이다.

참고문헌

1. 김찬우, 「포스트 2012 기후변화 협상」 서울: 에코리브르, 2010.

2. 김호철, 「기후변화와 WTO」 서울: 경인문화사, 2011.

3. 김홍균, 「국제환경법」 제3판, 서울: 홍문사, 2020.

4. 박덕영, 「세계 주요국의 기후변화법제」 서울: 이담북스, 2012.

5. _____, 「국제법 기본조약집」 제4판, 서울: 박영사, 2020.

6. _____, 「기후변화 국제조약집」 서울: 박영사, 2017.

7. 박덕영 외 공저, 「WTO무역과 환경사례 연구」 서울: 박영사, 2018.

8. 박덕영 외 공저, 「기후변화에 대한 법적 대응」 서울: 박영사, 2019.

9. 박덕영·오미영 공역, 「환경문제와 국제법」 서울: 세창출판사, 2013.

10. 박덕영·윤연종 공역, 「국제투자법과 환경문제」 서울: 박영사, 2016.

11. 박덕영·이태화 공역, 「기후변화와 통상문제」 서울: 박영사, 2012.

12. 박덕영·이현정 공역, 「CSR 환경책임」 서울: 박영사, 2018.

13. 박덕영 외 공역, 「탄소 관련 국경조정과 WTO법」 서울: 박영사, 2016.

14. 박덕영 외 공역, 「국제기후변화법제」 서울: 박영사, 2018.

15. 박덕영 외 공역, 「기후변화와 국제법」 서울: 박영사, 2020.

16. 이경재·김경우 공역, 「법학, 경제학 그리고 자연과학에서 바라보는 환경문제」 서울: 박영사, 2019.

17. 이재곤 외 공저, 「국제환경법」 제2판, 서울: 박영사, 2020.

18. 최재철, (환경외교의 길을 걸었던 외교관의) 기후협상일지, 서울: 박영사, 2020.

19. 환경부, 파리협정 길라잡이, 2016. 5.

20. 환경부, 한국환경공단, 파리협정 이행규칙안내서, 2019. 6.

21. Albrecht, Eike, et al., eds., *Implementing Adaptation Strategies by Legal, Economic and Planing Instruments on Climate Change.* Vol. 4. Springer, 2014.

22. Bodansky, Daniel, et. al., *The Oxford Handbook of International Environmental Law.* Oxford University Press, USA, 2008.

23. Carlarne, Cinnamon Pinon, Kevin R. Gray, and Richard Tarasofsky, eds. *The Oxford Handbook of International Climate Change Law*. Oxford University Press, 2016.

24. Chauhan, Pradeep S, *Climate Change and Paris Agreement*. New Century Publications, 2019.

25. Deane, Felicity, *Emissions Trading and WTO Law: A Global Analysis*. Edward Elgar Publishing, 2015.

26. Di Benedetto, Saverio, *International Investment Law and the Environment*. Edward Elgar Publishing, 2013.

27. Dupuy, Pierre—Marie, and Viñuales, Jorge E., eds. *International Environmental Law*. Cambridge University Press, 2018.

28. Klein, Daniel, et al., eds. *The Paris Agreement on Climate Change: Analysis and Commentary*. Oxford University Press, 2017.

29. Hollo, Erkki J, et al., *Climate Change and the Law*. Springer, 2012.

30. Holzer, Kateryna, *Carbon—related Border Adjustment and WTO Law*. Edward Elgar Publishing, 2014.

31. Mayer, Benoit, *The International Law on Climate Change*. Cambridge University Press, 2018.

32. PARK, Deok—Young, ed., *Legal Issues on Climate Change and International Trade Law*. Springer, 2016.

33. _____, *Essential Documents in International Environmental Law*. PAKYOUNGSA, 2020.

34. Savaşan, Zerrin. *Paris Climate Agreement: A Deal for Better Compliance?*. Springer International Publishing, 2019.

PART 1

파리협정의 탄생과 목표

제 1 장

파리협정의 탄생 과정

최재철(국제박람회기구(BIE) 총회의장, 기후변화센터 공동대표)

I. 파리협정 채택의 시간

2015년 12월 12일 저녁 7시가 넘어서면서 제21차 기후변화협약 당사국총회(COP21) 본회의장인 La Seine 홀을 가득 채운 197개국 협상대표들과 옵저버들의 모습에는 긴장감이 돌기 시작했다. 오후 5시 30분에 속개할 예정인 파리위원회(Comité de Paris) 마지막 회의가 계속 지연되고 있었기 때문이다. 저녁 7시 10분이 지나면서 COP21 의장인 Laurent Fabius 프랑스 외교장관, François Hollande 대통령, 반기문 유엔사무총장, Christiana Figueres 기후변화협약 사무총장 등이 줄지어 입장을 하여 단상에 착석하였다. 회의장에는 긴장감이 흘렀다.

　　Fabius 의장은 간단한 인사말과 함께 각국 대표단에 배포된 파리협정을 담은 최종결정문안(FCCC/CP/2015/L.9/REV1)에 대한 법률검토 결과보고를 콜롬비아 대표에게 요청하였다. 법률검토작업반의 결과 보고에 이어 UNFCCC 사무차장의 기술적 수정사항 보고가 있었다. 니카라과 대표는 발언권을 신청하였다. 그러나 Fabius 의장은 이를 의도적으로 무시하고 최종 결정문안을 파리위원회에 상정하였다. 회의장 뒤편을 꽉 매운 방청객들은 술렁이기 시작하였다. Fabius 의장은 이의가 없으므로 최종 문안을 컨센서스로 채택한다고 발표함과 동시에 파리위원회의 폐막을 선언하였다. 그리고 Fabius 의장은 숨가쁜 속도로 COP21 최종 본회의의 속개를 선언하였고 파리위원회에서 채택된 최종 결정문안을 총회에 상정하였다. 니카라과 대표는 앉은 상태에서 명패를 치켜들고 발언권을 요청하였으나 이미 거의 모든 대표들이 기립상태에서 보내는 환호와 박수 속에 묻혀버렸다. Fabius 의장은 이의가 없으므로 파리협정을 담은 최종 결정문안을 컨센서스로 채택한다고 선언하였다. 저녁 7시 16분에 속개된 파리위원회 회의에서 채택된 최종 결과문안이 COP21 본회의에 이관되어 채택된 시간은 저녁 7시 29분이었다. 불과 15분이 채 안되는 시간에 기후행동의 새로운 이정표가 될 파리협정이 채택되었다.

II. 파리협정에 대한 긍정적 평가와 이른 발효

　　파리협정에 대한 평가는 긍정적이었다. 파리기후총회가 개최되기 불과 몇 주전에 파리에서 동시다발적으로 발생한 테러사건으로 인해 130여 명이 사망하고 수백명의 부상자가 발생하였다. 국제사회는 COP21의 성공을 통해 테러범들에게 국제 사회의 단합된 모습을 보여주어야 한다고 힘을 모았고 그 결과물이 "파리협정"이었다. 파리협정의 채택에 대해 반기문 유엔사무총장은 지구와 인류를 위한 "기념비적 성공"이라 평가하였으며 프랑스의 올랑드 대통령은 "혁명"적인 것으로, 미국의 오바마 대통령은 "전환점"(a turning point)이라고 찬사를 보냈다. 그리고 파리협정 채택을 보도하는 세계의 언론들은 "화석연료의 종말"(CNN), "위대한 외교의 성공"(The Guardian), "역사적 타결"(The New York Times)이라고 평가하면서 어려운 가운데서 이끌어 낸 다자주의의 모델이라고 보도하였다.

2015년 12월 12일 저녁 파리협정 채택을 위한 마지막 본회의 진행 시나리오를
빠른 속도로 읽어가는 COP21 의장인 프랑스 로랑 파비우스 외교장관

　파리협정은 2016년 4월 22일 유엔에서 서명 개방되었으며 서명 당일 175개국이
서명하는 기록을 세웠다. 이는 종전의 기록인 유엔 해양법협약의 117개국 서명을 훨
씬 뛰어넘는 숫자였다. 그리고 파리협정은 채택된 지 채 1년도 되지 않은 2016년 10
월 5일 전 세계 배출량의 55%를 차지하는 55개국 비준이라는 발효 요건을 충족하여
2016년 11월 4일 발효되었다. 기후변화협약의 부속서로 1997년 12월 COP3에서 채
택된 교토의정서가 이행규범인 "마라케시 합의문"(The Marrakesh Accords) 채택하는
데 4년을 보냈고 발효에 이르는 데는 7년 이상이 소요되었음을 감안할 때 파리협정
의 이른 발효는 모두의 예상을 뛰어넘는 것이었다. 파리협정의 이행규칙 작성을 임무
로 하는 "파리협정 특별작업반"(Ad hoc Working Group on the Paris Agreement: APA)
은 2016년부터 활동을 시작하여 3년간의 협상 끝에 2018년 12월 폴란드 카토비체에
서 열린 COP24에서 세부 이행규칙[1]을 채택하였다. 이로써 파리협정은 2021년부터
모든 국가에 적용되는 새로운 기후체제의 플랫폼으로서의 준비 작업을 완료하였다.

---

1 2019년 12월 폴란드 카토비체에서 개최된 기후변화협약 제24차 당사국총회 겸 파리협정 제1차 당사국
　회의에서 채택된 Decision 1/CP.24와 Decision 3/CMA.1에 의거하여 파리협정 세부 이행규칙이 채
　택되었다. 이 때 합의되지 못한 파리협정 제6조 시장 및 비시장 메커니즘 이행규칙은 2021년 예정인
　COP26에서 채택될 전망이다.

III. 타협과 상호 신뢰에 바탕을 둔 파리협정

파리협정의 이른 발효는 협정에 대한 국제사회의 폭넓은 지지를 반영한다. 파리협정은 포용성, 투명성, 당사국 중심의 협상을 통해 만들어진 결과물이며 197개 협상 참여국들은 파리협정에 대해 높은 주인의식(ownership)을 갖고 있다. 파리협정은 각국의 자율성을 존중하면서도 이를 국제적으로 이행을 담보할 수 있는 구속력을 지니고 있다. 파리협정은 시간의 흐름에 따라 변화하는 글로벌 상황을 반영할 수 있는 제도들을 구비하고 있어 탄력성과 견고성을 가졌다고 평가할 수 있다.[2]

파리협정은 전문과 29개 조항으로 이루어져 있다. 기후변화협약과 교토의정서와는 달리 파리협정은 선진국과 개도국 그룹을 명시적으로 구분하지 않고 모든 국가들이 공동의 그러나 차별화된 책임과 각자의 역량, 서로 다른 여건을 감안한 기후행동을 지속적으로 강화하여 나가는 플랫폼 역할을 하고 있다.[3] 모든 당사국들은 기후변화에 대응하기 위하여 협정에 규정된 바에 따라 의욕적인 노력을 담은 국가결정기여(NDC)를 UNFCCC 사무국에 통보하여야 한다.[4] 파리협정은 기후변화협약의 궁극적 목표를 구체적인 수치를 통한 정량적 방법과 저탄소 기후탄력적 경제로의 전환이라는 정성적 방법으로 제시하고 있다.[5] 이러한 목적달성을 위한 기후 행동의 범위를 온실가스 배출의 감축(mitigation), 산림의 흡수원 역할 확대, 시장과 비시장 메커니즘의 활용, 변화하는 기후에 대한 적응(adaptation), 군소도서국의 관심 사안인 손실과 피해(loss and damage)로까지 확대하고 있다.[6] 그리고 개도국들의 기후행동을 지원하기 위한 수단으로 저탄소 사회를 위한 기후재원의 동원과 흐름, 기술개발과 이전, 역량 배양을 명시하였다.[7] 파리협정의 이행을 촉진하고 환경 건전성과 지속성을 담보하기 위한 방안으로 기후행동과 지원에 대한 투명성 체제, 매 5년단위의 지구적 이행점검(global stocktake), 이행촉진 성격의 의무준수 체제 등에 관한 규정을 담고 있

---

2 파리협정 제3조, 제4조 3항, 제14조 등이 협정의 지속가능성, 탄력성과 견고성을 반영할 목적으로 협상되었다.
3 파리협정 제2조 1항.
4 파리협정 제3조.
5 파리협정 제2조 2항.
6 파리협정 제4, 5, 6, 7, 8조.
7 파리협정 제9, 10, 11조.

다.[8] 파리협정은 이처럼 포괄적인 조항을 통해 세계 모든 국가의 관심과 우려사항을 아우르고 있어 국제사회의 폭넓은 지지를 받고 있다고 하겠다.

IV. 파리협정에 이르는 길

1. 파리협정의 공식협상 무대: ADP

파리협정 채택을 위한 공식 협상의 출발점은 2011년 12월 남아공 더반 개최 COP17에서 채택된 "더반 결과물"(Durban Outcomes)이다.[9] 더반 결과물의 새로운 기후체제 수립을 협상하기 위하여 기후변화협약의 부속기구로 "강화된 행동을 위한 더반 플랫폼에 관한 실무작업반"(Ad hoc Working Group on Durban Platform for Enhanced Action: ADP)이 설립되었다. ADP는 2012년 5월 독일 본에서 제1기 1차회의(ADP1-1)에 이은 후속회의를 갖고 공동의장단 구성방안과 의제를 채택하였다. 2013년 5월에 열린 ADP 제2기 회의부터는 모든 당사국의 보편적인 참여를 유도하면서 서로에 대한 신뢰와 높은 수준의 기후행동을 확보할 수 있는 방안에 대해 집중논의를 가졌다. 2014년 3월 개최된 ADP 제2기 4차회의(ADP2-4)에서는 2015 파리 합의문의 작성을 원활하게 협상하기 위한 ADP내의 비공식 협상무대로서 "교섭그룹"(Contact Group)이 설립되었다. 이후 ADP는 회의 형식을 공식 및 비공식으로 수시로 바꾸어 열면서 합의의 진전을 도모하였으며 COP21 기간중인 2015년 12월 5일 제2기 12차회의(ADP2-12)를 갖고 파리협정과 COP21 결정문안을 담은 "파리결과문안"(Draft Paris Outcome)을 채택하고 임무를 종료하였다.[10]

더반 COP17 결정(1/CP.17)에 따라 기후변화협약의 부속기구로 설립된 ADP는 2015년 개최 COP21까지 "협약 하에 모든 당사국에 적용되는 의정서, 또다른 법적 수단 내지 법적 효력을 지닌 합의된 결과물"(a protocol, another legal instrument or an agreed outcome with legal force under the Convention applicable to all Parties)을 개발하는 것을 임무로 하였다.[11] 12월 5일 ADP 마지막 본회의에서 채택된 "파리결

---

8 파리협정 제13, 14, 15조.
9 Decision 1/CP.17 Establishment of an Ad hoc Working Group on the Durban Platform for Enhanced Action.
10 Draft Paris Outcome: FCCC/ADP/2015/L.6/Rev.1, 5 December 2015.
11 Decision 1/CP.17, paras.2, 3

과문안"은 COP21에 의해 설립된 파리위원회(Comité de Paris)의 협상과정을 걸쳐 COP21 본회의에서 "유엔 기후변화 기본협약하의 파리협정"(the Paris Agreement under the United Nations Framework Convention on Climate Change)으로 최종 채택되었다.

2. 파리협정을 위한 비공식 협상 무대

ADP가 파리협정 채택을 위한 공식 협상창구 역할을 담당한 반면, 협상과정에 야기되는 정치적으로 민감한 사안들을 다루면서 선진국과 개도국 협상 수석대표들 간의 신뢰를 강화하고 합의 가능 지점을 측정해 보는 고위급 비공식 협상 회의들이 수시로 개최되었다.

미국이 해당년도 COP의장국과 공동으로 주최하는 "에너지와 기후변화에 관한 주요 경제국 포럼"(Major Economies Forum on Energy and Climate: MEF), 독일이 매년 상반기에 주최하는 각료급협의체인 "피터스버그 기후대화"(Petersburg Climate Dialogue), EU와 프랑스가 주최한 비공식 각료회의 등이 대표적인 사례이다.

미국정부와 프랑스 정부의 공동 주최로 2014년 7월 프랑스 외교부 회의실에서 열린 주요경제국회의(MEF)수석대표 기념사진

미국이 주최한 "주요 경제국 포럼"(MEF)은 2009년 12월 코펜하겐 개최 COP15을 앞두고 2009년 3월 오바마 행정부에 의해 출범한 비공식 협의체이며 G-7국가, 한국, 중국, 호주, 브라질, 남아공, 러시아, 멕시코, 인도네시아, 인도 및 EU 등 17개 주요 경제국들이 정례적으로 참여하였다. COP21 총회를 앞둔 2015년에는 스위스, 노르웨이, 싱가포르, 사우디, 마샬제도 등 기후협상 무대에서 적극적 역할을 수행하는 국가들도 초청되었다.

피터스버그 각료급 대화 그룹은 실패로 끝난 2009년 코펜하겐 기후정상회의 과정에 EU가 위상에 걸맞는 역할을 수행하지 못한 것에 자극을 받은 독일 메르켈 총리의 이니셔티브로 출범하였다. 기후변화협상과정에 주도적인 역할을 하는 40여 개의 선진국과 개발도상국들을 지역적 안배를 고려하여 선정하였으며 제1차 회의를 2010년 5월 독일 Bonn 근처에 소재한 Petersburg에서 COP16 의장국인 멕시코와 공동으로 개최하였다. 그후 피터스버그 각료급회의는 매년 상반기에 독일에서 열리고 있다.

COP21 의장국인 프랑스는 2015년에 파리협정 협상과정에 난제로 알려졌던 차별화, 의욕수준, 재원 문제 등을 다루기 위해 두차례 비공식 각료회의를 개최하였다. 고위급 비공식 협상무대에서는 주요 국가들의 INDC 제출시기, 선진국과 개발도상국의 차별화, 파리협정의 법적 성격과 감축목표의 법적 구속성, 기후재원 공여기반 범위 확대 등과 같이 공식 협상 무대에서 합의를 도출하기 어려운 의제들을 주요국들이 사전에 의견을 조율하여 공식 협상의 진전을 촉진하였다.

이러한 고위급 비공식 채널 이외에도 다수의 양자 및 다자 차원의 비공식 협상기구들이 파리협정 협상과정에 도출되는 난제들의 이해를 확대하고 해결방안을 제시하는 역할을 수행하였다. 한국도 파리협정 협상과정에 미국, 중국, 싱가포르, EU 등과 공식 내지 비공식적인 양자 협의를 갖고 INDC 작성, 감축과 적응 등 협상의제에 대해 의견을 교환하였다.

3. 협상의 단계별 진전

2011년 더반 플랫폼에 관한 특별작업반(ADP) 협상이 시작되어 2015년 COP21에서 파리협정이 채택되기까지의 협상 과정은 내용의 진전에 따라 단계별로 나누어 볼 수 있다.

첫 번째 단계는 본격적 협상을 시작하기에 앞서 당사국들의 협상 역량배양과 상호신뢰 형성을 위한 단계로서 2013년 12월 바르샤바개최 COP19까지로 볼 수 있다. 이 기간 중에 개최된 ADP 회의에서는 워크샵과 라운드 테이블 등 비공식 형식의 회의가 수시 개최되었으며 공식 협상 무대에 올릴 많은 아이디어들이 제안되었다. 2013년 12월 COP19에서 채택된 선진국과 개도국들을 포함한 모든 당사국의 기후변화대응에 대한 약속 도구인 "의도된 국가결정기여"(Intended Nationally Determined Contribution: INDC)[12]가 그 대표적 사례라고 하겠다. INDC는 그 간 선진국들의 온실가스 감축 약속인 공약(commitment)과 개발도상국들의 온실가스 감축 약속인 자발적 행동(action)을 포용함으로써 논쟁의 대상이었던 이분적 접근(binary approach)을 극복하는 방안이 되었다. 그리고 이 기간 중에 선진국과 개도국들의 신뢰형성의 상징물로 2011년 출범한 "녹색기후기금"(Green Climate Fund: GCF)은 2012년에 제1차 이사회를 개최하였고 2013년에 인천 송도에 사무국을 개설한 후 초기 재원 조성을 위한 활동을 시작하였다.[13]

두 번째 단계는 선진국과 개도국들이 파리개최 COP21에서 출범할 신기후체제의 의욕성을 측정할 수 있는 기대치와 서로에 대한 신뢰를 확인하는 시기로서 COP19이후부터 2014년 COP20회의를 거쳐 주요 경제국들을 포함한 70여 개국이 INDC를 제출한 2015년 9월 유엔기후정상회의까지의 기간이 이에 해당된다. 선진국과 개도국들은 2014년 12월 페루 리마에서 개최된 COP20에서 모든 국가들이 제출할 INDC의 범위, 제출시기 및 INDC 작성시에 지켜야 할 규범인 진전원칙에 대해 합의하였다.[14] 그리고 COP20회의가 진행되고 있는 기간 중에 GCF의 초기 재원조성 규모가 성공의 가늠대로 제시된 100억불을 넘어섰다.[15] 더반 결과물에 따라 2015년에 협상을 마무리하기 위한 선진국과 개도국의 신뢰가 확인된 것이다. 2015년 9월 하순 유엔2030지속발전목표 채택을 앞두고 주요 경제국을 포함한 70여 개국이 INDC를 제출하였으며 배출량기준으로는 전 세계 배출량의 70% 이상을 차지하고 있었다.

마지막 단계는 지금까지 조성된 신뢰를 바탕으로 낙오되는 국가가 발생하지 않도록 모든 당사국들이 참여하는 신기후체제 출범 합의문을 작성하는 과정이었다.

---

12 Para.2(b) Decision 1/CP.19 Further Advancing the Durban Platform.
13 https://www.greenclimate.fund/about/timeline.
14 Paras. 9 and 10, Decision 1/CP.20 Lima Call for Climate Action.
15 https://www.greenclimate.fund/about/resource-mobilisation/irm.

2015년 2월 제네바에서 열린 ADP회의에서는 선진국들과 개도국들의 모든 입장을 망라하는 86쪽의 방대한 제네바협상문서(the Geneva negotiating text)가 만들어졌다.[16] ADP 공동의장은 다양한 협상문안들이 당사국 주도로 간결화 될 수 있도록 협상 회의마다 모든 절차가 포용적이면서도 투명하게 이루어지도록 배려하였다.

또한 COP21의장인 프랑스 로랑 파비우스 외교장관은 과거 2009년 코펜하겐 당사국 총회의 실패를 거울삼아 150개국의 수반이 참석한 정상회의를 COP총회 개막 첫날에 개최하여 회의 성공을 위한 정치적 의지를 결집하였다. 그리고 프랑스의 노련한 외교관들을 각 협상그룹별 담당 대표로 임명하여 모든 협상 그룹 수석대표들과 비공식 협의를 진행하여 소외감을 가지는 국가가 없도록 배려하였다. 파리협정문 타결의 순간까지 다양성을 존중하고 낙오되는 국가가 발생하지 않도록 배려하는 프랑스 외교의 섬세함이 빛을 발하는 시간이었다.

V. 기후변화협약체제하의 파리협정

파리협정이 기후변화체제에서 교토의정서와 같이 기후변화협약의 부속 규범인지 아니면 기후변화협약을 사실상 대체하는 국제 규범인지를 이해하기 위하여는 1992년 5월 유엔 기후변화 기본협약(UNFCCC)채택에서부터 2011년 COP17에서 채택된 더반 플랫폼 결정에 이르는 과정을 살펴볼 필요가 있다.

1. 기후변화협약체제의 출범

1990년 12월 제45차 유엔총회 결의(res. 45/212)에 따라 "기후변화에 관한 효과적인 기본협약 준비를 위해 정부간 협상위원회"(for the preparation by an Intergovernmental Negotiating Committee of an effective framework convention on climate change)가 설립되었다. 정부간협상위원회(INC)는 1991년2월부터 1992년5월까지 5차례의 협상회의를 가진 끝에 1992년 5월 9일 뉴욕에서 "UNFCCC"를 채택하였다.

그로부터 한 달 후인 6월 브라질 리우데자네이루에서 열린 유엔환경개발회의(The UN Conference on Environment and Development: UNCED)에서 UNFCCC는 서명을 위해 개방되었고 155개국이 서명하였다.

---

16 https://unfccc.int/files/bodies/awg/application/pdf/negotiating_text_12022015@2200.pdf.

기후변화협약은 이후 50개국이 비준서를 제출한 날로부터 90일이 되는 1994년 3월 21일에 발효하였다. 기후변화협약 작성을 위해 설립된 INC는 그 후 6차례의 회의를 갖고 제1차 당사국 총회 준비에 필요한 작업을 하고 1995년 2월 임무를 종료하였다.

2. 협약 부속서로서의 교토의정서

기후변화협약 제7조 4항에 따라 제1차당사국총회(COP1)가 1995년 3월 28일부터 4월 7일간 독일 베를린에서 개최되어 협약 제4조 2항(a)와 (b)에 규정된 부속서 I 그룹 당사자(선진국과 동구권국가)들의 공약 적정성 검토에 관한 결정(Decision 1/CP.1)을 채택하였다.

"베를린 위임사항"(The Berlin Mandate)으로 지칭된 결정문에 따라 부속서 I 국가들의 온실가스 감축방안을 협상하기 위한 특별작업반이 설치되었다. "베를린 위임사항에 관한 특별작업반"(Ad hoc Working Group on Berlin Mandate: AGBM)은 1995년 8월부터 1997년 11월까지 8차례의 협상회의를 거쳐 작성된 결과물(a protocol or another legal instrument)을 1997년 12월 일본 교토에서 개최된 COP3에 상정하였다. 12월 1일 개막된 COP3의 전체회의(Committee of the Whole: COW)에서의 집중 협상을 거친 결과물은 12월 11일 COP3 최종본회의에서 협약 제17조에 따른 "유엔 기후변화 기본협약에 대한 교토의정서"(The Kyoto Protocol to the United Nations Framework Convention on Climate Change)가 컨센서스로 채택되었다. 교토의정서는 부속서 I에 포함된 선진국과 동구권국가들이 제1차공약기간(2008-12)중 온실가스 배출량을 1990년대비 평균 5.2% 줄이도록 규정하고 있다.

미국, EU, 일본 등 선진국들은 교토의정서 협상기간 내내 선발 개도국들의 자발적인 온실가스 배출 규제 참여를 위한 협상 문안 제출 등을 시도하였으나 중국, 인도를 중심으로 한 개도국들의 강력한 반대에 부딪쳐 뜻을 이루지 못하였다. 이는 결국 미국의 교토의정서 비준 거부의 주요한 이유중의 하나로 연결되었다.

2001년 3월 28일 조지 부시 대통령은 지구온난화의 원인과 해결책이 분명치 않고 상업적으로 가용가능한 저감 기술이 없는 상태에서의 교토의정서 비준은 미국경제에 피해를 줄 것이며 중국, 인도, 브라질과 같은 주요 개도국들의 의미 있는 참여 없이는 미국의 참여가 없을 것이라고 선언하였다. 부시 대통령은 교토의정서 비준거부 선언은 의정서 채택을 수개월 앞둔 1997년 7월 미국 상원에서 채택된 "Byrd-Hagel 결의"(Byrd-Hagel Resolution, S.Res.98)와 맥락을 같이하고 있다. 조약 비준권을 지닌 미국 상원에서 95-0의 압도적 지지로 채택된 이 결의는 개발도상국들의 온실가스 배출을 제한하거나 감축하는 규정이 의정서나 다른 규범에 포함되지 않으면 미국 정부는 의정서의 서명 당사국이 되지 않아야 한다고 명시하였다.

교토의정서(KP)는 이중의 발효요건을 규정하고 있다.[17] KP는 협약당사국 55개 이상의 비준과 비준 국가 중에 부속서 I 포함국가들의 1990년도 이산화탄소 합산배출량이 부속서 I 전체 국가 총 배출량의 55% 이상이 되어야 하며 이러한 요건을 갖춘 날로부터 90일째가 되는 날에 발효한다.

협약 부속서 I 국가의 1990년도 온실가스 총배출량을 주요 국가별로 나누어 보면 미국 36.1%, EU 24.2%, 러시아 17.4%, 일본 8.5%, 캐나다 3.3% 순이었다.[18] 미국이 KP비준을 거부한 상태에서 러시아의 비준이 필수적이었다. 러시아는 KP이행을 위한 마라케시합의서(The Marrakesh Accord)가 2001년 11월 COP7에서 채택된 이후에도 산림흡수 인정범위와 공동이행(JI) 사업추진 등에 관한 자국 입장 관철과 전략적 고려차원에서 비준을 늦추다가 2004년 11월 18일에야 마침내 KP를 비준하였다.

러시아의 비준으로 KP를 비준한 부속서 I 국가들의 배출규모가 부속서 I 전체 배출량의 61.6%에 달하게 되었고 KP는 2005년 2월 16일 발효하였다.

3. Post-2012 기후체제 수립 협상과 좌절

2005년 12월 캐나다 몬트리올에서 개최된 기후변화협약 COP11을 겸한 교토의정서 제1차당사국회의(CMP1)에서는 부속서 I 국가들의 교토의정서 제2차공약기간 (2013-17) 의무설정 방안과 그 밖의 선진국과 개도국의 온실가스 감축 참여 방안에 대한 논의가 진행되었다. KP 제3조 9항에 따라 부속서 I 국가들의 추가 공약을 논의하기 위한 교토의정서 특별작업반(AWG-KP)이 설립되었고[19] 미국 등 교토의정서에 참여하지 않은 선진국과 개도국들은 협약 하에서의 장기 협력행동방안을 고려하기 위한 협약에 의거한 대화(convention dialogue)를 개시하기로 결정하였다.[20]

---

17 Kyoto Protocol, Article 25 para.1.
18 FCCC/CP/1997/7/Add.1, Annex.
19 1/CMP.1 Consideration of commitments for subsequent periods for Parties included in Annex I to the Convention under Article 3, paragraph 9, of the Kyoto Protocol.
20 Decision 1/CP.11 Dialogue on long-term cooperative action to address climate change by

협약의 이행을 강화하기 위한 장기 협력행동방안을 당사국들 간에 구체적으로 협상하기 위한 부속기구로 "협약하의 장기협력행동에 관한 특별작업반"(Ad hoc Working Group on Long-term Cooperative Action under the Convention: AWG-LCA)이 2007년 12월 인도네시아 발리 COP13에서 채택된 "발리행동계획"(Bali Action Plan) 결정문에 따라 설립되었다.[21] AWG-LCA는 2009년 예정인 COP15까지 감축, 적응, 재원, 기술 등 4개 분야를 핵심요소로 하는 기후변화문제에 대한 포괄적인 논의를 갖고 합의된 결과물(agreed outcome)을 작성하는 위임사항을 이행하게 되었다. AWG-KP도 부속서 I 국가들의 추가 공약사항에 대한 논의를 2009년 COP15까지 완료하기로 하였다. 이에 따라 2009년 12월 COP15에서 출범할 post-2012 기후체제 논의가 발리행동계획에 따라 2개의 경로(two track)에서 진행되었다.

2개 특별작업반(AWG)에서의 논의가 진전되면서 이들의 작업결과를 KP 개정을 통해 함께 반영할 것인지 또는 협약하의 별도 의정서로 작성할 것인지에 대한 논쟁도 가열되었다. 2009년 코펜하겐에서 개최된 2주간의 회의는 치열한 협상으로 시작되었지만 합의점을 찾지 못한 채 덴마크 라스무센 총리가 주재하는 12월 16일~18일 간의 정상회의에서 협상을 마무리하여야 하는 상황이 되었다. 미국 오바마 대통령, 중국 원자바오 총리, 독일 메르켈 총리, 한국 이명박 대통령 등 세계 110여 개국에서 정상급 인사들이 참석하여 회의를 진행하였다. 미국의 오바마 대통령이 중심이 되어 미국, 중국, 브라질, 남아공, 인도 등이 마침내 국가별 상향식 온실가스 감축 방식에 정치적 합의를 이루고 이를 토대로 한 "코펜하겐 합의문"(The Copenhagen Accord)이 작성되었다.

그러나 채택을 위해 소집된 COP15 본회의에서 투발루, 베네수엘라, 볼리비아, 수단, 니카라과 등은 코펜하겐 합의문이 소수의 정상들이 만든 밀실 합의문이며 투명성이 결여되었다고 채택에 강력히 반대하였다. 반기문 유엔사무총장의 중재 하에 몇 차례의 협의를 거쳐 12월 19일 열린 본회의에서 당사국 총회는 "코펜하겐 합의문을 주목한다"(take note of the Copenhagen Accord)는 문구를 담은 결정문을 채택하였다.[22]

코펜하겐 합의문에는 협약하의 장기 온도목표가 "below 2℃"로 설정되었고[23]

---

enhancing implementation of the Convention.

21 Decision 1/CP.13 Bali Action Plan.

22 Decision 2/CP.15, Copenhagen Accord.

23 Para.2 Copenhagen Accord.

2015년에 합의문의 이행을 평가하면서 장기목표를 강화하는 차원에서 1.5℃를 언급하는 방안을 고려하는 문항이 포함되었다.[24] 그리고 교토의정서 2차공약기간에 참여하지 않은 협약 부속서 I 국가들은 합의문 부록 I(Appendix I Quantified economy-wide emissions targets for 2020)에 따른 2020 감축목표를,[25] 협약 비부속서 I 국가들은 합의문 부록 II(Appendix II Nationally appropriate mitigation actions of developing country Parties)에 따른 2020 자발적 감축 약속을 2020년 1월 말까지 제출키로 하였다.[26] 그리고 선진국들은 개도국들의 필요성 제기를 위해 2020년까지 매년 1,000억불의 기후재원을 동원하기로 하고[27] 협약의 재원운용기구로 녹색기후기금(Green Climate Fund: GCF)을 설립하기로 합의하였다.[28]

COP15에서 코펜하겐 합의문이 채택되지 못하였음에도 불구하고 140여 개국이 코펜하겐 합의문에 대한 지지를 표명하였고 선진국과 개도국을 망라한 60여 개국이 합의문 부록에 따라 2020년까지의 중기감축목표를 UNFCCC사무국에 제출하였다. 코펜하겐 합의문의 주요 내용들은 1년 후인 2010년 11월 멕시코 칸쿤에서 개최된 제16차 당사국총회(COP16)에서 채택된 칸쿤 합의문(The Cancun Agreements)에 반영되었다.[29]

4. Post-2020 기후체제 협상 결과물: 파리협정

COP16 합의는 선진국과 개도국간의 신뢰를 회복하는 계기가 되었으며 이를 바탕으로 2011년 12월 남아공 더반에서 post-2020 신기후체제 협상을 위한 결정문이 채택되었다.[30] 더반 결과물(Durban Outcomes)에 따라 설립된 "더반 플랫폼에 관한 특별작업반"(ADP)은 "모든 당사국에 적용 가능한 의정서, 법적수단, 법적 효력을 지닌 결과물"(a protocol, another legal instrument or an agreed outcome with legal force)을 개발하기 위한 협상절차를 2013년부터 진행하게 되었다.

ADP 협상과정에 2015 합의문이 기후변화협약을 사실상 대체하는 성격을 가질

---

24 Para.12 Copenhagen Accord.
25 Para.4 Copenhagen Accord.
26 Para.5 Copenhagen Accord.
27 Para.8 Copenhagen Accord.
28 Para.10 Copenhagen Accord.
29 Decision 1/CP.16, The Cancun Agreements: Outcome of the work of the Ad Hoc Working Group on Long-term Cooperative Action under the Convention.
30 Decision 1/CP.17 Establishment of an Ad Hoc Working Group on the Durban Platform for Enhanced Action.

것인지에 대한 문제가 제기되었다. 이는 더반 결과물에 당사국들의 합의에 따라 법적 형태와 설계를 결정할 수 있는 여지가 있었기 때문이다.[31] 기후변화협약의 부속서에 기반한 선진국과 개도국의 구분없이 모든 국가에게 적용가능한 법적 문서의 도출이 이론상 가능한 것으로 보였다. 그러나 협상과정에 파리에서 채택될 합의문은 기후변화협약의 이행을 강화하기 위한 것이라는 것에 공감대가 형성되었고 이는 파리협정 제2조에 반영되었다. 파리협정 제2조는 "이 협정은, 협약의 목적을 포함하여 협약의 이행을 강화하는 데에… (중략) 목표로 한다"라고 규정하고 있다.

파리협정이 비록 협약의 이행을 강화하기 위한 것이라고 하지만 선진국들은 협약부속서에 기반한 선진국과 개도국들의 분리를 인정할 수 없다는 입장을 강력히 고수하면서 차별화를 원하는 개도국들과 대립하였다. 12월 12일 오전 파리협정 최종문안 작성 현황과 배포계획을 설명하기 위해 소집된 파리위원회 회의에서 파비우스 의장은 협정문에 선진국과 개도국이란 용어를 차별화의 방안으로 불가피하게 사용할 수 밖에 없다고 밝히면서 이는 협약부속서에 기반한 것이 아닌 국제 정치의 현실을 감안한 것이라고 설명하였다. 그리고 파리협정의 전문에 협정의 출발점을 "제17차 협약 당사자 총회 결정(1/CP.17)으로 수립된 행동강화를 위한 더반 플랫폼에 따라"로 명기함으로써 그 이전까지 진행되어온 선진국과 개도국의 양분화체제를 극복하였음을 밝히고 있다. 다수의 개도국들이 2007년에 채택된 발리실천계획(Bali Action Plan)을 전문에 포함할 것을 주장하였으나 최종 협상과정에서 제외되었다.

파리협정은 교토의정서의 짧은 전문과는 달리 시간을 두고 진화되어 갈 수 있는 개념을 포함하는 비교적 긴 내용의 전문을 갖고 있다.[32] 또한 각 조항별로 당사국들의 참여를 촉진하는 상향식 방식과 이행에 책임을 부과하고 투명성을 강조하는 하향식 방식을 달리 도입하고 있어 법적 측면에서 이중적 구조(hybrid structure)를 지니고 있다. 파리협정은 기후변화협약 하에 있는 법적 체제이면서도 협약의 궁극적인 목표 달성과 이행을 강화하기 위하여 협약의 범위를 넘어서는 포괄적 내용의 조항들을 담고 있는 법적 체제로 해석할 수 있겠다.

---

31 Daniel Bodansky 외, 박덕영 외 공역, 국제기후변화법제, 2018, 박영사, pp. 105-106.
32 파리협정 전문 14번째 문항이 일부 국가들이 주장한 개념인 "Mother Earth", "Climate Justice" 등을 담고 있다.

참고문헌

1. 최재철, 기후협상일지, 박영사(2020).

2. 비공식 개인협상 노트.

3. Daniel Bodansky, Jutta Brunnée, Lavanya Rajamani(2017), International Climate Change Law, Oxford University Press, 박덕영 외 공역, 국제기후변화법제, 박영사 (2018).

4. Philippe Sands(1995), Principles of International Environmental Law, Volume 1, Manchester.

5. Pierre−Marie Dupuy, Jorge E. Viñuales(2014), International Environmental Law, Cambridge.

6. Larry Susskind, William Moomaw, Kevin Gallagher(2002), Transboundary Environmental Negotiation, Jossey−Bass.

7. Lawrence E. Susskind(1994), Environmental Diplomacy, Oxford University Press.

8. Sebsatian Oberthũr, Hermann E. Ott(1999), The Kyoto Protocol, Springer.

9. UNFCCC, Documents and Decisions, https://unfccc.int/documents.

제 2 장

기후변화협상의 진행 절차

박꽃님(외교부 혁신행정담당관실 외무서기관)

앞서 약 25년간의 기후변화협상을 주요 결정사항을 중심으로 살펴보았다. 국제사회는 1992년 기후변화협약 채택 이래 20년 이상이 지난 2015년에 모든 국가가 참여하며, 지속가능한 기후변화 대응체제인 파리협정을 채택하게 되었다. 어떻게 190개가 넘는 국가가 참여하는 기후변화협상에서 서로 다른 국가들의 입장을 조율하여 하나의 협정을 채택할 수 있었을까? 여기서는 실제로 어떠한 주체들이 어떠한 상호작용을 거치면서 기후협상이 진행되는지에 관한 미시적인 이야기를 공유해보고자 한다.

Ⅰ. 기후변화협상, 과학과 함께 가는 길

기후변화협상은 여느 협상과 비슷하게 진행된다. 다만, 우리에게 익숙한 통상협상, 군축협상 등과 비교하여 특이할 만한 점이 있다면 아직 과학적으로 완전하게 규명되지 않은 '기후변화' 현상을 해결하기 위한 협상이라는 점이다. 연구가 진행됨에 따라 새로운 사실이 밝혀지고, 그에 따라 국가 간의 역학관계가 변화하며, 협상 중에도 '기후변화'라는 현상을 보다 명확히 밝혀 내기 위한 연구가 끊임없이 진행된다. 이러한 이유로 기후변화협상은 기후변화 현상을 연구하고 국제적인 대응 체제 수립을 지원하기 위해 유엔환경계획(UNEP)과 세계기상기구(WMO)가 1988년 공동 설립한 국제협의체인 기후변화에 관한 정부간 패널(Intergovernmental Panel on Climate Change: IPCC)의 적극적인 지원을 받으면서 진행된다. 기후변화에 관한 다양한 연구를 진행하기 위해 수천 명의 과학자들이 참여하고 있으며, 매 4~5년마다 IPCC 평가보고서를 발간하고 있다. IPCC 설립 이후 총 5번의 정기보고서가 발간되었으며, 2021년에 제6차 보고서가 발간될 예정이다. 현재 우리나라 이회성 박사가 2015년부터 IPCC 의장직을 수행하고 있다.

지구온난화, 대기 중 온실가스 증가, 해수면 상승 등 기후변화에 수반되는 현상은 산업화 이후 과학자들이 꾸준히 제기해온 문제였지만 각국 정부들이 이 문제에 본격적인 관심을 가지게 된 것은 1990년 제1차 IPCC 평가보고서가 발표되고 나서부터였다. 물론 지금 시각에서 제1차 보고서를 살펴본다면 인류가 기후변화 현상에 미친 영향을 매우 조심스럽게 평가하고 있지만[1] 적어도 대기 중 온실가스 비중의 상승과 지구 온난화라는 문제가 미래에 더욱 큰 문제를 야기할 수 있음을 지적하고 있다. 제1차 IPCC 평가보고서 채택으로 2년 뒤 개최된 1992년 리우회의에서 기후변화협약이 채택된 것도 결코 우연이라고 볼 수 없을 것이다.

이렇듯 기후변화협약이 체결될 수 있었던 배경에는 IPCC의 노력과 과학자들의 연구 노력이 있었으며, 지난 30년간 협상 과정에서 IPCC를 빼놓고 협상 과정을 논할 수는 없다. 2015년 파리협정 채택 당시 마지막까지 쟁점이 되었던 "1.5°C 목표(전 지

---

[1] 제1차 IPCC 평가보고서 정책결정자들을 위한 요약본(Summary for Policymakers)에서 발췌. "Thus the observed increase could be largely due to this natural variability, alternatively this variability and other human factors could have offset a still larger human-induced greenhouse warming The unequivocal detection of the enhanced greenhouse effect from observations is not likely for a decade or more. … There is no firm evidence that climate has become more variable over the last few decades However, with an increase in the mean temperature, episodes of high temperatures will most likely become more frequent in the future, and cold episodes less frequent.

구적 기온 상승폭을 1.5°C로 제한)"의 달성 가능성 여부도 파리협정 채택 이후 IPCC 연구 과제 중 하나로 맡겨지기도 하였다. 연구결과는 1.5°C에 관한 IPCC 특별보고서 (Special Report on Global Warming of 1.5°C)를 통해 2018년 1월 발표되었다. 기후변화협상은 전 지구적 기후변화체제를 구축하고 이행해 나가는 과정이며, 이를 위해 개별 국가가 어느 정도의 책임과 부담을 지는가에 대한 첨예한 논쟁이 이루어진다. 이 논쟁이 보다 생산적이고, 시의 적절하게 이루어지기 위해서는 보다 명확한 과학적 연구 기반을 바탕으로 해야 하며, 그 싱크탱크의 역할을 IPCC라고 하는 국제협의체가 담당하고 있다. 기후변화협상은 IPCC와 함께 가는 기나긴 여정이라고 할 수 있겠다.

II. 기후변화 협상그룹

이제 조금 더 구체적으로 기후변화협상이 실제로 어떻게 진행되는지를 살펴보자. 기후변화협상절차를 이해하기 위해 가장 기본적으로 알아야 하는 개념이 바로 협상그룹(party grouping 또는 negotiation group)이다. 변화하고 있는 과학적 현상을 두고 197개의 다양한 입장을 가진 국가들이 의견을 수렴한다는 것은 결코 쉬운 일이 아니다. 따라서 협상의 효율성을 높이고, 보다 효과적으로 국가들의 의견을 수렴하기 위해 대부분의 협상 과정은 개별 국가 간 협상이 아닌 협상그룹 간 협상으로 이루어진다. 일반적으로 UN에서는 5개 지역그룹이 널리 통용된다. 아프리카그룹, 아시아그룹, 중남미/캐러비안그룹, 동유럽그룹, 서유럽 및 여타국가그룹이다. 하지만 기후변화협상에서의 협상그룹은 전통적인 UN 지역그룹 구분을 그대로 따르지 않는다.

기후변화협상장에서는 기후변화이슈에 있어 유사한 입장을 지닌 국가들을 중심으로 그룹이 형성된다. 우선 참여국가수가 가장 많고, 개도국, 즉 비부속서1 국가 (Non-Annex 1)의 일반적인 입장을 대변하는 G77/중국그룹이 있다. 1964년 유엔무역개발회의(UN Conference on Trade and Development: UNCTAD) 협상 과정에서 결정된 G77그룹은 77개의 개도국들이 협상력을 높이고 경제적 이해관계를 관철시키기 위해 결성한 국가 간 모임(coalition)이다. 이후, G77과 함께 입장을 발표하는 중국이 추가되어 다양한 UN 회의에서 목소리를 내고 있으며, 기후협상과정에서도 개도국의 입장을 적극 대변한다. 우리나라는 G77그룹 결성 당시 회원국이었으나 1996년 OECD 가입 후 탈퇴하였다.

그림 2-1 UNFCCC 협상그룹 구성

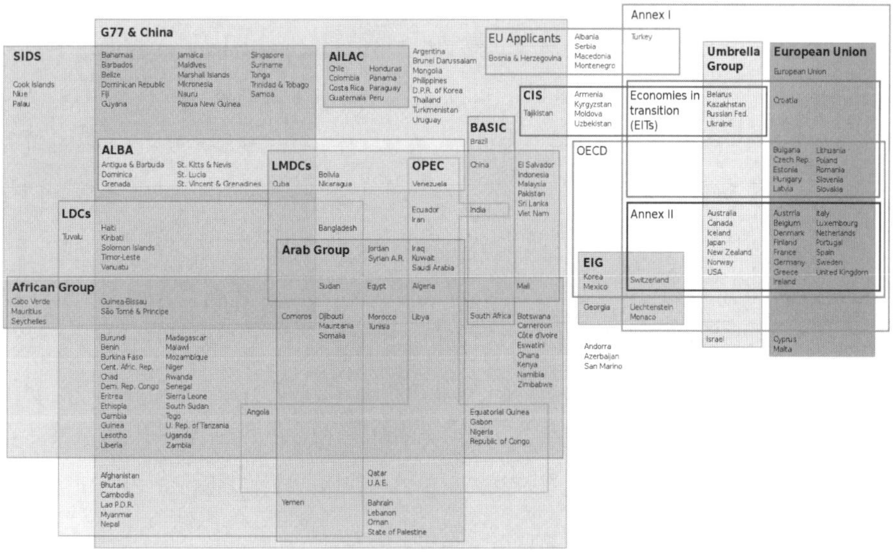

G77 & China

SIDS
Cook Islands
Niue
Palau

Bahamas
Barbados
Belize
Dominican Republic
Fiji
Guyana

Jamaica
Maldives
Marshall Islands
Micronesia
Nauru
Papua New Guinea

Singapore
Suriname
Tonga
Trinidad & Tobago
Samoa

AILAC
Chile Honduras
Colombia Panama
Costa Rica Paraguay
Guatemala Peru

Argentina
Brunei Darussalam
Mongolia
Philippines
D.P.R. of Korea
Thailand
Turkmenistan
Uruguay

EU Applicants
Bosnia & Herzegovina

Annex I
Albania
Serbia
Macedonia
Montenegro

Turkey

Umbrella Group

European Union
European Union

ALBA
Antigua & Barbuda St. Kitts & Nevis
Dominica St. Lucia
Grenada St. Vincent & Grenadines

LMDCs
Cuba Bolivia
       Nicaragua

OPEC
Venezuela

CIS
Tajikistan

Armenia
Kyrgyzstan
Moldova
Uzbekistan

Economies in transition (EITs)
Belarus
Kazakhstan
Russian Fed.
Ukraine

Croatia

Bulgaria Lithuania
Czech Rep. Poland
Estonia Romania
Hungary Slovenia
Latvia Slovakia

BASIC
Brazil

China

El Salvador
Indonesia
Malaysia
Pakistan
Sri Lanka
Viet Nam

OECD

LDCs
Tuvalu

Haiti
Kiribati
Solomon Islands
Timor-Leste
Vanuatu

Bangladesh

Arab Group
Jordan Iraq
Syrian A.R. Kuwait
        Saudi Arabia

Ecuador
Iran

India

Annex II
Australia
Canada
Iceland
Japan
New Zealand
Norway
USA

Austria Italy
Belgium Luxembourg
Denmark Netherlands
Finland Portugal
France Spain
Germany Sweden
Greece United Kingdom
Ireland

African Group
Cabo Verde
Mauritius
Seychelles

Guinea-Bissau
São Tomé & Príncipe

Burundi Madagascar
Benin Malawi
Burkina Faso Mozambique
Cent. Afric. Rep. Niger
Chad Rwanda
Dem. Rep. Congo Senegal
Eritrea Sierra Leone
Ethiopia South Sudan
Gambia Togo
Guinea U. Rep. of Tanzania
Lesotho Uganda
Liberia Zambia

Angola

Sudan Egypt Algeria

Comoros Djibouti Morocco Libya
Mauritania Tunisia
Somalia

Mali

South Africa Botswana
Cameroon
Côte d'Ivoire
Eswatini
Ghana
Kenya
Namibia
Zimbabwe

EIG
Korea
Mexico

Switzerland

Georgia

Liechtenstein
Monaco

Andorra
Azerbaijan
San Marino

Israel

Cyprus
Malta

Equatorial Guinea
Gabon
Nigeria
Republic of Congo

Afghanistan
Bhutan
Cambodia
Lao P.D.R.
Myanmar
Nepal

Qatar
U.A.E.

Yemen

Bahrain
Lebanon
Oman
State of Palestine

※ 출처: https://commons.wikimedia.org/wiki/File:UNFCCC_Party_Groupings.svg

현재, 134개국이 G77/중국그룹 국가로 활동 중이나 134개국도 하나의 그룹으로 활동하기에 여전히 많은 숫자이다. 이러한 이유로 G77/중국그룹에 속한 개도국들은 이해관계가 보다 유사한 개도국들과 함께 G77/중국그룹의 하부 그룹을 만들어 활동한다. ▲기후변화로 인해 발생하는 천재지변 등 각종 변화에 적응하기 위한 노력과 이에 대한 지원 필요성을 강조하는 아프리카그룹, ▲주요 산유국들의 입장을 주로 대변하는 아랍그룹, ▲경제개발의 중요성을 강조하는 주요 개도국(중국, 인도, 말레이시아 등)들의 모임인 유사입장개도국그룹(Like Minded Developing Countries: LMDC[2]), ▲기후변화가 곧 국가의 생존과 직결되는 군소도서국연합(AOSIS), ▲선진국들의 개도국들에 대한 경제적 지원을 중요시하는 최빈개도국그룹(LDCs) 등이 대표적인 하부그룹이다. 한편, 선진국 그룹들은 개도국과는 달리 크게 2개의 협상그룹으로 구성되어 있다. 기후변화 대응 문제에 적극적인 입장을 견지하고 있는 EU와 기후변화에 대한 선진국의 역사적 책임을 인정하지만 개도국들의 보다 적극적인 기후대응 노력을 촉구하는 Umbrella그룹(Umbrella Group)이다.

---

2 일반적인 UN회의 혹은 WTO 협상회의에서도 LMDC가 존재하나, 기후변화회의에서 통용되는 LMDC와 국가 구성이 다소 다르다.

이렇듯 대부분의 협상그룹이 개도국과 선진국 그룹으로 뚜렷이 나누어져 구성되어 있는 데 비해 선진국과 개도국이 함께 참여하고 있는 협상그룹이 있다. 바로 우리나라가 참여하고 있는 환경건전성그룹(EIG Environmental Integrity Group)이다. 선진국(부속서1 국가)인 스위스, 모나코, 리히텐슈타인과 개도국(비부속서1 국가)인 우리나라, 멕시코, 조지아 총 6개국이 참여하는 협상그룹이다. 1992년 UNFCCC 합의 당시, 부속서1 국가와 비부속서1 국가로 분류하였던 주요 기준이 OECD 가입 여부와 경제체제전환국(EIT. 구CIS 국가) 해당 여부였던 만큼 당시 한국, 멕시코는 개도국으로 분류되었으며, 당시 대표적인 개도국그룹인 G77/중국그룹의 일원으로 활동하였다. 하지만 우리나라와 멕시코가 각각 1996년과 1994년에 OECD에 가입하여 G77/중국그룹에서 탈퇴하게 되면서 새로운 협상그룹을 찾아야하는 부담이 있었다. 한편, 스위스는 적극적인 기후변화 대응 노력을 촉구하는 EU와 다소 소극적인 선진국 그룹인 Umbrella그룹의 중간 입장을 취하고 있어 어떠한 협상그룹에도 가입되어 있지 않았다. 2000년 어느 그룹에도 속하지 않은 한국, 멕시코, 스위스가 주축이 되어 EIG그룹이 결성되었다.

다른 협상 그룹과 마찬가지로 우리나라가 속한 EIG그룹도 공식적인 협상회의 전, 주요 의제에 대해 사전회의를 갖고 입장을 조율한다. 비록 작은 그룹이지만 부속서1 국가와 비부속서1 국가가 함께 활동하는 그룹인 만큼 회원 국가들 간 입장 차이가 커 6개 국가의 의견을 조율하는 것이 쉽지 않다. 특히, 기후재원에 있어서는 개도국에 대한 지원을 제공해야 하는 부담이 있는 스위스와 기후변화 대응을 위해 선진국들의 보다 적극적인 지원이 필요하다는 멕시코, 그리고 개도국으로 분류되어 있지만 다른 개도국을 지원하고 있으며, 녹색기후기금(GCF) 사무국을 유치한 우리나라는 각기 다른 입장을 가지고 있어 하나의 목소리를 내기가 쉽지 않다. 주요 이슈에 대해 끝내 공통된 입장을 도출하지 못하고 회원국 간 끝이 나는 경우도 많지만 일단 회원국 간 조율을 거쳐 EIG 공동의 이름으로 나가는 발언문은 선진국과 개도국들의 폭넓은 공감을 얻을 때가 많다.

III. 기후변화체제 하 기구의 이해

일반적으로 기후변화협상회의는 매년 5~6월경 개최되는 UN 기후변화협상회의와 11월 말 혹은 12월 초 개최하는 UNFCCC 당사국총회(Conference of the Parties)를 의미한다. 두 회의 모두 2주간 개최되며, 진행방식 또한 유사하지만 UNFCCC 최상위 기구인 당사국총회(COP) 세션의 개최 여부가 가장 큰 차이이다. 6월 협상회의에서는 의사결정 없이 '협상'만이 진행되고, 연말 회의에서는 COP 세션을 통해 주요한 '결정(decision)'이 이루어진다. 흔히 'COP' 회의라고 하면 "2019년 스페인에서 개최된 COP25"라고 지칭할 때와 같이 연말에 개최되는 2주간의 협상회의 전체를 의미하지만 좁은 의미로서는 2주간의 회의 중 최상위 의사결정 기구로서의 역할을 하는 COP 총회 세션을 지칭한다.

이를 보다 정교하게 이해하기 위해서는 전체 UNFCCC 회의체에 대한 이해가 필요하다. 아래 UNFCCC 내 전체 기구도는 UNFCCC의 구조를 이해하는 데 가장 기본이 된다.

그림 2-2 UNFCCC 내 전체 기구도

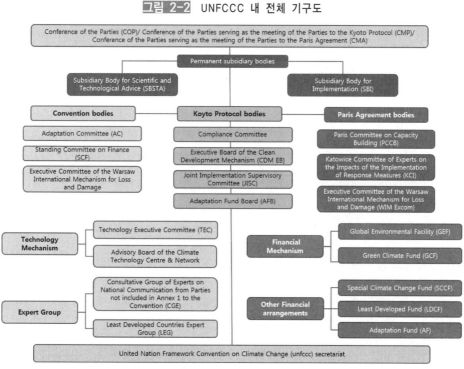

※ 출처: UNFCCC 홈페이지 기구도 업데이트

기구도를 보면 COP은 가장 상단에 위치해 있다. 이 기구도에서의 COP은 좁은 의미의 기후변화협약 당사국들이 모이는 총회 세션을 의미하며, 아래 수많은 하부기구에서 논의된 내용을 결정문으로 채택하는 역할을 하는 최상위기구(supreme body)이다. 또한, COP은 교토의정서 당사국회의(CMP), 파리협정 당사국총회(CMA) 역할을 동시에 수행한다.

　　COP/CMP/CMA 하부에는 두 개의 부속기구가 있다. 하나는 과학기술자문부속기구(SBSTA)이며, 또 하나는 이행부속기구(SBI)이다. 이 두 기구는 1995년 첫 번째 회의 개최를 시작으로 기후변화협약체제를 20여년간 지탱해 온 두 축이라고 할 수 있다. 서장에서 살펴보았듯이 SBSTA는 기후변화협약, 교토의정서, 파리협정을 이행하는 데 있어 필요한 과학·기술적 정보를 적시에 제공하고, 이에 대한 국가들의 의견을 수렴하는 역할을 한다. ▲기후변화로 인한 영향, 취약성, 적응, ▲선진국들의 온실가스 인벤토리 준비 및 검토에 관한 가이드라인, ▲온실가스의 이산화탄소 환산량 측정방법(metrics to calculate carbon dioxide equivalence of greenhouse gases), ▲기후 체계에 관한 연구 및 체계적 분석 등에 관한 의제를 중심으로 국가들의 다양한 의견을 청취하고, 지침을 수립해 나간다. 또한, 과학 정보에 관한 사안을 다루므로 IPCC와 긴밀한 협의를 통해 주요 이슈를 이끌어 나가는데 IPCC의 전문적 연구와 국가들의 정치적 상황의 간극을 최대한 좁히는 중재자 역할을 수행한다.

　　SBI는 기후변화협약, 교토의정서, 파리협정을 '이행'하는 과정에서 파생되는 이슈들을 주로 다룬다. ▲최근 온실가스 감축에 관한 투명성 이슈를 중점적으로 다루고 있으며, ▲최빈개도국 관련 프로그램 이행 모니터링, ▲역량배양 체제(framework) 이행 검토 등 주로 국가들의 합의에 의해 신설되고 진행되는 프로그램이 충실히 진행되고 있는지에 관한 사안을 다룬다.

　　물론, 이슈에 따라서는 복합적인 측면을 검토해야 하므로 SBI와 SBSTA의 공동 이슈로 검토가 진행되는 사안들도 있다. ▲개도국들에 대한 기후변화 영향, ▲기술 메커니즘, 적응 위원회 운영 등이 대표적인 사안들이다. COP에서 당사국들의 컨센서스를 기반으로 어떠한 이슈를 어떠한 부속기구가 담당할지 여부를 결정하게 된다.

　　기후변화협상회의는 주로 COP, SBI, SBSTA 세 기구를 중심으로 돌아간다. COP은 매년 바뀌는 의장국의 각료급 인사(주로 환경부장관 혹은 외교부장관)가 도맡아 이끌어가게 되고, UNFCCC 사무총장과 사무국 직원들이 의장의 역할을 적극 지원한

다. SBI와 SBSTA는 각 국가 대표단에서 선출된 의장과 부의장이 맡아 진행하고 선출방식은 각 나라가 속한 UN지역그룹에서 추천한 후보들을 놓고 지역그룹 간 혹은 지역그룹 내 논의를 거쳐 후보를 단일화한다. SBI, SBSTA는 회기마다 어떠한 이슈를 집중적으로 논의할 것인지 결정하므로 이들 기구가 협상 방향에 미치는 영향이 상당하다. 우리나라는 현재, 유연철 기후변화대사가 SBI 부의장으로 선출되어 SBI 의장(노르웨이 Marianne Karlsen 전(前) 환경부 기후협상 부대표, UNFCCC 적응위원회 공동위원장)과 함께 SBI를 이끌고 있다.

기구도에는 나타나 있지 않지만 COP/SBI/SBSTA와 같은 상설기구 외 특별한 임무를 부여받고 한시적으로 구성되는 주요한 기구들이 있다. 앞서 여러 번 언급되었던 2012년 이후 적용될 기후대응체제 도출을 위한 '장기간 협력행동에 관한 특별작업반(Ad Hoc Working Group on Long-term Cooperative Action under the Convention: AWG-LCA)', 2020년 이후 적용될 기후대응체제 도출을 위한 '더반플랫폼 특별작업반(Ad Hoc Working Group on the Durban Platform for Enhanced Action: ADP)'이 대표적인 임시 기구이다. 이 작업반들은 COP 결정문에 의해 설립되었으며, 각국 대표들 중에서 의장을 선출하여 주어진 사안에 대해 제한된 시한 내 국가들이 협상을 진행하여 결과물을 도출해내야 한다. 임시 작업반이 구성되어도 SBI, SBSTA에서의 협상은 여전히 진행되므로 특별작업반이 구성되어 있는 시기 정부대표단들은 SBI, SBSTA 외에 추가적인 협상회의에 참석해야 한다. 이러한 협상과정을 거친

AWG-LCA는 코펜하겐총회(COP15)에서 코펜하겐 합의가 실패로 돌아가면서 임무를 완수하지 못하였지만 ADP는 이 경험을 반면교사로 삼아 2015년 파리총회(COP21)에서 파리협정을 성공적으로 도출하였다.

IV. 협상장에서의 정부대표단들의 2주

2주간의 협상회의를 준비하기 위해서는 상당한 준비가 필요하다. 앞서 살펴보았듯이 연말에 개최되는 2주간의 COP 회의에서는 국가 간 협상과정을 거쳐 COP에서 최종 승인이 이루어지므로 COP 참석 전, 정부대표단은 대표단을 개최하여 중요한 사안에 대해 사안별로 우리 정부의 기본 입장을 수립한다. 이렇게 수립된 입장은 COP 회의 개최 1~2주 전에 차관회의, 국무회의를 거쳐 확정이 되고 이 입장을 담은 정부대표단들의 훈령이 만들어진다. 훈령은 정부대표단들이 특정한 사안들에 대해 취해야 할 기본입장과 수용 가능한 범위 등을 담고 있는 협상의 길잡이 역할을 한다.

보통 월요일부터 COP 공식회의가 시작되는데 협상대표인 외교부 기후변화대사를 비롯하여 산업통상자원부, 환경부, 기획재정부 등 주요 관계부처 담당자 및 연구기관 실무자들은 회의 개최 2~3일 전에 도착하여 EIG 사전회의에 참석한다. 공식 협상회의 일정이 시작되면 아침마다 EIG 회의가 개최되지만 협상 진행현황을 공유하고 당일 협상 대응전략을 세우기에도 벅차기 때문에 주요 이슈별로 심도 있게 의견을 교환할 물리적 시간이 부족하다. 따라서 COP 회의 시작 1~2일 전에 하루 혹은 하루 반나절 일정으로 사안별로 EIG 그룹 차원에서 관철해야 할 입장들에 대해 논의한다. 만약 공통의 입장이 조율되지 못하고, 의견 차이가 큰 경우에는 협상회의 장에서 수렴된 입장만을 EIG 명의로 발언하고, 그 외 입장들은 각국이 자율적으로 발언하게 된다. 종종 사전 조율이 되지 않은 사안에 대해 특정 EIG 회원국이 EIG 공동명의로 발언하여 여타 회원국의 맹렬한 비난을 받는 일이 생기는데 이런 일들이 생기지 않도록 실시간으로 이메일을 통해 소통한다.

EIG 사전회의 다음날 혹은 EIG 사전회의와 동일자에 COP, SBI, SBSTA 의장단과의 30분 정도의 짧은 회의가 연이어 개최된다. EIG 회원국 협상대표들과 각각의 의장단들 간 의견을 교환하는 소규모 회의이다. COP/SBI/SBSTA 의장단들은 이번 회기에서의 주안점, 진행방식(안) 등을 EIG 국가들에게 소개한다. 이에 대해 EIG 회원국들의 의견을 묻고, 의문점 혹은 우려하는 점 등에 대해 의견을 교환한다. 이렇게 각 그룹별 입장을 각각 청취한 뒤 모든 협상그룹들의 의견을 수렴하여 협상방향을 결정하게 되고, 의장들은 공식협상회의 첫날에 각각 협상의 주안점과 협상 진행방식에 대해 설명하는 시간을 갖는다. 이렇게 사전 준비 기간이 끝나고 공식 협상회기가 시작된다.

회의 첫날부터 매일 아침 8시에 우리나라 대표단 내부회의가 개최된다. 물론, 이 또한 협상 일정에 따라 약간의 변화가 있지만 일반적으로 공식적인 협상회의가 아침 10시에 시작되므로 10시 전에 전날 협상 진행 현황을 공유하고, 당일 협상 이슈들을 점검하는 시간이 필요하다. COP, SBI, SBSTA를 중심으로 회의가 진행되기는 하나, 주요 부대행사나 협상회의 간 회의, 양자 면담 등이 동시 다발적으로 진행되므로 대표단들 간의 업무 분장을 통해 누락되는 일정없이 소화해 나가는 것이 중요하다. 아침 8시에서 8시 반까지 대표단 회의를 진행하고 나면 COP 회의장으로 이동하여 아침 9시에 EIG 회의에 참석한다. 이때 협상대표인 기후변화대사를 비롯, 환경부, 산업통상자원부, 기획재정부, 국무조정실 등 주요 부처 대표 1~2명이 함께 참석한다. 전날 협상 진행현황과 그에 대한 각자의 평가들에 대해 논의한 후, 당일 협상에 대비하여 준비할 사항들을 챙긴다. 주로 협상 회의 시 EIG 공동명의로 제기할 주장의 요지 혹은 발언문 내용에 대해 의견을 나누고, 서면 발언문 작성이 필요한 경우에는 업무 분담이 진행된다. 한 시간 동안의 EIG 회의가 끝나고 나면 10시부터 공식 회의에 참석한다. COP, SBSTA, SBI, 그리고 2015년 당시 가장 활발하게 진행되었던 ADP 회의체에서 논의되는 이슈에 따라 대표단들이 번갈아 가면서 협상에 참여한다. 협상대표인 기후변화대사는 모든 사안을 총괄해야 하므로 동시 다발적으로 진행되는 회의 중 우리나라에게 가장 중요한 함의가 있는 회의 혹은 민감한 사안을 다루는 회의에 참석한다.

UNFCCC에서는 오후 6시를 공식 협상회의시간으로 지정해 놓고 있기는 하지만 협상 회의가 새벽까지 이어지는 경우가 많다. 특히, ADP 회의가 한창 진행 중이던 2015년에는 파리협정에 포함될 주요 이슈(온실가스 감축, 적응, 투명성, 지원 등)별로 비공식(informal) 하부 회의인 Contact Group을 구성하였으며, Contact Group에서도 이견이 좁혀지지 않는 경우, 이견이 있는 당사국들 간에 진행되는 또 다른 하부

회의(spin-off Group)가 새벽까지 진행되었다. 일반적으로 기후협상회의에서 '공식' 협의체는 앞서 언급하였듯이 COP/SBI/SBSTA 그리고 COP 결정문에 의해 필요에 따라 임시구성된 특별작업반(e.g. ADP)을 포함하는 개념이며, '비공식' 회의는 그 외 협상 과정에서 파생되는 임시회의체를 일컫는다. 공식 협의체에서 특정 주제 혹은 특정 조항에 대한 이견이 있어 회의 진행이 되지 않는 경우, 공식협의체 의장은 그 주제에 관해 이견이 있는 국가들을 모아 비공식협의체(informal working group)을 구성하고, 협의 결과를 보고해줄 것을 요청한다. 대표적인 비공식협의체가 바로 contact group이다. 협정 막바지에 이르면 주로 이러한 비공식협의체에서 구체적인 협상 문구를 다루게 되므로 negotiating group이라고도 하는데 명칭에 관한 특별한 원칙은 없다. 나아가 contact group에서도 더 기술적인 내용으로 국가들의 이견이 좁혀지지 않을 경우, 보다 세부적인 주제에 대한 비공식협의체(informal consultations) 혹은 spin-off group을 구성한다. 이러한 비공식협의체에는 주로 당사국들만이 참여하여 이견을 좁혀나가는 데 contact group 구성 당시 당사국들의 1/3의 반대가 있지 않는 한 NGO 등 옵저버들이 참여할 수도 있다.[3] Contact group에서 파생되어 나온 spin-off 회의에서의 옵저버들 참여에 대해서는 별도로 규정하고 있지는 않다.

COP 회의의 첫 일주일 후반부로 가면서 SBI, SBSTA에서는 국가들의 의견을 최대한 수렴하여 논의를 마무리 짓는다. 다음 협상 의제로 넘겨도 무방한 사안일 경우에는 다음 회기로 넘겨 논의를 계속하고, 회의가 정해져 있는 사안일 경우에는 무리를 해서라도 최대한 국가들의 의견을 수렴한다. 협상 일주일 안에 부속기구회의를 마무리하고, 2주차에는 최상위기구인 COP으로 협상의 장을 단일화 하는 것이다. 참고로 5~6월에 개최되는 기후변화협상회의의 경우에는 최상위기구인 COP이 개최되지 않기 때문에 2주 기간 내내 SBI, SBSTA 협상회의가 개최된다.

두 번째 주간부터는 COP 회의와 더불어 각료급 세션(High Level Segment)이 개최된다. 첫째 주 주말부터 각국의 환경부장관 혹은 각료급 인사들이 속속 도착한다. 각 협상그룹들은 그룹별로 장관급회의를 개최를 개최하기도 하는데, EIG 회원국들도 장관급 오찬 혹은 면담을 주선한다. 고위급회의에서는 각료급 인사들이 미리 준비된 발언문을 읽는 형태로 진행되는데 매년 170여 개국에서 참석한 각료급 인사들이 발언문을 읽어야 하므로 이틀 동안 각료급 세션이 진행된다. 나라마다 편차가 있

---

3 Decision18/CP.4.

기는 하나 주로 발언문을 통해 자국의 기후변화 대응노력을 소개하고, 보다 적극적인 기후변화 대응을 위해 국제사회의 노력을 촉구한다. 각료급 세션 참석 외에도 각료급 인사들은 교착상태에 빠져 있는 주요한 이슈들을 정치적 차원에서 결정하여 합의를 도출하는 시간을 갖는다. 정치적 결정권을 가지고 있는 고위급 각료들이 직접 협상회의에 참석함으로써 협상회의의 중요성을 공유하는 계기가 되고, 빠른 의사결정을 할 수 있는 과정을 만들어준다는 차원에서 고위급 세션은 기후변화협상회의에서 빼놓을 수 없는 중요한 세션 중 하나이다.

하지만 2009년 코펜하겐 총회(COP15) 당시, 협상 막바지에 오바마 대통령을 비롯한 일부 주요국 각료들만이 모여 2015년 이후 기후변화대응체제의 근간이 될 코펜하겐합의(Copenhagen Accord)를 도출하였지만 결국 모든 회원국들의 승인을 받지 못하고 폐기되고 말았던 뼈저린 경험 이후, 국제사회는 주요국들 간의 정치적 합의도 중요하지만 모든 국가의 의견을 수렴해야 하는 보편성의 중요성을 다시 한번 실감하였다. 이러한 경험에 기반하여 파리회의(COP21)의 의장국인 프랑스는 정상들을 초청하되, 협상가들이 의견을 충분히 수렴하고, 협상에 집중할 수 있는 시간을 최대한 확보하도록 하기 위해 2주차가 아닌 COP 첫날 정상회의 세션을 감행함으로써 COP의 전통적인 관행을 깨기도 하였다. 이러한 프랑스의 과감한 결정으로 인해 각국 협상대표들이 정상회의를 빠르게 마치고 홀가분하게 협상에 임할 수 있었고, 끝까지 집중력 있는 협상이 가능하였다는 평가를 받았다.

한편, 고위급 세션이 이어지는 협상 2주차에도 협상대표 간 비공식적인 면담은 지속적으로 이루어지며, UNFCCC 사무국 직원들과 회의체 의장들은 1주차에 제기되었던 국가들의 입장들을 수렴하여 COP에 상정할 결정문 초안을 만든다. 이렇게 완성된 COP/CMP/CMA 결정문 초안은 협상회의 마지막날 개최되는 COP 폐회총회에서 최종 채택된다. 협상회의가 주요 쟁점에 대한 국가 간 이견 조율로 하루 연장되는 것은 부지기수인데 특히, 최근에는 기후재원 등 선진국과 개도국들 간 첨예한 입장 차이가 있는 쟁점으로 인해 총회 폐회총회가 새벽까지 연장되어 총회를 마무리하는 것이 일반적이다.

V. 기후변화협상 문서와 결과물

UNFCCC 협상과정에서 논의되었던 수많은 쟁점들은 어떻게 문서에 반영되고 승인되는 것일까? 앞서 설명하였듯이 UNFCCC 기구 중 문서를 공식적으로 채택하고 승인하는 최상위기구는 COP이다. COP은 국가들의 컨센서스를 바탕으로 결정문(Decisions)을 채택할 수 있는 권한이 있다. 물론, 이 결정문 자체는 국제법적으로 구속력을 가지는 문서는 아니라는 것이 법률전문가들의 일반적인 평가이지만 UNFCCC 당사국 간에는 최상위의 약속으로서 실질적으로 당사국들의 기후변화 대응 행동을 구속한다. 교토의정서(Protocol), 파리협정(Agreement)은 그 자체로 법적 구속력을 갖는 국제 조약이며, 이 협약들 역시 COP 결정문을 통해 당사국 간 컨센서스를 통해 '채택'되었다. COP/SBSTA/SBI 의장들은 협상그룹의 입장들을 최대한 수렴하여 초안을 만들고, 이를 국가들에게 회람한 다음 반대하는 국가들이 있는 경우, 그 국가가 받아들일 수 있는 최소한의 수준은 어디까지 인지를 파악하고, 여타 국가 혹은 협상그룹에 입장문 조율을 요청한다. 결정문 도출을 위해 이 과정을 수 차례 반복한다.

UNFCCC 협상과정에는 COP 결정문 이외에도 수많은 문서들이 오고 간다. SBI, SBSTA 의장들은 회기 시작 전, 이슈별로 협상 전략을 구상한다. 당사국 간 해당 이슈에 대한 해당 회기에서 논의된 많은 쟁점 중 당사국 간 합의가 가시권 안에 들어와 있는 경우, 해당 이슈에 대한 COP 결정문 채택을 목표로 하지만 그렇지 않을 경우, SBSTA/SBI 의장요약문(Chair's Summary)이라는 비공식적 문서로 회기를 마무리할 계획을 세운다. 의장요약문은 해당 이슈에 대한 국가들의 입장 차이, SBSTA/SBI 의장 본인의 전망, 향후 계획 등을 담은 문서이다. Chair's summary를 낼 수 있는 주체가 SBSTA/SBI에만 국한되어 있는 것은 아니다. 회기 중(in-session) 개최된 워크숍, 행사 주요 결과를 간략히 정리한 문서도 chair's summary 형태로 공유된다.

한편, 기후변화협상회의의 주요한 축을 이루는 또 다른 문서가 바로 당사국들과 NGO들이 제출하는 제안서(submission)이다. 매년 적어도 2번, 2주간의 협상회의를 개최하나, 197개국의 의견을 충분히 수렴하기에는 한계가 있으므로, 주로 협상회의가 개최되지 않는 회기 간 기간을 활용하여 UNFCCC 사무국은 국가들에게 특정 이슈에 대한 제안서 제출을 요청한다. 물론 제출 여부는 국가 혹은 협상그룹의 선택사항이다. 우리나라는 EIG 그룹 명의로 제안서를 제출하는 경우가 많고, 특히 강조하고 싶은 이슈나 EIG 공동의 지지를 받기 어려운 이슈는 우리나라 단독 명의로 제출하기도 한다. 이러한 제안서는 UNFCCC 사무국과 COP 의장 입장에서는 다음 회기를 준비하는 과정에서 국가들의 입장을 가늠해볼 수 있는 척도가 되며, 회원국 간에도 여타 국가들의 기본 입장을 파악할 수 있는 길잡이가 되어 이를 기초로 협상 전략을 세운다.

VI. 협상 회의 그 사이에는 무엇을 하나

앞서 살펴보았듯이 기후변화 공식협상과정은 COP을 중심으로 이루어지며, IPCC는 COP에서의 협상 과정을 적극 지원한다. 하지만 이러한 공식협상 외 막후 협상 혹은 비공식 프로세스에서의 논의 과정을 빼놓고는 기후변화협상을 논할 수 없다.

기후협상회의 회기 간 기간 동안 각 정부대표단들은 내부 의견을 수렴하는 한편, 비공식 프로세스를 통해 끊임없이 의견을 조율하고, 여타 국가들의 입장을 청취한다. 비공식 프로세스란 UNFCCC 사무국이 주최하는 공식적인 기후변화협상회의 외 기후변화 관련 국가 간 협의체 전체를 일컫는 용어이다. 흥미로운 것은 이러한 비공식 프로세스에 UNFCCC 사무총장도 초대받아 적극적으로 참여하고, 국가들의 기후변화 대응행동을 독려한다는 점이다. 그리고 연말에 개최되는 COP 회의에서 차기 COP 의장을 공식적으로 승인하고, 차기 COP 전까지 1년간 공식·비공식 협상프로세스에 적극 참여하여 국가들의 의견 수렴에 적극 임해야 하는 막중한 임무를 부여받게 된다.

파리협정 채택을 위해 협상이 한창 진행중이던 2015년에는 당시 COP 의장이었던 롤랑 파비우스 프랑스 외무장관이 주요국 각료급 인사들을 초대하여 7월과 9월 두 차례 장관급 회의(Informal Ministerial Consultation Meeting)를 개최하였다. 이러한 비공식 협상회의에서는 협상대표들이 보다 허심탄회하게 의견을 교환한다. 정부를 대표하여 참석하는 것이기는 하나, 정부입장을 관철해야 하는 부담감이 없고, 결과문서를 채택하지 않는 만큼, 압박감은 덜하다. 하지만 한편으로는 온실가스 주요배출국, 기후변화협상에서의 주요 국가들 20여 개만이 초청되어 참석하는 회의인 만큼 한 국가에게 쏟아지는 관심과 집중도가 높고, 자국의 기후변화 대응정책 등에 대해 보다 내밀한 정보 등을 공유해야 한다는 또 다른 차원의 압박감이 있다. 이러한 생산적 압박감으로 인해 협상대표들은 자국의 입장을 비교적 솔직하게 공유하는 분위기가 자연스럽게 형성된다. COP 의장으로서는 주요 국가들의 입장은 어떠한지, 변화가 있는지 등을 용이하게 가늠할 수 있는 논의의 장이 되므로 협상전략을 수립하는데 없어서는 안될 과정이다. 프랑스는 이 비공식회의 프로세스를 적극 활용하였는데 특히, COP21 의장국으로서 매 회의 시 마다 파리협정에 담고자 하는 것이 무엇인지에 관해 일관되고 강한 메시지를 보냈으며 국가들이 보다 적극적인 기후변화 대응행동에 나서줄 것을 촉구하였다.

COP 의장이 주최하는 회의 외에도 미국 주도의 주요경제국포럼(MEF), EU가 주도하는 피터스버그 기후회의 등 비공식 협상회의가 연중 개최되었다. 당시 MEF와 피터스버그대화 모두 UNFCCC 사무총장이 참석하였다. MEF는 부시행정부가 2012년 교토의정서 이후 체제를 논의하기 위해 2007년 발족시킨 주요경제국회의(Major Economies Meeting on Energy Security and Climate Change)를 전신으로 한다. 부시 행정부 뒤를 이은 오바마 행정부는 MEF(Major Economies Forum on Energy and Climate Change)를 발족시키면서 전 세계 주요 온실가스 배출량의 80%를 차지하는 온실가스 주요 배출국 17개국들을 모아 기후변화 대응 체제 마련을 위한 논의를 이끌었다. 오바마 대통령의 강력한 이니셔티브였던 만큼, 백악관 NSC 부보좌관이 직접 회의를 주재하는 등 미국의 파리협정 도출을 위한 강한 의지를 보여주었다. 2015년 파리협정을 위한 협상에 전 세계가 박차를 가하던 당시, 4월, 7월, 그리고 9월 UN 총회 계기, 연중 수시로 회의를 개최하여 국가들에게 파리협정 채택을 위한 노력에 박차를 가해줄 것을 독려하여 파리협정 채택에 적극 기여하였다는 평가를 받고 있다. 하지만 트럼프 행정부에 들어와 자연스럽게 MEF 회의가 역사 속으로 사라지게 되어 많은 협상가들에게 아쉬움을 남겼다.

VII. 맺으며

앞에서 살펴본 기후변화협상 진행절차는 1992년 기후변화협약이 채택된 이래 지금까지 수많은 협상회의를 거치며 당사국들이 함께 정착시켜온 과정이다. 가장 효율적이라고 할 수는 없으나 최소한 이 과정을 통해 190여개 국가들이 의견을 교환하여 파리협정과 같은 법적 구속력있는 결과물을 도출할 수 있다는 점에서 충분히 평가받을 만하다. 특히, 기후변화협상회의의 기본적인 의사결정 방식이 컨센서스라는 점에서 이론적으로 모든 국가가 반대의견을 낼 수 있는 권리가 있어 상당히 민주적이고 보편적(universal)인 방식이기도 하다.

하지만 국가간 협상이 그렇듯이 모든 국가가 참여하는 민주적인 과정이라고 해서 모든 국가가 동등한 협상력을 가지고 있는 것은 아니다. 주요한 의사결정이 사실상 COP, SBI, SBSTA회의보다 소규모로 이루어지는 contact group이나 spin-off group 회의에서 소수 국가 간에 결정이 되거나 협상그룹 대표 간에 이루어지는 경우가 종종 있으며, 공식협상 회기 중간에 개최되는 MEF나 피터스버그대화 등을 통해 주요한 공감대를 형성하는 경우가 많다. 이러한 회의를 주도하고 개최할 수 있는 국가 혹은 참여하는 국가와 그렇지 않은 국가는 그 협상력에서 차이가 날 수 밖에 없다. 다만, 기후협상회의가 다른 협상회의와 다른 점이 있다면 반드시 국력과 기후협상장에서의 협상력이 비례하지 않는다는 점이다. 대표적인 예로 환경회의인 1992년 리우회의를 이끌었던 브라질을 비롯한 남미국가들, 기후변화로 생존을 위협받고 있는 군소도서국가들의 목소리가 상당히 비중있게 반영된다. 또한, 국가들이 서면으로 제출하는 제안서(submission), 넓은 스펙트럼을 가진 협상그룹 등 보편적 의견수렴 절차도 다양하게 구비되어 있는 편이다. 즉, 기후협상은 여느 협상과 마찬가지로 국력과 협상력을 두루 갖춘 주요국들이 협상의 중심 축을 세우지만 기후변화 문제가 각국의 경제와 생존에 크게 영향을 미치는 문제인 만큼 작은 국가들의 의견도 최대한 수렴하여 결과문서에 반영하려는 노력이 다각적으로 이루어지는 과정이라고 생각된다.

처음 기후협상에 참여하는 사람들의 공통된 반응이 동시다발적으로 많은 회의가 열리고, 회의 진행절차가 복잡하다는 것이다. 주요 협상회의 막바지에는 하나의 contact group 회의에 서너 개의 spin-off 회의가 연달아 개최되니 당연한 반응이다. 하지만 이 수많은 회의체들이 최선의 과학적 연구결과를 반영하고, 당수국들의 의견을 균형되고 충실하게 반영하기 위한 일련의 과정이라는 생각을 갖고 조금만 들여다보면 어렵지 않게 이해할 수 있을 것이다. 그리고 이러한 이해를 기반으로 오랜 기간 협상 경험을 쌓아온 UNFCCC 사무국, 매년 새롭게 바뀌는 COP 의장국, 각 협상그룹 등 여러 협상주체들 간의 역학관계를 읽어나간다면 기후변화협상을 입체적으로 이해하는 데 도움이 되리라 생각된다.

참고문헌

1. Daniel Klein et al. (2017). The Paris Agreement on Climate Change: Analysis and Commentary. OUP Oxford.

2. Farhana Yamin and Joanna Depledge. (2004). The International Climate Change Regime: A Guide to Rules, Institutions and Procedures. Cambridge University Press.

3. IPCC. (2018). IPCC Special Report Global Warming of 1.5°C.

4. UNFCCC. (2002) A Guide to the Climate Change Convention Process. https://unfccc.int/resource/process/guideprocess−p.pdf.

5. UNFCCC. (1998). Decision18/CP.4.

6. UNFCCC. Interactive Guide. hhttps://unfccc.int/resource/bigpicture/#content understanding−the−un−climate−change−regime. Accessed on April 20, 2020.

7. UNFCCC. Major Economies Held Dialogue for Paris Success. https://unfccc. int/news/major−economies−held−dialogue−for−paris−success. Accessed on April 20, 2020.

8. UNFCCC. Party Groupings. https://unfccc.int/process−and−meetings/parties− non−party−stakeholders/parties/party−groupings. Accessed on April 20, 2020.

9. UNFCCC. Process and meetings. https://unfccc.int/process−and−meetings#: a0659cbd−3b30−4c05−a4f9−268f16e5dd6b Accessed on April 20, 2020.

10. Sebastian Oberthür (2013). The Kyoto Protocol: International Climate Policy for the 21sts Century. Springer.

제 3 장

파리협정의 목표

김찬우(외교부 주브라질 대사, 前 기후변화 대사)

Ⅰ. 들어가며: 파리협정의 목표

　　기후변화협약과 파리협정의 관계는 모법과 시행령의 관계와 같다고 할 수 있다. 파리협정도 제2조 1항에서 이 점을 명확히 밝히고 있다. 즉 파리협정은 기후변화협약의 '대기 중 온실가스의 안정화'라는 목표를 포함한 이행을 증진하면서, 기후변화에 대한 전 지구적 대응을 강화하고자 하고 있다. 그리고 이러한 대응은 지속가능한 발전과 빈곤퇴치의 맥락에서 진행되어야 함을 요구하고 있다.

　　구체적으로는 지구평균온도를 산업화 이전 수준과 비교하여 2℃보다 현저히 낮은 수준(well below)으로 유지하고 또한 1.5℃로 제한하는 노력을 지속할 것을 요구하고 있다(2.1.a). 그리고 기후변화의 부정적 영향에 적응하고, 기후 회복력 및 온실가스 저배출 발전을 촉진하는 능력을 증대하며(2.1.b), 이러한 방향에 부합하는 재원 흐름을 만들 것을 요구하고 있다(2.1.c).

　　기후변화협약에서는 협약의 궁극적 목표(ultimate objective)로 "인간이 기후체계에 위험한 영향을 미치지 않을 수준에서 대기 중 온실가스를 안정화"하는 것을 설정하고 있다. 대기 중 온실가스의 농도와 지구온도와의 상관관계는 A = B라는 식의 직접적인 관계를 도출하기는 어려우며 다양한 모델링의 결과를 토대로 평균적인 개념으로 그리고 확률적으로 접근을 하고 있다.

온도 목표는 2009년 코펜하겐 기후변화 당사국 총회에서 처음 등장하였으며, 2010년 칸쿤 기후변화 당사국 총회에서 공식적으로 채택되었다. 이 당시에는 2℃ 이하(below)라는 목표를 채택하고 1.5℃가 향후 고려될 수 있는 가능성은 열어 두었다. 그러나 기후변화의 부정적 영향이 보다 현실적으로 다가오고 IPCC 보고서도 이를 뒷받침해 줌에 따라 파리 기후변화 당사국 총회에서는 온도 목표를 2℃보다 '현저히 낮은 수준'으로 강화하고, 1.5℃라는 목표도 추구하도록 하였다.

기후변화의 부정적인 영향에 적응하고 기후 회복적인 온실가스 저배출 발전을 추구하는 능력은 기후변화에 적극적으로 대응하는 능력을 의미한다. 현재의 그리고 미래에 닥칠 기후변화의 부정적 영향에 대한 방어적 능력뿐만 아니라, 온실가스 저배출 발전 패러다임으로 전환하여 기후변화의 원인을 제거하고자 하는 근본적인 대응 능력을 포함하고 있다.

국제사회가 기후변화 대응이라는 일치단결된 길로 나아가는데 이행수단이 중요하다. 이행수단 중 가장 중요한 것이 재원이며, 선진

2017년 11월 독일 본 기후변화회의:
EIG 대표로 발언하는 장면

국과 개도국간의 협력을 이끌어 내기 위해서도 충분한 재원이 확보되어야 한다. 파리협정은 재원을 '재원 흐름'이라고 표기하며, 공적 재원뿐만 아니라 민간 재원으로 재원의 범위가 확대될 수 있도록 여지를 만들었다.

파리협정 제2조 2항은 형평성(equity), 공동의 그러나 차별화된 책임과 각국의 능력(common but differentiated responsibilities and respective capabilities: CBDR−RC) 원칙을 언급하고 있다. 여기에서 형평성, 그리고 이를 좀 더 구체화한 CBDR−RC는 기후변화에 대한 역사적 책임 논쟁과 연계되어 있다. 그러나 그 적용의 엄격성은 파리협정에서는 많이 약화되었다. 한편 파리협정 서문에 등장하는 기후 정의(climate justice) 개념도 역사적 책임 맥락에서 이해될 수 있다.

파리협정에서는 이전 기후변화체제에서 사용이 되었던 부속서 1, 2 국가라는 표현은 사라졌다. 온실가스 감축 공약은 모든 국가가 제출하여야 하며, 이행수단인 재원 및 기술의 경우 선진국이 개도국을 지원하도록 하고 있다. 이제는 기후변화의 현실적 심각성이 IPCC 보고서 등의 과학적 뒷받침에 힘입어 역사적 책임이라는 이념적인 논쟁을 압도하고 있다고 볼 수 있다.

II. 지구평균온도 목표: 0.5℃의 차이

지구평균온도 상승 허용 한도는 점차적으로 2℃에서 1.5℃로 옮겨가는 양상을 보였다. 2012년 이후 기후변화체제(post-2012)를 논의하던 2009년 코펜하겐 기후변화 당사국 총회에서는 2℃, 1.5℃, 1℃의 세 가지 옵션을 놓고 논의가 진행되었다. 그러나 주된 논쟁은 2℃ 목표에 관한 것이었으며, 1.5℃ 목표는 군소도서국들에서, 1℃ 목표는 소수 국가가 주장하였다.

2℃ 목표를 둘러싸고도 다양한 제안이 있었으나 2℃ 이하(below)라는 목표로 합의가 되었으며, 이후 2010년 칸쿤 기후변화 당사국 총회는 이를 공식적으로 채택하였다. 그러나 2020년 이후 기후변화체제(post-2020)를 규율하는 파리협정에서는 이 2℃ 목표가 그동안의 과학적 발견과 기후변화의 심각한 피해에 따라 2℃보다 현저히 낮은 수준(well below)이라는 표현으로 보다 강화되었다.

코펜하겐, 칸쿤 기후변화 당사국 총회에서는 1.5℃ 목표가 향후 고려될 수 있는 가능성은 열어 두었으나, 이 목표를 적극적으로 검토하는 그러한 단계는 아니었다. 그러나 파리협정에서는 보다 전향적으로 1.5℃ 목표를 언급하면서 이를 달성하기 위해 노력할 것을 요구하고 있다. 또한 파리 기후변화 당사국 총회는 결정문을 통해 IPCC에 1.5℃의 영향에 관한 특별보고서를 2018년에 보고할 것을 요구하였다.

2℃와 1.5℃ 간에는 0.5℃의 차이 밖에 나지 않는다. 하지만 이 0.5℃ 차이가 기후변화의 부정적 영향과 이에 대응하기 위한 국제사회의 노력에 엄청난 차이를 가지고 오기 때문에 숫자로는 0.5℃에 불과하지만 각국의 이해관계가 첨예하게 달려 있는 것이다. 그리고 지구온도는 이미 약 1℃ 정도 상승하여 국제사회가 노력할 수 있는 시간도 제한적일 수밖에 없는 상황이다.

IPCC의 1.5℃ 특별보고서에 따르면 1.5℃가 아니고 2℃일 경우, 매 5년 빈도의 이상 고온에 노출되는 전 세계 인구가 14%에서 37%로 늘어나고, 북극의 얼음 없는 여름은 1백년에 한 번의 빈도에서 10년에 한 번으로 나타난다. 해수면 상승은 0.4m에서 0.46m로 추가 상승할 전망이나, 만일 남극과 그린란드의 얼음판이 1.5℃~2℃에서 불가역적인 상황(tipping point)을 맞는다면 수 미터 상승도 배제할 수 없는 상황이 될 것이다.

　　또한 절반 이상의 서식지를 상실하는 척추동물과 식물 종의 비율이 2배 정도 늘어나고, 북극의 해빙으로 인해 탄소와 메탄을 발생하는 면적이 대폭 확대되며, 식량 생산 및 수산물 어획도 줄어들게 된다. 열대우림에 견줄 수 있는 해양의 산호초는 70%에서 99%까지 감소할 것으로 전망되고 있다.

　　IPCC 보고서는 현재 지구온도는 산업화 이전 대비 약 1℃(0.8℃~1.2℃) 정도 상승하였으며, 매 10년에 0.2℃(0.1℃~0.3℃) 상승하는 현재 추세를 가정하면, 2030년부터 2052년 사이에 1.5℃에 이를 것으로 추정하고 있다. 또한 금세기 말까지 1.5℃로 제한하는 데 다양한 경로(pathway)가 있으나, 온실가스 감축노력을 조기에 하면 목표 달성이 수월하게 되지만, 감축노력이 늦어질 경우에는 더 큰 노력이 소요됨을 지적하고 있다.

　　IPCC 보고서에 따르면 1.5℃ 이내 또는 약간 상회하는 경로에서 이산화탄소 배출량은 2030년까지 2010년 대비 45% 감축, 2050년경에 순배출제로(net zero)가 되어야 한다. 반면에 2℃ 이하 달성을 위해서는 2030년까지 2010년 대비 25% 감축, 2070년경에 순배출제로가 달성되어야 한다. 한편 메탄, 블랙카본, 아산화질소 등 온실가스 배출은 금세기 말까지 1.5℃와 2℃ 목표에서 모두 상당한 감축이 필요하다.

　　탄소예산(carbon budget) 개념은 IPCC의 2014년 제5차 보고서(AR5)에서 처음 등장하였으며, 이산화탄소에 초점을 맞추고 있다. AR5는 온도 목표를 설정하고 이 목표를 초과하지 않기 위해 대기에 배출할 수 있는 탄소 공간을 계산하였다. 2018년 1.5℃ 보고서에서는 온도를 어떻게 측정하느냐에 따라 1.5℃ 목표 달성에 $580GtCO_2$(50% 확률)에서 $420GtCO_2$(66% 확률) 또는 $770GtCO_2$(50% 확률)에서 $570GtCO_2$(66% 확률)가 남게 된다. 현재 매년 $42\pm3GtCO_2$ 수준으로 탄소 예산이 소진되고 있으니 탄소 공간이 급격히 줄어들 것이다.

　　한편 이산화탄소와 비이산화탄소의 기후반응 정도, 역사적 배출량의 온도 상승

기여도, 동토의 해빙으로 인한 탄소 배출, 습지의 메탄 방출, 비이산화탄소 감축 수준 등에 있어 상당한 불확실성이 존재한다. 이 불확실성이 탄소 예산에 미치는 영향은 현재 남아 있다고 추정하는 탄소 예산의 양에 비견될 정도이기 때문에 이러한 불확실성을 감소하기 위한 과학의 진전이 필요하다.

III. 온도목표와 감축노력 간의 간극

UNEP은 매년 국제사회의 온실가스 감축노력과 2℃와 1.5℃ 목표 달성에 필요한 배출 한도와의 간극을 발표하고 있다. 2019년 보고서도 파리협정에 따라 각국이 자발적으로 제출한 감축공약(NDC)을 살펴보고, 이 NDC 노력과 2℃와 1.5℃ 목표 달성을 위한 배출 허용수준과의 차이를 보여주고 있다. NDC는 자체 노력으로 이행하겠다는 무조건부 감축과 국제사회의 지원이 주어진다면 감축한다는 조건부 감축으

그림 3-1 온도 목표와 온실가스 감축노력 간의 간극

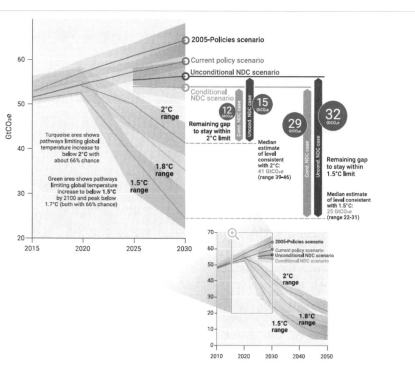

※ 출처: UNEP Emissions Gap Report 2019

로 구분된다.

2℃와 1.5℃ 달성의 확률을 66%(likely)로 가정한 시나리오에서, 국제사회의 NDC를 통한 2030년까지의 감축노력과 2℃ 목표 달성을 위한 노력과의 간극은 무조건부 감축노력의 경우 15GtCO$_2$e가 부족하나, 조건부 감축노력이 추가될 경우 12GtCO$_2$e가 부족한 것으로 나타나고 있다. 한편 1.5℃ 목표에는 무조건부 감축노력인 경우 32GtCO$_2$e가 부족하며, 조건부 감축노력이 추가될 경우에는 29GtCO$_2$e가 부족하다.

UNEP의 분석은 무조건부 감축노력으로는 금세기 말에 지구온도가 3.2℃ 정도로 상승할 것이며, 조건부 감축노력이 뒤따를 경우에는 0.2℃ 정도 낮출 수 있을 것으로 예측하고 있다. 이러한 전망은 NDC를 통해 보여준 국제사회의 감축 노력과 2℃와 1.5℃ 온도 목표 달성에 필요한 감축 노력 사이에는 상당한 괴리가 있음을 보여주고 있다.

UNEP 보고서는 현재의 정책이 그대로 유지될 경우 2030년 국제적 온실가스 배출량은 60GtCO$_2$e이 될 전망이며, 무조건부 감축노력으로는 이 추세에서 4GtCO$_2$e만을 감축할 수 있고, 조건부 감축노력이 추가되면 3GtCO$_2$e를 더 감축할 수 있음을 보여주고 있다. 국제사회가 힘을 합쳐 노력하는 정도가 4~7GtCO$_2$e라고 한다면, 2℃ 달성에 추가로 필요한 15~12GtCO$_2$e, 1.5℃ 달성에 추가로 필요한 32~29GtCO$_2$e가 얼마나 큰 도전인지 짐작할 수 있다.

IV. 역사적 책임과 기후정의

기후변화협약(1992)은 기후변화가 선진국들의 산업화 과정에서 배출된 대기 중 온실가스에 크게 기인하며 이로 인해 기후변화는 인류가 직면한 공동의 도전이나 이에 대응할 책임은 상이하며 또한 능력도 다르다는 인식 하에 공동의 그러나 차별화된 책임(CBDR)과 각국의 능력(RC)이라는 원칙을 채택하게 되었다. 협약의 부속 의정서인 교토의정서(1997)는 이러한 원칙을 더욱 명확하게 적용하였다.

기후변화협약과 교토의정서는 국가를 온실가스 감축 문제에 있어서 감축의무를 부과 받는 선진국(부속서 1국가, 교토의정서에서는 부속서 B국가)과 의무는 없으나 자발적으로 감축노력을 요구받는 개도국(비부속서 1국가)으로 구분하고 있다. 또한 재정 및 기술지원 문제에 있어서는 선진국 중 좀 더 부유한 OECD 회원국(부속서 2국가)에

2017년 11월 독일 본 기후변화회의: 파리협정 재원 문제로 대표들이 모여 있는 장면

게 개도국의 기후변화 대응 노력을 지원할 것을 요구하고 있다.

그러나 기후변화협약과 교토의정서가 채택된 이후 현실 상황에는 많은 변화가 있었다. 2007년에는 개도국(비부속서 1국가)의 이산화탄소 배출량이 선진국(부속서 1 국가)의 이산화탄소 배출량을 추월하였고, 2013년에는 심리적 마지노선으로 간주되던 대기 중 이산화탄소 농도 측정치가 400ppm을 상회하게 되었다. 그리고 이상 고온, 수해와 가뭄 등 기상 재난의 빈도와 강도가 피부로 느껴질 정도로 높아졌다.

또한 국가 구분에 있어 개도국(비부속서 1국가) 간에도 기후변화 대응 능력(RC)에 있어 상당한 차이를 보여 개도국은 대응능력이 없다는 일반화된 주장에 의문이 제기되었다. 그 결과 CBDR-RC도 보다 유연하게 해석할 수밖에 없는 상황이 초래되었다.

2015년에 채택된 파리협정은 이러한 현실적 상황을 반영하여 탄생되었다. 무엇보다도 선진국을 규정하던 국가명단인 부속서 1, 2에 대한 언급 없이, 온실가스 감축 노력은 모든 국가가 하도록 하고 있다. 파리협정으로 인해 기후변화체제는 일대 전환을 하게 되었다. 신(新)기후체제에서는 CBDR-RC 원칙도 이념적인 틀 속에서 엄격하게 적용되기보다는 신축적으로 적용될 전망이다.

한편, 파리협정 서문에는 기후 정의(climate justice)라는 개념이 등장하였다. 기후정의는 국가 간의 관계에 있어 기후변화에 대한 역사적 책임과 이에 따른 선진국과 개도국간의 차별화된 기후변화 대응 행동뿐만 아니라, 국가 내부에서도 기후변화에 큰 영향을 받고 있는 취약 계층에 대한 고려를 포함하는, 즉 환경적, 사회적 정의를 모두 포함하는 포괄적인 개념으로 볼 수 있다.

기후 정의 논의가 어떤 방향으로 전개될지는 지켜보아야 하겠지만, 적어도 국가 간의 관계에 있어서는 기후변화의 역사적 책임 논쟁으로부터 태어난 형평성(equity) 원칙과 이를 좀 더 구체화한 CBDR-RC의 맥락에서 이해를 하면 될 것 같다.

일부에서는 기후 정의를 2℃와 1.5℃ 목표 하에서 1인당 배출량(per capita emissions) 개념으로 접근하려고 할 수도 있다. 이 경우 선진국은 허용된 탄소 배출량을 이미 다 소진하였기 때문에 개도국으로부터 탄소 배출량을 빌려야 하는 탄소 부채(carbon debt)를 지게 되며, 이 부채는 재정 및 기술 지원 형태로 갚아야 하는 상황이 된다. 이러한 극단적 주장이 받아들여지지는 않겠지만 개도국은 이를 논리적 압박 수단으로 활용하려고 할 수도 있다.

V. 맺으며: CBDR에 대한 이해

CBDR은 1992년 6월 브라질 리우데자네이루 지구환경정상회의에서 채택된 리우선언의 제7원칙으로 등장한다. 그리고 이보다 한 달 전인 5월에 채택된 기후변화협약 제3조의 원칙(principles) 1항에 적시되어 있다. 비슷한 시기에 협상이 되었으나 리우선언과 기후변화협약의 CBDR은 비슷하면서도 차이가 있다.

리우선언과 기후변화협약은 모두 기후변화를 포함한 환경문제를 발생시킨 측면에 있어 선진국과 개도국 간에 책임이 다르다는 점은 인정하고 있다. 그러나 리우선언은 이 문제를 해결하는 데 있어 선진국의 책임을 강조한 반면 협약은 선진국이 '선도한다'는 표현으로 추후 개도국의 동참을 기대하고 있다. 또한 리우선언에서는 환경문제와 개도국에 대한 재원과 기술 지원이 직접적으로 연계되어 있으나, 협약에서는 가능한 분리시키려고 하였다.

기후변화협약에서는 CBDR과 함께 각국의 능력(respective capabilities: RC)이라는 부분이 추가되었다. CBDR이 기후변화를 포함한 환경문제에 대한 책임뿐만 아니라 대응 능력도 고려하고 있으므로 굳이 RC를 언급하지 않아도 되는 상황이다. 그러나 협약에서는 CBDR과 RC를 동등하게 놓고 책임 부분을 희석하고 있으며, 파리협정에서는 한 걸음 더 나아가 CBDR – RC에 '상이한 각국의 사정 고려'도 추가해 놓았다.

리우선언은 선언인 반면에 기후변화협약은 법적 구속력이 있는 협약이다. 그 결과 기후변화협약 문안 협상에서 선진국은 책임을 인정하는 정도를 약화하고, 또한 책임과 이에 따른 조치와의 직접적 연계를 피하고자 하였다. CBDR과 CBDR – RC는 일반적으로 구분 없이 함께 사용되어지고 있으나 이런 연유로 기후변화체제에서는 CBDR – RC라고 하는 것이 적절하다고 하겠다.

협약 제3조 1항에 있는 형평성(equity)은 철학적인 개념이며, 공평성(fairness)과 완전히 동일하지는 않지만 혼용되고 있다. 이 철학적 상위 개념을 좀 더 쉽게 만들어 놓은 것이 CBDR – RC라고 할 수 있다. 물론 CBDR – RC 그 자체도 실제적으로 적용하기는 쉽지 않다. 그래서 파리협정을 협상할 때 차별화(differentiation) 논의가 협상의 성패를 좌우할 정도의 사안이 되었던 것이다.

파리협정은 서문과 제2조에서 기후변화협약 제3조의 원칙 중에서 1항의 형평성, CBDR, RC를 선택하여 핵심 원칙으로 강조하고 있는데, 이 원칙들과 이들의 관계에 대한 이해는 기후변화체제를 이해하는데 중요하다. 아래 개념도는 형평성, 공평성이라는 원칙을 기후변화 발생에 대한 책임과 이에 대응하기 위한 능력이라는 두 측면에서 검토하고 있으며, 이 두 측면을 결합한 원칙이 CBDR – RC인 것으로 설명하고 있다. 즉 형평성을 좀 더 실제적으로 적용 가능한 원칙으로 만든 것이 CBDR – RC인 것이다.

그림 3-2 협약 제3조 1항 원칙들 간의 관계

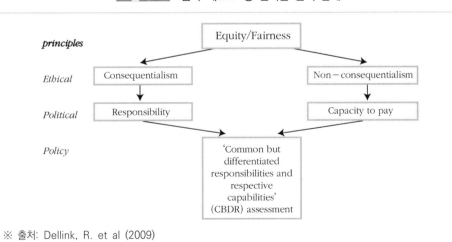

※ 출처: Dellink, R. et al (2009)

참고문헌

1. 김찬우, 2006, 21세기 환경외교.
2. 김찬우, 2010, 포스트 2012 기후변화협상.
3. Dellink, R. et al., Sharing the burden of financing adaptation to climate change, *Global Environmental Change* 19 (2009).
4. IPCC, 2018, Special Report on Global Warming of 1.5℃.
5. Martin Khor, The Equitable Sharing of Atmospheric and Development Space: Some Critical Aspects, South Centre Research Paper 33 (2010).
6. Pieter Pauw, et al, Different Perspectives on Differentiated Responsibilities, German Development Institute Discussion Paper 6/2014.
7. Pieter Pauw, et al., Subtle differentiation of countries' responsibilities under the Paris Agreement, *Palgrave Communications* 5, Article number 86 (2019).
8. Saraswat, C., Kumar, P., Climate justice in lieu of climate change: a sustainable approach to respond to the climate change injustice and an awakening of the environmental movement, *Energy, Ecology and Environment*, Volume 1, Issue 2 (2016).
9. UNEP, 2019, Emissions Gap Report 2019.
10. Obergassel W. et al., Phoenix from the Ashes—An Analysis of the Paris Agreement to the United Nations Framework Convention on Climate Change, Wuppertal Institute (2016).

제 4 장

NDC의 의미와 역할

오진규(에너지경제연구원 기후변화연구팀)

Ⅰ. 들어가며

파리협정 제3조는 NDC(Nationally Determined Contribution)에 대하여 규정하고 있다. NDC는 공식적으로 국가결정기여로 번역하고 있으며, 기후변화에 대응하기 위한 각국의 기여이다. NDC는 협상을 통해 만들어진 개념이기 때문에 복합적이며 다양한 내용을 포괄하고 있다. '기여'는 협상을 통해 절충된 용어로서, 일상의 용어를 사용하여 표현한다면, NDC는 각국의 '의무'라고 할 수 있다.[1]

국가의무로서의 국가결정기여는 파리협정의 핵심 요소이며 핵심 수단이다. 파리협정은 국가결정기여를 통해 제2조에 규정된 ① 2도/1.5도 온도 목표의 달성, ② 기

---

[1] 이해를 돕기 위해 필요한 경우 NDC를 '의무' 또는 '국가의무'라는 용어로 표현하고자 함.

후변화에 대한 적응능력의 증진, ③ 저배출발전을 위한 재원 조달의 3대 목적을 달성하고자 한다. 환언하면, NDC는 파리협정의 3대 목표 달성을 위해 각국이 이행해야 하는 의무이다.

제3조는 NDC의 정의, NDC의 범위, NDC의 목적, NDC의 성격, 개도국 지원의 필요성에 대하여 규정하고 있다. 다음에 NDC의 의미, 범위, NDC의 특성, 그리고 NDC 개념의 탄생 경과에 대하여 살펴본다.

II. 제3조 NDC의 의미와 핵심요소

제3조는 기후변화에 대하여 전 지구적으로 대응하기 위해, 모든 당사국들이 온실가스의 감축, 기후변화에 대한 적응, 개도국에 대한 지원(재정, 기술, 역량배양)에 대하여 야심찬 노력을 수행할 것을 요구하고 있으며, 이러한 야심찬 노력의 이행을 총괄적으로 NDC로 정의하였다. 감축, 적응, 지원을 위한 각국의 노력을 기후변화에 대응하는 각국의 국가의무로 본 것이다.

제3조는 매우 간결한 조항으로서 단 두 문장으로 이루어져 있다.[2] 제3조는 다음과 같은 네 가지의 개념이 복합된 조항이다. 첫째, 제3조는 NDC의 범위를 포괄적으로 명시하고 있다. 둘째, NDC의 목적 및 지향점이 파리협정 2조의 목적을 달성하는 데 있음을 명시하고 있다. 셋째, NDC는 시간이 지남에 따라 점진적으로 진전 또는 강화되어야 한다는 점을 명시하고 있다. 넷째, NDC의 효과적인 이행을 위해 개발도상국에 대한 지원이 필요함을 규정하고 있다.

1. NDC 범위의 포괄성

NDC는 'Nationally Determined Contribution'으로서 '국가결정기여'로 해석되며, 기후변화에 대응하기 위한 각 국가의 '기여', '의무' 또는 '국가의무'이다.[3]

파리협정은 국가의무의 범위로서 6가지를 포괄적으로 규정하였다. 기후변화에

---

2 파리협정에서 내용을 다루고 있는 제1조에서 제15조까지의 조항 중, 기후변화에 대한 교육 및 훈련의 필요성을 규정하고 있는 제12조와 함께 제3조는 매우 짧게 규정되어 있음. 제12조는 하나의 문장으로 이루어져 있으며, 협상과정에서 가장 일찍 합의된 조항이며 논란이 없었던 조항임.
3 NDC는 파리협정이 채택되기 전인 2013년 바르샤바 당사국총회(COP19)에서 치열한 협상 끝에 합의된 개념인바, 본 장의 뒷부분에서 NDC에 대한 협상 과정을 소개함.

대한 전 지구적 대응으로서, NDC를 제4조(감축), 제7조(적응), 제9조(재정지원), 제10조(기술이전), 제11조(역량배양), 제13조(투명성)에 정의(defined)된 '노력'(efforts)으로 규정하였다. 이에 따라, 국가의무로서의 NDC의 범위는 ① 감축, ② 적응, ③ 재정지원, ④ 기술이전, ⑤ 역량배양, ⑥ 투명성증진의 6가지 의무를 포괄한다. 이와 같은 6가지 요소는 파리협정의 6대 핵심 요소이며, 파리협정에서 각각 독립된 조항으로 규정되어 있다.

표 4-1 파리협정 제3조 영문 조항 및 한글 번역

Article 3

As nationally determined contributions to the global response to climate change, all Parties are to undertake and communicate ambitious efforts as defined in Articles 4, 7, 9, 10, 11 and 13 with the view to achieving the purpose of this Agreement as set out in Article 2. The efforts of all Parties will represent a progression over time, while recognizing the need to support developing country Parties for the effective implementation of this Agreement.

제3조(공식 번역)

기후변화에 전 지구적으로 대응하기 위한 국가결정기여로서, 모든 당사자는 제2조에 규정된 이 협정의 목적을 달성하기 위하여 제4조, 제7조, 제9조, 제10조, 제11조 및 제13조에 규정된 바와 같이 의욕적인 노력을 수행하고 통보하여야 한다. 이 협정의 효과적인 이행을 위해서는 개발도상국 당사자에 대한 지원이 필요함을 인식하면서, 모든 당사자는 시간의 경과에 따라 진전되는 노력을 보여줄 것이다.

제3조(필자의 의역)

기후변화에 대하여 전 지구적으로 대응하는 데 대한 국가적 기여로서, 모든 당사국들은, 제4조, 제7조, 제9조, 제10조, 제11조, 제13조에 정의되어 있는 야심찬 노력을 수행하여야 하며 동시에 통보하여야 한다. 이러한 노력은, 제2조에 규정되어 있는 본 협정의 목적을 달성하는 관점 하에 수행되어야 한다. 모든 당사국들의 이러한 노력은 시간이 경과함에 따라 진전되고 있음을 보여 주게 될 것이다. 한편, 본 협정의 효과적인 이행을 위해 개발도상국 당사자들에 대하여 지원이 필요하다는 점을 인식한다.

제3조에서 NDC를 6가지 요소로서 규정함에 따라, 기후변화에 대응하기 위해 각국은 ① 온실가스 감축의 측면에서 전 지구적으로 기여해야 하며, ② 적응의 측면에서 기여해야 한다. 나아가, 각국은 개발도상국에 대한 ③ 재정지원에 기여해야 하며, ④ 기술이전 및 ⑤ 역량배양에 기여해야 한다. 마지막으로, 각국은 기후변화 대응을 위해 ⑥ 투명성의 증진에 기여해야 한다. 이러한 여섯 가지 기여는 파리협정의 6대 핵심 요소이다.

파리협정은 상기의 여섯 가지 기여를 NDC로 규정하고, 각 국가에 대하여 여섯 가지 부문에 있어서 야심찬 노력(ambitious efforts)을 시행할 것을 요구하고 있다.

제3조는 NDC 의무의 범위를 감축, 적응, 재정지원, 기술이전, 역량배양, 투명성의 6가지로 포괄적으로 규정하고 있지만, 협상과정에서 선진국, 개도국, 군소도서국 등 협상그룹별로 강조점은 크게 달랐다. 선진국들은 파리협정을 감축 중심의 협정으로 만들려고 하였다. 반면, 개도국들은 감축 중심의 협정에 강하게 반대하였다. 선진국들은 온실가스 감축이 파리협정 체제에서 핵심이 되어야 한다고 주장하였다. 그러나 개도국들은 파리협정 체제 하에서 현재 진행되고 있는 기후변화에 대한 적응이 중요하다고 강조하였다. 개도국의 입장에서 감축과 적응이 동등한 중요도를 가져야 한다고 주장하였다. 이는 기후변화의 부정적 영향이 개도국에 더 크게 미칠 것이라는 우려를 반영한 것이었다. 또한, 개도국들은 개도국의 행동을 위해서는 선진국들의 대 개도국 지원(재정지원, 기술이전, 역량배양)이 선행되어야 한다고 주장하였다.

파리협정의 6대 요소 중 선진국들은 감축과 투명성을 강조하였으며, 개도국들은 적응 및 개도국에 대한 지원(재정지원, 기술이전, 역량배양)을 강조하였다. 군소도서국들은 해수면 상승 등의 우려를 반영하여 감축을 강조하였다. 아프리카 개도국들은 적응을 강하게 주장하였다. 중국 및 인도 등의 개도국들은 지원의 중요성을 강조하였다.

이와 같이 신기후체제로서 파리협정이 무엇을 다루어야 할지, 기후변화에 대응하기 위해 전 지구적으로 무엇에 강조점을 두어야 할지에 대하여 국가그룹별로 입장이 달랐던 것이다. 파리협정을 통해 전 지구적으로 해결해야 할 사항에 대한 내용과 우선순위가 국가그룹별로 달랐던 것이다.

최종적으로 선진국과 개도국 양 진영이 강조한 요소들을 모두 포괄하여 NDC의 범위를 확정하게 된 것이다. NDC가 특정 요소만을 의미하는 것이 아니라, 감축, 적응, 재정지원, 기술이전, 역량배양, 투명성의 6대 요소를 모두 포함하는 것으로 하여, NDC의 범위를 포괄적으로 확정하였다.

2. NDC의 특성: 진전의 원칙

제3조는 모든 당사국들의 노력은 시간이 지남(over time)에 따라 진전(progression) 되는 NDC가 되도록 해야 한다는 점을 명시하였다. 영문 규정은 다음과 같다.

"The efforts of all Parties will represent a progression over time,"

각국의 NDC로서의 노력(efforts)은 점진적으로 진전되어야 한다. 여기서 진전되어야 한다는 것은 강화되어야 한다는 것을 의미한다. NDC로서의 각국의 의무는 점진적으로 강화되어야 함을 의미한다. NDC의 범위가 감축의무, 적응의무, 재정지원의무, 기술이전의무, 역량배양의무, 투명성의무로 정의되어 있기 때문에, 진전의 원칙도 이들 여섯 가지 분야에 모두 적용된다.

그런데 여기서 진전의 원칙의 강도는 약하게 표현되어 있다. 이는 'will represent a progression'으로 표현한 데서 나타난다. 대체적으로 규정의 강제성을 높이려면 'shall' 또는 'should'를 사용한다. 그런데 여기서는 'will'을 사용하였다. 의무의 강화는 바람직하고 필요한 것이나, 현실적인 어려움을 고려할 때 이를 강제할 수 없다는 점을 반영한 것이다.

진전의 원칙은 제3조 뿐만 아니라 파리협정의 다른 조항에도 별도로 규정되어 있다. 그런데 제3조상의 NDC의 진전의 원칙은 파리협정의 다른 조항에 규정된 진전의 원칙과 비교할 때 상이한 부분이 있다.

표 4-2 진전의 원칙이 규정되어 있는 조항들

○ 제3조(NDC): The efforts of all Parties will represent a progression over time,
○ 제4조(감축) 3항: Each Party's successive nationally determined contribution will represent a progression beyond the Party's then current nationally determined contribution…
○ 제9조(재정지원) 3항: Such mobilization of climate finance should represent a progression beyond previous efforts.

파리협정에서 진전의 원칙은 NDC를 규정한 제3조와 감축의무를 규정한 제4조, 재정지원의무를 규정한 제9조에 반영되어 있다. 그런데 이들 세 분야의 진전의 원칙은 동일하지 않다. 제3조(NDC)와 제4조(감축)가 사용하고 있는 조동사는 'will'이나 제9조(재정지원)가 사용하고 있는 조동사는 'should'이다. 개발도상국에 대한 선진국들의 재정지원은 강제적인 진전 원칙이 적용되도록 하였다. 그러나 'shall'보다는 약한 강제성을 가진다.

NDC가 전체적으로 기존 NDC보다 진전되어야 한다는 의미는 여섯 가지 분야에서 모두 진전 또는 강화되어야 함을 의미한다. 그런데 감축과 재정지원의 조항에서 진전의 원칙을 별도로 규정한 이유는 감축과 재정지원이 특별히 더 강화 또는 확대되어야 한다는 것을 명확히 하기 위한 것이다. 이에 따라, 감축의무는 기존 보다 강해야 하며, 재정지원도 기존보다 확대되어야 한다. 단, 재정지원의 확대는 감축의 강화에 비해 강제성이 더 크도록 'should'로 규정되었다. 이는 재정지원을 강조한 개발도상국들의 요구가 반영된 것이다.

적응의무, 기술이전의무, 역량배양의무, 투명성의무는 진전의 특성이 별도로 규정되어 있지 않으며, 제3조에서 포괄적으로 규정된 사항을 준용하게 된다. 그런데 적응, 기술이전, 역량배양, 투명성의무에서 진전이 구체적으로 무엇을 의미하는지는 명확하지 않다.

3. 개발도상국에 대한 지원

제3조는 개발도상국들이 파리협정을 효과적으로 이행하도록 하기 위해 지원의 필요가 있음을 인정한다고 규정하고 있다. 개도국에 대한 지원 강화는 파리협정 협상 내내 개도국들이 매우 강하게 주장한 주제이다. 그러나 개도국에 대한 지원의 주체, 지원의 내용, 지원의 이유는 기후변화협약(1992년)에 비해 크게 바뀌었다.

기후변화 협상 과정에서 개도국에 대한 지원의 필요성은 여러 형태로 나타난 바 있다. 1992년에 채택된 기후변화협약의 제4조 3항은 부속서 II에 속한 선진국들은 2가지 부문에서 새로우며 추가적인 재정자원을 개도국에 지원해야 한다고 강하게 규정한 바 있다(shall). 첫째로 개도국들이 국가보고서를 작성하여 제출하는 과정에서 발생하는 비용을 선진국들이 지원해야 한다. 둘째로 개도국들이 기후변화협약 제4조 1항의 일반의무를 이행하는 데 소요되는 비용을 선진국들이 지원해야 한다. 기후변화협약 제4조 5항은 기후변화협약의 의무를 이행하는 데 필요한 기술을 개도국에 이전하기 위해 부속서 II에 속한 선진국들은 모든 실질적인 단계를 취할 것을 규정한 바 있다. 이 과정에서 선진국들은 개도국들의 기술관련 내부적인 역량배양도 지원할 것을 규정하였다. 요약하면, 개도국들의 의무이행을 돕기 위해 선진국들은 개도국에 대하여 재정지원, 기술이전, 역량배양을 이행할 것을 규정한 것이다. 더 나아가, 개도국들의 의무이행을 선진국들의 지원의무의 이행과 연계시켰다. 기후변화협약 제4

조 7항에서, 개도국들이 협약하의 의무를 효과적으로 이행하는 정도는, 선진국들의 개도국에 대한 재정지원과 기술이전 의무의 효과적 이행에 의존한다고 규정하였다. 선진국들의 개도국에 대한 재정지원과 기술이전을 조건부로 개도국들은 의무를 이행할 것임을 규정한 것이다. 역으로 보면, 선진국들이 개도국에 대한 재정지원과 기술이전에 대한 의무를 확실히 이행하지 않는 경우, 개도국들은 의무를 이행할 책임이 없다고 규정한 것이다.[4] 이렇게 강한 조건부 조항이 기후변화협약에 규정된 것은 1990년대의 상황에선 기후변화에 대한 책임이 개도국들에게 없다는 인식을 반영한 것이다.

파리협정 제3조 NDC를 논의할 때, 개도국들은 1992년의 기후변화협약의 제4조 7항의 필요성을 다시 제기하였다. 그러나 개도국들의 주장에 대한 선진국들의 반응은 1990년대와 전혀 달랐다. 선진국들은 개도국들의 배출량이 선진국의 배출량 보다 많아지고 있으며, 특히 세계 제1의 온실가스 배출국이 선진국이 아닌 개도국이라는 점을 지적하였다. 개도국들도 기후변화에 대하여 책임을 져야 하는 단계에 들어섰다는 것이다. 이는 현재 중국이 온실가스 배출 세계 1위 국가임을 고려할 때 정당한 주장이다. 최종적으로 파리협정이 채택한 문구는 다음과 같다.

"while recognizing the need to support developing country Parties for the effective implementation of this Agreement." (final version of 12 December 2015)

이는 기후변화협약 제4조 7항을 토대로 개도국들이 제시하여 협상 막바지 까지 유지되었던 문안과 비교하면 많은 차이를 보인다.

3. [The extent to which developing country Parties will effectively implement this Agreement will depend on the effective implementation by developed country Parties of their commitments on the provision of finance,

---

4 기후변화협약 제4조 7항. The extent to which developing country Parties will effectively implement their commitments under the Convention will depend on the effective implementation by developed country Parties of their commitments under the Convention related to financial resources and transfer of technology and will take fully into account that economic and social development and poverty eradication are the first and overriding priorities of the developing country Parties.

technology development and transfer and capacity-building.] (version of 5 December 2015)

첫째로, 개도국의 조건부 의무이행의 개념이 삭제되었다. 개도국들의 의무이행은 더 이상 선진국들의 재정지원과 기술이전에 조건부가 아니라는 점을 명확히 한 것이다. 둘째로, 개도국에 대한 지원의 필요성은 인식하나, 지원의 주체가 누구이며 지원의 내용이 무엇인지를 명시하지 않았다. 지원의 주체는 선진국으로 보는 것이 그동안의 일반적인 인식이었다. 그러나 이제 지원의 주체가 선진국에 국한되지 않아야 한다는 관점을 반영한 것이다. 개도국들도 여타 개도국에 지원을 해야 한다는 점을 암묵적으로 이야기 하고 있는 것이다. 지원의 내용이 무엇인지도 명시하지 않았다.

4. 제3조와 다른 조항과의 관계

제3조는 NDC를 기후변화에 대한 전 지구적 대응으로서, 제4조(감축), 제7조(적응), 제9조(재정지원), 제10조(기술이전), 제11조(역량배양), 제13조(투명성)에 정의(defined)된 '노력'(efforts)이라고 포괄적으로 규정하였다. 그런데, 파리협정은 NDC의 6대 요소에 대하여 각각 독립된 조항으로 규정한바, 다음에서 제3조와 다른 조항과의 관계를 살펴 본다.

제3조는 NDC를 포괄적으로 정의한 반면, NDC에 대한 상세한 사항은 제4조에서 다루고 있다. 각 당사국은 5년마다 NDC를 수립하여 제출해야 하며(제4조 9항), 제출된 NDC는 사무국이 운영하는 공공등록부에 기록한다(제4조 12항). 각 당사국은 NDC 제출시 NDC 관련 여러 가지 정보를 제출해야 한다(제4조 8항). 제출해야 하는 정보의 상세한 내용은 이행지침 협상을 통해 2018년 당사국총회에서 채택하였다. 그리고 당사국총회는 NDC의 공동 타임프레임을 정해야 한다(제4조 10항).[5] 한편 적응과 관련하여, 적응보고서를 NDC의 일부로 제출할 수 있도록 규정하였으며(제7조 11항), 이 역시 공공등록부에 기록하도록 하였다(제7조 12항).

NDC 관련 조항이 제3조와 제4조에 별도로 규정되어 있는 것은 NDC를 바라보는 시각이 협상그룹 간에 달랐기 때문이다. 선진국들은 NDC의 범위를 감축으로 축

---

5 NDC의 공동 타임프레임에 대한 논의는 현재 진행중임.

소시키고자 하였다. 이에 따라 3조 자체를 규정하는 데 대하여 반대하였다. 필요한 사항은 감축을 다루고 있는 제4조에서 충분히 규정할 수 있다고 보았다. 한편, 중국 등 개도국들은 NDC의 범위를 확대하여, NDC가 감축 뿐만 아니라 적응도 포함하고, 특히 개도국에 대한 지원(재정지원, 기술이전, 역량배양)이 포함되어야 함을 강하게 주장하였다. 중국, 인도 등 개도국들은 제3조에서 NDC를 총괄적으로 규정함과 동시에 기후변화협약 제4조 7항에 있는 조건부 이행 사항을 반영하고자 하였다.

여러 가지 논란 끝에 제3조는 NDC를 총괄적으로 규정하고, 제4조는 감축 관련 NDC의 내용을 상세히 규정하고, 제7조는 적응 관련 NDC의 내용을 규정하는 것으로 결론이 난 것이다. 제3조에서 NDC가 지원(재정지원, 기술이전, 역량배양)을 포함하는 것으로 규정했음에도 불구하고, 실제로 선진국들은 지원을 NDC의 일부로서 인정하지 않았다. 선진국들은 2015년에 INDC 제출할 때 지원 관련 사항을 포함하지 않았다.[6]

III. NDC 개념의 탄생 및 의의[7]

기후변화에 대응하기 위한 각국의 국가의무로서의 NDC 개념은 파리협정이 채택되기 2년 전에 만들어 졌다. 2013년에 개최된 제19차 기후변화협약 바르샤바 당사국총회(이하 바르샤바 총회)에서 NDC의 개념이 만들어졌다.[8] 바르샤바 총회의 결정문 (1/CP.19)은 각 당사국들에 대하여 '의도된 국가결정기여'(Intended Nationally Determined Contribution: INDC)를 제21차 당사국총회(2015년, 파리) 전에 제출할 것을 요청하였다. 2015년에 파리협정이 채택되기 전이라 '의도된' 국가결정기여라고 칭하였으며, 파리협정이 채택된 이후에는 NDC(국가결정기여)로 이름이 바뀌게 되었다.[9]

---

6 INDC(Intended Nationally Determined Contribution)은 파리협정이 채택되기 전에 각국이 제출한 NDC로서 'Intended'라는 문구가 NDC 앞에 있음. INDC는 파리협정이 채택되고 발효되면서 NDC로 바뀜.

7 오진규(2018), '기후변화 대응 파리협정 협상 경과 및 시사점 연구', (에너지경제연구원), 제4장 1절 및 2절을 발췌, 요약함.

8 제19차 기후변화협약 당사국총회(COP19)는 2013년 11월 11일부터 11월 23일까지 2주간 폴란드의 바르샤바에서 개최됨.

9 1/CP.19, 2항(b): To invite all Parties to initiate or intensify domestic preparations for their <u>intended nationally determined contributions</u>, ⋯ towards achieving the objective of the Convention as set out in its Article 2 and to communicate them well in advance of the twenty-first session of the Conference of the Parties (by the first quarter of 2015 by those Parties ready to do so) ⋯;

1. 기여(Contribution) 개념의 탄생

기후변화 관련 국제적 논의시 의무는 보통 'Commitment'라는 용어를 사용한다. 그런데 'Commitment'가 가지는 법적 강제성에 대한 의미 등 여러 가지 사항에 대한 논의 끝에 파리협정에서는 온실가스 감축에 대한 각국의 의무로서 'Contribution'이라는 용어를 도입하게 되었다.[10] 'Contribution'은 새로운 기후시스템에 대한 선진국과 개도국간의 시각 차이를 타협하여 절충한 개념이다.

기여(Contribution)라는 용어는 파리협정의 체제와 성격을 규정하는 중요한 용어이다. NDC에 대한 협상이 진행될 때, 파리협정에서 선진국과 개도국으로 양분화 된 시스템을 도입하느냐, 아니면 선진국과 개도국을 구분하지 않고 모든 국가에 적용되는 단일화 된 시스템을 도입하느냐가 중요한 이슈였다. 기후변화협약과 교토의정서는 온실가스 감축의무에 대하여 선진국의무과 개도국의무가 철저하게 이분화 된 체제를 가지고 있었다.

바르샤바 총회에서 치열한 협상 끝에 '기여'라는 개념에 합의함으로써, 선진국과 개발도상국으로 양분화 또는 이분화 되어 있었던 기존의 체제에서 모든 나라가 하나의 체제에 속하는 새로운 체제로 전환하게 되었다. 여기서 기존의 체제는 기후변화협약과 교토의정서 체제이며, 새로운 체제는 파리협정 제체이다.

기존의 체제에서, 선진국들은 'Commitment'를 부담하고, 개도국들은 'Action'을 이행하는 체제였다. 이에 따라, 선진국과 개도국 간에 국가의무가 철저하게 이분화 되어 있었다.

여기서, 중요한 점은 선진국의 'Commitment'는 법적 강제력이 강한 용어이고, 개도국의 'Action'은 법적 강제력이 없는 용어라는 점이다. 기후변화협약과 교토의정서 체제에선, 선진국의 감축과 개도국의 감축 간에 법적 강제력이 완전히 다른 체제를 가지고 있었던 것이다. 파리협정이 채택한 NDC는 선진국과 개도국 간의 이분법적 시스템을 선진국과 개도국 간에 차이가 없는 단일의 시스템으로 전환시키는 도구가 된 것이다.

---

10 Contribution이라는 용어는 2013. 3월 동경에서 개최된 일본 · 브라질 공동주최의 '제11차 기후변화 대응을 위한 비공식회의'시 우리나라 대표(당시 유연철 환경부 국제협력관)가 'not the same amount, but the same efforts and contributions'이라는 제안을 통해 선진 · 개도국 간 감축의무의 차별성을 반영하기 위한 절충안으로서 최초로 제시한 용어임.

표 4-3 INDC 제출 요청 결정문

2. Decides, in the context of its determination to adopt a protocol, another legal instrument or an agreed outcome with legal force under the Convention applicable to all Parties at its twenty-first session(December 2015) and for it to come into effect and be implemented from 2020:

......

(b) To invite all Parties to initiate or intensify domestic preparations for their **intended nationally determined contributions**, without prejudice to the legal nature of the contributions, in the context of adopting a protocol, another legal instrument or an agreed outcome with legal force under the Convention applicable to all Parties towards achieving the objective of the Convention as set out in its Article 2 and to communicate them well in advance of the twenty-first session of the Conference of the Parties (by the first quarter of 2015 by those Parties ready to do so) in a manner that facilitates the clarity, transparency and understanding of the intended contributions, without prejudice to the legal nature of the contributions;

자료: 1/CP.19, FCCC/CP/2013/10/Add.1

다음에서, NDC중 'Contribution'의 개념이 확정되기까지의 논의사항을 간략히 살펴본다. 바르샤바 당사국총회는 결정문의 2항 (b)에서, INDC 개념을 도입하고, 선진국과 개도국을 불문하고 모든 국가에 대하여, INDC를 수립하여 2015년의 제21차 당사국총회 까지 제출할 것을 요청하였다.

INDC(Intended Nationally Determined Contribution) 중 'Contribution' 개념은 선진국 의무에 해당되는 'Commitment'와 개도국 의무에 해당되는 'Action'을 포괄하기 위해 만들어진 개념이다. 바르샤바 협상과정에서, 개도국들은 새로운 체제에서도 기후변화협약의 정신에 따라 선진국의무과 개도국의무를 서로 확실하게 구분하는 이분법 체제가 유지되어야 한다고 주장하였다. 반면, 선진국들은 새로운 기후체제에서 선진국과 개도국이 이분화 되는 것은 있을 수 없다는 입장을 강하게 주장하였다.

선진국들은 선진 · 개도국을 불문하고 모든 나라의 의무를 'Commitment'로 할 것을 주장하였다. 반면, 개도국들은 선진국의무는 'Commitment'로 하고, 개도국의무는 'Action'으로 할 것을 주장하였다. 'Commitment'는 법적 강제성이 강한 의무이고, 'Action'은 법적 강제성이 없는 의무이다. 개도국들은 개도국의 의무를 법적 강제성을 가지는 'Commitment'로 규정할 수는 없다는 입장이었다. 인도와 중국 등은 만일 개도국에 대해서도 'Commitment'로 규정하고자 한다면 'in accordance with article 4 of the Convention'를 추가할 것을 강력히 요구하였다. 기후변화협약의 제4조(Commitment)는 선진국의무와 개도국의무를 명확히 구분하고 있기 때문이다.[11]

선진국들은 선진국과 개도국 간에 'Commitment'와 'Action'으로 이분화 할 수 없다는 입장이었다. 이들은 선진국의무와 개도국의무를 서로 다른 문구로 표현한다면 새로운 기후체제가 될 수 없다는 점을 강조하였다. 모든 나라에 대하여 동일한 문구를 사용하여 의무를 규정해야 한다는 입장이었다.

동일한 문구를 사용하기 위한 타협문구로서 'Contribution'이 대두되었다. 이에 대하여, 개도국들은 선진국들의 의무를 법적 강제력이 약한 'Contribution'로 규정하는 것은 새로운 시스템을 약화시키는 것이라고 주장하면서, 이에 반대하였다.

결과적으로 치열한 협상 끝에, 'Commitment'와 'Action'의 양자를 포괄하는 타협안으로서 'Contribution'이라는 문구로 확정함으로써, NDC 개념이 탄생하게 되었다.

모든 나라들이 선진국 또는 개도국을 불문하고 'Nationally Determined Contribution'을 이행하도록 함으로써 더 이상 선진국과 개도국간의 차이는 없어지게 된 것이다. 물론 'Contribution'의 구체적인 내용은 차이가 날 수 있다. 그러나 형식상의 차이를 없앰으로써 파리협정은 하나의 통일된 체제가 된 것이다.

한편, 'Contribution'을 사용함으로써 'Commitment'를 사용하는 경우와 비교할 때, 선진국 의무의 법적 강제력이 약화된 체제가 되게 되었다. 파리협정은 NDC의 준비와 제출에 대해서는 법적 강제성을 부여하여 의무화시킨 반면(shall prepare), NDC 달성을 위한 국내적 조치는 'intends to achieve' 또는 'shall pursue'라는 용어를 사용함으로써 법적 강제성을 약하게 규정하였다(제4조 2항).[12] 선진국들의 의무, 특히 감축의무는 기후변화협약에선 권고적 의무였고, 교토의정서에선 법적 강제력을 가지는 의무였다. 그런데 파리협정에선 선진국들의 감축의무에 대한 법적 강제력이

---

11 기후변화협약 제4조 1항은 개도국을 포함한 모든 국가의 의무를 규정하고 있으며, 제4조 2항은 부속서 I에 있는 선진국의 의무를 규정하고 있음. 제4조 1항은 온실가스 인벤토리의 제출과 온실가스 감축을 위한 정책 및 조치의 시행을 규정하고 있으며 감축목표를 통한 감축의무는 부과하지 않고 있음. 반면, 제4조 2항은 선진국에 대해 2000년까지 1990년 수준으로 배출량을 동결해야 한다는 의무를 부과하고 있음.

12 파리협정 제4조 2항: Each Party shall prepare, communicate and maintain successive nationally determined contributions that it intends to achieve. Parties shall pursue domestic mitigation measures, with the aim of achieving the objectives of such contributions.

약해진 상황이다. 이는 기후변화협약과 교토의정서와 비교할 때 파리협정이 가지는 한계이다.[13]

2. NDC 의무의 국가결정성(Nationally Determined)

다음에 NDC중 'Nationally Determined' 부분을 살펴본다. 바르샤바 협상에서, NDC를 각 국가가 독립적이며 자율적으로 결정하도록 하는 '국가결정성(Nationally Determined)' 방식에 합의하였다. 자국의 기여를 독자적으로 결정하는 시스템을 채택한 것이다. NDC 결정의 주체가 각 당사국이라는 점을 명확히 한 것이다.

1992년의 기후변화협약의 경우 선진국의 감축의무를 협상을 통해 결정한 바 있다. 기후변화협약은 선진국들에 대하여 2000년까지 1990년 수준으로 각국의 배출량을 줄이도록 의무화하였다. 개도국에 대해서는 수량적 제한이 없었다.

1997년의 교토의정서도 선진국의 감축의무에 대하여 협상을 통해 감축률을 결정하였다. 교토의정서는 선진국에 대하여 2008년에서 2012년까지 온실가스 배출을 1990년 대비 'x'%로 제한하도록 하였으며, 'x'%는 협상을 통해 결정하였으며, 교토의정서의 부속서에 배출한도를 명기하였다. 예를 들어, EU는 2008년에서 2012년간의 평균 배출한도를 1990년 배출량 대비 '92%'로 제한하도록 하였다. 캐나다는 동기간에 '94%'로 제한하고, 일본은 동기간에 '94%'로 제한하며, 미국은 동기간에 '93%'로 제한하도록 의무화하였다. 호주에 대해서는 동기간에 '108%'로 제한하도록 하였다. 개도국에 대해서는 수량적 제한을 두지 않았다. 즉, 선진국의 배출한도를 협상을 통해 결정한 후, 이를 교토의정서에 부속서에 명시하였다. 선진국의 경우, 감축형식과 감축률을 국가 간 협상을 통해 결정한 것이다.

그런데 파리협정에선 선진국과 개도국 모두 자국의 기여, 특히 온실가스 감축방식과 감축률을 독자적으로 결정하도록 한 것이다. 뿐만 아니라, NDC의 범위와 관련하여, 감축을 중시할 것인지, 적응을 중시할 것인지도 각 국가가 자율적으로 결정하도록 하였다.[14] NDC에 국가결정권을 도입함으로써 더 많은 국가들이 파리협정에 참여할 수 있는 계기가 되었다. 그러나 국가결정권의 도입으로 각국의 NDC의 총합이

---

13 협상과정에서 NDC 달성을 위한 국내조치에 대하여, 'shall implement'가 강하게 요구되었으나, 최종적으로 'shall pursue'로 확정됨.

14 이러한 관점에서 기후변화협약과 교토의정서의 의무결정방식을 'Top-down' 방식이라고 하고, 파리협정의 의무결정방식을 'bottom-up' 방식이라고 구분하기도 함.

지구적으로 필요한 수준에 도달하게 될지에 대하여 불확실성이 존재하게 되었다.

IV. 맺으며

제3조는 기후변화에 대한 전 지구적 대응에 각국이 기여할 것을 규정하고 있으며, NDC(Nationally Determined Contribution)의 범위, 목적, 성격 및 개도국 지원에 대하여 규정한 바, 그 의의 및 시사점을 살펴본다.

첫째, 제3조에서 선진국의 의무인 'Commitment'와 개도국의 의무인 'Action'을 포괄하는 개념으로 NDC를 채택함으로써, 선진국 뿐만 아니라 개발도상국도 온실가스 감축체제에 본격적으로 참여하도록 하여, 2℃ 목표를 향한 전 지구적 감축체제가 본격적으로 가동되게 되었다.

둘째, NDC의 범위를 포괄적으로 규정함으로써, 각국은 자국의 여건과 정책의 우선순위에 맞는 기후행동을 시행할 수 있게 되었다. 제3조는 NDC의 범위를 파리협정 제4조(감축), 제7조(적응), 제9조(재정지원), 제10조(기술이전), 제11조(역량배양), 제13조(투명성)의 6대 분야로 규정하였다. NDC상의 각국의 기여 또는 국가의무는 감축 뿐 만 아니라, 적응 및 지원을 포괄함을 명확히 하고 있다. 각국의 상황에 맞추어 감축행동을 강화할 수도 있고 또는 적응행동을 강화할 수도 있도록 하였다.

셋째, 각국의 NDC로서의 노력(efforts)은 점진적으로 진전되어야 하며 강화되도록 하였다. NDC의 범위가 감축, 적응, 재정지원, 기술이전, 역량배양, 투명성증진으로 정의된 바, 진전의 원칙도 이들 여섯 가지 분야에 모두 적용된다.

넷째, NDC로서의 각국의 노력의 범위와 수준은 각국이 독립적이며 자율적으로 결정하도록 하는 '국가결정성'을 도입하였다. 이에 따라, 각국이 자국의 여건 및 우선순위에 맞게 NDC의 범위와 수준을 결정할 수 있다. 기후변화에 대한 대응을 각국의 자율에 맡긴 것이다. NDC의 국가결정성은 더 많은 나라가 파리협정 체제에 참여하는 데 큰 역할을 하였다. 단, 각 나라의 NDC의 총합이 지구적으로 바람직한 수준을 달성할 수 있을지에 대해서는 불확실성이 존재한다.[15]

다섯째, 기여의 내용, 범위, 수준을 각국의 국가결정성에 따라 독자적이며 자율

---

15 감축의 경우 이를 배출갭(Emissions gap)이라고 하며, 갭을 줄이기 위한 방안으로 제14조에서 글로벌 이행점검(Global stocktake) 절차를 두고 있음.

적으로 결정할 수 있도록 함에 따라, 단일한 의무체제가 수립되었다. 그러나 실질적인 내용에 있어서는 선진국과 개도국간의 이분법적 논의가 지속되고 있다. 이는 세부이행지침 후속협상에서도 끊임없이 제기된 사항이다.[16]

여섯째, 선진국의 기여 수준과 개도국의 기여 수준 그리고, 선진국의 기여 범위와 개도국의 기여 범위에 대해 앞으로도 논란이 지속될 것이다. 선진국과 개도국 그룹 모두 자국의 여건과 우선순위를 강조한 NDC를 수립하고 이행할 것이다. 그러나 이 과정에서 파리협정의 목표 달성을 위한 인류 공동의 노력도 가속화될 것이다.

---

16 이와 관련하여, 기후변화협약 제3조 1항에 규정된바, '공동의 그러나 차별적 책임'(Common but differentiated responsibilities and respective capabilities) 원칙이 지속적으로 언급되고 있음.

참고문헌

1. 오진규(2018), 기후변화 대응 파리협정 협상 경과 및 시사점 연구, 에너지경제연구원.

2. 오진규(2018), "주요국의 2030 온실가스 감축목표에 대한 비교분석과 시사점", *Journal of Climate Change Research*, 2018, Vol. 9, No. 4.

3. 오진규(2018), "신기후체제로서의 파리협정과 후속협상의 협상쟁점과 시사점", *Journal of Climate Change Research*, 2018, Vol. 9, No. 4.

4. UNDP and WRI(2017), Designing and Preparing Intended Nationally Determined Contributions.

5. UNFCCC, NDC Registry,
   https://www4.unfccc.int/sites/ndcstaging/Pages/Home.aspx

6. UNFCCC(1992), United Nations Framework Convention on Climate Change.

7. UNFCCC(1997), The Kyoto Protol to the Convention on Climate Change.

8. UNFCCC(2013), Decision 1/CP.19 Further advancing the Durban Platform.

9. UNFCCC(2014), Decision 1/CP.20 Lima Call for Climate Action.

10. UNFCCC(2015), Decision 1/CP.21 Adoption of the Paris Agreement.

11. World Resources Institute(2015), Decoding Intended Nationally Determined Contributions(INDCs): A Guide for Understanding Country commitment.

PART
2

온실가스 감축

제 5 장

감축[Mitigation]

이대호(서강국제지역연구소 연구원)

Ⅰ. 들어가며

1. 감축의 의미와 의의

기후변화는 자연현상이 아닌 인위적 현상이다.[1] 이것이 기후변화에 대한 가장

---

1 IPCC 제5차 평가 종합보고서에 따르면, 인간 활동에 의한 인위적 온실가스 배출은 산업화 이후 계속해

중요한 사실이며, 여기에 기후변화에 대한 우리의 근본적 문제의식과 문제 해결에 대한 희망이 공존한다. 인류의 생존을 위협[2]하는 기후변화가 어떤 불가항력적인 자연현상이 아니라 온실가스 배출이라는 인간 행위가 초래한 인위적 현상이라는 사실은 역설적이지만 불행인 동시에 다행이다. 인간이 스스로의 행위를 통해 스스로의 생존을 위험에 빠뜨리고 있다는 점은 분명 크나큰 불행이다. 그러나 그 불행이 자기 원인적인 것이기에, 인간 스스로의 힘으로 그것을 해결할 수 있다는 점에서는 다행이라 할 수 있다. 기후변화라는 자기 원인적 불행을 종식시킬 수 있는 가장 근본적이며, 가장 직접적이고, 가장 적극적인 인간 행위가 바로 감축이다. 또한 인간이 자신의 치명적 잘못을 스스로 바로잡는 행위라는 측면에서 감축은 가장 책임 있는 기후변화 대응 노력이라 할 수 있다.

감축은 기후변화의 원인인 온실가스의 배출을 줄이고 흡수를 증가하는 모든 인간 행위를 총칭하며,[3] 적응, 재원, 기술개발 및 이전, 역량배양, 투명성 및 전지구적 이행점검과 함께 파리협정 체제의 주축을 이루는 주요 요소 중 하나이다. 앞에서 언급된 바와 같이, 감축은 기후변화의 근본 원인을 제거하는 것으로서 기후변화 대응의 시작과 끝이라 해도 과언이 아니다. 기후변화 대응의 핵심인 감축의 지향점은 명확하다. 기후변화협약과 파리협정에 목적으로 규정된 대로, 대기 중의 온실가스 농도를 안전한 수준으로 안정화[4]하기 위해 평균 기온 상승을 산업화 이전 수준 대비 2℃ 이하로 유지하고, 1.5℃로 제한[5]하는 것이다. 이러한 온도목표의 달성을 위해서는 대기 중의 온실가스 농도를 450ppm 이하로 안정화하는 것과 전 지구적 배출량을 2050년까지 40에서 70퍼센트[6] 감소시키거나 배출과 제거 간에 균

서 증가해 왔으며, 이러한 인위적 온실가스 배출이 20세기 중반 이후에 관찰된 지구온난화의 지배적인 (dominant) 원인이라는 것이 거의 확실(extremely likely, 90-95%)하다. Intergovernmental Panel on Climate Change (IPCC), *Climate Change 2014: Synthesis* Report (2014) Summary for Policy Makers(SMP), pp. 4-5.

2 기후변화의 부정적 영향에 대해서는 IPCC, *Climate Change 2014: Impacts, Adaptation, and Vulnerability* (Cambridge University Press, 2014) SPM, pp. 11-25.

3 IPCC, *Climate Change 2014: Mitigation of Climate Change* (Cambridge University Press, 2014) Annex I, p. 1266.

4 United Nations Framework Convention on Climate Change (adopted 29 May 1992, entered into force 21 March 1994) 1771 UNTS 107 (FCCC), Art. 2.

5 UNFCCC, Decision 1/CP.21, "Adoption of the Paris Agreement," (29 January 2016) FCCC/CP/2015/10/Add.1, Annex Paris Agreement (Paris Agreement), Art. 2.1.

6 IPCC 제5차 평가보고서에 따르면, 2℃ 온도목표의 달성을 위해서는 온실가스 농도를 450ppm 이하로 안정화하고, 2050년까지 전지구적 온실가스 배출량을 2010년 배출량 대비 40-70% 감소시키는 것이

형[7]을 달성하는 것이 필요하다.

　기후변화는 그 원인과 해결방법에 대한 폭넓은 과학적 합의가 존재하는 문제라는 점에서 일면 간단명료한 문제로 생각될 수 있다. 과학이 요구하는 만큼의 온실가스 감축을 이뤄내면 기후변화 문제는 해결되는 것이다. 이러한 측면에서 '인류가 기후변화 문제를 해결할 수 있을 것인가'라는 질문은 '인류가 필요한 만큼의 온실가스 감축을 할 것인가 하지 않을 것인가'라는 단순 '선택의 문제'로 생각해 볼 수 있다. 기후변화가 진정 인류의 생존과 직결된 문제라면, 필요한 만큼의 온실가스 감축을 하는 것 외에 다른 선택지가 있을 수 없어 보인다. 그러나 온실가스 감축을 위한 우리의 노력은 과학이 요구하는 수준에 지속적으로 미치지 못해 왔다. 단 하나의 명확한 정답이 존재하는 것으로 보이는 문제에 대해 계속해서 그릇된 선택이 이어지고 있다면, 이는 온실가스 감축의 문제가 '필요한 행동을 할 것인가 하지 않을 것인가'라는 단순 선택의 문제가 아니라 훨씬 더 복잡한 선택을 요구하는 문제일 수 있다는 것을 시사한다.

　온실가스 감축과 관련한 우리의 선택은 행동과 非행동 또는 생존과 자멸 같은 상호 대립하는 선택지 사이에서 하나를 버리고 다른 하나를 취하는 양자택일의 문제가 아니라 생존과 생존, 권리와 권리, 자유와 자유, 의무와 의무라는, 본질적으로 양자택일이 불가능한 동질적 가치에 대한 것이다. 오늘의 생존 없이 내일의 생존이 있을 수 없고, 내일의 생존을 위협하는 오늘의 생존은 자멸적 단견이다. 환경권이 인간의 행복과 생존에 직결된 것이듯 발전권도 인간의 행복과 생존에 직결된 것이다. 누군가의 자유(배출할 자유)는 필연적으로 누군가의 자유(맑은 공기를 마실 자유)를 침해한다. 따라서 온실가스 감축은, 더 나아가서 기후변화 대응은 상반된 선택지 사이에서의 양자택일의 문제가 아니라 포기할 수 없는 동질적 가치 사이에서의 '균형의 문제'이다.

필요하다. 이에 대해서는 IPCC, *Climate Change 2014: Mitigation of Climate Change,* SPM, pp. 10-12.

7 IPCC의 『지구온난화 1.5℃ 특별보고서』에 따르면, 1.5℃ 온도목표를 달성하기 위해서는 2050년까지 배출과 제거 간에 균형(순제로 배출)을 달성해야 한다. IPCC, "Global Warming of 1.5 °C: an IPCC special report on the impacts of global warming of 1.5 °C above pre-industrial levels and related global greenhouse gas emission pathways, in the context of strengthening the global response to the threat of climate change." p. 319.

2. 파리협정 제4조가 해결해야 할 세 가지 균형의 문제

효과적인 감축을 위해 제4조가 풀어야 할 세 가지 균형의 문제가 존재한다. 환경적 효과성의 3요소인 참여(participation), 의욕성(ambition), 이행준수(compliance) 간의 균형[8]이 첫 번째 균형이고, 상향식 요소(bottom-up elements)와 하향식 요소(top-down elements) 간의 균형이 두 번째 균형이며, 현재의 상이성과 미래의 공통성 간의 균형이 세 번째 균형이다.

가. 환경적 효과성의 3요소 간의 균형

가능한 한 많은 국가가 온실가스 감축에 동참(highest participation)하고, 각 국가가 가능한 한 최고 수준의 감축목표(highest ambition)를 수립하여 완전하게 이행(full compliance)한다면 최대의 감축이 가능하다. 이러한 최상의 시나리오는 이들 3요소 사이에 상호보완적 관계가 존재하거나 최소한 상충관계가 존재하지 않을 때만 가능하다. 만일 어느 한 요소의 강화가 다른 요소의 약화로 이어진다면 최대의 감축은 일어나지 않는다. 감축목표에 법적 구속력을 부여하여 높은 수준의 이행준수를 요구할 경우, 감축목표 달성에 대한 기대를 높일 수 있으나, 불참이나 탈퇴를 초래하여 참여를 저해함과 동시에 감축목표의 의욕성 저하를 불러일으켜 전체적으로는 낮은 수준의 온실가스 감축으로 귀결될 가능성이 존재한다. 반면에 의욕성과 이행준수를 당사국의 자율에 맡긴다면, 참여 수준의 향상을 기대할 수 있다. 그러나 높은 참여만으로 필요한 수준만큼의 온실가스 감축을 보장할 수는 없다. 필요한 수준의 의욕성을 담보하고 이행준수를 보장하는 것 역시 필요하다. 이러한 관점에서, 최대의 감축은 이들 3요소 간의 일종의 '균형 함수'로 볼 수 있다. 즉, 감축과 관련한 핵심 과제는 이들 3요소 사이에서 최고 수준의 감축을 가능하게 하는 균형점을 찾아내는 것이라 할 수 있다. 이것이 파리협정 제4조가 풀어야 하는 첫 번째 균형의 문제다. 그리고 파리협정 제4조에 이러한 균형점에 대한 당사국의 총의가 담겨 있다.

---

8 환경적 효과성은 국가들의 참여(participation), 감축의무의 엄격성(stringency), 이행준수(compliance) 간의 상관관계에 따라 결정되는 함수로 이해된다. 이 글에서는 엄격성 대신 감축목표의 의욕 수준을 보다 직접적으로 지칭하는 의욕성(ambition)이라는 용어를 사용한다. 이들 세 요소 간의 상관관계에 대해서는 다니엘 보단스키 외 공저, 박덕영 외 공역, 『국제기후변화법제』, (서울: 박영사, 2018) pp. 8-9.

나. 상향식 요소(자율)와 하향식 요소(규율) 간의 균형

파리협정은 상향식 요소와 하향식 요소가 공존하는 하이브리드 구조다.[9] 상향식 요소는 당사국의 재량권을 보장하는 자율적 요소를 지칭하고, 하향식 요소는 체제에 의해 규율·통제되는 규제적 요소를 가리킨다. 무엇을 규율하고 무엇을 자율에 맡길 것인가 하는 것은 기후변화 레짐을 포함한 모든 국제 레짐의 핵심 문제라 할 수 있다. 더욱이 기후변화 문제는 그 속성상 중앙집권적 규율을 요구하는 전형적인 공공 재의 문제(a public-goods problem)이기 때문에, 높은 수준의 다자적 규율이 요구된 다. 시장의 실패에서 기인하는 공공재의 문제는 개별 행위 주체의 자율에만 맡겨서 는 해결되지 않는다. 문제의 해결을 위해 중앙집권적 규율이 요구된다는 것이 모든 공공재 문제의 핵심적 특징이다. 따라서 공공재의 문제인 기후변화 역시 문제의 해 결을 위해서 중앙집권적 규율이라는 하향식 접근법을 필요로 한다. 그러나 파리협정 체제는 감축을 위한 핵심 수단으로서 '국가결정기여'(nationally determined contribution, NDC)를 채택했다.[10] NDC는 그 명칭에서 알 수 있듯이 각 국가가 자율적으로 결정 하는 것이다. 다시 말해서, NDC는 본질적으로 자율에 입각한 상향식 요소다. 이런 측면에서 바르샤바 당사국총회 결정문(Decision 1/CP.19)에 의해 각 당사국의 감축목 표가 국가적 결정사항으로 규정된 순간 '문제의 본질과 해결수단의 본질 간의 모순' 이라는 근본적인 모순이 발생하였다고 볼 수 있다. 그 본질상 하향식 해결수단을 요 구하는 문제의 해결을 위해 상향식 해결수단이 채택된 것이다. 이런 측면에서 본다 면 파리협정 체제는 출범하기도 전에 이미 근본적인 모순을 내포하고 있었던 것이 다. NDC에서 비롯되는 이러한 근본적 모순을 해소할 수 있는 장치를 마련하는 것이 파리협정 제4조가 해결해야 할 중요한 문제 중 하나라고 할 수 있다. 문제를 보다 복잡하고 어렵게 하는 것은 파리협정 제4조가 합의되기 전에 대다수의 국가가 NDC

---

9 파리협정의 구조에 대한 논의와 분석은 파리협정의 사전 협상 기간에도 존재했고, 파리협정의 합의 이후 에도 이에 대한 다양한 분석이 시도되었다. 이러한 논의는 대체로 당사국 감축목표의 결정 방식 (self-deternimation vs. multilateral determination)에 초점을 맞추고 있다. 파리협정의 상향식 접근 법 및 구조에 대한 논의는 M Dollle, "The Paris Agreement: Historic Breakthrough or High Stakes Experiment?" (2017) *Climate Law*, Vol. 6, pp. 2-20; D. Bodansky, "The Durban Platform: Issues and Options for a 2015 Agreement," (2012) Center for Climate and Energy Solutions. pp. 8-9.

10 UNFCCC, Decision 1/CP.19, "Further Advancing the Durban Platform," (31 January 2014) FCCC/CP/2013/10/Add.1, (Warsaw Decision) para 2(b).

를 제출함으로써 NDC에 대한 자율권을 이미 행사했다는 사실이다. NDC의 자율권에 대한 당사국의 '사전적 해석과 행사'(ex ante interpretation and exercise)가 이미 이루어진 상황에서, NDC의 자율권에 사후적 제약(ex post restriction)을 가하는 것에는 불가피한 한계가 존재할 수밖에 없다. 이러한 제약조건 하에서 파리협정 제4조가 문제의 본질과 해결수단의 본질 간의 근본적인 모순을 어느 수준까지 해소하였는지, 또한 규율이라는 하향식 요소와 자율이라는 상향식 요소 사이에서 어떤 균형을 선택하였는지를 이해하는 것은 제4조를 깊이 이해하는 데 필요한 하나의 관점이라 할 수 있다.

다. 현재의 상이성과 미래의 공통성 간의 균형

파리협정의 당사국인 189개 국가[11]는 여러 측면에서 다양하고 상이하다. 각 국가의 과거와 현재의 온실가스 배출량은 물론 주요 배출원 및 배출추세가 다르고, 온실가스 배출량 및 배출추세와 밀접한 관련이 있는, 각국의 경제발전 수준과 경제 구조 또한 다르다. 이렇듯 여러 가지 면에서 다양하고 상이한 당사국들이, 각 당사국의 감축목표에 대한 다자적 결정 기준에 합의하는 것은 불가능에 가깝다고 할 수 있다.[12] 따라서 NDC의 채택은 당사국의 상이성에서 비롯된 불가피한 선택이었던 측면이 있다.

NDC가 당사국의 다양성과 상이성에서 비롯되는 불가피한 선택이었다면, NDC의 다양성과 상이성은 당사국의 다양성과 상이성의 자연스러운 반영이라 볼 수 있다. 파리협정의 당사국이 제출한 186개의 NDC[13] 중 동일한 것은 단 하나도 없다.[14]

---

11 현재(2020. 5.) 파리협정을 조인한 국가(signatories)는 총 195개국이며, 당사국 지위를 획득한 국가는 총 189개 국가이다. 이에 대한 자세한 정보는 https://treaties.un.org/Pages/ViewDetails.aspx?src=TREATY&mtdsg_no=XXVII-7-d&chapter=27&clang=_en

12 당사국 감축목표에 대한 판단 기준의 문제는 분배와 교정적 정의(distributive and corrective justice)의 문제로 귀결되며, 이것은 근본적으로 합의가 거의 불가능한 문제이다. 이와 관련해서는 박덕영 외 공역, 『국제기후변화법제』, pp. 10-12; L Rajamani, "Ambition and Differentiation in the Paris Agreement: Interpretative Possibilities and Underlying Politics," (2016) *International & Comparative Law Quarterly*, Vol. 65, pp. 493-514.

13 현재(2020. 5. 13.) 유엔기후변화 사무국의 공식적인 집계에 따르면 총 186개 당사국이 1차 NDC를 제출한 것으로 파악된다. 당사국이 제출한 1차 NDC의 총계에 대해서는 https://www4.unfccc.int/sites/NDCStaging/Pages/Home.aspx

14 당사국이 제출한 NDC의 다양성과 상이성에 대해서는 J Graichen, M Games, L Schneider, "Categorization of INDCs in the light of Art. 6 of the Paris Agreement," (2016) UBA Text,

각각의 NDC가 감축목표의 의욕 수준, 목표 유형, 범위, 이행 기간 등의 다양한 측면에서 서로 상이하다. 그러나 NDC의 다양성과 상이성이 비록 불가피한 것일지라도, 계속해서 유지되어야 하는 것이 아님은 물론 효과적인 온실가스 감축의 측면에서 볼 때 바람직한 것은 더욱 아니다. NDC의 상이성은 각 당사국의 출발점이 상이할 수밖에 없음을 의미하는 것이지 도착해야 할 결승점이 다르다는 것을 의미하지는 않기 때문이다.

파리협정 체제 하에서 각 당사국이 도착해야 할 목적지는 모두 같다. 도착 시점은 각기 조금씩 다를 수 있으나, 모든 당사국이 금세기 하반기 내에 배출과 제거 간에 균형을 달성해야 한다.[15] 바꿔 말하면, 여러 여건이 상이하므로 출발점과 속도는 서로 다를지라도 모든 당사국이 정해진 기한 내에 배출과 제거의 균형이라는 같은 결승점을 통과해야 한다. 이것은 각 당사국의 NDC가 종국에는 '순제로 배출 달성,' 다시 말해서 경제 전반에 걸친 절대량 목표라는 동일한 행태로 수렴해 나가야 한다는 것을 의미한다. 따라서 파리협정 제4조는 당사국 간에 존재하는 현재의 상이성을 인정하여 NDC의 상이성을 수용·보장하는 동시에, 공동의 장기 감축목표의 달성을 위해 모든 NDC가 최종적으로는 같은 형태로 수렴해야 한다는 점을 인지하여 이를 보장하고 촉진하는 장치를 마련해야 한다. 그러나 현재의 상이성과 미래의 공통성 사이에는 상당한 긴장관계가 존재한다. 어느 하나를 강조하면 다른 하나가 약해지기 쉽다. 따라서 이 두 가지를 동시에 보장하는 것은 일면 모순으로 다가온다.

현재의 상이성이 부정할 수 없는 현실이라면, 미래의 공통성은 부정할 수 없는 당위다. 둘 사이의 적절한 균형을 통해 현재의 상이성이 고착화되는 것을 방지하고, 동시에 성급하게 미래의 공통성을 현재화하는 오류도 피해야 한다. 다시 말해서, 제4조는 현재의 상이성과 미래의 공통성을 동시에 가능케 하는 '동태적 균형'(dynamic balance)을 필요로 한다. 제4조가 이러한 동태적 균형을 어떻게 그리고 어느 수준으로 달성하였는지를 이해하는 것은 파리협정 제4조를 이해하는 또 하나의 중요한 관점이라 할 수 있다.

---

pp. 6-7; UNFCCC, "Aggregate effect of the intended nationally determined contributions: an update," (2016), pp. 7-33.

15 금세기 하반기 내에 배출과 제거 간의 균형을 달성하는 것은 공동의 장기 감축목표로서 모든 당사국이 최종적으로 달성해야 하는 감축목표라 할 수 있다. Paris Agreement, Article 4.1.

II. 파리협정 제4조의 이해

감축과 관련한 당사국간 합의사항을 담고 있는 파리협정 제4조는 19개 조항으로 이루어진 간략한 문서이다. 제4조는 그 내용 또한 상당히 명료하여, 각 조항이 무엇을 규정하고 있는지를 이해하는 것은 어렵지 않다. 각 조항이 다루고 있는 주요 내용은 [표 5-1]에 정리된 바와 같다.

표 5-1 파리협정 제4조의 조항별 주요 내용

조항	내용	조항	내용
1항	공동의 장기 감축목표	11항	자발적 NDC 조정
2항	개별 당사국의 NDC 관련 의무	12항	NDC 공개등록부
3항	진전 원칙 및 최상의 의욕성	13항	NDC 산정 원칙
4항	목표 유형 및 범위	14항	NDC 산정 관련 기존 방법론 고려
5항	개도국 지원	15항	대응조치의 영향 고려
6항	최빈국 및 군소도서국가연합 유연성	16항	NDC 공동 이행
7항	부수적 감축 편익	17항	NDC 공동 이행
8항	NDC 수반정보	18항	NDC 공동 이행
9항	NDC 제출 주기(5년) 및 GST 결과 반영	19항	장기 저배출 발전 전략
10항	공통 이행 기간		

자료: 저자 작성

공동의 장기 감축목표를 규정하고 있는 1항부터 장기 저배출 발전 전략과 관련된 19항에 이르기까지, 제4조의 각 조항은 파리협정 제2조에 규정된 온도목표를 달성하기 위해 파리협정의 당사국이 공동으로 또는 개별적으로 이행해야 하는 의무[16]를 담고 있다. 앞에서 살펴본 것처럼, 효과적인 감축은 환경적 효과성의 3요소 간의 균형, 상향식 요소와 하향식 요소 간의 균형 그리고 현재의 상이성과 미래의 공통성

---

16 여기서 의무(obligation)는 경성 의무(hard obligation)와 연성 의무(soft obligation) 그리고 非의무(non-obligation)를 통칭하며, 따라서 법적 구속력을 갖는 경성 의무만을 의미하지 않는다. 이러한 세 가지 의무의 법적 성격에 대해서는 L Rajamani, "The 2015 Paris Agreement: Interplay between hard, soft and non-obligations," (2016) *Journal of Environmental Law*, Vol. 28, pp. 342-357.

간의 균형이라는 세 개의 균형을 필요로 한다. 제4조의 각 조항은 이러한 세 개의 균형에 대한 파리협정 당사국들의 총의를 담고 있다. 각 조항과 세부 문안들은 이들 세 개의 균형과 관련해서 각각 일종의 균형추로서 기능하고 있다. 어떤 것은 상향식 요소와 하향식 요소 간의 균형을 조율하고, 다른 것은 환경적 효과성의 3요소 간 균형과 연관되며, 또 다른 것은 현재의 상이성과 미래의 공통성 간의 균형과 관련되어 있다. 이 절에서는 제4조의 주요 조항이 이러한 세 가지 균형과 관련하여 각각 어떠한 기능과 역할을 하는지 살펴본다.

1. 제4조의 하향식 요소와 NDC 간의 역학관계

제4조 1항은 금세기의 하반기에 배출과 제거 간에 균형을 달성할 수 있도록, 전 지구적 온실가스 배출정점을 조속히 달성하는 것과 배출정점 달성 이후 급속한 감축을 실시하는 것을 당사국들의 공동의 장기 감축목표로서 규정하고 있다. 또한 이러한 공동의 장기 감축목표가 파리협정 제2조에 규정되어 있는 장기 온도목표의 달성을 위한 것임을 명시하고 있다. 제2항은 특히 배출과 제거 간의 균형과 관련해서 그 달성 시한을 금세기 하반기로 명시하고 있다.

> 형평에 기초하고 지속가능한 발전과 빈곤 퇴치를 위한 노력의 맥락에서, 제2 조에 규정된 장기 온도목표를 달성하기 위하여, 개발도상국 당사자에게는 온실가스 배출최대치 달성에 더욱 긴 시간이 걸릴 것임을 인식하면서, 당사자는 전지구적 온실가스 배출최대치를 가능한 한 조속히 달성할 것을 목표로 하고, 그 후에는 이용 가능한 최선의 과학에 따라 급속한 감축을 실시하는 것을 목표로 하여 금세기의 하 반기에 온실가스 배출원에 의한 인위적 배출과 흡수원에 의한 제거 간에 균형을 달 성할 수 있도록 한다.[17]

1항은 제4조에서 가장 중요한 하향식 요소로서 제4조 전체에 강력한 구심력을 제공한다. 달성 시한이 명시된 명확한 공동의 감축목표를 규정함으로써, 각 당사국에 의해 자발적으로 결정되는 개별 NDC가 무엇을 공통으로 지향해야 하는지를 분

---

17 Paris Agreement, Art 4.1. 이 글에서 인용되는 파리협정의 국문번역은 박덕영 『국제법 기본조약집』의 번역을 그대로 따르는 것을 원칙으로 하되, 원문에 대한 해석 상의 차이가 존재하는 경우에는 필자의 번역을 사용하고 각주를 통해 이를 적시하기로 한다. 박덕영, 『국제법 기본조약집』 (서울: 박영사, 2017).

명히 하고 있다.[18] 다시 말해서, 1항은 개별 당사국의 상이한 NDC가 지향해야 할 공통의 구심점을 제공함으로써 원심성의 상향식 요소인 NDC를 아우르는 구심력을 제공한다. 당사국의 NDC가 공동의 그러나 차별화된 책임과 국가별 역량 및 국내 여건(CBDR-RC/NC)[19]에 대한 개별 당사국의 해석과 판단에 따라 주관적으로 결정(자율)되는 상향식 요소인 반면,[20] 공동의 감축목표는 최선의 과학이라는 객관적이고 공통적인 기준에 따라(in accordance with best available science)[21] 결정(규율)되는 하향식 요소다. 만일 중국, 인도 등 개도국 당사국의 주장대로 공동의 감축목표가 객관적인 그래서 **공통적인** 최선의 과학이 아닌 CBDR-RC/NC라는 주관적인 그래서 **개별적인** 기준에 따라 결정되는 것으로 규정되었다면,[22] 공동 감축목표의 구심력은 크게 반감되었을 것이다. 또한, NDC의 자율성을 규정하고 있는 3항 및 4항과 긴장관계를 형성하면서 제4조 전체의 구심점이자 강력한 하향식 요소로 기능하는 1항의 역할 역시 크게 약화되었을 것이다.

1항과 함께 제4조에 구심력을 제공하는 또 다른 조항은 장기 저배출 발전 전략(long-term low greenhouse gas emission development strategies: LEDS)과 관련된 19항이다. 19항에 따라, 모든 당사국은 CBDR-RC/NC를 고려하고 제2조를 유념하여 "장기 온실가스 저배출 발전 전략을 수립하고 통보하기 위하여 노력하여야 한

---

18 파리협정의 2℃ 온도목표 달성을 위해서는 2050년까지 전지구적 배출량을 40에서 70%까지 감축하는 것이 필요하고 1.5℃ 온도목표 달성을 위해서는 2050년까지 배출과 제거 간의 균형(순제로 배출)을 달성하는 것이 요구된다. IPCC, *Climate Change 2014: Mitigation of Climate Change,* SPM, pp. 10-12; IPCC, "Global Warming of 1.5 ℃: an IPCC special report on the impacts of global warming of 1.5 ℃ above pre-industrial levels and related global greenhouse gas emission pathways, in the context of strengthening the global response to the threat of climate change," p. 319.

19 CBDR-RC/NC는 common but differentiated responsibilities(CBDR) and respective capabilities(RC), in the light of different national circumstances(NC)의 약어이며, 제4조 2항에 NDC의 의욕 수준에 대한 판단 및 결정 기준으로서 명시되어 있다. CBDR은 기후변화에 대한 국가들의 공동의 책임과 개별적 책임(초래의 책임 및 해결의 책임)을 의미하고, RC는 각 국가의 정치·경제적 능력을 의미하며, NC는 각 국가의 정치·경제 구조, 자연환경 등 국내 여건을 의미한다.

20 제4조 3항은 당사국 NDC의 의욕 수준에 대한 결정 기준을 CBDR-RC/NC로 규정하고 있다. 4항은 각 당사국의 NC를 NDC의 유형 및 범위에 대한 결정 기준으로 규정하고 있다. Paris Agreement, Art 4.3 & 4.4.

21 Ibid, Art 4.1.

22 파리협정의 협상초안으로서 기능한 제네바 텍스트 상의 공동 감축목표와 관련된 다양한 옵션들 중 다수에 CBDR-RC와 NC가 공동 감축목표에 대한 기준으로서 포함되어 있다. UNFCCC, "Negotiating Text," UN Doc. FCCC/ADP/2015/1, (Feb. 25, 2015). pp. 9-10.

다."[23] 19항에 LEDS의 구체적인 내용이 규정되어 있지는 않다. 그러나 LEDS는 각 당사국의 2050년[24] 감축목표와 정책 로드맵을 포괄하는 것으로 이해되고 있다.[25] 19항은 당사국으로 하여금 "제2조를 유념하여" LEDS를 수립하도록 규정하여, 각 당사국의 LEDS가 온도목표를 포함하는 파리협정 제2조의 공동 장기목표에 부합해야 함을 강조하고 있다. 따라서 LEDS는 당사국의 NDC가 나아가야 할 지향점으로서 기능함과 동시에, 1항의 공동 감축목표와 함께 제4조 전체의 구심점 역할을 한다고 볼 수 있다. 더 나아가서, LEDS는 1항의 공동 감축목표와 함께 당사국 NDC의 의욕 수준을 견인하는 구심력을 제공한다. 장기 감축목표와 LEDS의 구심력은 파리협정 제14조에 규정된 전지구적 이행점검과 맞물려 점증된다. 9항이 이러한 구심력의 점증을 보장하고 있다.

9항은 각 당사국이 "매 5년마다 국가결정기여를 통보"해야 한다는 것과 "제14조에 규정된 전지구적 이행점검의 결과를 통지"받아야 한다는 것을 규정하고 있다.[26] 따라서 각 당사국은 5년 주기로 시행되는 전지구적 이행점검의 결과를 반영하여, 5년을 주기로 자국의 NDC를 통보해야 한다. 파리협정의 장기 목표에 대한 모든 당사국의 공동 이행 성과를 평가하는 전지구적 이행점검은 목표와 이행 간의 격차를 점검하는 과정이다. 다시 말해서, 전지구적 이행점검의 결과는 공동 목표와 공동 노력 간의 '노력 격차'(efforts gap)의 형태로 제시될 것이다.[27] 따라서 장기 감축목표(제2조 및 제4조 1항)와 모든 당사국 NDC의 총량적 효과 간의 격차가 감축과 관련한 전지구적 이행점검의 결과가 될 것이다. 9항에 따라 각 당사국은 이러한 격차를 고려하여 자국 NDC를 수립·통보해야 한다. 따라서 5년을 주기로 하여 맞물려 돌아가는 전지구적 이행점검의 주기와 NDC 통보 주기는 1항의 공동 감축목표와 19항의 LEDS와 함께 제4조의 구심력을 강화함은 물론 각 당사국 NDC의 의욕 수준을 견인하여 각

---

23 Paris Agreement, Art 4.19.
24 COP21의 결정문 35항은 장기 저배출 발전 전략을 'mid-century, long-term low greenhouse gas emission development strategies'로 명명하여, 장기 저배출 발전 전략의 목표연도를 보다 명확히 하고 있다. UNFCCC, 'Decision 1/CP.21, para 35.
25 현재(2020년 4월)까지 제출된 17개의 LEDS는 모두 2050년 감축목표와 정책 로드맵을 중심으로 구성되어 있다.
26 Paris Agreement, Art. 4.9.
27 파리협정 제14조는 1항에서 전지구적 이행점검의 목적을 파리협정의 목적과 장기 목표의 달성을 위한 공동의 성과를 평가하고 정기적으로 점검하기 위한 것으로 규정하고 있다. 또한 3항은 전지구적 이행점검의 결과는 당사국이 자국의 행동과 지원을 강화하는 맥락에서 당사국에게 통지되어야 한다는 점을 명시하고 있다. Ibid, Art. 14.1 & 14.3.

각의 NDC가 제4조의 구심점을 향해 나아가도록 한다.[28] 요컨대, 자율에 입각한 원심성의 상향식 요소인 당사국 NDC는 제4조 하향식 요소의 구심력에 의해 공통의 구심점인 공동 감축목표를 향해 수렴해 나간다. 제4조의 하향식 요소와 NDC 간의 역학관계는 다음의 도식으로 요약될 수 있다.

그림 5-1   제4조의 하향식 요소와 NDC 간의 역학관계

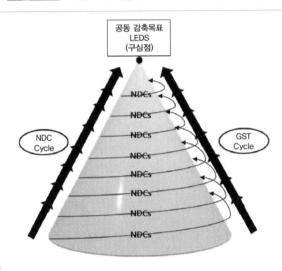

※ 자료: 저자 작성

2. NDC의 연속성과 참여

2항은 NDC와 관련한 개별 당사국의 주요 절차적 의무를 규정하고 있는 동시에 NDC 자체의 주요한 특성을 규정하고 있다.

각 당사자는 달성하고자 하는 연속적인[29] 국가결정기여를 준비하고, 통보하

---

28 NDC의 자발적 상시 조정과 관련된 11항 또한 각 당사국 NDC가 제4조의 구심점인 공동 감축목표로 수렴해 나가는 프로세스와 관련성을 가진다. 11항은 'may'로 규정된 연성 의무로서 강제성을 가지는 조항은 아니나, NDC 상시 조정의 목적이 당사국 NDC의 '의욕 수준을 증진'하기 위한 것임을 명시함으로써, 당사국 NDC의 의욕 수준 상향에 기여하고, 당사국 NDC가 제4조의 구심점을 향해 수렴하는 데 기여한다.

29 제4조에서 successive라는 단어는 2항과 3항에 각각 한 번씩 총 두 번 등장한다. 박덕영의 번역에서는 두 경우 모두 '차기'로 번역되어 있으나, 이 글에서는 2항에 쓰인 successive는 '연속적인'으로 번역하고

고, 유지해야 한다. 당사자는 그러한 국가결정기여의 목적을 달성하기 위하여 국내
적인 감축 조치를 추구한다.[30]

　　2항에 따라, 개별 당사국은 연속적인 NDC를 준비하고, 통보하고, 유지해야 한
다. 동 조항은 모든 당사국에게 적용되며 법적 구속력이 있는 의무조항이다. 보다 중
요한 것은 NDC의 준비·통보·유지라는 절차적 의무가 단속적 의무가 아닌 연속적
의무로 규정되어 있다는 사실이다. 이를 통해 2항은 '연속성'(successiveness)이라는
중요 특성을 NDC에 부여한다. 바꾸어 말하면, 동 조항은 NDC의 준비·통보·유지
는 일시적이거나 단속적인 것이 될 수 없고 반드시 연속적인 것이어야 한다는 점을
규정함으로써 연속성이라는 NDC의 중요 특성을 규정하고 있다. 더 나아가서, NDC
의 연속성은 NDC 자체의 주요 특성임과 동시에 파리협정 체제의 주요 특성을 규정
짓는 핵심 요소이다. 교토의정서 체제와 구별되는 파리협정 체제의 주요 특성 중 하
나가 영속성이다. 그리고 파리협정 체제의 영속성과 관련한 결정적 요소가 NDC의
연속성이다. 만일 NDC가 교토의정서 체제 하의 감축목표나 또는 코펜하겐 합의 하
의 감축목표처럼 일시적이거나 단속적인 것이라면, 파리협정 체제 역시 영속적인 체
제가 될 수 없다. 파리협정 체제의 영속성은 NDC의 연속성에 기반하고 있으며, 둘
은 불가분의 관계라 할 수 있다.
　　NDC의 연속성은 당사국의 참여를 강화하는 요소이다. 2항은 NDC의 연속성을
통해 당사국의 영속적인 참여를 의무화한다. 이런 측면에서 교토의정서와 달리 파리
협정은 영구적으로 유효한 일종의 장기 계약이고, 당사국의 참여 역시 교토의정서에
비해 장기적이고 안정적이라 할 수 있다.

3. NDC의 법적 성격과 이행준수

　　제2항은 NDC의 연속성을 규정하여 당사국의 안정적인 참여를 보장할 뿐만 아
니라, NDC의 법적 성격을 규정하고 있다. 2항은 NDC를 당사국이 "달성하고자 하는

　　3항에 쓰인 successive는 '차기'로 번역한다. 2항에서는 nationally determined contributions 앞에
쓰여 복수의 NDC를 수식하면서 NDC가 단속적인 것이 아닌 연속적인 것이라는 것을 규정하고 있으며,
따라서 NDC를 준비, 통보, 유지해야 하는 각 당사국의 의무가 단속적 의무가 아닌 연속적 의무라는 점
을 나타내고 있다고 본다. 반면에, 3항의 'a successive nationally determined contribution'은 현행
NDC에 비해 진전된 '차기 NDC'를 지칭하고 있다고 해석한다.
30 Paris Agreement, Art 4.2.

것"(that it intends to achieve)[31]으로 규정하고 있다. 이는 NDC의 목표 달성 자체에는 법적 구속력이 없다는 것을 의미한다.[32] 그러나 2항은 또한 모든 당사국이 "국가결정기여의 목적을 달성하기 위하여 국내적 감축조치를 추구해야 한다"(shall)[33]라고 규정하여, NDC의 목표 달성을 위한 국내적 감축조치와 노력은 법적 구속력이 있다는 것을 명시하고 있다. 다시 말하면 NDC와 관련하여 결과 달성의 의무는 없으나 목표 달성을 위한 국내적 이행 노력의 의무는 있는 것이다.[34] 따라서 2항은 NDC의 연속성을 통해 당사국의 지속적이고 안정적인 참여를 보장하는 반면, NDC에 대한 이행준수에 대해서는 상대적으로 약하게 규정함으로써, 전체적으로 이행준수보다는 참여에 방점을 두고 있다고 볼 수 있다.

NDC에 대한 이행준수와 관련해서는 12항에 규정된 공개등록부 역시 중요한 의미를 지닌다. 파리협정을 위한 사전 협상에서, NDC를 어디에 기재할 것인지가 중요한 문제 중 하나였다. 부속서, 스케줄, 온라인 등록부 등 다양한 수단이 당사국들에 의해 제안되었다.[35] 어떠한 수단을 통해 당사국들의 NDC가 기재되고, 그 수단이 파리협정과 어떠한 관계성을 갖느냐 하는 것은 NDC의 법적 성격과 밀접한 연관성을 가진다. 감축목표가 부속서나 스케줄 등 특정 수단을 통해 기재되고, 그 기재 수단이 법적 구속력을 가지는 협정의 일부분에 포함됨으로써 협정과 불가분의 관계로 규정될 경우, 감축목표에 법적 구속력이 부여된다고 보는 것이 일반적인 해석이다.[36] 따라서 NDC가 온라인 공개등록부라는 파리협정의 '외부'에 속하는 수단을 통해 기재되었다는 사실은 NDC의 달성 자체에 대해서는 법적 구속력이 부여되지 않는다는 점을 한층 분명히 해주는 측면이 있다.[37]

---

31 Ibid.
32 NDC의 목표 달성에 대한 법적 구속력에 대한 해석에 대해서는 L Rajamani, "The 2015 Paris Agreement: Interplay between hard, soft and non-obligations," pp. 337-338.
33 Paris Agreement, Art 4.2.
34 동 문안에 대한 보다 상세한 해석에 대해서는 박덕영 외 공역, 『국제기후변화법제』, pp. 333-334.
35 UNFCCC, "Negotiating Tex," pp. 74-75.
36 감축목표의 법적 성격과 기재 수단 간의 연관성에 대해서는 D. Bodansky, "The Durban Platform: Issues and Options for a 2015 Agreement," pp. 8-9.
37 공개등록부를 통해 NDC가 파리협정의 외부에 기재되었다 하더라도 제4조 2항에 의해서 NDC가 파리협정과 불가분의 관계로 규정되었다고 보는 해석도 존재한다. 이러한 해석 하에서는 NDC의 법적 성격과 12항의 공개등록부 간의 연관성은 상당 부분 그 의미를 상실한다고 볼 수 있다. 이에 대해서는 L Rajamani, "Ambition and Differentiation in the Paris Agreement: Interpretative Possibilities and Underlying Politics," p. 499.

4. 산정과 이행준수

NDC의 산정에 대해서 다루고 있는 13항 또한 NDC에 대한 이행준수와 밀접한 연관성을 가진다. 13항은 당사국들이 자국의 "국가결정기여를 산정"해야 하며, 환경적 건전성, 투명성, 정확성, 완전성, 비교가능성, 일관성을 촉진하고 이중계산의 방지를 보장하도록 규정하고 있다.[38] NDC의 이행준수와 관련해서 주목해야 할 것은 '산정'이라는 용어로 번역되는 'account for'라는 표현이다. 'Account for'는 '차지하다,' '기록하다,' '설명하다,' '달하다,' 등 다양한 의미로 해석될 수 있다. 'Account for'의 의미와 관련해서 한 가지 분명한 것은, 'account for'의 의미는 '어떤 것의 출납을 따져서 셈하다'라는 의미의 회계(accounting)와는 다르다는 것이다. 회계라는 보다 일반적이고 그 의미가 명료한 용어가 사용되지 않고 'account for'라는 다소 생소하고 불분명한 용어가 사용된 이유는 무엇인가.

당사국 NDC와 관련해서 회계라는 용어가 사용되지 않고 'account for'가 사용된 이유는 NDC에 대한 단순 회계는 파리협정 체제 하에서 효과적이고 의미 있는 기능을 수행하지 못하기 때문이다.

당사국의 감축목표에 법적 구속력을 부여했을 뿐만 아니라 징벌적 이행준수체계를 포함하고 있는 교토의정서에는 'account for'라는 표현은 등장하지 않는다. 당사국 감축목표와 관련해서는 모두 회계(accounting)라는 용어가 사용되었다.[39] 감축목표에 대한 법적 구속력과 징벌적 이행준수체계가 존재하는 교토의정서 체제 하에서, 감축목표에 대한 이행준수를 담보하기 위해서 요구되는 것은 당사국의 온실가스 배출량에 대한 명확한 회계다.

그러나 NDC의 달성에 법적 구속력을 부여하지 않을 뿐만 아니라 非징벌적 이행준수체계[40]를 가진 파리협정 체제 하에서는, 당사국의 온실가스 배출량에 대한 단순 회계는 이행준수의 측면에서 큰 의미를 지니지 않는다. 비유하자면, 교토의정서 체제 하에서의 회계는 징벌적 배상책임이 존재하여 반드시 갚아야 할 채무에 대한

---

38 Paris Agreement, Art 4.13.
39 Kyoto Protocol to the United Nations Framework Convention on Climate Change (adopted 10 December 1997, entered into force 16 February 2005) FCCC/CP/1997/7/Add.1, (Kyoto Protocol).
40 파리협정 제15조에 규정된 파리협정 하의 이행준수 체계는 非대립적이고 非징벌적인 방식으로 운영되는 촉진적 성격의 이행준수위원회를 통해 그 역할을 수행하도록 되어있다. Paris Agreement, Art 15.

상환 여부를 정산하는 행위라면, 파리협정 체제 하에서의 회계는 약정된 기부금의 확보 여부가 기본적으로 약정자의 선의에 달려 있는 기부 약정금에 대한 단순한 산술 행위라고 할 수 있다. 전자의 경우에서는 의무의 이행준수를 증진하기 위해 회계 이상의 행위가 필요치 않다. 그러나 후자의 경우에서는 단순 회계만으로는 이행준수의 증진을 크게 기대하기 어렵다. 약정자의 선의가 확고한 결의로 바뀌도록 촉진할 수 있는, 단순 회계 이상의 행위가 요구된다. 이런 이유로 NDC와 관련해서 회계가 아닌 'account for'가 사용되었다고 추론해 볼 수 있다.

그렇다면, 'account for'는 회계(accounting)와 비교해서 무엇이 다른가. 13항에 규정된 'account for'는 정확히 무엇을 의미하며 어떻게 NDC에 대한 이행준수의 증진에 기여할 수 있는가. 이러한 질문에 대한 답은 13항에서 찾아지지 않는다. 13항과 연관된 14항에서도 'account for'의 의미는 발견되지 않는다. 그 이유는, 13항이 후속협상을 통해 마련될 NDC 산정 지침에 따라서 NDC를 'account for' 하도록 규정할 뿐, 'account for'의 구체적인 의미를 명확히 규정하지 않고 있기 때문이다. 따라서 'account for'의 의미와 그것이 지칭하는 구체적인 행위는 파리협정 세부이행규칙 협상을 통해서 당사국들이 규정해야 할 사항이라고 할 수 있다.

실제로, 파리협정 세부이행규칙 협상을 통해서 마련된 NDC 산정 지침과 투명성 체계 지침에서 'account for'의 의미가 명확히 드러나고 그 구체적 행위가 규정되었다. 이러한 과정을 통해 드러난 'account for'의 의미는 'NDC의 이행과 달성에 대한 설명'이라 할 수 있고, 그러한 설명이 구체적으로 지칭하는 것은 투명성 체계 하에서 NDC의 이행과 달성과 관련하여 진행되는 모든 행위를 포괄한다고 할 수 있다.[41] 이러한 사후적 해석 하에서, 회계라는 용어를 대신하여 'account for'라는 표현이 13항에 등장한 이유와 맥락이 분명해진다. 요컨대, 13항은 'account for'라는 표현을 사용

---

41 제1차 파리협정 당사국총회(CMA.1)에서 채택된 NDC 산정 지침 관련 결정문 17항은 NDC의 산정 (account for)을 투명성 체계 하의 격년 투명성 보고서를 통해 시행하도록 규정하고 있다. 동 조항은 또한 NDC의 이행과 달성에 대한 진전추적과 관련되는 파리협정 제13조 7(b)항과 관련한 지침에 부합하는 방식으로 NDC를 산정토록 규정하고 있다. 따라서 NDC에 대한 'account for'는 투명성 체계 하에서 진행되는 NDC의 이행과 달성에 대한 진전추적과 관련된 모든 행위를 지칭한다고 할 수 있다. 이에 대해서는 이 글의 제3절(III)에서 보다 자세히 다룬다. UNFCCC, Decision 4/CMA.1, "Further guidance in relation to the mitigation section of decision 18: Report of the Conference of the Parties serving as the meeting of the Parties to the Paris Agreement on the third part of its first session, held in Katowice from 2 to 15 December 2018. Addendum 1. Part two: Action taken by the Conference of the Parties," (2018) Para. 17.

하여 당사국이 자국의 NDC와 관련하여 단순 회계와는 다른 차원의 의무를 가진다는 것을 규정함으로써, 추가 지침을 통해 NDC에 대한 이행준수를 증진할 수 있는 발판을 마련했다고 볼 수 있다.

5. 의욕 수준에 대한 당사국 자율권

제4조 3항은 NDC의 국가결정성과 관련하여 중요한 의미가 있는 조항이다. '각 당사국 NDC의 의욕 수준은 어떤 기준에 의해서 결정되어야 하는가'라는 문제는 파리협정의 사전 협상에서 가장 핵심적인 문제 중 하나였다.[42] 3항에 이 문제에 대한 당사국의 총의가 담겨 있다.

> 각 당사자의 차기 국가결정기여는 상이한 국내 여건에 비추어, 공통적이지만 그 정도에 차이가 나는 책임과 각자의 능력을 반영하고, 당사자의 현재 국가결정기여보다 진전되는 노력을 시현할 것이며 가능한 한 가장 높은 의욕 수준을 반영할 것이다.[43]

개별 당사국 NDC의 의욕 수준에 대한 공통적인 객관적 판단 기준은 합의된 적도 없고 합의를 기대할 수도 없는 문제다. 따라서 각 당사국 NDC의 '적정' 의욕 수준은 객관적이고 공통적인 기준에 의거한 다자적 결정의 대상이 될 수 없고, CBDR-RC/NC에 대한 개별 당사국의 자율적 판단과 결정, 즉 국가적 결정의 대상이 될 수밖에 없다.[44] 이것이 NDC가 근본적으로 원심성의 상향식 요소가 될 수밖에

---

[42] 당사국들은 NDC의 의욕 수준에 대한 기준으로 형평성(equity), 과학, 필요와 상황(needs and circumstances), CBDR-RC/NC 등 다양한 기준들을 제시했다. UNFCCC, "Negotiating Text," pp. 10-14.

[43] Paris Agreement, Art. 4.3.

[44] 당사국 감축목표의 적절성에 대한 평가 및 결정 기준에 대한 다양한 논의가 존재해 왔다. 파리협정의 사전 협상 기간 동안에도 그러한 기준에 대한 여러 가지 제안이 있었다. 특히 BASIC 그룹의 제안을 발전시킨 '형평성 준거 프레임워크'(equity reference framework: ERF)는 개도국으로부터 상당한 지지를 받았다. ERF는 ① 온도목표에 따라 과학이 요구하는 전지구적 온실가스 감축 노력에 대한 정의(definition), ② 당사국의 공평한 상대적 감축 노력에 대한 정의(definition), ③ 당사국의 공평한 감축 노력에 기초한 각 당사국 감축목표의 적절성에 대한 평가 과정 등의 3가지 요소로 구성되는 상당히 체계적인 평가 프레임워크이다. 그러나 '형평성'이나 '공평성'은 무엇을 기준으로 하여 어떤 과정을 거치든 본질적으로 주관적 가치 판단의 대상이지 객관적 사실 판단의 대상이 될 수 없다. 따라서 이러한 형평과 공평의 기준에 대한 다자적 합의는 불가능에 가깝다. ERF에 대한 자세한 논의는 Xolisa, N, and L

없는 이유다. 3항은 NDC의 의욕 수준에 관한 결정 기준을 CBDR−RC/NC로 규정하여 NDC의 국가결정성을 명확히 규정하고 있다.

3항에 따르면 각 당사국 NDC의 의욕 수준은 상이하고 개별적인 CBDR−RC/NC의 반영이다. 기후변화라는 문제의 본질에 입각해서 보면, 3항은 파리협정 체제의 효과성과 관련하여 심각한 우려를 자아내는 조항이라 할 수 있다. 기후변화는 전형적인 공공재의 문제다. 모든 공공재의 문제는 그 특성상 문제의 해결을 위해 하향식 접근법을 필요로 한다. 그러나 3항은 NDC의 의욕 수준을 온전히 당사국의 자율에 따라 결정되는 것으로 규정했다. 이것은 앞에서 지적한 '문제의 본질과 해결수단의 본질 간의 모순'이라는 근본적 모순을 더욱 악화시킨다고 볼 수 있다. 더구나 이러한 근본적 모순에 대한 우려는 결코 기우가 아니다. 파리협정의 체결을 앞두고 당사국 NDC가 제출되었을 때, 그러한 우려가 현실로 나타났다.

당사국 NDC의 총량적 효과(aggregate effects)를 정리한 기후변화협약 사무국의 종합보고서에 따르면, 모든 당사국의 NDC가 이행되었을 경우 2030년의 전지구적 배출량은 562억 이산화탄소상당량톤(56.2 Gt CO_2 eq)에 달할 것으로 전망된다. 이는 1.5℃ 온도목표의 달성을 위해 요구되는 2030년의 전지구적 배출량을 226억 이산화탄소상당량톤(22.6 Gt CO_2 eq) 가량 초과하고 2℃ 온도목표의 달성을 위해 요구되는 2030년 전지구적 배출량을 대략 135억 이산화탄소상당량톤(13.5 Gt CO_2 eq) 상회한다. 문제의 본질과 해결수단의 본질 간의 모순이 226억 이산화탄소상당량톤 또는 135억 이산화탄소상당량톤이라는 감축 격차(emissions gap)로 수치화되어 나타난 것이다.[45]

문제의 본질과 해결수단의 본질 간의 모순에 대한 우려가 단순히 이론적인 기우가 아닌 감축 격차라는 현실로 이미 나타난 상황에서, 과학과 같은 객관적 기준은 완전히 배제되고, CBDRRC−NC라는 주관적이고 개별적인 기준이 NDC의 의욕 수준에 대한 유일한 결정 기준으로 합의되었다는 것은 일면 의외로 다가온다. 실제로

Rajamani, "Operationalising an Equity Reference Framework (ERF) in the Climate Change Regime: Legal and technical perspectives," (2014) *Mitigation Action Plans & Scenarios*, pp. 4-25.

45 이러한 수치는 당사국 NDC의 무조건부 감축목표와 조건부 감축목표를 포괄하는 총량적 효과를 바탕으로 추산된 것이다. 당사국 NDC에 포함된 무조건부 감축목표의 총량적 효과만을 고려할 경우, 감축 격차는 더욱 커진다. 당사국 NDC의 총량적 효과에 대해서는 UNFCCC, "Aggregate effect of the intended nationally determined contributions: an update," pp. 9-13.

몇몇 선진국과 군소도서국 당사국들을 중심으로 과학을 NDC의 의욕 수준에 대한 결정 기준으로 규정하려는 시도가 있었으나, 최종적으로는 3항에 반영되지는 못했다.[46] 이것은 NDC의 의욕 수준에 대한 자율이 NDC의 국가결정성의 요체 중 하나라는 사실을 방증한다고 할 수 있다.

이점은 1항의 공동 감축목표와 제14조에 규정된 전지구적 이행점검이 최선의 과학을 기준으로 삼고 있다는 사실을 고려해 보면 더욱 분명히 드러난다.[47] 이것이 의미하는 바는, 공동 감축목표의 의욕 수준에 대해서는 객관적 기준이 적용될 수 있으나, 개별 당사국 감축목표의 의욕 수준은 당사국 고유의 주관적 결정사항이라는 것이다. 이것이 NDC의 의욕 수준에 대한 파리협정 당사국의 총의이다. 이러한 사실은 3항 전체가 조동사 'will'로 규정되어 있다는 것에서 다시 한번 확인할 수 있다.

조동사 will로 규정된 3항은 엄밀한 의미에서 의무조항이 아니다.[48] 따라서 3항에 규정된 모든 것에 법적 구속력이 부여되어 있지 않다. 이것은 NDC의 의욕 수준과 밀접하게 연관된 차기 NDC의 진전에도 법적 구속력이 없다는 것을 의미한다. 따라서 NDC의 진전은 각 당사국이 차기 NDC의 의욕 수준을 현재 NDC의 의욕 수준보다 높게 설정할 것이라는 기대를 의미할 뿐 구속력 있는 의무가 아니다.[49] 다시 말해 3항은 NDC의 의욕 수준이 상향될 수 있도록 촉진할 뿐, 그것을 강제하지 않는다. 요컨대 3항은 NDC의 의욕 수준이 당사국의 자율적 결정사항이라는 점을 명확히 하고 있다.

6. 목표 유형과 범위에 대한 당사국 자율권 및 동태적 균형

NDC의 국가결정성과 관련하여 3항 못지않게 중요한 조항이 4항이다. 4항은 의욕 수준과 함께 NDC의 국가결정성의 요체라 할 수 있는 목표 유형(target type)과 범위(scope)와 관련된 조항이다. 파리협정 제4조 4항이 합의되기 전까지 당사국 NDC의 유형과 범위를 규율하는 어떠한 지침도 존재하지 않았다.[50] NDC의 유형 및 범위

---

46 파리협정의 협상초안에는 과학을 최상의 의욕 수준에 대한 기준으로 규정하는 옵션이 포함되어 있었다. UNFCCC, "Negotiating Text," p. 14.
47 파리협정 제14조 1항은 전지구적 이행점검이 형평성과 최선의 과학에 비추어 진행되어야 한다는 점을 명시하고 있다. Paris Agreement, Art. 14.1.
48 3항의 법적 성격에 대해서는 L Rajamani, "The 2015 Paris Agreement: Interplay between hard, soft and non-obligations," pp. 343-344.
49 NDC 진전 의무의 법적 성격에 대해서는 박덕영 외 공역, 『국제기후변화법제』, p. 336.
50 NDC와 관련해서 파리협정 이전에 존재한 유일한 지침은 리마 결정문 14항이며, 동 조항은 NDC의 유

에 대한 지침이 부재했기 때문에 각 당사국은 자율적 판단에 따라 자국 NDC의 유형과 범위를 결정했다. 그 결과 파리협정 당사국의 수만큼 다양한 유형과 상이한 범위의 NDC가 제출되었다.[51] 앞에서 지적한 것처럼, 각 당사국의 상이한 여건을 고려할 때, NDC의 유형과 범위에 관한 당사국의 자율권은 불가피한 측면이 있다. 또한 NDC의 다양성과 상이성은 당사국의 상이한 여건의 자연스러운 반영이라고 볼 수 있다.

그러나 당사국의 상이한 여건은 계속해서 변화하는 동태적 요소다. 따라서 상이한 여건의 반영인 NDC의 유형과 범위 역시 계속해서 변화해가는 동태적인 것이 되어야 한다. 더욱이 1항에 규정된 공동 감축목표의 달성을 위해서는 모든 당사국의 NDC 유형과 범위가 높은 수준의 온실가스 감축을 촉진하고 증진할 수 있는 형태로 가능한 한 조속하게 수렴해 나가는 것이 필요하다. 이는 모든 당사국의 NDC가 종국에는 경제 전반에 걸친 절대량 목표라는 동일한 형태로 수렴해 나가야 한다는 것을 의미한다. 앞에서 언급된 바와 같이, 제4조는 부정할 수 없는 현실인 당사국 간의 상이한 여건을 인정하여 NDC의 다양성과 상이성을 수용하되, 장기 감축목표의 달성을 위해 모든 NDC가 포괄적 범위의 절대량 목표로 수렴해 나가야 한다는 당위 역시 인지하여 그러한 수렴을 촉진하고 보장해야 한다. 즉, 현재의 상이성과 미래의 공통성 간의 동태적 균형이 요구된다. NDC의 목표 유형과 범위에 대해 4항은 다음과 같이 규정하고 있다.

형과 범위에 대한 어떠한 규제적인 내용을 포함하고 있지 않다. UNFCCC, Decision 1/CP.20, "Lima Call for Climate Action," (2 February 2015) FCCC/CP/ 2014/10/Add.1, (Lima Call for Climate Action) Para 11.

51 NDC 유형은 일반적으로 목표 유형에 따라 절대량 방식, BAU 방식, 집약도 방식, 정책 목표 방식 등 4개의 유형으로 분류되나, 분류 기준에 따라 보다 다양한 유형으로 분류가 가능하다. NDC의 범위에 대해서는 두 가지 해석이 존재한다. 하나는 감축, 적응, 재원, 기술, 역량배양 등 NDC에 포함될 수 있는 행동요소 및 지원요소를 지칭한다고 보는 경우이고, 다른 하나는 NDC에 포함된 부문(에너지, 산업, 농업, 산림, 폐기물 등)과 온실가스(CO_2, N_2O, CH_4, HFC, PFC, SF_6, NF_3 등)를 의미한다고 보는 경우이다. 파리협정 전체의 맥락 하에서는 전자의 경우로 해석되고, 제4조의 맥락 하에서는 후자의 경우로 해석된다고 볼 수 있다. 제출된 NDC의 다양한 유형과 범위에 대한 자세한 분석은 J Graichen, M Games, L Schneider, "Categorization of INDCs in the light of Art. 6 of the Paris Agreement," pp. 6-7; G Briner and S Moari, "Unpacking provisions related to transparency of mitigation and support in the Paris Agreement," (2016) *OECD/IEA Climate Change Expert Group Papers*, No. 2016/02, OECD Publishing, Paris. pp. 24-28.

선진국 당사자는 경제 전반에 걸친 절대량 배출 감축목표를 약속함으로써 주도적인 역할을 지속하여야 한다. 개발도상국 당사자는 감축 노력을 계속 강화하여야 하며, 상이한 국내 여건에 비추어 시간의 경과에 따라 경제 전반의 배출 감축 또는 제한 목표로 나아갈 것이 장려된다.[52]

먼저 주목해야 할 것은, 4항이 3항과 마찬가지로 경성 의무조항(shall)이 아니라는 점이다. 선진국 NDC의 유형과 범위를 다루고 있는 첫 번째 문장과 개도국 NDC의 유형 및 범위와 관련된 두 번째 문장 모두 연성 의무조항이다.[53] 따라서 4항은 일차적으로 NDC의 유형과 범위에 대한 당사국 자율권을 보장한다.

그러나 한편으로 4항은 비록 연성 의무라 할지라도 선진국 당사국에게 경제 전반에 걸친 절대량 감축목표를 약속하도록 규정함으로써, 모든 당사국 NDC가 수렴해 나가야 할 지향점을 명확히 함과 동시에, 개도국에 대해서는 '상이한 여건에 비추어 시간의 경과에 따라' 선진국 NDC와 유사한 형태의 NDC를 설정하도록 권고함으로써, 개도국 NDC가 점진적으로 포괄적 범위의 절대량 목표로 수렴해 나가도록 하고 있다.

다시 말해 4항은 NDC의 유형 및 범위와 관련한 당사국 의무를 연성 의무로 규정하여 NDC의 유형과 범위가 원칙적으로 당사국의 자율적 결정의 대상임을 분명히 하되, 공통의 지향점과 시간의 경과에 따른 수렴의 필요성을 명확히 하여, 현재의 상이성과 미래의 공통성 간에 동태적 균형을 취하고 있다.

4항의 이러한 동태적 균형은 '균형 잡힌 균형'(a balanced balance)인가 아니면 어느 한쪽으로 치우친 '기울어진 균형'(an unbalanced balance)인가. 바라보는 관점에 따라서 4항이 취하고 있는 균형에 대한 평가는 다를 수 있다. 그러한 균형이 NDC에 대한 당사국의 자율권을 침해하지 않는 수준에서 가능한 최선이라고 보는 관점이 있을 수 있고, 4항이 취하고 있는 균형은 현실과 당위 사이에서 다소 현실 쪽으로 기울어진 균형이라고 보는 관점도 가능하다.

그러나 4항이 연성 의무조항임을 고려할 때, 4항이 NDC의 유형과 범위에 대한

---

52 Paris Agreement, Art. 4.4.
53 4항의 첫 번째 문장은 조동사 should로 규정되어 있고, 두 번째 문장은 권고를 의미하는 'are encouraged'로 규정되어 있다. 동 조항의 법적 성격에 대해서는 L Rajamani, "The 2015 Paris Agreement: Interplay between hard, soft and non-obligations," pp. 348-349.

당사국 자율권을 원칙적으로 보장하고 있다는 것은 분명한 사실이다.[54] 이러한 측면에서 4항이 취하고 있는 동태적 균형이 그 자체만으로 절대량 목표로의 조속한 수렴을 효과적으로 촉진할 것이라고 기대하기에는 무리가 있고, 따라서 그것이 현실과 당위 사이에서의 균형 잡힌 타협안이라고 보기에도 무리가 따른다고 할 수 있다.

7. NDC 수반정보와 NDC의 국가결정성

8항에 따라 모든 당사국은 자국 NDC에 대한 명확하고 투명한 이해를 위해 필요한 정보를 제공해야 한다. 각 당사국의 1차 NDC는 제20차 당사국총회(COP20)의 결정문에 제시된 관련 지침에 기초하여 NDC 수반정보를 제공하고 있다.[55] 8항은 기존 지침에서 연성 의무(may)로 규정되어 있던 정보제공 의무를 경성 의무(shall)로 규정하여 그 법적 성격을 강화했다. 그러나 NDC 수반정보의 구체적인 내용 자체에 대해서는 아무런 새로운 내용을 담고 있지 않다. 그럼에도 불구하고 8항은 NDC의 의욕 수준, 유형, 범위 등 NDC 국가결정성의 요체라 할 수 있는 여러 요소와 관련하여 중요한 함의를 갖는다.

NDC 수반정보는 당사국 NDC에 대한 "명확성, 투명성 및 이해를 위하여 필요한 정보"[56]를 의미한다. 바꿔 말하면 NDC 수반정보는 각 당사국이 이미 '결정한 것'(NDC)에 대한 명확하고 투명한 이해를 위해 필요한 정보다. 즉, NDC 수반정보는 NDC에 대한 당사국의 결정사항에 대한 사후적 설명정보라 할 수 있다. 이런 측면에서 NDC 수반정보는 NDC의 국가결정성과 아무런 연관성이 없다고 생각될 수 있다. 사후적 설명정보인 NDC 수반정보가 NDC에 대한 당사국의 결정에 사전적으로 결정적인 영향을 미치기 어렵기 때문이다. 그러나 NDC 수반정보가 NDC의 국가결정성에 상당 수준의 간접적인 영향을 미치는 것은 가능하다.

8항은 모든 당사국이 "결정 1/CP.21과 이 협정의 당사자회의 역할을 당사자총

---

54 NDC에 대한 최빈국과 군소서국연합의 재량권을 인정하는 6항과 적응 및 경제 다변화 계획에서 발생하는 부수적 감축 편익을 인정하는 7항 또한 NDC의 유형과 범위에 대한 당사국 자율권을 보장하고 있다.

55 NDC 수반정보에 대한 기존 지침은 기준점에 대한 정량적 정보, 타임프레임, 범위 및 커버리지, 계획 과정, 가정 및 방법론, 공평성 및 의욕성, 협약 목적에 대한 기여 등 7가지 정보요소에 대한 정보 제공하도록 하고 있다. NDC 수반정보에 대한 기존 지침에 대해서는 UNFCCC, Decision 1/CP.20, "Lima Call for Climate Action," Para 11.

56 Paris Agreement, Art. 4.8.

회의 모든 관련 결정에 따라"[57] NDC 수반정보를 제공하도록 규정하고 있다. 8항에 언급된 제21차 당사국총회(COP21)의 결정문은 NDC 수반정보에 대한 추가 지침을 개발하도록 규정하고 있다.[58] 각 당사국은 COP21의 결정문 28항에 준하여 개발되는 추가 지침에 따라 자국 NDC에 대한 수반정보를 반드시 제공해야 한다.[59] 앞에서 살펴본 것처럼, 제4조의 3항과 4항은 NDC의 의욕 수준, 유형 및 범위가 당사국 고유의 자율적 결정사항임을 명확히 하고 있다. 따라서 NDC 수반정보에 대한 추가 지침이 특정한 의욕 수준이나 특정한 목표 유형 또는 특정한 범위 등을 당사국에게 강제할 수는 없다.

그러나 추가 지침은 이러한 당사국 고유의 결정사항에 대해 **특정한** 설명정보를 요구할 수 있고, 그러한 설명정보는 당사국의 결정에 대한 일종의 경계 조건(boundary conditions)으로 기능하여 사전적 영향력을 행사할 수 있다. 보다 구체적으로 말하면, 추가 지침은 당사국 NDC의 의욕 수준이 1항에 규정되어 있는 공동 감축목표에 어떻게 부합하는지에 대한 설명을 요구하여 '장기 감축목표와의 정합성'이라는 경계 조건을, 의욕 수준에 대한 하나의 기준으로 제시할 수 있다. 또한 추가 지침은 4항에 명시된 '포괄적 범위의 절대량 목표로의 점진적 수렴'에 대한 당사국의 노력에 대한 설명을 요구하여 NDC의 유형과 범위에 대한 당사국 결정에 사전적으로 영향을 미칠 수 있다.[60] 요컨대, NDC 수반정보는 결정된 NDC에 대한 사후적 설명정보라고 할 수 있지만, 어떠한 설명정보를 요구하는가에 따라서 NDC에 대한 당사국의 국가적 결정에 사전적으로 영향을 미칠 수 있다. 그리고 8항은 추가 지침에 따른 NDC 수반정보의 제출을 경성 의무로 규정하여, NDC의 국가결정성에 대한 이러한 사전적 규율(discipline)을 가능케 하는 토대를 마련하고 있다.

따라서 8항은 CBDR-RC/NC에 입각한 당사국 NDC의 개별적 원심성을 일정

---

57 Ibid.

58 동 결정문 27항은 NDC 수반정보와 관련한 기존 지침을 재확인하는 내용을 담고 있고, 28항은 NDC 수반정보에 대한 추가 지침의 개발과 관련한 위임사항을 담고 있다. UNFCCC, Decision 1/CP.21, "Adoption of the Paris Agreement," Paras 27 & 28.

59 8항은 파리협정 당사국총회의 모든 관련 결정에 따라 NDC 수반정보를 반드시 제공토록 규정하고 있고, 제1차 파리협정 당사국총회의 추가 지침 관련 결정문 7항(Decision.4/CMA.1, para 7)은 각 당사국의 1차 NDC에 대해서는 추가 지침의 자발적 적용을 권고하고 2차 및 후속 NDC에 대해서는 의무적용을 규정하고 있다. UNFCCC, Decision 4/CMA.1, para 7.

60 실제로 제1차 파리협정 당사국총회에서 채택된 NDC 수반정보에 대한 추가 지침은 당사국 NDC의 의욕 수준, 유형 및 범위에 대한 당사국의 국가결정성에 사전적 영향을 미칠 수 있는 여러 가지 설명정보를 요구하고 있다. 이에 대해서는 이 글의 제3절(III)에서 보다 상세히 분석한다.

부분 제어하는 하나의 구심적(centripetal) 균형추라 할 수 있다.

8. 소결

지금까지 제4조가 해결해야 할 세 가지 균형의 문제를 중심으로 하여 제4조의 주요 조항들에 대한 이해를 시도해 보았다. 제4조의 각 조항이 효과적인 감축을 위한 세 가지 균형과 어떠한 관련성을 가지며 각각 어떠한 역할과 기능을 수행하고 있는지를 살펴보았다.

1항의 공동 감축목표와 19항의 LEDS를 비롯한, 제4조의 하향식 요소와 원심성의 상향식 요소인 NDC 간의 역학관계를 들여다보았으며, NDC의 연속성 및 법적 성격 등 NDC의 핵심적 특징과 관련된 제4조의 조항들이 환경적 효과성의 3요소와 관련하여 어떠한 균형추 역할을 하는지를 분석해 보았다.

또한 NDC 국가결정성의 요체라 할 수 있는 NDC의 의욕 수준, 유형 및 범위에 대한 당사국 자율권을 제4조가 어느 수준으로 보장하고 있는지, 그리고 현재의 상이성이라는 현실과 미래의 공통성이라는 당위 사이에서 제4조가 어떠한 동태적 균형을 취하고 있는지를 살펴보았다.

먼저, 제4조는 환경적 효과성의 3요소 간의 균형과 관련하여 참여에 방점을 두고 있다고 볼 수 있다. NDC의 연속성을 의무화하고(2항) NDC의 의욕 수준, 유형 및 범위에 대한 당사국의 자율권을 원칙적으로 보장하여(3항, 4항), 당사국의 자발적이고 안정적인 참여를 촉진·보장한다. 반면, NDC의 달성 자체에는 법적 구속력을 부여하지 않음으로써 NDC에 대한 이행준수를 강제하지 않고 있다(2항). 요컨대 제4조는 의욕성과 이행준수를 당사국의 자율에 맡김으로써 높은 수준의 참여를 담보하는 것에 우선순위를 두고 있다고 할 수 있다.

그러나 환경적 효과성의 3요소 간의 다소 기울어진 균형을 보완하기 위해 제4조는 몇 가지 중요한 장치들을 포함하고 있다. NDC의 산정과 관련하여 회계가 아닌 'account for'라는 표현을 사용하여, 각 당사국이 자국 NDC의 산정과 관련하여 단순 회계와는 다른 차원의 산정 의무를 진다는 것을 규정하였다(13항). 이를 통해 법적 구속력이 없는 NDC에 대한 이행준수를 촉진하고 증진할 수 있는 토대를 마련하였다.

또한 원칙적으로 당사국의 자율에 맡겨진 의욕성을 증진하기 위해 제4조는 각

당사국 NDC가 지향해야 할 명확한 공통의 구심점을 제공하여 자율에 입각한 NDC
의 개별성과 원심성을 일정 수준 제어하고 있다. 1항의 공동 장기 감축목표와 19항
의 (제2조와 연계된) LEDS는 공통의 구심점으로서 기능하여 각 당사국 NDC의 원심
력을 아우르는 구심력을 제공한다.

9항은 이러한 구심력이 5년 주기의 전지구적 이행점검 주기 및 NDC 제출 주기
와 상호 작용하여 당사국 NDC의 의욕 수준을 견인할 수 있도록 하고 있다. 제4조의
이러한 구심성의 하향식 요소들은 각 당사국 NDC가 공통의 구심점으로 적시에 수
렴하도록 촉진하는 일종의 의욕 상향 메커니즘을 구성한다.

끝으로 8항은 NDC의 국가결정성에 사전적 영향을 미칠 수 있는 NDC 수반정보
를 추가 지침에 따라 반드시 제공토록 함으로써, NDC의 국가결정성을 사전적으로
규율할 수 있는 발판을 마련하고 있다.

제4조가 효과적인 감축을 위한 세 개의 균형의 문제를 얼마나 효과적으로 해결
했는지를 평가하는 것은 주관적 판단의 영역에 속하는 문제이다. 또한 NDC와 관련
해서 어떠한 추가 지침이 개발되는가에 따라서 그러한 평가가 달라질 수 있다. 그러
나 분명한 것은 제4조는 NDC가 NDC일 수 있도록 보장하고 있다는 사실이다. 다시
말해서, 제4조는 NDC가 당사국의 국가적 결정이 될 수 있도록 보장한다. 제4조의
어떠한 조항도 NDC의 국가결정성을 본질적으로 침해하지 않는다. NDC에 대한 모
든 경성 의무는 절차적인 의무이다. NDC의 내용을 강제하는 의무는 단 하나도 없
다. 수반정보와 함께 NDC를 5년 주기로 연속적으로 통보하고 산정하는 것이 당사국
이 NDC와 관련하여 반드시 이행해야 하는 의무다. 이러한 의무는 국가적으로 **이미**
결정된 것(*nationally determined* contribution)에 대한 사후적 절차일 뿐, **국가적 결정**
에 대한 사전적·내용적 규제가 아니다.

제4조가 NDC에 대해 절차적인 의무만을 규정하고 있다는 사실은 국가적으로
결정되는 NDC의 본질에서 비롯되는 자연스러운 결과다. NDC에 대한 사전적·내용
적 규제는 원칙적인 측면에서 가능하지 않다. NDC에 대해서 사전적이고 내용적인
규제를 가하는 것은 NDC에 대한 당사국의 국가적 결정에 단순히 영향을 미치는 것
이 아니라 국가적 결정인 NDC를 다자적 결정으로 재규정(re-naming) 또는 재정의
(re-defining)하는 것이라 할 수 있다. 즉, NDC를 국가결정기여가 아닌 다자결정기
여(multilaterally determined contribution)로 변형·변질시키는 것이라 할 수 있다. 따

라서 NDC가 NDC로 정의되고 명명되는 한, NDC에 대한 사전적·내용적 규제는 원칙적으로 불가하다.[61]

그러나 다른 한편으로 모든 NDC는 파리협정의 목적을 위한 것이다. 따라서 국가결정성 못지않게 중요한 NDC의 본질은 NDC의 '기여적 성격'이다. NDC의 명칭 자체가 이것을 분명히 하고 있다. NDC는 그 본질상 기여(contribution)다. NDC의 기여적 성격으로 인해서 NDC에 대한 당사국의 결정이 '국가적'(national)이기만 해서는 안 되고 '공적'(public)이어야 한다는 당위가 성립한다. NDC의 기여적 성격으로 인해 NDC는 국가적 결정인 동시에 공적 결정이어야 한다. 이런 측면에서 NDC의 기여적 성격은 NDC의 국가결정성과 긴장관계를 형성하는 일종의 '내재적 구심성'이다. 따라서 NDC의 기여적 성격을 강화시키면, NDC의 국가결정성을 침해하지 않는 방식으로 각 당사국의 NDC가 파리협정의 공동 목표에 보다 부합하도록 할 수 있다. NDC에 대한 추가 정보 지침의 중요한 목적과 기능이 NDC의 기여적 성격을 강화하는 것이라고 할 수 있다. 다음 절에서는 NDC 추가 지침과 관련하여 몇 가지 중요한 사항을 짚어 본다.

III. NDC 추가 지침의 이해

파리협정 당사국총회 결정문을 통해 파리협정 당사국들은 1) NDC의 특성(features)[62]과 관련한 추가 지침, 2) NDC의 명확성, 투명성 및 이해를 촉진하기 위한 정보와 관련한 추가 지침, 3) NDC의 산정과 관련한 추가 지침 등 NDC에 대한

---

61 NDC의 내용에 대한 강제적 규제는 NDC의 내용에 대한 다자적 결정이다. 따라서 NDC의 국가결정성과 NDC에 대한 내용적 규제는 원칙적으로 양립 불가하다.

62 'Features'는 파리협정에는 단 한 번도 등장하지 않는 용어다. 따라서 특성에 대한 합의된 정의는 존재하지 않으며, 그 명확한 의미 또한 공식적으로 규정된 바가 없다. 파리협정 세부이행규칙 협상 과정에서도 특성의 의미에 대한 합의는 도출되지 못했다. 그러나 특성에 대한 추가 지침과 관련한 당사국 간 논의를 종합해 보면, 특성은 'NDC가 갖추어야 할 기본 요건'을 지칭한다고 볼 수 있다. 당사국에 의해 제시된 특성의 다양한 의미에 대해서는 UNFCCC, "Non-paper on agenda item 3 of the Ad Hoc Working Group on the Paris Agreement: Further guidance in relation to the mitigation section of decision 1/CP.21 on: (a) features of nationally determined contributions, as specified in paragraph 26, (b) information to facilitate clarity, transparency and understanding of nationally determined contributions, as specified in paragraph 28, (c) accounting for Parties' nationally determined contributions, as specified in paragraph 31," (2017) p. 4.

세 개의 추가 지침을 개발하는 것에 합의했다.[63] 각각의 추가 지침은 모두 NDC에 대한 지침이라는 공통점을 가지면서도 동시에 NDC의 다른 측면에 초점을 둔다는 점에서 서로 구별된다.

특성 지침이 'NDC의 기본 요건'이라고 볼 수 있는 NDC의 특성을 규정함으로써 'NDC가 무엇인지'를 규정하는 지침이라면, 정보 지침은 'NDC가 포함해야 하는 구체적인 내용정보'(informational contents)를 규정함으로써 'NDC가 무엇에 대한 것이어야 하는지'를 규정하는 지침이라고 볼 수 있다. 산정 지침은 제4조 13항에 규정된 NDC의 산정(account for)이 수반하는 당사국의 의무를 규정함으로써 NDC 산정의 '실질적 의미와 구체적인 행위'를 규정하는 지침이라 할 수 있다.

2016년부터 2018년 말까지 3년에 걸쳐 이들 세 가지 지침에 대한 협상이 진행되었고, 제1차 파리협정 당사국총회(CMA.1)에서 특성 지침을 제외한 정보 지침과 산정 지침이 채택되었다. 이 절에서는 먼저 특성 지침의 합의 실패가 의미하는 바를 짚어 보고, 이어서 정보 지침의 주요 내용을 살펴본다. 끝으로, 파리협정 체제 하의 NDC 산정의 의미를 짚어 본다.

1. 특성 지침 합의 실패의 의미

특성 지침에 대한 합의 실패는 어느 정도 예견되었던 것이라 할 수 있다. NDC의 기본 요건을 규정하는 특성 지침은 NDC에 대한 일종의 '시방서'(specifications)[64]라 할 수 있다. 시방서로의 특성 지침은 NDC에 대한 당사국의 결정권에 우선하는 '선결 사항'(prior settlements)이다. 따라서 특성 지침은 NDC의 국가결정성을 근본적인 차원에서 침해할 가능성이 높다. 만일 특성 지침이 당사국 NDC를 내용적 측면에서 선결할 경우, 파리협정 제4조가 보장하고 있는 NDC의 국가결정성을 근본적으로 침해하게 된다. 앞에서 언급된 바와 같이, NDC가 NDC로서 정의되고 명명되는 한, 즉 NDC가 NDC로서 존속되는 한, NDC에 대한 내용적 규제는 원칙적으로 불가하다. 오직 절차적 규제만이 가능하다. 그러나 추가 특성 지침은 NDC에 대해서 파리협정 제4조의 합의사항을 넘어서는 수준의 내용적 규제를 가하기 위한 것이었고, 따

---

63 UNFCCC, Decision 1/CP.21. paras 26, 28 and 31.
64 NDC의 특성은 NDC의 기본 사양(仕樣) 또는 제원(諸元)이라 할 수 있고, NDC의 기본 사양을 규정하는 특성 지침은 일종의 표준 설명서로서의 시방서라 할 수 있다. 시방서가 다소 생소한 용어이기는 하나, 특성 지침의 성격을 가장 적확하게 드러내는 용어라고 생각된다.

라서 애초부터 합의될 수 없는 것이었다.[65] 이러한 측면에서 특성 지침의 합의 실패는 역설적으로 NDC의 국가결정성에 대한 내용적 규제는 불가하다는 것에 대한 당사국 간의 결과론적 합의라 할 수 있다.[66]

2. 정보 지침의 이해

추가 정보 지침은 기존 지침의 7가지 정보요소를 구체화 함으로써 NDC의 수반 정보에 대한 보다 명료한 지침을 제공한다. 총 39개의 세부 정보요소로 이루어진 정보 지침은 기존 지침에 비해 한층 확장·강화된 지침이다. 추가 정보 지침의 상세 내용은 [표 5-2]에 정리된 바와 같다.

---

65 추가 특성 지침에 NDC의 특성으로서 당사국들이 제시한 것들은 대부분 NDC의 의욕 수준, 유형 및 범위 등 NDC에 대한 국가결정성의 요체와 관련된 것들이었다. 중국, 인도, 사우디 등 강성개도국들은 NDC의 포괄적 범위(full scope-적응 및 이행 수단까지 포함), 선진국의 리더쉽, 부수적 감축 편익 등을 NDC의 특성으로 주장하였다. 반면에 선진국 및 군소도서국연합은 NDC 정량화 가능성, 포괄적 범위(all sectors and gases)의 경제 전반의 절대량 목표, 진전 및 최상의 의욕성 등을 NDC의 특성으로서 제시했다. 이러한 것들은 모두 절차적 특성이 아닌 내용적 특성으로서 NDC의 국가결정성과 근본적으로 상충된다. 개도국이 주장한 포괄적 범위는 NDC의 범위에 대한 당사국 자율권을 인정한 파리협정 제3조와 배치되는 것이다. 마찬가지로 선진국이 주장한 특성들도 NDC의 국가결정성의 요체라고 할 수 있는 의욕 수준, 유형 및 범위를 선결함으로써 NDC의 국가결정성을 근본적으로 침해한다. 이 글의 제2절에서 살펴보았듯이, 제4조는 NDC의 의욕 수준, 유형 및 범위에 대한 당사국 자율권을 보장하고 있다. 따라서 당사국들이 제시한 이러한 특성들은 파리협정의 합의사항에 반하는 것으로서 NDC의 특성으로 규정될 수 없는 것이었다. 당사국들이 제시한 NDC의 특성에 대해서는 UNFCCC, "Non-paper on agenda item 3 of the Ad Hoc Working Group on the Paris Agreement: Further guidance in relation to the mitigation section of decision 1/CP.21 on: (a) features of nationally determined contributions, as specified in paragraph 26, (b) information to facilitate clarity, transparency and understanding of nationally determined contributions, as specified in paragraph 28, (c) accounting for Parties' nationally determined contributions, as specified in paragraph 31," p. 6.

66 제1차 파리협정 당사국총회 결정문(Decision 4/CMA.1) 20항은 제7차 파리협정 당사국총회(2024년)에서 특성에 대한 논의를 재개할 것을 규정하고 있다. 그러나 파리협정 제4조의 합의사항에 반하는 내용적 특성을 규정하는 것은 불가하고, 제4조와 합치되는 특성 지침은 불필요한 중복이다. 따라서 특성 지침에 대한 논의가 재개된다고 해도 NDC에 대한 내용적 규제는 가능하지 않을 것으로 보여진다.

표 5-2 정보 지침의 내용

정보 항목	세부 항목
① 기준점에 대한 정량화 가능 정보	a. 참조연도, 기준연도, 참조기간, 기타 시작점
	b. 기준지표에 대한 정량화 가능 정보
	c. 최빈국과 군소도서국가의 정책 및 조치 목표 관련 정보
	d. 기준지표 대비 감축목표치(감축률 또는 감축량 등)
	e. 기준점 정량화에 사용된 자료원 관련 정보
	f. 기준 지표값의 갱신 조건
② 이행 기간	a. 이행 기간(시작일 및 종료일)
	b. 단일연도 목표 또는 다년도 목표 여부
③ 범위 및 커버리지	a. 감축목표에 대한 일반적 설명
	b. 부문 및 가스
	c. 모든 부문 포함 노력 및 불포함 부문에 대한 설명
	d. 적응행동이나 경제다변화 계획으로부터의 부수적 감축 편익
④ 계획 과정	a. NDC 수립을 위한 계획 과정 및 이행 계획
	b. NDC 공동 이행 관련 정보
	c. 전지구적 이행점검 결과의 반영 관련 정보
	d. 대응조치 결과의 활용 및 부수적 편익 관련 정보
⑤ 가정 및 방법론	a. NDC에 따른 배출량의 산정에 사용된 가정 및 방법론적 접근법
	b. 정책 및 조치의 이행에 대한 산정 관련 가정 및 방법론
	c. 온실가스 산정을 위해 협약 하의 방법 및 지침을 어떻게 고려할 것인 지에 대한 정보
	d. 사용된 IPCC 방법론 및 메트릭스
	e. 산림 부문의 배출량 산정 관련 가정, 방법론 및 접근법
	f. NDC의 이해를 위한 기타 가정 및 방법론적 접근방식
	g. 시장 활용 의도에 관한 정보
⑥ 공평성 및 의욕성	a. 국가 상황에 따른 공평성 및 의욕성 고려
	b. 형평성을 포함하는 공평성 고려
	c. 파리협정 제4조 3항(진전 및 최상의 의욕성) 관련 정보
	d. 파리협정 제4조 4항(감축목표 형식) 관련 정보
	e. 파리협정 제4조 6항(최빈국 및 군소도서국 NDC) 관련 정보
⑦ 협약 목적에 대한 기여	a. 협약 제2조의 목적 달성에 대한 기여
	b. 파리협정 2조 1(a)항 및 4조 1항에 대한 기여

자료: 저자 작성

정보 지침의 정보요소는 크게 3가지 범주로 분류가 가능하다. 각각의 정보 범주는 그 목적과 기능이 다르다. 첫 번째 범주는 당사국의 감축목표가 '무엇인지'를 묻는 정보다. [표 5-2]의 ① 기준점에 대한 정량화 가능 정보, ② 이행 기간, ③ 범위 및 커버리지와 관련된 정보요소가 첫 번째 범주에 속한다. 이들 정보요소는 각 당사국이 어떤 기준(출발점)으로부터 얼마만큼의 온실가스를 감축하여 어느 수준의 목표배출량(목적지)에 도달할 것인지에 대해 정량화된 정보를 요구한다. 즉, 첫 번째 정보 범주는 감축목표의 핵심 요소라 할 수 있는 기준배출량, 감축률 및 목표배출량에 대한 정량화된 정보를 요구하여 각 당사국 감축목표에 대한 명확하고 투명한 이해를 담보한다.

두 번째 범주는 당사국 감축목표가 '어떻게 수립되었으며 어떻게 이행될 것인지'와 관련된 정보다. [표 5-2]의 정보 항목 중 ④ 계획 과정과 ⑤ 가정 및 방법론과 관련된 정보요소가 여기에 속한다. 이들 정보요소는 당사국의 감축목표가 어떠한 과정을 통해 수립되었으며, 어떠한 계획에 따라 이행될 것인지에 대한 것으로서, NDC 수립과정과 이행에 대한 투명성 및 신뢰성 제고를 목적으로 한다. 첫 번째 범주가 감축목표라는 목적지에 대한 명확성에 초점을 두고 있다면, 두 번째 범주는 목적지까지의 여정에 대한 투명성과 관련된 정보라 할 수 있다.

세 번째 범주는 국가적으로 결정된 당사국의 감축목표가 어떻게 체제 전체의 공동 목표에 대한 '공적 기여인지'를 묻는 정보다. 다시 말해서 세 번째 범주는 각 당사국의 개별 목적지가 체제 전체가 함께 도달해야 하는 공동 목적지와 얼마나 그 궤를 같이 하고 있는지에 대해서 각 당사국의 설명을 요구한다. [표 5-2]의 ⑥ 공평성과 의욕성 및 ⑦ 협약의 목적에 대한 기여와 관련된 정보요소가 세 번째 범주에 속한다. 이들 정보요소는 NDC의 의욕 수준, 유형 및 범위에 대한 각 당사국의 국가적 결정이 얼마나 체제 전체의 목적을 고려한 공적 결정이었는지를 물음으로써, 각 당사국 NDC의 의욕 수준을 제고하고 포괄적 범위의 절대량 목표로의 수렴을 촉진한다.

추가 정보 지침의 39개의 정보요소 중에는 NDC의 의욕 수준, 유형 및 범위에 대해 의미 있는 영향을 미칠 수 있는 정보요소가 존재한다. 가장 중요한 것은 추가 지침 7(a)항과 7(b)항에 규정된 정보요소다. 이들 조항은 당사국 NDC가 협약 제2조의 목적 달성과, 파리협정 제2조 1(a)항의 온도목표와 제4조 1항의 공동 감축목표에 어떻게 기여하는지에 관한 정보를 제공하도록 하여 각 당사국 NDC가 파리협정의 공동 감축목표에 부합하도록 하고 있다. 이를 통해 당사국 NDC의 의욕 수준과 관련하여 '공동 감축목표와의 정합성'이라는 하나의 기준을 제시한다. 또한 추가 지침 6(a)항과 6(c)항은 당사국 NDC의 의욕 수준에 대한 설명정보를 요구하여 7항과 함께 당사국 NDC의 의욕 수준 상향을 촉진한다. NDC의 유형과 범위와 관련해서는 추가 지침 6(d)항이 중요한 기능을 수행한다. 동 조항은 파리협정 제4조 4항에 명시된 '포괄적 범위의 절대량 목표로의 점진적 수렴'과 관련한 설명정보를 요구하여, NDC의 유형과 범위에 대한 당사국의 결정에 영향을 미친다.

물론 이러한 설명정보는 NDC에 대한 당사국의 국가적 결정에 결정적인 영향을 미치지는 못한다. 그러나 제2절에서 살펴본 것처럼 이러한 설명정보들은 NDC의 국가결정성을 침해하지 않는 방식으로 각 당사국의 NDC에 구심력을 제공하여 각 당사국의 NDC가 단지 국가적 결정에 머무르지 않고 파리협정의 공동 목적에 대한 기여로서의 공적 결정이 될 수 있도록 영향을 미친다.

3. 산정 지침의 이해

NDC의 산정에 대한 추가 지침은 원칙 중심의 간략한 지침이다. 추가 산정 지침은 제21차 당사국총회 결정문 31항에 규정된 4가지 산정 원칙[67]을 구체화 하였으나, [표 5−3]에서 알 수 있듯이 추가 산정 지침의 내용은 31항에 제시된 원칙과 내용적으로 크게 다르지 않다.

표 5-3   산정 지침의 내용

산정 원칙	세부 원칙
① IPCC가 평가한 방법론과 공통 메트릭스를 활용하여 산정	a. IPCC 방법론 및 공통메트릭스와 투명성체계 지침에 의거하여 산정
	b. IPCC 방법론으로 산정할 수 없는 NDC의 경우, 자국의 독자적 방법론에 관한 정보를 제시
	c. 기존 방법론과 지침을 원용하는 당사국은 관련 정보를 제시
	d. 정책 및 조치로 인한 진전사항을 추적하기 위한 방법론 정보를 제시
	e. 토지의 자연적 변형에 관한 사항 제시
	f. 수확된 목재품 관련 사항 제시
	g. 산림의 수령구조 관련 사항 제시

---

67 제21차 당사국총회 결정문 31항에 제시된 4가지 산정 원칙은 표 5-3에서 보여지는 ① IPCC가 평가한 방법론과 공통 메트릭스를 활용하여 산정, ② NDC의 제출과 이행 간에 방법론적 일관성 유지, ③ NDC에 모든 배출원과 흡수원을 포함시키도록 노력, ④ 불포함 부문에 대한 설명 제시 등이다. UNFCCC, Decision 1/CP.21, Para 31.

② NDC의 제출과 이행 간에 방법론적 일관성 유지	a. 범위, 정의, 자료원, 메트릭스, 가정, 방법론 등에 있어서 일관성을 유지
	b. 산정을 위해 사용되는 온실가스 자료와 추정방법은 당사국의 온실가스 인벤토리와 일관성을 유지
	c. 산정을 위해 사용되는 배출전망은 과도하거나 과소하지 않도록 할 것
	d. 기준점 또는 기준수준, 기준전망 등을 갱신하기 위한 기술적 변경은 ① 인벤토리상의 변화 또는 ② 방법론적 일관성을 유지하기 위한 정확성의 개선사항을 반영
③ NDC에 모든 배출원과 흡수원을 포함시키도록 노력	a. NDC상의 모든 카테고리에 대하여 산정
	b. NDC에 모든 배출원과 흡수원을 포함시키도록 노력
④ 불포함 부문에 대한 설명 제시	

자료: 저자 작성

추가 산정 지침에 따른 NDC 산정(account for)의 의미는 무엇인가. NDC 산정은 추가 산정 지침이 구체화 하고 있는 4가지 산정 원칙을 철저히 지키는 것인가. 다시 말해서 추가 산정 지침에 따라 ① IPCC가 평가한 방법론과 공통 메트릭스를 활용하여 국가 온실가스 배출량을 산정하고, ② NDC의 제출과 이행 간에 방법론적 일관성을 유지하고, ③ NDC에 모든 배출원과 흡수원을 포함시키도록 노력하고, ④ 불포함 부문에 대한 설명을 제시하면, 각 당사국은 자국 NDC에 대한 산정 의무를 완수하는 것인가. NDC 산정의 실질적 의미는 추가 산정 지침에 담겨 있지 않다.

제1차 파리협정 당사국총회 결정문의 부속서 II(Decision 4/CMA.1, Annex II)에 담겨있는 NDC 산정 지침은 NDC 산정과 관련한 지침의 작은 일부에 지나지 않는다. 제1차 파리협정 당사국총회 결정문(Decision 4/CMA.1) 17항은 NDC의 산정 (account for)을 투명성 체계 하의 격년투명성보고서를 통해 시행하도록 규정하고 있다. 또한 동 조항은 NDC의 이행과 달성에 대한 진전추적과 관련되는 투명성 체계 지침에 부합하는 방식으로 NDC를 산정토록 규정하고 있다.[68] 따라서 제4조 13항에 규정된 NDC의 산정은 추가 산정 지침보다 훨씬 방대하고 상세한 투명성 체계 지침[69]에 따라 투명성 체계 하에서 진행된다. 즉, NDC 산정과 관련된 대부분의 지침은 NDC 산정 지침이 아닌 투명성 체계 지침에 존재한다고 할 수 있다. 따라서 NDC

---

68 UNFCCC, Decision 4/CMA.1, Para 17.
69 이 책 제13장에서 자세히 다루고 있는 투명성 체계 지침은 NDC의 이행과 달성에 대한 진전추적 정보의 보고 및 검토에 대한 상세한 지침을 제공한다.

의 산정은 추가 산정 지침에 담긴 4가지 산정 원칙을 준수하는 것을 의미하는 것이 아니라, '투명성 체계 하에서 NDC의 이행과 달성과 관련하여 진행되는 모든 행위'를 의미한다. 이런 측면에서 NDC의 산정의 의미는 온실가스 배출량에 대한 산술 행위를 의미하는 회계와는 완전히 다르다. 파리협정 체제 하에서의 NDC 산정은 'NDC의 이행과 달성에 대한 지속적이고 책임 있는 설명'을 의미한다고 할 수 있다. 제2절에서 살펴본 것처럼, NDC의 달성에 법적 구속력을 부여하지 않을 뿐만 아니라 非징벌적 이행준수체계를 가진 파리협정 체제는 NDC의 이행준수를 증진하기 위해 단순 회계 이상의 장치가 필요하다. 제1차 파리협정 당사국총회 결정문은 NDC 산정이 투명성 체계 지침에 따라 투명성 체계 하의 격년투명성보고서를 통해 시행되도록 함으로써, NDC 산정이 단순 회계와는 근본적으로 다른, NDC의 이행과 달성을 효과적으로 촉진할 수 있는 행위가 되도록 하고 있다.

IV. 맺으며

감축이 기후변화의 근본 원인을 제거하는 것으로서 기후변화 대응의 시작과 끝이라면, NDC는 감축의 시작과 끝이다. 각 당사국의 감축목표를 지칭하는 NDC는 파리협정 체제 하 감축의 핵심 수단이며, 따라서 파리협정 체제의 성공과 실패를 결정 짓는 요소라 해도 과언이 아니다. 그러나 NDC는 당사국의 자율에 따라 결정되는 상향식 요소로서, 문제 해결을 위해 하향식 접근법을 필요로 하는 기후변화 문제를 위한 효과적인 해결수단이 되기에는 근본적인 한계를 지니고 있다. NDC의 이러한 한계는 과학이 요구하는 전지구적 감축 수준과 당사국 NDC의 총량적 효과 간의 감축 격차로 현실화되었다. 상향식 요소로서의 NDC의 근본적 한계를 해소하지 못한다면 파리협정 목표 달성의 실패는 피할 길이 없어 보인다.[70] NDC의 한계에서 기인하는, 엄청난 수준으로 현실화된 감축 격차를 고려할 때, 파리협정 목표 달성의 실패는 '이

---

70 UNEP의 Emissions Gap Report는 당사국 NDC의 무조건부(자국의 자원과 역량에 기반해 이행 가능한) 목표가 모두 이행될 경우 2100년까지 전 세계 평균 기온이 산업화 이전 수준 대비 3.2℃ 상승할 것으로 전망하고, 조건부(국제사회의 지원을 전제로 이행 가능한) 목표가 모두 이행될 경우에는 3℃ 가량 상승할 것으로 추산한다. Climate Action Tracker의 최근 보고서는 당사국 NDC의 무조건부 목표가 모두 이행될 경우 2.8℃의 기온 상승이 발생할 것으로 예상한다. UNEP, "Emissions Gap Report 2019," (2019) p. 27; Climate Action Tracker, "Warming Projections Global Update – December 2019," (2019) NewClimate Institute and Climate Analytics, p. 5.

미 발생한 미래'로 다가오기까지 한다. NDC의 근본적 한계를 해소하여 NDC가 파리협정 목표 달성의 실패 요인이 아닌 성공 요인이 될 수 있게 만드는 것, 이것이 파리협정 제4조의 제1과제라 할 수 있다.

이 글의 제2절에서 살펴본 것처럼, 제4조는 상향식 요소로서의 NDC의 한계를 극복하기 위한 여러 가지 장치들을 마련하고 있다. 그러나 결론적으로 제4조의 모든 장치들은 NDC의 국가결정성을 원칙적으로 보장한다. NDC는 여전히 다자적 결정이 아닌 국가적 결정이다. 여기에는 여러 가지 이유가 있을 수 있다. 파리협정의 합의에 앞서 합의된 NDC의 국가결정성은 당사국 참여의 전제 조건이라 볼 수 있으며, 따라서 국가결정성의 훼손은 '경기의 규칙을 바꾸는 것'으로서 파리협정 체제의 안정성을 근본적으로 흔드는 일이 될 수 있다. 그러나 경기의 규칙은 그 자체를 위해 존재하는 것이 아닌, 효과적인 경기의 운영을 위해 존재하는 것이기에, NDC의 국가결정성의 보장이 그 자체로서 변경 불가능한 제1원칙이 될 수는 없다. 파리협정의 목표 달성이라는 제1명제에 앞에서 NDC의 국가결정성 역시 다른 모든 것과 마찬가지로 하나의 종속변수다. 그렇다면, 제4조를 통해 NDC의 국가결정성을 보장하는 당사국의 총의는 집단적 과오인가.

환경적 효과성은 참여, 의욕성, 이행준수라는 3요소 간의 균형 함수라는 점을 앞에서 지적했다. 제4조는 NDC의 국가결정성을 통해 당사국의 참여를 적극적으로 보장하는 대신, 의욕성과 이행준수를 담보하는 것에는 상대적으로 소극적이라고 생각될 수 있다. 그러나 이러한 시각은 NDC만이 가진 내재적 강점을 간과하는 것일 수 있다.

NDC의 국가결정성은 NDC에 대한 당사국 책임감(ownership)의 근간이다. NDC가 국가적 결정일 때, 그러한 결정에 대한 국가적 책임이 온전히 뒤따른다. NDC의 국가결정성에서 기인하는 당사국 책임감은 NDC의 실현 가능성을 강화하여 이행준수의 증진으로 귀결될 수 있다. 즉, 당사국 스스로 결정한 NDC는 그 자발성으로 인해 높은 책임감과 내재적 실현 가능성(built-in feasibility)을 동반한다고 할 수 있다. 이러한 측면에서 NDC의 국가결정성이 단지 참여만을 보장한다고 볼 수는 없다. NDC에 대한 당사국 결정이 국가적이기 **때문에** 책임 있는 결정(national and *therefore* responsible decision)이 될 수 있고, 이로 인해 이행준수를 증진하는 내재적 실현 가능성이라는 NDC 고유의 강점을 가진다고 볼 수 있다. 더불어 제3절에서 살펴본 것처럼, NDC에 대한 추가 지침은 NDC의 기여적 성격을 강화하여, 각 당사국 NDC의 의욕 수준이 공동 목표의 달성을 가능케 하는 수준에 부합해 나가도록 촉진한다. 다시 말해서 추가 지침은 NDC의 내재적 구심성인 기여적 성격을 강화하여 NDC의 국가결정성을 훼손하지 않으면서도 NDC가 단순히 국가적 결정이 아닌 공동 목표에 대한 기여로서 공적 결정이 될 수 있도록 하고 있다.

파리협정 제4조와 추가 지침이 마련하고 있는 여러 장치가 상향식 요소로서 NDC가 가지는 근본적 한계를 극복하기에 충분한지는 아직 알 수 없다. 그러한 장치들의 종합적인 효과는 점진적으로 나타날 것이고, 그러한 효과가 파리협정 목표 달성의 실패로 귀결될지 아니면 성공으로 이어질지 아직은 예단할 수 없다. 그러나 제4조와 추가 지침에 반영된 당사국의 중지(衆智)는 NDC가 국가적인 **그러나** 공적인 결정(national *but* public decision)이 될 수 있도록 함으로써, NDC가 국가적인 **그래서** 책임 있고 의욕적인 결정(national and *therefore* responsible and ambitious decision)이 될 수 있다는 기대를 담고 있다. 이러한 중지가 이상주의적 허상(虛想)이 아닌 현실이 될 수 있도록 하는 것, 이것이 우리 모두의 지속적인 과제이자 책임이라 할 수 있다.

참고문헌

1. 박덕영 편저, 2017, 『국제법 기본조약집』 서울: 박영사.

2. 보단스키, 다니엘 외 공저, 박덕영 외 공역, 2018, 『국제기후변화법제』 서울: 박영사.

3. Bodansky, D, 2012, "The Durban Platform: Issues and Options for a 2015 Agreement." Center for Climate and Energy Solutions.

4. Briner, G and S Moari, 2016, "Unpacking provisions related to transparency of mitigation and support in the Paris Agreement." *OECD/IEA Climate Change Expert Group Papers*, No. 2016/02, OECD Publishing," Paris.

5. Climate Action Tracker, 2019, "Warming Projections Global Update – December 2019." NewClimate Institute and Climate Analytics.

6. Dollle, M, 2017, "The Paris Agreement: Historic Breakthrough or High Stakes Experiment?" *Climate Law*, Vol. 6, 1-20.

7. Graichen, J, M Games, L Schneider, 2016, "Categorization of INDCs in the light of Art. 6 of the Paris Agreement." UBA Text.

8. IPCC, 2014, Summary for Policy Makers. In: *Climate Change 2014: Synthesis Report*.

9. _____, 2014, Summary for Policy Makers. In: *Climate Change 2014: Impacts, Adaptation, and Vulnerability*. Cambridge University Press.

10. _____, 2014, *Climate Change 2014: Mitigation of Climate Change*. Cambridge University Press.

11. _____, 2018, "*Global Warming of 1.5 °C: an IPCC special report on the impacts of global warming of 1.5 °C above pre-industrial levels and related global greenhouse gas emission pathways, in the context of strengthening the global response to the threat of climate change.*"

12. Ngwadla, X, and L Rajamani, 2014, "Operationalising an Equity Reference Framework (ERF) in the Climate Change Regime: Legal and technical perspectives." Cape Town: MAPS.

13. Rajamani, L, 2016, "Ambition and Differentiation in the Paris Agreement: Interpretative Possibilities and Underlying Politics." *International & Comparative Law Quarterly*, Vol. 65, 493−514.

14. _____, 2016, "The 2015 Paris Agreement: Interplay between hard, soft and non−obligations." *Journal of Environmental Law*, Vol. 28, 337−358.

15. _____, and D Bodansky, 2019, "The Paris Rulebook: Balancing Prescriptiveness with National Discretion." *International & Comparative Law Quarterly*, Vol. 68, 1023−1040.

16. UNEP, 2019, "Emissions Gap Report 2019."

17. UNFCCC, 1992, *United Nations Framework Convention on Climate Change.*

18. _____, 1997, *Kyoto Protocol to the United Nations Framework Convention on Climate Change.*

19. _____, 2013, Decision 1/CP.19, "Further Advancing the Durban Platform."

20. _____, 2014, 'Decision 1/CP.20, "Lima Call for Climate Action."

21. _____, 2015, "Negotiating Text." UN Doc. FCCC/ADP/2015/1.

22. _____, 2015, 'Decision 1/CP.21, "Adoption of the Paris Agreement."

23. _____, 2016, "Aggregate effect of the intended nationally determined contributions: an update."

24. _____, 2017, "Non−paper on agenda item 3 of the Ad Hoc Working Group on the Paris Agreement: Further guidance in relation to the mitigation section of decision 1/CP.21 on: *(a) features of nationally determined contributions, as specified in paragraph 26, (b) information to facilitate clarity, transparency and understanding of nationally determined contributions, as specified in paragraph 28, (c) accounting for Parties' nationally determined contributions, as specified in paragraph 31."*

25. _____, 2018, Dec. 4/CMA.1, "Further guidance in relation to the mitigation section of decision 18, *Report of the Conference of the Parties serving as the meeting of the Parties to the Paris Agreement on the third part of its first session, held in Katowice from 2 to 15 December 2018. Addendum 1. Part two: Action taken by the Conference of the Parties."*

제 6 장

흡수원과 산림

김래현(국립산림과학원 국제산림연구과 임업연구관)

Ⅰ. 들어가며

　　기후변화협약과 교토의정서 및 파리협정은 인간에 의해 배출된 온실가스로 인해 가속화되고 있는 지구온난화를 완화하기 위한 국제적인 합의이다. 지구온난화 완화를 달성하는 방안은 크게 인간에 의한 온실가스 배출량을 줄이는 것과 흡수원에 의한 온실가스 흡수량을 보전하고 강화하는 것으로 나눌 수 있다. 이 장에서는 흡수원만을 중점적으로 다루도록 하겠다.

　　에너지, 산업공정, 농업, 폐기물 등 배출원은 주로 온실가스를 배출만 하지만,

토지이용, 토지이용변화 및 임업(Land Use, Land-Use Change and Forestry: LULUCF)을 포함한 흡수원은 대부분 자연생태계로 구성됨에 따라 이들의 발달단계, 기후변화 등 자연환경의 변화는 물론 사람에 의한 인위적인 관리 여부 등에 따라 흡수원이 되기도 하고 배출원이 될 수도 있다.

분명한 것은 LULUCF 활동은 대기로부터 온실가스를 흡수하여 탄소저장고에 저장을 시킴으로서 온실가스를 감축하는 기능을 한다는 것이다. 그러나 흡수원에 의한 온실가스의 흡수량은 다양한 자연적 그리고/또는 인위적인 요인에 의해 매년 그 변이가 크다. 그렇기 때문에 기후변화협약과 교토의정서 및 파리협정은 흡수원의 보전과 증진을 촉진하라고 반복적으로 권장하고 있으며, 교토의정서는 국가감축목표 설정을 위한 기준연도 배출량에 흡수원을 통한 온실가스 흡수량을 포함하지 않고 흡수량을 국가감축목표 달성에 기여할 수 있도록 한 것이다.

이제 우리는 NDC 제출을 통해 스스로 설정한 국가감축목표를 달성해야 하는 파리체제에 대응해야 한다. 파리협정과 세부이행규칙을 중심으로 LULUCF 흡수원을 활용한 국가감축목표 달성방안을 살펴보아야 하나, 파리협정과 세부이행규칙에서 '기존의 방법론과 지침'을 준수하는 것으로 결정됨에 따라 기후변화협약부터 교토의정서 제1~2차 공약기간까지 흡수원을 어떻게 다루어왔는가를 협상문서를 중심으로 살펴보고, '기존의 방법론과 지침'의 적용 가능성을 가늠해 보고자 한다.

Ⅱ. 기후변화협약과 흡수원

기후변화협약은 머리말에서 육상과 해양 생태계에서 온실가스의 흡수원과 저장소의 역할과 그 중요성을 인식해야 함을 강조하고, 제1조(정의)에서 흡수원(sink[1])을 "대기로부터 온실가스, 에어로졸 또는 전구물질을 흡수하는 모든 과정, 활동 또는 체계"로 정의하였다.

> *"Aware of the role and importance in terrestrial and marine ecosystems of sinks and reservoirs of greenhouse gases,"*
>
> —*The Convention of the UNFCCC*—

---

1 "Sink" means any process, activity or mechanism which removes a greenhouse gas, and aerosol or a precursor of a greenhouse gas from the atmosphere.

또한, 기후변화협약의 원칙을 규정한 제3조 3항에서 당사국들은 기후변화의 부정적 효과를 완화하기 위한 조치들을 취해야 하며, 이러한 조치에는 온실가스 감축과 적응에 관련된 모든 배출원과 흡수원 및 저장소들이 모두 포함되어야 한다고 다시 한 번 강조되었다. 그리고 기후변화협약은 제4조 1항 가목을 근거로 모든 당사국들에게 '모든 온실가스의 배출원에 의한 인위적 배출량과 흡수원에 의한 흡수량' (anthropogenic emissions by sources and removals by sinks of all greenhouse gases)에 관한 국가통계를 제12조에 따라 작성하여 정기적으로 보고할 것을 요구하였다. 국가통계로 보고해야 하는 흡수원에 의한 흡수량 산정에 포함되는 흡수원과 저장소의 범위는 다음과 같이 규정하였다(UNFCCC 1992).

표 6-1 기후변화협약에서 규정한 온실가스 흡수원과 저장소

기후변화협약 제4조
1. 모든 당사국은 공통적이면서도 그 정도에 차이가 나는 책임과 자기 나라의 특수한 국가적, 지역적 개발우선순위 · 목적 및 상황을 고려하여 다음 사항을 수행한다.
   (d) 생물자원 · 산림 · 해양과 그 밖의 육상 · 연안 및 해양 생태계 등 몬트리올 의정서에 의하여 규제되지 않는 온실가스의 흡수원과 저장소의 지속가능한 관리를 촉진하고 또한, 적절한 보존 및 강화를 촉진하며 이를 위해 협력한다.

기후변화협약에 따라 모든 당사국은 배출원에 따른 인위적 배출량과 흡수원에 의한 흡수량에 대한 국가통계를 국가보고서(National Communications: NC)에 포함하여 정기적으로 기후변화협약 당사국총회에 제출하였다. 1996년 이전에 국가보고서를 제출한 국가들은 흡수원에 의한 흡수량 또는 배출량을 통일되지 않은 체계로 보고하였으나, IPCC의 1996 국가 온실가스 인벤토리 산정지침 개정판(이하 IPCC 1996 지침, IPCC 1996)이 채택된 후에는 ① 산림과 목재 바이오매스의 변화, ② 산림과 초지의 토지이용변화, ③ 방치된 토지, ④ 토양의 CO_2 흡수와 배출 등 4개의 공통 범주에 대한 흡수량 또는 배출량을 보고하였다(NC1~NC4). 이 보고체계는 산림과 일부 육상 생태계(초지)만이 포함되는 등 불완전한 수준의 국가 온실가스 인벤토리를 보고하는 문제점이 있었으나, 교토의정서 채택에 따라 새로운 산정규칙과 IPCC 지침이 마련되면서 6개 토지이용범주(산림, 경작지, 초지, 습지, 정주지, 기타 토지)와 5개 탄소저장고(지상부 · 지하부 바이오매스, 고사목, 낙엽, 토양)의 인벤토리 보고로 크게 개선되었다(NC5 이후 현재까지).

III. 교토의정서체제에서 흡수원의 감축 기여

기후변화협약이 흡수량을 산정하기 위해 흡수원의 공간적인 유형과 범위를 제시하였다면, 교토의정서는 실제 인위적인 흡수량을 산정하는 근거가 되는 구체적인 흡수원 활동의 유형을 제시하였다. 다시 말해, 기후변화협약에 따라 보고하는 흡수량[2]은 산불 피해지나 버려진 논이나 밭에 사람이 나무를 심지 않아도 자연적인 천이과정을 거쳐 숲으로 발달하는 비인위적인 흡수량을 포함한 전체 흡수량을 국가통계로 보고하는 것이고, 교토의정서에 따라 보고하는 흡수량[3]은 사람에 의한 활동의 결과로 나타나는 인위적인 흡수량만을 국가감축목표 달성에 기여하는 것으로 보고하는 것이다. 교토의정서는 다음과 같이 제2조에서 구체적인 흡수원 활동을 제시하고, 제3조에서 이 흡수원 활동을 통한 흡수량을 국가감축목표 달성에 기여하는 방안을 개략적으로 제시하였다(UNFCCC 1997). 이에 대하여 제1차 공약기간 동안에 적용할 세부적인 이행규칙은 마라케쉬 합의(Marrakesh Accords)에 따른다(UNFCCC 2001).

표 6-2 교토의정서에서 규정한 LULUCF 흡수원 활동

교토의정서 제2조

1. 부속서 1의 당사국은 제3조의 규정에 의한 수량적 배출량의 제한·감축을 위한 공약을 달성함에 있어 지속가능한 개발을 촉진하기 위하여 다음 각목의 사항을 수행한다.

   (a) 자국의 여건에 따라 다음과 같은 정책·조치를 이행하고/이행하거나 더욱 발전시킨다.

   (ii) 관련 국제환경협정상 자국의 공약을 고려하면서, 온실가스(몬트리올 의정서에 의하여 규제되는 것을 제외한다)의 흡수원 및 저장소를 보호·강화하고, 지속가능한 산림경영과 신규조림 및 재조림을 촉진할 것

   (iii) 기후변화요소를 고려한 지속가능한 형태의 농업을 촉진할 것

교토의정서 제3조

3. 인위적·직접적인 토지이용의 변화와 임업활동(1990년 이후의 신규조림·재조림 및 산림전용에 한한다)에 기인하는 온실가스의 배출원에 의한 배출량과 흡수원에 의한 흡수량 간의 순 변화량은, 각 공약기간마다 탄소저장량의 검증 가능한 변화량으로 측정되며, 부속서 1의 당사국이 이 조의 공약을 달성하는데 사용된다. 이러한 활동과 연관되는 온실가스의 배출원에 의한 배출량 및 흡수원에 의한 흡수량은 투명하고 검증 가능한 방식으로 보고되며, 제7조 및 제8조에 따라 검토된다. 54항에서 충분하고 예측가능한 재원이 중요함을 다시 한번 강조하면서 공적·민간, 양자와 녹색기후기금과 같은 다자는 물론 대안적 재원들을 통한 지원 조정을 장려하였다.

---

2 부속서 I 국가의 국가 온실가스 인벤토리 보고서(NIR)상 'LULUCF' 인벤토리 보고.
3 부속서 I 국가의 국가 온실가스 인벤토리 보고서(NIR)상 'KP-LULUCF' 인벤토리 보고.

4. 이 의정서의 당사국회의의 역할을 수행하는 당사국총회의 제1차 회기 전에 부속서 1의 당사국은 과학 기술자문부속기구의 검토를 위하여 자국의 1990년도 탄소저장량의 수준을 설정하고, 다음 연도의 탄소저장량의 변화에 대한 추산을 가능하게 하는 자료를 제공한다. 이 의정서의 당사국회의의 역할을 수행하는 당사국총회는 제1차 회기 또는 그 이후에 가능한 한 조속히 농지·토지이용변화 및 임업부문에서 온실가스의 배출원에 의한 배출량 및 흡수원에 의한 흡수량의 변화와 관련된 추가적인 인위적 활동 중 어느 활동을 어떤 방법으로 부속서 1의 당사국의 배출허용량에 추가하거나 공제할 것인지에 관한 방식·규칙 및 지침을 결정한다. 이러한 결정을 함에 있어서는 불확실성, 보고의 투명성, 검증가능성, 기후변화에 관한 정부 간 패널의 방법론적 작업, 제5조에 따른 과학기술자문부속기구의 자문 및 당사국총회의 결정들이 고려되며, 동 결정은 제2차 공약기간 및 후속의 공약기간에 대하여 적용된다. 당사국은 추가적인 인위적 활동이 1990년 이후에 이루어진 경우에는, 위의 결정을 제1차 공약기간에 대하여 적용하는 것을 선택할 수 있다.

LULUCF분야도 교토체제에서 부속서 I 국가들이 감축목표를 설정하는데 필요한 기준연도 배출량을 산정하는데 포함되었다. 다만, 교토의정서 제3조 7항에 따라 기준연도인 1990년에 LULUCF분야가 순 배출원인 당사국들만 기준연도 배출량을 산정하는데 LULUCF분야의 흡수량을 뺀 순 배출량을 기준연도 배출량에 포함시켰다. 다시 말해, LULUCF분야가 흡수원인 경우 기준연도 배출량에 LULUCF분야의 순 흡수량은 포함되지 않았다. 이에 따라 1990년 당시 LULUCF분야가 순 배출원이었던 호주, 아이슬란드, 덴마크, 아일랜드, 네덜란드, 포르투갈은 LULUCF분야 순 배출량을 포함하여 기준연도 배출량을 확정하였다.[4] 부속서 I 국가들은 이렇게 설정된 기준연도 배출량을 기점으로 교토체제 제1~2차 공약기간의 감축목표와 파리체제 NDC의 감축목표를 공약하였다. 그러나 교토체제에 감축의무가 없었던 개도국들도 참여하는 파리체제는 다양한 방식으로 감축목표를 설정함에 따라 이러한 조항이 포함되지 않았다. 최근 우리나라는 BAU 방식에서 절대량 기준방식으로 NDC를 수정하는 과정에서 다른 선진국들과 같이 교토의정서 제3조 7항을 참고하였다. 우리나라는 기준연도인 2017년에 LULUCF분야에서 41.6백만 이산화탄소상당량톤의 온실가스를 흡수하는 흡수원으로 확인되어, 기준연도 배출량에 LULUCF분야의 순 흡수량을 포함하지 않았다.

---

4 교토의정서 부속서 I 국가들의 initial report와 평가보고서 참조.

표 6-3 교토의정서에서 규정한 부속서 I 국가의 기준연도 배출량 및 허용배출량 설정 지침

> **교토의정서 제3조**
>
> 7. 제1차 수량적 배출량의 제한·감축을 위한 공약기간인 2008년부터 2012년까지 부속서 1의 당사국별 배출허용량은 1990년도나 제5항에 따라 결정된 기준연도 또는 기간에 당해 당사국이 배출한 부속서 A에 규정된 온실가스의 총 인위적 배출량을 이산화탄소를 기준으로 환산한 배출량에 부속서 나에 규정된 당사국별 백분율을 곱한 후 다시 5를 곱하여 산정한다. 토지이용변화와 임업이 1990년도에 온실가스의 순 배출원을 구성한 부속서 1의 당사국은 자국의 배출허용량을 산정함에 있어서 1990년도의 토지이용변화에 기인한, 배출원에 의한 총 인위적 배출량을 이산화탄소를 기준으로 환산한 배출량에서 흡수원에 의한 흡수량을 공제한 양을 자국의 1990년도나 기준연도 또는 기간의 배출량에 포함시킨다.

1. 1차 공약기간 세부이행규칙

교토의정서 제1차 공약기간에 적용된 LULUCF분야의 세부 이행규칙(Decision 16/CMP.1)은 제11차 기후변화협약 당사국총회(COP11)에서 채택되었다. 이 규칙은 LULUCF 흡수원 활동을 정의하고, 흡수량 산정 방법과 국가감축목표에 대한 기여 상한 등을 제시하는 등 부속서 I 국가의 국가감축목표 달성에 기여하는 LULUCF분야 흡수량을 측정·보고하는 체계를 제시하여 커다란 의미가 있다. 당사국은 먼저 자국의 상황에 따라 산림의 정의를 설정해야 한다(16항). 참고로 우리나라 산림의 정의는 최소 수고[5] 5m 이상, 최소 울폐도[6] 10% 이상, 최소면적 0.5ha 이상이다. 당사국은 모든 탄소저장고(지상부 바이오매스, 지하부 바이오매스, 낙엽, 고사목, 토양)의 연간 온실가스 변화량을 산정하여 보고해야 하는데, 온실가스를 배출하지 않는 탄소저장고는 이를 명확하게 밝힌다면 보고하지 않아도 된다(21항).

표 6-4 교토의정서 제1차 공약기간 LULUCF 세부이행규칙(Decision 16/CMP.1)의 정의

1. 교토의정서 제3조 3~4항의 LULUCF 활동에 대해 다음과 같은 정의를 적용해야 한다.
   (a) "산림(forest)"은 성숙 시의 잠재적 최소 수고가 2-5m에 도달하는 수목들로 이루어졌고, 수관울폐도(혹은 해당하는 임목축적도)가 10-30% 이상이며, 최소면적이 0.05-1.0ha인 토지를 말한다. 산림은 다양한 층위와 하층식생이 지표의 대부분을 차지하는 피복림(closed forest) 또는 노천림(open forest)을 포함한다. 수확과 같은 인위적인 간섭 또는 자연적 원인의 결과 일시적으로

---

5 나무의 높이(키).
6 여러 나무의 잎과 가지들이 연결되거나 겹쳐져 가려지는 산림(토지) 면적의 비율.

임목축적을 잃어 수관울폐도 10-30% 또는 최소수고 2-5m의 산림 기준에 미치지 못하는 어린 천연 임분과 모든 조림지도 앞으로 산림으로 환원될 것으로 기대되는 경우 산림에 포함된다;

(b) "신규조림(afforestation)"은 50년 이상 산림 이외의 용도로 이용해 온 토지에 조림, 파종, 인위적 천연갱신촉진 등을 통해 직접적이고 인위적으로(direct-human induced) 새로이 산림을 조성하는 것이다;

(c) "재조림(reforestation)"은 본래 산림이었다가 산림 이외의 용도로 전환되어 이용해 온 토지에 조림, 파종, 인위적 천연갱신촉진 등을 통해 직접적이고 인위적으로 다시 산림을 조성하는 것이다. 제1차 공약기간에 재조림 활동은 1989년 12월 31일 당시 산림이 아니었던 토지에 재조림하는 것으로 제한한다;

(d) "산림전용(deforestation)"은 직접적이고 인위적으로 산림을 산림 이외의 용도로 전환하는 것이다;

(e) "식생복구(revegetation)"는 신규조림이나 재조림의 정의에 부합하지 않지만 최소 0.05ha 면적 이상의 식생 조성을 통해 그 입지에서의 탄소축적량을 증가시키는 직접적인 인위적 활동을 의미한다;

(f) "산림경영(forest management)"은 산림의 생태적(생물다양성을 포함하여), 경제적, 사회적 기능을 충족시킬 목적으로 산림을 지속가능한 방식으로 관리 · 이용하기 위한 시업시스템이다;

(g) "농경지 관리(cropland management)"는 작물 생산을 목적으로 농작물이 자라고 있거나 잠시 휴경하고 있는 토지에서의 시업시스템이다;

(h) "목초지 관리(grazing land management)"는 식생 및 가축의 양과 형태를 조절할 목적으로 축산물 생산에 사용되는 토지에서의 시업시스템이다.

당사국은 공약기간 동안 제3조 3항의 활동인 신규조림과 재조림에 의한 흡수량과 산림전용에 의한 배출량은 의무적으로 산정하여 보고해야 하나, 제3조 4항의 활동은 선택적으로 보고할 수 있다(6항). 단, 한 번 선택한 제3조 4항의 활동은 계속 산정하여 보고해야 한다(19항). 이들 흡수원 활동에 대한 산정과 보고는 매년 또는 공약기간의 마지막 연도에 한 번 보고할 수 있다. 이상의 교토의정서에 따른 국가 온실가스 인벤토리 보고에 대한 부속서 I 국가들의 결정사항은 제4차 교토의정서 당사국총회 문서(FCCC/KP/CMP/2008/Rev.1)에서 확인할 수 있다.

산림경영에 따른 흡수량은 전체 관리되는 산림의 총 흡수량의 15%만 인정되며, 국가감축기여에 활용할 수 있는 총량은 기준연도 배출량의 3%를 넘지 못한다. 이에 따라 부속서 I 국가가 제3조 4항의 활동을 통해 국가감축목표 달성에 활용할 수 있는 온실가스 상한량은 부록으로 제시되어 있는 국가별 인정 온실가스량의 5배를 초과하지 못한다(11항).

산림경영활동과 제3조 3항의 활동 결과, 흡수인 경우 흡수량을 허용배출량에 더하고 배출인 경우에는 허용배출량에서 배출량을 감해야 한다. 경작지와 초지 관리 및 식생복구의 순 흡수량은 공약기간 중 누적 흡수량에서 기준연도의 이들 활동에 의한 흡수량의 5배를 제하여 구하고, 흡수 또는 배출에 따라 허용배출량에서 가감한다(17항).

이상의 LULUCF 활동에 의한 흡수량과 배출량은 IPCC의 수정된 1996 지침 및 2003 LULUCF 우수실행지침에 따라 산정해야 한다(12항).

표 6-5 교토의정서 제1차 공약기간 중 LULUCF 활동 보고 주요 이행지침

KP	LULUCF 활동	보고	흡수량 · 배출량 산정	비고
3.3	신규조림	매년 (의무보고)	전체 흡수량	
	재조림			
	산림전용		전체 배출량	
3.4	산림경영	매년 또는 마지막 년도 (선택보고)	전체 흡수량 × 0.15	cap(3%)
	경작지 관리		전체 흡수량 - 기준연도 흡수량 * 5	
	초지 관리			
	식생복구			

또한, 이 세부이행규칙은 교토의정서 제12조 청정개발체제(CDM)의 흡수원 사업을 신규조림과 재조림에 한정하였다. 각 당사국들이 이들 사업을 통해 허용배출량에 더할 수 있는 탄소배출권(*t*CER, *l*CER)은 기준연도 배출량의 1%에 5배를 한 양을 초과할 수 없다(13~15항).

2. 2차 공약기간 세부이행규칙

2011년에 개최된 제17차 당사국총회(COP17)에서는 교토의정서 제2차 공약기간에 적용할 LULUCF분야의 세부이행규칙(Decision 2/CMP.7)이 채택되었다(UNFCCC 2011). 제1차 공약기간의 세부이행규칙과 크게 달라진 점은 '습지의 배수 및 재침수'가 신규 LULUCF 활동으로 추가된 것, 산림경영에 의한 흡수량을 의무적으로 보고하며, 산정방법으로 산림경영기준선(FMRL, forest management reference level)을 적용하

게 된 것, 자연재해로 인한 배출량을 보고에서 제외한다는 것, 수확된 목재제품(HWP, harvested wood products)이 탄소저장고로 추가된 것 등이다.

신규 LULUCF 활동은 습지의 물을 인위적으로 배수시킴으로서 온실가스가 배출되는 활동과, 배수된 습지에 다시 물을 채움으로서 온실가스를 흡수하는 활동이다(1항 (b)). 습지는 유기물이 천천히 분해되는 혐기성 상태로 대량의 유기물이 저장되어 있는 토지로 물을 빼면 호기성 상태로 전환되어 대량의 유기물이 빠르게 분해되어 대량의 온실가스가 배출되게 된다. 반대로 배수된 습지를 다시 물로 채운다면 혐기성 상태로 전환되어 유기물 축적을 통해 탄소축적이 증가하게 된다.

자연재해는 KP 제1차 공약기간에서도 배출량을 산정하여 보고하였으나, 제2차 공약기간을 위한 세부이행규칙에서 새로운 정의와 여러 가지 규칙을 제시하였다. 이는 2019년 브라질 아마존이 약 10개월 가까이 불타던 것과 같이 기후변화로 인해 인간이 통제하지 못할 정도로 불가항력적인 자연재해(force majeure)로 인한 온실가스 배출을 국가 온실가스 인벤토리 보고에서 제외할 수 있도록 한 것이다. 세부이행규칙 33항에 따르면, 당사국은 KP 제3조 3~4항에 따른 흡수원 활동의 대상지의 자연재해로 인한 피해 사실과 배출량 정보를 제공하고, 34항에서 요구한 정보를 제공한다면 매년 또는 제2차 공약기간의 마지막 연도에 통제 불가능한 자연재해로 인한 온실가스 배출량을 국가 온실가스 인벤토리에서 제외할 수 있다(33항). 34항에서 요구하는 정보는 (a) 자연재해 발생 정보(연도, 유형, 지리적 위치 정보), (b) 자연재해로 인한 연간 배출량과 피해 이후 그 지역의 흡수량, (c) 자연재해 피해 이후 그 지역의 토지이용변화 발생 여부, (d) 해당 자연재해를 통제하기 위해 실질적으로 노력했음을 증명하는 정보, (e) 자연재해 피해지의 복원 노력 입증 정보, (f) 피해목 벌채로 인한 배출량은 제외되지 않았음을 밝히는 정보이다(34항). 물론, 자연재해로 인한 배출량을 감축량 산정에서 제외하였다면, 자연재해 피해지에서의 흡수량 역시 감축량 산정에 포함해서는 안 된다. 자연재해로 인한 온실가스 배출량을 감축량 산정에서 제외하기 위해서는 (1) 자연재해로 인한 시계열 온실가스 배출량과 표준편차를 활용한 자연재해 기준선 또는 (2) 자연재해로 인한 시계열 온실가스 배출량 중 가장 적은 해의 배출량을 자연재해 기준선으로 활용할 수 있다. 자연재해로 인한 온실가스 배출량과 흡수량 산정 및 감축량 산정에서의 제외 등에 관한 세부적인 방법론은 IPCC 2013 KP 보충서에 상세하게 제시되어 있다(IPCC 2013 KP

보충서 2.9.3. 자연재해).

표 6-6 교토의정서 제2차 공약기간 LULUCF 세부이행규칙(Decision 2/CMP.7)의 정의

1. 제3조 3항과 제3조 4항 하의 토지이용, 토지이용변화 및 임업활동에 있어서 다음과 같은 정의를 결정문 16/CMP.1과 결의문 2/CMP.6 제2조에 언급된 바에 추가적으로 적용한다.
   (a) "자연 재해(Natural Disturbances)"는 비인위적인 사건이나 상황이다. 결정문에 따르면 이러한 사건이나 상황은 산림에서 중대한 배출을 야기하지만, 통제 불가능하여 실질적으로 당사국에 의한 영향을 받지 않는다. 자연재해는 당사국의 통제를 벗어나 실질적으로 당사국의 영향을 받지 않는 산불, 병충해, 극단적인 기상이변 그리고/또는 지질적 교란을 포함한다. 벌채와 처방입화[7]는 포함하지 않는다.
   (b) "습지 배수와 재침수(Wetland drainage and rewetting)"는 최소면적 1ha를 덮는 유기질 토지를 대상으로 배수와 재침수하는 시스템을 말한다. 이 활동은 1990년 이래 배수 상태였던 토지, 재침수 상태였고 이 부속서에서 정의된 어떤 활동도 산정되지 않았던 모든 토지에 적용한다. 배수는 직접적이고 인위적으로 soil water table을 낮추는 것이고 재침수는 전체 혹은 부분적 배수의 반대로 직접적이고 인위적이다.

제1차 공약기간에서는 선택적으로 보고할 수 있었던 산림경영이 제2차 공약기간에서는 의무적으로 보고해야 하며, 산림경영기준선(forest management reference level: FMRL) 이상으로 흡수해야만 국가감축목표 달성에 기여할 수 있는 흡수량을 확보할 수 있는 방식으로 산정방법이 변경되었다. 또한, 국가별로 국가감축목표 달성에 기여할 수 있는 산림경영에 의한 흡수량은 기준연도 배출량의 3.5%로 상한이 변경되었다. 부속서 I 국가들의 산림경영기준선 설정은 산림경영기준선 설정 가이드라인 (Decision 2/CMP.6)에 따라 제출된 국가별 산림경영기준선을 UNFCCC 사무국에서 편성한 검토전문가팀(Expert Review Team)의 기술평가를 통하여 확정하였다(FCCC/KP /AWG/2011/INF.2). 그러나 산림경영기준선 설정에 대한 지침이 통일된 하나의 방법론을 제시하지 않아 국가별 산림경영기준선 설정 방법론이 기준연도 흡수량, 과거 흡수량의 평균, 모델로 예측된 흡수량의 평균 등으로 국가마다 다양하게 적용되었다.

---

7 예상되는 산불의 발생 또는 발생한 산불의 피해를 줄이기 위하여 통제가 가능한 범위 내에서 인위적으로 발생시키는 산불

표 6-7	교토의정서 제2차 공약기간 중 LULUCF 활동 보고 주요 이행지침			
KP	LULUCF 활동	보고	흡수량 · 배출량 산정	비고
3.3	신규조림	매년 (의무보고)	전체 흡수량	
	재조림			
	산림전용		전체 배출량	
	산림경영		전체 흡수량 – 산림경영기준선	cap(3.5%)
3.4	경작지 관리	매년 (선택보고)	전체 흡수량 – 기준연도 흡수량 * 5	
	초지 관리			
	식생복구			
	습지 배수 · 침수			

그림 6-1 제2차 공약기간에 적용된 부속서 I 국가들의 산림경영기준선

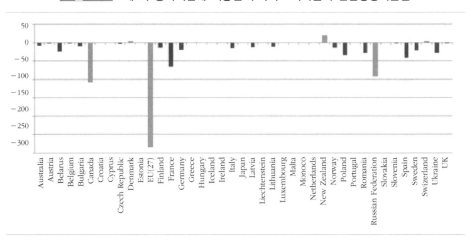

수확된 목재제품의 탄소량 산정에 대한 논의는 1990년대부터 지속적으로 논의
되어왔다. IPCC 1996 지침은 목재에 저장되어 있는 탄소는 벌채와 동시에 바로 배
출되는 것으로 가정하였으나, 2006 지침에서는 수확된 목재제품의 탄소량 산정을 ①
축적변화 접근법, ② 대기유출입 접근법, ③ 생산 접근법, ④ 단순분해법으로 다양하
게 제시하였다. 이들 접근법은 목재 수입국인지 수출국인지에 따라 벌채로 인한 온
실가스 배출량을 국가 온실가스 인벤토리에 포함하거나 제외할 수 있었기 때문에,
하나의 접근법으로 합의가 이루어지지 않았다. 최종적으로, 2011년 제7차 교토의정
서 당사국총회는 교토의정서 제2차 공약기간을 위한 세부이행규칙을 통해 수확된 목
재제품을 새로운 탄소저장고로 인정하였고, 자국 내에서 벌채한 목재만을 탄소량 산

정 대상으로 한정되며 수입목재는 제외하는 생산접근법에 따라 수확된 목재제품의 탄소량 산정을 평가하게 되었다(Decision 2/CMP.7 27~32항).

표 6-8 수확된 목재제품의 탄소량 산정 접근법

접근법	내용	수입국	수출국
축적변화접근법	산림과 국내에 모든 목재의 축적량 변화를 평가 대상으로 함	탄소축적 증가	탄소축적 감소
대기유출입접근법	산림의 이산화탄소 흡수량과 목재의 폐기, 소각으로 인한 이산화탄소 배출량의 균형에 착안한 방법	폐기 시 배출량으로 산정	흡수량으로 산정
생산접근법	국내 산림에서 벌채된 목재를 활용하여 생산된 목재제품을 평가 대상으로 함	탄소량 산정에서 제외	수입국에서 폐기 시 배출량으로 산정

제2차 공약기간의 시작을 위하여 교토의정서가 개정되고, 새로운 LULUCF 세부이행규칙이 채택됨에 따라 제17차 기후변화협약 당사국총회는 IPCC에게 개정된 LULUCF 세부이행규칙을 반영한 새로운 IPCC 지침 개발을 요청하였고, IPCC는 2년 만에 '2013 KP 개정에 따른 LULUCF 우수실행지침 보충서'를 발간하여 당사국들에게 제공하였다.

IV. 파리협정체제에서 산림의 감축 기여

1. 파리협정

파리협정도 머리말에서 기후변화협약에 언급된 온실가스 흡수원과 저장소의 적절한 보전과 강화의 중요성을 인식해야 함을 다시 한번 강조하였다. 사실 선진국들은 온실가스 감축 및 생태계 보전에 있어 토지(land)의 중요성을 파리협정에 명시하고자 하였으나, 개도국들은 온실가스 흡수원과 저장소에서 토지로 감축영역이 확대될 경우 농업분야로 온실가스 감축이 요구되는 것을 방지하고자 토지가 명시되는 것을 반대하여 기후변화협약의 문안을 재인용하였다.

"Recongnizing the importance of the conservation and enhancement, as appropriate, of sinks and reservoirs of the greenhouse gases referred to in the Convention," — Paris Agreement—

그러나 파리협정은 산림을 포함한 LULUCF분야를 독립된 조항으로 다루었다는 점에서 새로운 이정표가 되었다. 이는 기후변화 대응에 있어 LULUCF분야의 흡수와 배출 저감 및 적응에 기여하는 잠재력에 주목하고, 산림을 포함한 온실가스 흡수원과 저장소를 하나의 독립된 분야로 처음 인정한 것이다. 제5조는 흡수원과 저장소를 보전하고 증진하는 조치와 2013년에 채택된 바르샤바 REDD+ 프레임을 계속적으로 지원하는 조치를 요구하였다.

다만 아쉬운 것은 제5조에서 요구하는 조치들은 제4조 감축과 제6조 시장 및 제13조 투명성체계에서 하나의 세부분야로 포함되어 다루어지기 때문에 세부이행규칙 협상에서 독립된 협상이 진행되지 않았다는 점이다. 제6조 시장에 대한 세부이행규칙은 아직 협상이 진행되고 있으므로 제4조 감축과 제13조 투명성체계에서 LULUCF분야 관련 조항을 확인하고, COP24에서 채택된 제4조 감축과 제13조 투명성체계의 세부이행규칙을 살펴보도록 하겠다.

표 6-9 **파리협정 제5조: 온실가스 흡수원에 대한 보전과 증진을 위한 조치**

파리협정 제5조
1. 당사국은 협약 제4조 1항 (d)에 언급된 바와 같이, 산림을 포함한 온실가스 흡수원 및 저장고를 적절히 보전하고 증진하는 조치를 하여야 한다.
2. 당사국은, 협약 하 이미 합의된 관련 지침과 결정에서 규정하고 있는 기존의 프레임워크인: 개발도상국에서의 산림 전용과 산림 황폐화로 인한 배출의 감축 관련 활동, 그리고 산림의 보전, 지속가능한 관리 및 산림 탄소 축적 증진 역할에 관한 정책적 접근 및 긍정적 유인과; 산림의 통합적이고 지속가능한 관리를 위한 완화 및 적응 공동 접근과 같은 대안적 정책 접근을, 이러한 접근과 연계된 비탄소 편익에 대하여 적절히 긍정적인 유인을 제공하는 것의 중요성을 재확인하면서, 결과기반지불 등의 방식을 통하여, 이행하고 지원하는 조치를 하도록 장려된다.

먼저 제4조 감축에서는 크게 장기목표 제시와 온실가스 배출량과 흡수량 산정지침을 다루고 있다. 1항은 파리협정의 장기목표로 2051~2100년 사이에 인위적인 온실가스 배출량과 흡수량을 동일한 수준(net-zero)으로 만드는 것을 제시하였다. 그러나 시간적 규모가 매우 크고, NDC 감축목표 상향이나 파리협정 세부이행규칙과 같이 시급하게 논의해야 하는 협상에 밀려 구체적인 논의는 거의 이루어지지 않았다. COP24(2018년) 개최국인 폴란드는 '산림에 관한 카토비체 장관급 선언'을 통해 파리협정의 장기목표를 재차 강조하였다. 그리고 13~14항에 따르면 당사국은 NDC 이행을 위한 인위적 배출량과 흡수량을 산정할 때 기후변화협약 하의 기존 방법론과 지침을 적절히 고려해야 한다. LULUCF분야에서 최우선적으로 고려할 수 있는 방법론과 지침은 파리체제 바로 전인 교토체제 제2차 공약기간에 부속서 I 국가들이 적용한 방법론([표 6-7])과 IPCC 2013 KP 보충서이고, 그 다음으로는 교토체제 제1차 공약기간에 부속서 I 국가들이 활용한 방법론([표 6-6])과 IPCC 2003 LULUCF 우수 실행지침을 고려할 수 있을 것이다. 파리협정이 채택된 이후 교토체제와 같이 LULUCF분야의 온실가스 배출량과 흡수량 산정을 위한 세부이행규칙의 채택을 기대하였으나 공식적인 협상회의도 개최하지 못하고, 제4조 감축 및 제13조 투명성체계의 세부이행규칙에 일부 지침만 포함되었다. 이는 파리협정 세부이행규칙에서 다루도록 하겠다.

표 6-10 파리협정 제4조: 감축분야의 산림 관련 조항

파리협정 제4조

1. 형평에 기초하고 지속가능한 발전과 빈곤 퇴치를 위한 노력의 맥락에서, 제2조에 규정된 장기 기온목표를 달성하기 위하여, 개발도상국 당사국에게는 온실가스 배출최대치 달성에 더욱 긴 시간이 걸릴 것임을 인식하면서, 당사국은 전 지구적 온실가스 배출최대치를 가능한 한 조속히 달성할 것을 목표로 하고, 그 후에는 이용 가능한 최선의 과학에 따라 급속한 감축을 실시하는 것을 목표로 하여 금세기의 하반기에 온실가스의 배출원에 의한 인위적 배출과 흡수원에 의한 흡수 간에 균형을 달성할 수 있도록 한다.

13. 당사국은 자신의 국가결정기여를 산정한다. 자신의 국가결정기여에 따른 인위적 배출과 흡수를 산정할 때는, 당사국은 이 협정의 당사국회의 역할을 하는 당사국총회가 채택하는 지침에 따라, 환경적 건전성, 투명성, 정확성, 완전성, 비교가능성, 일관성을 촉진하며, 이중계산의 방지를 보장한다.

14. 국가결정기여의 맥락에서, 인위적 배출과 흡수에 관한 완화 행동을 인식하고 이행할 때 당사국은, 이 조 13항에 비추어, 협약상의 기존 방법론과 지침을 적절히 고려하여야 한다.

LULUCF분야는 제13조 투명성체계와도 관련된다. 국가 온실가스 인벤토리 보고와 이에 대한 검토는 교토의정서(제7~8조)에서도 다루어졌던 것이나 파리체제에서는

NDC의 이행과 달성에 대한 진전 추적 정보제공에 LULUCF분야도 포함되었다. 사실 제13조의 조항에는 LULUCF분야를 명시하지 않았을 뿐, 국가 온실가스 인벤토리 보고와 NDC 진전추적 이외에도 감축정책 및 수단의 적용 방법과 전제조건, 온실가스 배출량과 흡수량에 대한 요약정보 및 전망에 관련한 정보 제공 등에 공통적으로 포함되어 있다.

표 6-11 파리협정 제13조: 투명성체계

파리협정 제13조

7. 각 당사국은 다음의 정보를 정기적으로 제공한다.
   (a) 기후변화에 관한 정부 간 패널에서 수락되고 이 협정의 당사국회의 역할을 하는 당사국총회에서 합의된 모범관행 방법론을 사용하여 작성된 온실가스의 배출원에 의한 인위적 배출량과 흡수원에 의한 흡수량에 관한 국가별 통계 보고서, 그리고
   (b) 제4조에 따른 국가결정기여를 이행하고 달성하는 데에서의 진전 추적에 필요한 정보

---

2. 파리협정 세부이행규칙

앞에서 언급한 바와 같이 파리협정 제5조에 관련된 세부이행규칙은 없는 관계로, 관련되는 제4조 감축과 제13조 투명성체계의 세부이행규칙을 살펴보겠다.

먼저 파리협정 제4조 감축에 관련된 세부이행규칙은 NDC에 대한 명확성, 투명성 및 이해를 촉진하기 위한 정보제공(Annex I)과 당사국의 NDC 산정(Annex II)으로 나누어 제공되었다(Decision 4/CMA.1). 파리협정 세부이행규칙은 교토체제 제1~2차 공약기간과 같이 별도의 LULUCF 세부이행규칙을 제시하지 않고, 제4조 감축 세부이행규칙에서 파리협정 제4조 14항에 따라 '기후변화협약상 기존의 방법론과 지침'의 활용과 함께 자연재해와 수확된 목재제품 및 영급구조[8]로 인한 영향에 대한 접근법에 대한 정보제공을 반복적으로 요구하고 있다.

이에 따라, 산림부문은 "기존의 방법론과 지침"에 따라 산정한 인위적인 배출량과 흡수량으로 국가 온실가스 감축목표에 기여해야 한다. 다른 흡수원 활동의 인위적인 배출량과 흡수량 산정은 기존의 방법론과 지침을 활용하는 것에 문제가 없으나 산림경영은 당사국총회를 통해 승인된 산림경영기준선(forest management reference

---

8 숲의 나이는 영급(age class)으로 구분하는데, 1~10년 된 숲이 1영급이며 10년 단위로 1영급씩 증가한다. 산림을 잘 경영하는 것은 결과적으로 높은 영급이 많은 산림(노령림)의 비중이 큰 구조를 가지게 된다.

level: FMRL)이 필요하다. 교토체제에서는 FMRL 설정과 검토 및 승인에 관한 결정문 (Decision 2/CMP.6)에 따라 부속서 I 국가들은 FMRL을 제출하고, UNFCCC 사무국은 LULUCF 전문가의 기술평가를 주관하여 부속서 I 국가별 FMRL을 COP17(2011년)에서 이를 승인하였다.

그러나 파리체제에서는 이에 대한 지침이 없다는 점이 한계이다. 그렇지만, 이는 크게 문제가 되지 않을 것으로 전망된다. 왜냐하면, EU는 회원국들의 FMRL 기술평가를 위한 자체규정(PE-CONS 68/17)을 2018년 4월에 이미 마련하고, 이를 통해 2020년까지 EU 회원국들의 FMRL을 검토하고 확정하여 EU 자체적으로 투명성과 객관성을 확보를 위한 EU 자체 기술평가를 추진하고 있다. EU를 제외한 부속서 I 국가들은 교토체제에서 이미 승인받았던 FMRL을 가지고 있으므로 IPCC의 2013 KP 보충서(IPCC 2013)의 FMRL 기술보정 지침에 따른 보정이 가능하다.

또한, 개도국 가운데 REDD+ 프레임워크에 참여하는 당사국들은 바르샤바 REDD+ 프레임워크의 MRV 절차에 따라 UNFCCC 사무국에서 추진하는 배출기준선/기준선 (reference emission level/reference level: REL/RL) 기술평가를 통해 승인된 기준선을 활용할 수 있기 때문이다. 이와 같이 기존의 체계나 지침을 활용하기 어렵고, 도시국가의 한계로 산림이 적은 싱가포르나 경제규모로 볼 때 개도국이라 주장하기 어려운 우리나라와 같은 국가들은 기존의 방법론과 지침에 따라 국가 스스로 산림경영기준선을 설정할 수밖에 없으며, 첫 번째 격년투명성보고(biennial transparency report: BTR)를 제출한 후 기술전문가검토(technical expert review: TER) 과정에서 LULUCF분야 전문가의 기술평가를 받게 될 것이다.

또한, 세부이행규칙에서는 자연재해와 수확된 목재제품 및 영급구조의 영향에 대한 정보제공을 반복적으로 명시하고 있다. 특히, 자연재해로 인한 온실가스 배출량 제외와 자연재해 피해지에서의 흡수량 산정 및 관련된 정보제공은 2000년대 초부터 국가 온실가스 인벤토리 보고서 제출과 이에 대한 검토를 매년 이행하고 있는 부속서 I 국가들도 이들에 대한 보고를 제대로 하고 있지 않기 때문이다. 이는 국가별 국가 온실가스 인벤토리 보고의 정확성 제고를 위한 요구이다. 수확된 목재제품 탄소량 산정은 제7차 교토의정서 당사국총회에서 승인한 Decision 2/CMP.7에 따라 생산접근법이 기본적으로 활용되어야 하는데, 일부 당사국들이 30항[9]을 근거로 생산

---

9 Decision 2/CMP.7 30항 당사국이 검증 가능하고 투명한 활동 자료를 이용할 수 있고 그 방법론이 최

접근법 대신 자국에 유리한 다른 접근법을 활용함에 따라 훼손된 국가 온실가스 인벤토리 보고의 국가 간 비교가능성과 일관성을 제고하기 위한 조치이다.

마지막으로 영급구조의 영향은 산림을 잘 관리하더라도 나무의 나이가 많아지면 온실가스 흡수량이 크게 줄어드는 것을 말한다. 산림의 온실가스 흡수능력을 유지 또는 증진하는데 이 영급구조의 영향을 어떻게 처리할 것인가에 대한 고민을 오랫동안 해결하지 못하고 계속 가져가고 있는 실정이다.

표 6-12 파리협정 제4조 감축의 산림 관련 세부이행규칙

Annex I. NDC의 명확성, 투명성 및 이해를 촉진하기 위한 정보 제공

5. 인위적인 온실가스 배출량과 흡수량을 추정하고 설명하기 위한 가정과 방법론적 접근법
    (a) 결정문 1/CP.21의 31항과 CMA에 의해 채택된 산정지침에 따른 당사국의 국가감축기여에 따른 인위적인 온실가스 배출량과 흡수량을 산정하는데 적용한 가정과 방법론적 접근법
    (c) 적용하였다면, 파리협정 제4조 14항에 따라 인위적인 배출량과 흡수량의 산정을 위해 당사국이 기존의 방법론과 지침을 어떻게 고려하였는지에 대한 정보
    (d) 인위적인 배출량과 흡수량의 추정을 위해 활용한 IPCC 방법론과 metrics
    (e) IPCC 지침과 일치하는 분야별, 범주별 또는 활동별 고유의 가정과 방법론 및 접근방법(적용 가능한 경우 포함)
    (i) 관리되는 토지에서 발생한 자연재해로 인한 배출량과 후속적인 흡수량을 다루기 위한 접근방법
    (ii) 수확된 목재제품으로 인한 배출량과 흡수량을 설명하는 데 사용되는 접근방법
    (iii) 산림의 영급구조로 인한 영향을 설명하는 데 사용되는 접근방법

Annex II. 당사국의 NDC 산정

1. CMA에 의해 채택된 IPCC 방법론과 공통의 metrics에 따른 인위적인 배출량과 흡수량 산정
    (a) 당사국은 IPCC 방법론과 공통의 metrics 및 투명성체계의 지침에 따라 인위적인 배출량과 흡수량을 산정해야 한다.
    (c) 기후변화협약 하의 기존의 방법론과 지침을 활용하는 당사국은 어떻게 적용하였는지에 대한 정보를 제공해야 한다.
    (e) 관리되는 토지에서 발생한 자연재해로 인한 배출량과 후속적인 흡수량을 다루기로 결정한 당사국은 접근방법과 IPCC 지침과 어떻게 일관성을 유지하였는지에 대한 세부적인 정보를 제공해야 한다.
    (f) 수확된 목재제품으로 인한 배출량과 흡수량을 산정하는 당사국은 배출량과 흡수량 추정에 활용한 IPCC 접근법에 대한 세부적인 정보를 제공해야 한다.
    (g) 산림의 영급구조로 인한 영향을 설명하는 당사국은 접근법과 관련된 IPCC 지침과 어떻게 일관성을 유지하였는지에 대한 세부적인 정보를 제공해야 한다.

소한 위에 기재된 것만큼 자세하고 정확하다면, 위(27~29항)에 명시된 초기 반감기 값을 대체하기 위해 또는 최근에 채택된 IPCC 지침과 COP에서 동의된 모든 차후의 설명에서의 정의와 측정법에 따라 그러한 제품의 탄소량을 산정하기 위해 각 국가별 자료를 사용할 수도 있다.

다음으로 파리협정 제13조 투명성체계에 관련된 세부이행규칙을 살펴보겠다. 투명성체계는 온실가스 인벤토리와 감축은 물론 적응, 재원, 기술이전 및 능력배양에 관련된 모든 정보의 보고와 검토를 다루고 있다. 때문에 투명성체계를 위한 방식과 절차 및 지침(Modalities, Procedures and Guidelines: MPG)은 총 199개 항에 달하는 매우 세부적인 지침을 제공하고 있다. LULUCF분야는 국가 온실가스 인벤토리 보고, NDC 이행 진전추적, 감축정책 및 수단의 적용 방법과 전제조건, 온실가스 배출량과 흡수량에 대한 요약정보 및 전망에 관련한 정보 제공 등에 공통적으로 포함되어 있다. 따라서 여기서는 LULUCF분야가 다른 분야와 공통적으로 다루어지는 내용은 제외하고 LULUCF분야만 해당하는 국가 온실가스 인벤토리 보고와 NDC 이행 진전추적에 관한 세부이행규칙 내용만 다루도록 하겠다.

국가 온실가스 인벤토리 보고 관련 조항에서는 자연재해로 인한 배출량 산정과 불가항력적인 자연재해로 인한 배출량의 제외 그리고 이러한 자연재해 피해지에서의 흡수량을 국가감축목표에 활용되지 않도록 이에 대한 접근방법과 관련 정보를 제공할 것을 요구하고 있다. 수확된 목재제품의 탄소저장량 변화는 앞에서 기술한 바와 같이 생산접근법 적용이 기본이지만, 다른 방법론을 적용하는 국가는 생산접근법을 적용하였을 때의 통계와 비교할 수 있도록 관련 정보를 제공할 것을 요구하였다. NDC 이행과 달성 진전추적에 필요한 정보는 파리체제에서 새롭게 요구한 보고항목으로 NDC에 기여하는 산림의 배출량과 흡수량 산정에 관련된 정보 제공을 요구하고 있다. 그러나 파리체제에서의 투명성 관련 정보는 공통표양식(Common Table Format: CTF)이 아직 협상에서 논의 중이어서 요구되는 정보를 어떻게 어느 정도까지 보고해야 하는지는 아직 불확실하다.

표 6-13 파리협정 제13조 투명성체계의 산림 관련 세부이행규칙

투명성체계를 위한 방식과 절차 및 지침(MPG)

II. 국가 온실가스 인벤토리 보고(인위적인 배출량과 흡수량)

55. 관리되는 토지에서 발생하는 자연재해(natural disturbance)로 인한 배출과 후속적인 흡수에 관하여 보고하고자 하는 당사국은 적용한 접근방법에 대한 정보와 이 접근방법이 IPCC 지침과 일관된다는 정보를 제공해야만(shall) 한다.

56. 수확된 목재제품(harvested wood products)으로 인한 온실가스 배출량 및 흡수량을 생산접근법이 아닌 IPCC 가이드라인이 제시한 다른 접근방법을 활용하려는 당사국은 생산접근법에 따른 온실가스 배출량과 흡수량에 대한 추가적인 정보를 제공해야만(shall) 한다.

Ⅲ. NDC 이행 및 달성 진전추적에 필요한 정보

75. 제4조에 따라 당사국 NDC에 이용과 적용이 가능한 경우, 74항에 언급된 정보는 반드시 포함되어야 한다.

(d) 적용 가능한 경우를 포함하여 기후변화협약 하의 관련 결정문을 고려하고, IPCC 지침과 일치하는 모든 부문, 범주 또는 활동별 가정과 방법론 및 접근법을 NDC에 적용할 수 있는 경우:

(i) 관리되는 토지에서 발생한 자연재해로 인한 배출량과 후속적인 흡수량을 다루기 위해 사용된 접근법;

(ii) 수확된 목재제품으로부터의 배출량과 흡수량을 산정하기 위해 사용된 접근법;

(iii) 산림의 영급구조로 인한 영향을 다루기 위해 사용된 접근법;

77. 각 당사국은 다음을 포함하여 제4조에 따라 NDC를 이행하고 달성하는 과정을 추적하기 위해 위의 65-76항에 언급된 정보를 구조화된 요약으로 제공해야 한다.

(e) 목표 기간 또는 목표 연도의 매년 LULUCF분야의 기여. 적용 가능하고, 총 순 온실가스 배출량과 흡수량이 인벤토리 시계열에 포함되지 않은 경우

3. 바르샤바 REDD+ 프레임워크 추진현황

파리협정 제5조 2항은 "당사국은 기후변화협약에 따라 이미 합의된 관련 지침과 결정에서 규정하고 있는 REDD+를 위한 정책적 접근과 긍정적 인센티브 제공을 위한 기존의 프레임워크를 결과기반 보상 등의 방식으로 이행하고 지원하는 조치를 촉진한다."라고 규정하고 있다. 이 조항을 이행하기 위해 바르샤바 REDD+ 프레임워크(Warsaw REDD+ framework: WRF)의 논의 과정을 간단히 살펴보도록 하겠다.

파푸아뉴기니와 코스타리카는 열대우림국가연대(Coalition for Rainforest Nations: CfRN) 대표로서 개도국의 산림전용으로 인한 온실가스 감축(Reducing Emissions from Deforestation: RED)을 공식의제로 제안하여 제11차 기후변화협약 당사국총회(COP11, 2005)에서 채택되었다. 제13차 기후변화협약 당사국총회(COP13, 2007)는 산림전용뿐만 아니라 산림황폐화, 산림보전, 산림의 지속가능한 경영 및 산림탄소축적을 증진하는 활동(이하 REDD+)까지 감축활동 범위를 확대하는 발리행동계획(Bali action plan)을 채택하였고, REDD+를 Post-2012 장기협력행동에 관한 특별작업그룹(Ad Hod Working Group on Long-term Cooperation Action: AWG-LCA)의 감축부문 의제로 포함시켰다. 제15차 기후변화협약 당사국총회(COP, 2015)는 REDD+ 이행에 필요한 측정과 보고를 위한 기본적인 체계를 구축하였고, 코펜하겐합의문(Copenhagen Accord)에서도 기후변화를 완화하는 REDD+ 활동의 중요성을 인정하고, 개도국의 REDD+

활동에 대한 인센티브 제공과 선진국의 재원 확대의 필요성을 명기하였다. 제16차 기후변화협약 당사국총회(COP16, 2010)는 칸쿤합의문(Cancun Agreements) 채택을 통해 REDD+ 이행 기반(활동범주, 참여조건 등)과 1~2단계의 재원을 결정하였다. 제17차 기후변화협약 당사국총회(COP17, 2011)는 완전이행단계의 재원, 안전장치의 취급 및 준수와 산림배출기준선/산림기준선(reference emission level/emission level: REL/RL) 설정 지침에 대하여 합의하였다. 제19차 기후변화협약 당사국총회(COP19, 2013)는 MRV 등 세부방법론과 결과 기반의 재정지원체계 및 총괄운영체계에 대한 7개의 결정문을 채택함으로써 '바르샤바 REDD+ 프레임워크'의 운영을 공식적으로 승인하였다. 이듬해부터 UNFCCC 사무국은 REDD+ Web Platform(redd.unfccc.int)을 통해 투명하게 REDD+ 프레임워크를 운영하고 있으며, 개도국이 REDD+ 프레임워크에 참여하여 결과기반의 감축실적을 인정받기 위해서는 해당 개도국의 REDD+ 관련 정책(전략)과 실행계획 및 안전장치 등의 정책 요건과 REL/RL 기술평가, 격년갱신보고서(biennial update report: BUR)와 국제 협의 및 분석(international consultation and analysis: ICA)를 통한 감축실적 기술평가 등의 기술 요건을 모두 충족해야 한다.

그림 6-2 REDD+ REL/RL 기술평가를 통한 고유 REL/RL 확보 국가현황

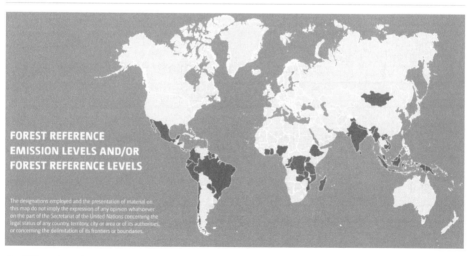

※ 출처: redd.unfccc.int

약 10여 년간의 논의 끝에 출범한 바르샤바 REDD+ 프레임워크는 2014년 브라질의 REL 기술평가를 시작으로 UNFCCC 사무국이 공식적으로 운영하기 시작하였다. 현재까지 REDD+ 프레임워크에 참여하겠다고 신청한 개도국은 총 55개국이다. 이들 가운데 38개 당사국이 2019년까지 시행된 REL/RL 기술평가를 통해 승인된 REL/RL을 확보하였다(국가수준 32개국, 준국가수준 6개국). 2020년에도 17개 당사국이 REL/RL 기술평가를 받고 있다. REL/RL 기술평가를 완료한 당사국 가운데 8개국이 격년갱신보고서(biennial update report: BUR)의 부속서를 통해 REDD+ 감축실적을 보고하고, 이에 대한 ICA를 거쳐 REDD+ 등록부에 자국의 감축실적을 등록하였다. 이들의 연평균 감축실적은 725백만 이산화탄소톤으로 현재 우리나라의 1년 배출량에 달하는 상당한 규모이다([표 6-14]). 그리고 REDD+ 프레임워크의 최종 단계인 감축실적(결과)에 기반한 인센티브를 브라질이 유일하게 받았다. 브라질은 약 612백만 이산화탄소톤의 연평균 REDD+ 감축실적 가운데 약 27백만 이산화탄소톤(4.5%)에 대하여 노르웨이, 독일, 브라질 석유공사 등으로부터 인센티브를 지급받았다.

표 6-14 전 세계 연평균 REDD+ 감축실적(2005~2017)(unit: t CO$_2$-eq)

브라질	인도네시아	말레이시아	콜롬비아
612,552,398	48,978,427	19,494,000	15,114,615
파라과이	칠레	에콰도르	파푸아뉴기니
13,396,655	6,136,475	4,831,679	4,501,657

총 감축실적: 725,005,906

이상과 같이 기후변화 완화라는 공동의 목표 달성을 위해 교토체제 이후에 개도국 감축 참여를 유도하기 위한 REDD+ 프레임워크는 원래 목적하던 바를 성공적으로 달성하였다. 그리고 이미 감축실적을 등록한 8개 국가 외에도 REDD+ 프레임워크에 참여하고 있는 개도국들은 계속해서 감축실적을 REDD+ 등록부에 등록할 것이 명확하다. 그러나 이들 감축실적에 대한 인센티브 지급 재원은 충분치 않다는 것이 현실이다. 그 때문에 파리협정을 채택한 제21차 기후변화 당사국총회는 파리협정을 채택한 결정문(Decision 1/CP.21)의 54항에서 충분하고 예측 가능한 재원이 중요함을 다시 한번 강조하면서 공적·민간, 양자와 GCF와 같은 다자는 물론 대안적 재원들을 통한 지원 조정을 장려하였다. 그러나 개도국들의 REDD＋ 감축실적이 쌓이기 시작하는 지금도 REDD＋ 감축실적에 대한 인센티브 지급을 위한 충분하고 예측 가능한 재원은 여전히 불투명하다.

이상의 상황과 함께 우리는 파리협정에 따라 제출된 NDC 분석 결과, 73개 당사국들이 산림과 토지를 주요 감축요소로 포함하였고, 이 가운데 41개 개도국은 REDD＋ 감축실적을 감축목표에 기여할 계획임을 밝혔다는 점을 주목할 필요가 있다. 명확한 것은 향후 REDD＋ 프레임워크를 통한 개도국의 누적 감축실적은 더욱 확대될 것이라는 점이다. 물론, 개도국은 이를 자국의 NDC에 먼저 활용할 것이나 일부는 ITMOs를 통한 추가적인 재원확보를 꾀할 것이라는 점도 분명하다. 때문에 NDC 이행을 지원하는 파리협정 제6조의 세부이행규칙 협상의 귀추가 주목된다.

V. 맺으며

파리체제에서 우리가 최종적으로 이루고자 하는 것은 기후변화 완화를 위한 감축목표 달성을 최우선으로 하되 적응, 재원, 능력배양과 기술이전 등 개도국의 기후변화 대응을 지원하는 것, 그리고 이러한 모든 활동을 투명하게 이행하는 것이다. 이를 위해 지금까지 LULUCF분야의 산림을 중심으로 기후변화협약부터 파리협정 세부이행규칙까지 관련된 협약과 협정, 세부이행규칙과 결정문 및 국제기구 지침의 관련 내용을 살펴보았다. 우리가 준비해야 할 것은 요구되는 수준의 산림부문 국내 이행체계를 구축하는 것으로 앞으로 이를 어떻게 추진해야 할지를 제안하고자 한다.

먼저 감축목표와 관련하여, 우리나라의 국가감축목표 설정과 달성에 기여할 국내 산림의 흡수량을 파리협정과 그 세부이행규칙에서 제시한 산정지침에 따라 평가하기 위한 산림부문 흡수량 측정·보고체계 개발 등 국내 이행체계 구축을 위한 노력이 필요하다. 우리나라는 국가 온실가스 인벤토리 보고체계를 이미 구축하고는 있다. 그러나 산림부문은 국가 온실가스 인벤토리 보고서에서 감축 산정지침에 따라 산림부문 감축량을 별도의 장(부속서 I 국가의 KP－LULUCF 보고)으로 보고해야 하나 우리나라는 아직 국가감축목표에 기여할 수 있는 산림 흡수원 활동에 의한 흡수량 산정체계를 아직 확고히 구축하지 못한 상황이다.

이를 위해서는 IPCC 2014 교토의정서 보충서를 기반으로 한 감축량 측정·보고

체계를 정교하게 개발해야 할 것이다. 우선 감축 잠재량이 가장 큰 산림경영을 통한 흡수량 산정을 위하여 객관적이고 투명한 산림경영기준선이 설정되어야 하고, 이를 국내외에서 인정받기 위한 계획 수립과 추진이 필요하다. 또한, 세부이행규칙에서 요구하는 자연재해와 수확된 목재제품의 탄소량 산정체계도 확정해야 할 것이다.

투명성체계를 살펴보면, 우리나라는 국가보고서와 격년갱신보고서를 이미 국제 사회에 공식적으로 제출하고 있고, 국가 온실가스 인벤토리 보고서는 국내적으로 공표하고 있어, 새로운 투명성 체계 도입에 따라 발생하는 국가적 부담은 크지 않을 것으로 예상되나 그 강도는 세부 부문별로 다를 것이라 예상된다.

산림부문은 토지이용변화 매트릭스의 부재로 낙엽, 고사목, 토양탄소 변화량을 측정·보고하지 못하고 있는데, 국가 온실가스 인벤토리 보고의 완전성과 정확성 개선을 위하여 관계부처 협의 등을 통해서 2020년 전에는 반드시 개선되어야 할 부분이다.

추가적으로, 산림부문은 국외 감축수단으로 볼 수 있는 개도국의 REDD＋ 감축 실적을 국내에 도입하는 것을 염두에 두고 있으나 아직도 세부이행규칙 협상이 진행되고 있으므로 구체적인 도입방안을 언급하지는 않겠다. 다만, 많은 개도국이 REDD＋를 통해 NDC 이행을 위한 감축실적을 확보하겠다고 하였으나, REDD＋ 감축실적을 실제로 등록한 국가는 아직까지 8개국에 지나지 않는다는 점을 주목해야 한다. 이는 여전히 많은 개도국이 REDD＋ 프레임워크 참여를 위한 지원이 필요하다는 방증이다. 파리체제는 개도국의 적응과 능력배양 지원 및 기술이전을 요구하고 있으므로 개도국의 REDD＋ 프레임워크 참여를 위한 능력배양과 기술이전 등의 지원은 우리나라의 이행성과로 보고할 수 있을 것이다. 더 나아가 이러한 지원과 협력을 통한 우호적인 관계 형성은 향후 해당 개도국이 REDD＋ 프레임워크 이행능력을 갖추게 되었을 때, ITMOs를 통한 REDD＋ 감축실적의 국내 도입에 긍정적인 영향을 미칠 것으로 기대된다.

참고문헌

1. 국립산림과학원. 2012. 기후변화 숲, 그리고 인간. 연구신서 제53호.

2. 국립산림과학원. 2016. 유엔기후변화협약 산림부문 협상을 위한 가이드북. 연구자료 제666호.

3. 김래현. 2013. 기후변화협약 산림부문 협상 동향과 전망. 산림정책이슈 제14호.

4. 김래현, 배재수. 2014. 바르샤바 REDD+ 프레임워크: 전망과 대응. 국제산림정책토픽 제1호.

5. 김래현, 이동호, 임종수, 이나라, 오경미, 김명길. 2019. 제24차 유엔기후변화협약 당사국총회 산림부문 협상 주요결과 및 향후 대응 방향. 국립산림과학원 국제산림정책토픽 제79호.

6. 윤평화. 2015. REDD+ 체제 구축과 이행－UNFCCC REDD+ 협상 분석을 중심으로. 한국농촌경제연구원 세계농업 제180호.

7. 임종수, 송민경. 2016. 파리협정문의 주요 합의사항과 산림부문 논의동향 및 대응방안. 국립산림과학원 국제산림정책토픽 제27호.

8. Grassi G., den Elzen M.G.J., Hof A.F., Pilli R., Federici S. 2012. The role of the land use, land use change anf forestry sector in achieving Annex I reduction pledges. Climatic Change 115: 873－881.

9. IPCC. 2013 Revised Supplementary Methods and Good Practice Guidance Arising from the Kyoto Protocol. IPCC.

10. UNFCCC. 2015. Decision 1/CP.21 Adoption of the Paris Agreement.

11. UNFCCC. 1992. United Nations Framework Convention on Climate Change.

12. UNFCCC(법제처 번역). 1992. 기후변화에 관한 국제연합 기본협약.

13. UNFCCC(법제처 번역). 1997. Kyoto Protocol to the United Nations Framework Convention on Climate Change.

14. UNFCCC(법제처 번역). 1997. 기후변화에 관한 국제연합 기본협약에 대한 교토의정서.

15. UNFCCC. 2015. Paris Agreement.

16. UNFCCC(법제처 번역). 2015. 파리협정.

17. UNFCCC. 2001. Decision 11/CP.7 Land use, land－use change and forestry.

18. UNFCCC. 2005. Decision 16/CMP.1 Land use, land−use change and forestry.

19. UNFCCC. 2011. Decision 2/CMP.7 Land use, land−use change and forestry.

20. UNFCCC. 2013. Decision 1/CMP.8 Amendment to the Kyoto Protocol pursuant to its Article 3, paragraph 9(the Doha Amendment).

21. UNFCCC. 2007. Decision 2/CP.13 Reducing emissions from deforestation in developing countries: approaches to stimulate action.

22. UNFCCC. 2009. Decision 4/CP.15 Methodological guidance for activities relating to reducing emissions from deforestation and forest degradation and the role of conservation, sustainable management of forests and enhancement of forest carbon stocks in developing countries.

23. UNFCCC. 2010. Decision 1/CP.16 The Cancun Agreements: Outcome of the work of the Ad Hoc Working Group on Long−term Cooperative Action under the Convention.

24. UNFCCC. 2013. Decision 9/CP.19 Work Programme on results−based finance to progress the full implementation of the activities referred to in decision 1/CP.16 paragraph 70.

25. UNFCCC. 2013. Decision 10/CP.19 Coordination of support for the implementation of activities in relation to mitigation actions in the forest sector by developing countries, including institutional arrangements.

26. UNFCCC. 2013. Decision 11/CP.19 Modalities for national forest monitoring systems.

27. UNFCCC. 2013. Decision 13/CP.19 Guidelines and procedures for the technical assessment of submissions from Parties on proposed forest reference emission levels and/or forest reference levels.

28. UNFCCC. 2013. Decision 14/CP.19 Modalities for measuring, reporting and verifying.

29. UNFCCC. 2018. Decision 4/CMA.1 Further guidance in relation to the mitigation section of decision 1/CP.21.

30. UNFCCC. 2018. Decision 18/CMA.1 Modalities, procedures and guidelines for the transparency framework for action and support referred to in Article 13 of the Paris Agreement.

제 7 장

시장 메커니즘

박순철(한국생산기술연구원 국가청정생산지원센터 전문위원)

임서영(한국환경공단 기후변화대응처 과장)

오대균(한국에너지공단 기후대응이사)

목 차

Ⅰ. 개요

1. 도입 배경

교토의정서에 따라 설립된 교토메커니즘 이후의 시장 메커니즘에 관한 논의는 Post – 2012의 기후변화대응 체계에 대한 발리행동계획(Bali Action Plan)에 근거하여 출발하였다. 제13차 당사국총회(발리, 2007년)에서 채택된 발리행동계획에 따르면 제15차 당사국총회(코펜하겐, 2009년)까지 교토의정서 제2차 공약기간에 대한 협상을 완료한다고 협상시한을 설정하였다. 또한 협상 논의에 대하여 선진국의 2012년 이후 감축목표를 논의하기 위한 교토의정서 특별작업반(AWG – KP[1])과 선진국과 개도국의 장기 온실가스 대응체계를 논의하기 위한 장기협력행동 특별작업반(AWG – LCA[2])으로 구분하여 진행하기로 합의하였다. 발리행동계획은 2012년 이후의 기후변화 대응 체계에 대한 협상 일정과 방식을 합의하였으며, 당사국들의 감축행동을 강화하는 방안으로 '선진국과 개도국의 상이한 환경을 고려하여 감축행동을 촉진, 비용효과성을 강화하고, 시장을 활용한 기회 등을 포함한다'는 다양한 접근법(Various Approaches)의 내용이 발리행동계획에 명시되었다.[3]

Post – 2012의 기후변화대응 체계를 논의하는 과정에서 제기된 주요 이슈 중 하나가 새로운 시장 메커니즘에 관한 논의이다. 새로운 시장 메커니즘 도입 필요성 여부가 초기의 주요 쟁점이었다. 이에 찬성하는 국가들[4]은 청정개발체제(Clean Development Mechanism: CDM) 사업의 지역적 편중성, 낮은 비용 효용성, 긴 등록 소요기간 등 기존 시장 메커니즘의 문제점 개선이 필요하다는 입장이었다. 반면, 일부 당사국들은 시장 메커니즘 자체의 회의론과 기존 교토메커니즘의 지속 등을 주장하며, 새로운 시장 메커니즘의 불필요성을 주장하기도 하였다(산업통상자원부, 2011).[5]

---

1 Ad hoc Working Group on Further Commitment for Annex I Parties under the Kyoto Protocol.
2 Ad hoc Working Group on Long-term Cooperative Action.
3 Decision1/CP13
  1.(b)(v) Various approaches, including opportunities for using markets, to enhance the cost-effectiveness of, and to promote, mitigation actions, bearing in mind different circumstances of developed and developing countries
4 새로운 시장 메커니즘 설립을 찬성하는 국가들에는 EU, 일본, 호주, 뉴질랜드, 싱가포르, 스위스, 페루, 한국 등이 있으며, 이들 그룹을 O2 그룹으로 불렸다.
5 ALBA(Bolivarian Alliance for the Peoples of our America) 그룹은 시장 메커니즘은 선진국이 감축의무를 회피하는 수단으로 이용되는 등 환경 건전성에 근본적인 문제점이 존재하므로 시장 메커니즘의

시장 메커니즘 논의에 찬성하는 국가들이 늘어나면서 도입논의가 본격화될 것으로 예상했지만, MRV(측정·보고·검증)에 대한 선진국들 간의 의견대립으로 시장 메커니즘 도입논의를 유보하고 시장 메커니즘의 준비를 위한 작업 프로그램(Work Programme)을 운영하기로 변경하였다. 선진국들 간에 단일한 MRV 규칙을 제정할 필요성과 제도 운영의 관리체계에 관한 입장의 대립이 쟁점화되었다. 대표적으로 유럽연합의 경우에는 청정개발체제와 같이 UNFCCC 하의 체계 내에서 중앙집권화된 운영방식과 단일화된 MRV 기준의 제정을 선호하였지만, 일본과 미국 등은 한 국가 내에서 자국의 정책에 따라서 시행하는 시장 메커니즘을 통한 감축실적을 국가 의무 준수에 활용하는 분권화된 운영방식을 주장하였다.[6]

이로 인해서 2012년 이후의 국제 탄소시장에 대한 논의는 제17차 당사국총회(더반, 2011)에서 시장에 기반을 둔 다양한 접근법(various approaches)의 체계와 신규 시장 메커니즘(new market mechanism)의 방법 및 절차로 구분해서 작업 프로그램(Work Programme)을 구성하였다.[7]

이 외에도 볼리비아 등 개도국을 중심으로 비시장 접근법(non-market approach)의 필요성이 제기되었다. 개도국이 제안한 비시장 접근법은 감축실적에 대한 배출권을 발행하지 않으면서 감축과 적응의 균형과 선진국으로부터 재정지원과 기술이전을 중심으로 운영됨을 강조하였다. 이에 따라 2012년 이후의 기후변화 체계에서의 시장 메커니즘은 [표 7-1]에서 보는 바와 같이 다양한 접근법, 신규 시장 메커니즘, 비시장 접근법의 3개의 작업 프로그램으로 구분되었다. [표 7-1]에서 보는 바와 같이 개념적으로 다양한 접근법의 프레임워크는 신규 시장 메커니즘과 여타 시장 메커니즘을 모두 포괄하는 개념이다. 여기서 기타 시장 메커니즘은 일본과 미국이 제안한 국가가 정책적으로 시행하는 자발적인 시장 메커니즘을 의미한다. 아울러 비시장 접근법의 경우에는 감축(mitigation)과 같이 산정이 가능한 유형과 적응(adaptation)과 같이 산정이 어려운 유형으로 구분된다. 아울러 다양한 접근법은 온실가스 감축의

도입 자체를 반대하였고, 기존 교토메커니즘에서 많은 사업을 이행하고 있는 일부 국가들은 교토메커니즘으로 충분하며 새로운 시장 메커니즘의 필요성 자체에 대한 의문을 제기하였다.

6 특히, 일본은 자국에서 운영 중인 양자협력을 통한 개별적인 측정·보고·검증 기준의 제정과 복수의 시장 메커니즘 설립을 주장하였다(산업통상자원부, 2011).

7 작업프로그램은 다양한 접근법의 프레임워크(Framework for Various Approaches), 신규 시장 메커니즘의 방법 및 절차(Modalities and Procedures for the New Market-based Mechanism)로 구성되었다.

계량화가 가능함을 전제로 한 개념이므로 비시장 접근법의 일부를 포함하게 된다.

표 7-1 Post-2012 시장 메커니즘 간의 관계

다양한 접근법의 프레임워크			프레임워크 외부
시장 접근법		非 시장 기반 접근법	
신규 시장 메커니즘	기타 시장 메커니즘	산정 가능한 非시장 접근법	산정 불가능한 非시장 접근법

※ 출처: EIG 공동제안서, Framework for various approaches(2014.3.10)

그러나 2012년 이후의 기후변화 체계에 대한 시장 메커니즘 논의는 파리협정 문안에 대한 논의가 본격화되면서 의미가 퇴색되었고, 2015년에는 논의의 잠정적인 중단에 합의하였다. 하지만 신규 시장 메커니즘, 다양한 접근법, 비시장 접근법에 대한 개념과 요소들에 관한 내용들은 파리협정 상의 시장메커니즘 조항의 문안을 작성하는 데 깊은 영향을 주었다. 이는 파리협정에서 시장 메커니즘 조항에 대한 본격적인 논의가 2015년부터 진행되었기 때문에, Post−2012 시장 메커니즘 논의와 다른 별도의 구체적인 설계논의를 진행할 수 있는 시간적 여유가 없었기 때문이다.

결과적으로 [표 7−2]에서 보는 바와 같이 '다양한 접근법'은 '협력적 접근법'으로, '신규 시장 메커니즘'은 '지속가능발전 메커니즘[8]'으로, '비시장 접근법'은 동일하게 '비시장 접근법'으로 반영되어 파리협정 제6조에 모두 포함되었다.

표 7-2 시장 메커니즘 간의 연관관계

협약 하의 시장 메커니즘	파리협정 하의 시장 메커니즘
다양한 접근법 →	협력적 접근법(제6조 2항)
신규 시장 메커니즘 →	지속가능발전 메커니즘(제6조 4항)

※ 출처: 산업통상자원부(2016). 온실가스 감축을 위한 국제협력방안 수립

---

8 청정개발체제(CDM)나 공동이행제도(JI)와 달리 파리협정 제6.4조 메커니즘은 별도의 별칭이 부여되지 않아 UNFCCC 협상 문서 및 지침 초안에는 'Article 6.4 mechanism(A6.4M)'으로 표기하고 있다. 이 책자에서는 설명의 편의성 등을 고려하여 '지속가능발전 메커니즘'으로 통칭하고자 한다.

2. 파리협정 하에서 시장 메커니즘의 역할

파리협정 하에서 시장 메커니즘으로 통칭되는 파리협정 제6조(이하 '제6조')는 파리협정 최종 문안 협상 때까지도 감축 부분의 하부 조항으로 논의되다가,[9] 파리협정 채택 직전에 별도의 조항으로 분리되어 제6조로 자리하게 되었다. 논의 시발점 자체가 감축에 대한 하부 조항이었다는 점은 비용 효과적 감축을 도모하는 탄소시장 메커니즘을 파리협정에 포함 혹은 허용한 것이라고 단순하게 이해할 수도 있다. 그러나 이러한 시장 메커니즘의 성격을 띠는 조항을 파리협정에 포함시키는 데까지 앞서 배경에서 설명한 바와 같이, 여러 국가들의 이견이 지속되어 쉽지 않은 협상과정을 거쳤다. 결과적으로 파리협정을 이행하는데 있어 다양한 시장 메커니즘을 원하는 국가, 기존의 교토메커니즘과 유사하게 UNFCCC가 감독하는 감축사업 메커니즘이 지속되기를 희망하는 국가, 그리고 시장 메커니즘에 반대하는 국가의 모든 이해관계와 요청사항이 반영되어 제6조가 탄생하게 되었다.[10] 따라서 제6조를 단순히 시장 조항 또는 시장 메커니즘으로 한정짓기 보다는 국제탄소시장의 기반이 될 수 있는 하나의 창구[11]이자 파리협정 당사국간의 자발적 국제협력 관련 조항이라고 광의적으로 해석하는 것이 타당할 것이다.

이런 맥락에서 제6조는 파리협정 제3조에 규정된 국가별 기여방안(NDC)의 핵심 조항인 제4조(감축), 제7조(적응), 제9조(재원), 제10조(기술개발 및 이전), 제11조(개도국 역량배양), 제13조(투명성)에 대한 추가적 · 보완적 조항으로, 파리협정의 장기 온도목표 달성과 NDC 의욕상향에 기여하고 개도국의 NDC 범위 확대와 MRV 역량을 강화시킬 수 있는 파리협정의 인센티브 메커니즘으로 작동할 것으로 기대된다.

---

9 FCCC/ADP/2015/L.6/Rev.1(2015.12.5.), p.8.
10 파리협정 산의 시장메커니즘에 반영된 '협력적 접근법'의 초기 개념은 시장 메커니즘을 지칭하기 보다는 유럽연합과 같이 공동의 감축공약을 제출한 경우에 당사국 간에 협력을 통해 목표를 이행할 수 있는 의미(bubble)로 사용되었다. 협상 과정을 거치면서 공동으로 감축목표를 제출하지 않은 경우에도 당사국 간에 상호 협력이 가능하다는 주장이 제기되면서 '협력적 접근법'의 개념이 별도의 조항으로 반영되었다. 그 결과 '시장(market)'이라는 용어 자체의 사용을 반대하는 일부 국가들의 주장을 우회하는 개념으로 NDC의 이행을 목적으로 협력적 접근법의 사용을 언급하게 되었고, 협상과정에서 당사국들은 해당 조항을 시장 메커니즘으로 인식하게 되었다(산업통상자원부, 2016).
11 Marcu, A. (2017). Governance of Article 6 of the Paris Agreement and Lessons Learned from the Kyoto Protocol.

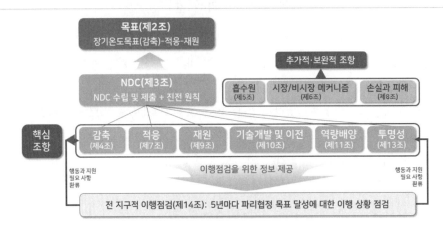

그림 7-1 파리협정 맥락에서의 제6조

※ 출처: Bodle, R 외.(2016). *The Paris Agreement: Analysis, Assessment and Outlook*, Ecologic Institute, Figure.1 재구성

　　또한 파리협정 체계에서 시장 메커니즘(제6조)의 역할은 NDC 감축(제4조), 시장(제6조), 투명성(제13조), 전지구적 이행점검(제14조)의 관계로도 설명할 수 있다(박순철, 2019). 당사국들은 NDC를 자체적으로 설정(제4조)하여 제출함으로써 파리협정 상의 장기목표 달성을 위해서 기여한다. 이 과정에서 NDC 설정(제4조)은 온실가스 감축을 위한 환경적 측면을 의미한다. 온실가스 감축을 위해서는 자연스럽게 비용이 수반되며, 시장 메커니즘(제6조)은 탄소시장을 활용하여 비용 효과적으로 NDC를 이행하는데 경제적 측면에 영향을 주게 된다. 따라서 시장 메커니즘이 비용 효과적으로 설계된다면 시장의 활성화에 기여하게 되고, 차기 NDC의 목표 수준을 상향시킬 수 있는 수단이 된다. 한편, 개별 당사국이 NDC를 이행하는 과정은 투명성(제13조) 체계 하에서 보고되며, 5년 주기로 전체 당사국들의 이행 현황을 파리협정의 목적과 비교하는 전지구적 이행점검(제14조)을 시행함으로써 장기적 방향에 부합하는가를 평가하게 된다. 결과적으로 시장 메커니즘은 파리협정 상의 NDC 이행을 위한 비용 효과적인 이행수단을 제공하며, 비용효과성을 통해서 차기 NDC 목표(ambition) 상향에 기여할 수 있다.[12]

---

12 파리협정 제6.1조에는 당사국이 자국의 감축과 적응 행동의 의욕성 상향에 기여하고, NDC의 이행을 위하여 자발적인 협력을 추구할 수 있음을 명시하고 있다.

Ⅱ. 제6조의 구성

제6조는 총 9항으로 구성되어있는데, 제6조 활용에 대한 기본 원칙을 규정한 제6조 1항 아래 협력적 접근법(제6조 2~3항), 지속가능발전 메커니즘(제6조 4~7항), 비시장 접근법(제6조 8~9항)의 세 축이 자리 잡고 있다. 이 중에서도 제6조 2항 협력적 접근법은 '국제적으로 이전된 감축결과물(internationally transferred mitigation outcomes: ITMO)'을, 제6조 4항 지속가능발전 메커니즘은 '감축분(emission reduction)'이라는 국가 간 탄소재화의 거래 가능성을 함의하고 있기 때문에 시장 메커니즘으로 분류할 수 있다. 즉, 제6조는 다시 시장 메커니즘인 제6조 2항과 4항, 비시장 메커니즘인 제6조 8항으로 구분할 수 있다.

파리협정 채택을 위해 모든 국가가 합의할 수 있는 수준에서 제6조 문안이 정리되었기 때문에, 실제 제6조를 통해 NDC를 달성하고자 하는 국가가 준수해야하는 세부 이행규칙은 협정문에 담지 못하고 과학기술자문 부속기구(SBSTA)에 이행규칙 개발에 대한 후속 협상을 위임하였다. 파리총회 결정문(Decision 1/CP.21) 제36~40문단에 의해 제6조의 3대 요소인 협력적 접근법, 지속가능발전 메커니즘, 비시장 접근법에 대한 세부 이행규칙 개발 관련 필요 사항이 규정되었고, 제1차 파리협정 당사국

그림 7-2 제6조의 구조와 이행규칙 마련을 위한 후속협상 위임사항

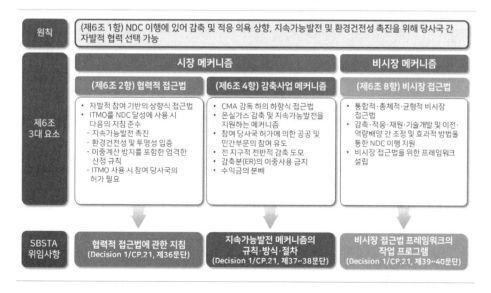

회의(CMA1)에서 이를 채택하기로 하였다. 파리협정 대부분의 조항에 대한 세부 이행규칙이 2018년에 종료된 CMA1-3에서 채택되었지만 제6조 관련 규칙은 여러 이해관계들의 충돌로 인해 합의점을 찾지 못하고 2020년 3월 현재까지도 협상이 지속되고 있다. 다른 조항에 비해 협상이 어렵게 진행되고 있는 점은 파리협정이라는 새로운 체제의 일부인 제6조와 기존의 시장 메커니즘의 특성 혹은 관성이 충돌했기 때문이다. 이는 제6조를 이해하는 핵심 요인이라고도 할 수 있다. 이에 대한 세부 내용은 이 장의 후반부에서 다루고자 한다.

III. 제6조 조항별 내용

1. 제6조 1항: 제6조 활용의 원칙

(제6조 1항) 당사국은 일부 당사국이 감축 및 적응 행동에 대한 의욕을 상향하고 지속가능발전 및 환경건전성 촉진을 위해 자국의 국가별 기여방안(NDC) 이행에 있어 자발적인 협력을 추구하는 것을 선택할 수 있음을 인정한다.

제6조 1항은 제6조의 활용은 개별 국가의 선택에 의한 자발적 조항임을 명확히 규정하고 있다. 이 때, 자발적으로 다른 국가와 협력을 하고자하는 국가는 국내적 노력만으로 달성하고자하는 NDC 목표 수준보다 높은 수준의 목표를 설정하고 이를 이행하기 위해 제6조를 활용해야함을 규정하고 있다. 이는 시장 메커니즘의 기본 속성인 거래를 통한 비용효과성이 담보되기 때문에 그만큼 더 높은 수준의 목표를 설정하고 이행할 것을 요구하는 것이다. 국제배출권거래협회(IETA)의 분석에 따르면 각 국이 개별적으로 NDC를 이행하는 대신 제6조를 활용할 경우 2030년 한 해에만 2,500억 달러의 비용을 절감할 수 있다고 한다.[13]

제6조 1항에서 제6조에 대한 자발적 참여를 강조하는 이유를 이해하는 데는 NDC에 대한 가장 기본적인 의무사항을 규정하고 있는 제4조 2항을 함께 살펴보는 것이 도움이 된다. 제4조 2항은 각 국에 NDC 달성을 위해서 국내적 감축 수단을 추

---

13 "The Economic Potential of Article 6 of the Paris Agreement and Implementation Challenges", IETA, University of Maryland and CPLC. Washington, D.C.

구할 것을 의무로 규정하고 있는데, 즉 파리협정의 장기온도목표 달성을 위해서는 각 국의 국내적인 온실가스 감축 노력이 우선시(의무사항)되어야 하고, 이보다 더 많은 감축을 도모하고자 한다면 다른 국가와의 협력을 선택할 수도 있다는 것이다. 이는 서론에서 언급한 파리협정 전체 맥락에서 볼 때 제6조의 선택적·추가적·보완적 특성을 확인할 수 있는 대목이다.

한편 제6조 활용 시 지속가능발전과 환경건전성을 촉진할 것을 규정하고 있는데 이는 교토메커니즘 운영 과정에서 도출된 탄소시장의 맹점과 이의 보완을 위해 요구되었던 사항이 반영된 결과라 할 수 있다.[14] 이 중 특히 환경건전성을 주목할 필요가 있는데, 기후변화 기본협약이나 교토의정서에는 포함되지 않았던 환경건전성(environmental integrity)이라는 용어는 UNFCCC 체제 하 기존의 시장 메커니즘인 교토메커니즘(공동이행제도(JI), 청정개발체제(CDM), 배출권거래제(ET))에 대한 세부 사항을 규정한 마라케시 총회 결정문(Decision 2/CMP.1)을 통해 등장한다. 현재까지 환경건전성에 대해 공식적으로 합의된 정의는 없으나, 통상 탄소시장의 활용이 전 지구적 온실가스 배출량의 증가를 초래해서는 안 된다는 것이 시장 메커니즘 관점에서의 환경건전성이라 정의하는 것이 일반적인 해석이다.[15] 즉 탄소재화를 거래하고 난 후 배출량의 총합이 거래 전 양측의 개별 배출량의 총합보다 동일하거나 더 낮아져야 함을 의미한다. 파리총회 결정문(Decision 1/CP.21)과 파리협정문에서 환경건전성이라는 용어는 총 5번 등장하는데, 제6조와 더불어 NDC의 산정(제4조)과 보고(제13조) 관련 조항에 포함되어 있다. 이는 제6.2조에서 매우 중요시하는 ITMO의 이중계산 방지와도 직결되어있는 내용으로 이후에서 보다 상세히 다룰 예정이다.

2. 제6조 2항: 협력적 접근법

제6조 2개의 시장 메커니즘 가운데 제6조 2항에 규정된 협력적 접근법은 광의적으로 제6조 활용을 통해 NDC를 이행 및 달성했을 경우, 이를 어떻게 보고하고 산정할 것인가에 대한 거래 규칙이라 볼 수 있으며, 또한 그간 UNFCCC를 통해 엄격히 관리되어 절차적 비효율성으로 인해 경직된 체제라는 인식이 커지고 있던 CDM

---

14 "The Paris Agreement on Climate Change: Analysis and Commentary", Oxford, 2017, p. 184.

15 Schneider. L 외. (2017). "Environmental Integrity under Article 6 of the Paris Agreement", German Emissions Trading Authority (DEHSt).

보다 다양하고 자유로운 유형의 시장 메커니즘을 담보하고자 하는 조항으로 이해하는 것이 바람직하다.

(제6조 2항) NDC 달성에 있어 국제적으로 이전된 감축결과물(ITMO)의 사용과 연관된 협력적 접근법에 자발적으로 참여한 당사국은 지속가능발전을 촉진하고, 거버넌스를 포함한 환경건전성 및 투명성을 담보하고, 파리협정 당사국회의(CMA)가 채택한 지침에 부합하도록 이중계산 방지를 입증할 수 있는 엄격한 산정을 적용해야 한다.

이러한 협력적 접근법은 배출권거래제(ETS)를 시행하고 있는 국가 간의 ETS 시장 연계, 일본 정부가 추진하고 있는 공동 크레디팅 메커니즘(Joint Crediting Mechanism, 이하 'JCM')과 같은 참여 정부 간의 양자 감축 협력사업, 세계은행(WB)과 같은 다자 개발은행(MDBs)가 주도하는 다자 감축 협력사업, 제6조 4항의 지속가능발전 메커니즘 등 다양한 유형의 메커니즘을 포괄하는 접근법으로 이해하면 된다.

그림 7-3 다양한 협력적 접근법의 유형

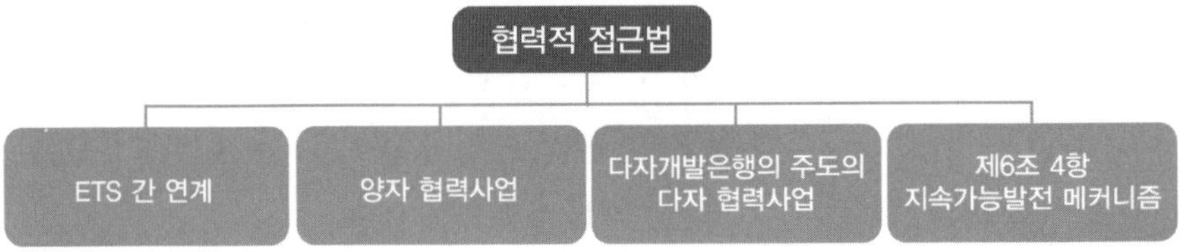

특히 파리협정 하 새롭게 탄생한 탄소재화를 'ITMO'로 명명하였는데, 이 ITMO가 '이전 가능한(transferable)' 탄소재화가 아닌 '이전된(transferred)' 것이라는 점은 탄소재화를 만들어내는 제6조 4항 메커니즘과 달리 제6조 2항은 국가 간에 다양한 유형의 협력을 통해 감축결과물이 발생할 수 있음을 인정하고, 이 ITMO가 거래되는 시점부터의 규칙을 의미한다는 해석에 타당성을 부여한다.

그렇다면, ITMO는 무엇이라 정의할 수 있을까? 감축결과물(MO)이라는 측면에서 [그림 7-3]과 같이 어떤 특정한 메커니즘으로부터 발급된 것만 ITMO로 인정해 줄 것인지, 이 결과물은 어떠한 단위로(예: 이산화탄소상당량(CO_2e), MWh 등) 산정할 것인지 등이 아직 정해지지 않았다. 또한 국제적으로 이전된(IT) 탄소재화 측면에서 각 국가의 영토를 조직경계로 하고 있는 NDC가 아닌 국제 항공과 해운과 같은 국가 간 이동으로부터 발생하는 온실가스를 감축하는 목적으로 설립된 UNFCCC 체제 밖의 제도의 감축 의무 달성 목적으로 거래된 감축결과물(MO)도 ITMO로 인정하고 관리해야 할 것인지도 정해진 바가 없다. 이러한 ITMO의 정의와 특성은 후속 협상에서도 쟁점이 되고 있는바 이번 장 후반부에서 보다 상세히 살펴보기로 하겠다.

한편, 제6조 2항은 이를 활용하는 국가에 총 3개의 의무조항('shall' 구문)을 준수하도록 규정하고 있는데, 첫째 지속가능발전을 촉진할 것, 둘째 환경건전성 및 투명성을 담보할 것, 셋째 엄격한 산정 지침을 적용할 것이다. 이 3개의 의무조항이 제6조 2항 협력적 접근법에 관한 지침 개발을 위한 후속 협상의 핵심 요소로, 지속가능발전 촉진이 다소 원칙론적인 선언적 구문이라면, 엄격한 산정 지침은 제6조 활용에 대한 핵심 사항으로 앞서 언급한 제4조 13항의 NDC 산정지침과 제13조 투명성체계 지침(MPG)과 연계해서 살펴보아야 한다.

또한 이중계산(double counting)을 방지함으로써 제6조 활용의 환경건전성과 투명성을 담보해야 함을 규정하고 있는데, 기후협상 또는 탄소시장에서 이중계산은 일반적으로 온실가스 감축결과물이 감축 목표 준수를 위해 한 번 이상 사용되는 것을 의미한다.[16] 파리협정 체제에 있어 발생할 수 있는 대표적인 이중계산의 유형은 동일한 ITMO에 대해 판매국과 구매국[17] 모두 자국 NDC 달성에 사용하는 '이중요구(double claiming)', 각기 다른 2개 이상의 국가가 사용하는 '이중사용(double usage)', 동일한 감축사업을 2개 이상의 메커니즘에 등록하는 '이중등록(double registration)'과 이를 통해 동일 사업에서 2회 이상의 ITMO를 발급하는 '이중발급(double issuance)'의 네 종류가 있다.[18]

---

16 "Double Counting in the Paris Agreement". Climate Focus Client Brief on the Paris Agreement II. v.2.0 January 2016.

17 제6조 세부 이행규칙 협상 과정에서 감축사업이 실제 진행되는 국가를 유치국(Host Party), 여기서 발생하는 ITMO를 다른 국가에 판매하는 국가를 이전국(Transferring Party), 이를 구매하는 국가를 획득국(Acquiring Party), NDC에 최종 사용하는 국가를 사용국(Using Party)라고 구분하고 있으나, 설명의 편의를 위해 이 장에서는 유치국과 이전국은 판매국으로, 획득국과 사용국은 구매국이라 표현하고자 한다.

18 일본 국가제안서(Submission by Japan, Views on guidance on cooperative approaches referred to in Article 6, paragraph 2,of the Paris Agreement, 2016.9월).

특히 이 중에서도 이중요구 문제가 제6조 2항 산정지침의 핵심이다. 기존의 CDM에서 발급된 감축실적(CER)은 [그림 7-4]에서 보는 것과 같이 사업이 시행된 유치국인 개도국에는 교토의정서에 따른 감축의무가 없기 때문에 판매한 CER은 이를 감축의무 달성에 사용하고자 구매한 선진국만 산정하게 되어 이중요구 문제가 원천적으로 발생하지 않는다. 반면에 파리협정 체제는 모든 국가가 자발적이기는 하나 NDC라고 하는 감축목표를 보유하고 있기 때문에, 투명한 보고 및 산정 체계가 뒷받침되지 않는다면 판매국과 구매국 모두 거래한 ITMO를 자국의 NDC 달성에 활용하는 상황이 발생할 수 있다. 다시 말해 ITMO의 이중계산을 방지하지 못한다면 제6조 활용에 의한 ITMO의 거래가 실제적인 온실가스의 감축을 도출하지 못하고, 전 지구적 온실가스 배출량의 증가를 초래하게 되는 것이다.

그림 7-4 CDM에서 발급된 감축실적(CER)의 거래와 사용

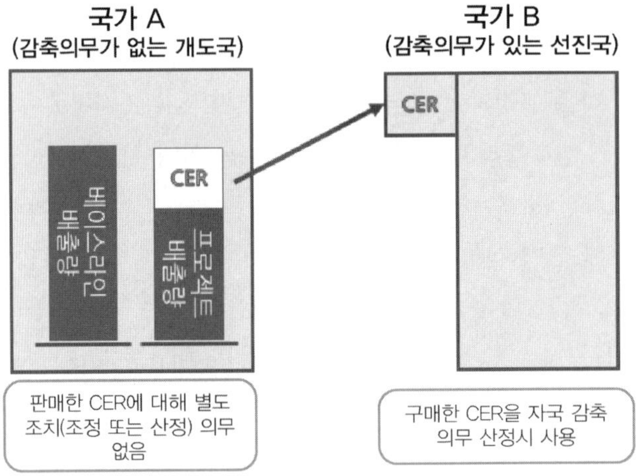

국가 A
(감축의무가 없는 개도국)

국가 B
(감축의무가 있는 선진국)

CER

의무감축량

프로젝트 배출량

CER

판매한 CER에 대해 별도 조치(조정 또는 산정) 의무 없음

구매한 CER을 자국 감축 의무 산정시 사용

이러한 이중계산을 방지하는 장치로서 파리협정 제6조에는 '상응조정(corresponding adjustment)'이라는 개념이 새롭게 등장한다. 제6조 2항 협력적 접근법에 관한 지침의 후속 협상 필요사항을 규정한 파리총회 결정문(1/CP.21) 제36문단은 거래 당사국의 NDC에 포함되는 배출량과 흡수량에 기반을 둔 상응조정 실시를 통해 이중계산을 방지할 수 있는 지침을 개발할 것을 명기하였다. 상응한다는 뜻은 거래 양측(판매국과 구매국) 모두 거래한 ITMO를 동일하게 조정해야 한다는 것을 의미한다. 즉 [그림

그림 7-5 제6.2조 ITMO의 조정을 통한 이중계산 방지

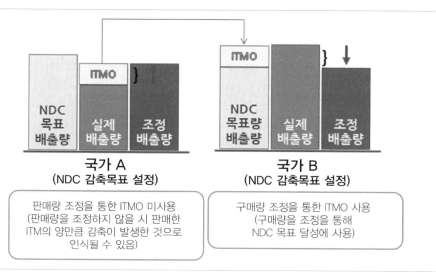

국가 A
(NDC 감축목표 설정)

판매량 조정을 통한 ITMO 미사용
(판매량을 조정하지 않을 시 판매한
ITM의 양만큼 감축이 발생한 것으로
인식될 수 있음)

국가 B
(NDC 감축목표 설정)

구매량 조정을 통한 ITMO 사용
(구매량을 조정을 통해
NDC 목표 달성에 사용)

7-5]와 같이 판매국은 판매한 ITMO를 온실가스를 배출한 것으로 인식하여 NDC 산정 시 더하고(+), 구매국은 NDC 산정 시 감축실적으로 사용(−)하여 양 측의 거래량을 상계하면 균형을 이루게 되어 전 지구적 배출량이 증가하지 않게 되는 것이다.

　이러한 상응조정이 제대로 작동하지 않을 경우, 즉 협력적 접근법을 통해 거래된 ITMO는 감축목표를 보유하고 있는 거래 양측에서 조정을 하지 않을 경우, 이중 요구가 발생하고 이로 인해 실제 감축이 발생하지 않았으나 발생한 것과 같은 왜곡 현상이 발생할 위험이 있다.

그림 7-6 상응조정의 개념

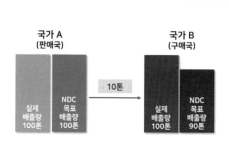

- 실제배출량: A국 100톤 + B국 100톤 = 200톤
- 상응조정시 보고배출량(NDC 달성 여부):
  A국 110톤(미달성) + B국 90톤(달성) = 200톤
- 판매국의 상응조정 미 실시에 따른 보고배출량
  (NDC 달성 여부):
  A국 100톤(달성) + B국 90톤(달성) = 190톤
⇒ 양국 모두 NDC 달성한 것으로 보이나, 10톤의
  배출량 왜곡(착시현상) 발생

한편, 제6조 3항은 ITMO의 거래는 반드시 참여하는 국가의 허가가 수반되어야 함을 규정하고 있다.

> (제6조 3항) 파리협정 하 NDC 달성을 위한 ITMO의 사용은 자발적이어야 하며, 참여 당사국의 허가에 의한 것이어야 한다.

여기서 주목할 점은 교토메커니즘인 JI와 CDM은 참여 국가의 승인(approval)을 요구하고 있지만, 협력적 접근법은 참여 당사국의 허가(authorization)가 필요하다는 점이다. 이는 기존의 교토메커니즘보다 참여 국가의 권한과 책임을 강화한 것으로 해석할 수 있는데, 감축목표인 NDC에 대한 설정-이행-달성은 각국 정부의 책임 하에 진행되는 것과 달리 대부분의 온실가스 감축사업은 민간 기업이 주체가 되어 시행되고 있기 때문에, 국가 간 거래되는 ITMO에 대해 거래에 참여하는 국가가 이를 반드시 인식하고 이에 대한 책임을 져야한다는 것으로 해석할 수 있다.

3. 제6조 4항: 지속가능발전 메커니즘

지속가능발전 메커니즘은 제6조 4항부터 7항까지 해당한다. 파리협정 상의 조문 만으로는 메커니즘의 세부 설계사항을 정확히 이해하는데 한계가 있지만 메커니즘이 추구하고자 하는 방향, 목적, 원칙, 기본특성 등이 포함되어 있으며 세부 메커니즘 설계 시 지침의 역할을 한다. 그 중에서 제6조 4항은 지속가능발전 메커니즘의 목표 와 설립의 근거를 제시한다.

> (제6조 4항) 온실가스 감축과 지속가능한 발전에 기여하는 메커니즘은 당사국 의 자발적 의사에 따라 사용할 수 있으며, 파리협정 당사국회의(CMA)의 권한과 지침 하에 설립된다. 파리협정 당사국회의(CMA)에서 지정한 기관에 의해 감독되 며, 메커니즘은 다음의 사항을 목표로 운영된다.
> (a) 지속가능한 발전을 촉진하고, 온실가스 감축을 증진할 것
> (b) 당사국의 권한 하에 공공과 민간 부문이 온실가스 감축에 참여하도록 촉진
> (c) 유치국의 배출 감축에 기여하고, 다른 당사국이 NDC 달성을 위해 사용하 는 온실가스 감축의 편익이 존재할 것

(d) 전 지구적 온실가스 배출량의 전반적인 감축에 기여할 것

시장은 당사국의 자발적 참여를 보장하도록 하고, 제6조 4항 메커니즘의 설립은 파리협정 당사국회의(CMA)에서 채택한 지침 하에 설립되도록 규정하고 있다. 해당 지침은 제6조 4항의 운영을 위한 규칙 · 방식 · 절차 규정을 필요로 하며, 파리협정 당사국회의가 지정한 기관(이하 '감독기구')에서 메커니즘을 관리함은 운영구조가 중앙집권적 형태를 갖게 됨을 의미한다. 중앙집권적 형태의 운영구조란 감독기구에 의해서 사업의 승인과 감축실적의 발행이 통제됨을 의미한다. 다시 말해서 제6조 4항 사업으로 인정받기 위해서는 지침에 따라서 해당 메커니즘 사업의 등록 신청과 승인이 모두 감독기구에서 이루어지며, 등록된 사업은 사업의 유효기간(crediting period) 동안 감독기구에 의해 지속적으로 관리됨을 의미한다. 또한 감축활동에 따른 감축실적을 인정하고 배출권의 형태로 유닛을 발행해 주는 역할이 감독기구에 의해 결정된다.

이와 함께 하위 조항은 제6조 4항 메커니즘이 추구하는 목표에 대해서 명시하고 있다. 첫 번째로 지속가능발전을 촉진하고 온실가스 감축을 증진한다 함은 사업 유치국(host country)의 입장에서 국가의 지속가능발전 촉진에 기여할 수 있어야 함을 의미한다. 여기서 국가의 지속가능한 발전을 촉진한다는 것은 판단할 주체와 판단기준 등에 관한 사항을 구체화하는 내용이 필요한 점이다. 초기 논의에서 지속가능한 발전의 판단기준을 모든 국가에 공통적으로 적용할 수 있도록 하나의 단일화된 기준이 필요하다는 입장과 지속가능한 발전의 판단은 국가마다 여건도 다르고, 무엇보다 사업 유치국의 고유 국가 권한에 일임해야 한다는 입장이 배치된 바 있다. 또한 온실가스 감축이 증진되어야 함은 실제로 온실가스 감축이 발생되어야 함을 의미한다. 이와 같은 내용은 제6조 4항 메커니즘의 세부 기준을 설정하는 과정에서 '실제적(real)이고 측정가능한(measurable)' 사업이 대상이 됨을 반영하게 된 계기가 되었다.

두 번째로 당사국의 권한 하에 공공과 민간 부문이 온실가스 감축에 참여하도록 촉진한다는 의미는 제6조 4항 메커니즘의 활동주체를 의미한다. 공공과 민간부문의 사업 참여를 촉진하기 위해서는 사업 진입에서 발생하는 부정적 장애요인들의 제거나 완화 또는 긍정적 요인의 촉진 수단이 필요하다. 예를 들면 신재생 에너지의 경우 기후변화 측면에서 대부분의 정부에서 권고하는 사업으로 이를 지원하기 위해서 발전차액 지원제도와 같은 일종의 보조성 정책을 시행하기도 한다. 하지만 해당 지

원제도를 사업의 경제성 평가에 반영할 경우 제6조 4항 메커니즘의 대상 사업에서 제외되는 장애요인이 될 수 있다. 따라서 이러한 정책과 시장 참여의 상충효과가 발생할 수 있는 문제들을 제거할 경우에 시장 참여 활성화에 긍정적 영향을 줄 수 있을 것이다.

세 번째로 유치국의 배출 감축에 기여하면서도 다른 당사국이 NDC에 감축실적을 사용할 경우에도 유치국에 편익이 존재해야 한다는 의미는 해석상 논란이 제기된 바 있다. 파리협정 체결 당시에 해당 문구는 브라질에 의해서 제시되어 반영되었는데, 추후 파리협정 문구에 대한 당사국들 간의 논의과정에서 브라질은 해당 문구가 사업 유치국에 대한 이중계산을 인정하는 문구로 주장하였다. 하지만 감축실적에 대한 이중계산 방지를 원칙으로 하는 시장 메커니즘의 특성상 해당 문구에 대한 대부분의 국가는 시장 메커니즘 자체가 유치국의 편익을 증진한다는 선언적 수준의 문구로 해석하였다.

네 번째로 전 지구적 온실가스 배출량의 전반적인 감축에 기여함은 시장 메커니즘을 사용할 경우에 사용하지 않았을 경우보다 온실가스 배출량의 증가가 발생하지 않음을 의미한다. 특히, 일부 당사국의 경우 시장의 사용은 온실가스의 실제적인 감축이 아닌 온실가스를 배출하는 장소의 이동을 의미하기 때문에 실질적으로 온실가스의 추가적인 감축에 기여하지 않는다고 주장하기도 하였다. 이러한 점들을 고려해보면 시장을 사용할 경우에는 온실가스의 순 감축(net decrease)이 발생할 필요가 있다는 의미로 해석된다. 이와 같은 제6조 4항 메커니즘의 특징은 세부 지침 논의에서 발생하는 감축량의 일정 부분을 배출권의 형태로 발행하지 않음으로써 발행되지 않은 배출권 양만큼은 전 지구적인 배출량의 순 감축에 기여할 수 있도록 반영되었다.

(제6조 5항) 제6조 4항의 메커니즘을 통해서 발생한 감축실적을 다른 당사국이 NDC의 달성에 이용한 경우에, 사업 유치국의 NDC 달성 증명에 이용할 수 없다.

제6조 5항은 시장의 원칙중 하나인 이중계산 방지를 의미한다. 감축실적이 발생한 경우에 일반적으로 한 국가에서 모든 감축실적을 가져가서 NDC 달성에 사용하기 보다는, 사업 유치국과 감축실적을 배분하는 경우가 일반적이다. 따라서 사업 유치국에서는 배분된 감축실적을 근거로 다른 당사국으로 이전한 감축실적만큼은 사업

유치국의 NDC에 활용할 수 없으며 상응조정의 대상이 된다.

(제6조 6항) 파리협정 당사국회의는 제6.4조 메커니즘에서 발생하는 사업 수익의 일부를 기후변화에 취약한 개도국 지원을 위한 적응비용의 충당과 메커니즘 운영을 위한 행정비용을 조달하는데 사용함을 보장한다.

제6조 6항은 개도국의 기후변화적응을 위한 지원 비용과 메커니즘 운영에 소요되는 사무국의 행정비용을 조달하는 근거를 제시하고 있다. 이와 같은 내용은 청정개발체제에서도 개도국의 적응기금(Adaptation Fund) 마련을 위해서 발행되는 CER을 발행할 때 일정 비율을 별도로 차감하는 방식과 유사하다.

(제6조 7항) 파리협정 당사국회의 제1차 회의에서 제6조 4항에 명시된 메커니즘 운영을 위한 규칙, 방식, 절차를 채택한다.

제6조 7항은 파리협정 당사국총회의 권한과 지침 하에 제6조 4항 메커니즘이 설립, 운영됨을 규정하고 있다. 제6조 4항에 따라서 감독기구(Supervisory Body)에서 메커니즘을 관리하지만, 감독기구의 상위에서 메커니즘의 운영에 필요한 지침은 파리협정 당사국회의에서 채택하게 된다. 아울러 당사국총회에서 규칙, 방식, 절차를 채택해야 함은 파리협정이 채택된 이후에 해당 내용에 대한 논의가 필요함을 의미한다. 이에 따라 제6조 4항에서 파리협정 후속협상에서는 운영에 필요한 규칙, 방식, 절차 지침의 개발이 논의되었다.

4. 제6조 8항: 비시장 접근법

제6조 8항이 제6조의 3대 요소이자, 비시장 메커니즘의 한 축을 차지하게 된 데에는 시장 메커니즘을 반대하는 사회주의 국가 중심으로 구성된 볼리비안 연합(ALBA[19]) 그룹의 주장이 주요했다.[20]

---

19 The Bolivarian Alliance for the Peoples of our America(ALBA): 볼리비아, 쿠바, 도미니카, 베네수엘라 등 11개국으로 구성.
20 Marcu. A. (2016). Carbon Market Provisions in the Paris Agreement (Article 6). CEPS.

(제6조 8항) 당사국은 지속가능한 발전과 빈곤퇴치의 맥락에서, 특히 감축·적응·재원·기술이전·역량배양 등을 통하여 적절히 조율되고 효과적인 방식으로 국가별 기여방안(NDC)의 이행을 지원하기 위하여 당사자국이 활용 가능한 통합적이고, 전체적이며, 균형적인 비시장 접근의 중요성을 인식한다. 이러한 접근은 다음을 목표로 한다.

가. 감축 및 적응 의욕 촉진

나. 국가별 기여방안(NDC) 이행에 공공 및 민간 부문의 참여 강화,

다. 여러 기제 및 관련 제도적 장치 전반에서 조정의 기회를 마련

(제6조 9항) 지속가능발전을 위한 비시장 접근법 프레임워크를 제6조 8항에 언급된 비시장 접근법을 촉진하기 위하여 규정한다.

제6조를 통해 새롭게 도입된 다른 용어들과 같이 비시장 접근법 또한 공식적으로 합의된 정의는 존재하지 않는다. 다만 비시장 접근법은 제6조 2항의 협력적 접근법과 달리 국가 간 협력은 하되, 지원을 제공하는 국가가 그 제공에 대한 반대급부로 온실가스 감축결과물 등을 요구하지 않는 접근법이라는 것이 가장 공감대를 많이 얻고 있는 해석이다. 즉, UNFCCC 체제의 전통적인 개도국 지원 방식과 같이 선진국이 개도국의 NDC 이행을 도와주되, 선진국은 개도국으로부터 ITMO를 요구하면 안 된다는 개념이다.

실제 역량과 재원 등이 부족해 NDC 이행에 어려움을 겪고 있는 많은 개도국들을 지원한다는 점에서 제6조 8항의 존재감 혹은 필요성은 타당해 보인다. 그러나 또 한편으로는 제6조 8항에 언급된 감축(제4조), 적응(제7조), 재원(제9조), 기술이전(제10조), 역량배양(제11조)은 각자 개별 조항을 가지고 있는 사항으로, 개도국 지원 방안을 포함해 각 조항별로 이미 논의가 진행되고 있기 때문에 논의가 중복될 수 있다는 지적이 존재하고, 제6조의 하부 조항인 제6조 8항이 파리협정 관련 모든 개도국 지원 사항에 대한 논의 창구가 되는 것 또한 다소 무리가 있다는 점이다. 이는 비시장 접근법의 프레임워크를 운영할 주체(거버넌스)와 방식을 통해 보다 구체화될 예정이다.

Ⅳ. 제6조 세부 이행규칙 후속협상 경과와 쟁점

1. 후속 협상 경과

파리협정 채택 이후 실시된 첫 공식 협상회의인 제44차 과학기술자문 부속기구 회의(SBSTA44, 2016년 5월, 독일 본)에서 개시된 제6조 3대 요소에 대한 세부 이행규칙 개발 후속협상은 당초 협상시한이었던 제1-3차 파리협정 당사국회의(CMA1-3, 2018년 12월, 폴란드 카토비체)까지 3년의 시간을 가졌지만, 당사국간의 이해관계가 복잡하게 얽혀있어 합의점 도출에 실패했다. 이후 1년의 추가 협상 기간이 주어져 제2차 파리협정 당사국회의(CMA2, 2019년 12월, 스페인 마드리드)에서 채택하고자 많은 국가가 밤샘 협상을 진행했으나 합의점 도출에 역시 실패하고 제3차 파리협정 당사국회의로 협상시한이 재연장 되었다. 4년이 넘는 제6조 이행규칙 협상 과정에서 도출된 쟁점들은 정형화되었기에 통제가 용이했던 교토의정서 체제와 달리 당사국의 자발적 참여와 목표(NDC)에 기반을 둔 파리협정 체제는 그간 전 세계가 경험해보지 못했던 완전히 새로운 체제라는 것을 확인해주고 있다.

2. 쟁점 1: NDC 국가결정성 맥락에서의 ITMO 산정

기존의 교토의정서는 감축의무가 있는 국가들에 이산화탄소상당량톤(tCO_2e) 기반의 정량화된 감축 목표를 설정한 후 이를 배출허용총량 형식의 할당배출권(AAU)으로 전환하여 공통의 이행 기간[21] 동안 감축행동을 지속하여 공통의 산정기간 (true-up period) 동안 감축목표에 대한 의무준수를 명확히 할 수 있도록 하였다. 이에 탄소재화의 거래와 거래된 온실가스 감축결과물을 목표달성에 사용할 경우 산정이 매우 용이한 표준화된 시장 메커니즘을 형성할 수 있었다. 그러나 파리협정 하 각국의 감축목표인 NDC는 단어 그대로 이행 기간, 감축목표 유형, 산정단위 등을 모두 각국의 자율적 의사결정에 맡겼기 때문에 매우 다양한 유형의 NDC가 존재하여, ITMO라 불리는 탄소재화를 표준화 시키는 것도 이를 공통된 기준을 설정하여 산정을 하게 하는 것도 국가별 의견이 대립하여 합의점 도출이 쉽지 않았다. 따라서 모든 국가의 참여를 유도할 수 있도록 목표 설정에 대한 상향식의 유연성을 담보하면서도, 산정 가능성과 의욕 상향을 위한 하향식의 산정 규칙 간의 최적점[22]을 찾고

---

21 제1차 공약기간은 5년(2008~2012년), 제2차 공약기간은 8년(2013~2020년)으로 설정.
22 C2ES, A Brief Guide to the Pars Agreement and 'Rulebook', 2019.6월.

자하는 노력이 지속되고 있다.

표 7-3   NDC 목표 유형

목표 유형		국가수	전 지구적 배출량 비중
대분류	중분류		
이산화탄소 등가량 기반	절대량 목표 (기준연도 배출량 대비 감축)	EU 포함 68개국	43.22%
	BAU 목표 (목표연도 배출전망치 대비 감축)	71개국	15.2%
	집약도 목표 (GDP 원단위당 배출량을 기준연도 대비 감축)	10개국	26.17%
	배출허용총량 목표 (총 또는 1인당 기준 목표배출량)	4개국	9.48%
	탄소 중립, 배출 정점, 배출회피 등	6개국	3.45%
	소 계	159개국	97.52%
에너지 기반	재생에너지 발전 비율 등	21개국	1.53%
기타	정책 및 행동 목표	16개국	0.94%

※ 참고: 목표유형은 184개국이 제출한 제1차 NDC와 12개국의 INDC를 대상으로 저자가 분류, 전 지구적 배출량 비중은 파리협정 비준 요건 자료(UNFCCC, "Solely for the purposes of Article 21 of the Paris Agreement, information on the most up-to-date total and per cent of greenhouse gas emissions communicated by Parties to the Convention in their national communications, greenhouse gas inventory reports, biennial reports or biennial update reports, as of 12 December 2015") 기준

표 7-4   NDC 목표 설정 기간과 이행 기간

목표 설정 기간		이행 기간	
유형	국가수	유형	국가수
다년도	34개국	2020~2025년	4개국
		2020~2030년	22개국
		2021~2025년	1개국
단일연도	145개국	2021~2030년	59개국
		기타조합	79개국
		확인불가	30개국

※ 출처: IGES, NDC Database, Ver.6.2('19.3.6) 재구성

[표 7-3]에서 보는 바와 같이 대부분의 국가가 이산화탄소상당량 기반의 일반적인 감축목표를 설정한 것처럼 보이지만, 이를 자세히 살펴보면 절대량[23], BAU[24], 집약도[25] 등 각기 다른 유형의 목표가 존재한다. 또한 80% 이상의 국가가 최종 목표연도에만 목표치를 설정한 단일연도(single-year) NDC를 제출했기 때문에, 목표점을 동일한 기준으로 정량화하는 것은 NDC에 대한 국가결정성을 위해할 수 있어 정치적으로 매우 복잡한 사안으로 간주되고 있다.

또한 [표 7-4]에서 보는 바와 같이 NDC에 대한 이행기간 조차 매우 다양하게 설정되어있기 때문에, NDC 달성여부를 평가하는 최종 산정도 각 국의 상이한 이행기간 종료시점에서 이뤄지게 된다. 따라서 교토의정서와 달리 공통의 산정기간을 설정하는 것은 불가능한 상황이다. [그림 7-7]의 사례와 같이 NDC의 목표유형이 서로 다른 국가 간에 ITMO라는 탄소재화를 특정 시점(A국가는 목표치가 설정되지 않은 연도)에 거래한 경우, 언제·어떻게·어떤 방식으로 해당 ITMO를 산정해야 개별 당사국의 NDC 달성 여부를 적정하게 평가할 수 있는지 그리고 국가 간 거래한 ITMO의 이중계산을 방지할 수 있는 지에 대한 지침을 개발하는 것이 매우 복잡해지고 있다.

그림 7-7 상이한 NDC 유형에 따른 상응조정의 복잡성(예시)

한편 제6조 활용의 환경건전성을 담보하고자 공통의 산정 지침을 개발해야 한다는 주장이 제기되는 과정에서, 각 국의 국가결정성에 의해 설정된 NDC의 유형 등

---

23 기준연도 배출량 대비 감축, 목표연도에 대한 배출허용총량, 배출정점 등.
24 목표연도에 대한 배출전망치(BAU) 대비 감축.
25 기준연도의 배출원단위(온실가스 총 배출량/GDP) 대비 감축.

중요 특성의 수정을 요구는 상황이 발생하였고 이는 파리협정 자체를 재협상하는 것이라는 정치적 쟁점으로 확대되어 제6조 이행규칙 개발을 더욱 더 힘들게 하는 요인이 되고 있다.

3. 쟁점 2: 제6조 4항 메커니즘의 사업주기와 방법론

제6조 4항의 사업에 대한 진행절차는 청정개발체제와 유사하다. 온실가스 감축량을 인증 후에 해당 실적에 대한 감축실적을 발행하는 방식(baseline and credit)이다. 감축량을 인증 후에 감축실적을 발행하는 방식은 일반적으로 사업계획서 작성, 타당성 확인, 사업계획서 승인, 사업 이행, 모니터링 보고서 작성, 검증 및 인증, 감축실적 발행의 절차를 거치게 된다.

사업 수행자는 온실가스를 감축하는 대상 사업이 제6조 4항 사업에서 요구하는 사항에 부합하는가를 증빙할 수 있도록 사업계획서를 작성함으로써 사업의 진행절차를 수행한다. 사업계획서에는 정성적인 부분과 정량적인 부분이 존재하며, 제6조 4항 지침과 감독기구에서 채택한 관련 지침에 부합하도록 작성되어야 한다. 작성된 사업계획서는 감독기구에서 정한 지침에 부합하는 가를 확인하기 위해서 제3자가 타당성 확인(validation) 과정을 거친다. 타당성 확인을 하는 주체를 운영기구(Designated Operational Entity: DOE)로 불리며, 감독기구는 별도의 운영기구를 선정하고 관리하는 절차를 마련한다. 운영기구는 주로 사업에 대한 타당성 확인과 사업수행자가 제출한 모니터링 보고서에 대한 검증(verification)을 수행하는 역할을 담당한다.

운영기구의 사업 타당성 확인절차가 끝나게 되면 사업 수행자의 사업계획서와 운영기구의 타당성 확인보고서에 기반을 두어서 감독기구는 해당 사업이 제6조 4항 사업에 부합하는지 여부를 승인한다. 승인이 완료된 경우에는 해당 사업을 정식으로 제6조 4항 사업으로 확정하여 별도의 등록 번호를 부여하고 관련 정보를 감독기구에서 주기적으로 관리하게 된다.

사업의 등록절차가 마무리되면 사업 수행자는 본격적으로 사업을 이행하고 모니터링을 시행한다. 모니터링은 감축실적의 양을 추정하기 위해서 필요한 요소들을 지속적으로 관리하는 행위를 의미한다. 일정 기간 모니터링을 수행하고 나면 사업 수행자는 감축실적의 발행을 요청하기 위해서 모니터링 보고서를 작성하게 된다. 작성된 모니터링 보고서에 대해서는 운영기구에서 검증을 수행하고 감축량의 적정성 여부를 확인하고 검증보고서를 작성하게 된다.

사업 수행자의 모니터링 보고서와 운영기관의 검증보고서를 토대로 감독기구는 감축실적의 발행여부를 승인한다. 만일 해당 내용이 승인될 경우에 감독기구는 감축량에 해당 하는 배출권을 감독기구가 운영관리하고 있는 메커니즘 레지스트리에 발행하게 된다. 발행된 배출권은 자유로이 거래가 가능하며, 만일 배출권이 다른 나라로 이전된 경우에는 ITMO로 인식되어 이후부터는 제6조 2항 지침을 적용받는다.

이러한 전체 사업 주기에서 중요한 부분은 감축실적의 양을 확정하는 과정일 것이다. 계량화된 감축실적은 사업 수행자가 제출한 사업계획서를 작성하는 과정에서도 중요한 요소이다. 사업계획서에는 해당 사업에 대한 설명과 제6.4조 지침에의 부합여부를 증빙하게 된다. 사업계획서 상에서 제시해야 하는 정량적인 측면으로는 베이스라인과 예상 감축량이 존재한다. 베이스라인은 해당 사업이 시행되지 않았을 경우의 예상되는 배출량의 개념이며, 예상 감축량은 베이스라인에서 해당 사업이 수행된 이후에 발생할 것으로 예상되는 온실가스 배출량을 차감함으로써 산정한다. 아울러 사업이 시행된 이후에 감축량의 지속적인 모니터링을 위해서 필요한 정량적 요소는 무엇이고, 어떻게 측정할 것인가에 대한 모니터링 계획이 포함된다.

이 과정에서 감축량을 산정하는 방식이 상호 상이할 경우에는 향후 발행되는 배출권의 품질이 상이할 수 있기 때문에 탄소 시장에 혼란을 야기한다. 이러한 문제를 방지하기 위해서 감독기구는 사업계획서 작성 단계부처 승인된 방법론을 적용할 것으로 요구한다. 감독기구의 주요 역할 중 하나는 다양한 사업에 대한 감축실적을 계량화하는 방법론을 승인하는 일이다.

특히, 베이스라인 방법론은 사업이 발생하지 않았을 경우의 예상 배출량을 추정하는 방법론이므로 추후 감축실적을 계량화하여 배출권의 양을 좌우한다. 따라서 예상 배출량을 추정할 때 어떤 기준을 적용하는가는 사업 수행자 입장에서 매우 중요한 문제로 귀결된다.[26] 또한 감축사업의 규모도 베이스라인 방법론을 결정하는데 중요한 요소가 된다. 감축규모가 큰 경우에는 정확한 산정의 중요성이 부각되는 반면, 감축규모가 작은 경우에는 정확한 산정만을 강조할 경우에 비용효과성의 문제가 발생할 수 있다. 이는 베이스라인을 산정하는데 소요되는 비용이 향후 배출권을 통해

---

26 제시된 베이스라인 방법론으로는 성과기반(performance based), 최적 가용 기술(best available technology), 벤치마크 기반(benchmark based), 역사적 배출량(historical emissions), BAU(Business as Usual) 접근법 등이 있다.

획득할 수 있는 수익보다 높은 경우에 사업 수행자 입장에서 더 이상 사업을 진행할 유인이 존재하지 않기 때문이다. 따라서 감축규모에 따른 베이스라인 방법론을 차별화시킬 필요성이 존재하며, 이 기준이 무엇인가도 중요하게 된다.[27]

4. 쟁점 3: 제6조 4항에 대한 상응조정 적용

제6조의 기본원칙으로 이중계산 방지가 존재하지만, 제6조 2항과 마찬가지로 제6조 4항에 적용할 때에 NDC의 다양성에 따른 각 당사국의 해석의 차이가 존재한다. NDC의 적용범위가 당사국들에 의해 자발적으로 결정되었기 때문에 산림을 포함하지 않거나, 에너지 부문만 NDC에 포함하는 등 다양한 NDC 범위가 혼재되어 있다.

개도국을 중심으로 제6조 4항 메커니즘이 청정개발체제의 연장선으로 해석하는 경향이 강하며, 청정개발체제에서는 별도의 이중계산 방지 규정이 없었기 때문에 일부 국가들은 새로 도입되는 이중계산 방지를 위한 상응하는 조정에 대한 거부감이 적지 않다. 특히, NDC 대상범위에 포함될 경우에는 이중계산의 방지의 원칙을 적용하는데 문제가 없지만, NDC 대상범위 밖에서 감축사업이 발생했을 경우에 이중계산 방지를 적용해야 하는가는 여러 견해가 존재할 수 있다.

일부 당사국은 NDC 대상 범위 외부에 대해서는 파리협정에서 규정하고 있지 않기 때문에 당연히 인정되는 것으로 해석하기도 하고, 반대의 경우도 존재한다.[28] 만일 NDC 대상범위 외부에 대해서 상응조정을 적용하지 않을 경우에는 사업 유치국 입장에서 NDC 외부 범위에 대한 사업을 장려하는 것이 가능하며, 장기적으로 NDC의 적용 범위를 확대하지 않는 것이 유리하기 때문에 파리협정의 취지에 반하는 결과를 초래할 수 있다.

5. 쟁점 4: 교토메커니즘의 제6조 4항으로의 전환

교토의정서 제2차 공약기간(2013~2020년)이 2020년 12월 31일에 완료되기 때문에 대부분의 당사국들은 2021년부터는 파리협정 상의 시장 메커니즘이 작동해야 한다고 생각하고 있다. 그러나 교토의정서 하의 교토메커니즘이 2021년부터 바로 폐기

---

27 감축규모가 매우 작은 경우에는 산정의 복잡성을 줄이고, 적용의 편의성을 위해서 표준베이스라인 (standard baseline)을 사용할 수 있다.
28 이러한 혼선의 주요 원인은 앞서 살펴본 바와 같이 파리협정에서의 시장메커니즘은 사전에 충분한 논의 를 거쳐서 설계된 내용이 반영되지 않았기 때문이다.

되는 경우에는 UN기후변화협약의 신뢰성에 치명적인 영향을 줄 수 있다. 이는 교토 메커니즘에 등록된 사업 중에는 2020년 이후에도 사업의 잔여 유효기간(crediting period)이 존재하는 사업들이 상당수 있기 때문이다.[29] 또한 2020년까지 발행된 감축 실적(pre-2020 CERs)이 2021년부터 유효성을 잃게 된다면 배출권이 공급 과잉된 국제 탄소시장의 현 상황에서 시장 시스템에 적지 않은 충격을 줄 수 있을 것이다.[30]

반대로 2021년 이후에 잔여 유효기간이 존재하는 사업들을 청정개발체제의 형태로 유지하는 방식에도 무리가 있다.[31] 따라서 유효기간이 있는 사업을 인정해 줄 경우에는 청정개발체제 사업에서 파리협정 제6조 4항 사업으로 전환을 필요로 한다. 다행스러운 점은 대부분의 당사국들이 이러한 전환에 대해서 긍정적이라는 점이며, 이러한 전환된 사업에서 의해 발행된 유닛이 파리협정 제6조에 의한 초기 국제 탄소시장을 형성하게 될 것으로 전망된다. 다만, 사업을 전환해 줄 경우에 모든 사업들을 자동적으로 전환해 줄 것인지, 제6조 4항의 지침과 청정개발체제의 차이점을 고려하여 전환 기준이 필요한가 등에 대해서는 추가적인 논의가 필요한 시점이다.

반면, 2020년까지 발행된 감축실적의 제6조 4항 유닛으로의 전환에 대해서는 당사국들 간에 입장차이가 선명하다. 청정개발체제 사업을 많이 시행한 국가들일수록 유닛의 전환을 강하게 주장하고 있고, 주요 주장의 근거로는 UN 기후변화협약 시스템의 신뢰에 문제가 발생할 수 있다는 점이다. 반면, 유닛의 전환을 반대하는 입장에서는 해당 유닛이 파리협정 체계에서 활용될 경우에 환경적 건전성의 문제와 시장의 붕괴 등이 발생할 수 있다는 주장이다. 이러한 복합적인 문제들로 인해서 제6조 4항 지침에 대한 당사국들 합의가 지연되고 있는 실정이다.

V. 파리협정 제6조와 교토메커니즘

1. 교토메커니즘, 청정개발체제의 성격

교토의정서 체제 이후에 새로운 기후변화 대응체제를 논의하면서 제기된 주요 이슈 중의 하나가 시장 메커니즘이다. 파리협정은 제6조에서 교토의정서 체제에서

---

29 2020년 10월 기준으로 약 7,800여개의 청정개발체제 사업이 등록되어 있다.
30 2020년 10월 기준으로 약 20억 톤의 CER이 발행되어 있는 상태이다.
31 교토의정서의 제2차 공약기간이 최종 의무준수 판별을 고려하면 2023년에 완료될 것으로 예상되고 있다.

탄생한 교토메커니즘의 속성을 담은 '협력적 접근'이라는 당사국들이 참여할 수 있는 감축행동 방안을 담고 있다. 제6조는 기본적으로 기후변화협약 당사국들 사이에 감축실적이 이전되면서 전 지구적인 감축성과가 되어 참여한 당사국의 지속가능한 발전을 지원하는 것을 목표로 한다. 또한 모든 당사국들이 자발적으로 협력하여 비용효과적으로 국가별 기여방안(NDC)을 달성하고자 하며 감축 목표를 상향하는데 그 목적을 두고 있다.

국제적인 협력을 가능하게 한 교토의정서의 가장 큰 특징은 의정서의 부속서A에 있는 선진 당사국의 정량적 감축목표이다. 즉 교토의정서에서는 선진 당사국들만 수량이 정해진 감축목표를 가지며 그 목표를 달성하기 위한 행동기간이 정해져 있다(2008~2012년). 교토의정서가 가진 특성으로 감축목표를 달성하기 위하여 감축행동을 해야 하는 선진 당사국들은 비용효과적인 감축목표 달성을 위하여 '배출권거래제(emission trading)', '공동이행제도(joint implementation)', '청정개발체제(clean development mechanism)'라는 유연성체제(flexibility mechanism)를 만들어 추진하였다.

배출권거래제는 참여자들이 제도에 참여하여 허용된 배출총량을 달성하기 위하여 지불해야 하는 비용총액을 감소시키도록 도입되었고, 캐나다, 중국 일부 지역, EU, 뉴질랜드, 한국, 스위스, 미국 등 몇몇 지역별로 도입, 운영되고 있으며, 콜롬비아, EU, 한국, 남아공, 스위스 등은 자국의 국내 감축정책에서 청정개발체제의 실적(CER)을 적격성을 갖춘 상쇄사업의 성과로 인정하고 있다.[32]

공동이행은 교토의정서에서 감축목표를 가진 국가 사이에 협력하여 배출량 감축을 위한 사업을 추진하고 감축성과를 이전하는 메커니즘으로 선진 의무국들 사이의 협력을 통하여 감축목표 달성에 기여하도록 하였다. 파리협정 체제에서는 모든 당사국이 감축성과의 생산자이면서 수요자이기 때문에 외형적으로는 파리협정의 협력적 접근의 일부분은 공동이행과 비슷해 보일 수도 있다.

청정개발체제는 공동이행제도와 목적은 같지만 감축의무를 가진 선진국의 감축행동 참여자가 감축의무를 가지지 않은 개발도상국에 소재하는 배출처에서 감축행동을 추진하고 그 실적을 선진 당사국으로 이전하는 것이다. 이를 통하여 감축의무국은 감축목표 달성을 위한 비용을 절감하면서 상쇄실적을 획득하고 비의무국은 감축사업에 필요한 재원과 기술을 얻을 수 있으며 사업이 추진되는 과정에서 자국의 지

---

32 UNFCCC, CDM Annual Report, 2019.

속가능한 발전에 편익을 얻을 수 있다.

교토메커니즘은 교토의정서가 파리협정과 다르기 때문에 가지는 속성을 가지고 있다. 교토의정서는 전 지구적인 배출총량의 감축을 목표로 하지 않고 부속서에서 선진 당사국들의 배출량감축목표만을 정하고 있다. 선진 당사국들이 감축행동을 하도록 강제하는 것이 교토의정서의 주요 내용이어서 선진국들은 정해진 목표를 달성하기 위하여 교토메커니즘의 청정개발체제와 같이 감축한계비용이 낮은 것으로 평가되는 비의무국이 참여하는 비용효과적인 감축방안을 추진할 수 있었다.

그렇지만 이러한 활동은 감축실적이 이전되고 이에 따른 투자자본과 관련 기술의 이전 그리고 감축행동이 추진된 지역에 대한 지속가능한 발전에 대한 기여효과 등이 있더라도 선진 의무국에서 감축할 양을 장소를 바꿔 비의무국에서 감축하고 비의무국의 배출량은 지속적으로 증가할 수 있으므로 전 지구적으로 배출량이 감소하는 효과로 연결된다고 하기는 쉽지 않다. 즉 교토메커니즘에서 비의무국이 참여하는 청정개발체제는 전 지구적 감축성과를 위한 행동이라기보다는 선진국의 감축행동에 비용효과성을 더해주기 위한 메커니즘이었다.

가장 중요한 점은 청정개발체제 사업의 유치국은 감축의무를 가지지 않기 때문에 모든 감축실적을 재원과 기술을 투자한 국가로 이전하고도 사업 유치국은 기후변화에 대응하는 행동으로 청정개발체제에 참여하여 배출량을 감축했다고 할 수 있다는 것이다. 파리협정은 이런 점을 해결하기 위하여 이중요구(double claiming)를 방지하여 당사국 사이의 협력을 통한 감축활동이 전 지구적인 감축성과로 나타나야 한다고 정의하고 있다. 청정개발체제는 그 자체로서 이중주장의 논란을 가지지 않지만 파리협정에서는 모든 당사국들이 감축행동에 참여하므로 사업 유치국과 구매국에 의한 이중요구의 방지가 메커니즘의 핵심인 것이다.

또한 제6조를 활용할 경우 환경건전성(Environmental Integrity)을 촉진할 것을 규정하고 있는데, 환경건전성이라는 용어의 의미에 대해서는 아직 합의되지 않았고, 협력적 접근을 통한 감축사업이 전 지구적으로 배출량의 증가를 초래하지 않아야 한다는 의미로 받아들여지고 있음은 앞 장에서 설명되었다. 감축사업이 추진되더라도 전 지구적으로 배출량이 증가하는 것은 상쇄실적의 이중요구로 발생할 가능성이 높으므로 환경건전성을 촉진한다는 것은 실질적으로 이중요구의 방지를 통하여 달성하게 될 것이다.

2. 청정개발체제의 이슈들

파리협정 제6조는, 제6조 8항의 비시장 메커니즘도 포함하지만, 교토체제의 시장메커니즘의 연장선에서 받아들여진다. 기존 교토메커니즘에 대한 회의론도 있었지만 개별 당사국의 감축행동 외에도 국가 간의 협력이 필요하다는 점에서 제6조가 만들어진 것으로 평가된다. 아직 세부 이행규칙을 논의하고 있지만 청정개발체제의 운영 경험은 앞으로 제6조 메커니즘을 구성하고 운영하는데 중요한 역할을 할 수 있다. 청정개발체제는 시장메커니즘의 중요한 구성요소였으며 도입 시점부터 지금까지 여러 가지 개선이 필요한 이슈와 메커니즘이 추구해야할 성과를 보여주고 있다.

청정개발체제에 대해서는 위의 시장메커니즘 도입배경에서 중앙집중형 운영방식과 낮은 비용효율성, 긴 등록 소요기간, 사업의 지역적 편중성 등이 가장 대표적인 개선점으로 지적된 바 있다.

가. 집중형 운영방식

청정개발체제는 감축사업이 진행되고 그 성과가 실제로 온실가스 배출량이 감축된 것인지를 UNFCCC 차원에서 청정개발체제 집행이사회(Executive Board)와 산하 기구를 통하여 확정하고 인정해주는 절차를 가지고 있다. 집행이사회는 교토의정서 당사국회의(CMP) 산하에서 청정개발체제를 운영하며, 감축량 산정방법론을 논의하는 자문그룹인 '방법론패널(MP)', 지정운영기구(Designated Operational Entity: DOE)를 운영하는 '인정패널(AP)', 사업의 등록과 실적발급팀(RIT), 조림사업 관련 이슈를 자문하는 A/R working group 및 포집 및 저장사업과 관련한 이슈를 자문하는 CCS(Carbon

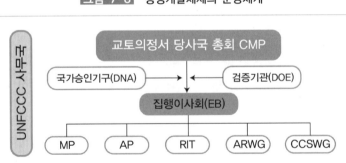

그림 7-8 청정개발체제의 운영체계

※ 출처: UNFCCC CDM website, https://cdm.unfccc.int/EB/governance.html

Capture & Storage) working group 등의 지원을 받는다. 그리고 모든 당사국의 청정 개발사업 국가승인기구(Designated National Authority: DNA)와 소통하면서 사업을 운영한다.

집행이사회는 서유럽, 동유럽, 아프리카, 아시아, 중남미 등 5개 지역그룹과 의무감축국(Annex I) 2명, 비의무국(non-Annex I) 2명 및 군소도서국연합 1명 등 10명의 이사와 각 이사의 대체 이사 10명 등 20명으로 구성된다. 이러한 집행이사회의 구성은 향후 교토의정서와는 다른 파리협정 제6조의 운영원칙 구현을 위한 감독기구 구성 시 참고할 수 있을 것이다. 집행이사회가 모든 절차를 관장하는 집중형 운영체계는 다양한 국가에서 수행되는 다양한 분야의 다양한 감축사업을 수용하기에는 일정한 한계가 있을 수 있지만, 발급하는 감축실적에 대해 일관되고 국제적으로 인정할 수 있는 품질 수준을 확보할 수 있는 측면을 가지고 있다.[33]

나. 낮은 비용효율성과 긴 등록 소요기간

청정개발체제의 도입 초기 일관되고 국제적으로 인정받을 수 있는 감축실적의 품질을 유지하기 위해서는 엄격한 감축량 산정방법론과 모니터링방법론을 필요로 하였으며, 사업계획서의 타당성과 성과를 검증하는 제3자인 지정운영기구의 검증과정 및 사무국의 검토를 통한 인증 등 엄격한 절차를 필요로 하였다. 이러한 엄격성으로 비용효율성이 낮고 등록 소요기간이 길게 되었다.

다. 지역적 편중성

상쇄사업인 청정개발체제 사업은 온실가스 배출량을 감축하는 사업이므로 사업의 가장 기본적인 요건은 사업 대상지역에서 온실가스를 배출하고 있어야 한다는 것이다. 그렇지만 많은 저개발국에서는 사업을 발굴할 만큼 많은 온실가스를 배출하는 곳이 적었으므로 지역적 편중이 발생할 수밖에 없었다. 따라서 대부분의 사업은 중국과 인도 등 경제가 빠르게 성장하는 신흥 개도국에서 추진되었다.[34]

집행이사회는 지역 편중성을 완화하기 위하여 사업수가 특히 적은 국가에서 추진되는 사업에 대해 융자제도나 행정적 지원 등을 실시한 바 있다. 또한 아프리카 2개, 아시아태평양, 중동, 중남미, 카리브해 지역에 각 1개 등 총 6개의 지역협력센터

---

[33] UNFCCC, Achievements of the Clean Development Mechanism, 2018.
[34] UNFCCC, Database for PAs and PoAs, 2019.

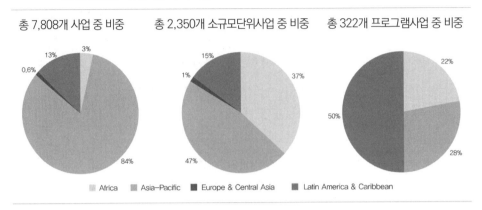

그림 7-9 청정개발체제 사업의 지역 분포 비중(2019년 8월 31일 현재)

총 7,808개 사업 중 비중   총 2,350개 소규모단위사업 중 비중   총 322개 프로그램사업 중 비중

⬜ Africa ⬜ Asia–Pacific ⬛ Europe & Central Asia ⬛ Latin America & Caribbean

(regional collaboration center)를 설치하고 사업의 발굴부터 방법론의 개발 등 여러 과정에 걸쳐 개발도상국 정부와 사업 참여자들을 지원하였다. 이를 통하여 최빈개도국과 군소도서국가, 특히 청정개발체제 사업 수가 10개 이내인 국가들을 지원하고자 하였다.[35] 또한 개인들까지 참여하여 청정개발사업의 실적을 온라인으로 구매할 수 있는 '자발적 취소(voluntary cancellation)' 프로그램을 설립하고 웹사이트[36]를 운영하여 유치국에 대한 재정지원이 확대되도록 하였다.

3. 청정개발체제의 성과

청정개발체제의 가장 큰 성과는 위에서 제기된 이슈와 관련되어 있다. 사업자들로 하여금 비용효율성과 긴 행정기간을 감내하도록 한 품질관리 과정은 잘 정의된 행정절차, 객관적으로 인정할 수 있는 산정 및 모니터링 방법론의 정착, 경험이 축적된 검증기관의 확보, 그리고 이들을 통하여 얻게 된 확고한 평판 등이다. 이들 성과는 향후 세부 규칙에서 기존의 문제점들을 개선해 나아가겠지만 파리협정에서 제6조를 통하여 시장 메커니즘이 지속될 수 있는 바탕을 마련하였다고 할 수 있다.

외형적 성과로는 107차 집행이사회가 개최된 2020년 10월 5일 기준, 전 세계에서 110개국 이상의 개발도상국이 참여하여 총 7,836개의 사업과 335개의 프로그램사업이 등록되었고, 335개의 프로그램사업에는 2,641개의 단위사업이 포함되어 있다. 사업의 실적 발급량은 2,054백만 CER이며 프로그램사업에서는 30백만 CER이

---

[35] CDM Executive Board, 88th meeting report, 2016.
[36] https://offset.climateneutralnow.org/.

발급되었다. 등록된 모든 사업이 정상적으로 추진되었을 경우 예상되었던 잠재 발급량은 70억 CER을 상회하지만 EU 배출권시장 등의 CER 수요 감소로 사업자들은 실제로는 현저하게 적은 실적만을 발급하였다. 자발적으로 취소한 감축실적은 온라인 취소프로그램에서 취소한 129만 CER을 포함하여 47백만 CER 수준으로 청정개발체제의 등록부에서 취소되어[37] 우리나라의 배출권거래제에 사용되는 등[38] 여러 당사국의 자국 내 감축정책에 활용되었다.

개발도상국의 지속가능한 발전에 대한 지원 성과로는, 3천억 달러의 투자를 유발하였으며, 연간 10만 GWh의 청정전력을 생산할 수 있는 설비의 설치가 이루어졌는데 이는 에콰도르, 미얀마, 모로코, 페루 등 4개국에 공급할 수 있는 양이다. 전체 사업의 40%에 해당하는 사업에서 지역사회의 일자리 창출 및 생활수준 개선이 나타나는 지역사회 참여가 있었고, 27%에 해당하는 사업에서 지역경제의 편익이 발생하였다. 이외에 100만 개의 청정 쿡 스토브(cookstove)가 보급되었고 84만명에게 깨끗한 식수가 공급되었으며 1억5천만 그루 이상의 나무를 심었다.[39]

사업 유치국의 지속가능한 발전에 대한 기여도가 청정개발사업의 적격성 평가항목이어야 한다는 논의는 오랫동안 지속되었지만 지속가능한 발전의 지표는 국가마다 다르므로 사업의 적격성 평가에 반영하지는 못했지만[40] 사업자들이 자발적으로 체크할 수 있는 'Sustainable Development co-Benefit Tool'을 개발 및 제공하여 그 보고서를 공개함으로써 지속가능성을 촉진하고 있다.[41]

4. 청정개발체제의 진화

청정개발체제는 도입 초기 객관적인 품질 수준을 위한 엄격한 운영으로부터 경험을 축적하면서 개선을 추진하여 지적된 여러 이슈들을 해결하고자 하였다. 축적된 경험을 바탕으로 발급하는 감축실적의 품질을 유지하면서도 행정비용과 등록에 소요되는 시간을 단축하기 위하여 절차의 전산화를 진행하는 등 지속적으로 단순화(simplification)와 간소화(streamlining)를 추진하였다. 여러 감축분야에서 개발된 방법론을 정리하고 표준방법론을 개발하며 절차를 간소화하고 객관적으로 추가성을 가진

---

[37] CDM Executive Board, 105th meeting report, 2019.
[38] 환경부, 제1차 계획기간 배출권거래제 운영결과보고서, 2019.
[39] UNFCCC, Achievements of the Clean Development Mechanism, 2018.
[40] CDM Executive Board, 83rd meeting report, 2015.
[41] https://www4.unfccc.int/sites/sdcmicrosite/Pages/SD-Reports.aspx.

다고 평가되는 기술목록을 작성하여 사업추진의 효율성을 높여왔다.

사업의 규모 측면에서, 청정개발체제는 감축이 발생하는 '사업(project)'을 대상으로 하였지만 상당수의 신재생에너지 사업규모가 작다는 점과 규모가 작을 경우 행정비용의 비중이 높아져서 사업발굴에 애로가 발생하므로 '소규모 사업[42]'을 정의하여 행정 절차를 간소화하였다. 그리고 많은 국가에서 신재생에너지 사업이 국가가 주도하는 프로그램 내에서 여러 개의 소규모 단위사업으로 이루어지는 점을 고려하여 '프로그램 감축사업'을 정의하여 산정과 모니터링을 단순화하였다. 대규모로 추진되는 정책(policy)의 경우에는 감축과 누출 등 산정과 관련된 다양한 요인에 대한 논의가 진행 중이다.

사업 분야로는 온실가스 배출량과 사업발굴이 많은 에너지/산업 및 폐기물 부문에서 사업이 시작되었고 에너지/산업분야의 사업은 전체 등록사업의 약 75%를 차지한다.[43] 이후 조림부문, 수송부문, 농업부문 등으로 확대하였고 도시 수준의 재생이나 개발 프로그램 등 복합적인 사업에 대한 가능성도 논의되고 있다. 이외에 사업참여자들이 파리협정 제6조 6항에도 제시된 기후변화 적응을 위한 지원비용과 행정비용을 조달하기 위하여 납부하는 'Share of Proceed'의 납부절차 등도 꾸준히 개선하였다.

5. 파리협정 제6조에의 기여 가능성

청정개발체제는 시장메커니즘 내에서 UNFCCC가 감독하여 CER을 발급하는데, 거래나 이전에는 관여하지 않으므로 그 자체로서 시장이라기보다는 CER의 생산시스템이라고 할 수 있다. 구매국의 시장제도나 목표달성 여부에도 관여하지 않으며, 발급된 실적이 어떤 당사국의 감축정책(대표적으로 배출권거래제)에서 어떻게 얼마나 어떤 방법으로 인정될 것인지는 해당 국가의 정책목표와 방법이 결정한다.

감독기구는 다만 국제적으로 인정할 수 있도록 감축실적의 품질을 관리한다. 일관되고 표준화된 감축량 산정을 위한 베이스라인방법론과 모니터링방법론을 확정하

---

42 1. 최대발전용량이 15MW(또는 상당분)까지의 신재생에너지 사업
　　　2. 에너지 공급/수요 측면에서의 에너지 소비량을 최대 연간 60GWh(또는 상당분) 저감하는 에너지절약사업
　　　3. 인위적 배출 감축사업으로서 직접배출량이 연간 60,000tCO$_2$ 이하인 사업
43 UNFCCC, Database for PAs and PoAs, 2019.

고, 사업을 검증하는 제3의 기관인 지정운영기구를 지정하고 이들의 사업수행성과를 평가하여 적격성을 인정한다. 사업이 적절하게 추진되고 감축실적이 실제로(real) 발생하였고 측정 가능한(measurable) 방법으로 산정되며 운영기관에 의해 결과와 과정의 적합성이 검증되면 그 실적을 인증하고 발급한다.

실제 감축량의 평가는 감축량 산정방법론(methodology)이 결정적이다. 감축량 산정방법론은 청정개발체제에서 200개 이상이 만들어져서 꾸준하게 개량되며 활용되고 있으므로[44] 현재 사용되고 있는 방법론은 최신의 과학적 접근을 반영하고 있다고 할 수 있다. 교토메커니즘으로부터 파리협정 제6조로 이행방안이 바뀌더라도 감축량 산정을 위하여 청정개발체제에서 개발된 방법론은 파리협정 제6조에서도 사용될 수 있으며, 이는 제6조 4항뿐만 아니라 감축실적을 당사국간 이전을 정의하고 있는 제6조 2항의 경우에도 이전대상 감축성과를 정의하거나 품질을 유지하기 위해서도 마찬가지일 것이다.

앞서 향후 제6조 4항의 베이스라인 논의가 시장이 개별 사업 기준으로 각각 베이스라인을 설정하기보다는 기술 중심의 틀을 만들고 해당 사업이 어디에 속하는지 파악하는 방식으로 전개될 가능성을 언급하였다. 청정개발체제는 사업적격성을 갖춘 기술목록(positive list)과 관련 절차를 운영하고 있으며,[45] 표준베이스라인을 제공하여 실적 산정의 객관성을 높이고 있다.[46]

감축실적의 품질을 관리하기 위해 필요한 제3자 검증절차인 청정개발체제 지정 운영기구도 마찬가지로 파리협정 제6조에서 그대로 활용할 수 있을 것이다. 제6조 2항이든 제6조 4항이든 협력적 접근을 통한 감축행동의 성과는 국제적으로 인정받는 품질이 유지되어야 당사국의 감축기여로 평가되고 전 지구적인 감축에 기여하며 환경적 건전성을 확보할 수 있다.

위의 [표 7-3]에서와 같이 파리협정에서 당사국들은 몇 가지 서로 다른 형태의 국가별 기여방안(NDC)을 제출하였고 감축목표량의 단위도 서로 다르므로 이들을 이전하고 목표의 달성 여부를 평가하기 위해서는 이전 가능한 감축실적이 서로 인정할 수 있도록 정의되어야 한다. 이러한 차이에도 불구하고 청정개발체제의 학습된 경험은 국제적으로 이전되는 감축성과물을 산정하는데 필요한 세부 규칙을 정하는 방향

---

44 https://cdm.unfccc.int/methodologies/index.html.
45 https://cdm.unfccc.int/methodologies/PAmethodologies/tools/.
46 https://cdm.unfccc.int/methodologies/standard_base/index.html.

을 제시할 수 있을 것이다. 교토체제가 파리체제로 전환되더라도 온실가스 배출 감축량을 산정하는 방법은 바뀌지 않을 것이기 때문이다. 즉 제6조의 대상이 되는 감축성과(mitigation outcome)를 정의하는 기준과 절차의 측면에서 의미 있는 역할을 할 것으로 기대된다.

파리협정 제6조는 당사국들 사이에 온실가스 배출량 감축을 위한 다양한 방식의 협력적 접근을 정의하고 있어서 협정의 이행 시 매우 다양한 비즈니스 모델이 제시되고 다양한 형태로 사업이 추진될 것으로 예상된다. 메커니즘은 전 지구적 감축에 기여하는 것이므로 당사국들의 참여형태나 실적을 누가 발급할 것인가 보다는, 잘 정의된 감축량 산정방법론과 실적의 이중주장을 방지하는 체계가 핵심이다. 기존 메커니즘의 경험에서 실제 이행을 위한 준비 시간과 노력을 줄이는 역할을 기대한다.

VI. 향후 전망

파리협정 상 제1차 NDC의 이행기간이 2021년부터 본격적으로 작동함을 감안할 때 파리협정 제6조에 관한 후속협상이 지연됨에 따라 시장 메커니즘의 조기 형성에 차질이 불가피해 보인다.[47] 아울러 현존하고 있는 시장 지침은 시장 운영에 필요한 최소한의 규정 및 절차를 포함하고 있어, 실제 운영을 위한 세부적인 지침에 대해서는 추가 논의가 필요한 실정이다.[48]

그러나 파리협정의 제6조 자체가 주는 의미는 교토의정서 하의 교토메커니즘에 따른 국제 탄소시장에서 파리협정에 따른 국제 탄소시장으로 체제가 전환됨을 의미한다. 파리협정에서 지향하는 국제 탄소시장은 다음과 같은 메시지를 전달한다.

첫 번째로 교토메커니즘상의 국제 배출권거래제와 같이 국가를 대상으로 배출권을 할당을 하는 체계는 사라지고, 상쇄(Offsets)의 개념으로써 시장 메커니즘을 사용하는 체계로 전환되었다. 이는 당사국이 개별적으로 제시한 NDC 목표를 자국 내에서 주로 수행하고 국제 탄소시장을 부가적으로 활용하는 체계를 지향함을 의미한다.

두 번째로 모든 당사국이 수요자이자 공급자가 되는 체계로 전환된다. 교토메커

---

47 특히 2020년의 코로나19 바이러스 문제로 인해 UN기후변화협약의 공식회의가 연기되고 있는 점은 시장의 작동 시점을 늦추는 추가적인 요인이 되고 있다.
48 시장 이행지침 협상 이후에 세부 요소에 대한 추가 협상을 위해서 작업 프로그램의 운영을 계획하고 있다.

니즘은 교토의정서에 기반하고 있기 때문에 국가 감축목표를 갖고 있는 당사국과 갖고 있지 않은 당사국으로 이분화 하여 시장을 형성했다. 이는 국가 감축목표를 갖고 있지 않은 개도국은 자국에서 배출권을 발행하여 국제 탄소시장에 공급하는 공급자의 역할만을 수행하였다. 또한 발행된 배출권을 투자국가에 이전하는데 별다른 부담이 없었다. 그러나 파리협정 체계에서는 모든 당사국이 배출권의 수요이자 공급자 역할을 수행하고, 발행된 배출권을 타 국가로 이전하면 상응조정의 대상이 되기 때문에 개도국을 중심으로 배출권이 공급자 역할 기능에 제약이 따를 수밖에 없을 것이다.

세 번째로 시장에서 사업 유치국(host country)의 역할이 강화된다. 사업 유치국의 역할 강화는 상응조정 기능에 따른 역할과 협력적 접근법의 특성에 따른 역할에 기인한다. 상응조정 기능에 따라서 배출권을 공급하는 국가도 NDC의 이행을 염두에 두어야 하기 때문에 정부의 일정 개입이 확대될 수밖에 없는 구조를 갖는다. 이는 사업의 시행주체가 대부분 민간부문인 점을 감안하면 배출권의 이전에 따라 발생하는 수익은 민간의 소유가 되지만, 상응조정에 따라서 추가적인 온실가스 감축의 필요성은 정부가 책임져야 하기 때문이다.

네 번째로 민간중심의 시장에서 정부의 역할이 중요해지는 시장이 될 것이다. 협력적 접근법은 감독기구 중심의 제6조 4항 메커니즘과는 달리 당사국들 간의 자발적 협력을 보다 강조하며, 협력국과 감축실적의 발행과 관련한 일련의 규정이 추가적으로 필요하게 된다. 정부의 역할은 협력국과 이러한 감축실적의 발행에 대한 체계를 논의하는 것이며, 민간 부문의 활동이 설립된 체계 내에서 원활히 작동하는 지 여부를 모니터링하게 된다.

다섯 번째로 기술 중심의 시장구조를 갖는다. 제6조 4항의 베이스라인 논의는 향후 시장이 개별 사업 기준으로 각각의 베이스라인을 설정하기 보다는 기술 중심의 구분 틀을 만들고 해당 사업이 어디에 속하는지를 파악하는 방식으로 전개될 가능성이 높다. 이는 기존의 중앙집권화 된 방식에서 문제가 제기되었던 행정절차의 복잡성과 소요비용 문제를 해결하는 하나의 방법이 될 수 있다. 그러나 기술 중심의 시장구조는 기술을 보유한 국가와 그렇지 못한 국가로 명시적으로 제시되지 않는 또 다른 이분화 된 체계를 갖게 된다. 탄소 시장은 감축기술과 재원의 흐름을 촉진하는 데 주요 역할이 존재한다. 이러한 기술 중심의 시장구조는 기술 경쟁력의 중요성을 부각시키며, 감축기술 개발·보유 필요성을 더욱 가중시킬 것으로 보인다.

이러한 파리협정 체제로 시장 메커니즘이 전환되는 것은 국제적인 큰 틀의 변화를 의미한다. 우리나라 역시 이러한 변화중인 흐름의 한복판에 서 있으며, 우리에게 주는 향후 해결과제들이 존재할 것이다.

무엇보다도 제6조에서 설계된 시장 메커니즘이 비용 효과적이지 않을 경우, 향후 NDC의 의욕성 상향은 요원하며, 더욱이 시장이 제대로 작동하기 어려울 것으로 보인다. 이는 우리나라를 포함한 모든 당사국들이 풀어야할 숙제로 남아 있다.

참고문헌

1. 박순철, 파리협정 국제시장 메커니즘 이행지침 주요내용 및 쟁점, 코네틱 리포트, 2019.11.19.

2. 산업통상자원부, 온실가스 감축을 위한 국제협력방안 수립 연구, 2016.

3. 산업통상자원부, NAMA 크레디팅 방법론 설계 및 발전방안 연구, 2011.

4. 한국에너지공단, 파리협정에 따른 시장 메커니즘 대응방안 마련 연구, 2019.

5. 환경부, 제1차 계획기간 배출권거래제 운영결과보고서, 2019.

6. Bodle, R et al,. *The Paris Agreement: Analysis, Assessment and Outlook*, Ecologic Institute. 2016.

7. CDM Executive Board, 83rd meeting report, 2015

8. CDM Executive Board, 87th meeting report, 2015

9. CDM Executive Board, 88th meeting report, 2016

10. CDM Executive Board, 105th meeting report, 2019

11. IETA, University of Maryland and CPLC, *The Economic Potential of Article 6 of the Paris Agreement and Implementation Challenges*, 2019.

12. IGES, NDC Database, https://www.iges.or.jp/en/pub/iges−indc−ndc−database/en.

13. Klein, D. 외, *The Paris Agreement on Climate Change: Analysis and Commentary*, Oxford, 2017.

14. Marcu. A. *Carbon Market Provisions in the Paris Agreement (Article 6)*. CEPS, 2016.

15. Marcu, A. *Governance of Article 6 of the Paris Agreement and Lessons Learned from the Kyoto Protocol*. 2017.

16. Schneider. L 외, *Environmental Integrity under Article 6 of the Paris Agreement*, German Emissions Trading Authority(DEHSt), 2017.

17. UNFCCC, Achievements of the Clean Development Mechanism, 2018.

18. UNFCCC, Bali Action Plan, Decision1/CP.13, 2007.

19. UNFCCC, CDM Annual Report, 2019.

20. UNFCCC, CDM website, https://cdm.unfccc.int/governance.html.

21. UNFCCC, Database for PAs and PoAs, 2019.

22. UNFCCC, Draft Paris Outcome(FCCC/ADP/2015/L.6/Rev.1. 2015.12.5.). https://unfccc.int/files/bodies/awg/application/pdf/draft_paris_outcome_rev_5dec 15.pdf.

제8장

온실가스 감축의 경제학

김용건(한국환경정책·평가연구원 선임연구위원)

Ⅰ. 들어가며: 온실가스 감축의 공공재적 특성

온실가스 감축은 온실가스 배출을 줄이는 행위를 의미한다. 온실가스 감축의 경제적 의미를 평가하기 위해서는 온실가스 배출이 갖는 경제적 의미를 먼저 살펴볼 필요가 있다.

온실가스는 인간의 활동, 특히 화석연료의 연소과정에서 발생하는 이산화탄소를 비롯해 메탄, 아산화질소 등 다수의 기체를 지칭한다. 수증기와 같이 기후 시스템에서 자연적으로 발생하는 온실가스도 있으며, 산불과 같은 자연재해를 통해서도 이산화탄소를 비롯한 다양한 온실가스가 발생한다. 이러한 온실가스의 발생은 대기 중에 축적되어 대기중 온실가스 농도를 증가시키며, 이러한 온실가스 농도의 증가는 지구온난화(온실효과)와 기후변화를 야기한다. 여기서 특히 문제가 되는 것은 인간의 활동에 의해 발생하는 온실가스이다. 자연적으로 배출되는 온실가스는 지구의 기온이 인간이 생존하는데 적정한 수준으로 유지(자연적 온실효과)시키는 긍정적 기능을 하지만 이에 추가되는 인위적 온실가스 배출이 기후 시스템의 균형을 깨뜨리고 지나친 온도 상승과 기상 이변을 일으키기 때문(인위적 온실효과)이다.

기후변화를 일으키는 인위적 온실효과는 인위적 온실가스 배출의 대기 중 축적, 즉 일정 기간 동안의 배출량 총량에 의해 발생한다. 결국 기후변화로 인한 피해는 전 세계 모든 나라의 전체 국민이 발생시키는 온실가스 배출의 총량에 비례하여 발생한다. 즉, 특정 국가 혹은 국민은 자신이 발생시키는 온실가스 뿐만 아니라 자신이 아닌 다른 국가 혹은 국민이 발생시키는 온실가스에 의해서도 피해를 입게 된다. 동일한 논리를 온실가스 감축행위에 대해 적용할 수 있는데, 국가 단위의 행위에 초점을 맞추어 해석해 보자. 각국의 온실가스 감축은 지구 전체의 인위적 온실효과 완화를 통해 자국 뿐만 아니라 타국의 피해도 감소시키며, 또한 각국은 자국의 감축 뿐만 아니라 타국의 감축활동에 의해서도 이익을 보게 된다.

이와 같이 각국이 모두의 감축 활동으로 이익을 보고, 각국의 감축 활동은 모두에게 이익을 주는 경우를 경제학에서는 공공재(public good)의 개념으로 이해한다. '공공재'란 어떤 재화 혹은 서비스(이하 설명에서는 서비스로 대표함)가 비배제성과 비경합성의 성질을 가질 때 부르는 용어이다. 비배제성(non-excludability)은 특정 서비스의 공급에 따른 이익 향유로부터 아무도 배제시킬 수 없는 성질을 뜻하며, 비경합성(non-rivalry)은 서비스의 공급에 따른 이익이 다수가 향유하더라고 각자가 얻는 이익은 줄지 않는 특성을 말한다. 온실가스의 감축은 이러한 비재제성과 비경합성을 갖는 공공재의 특징을 갖는다. 즉, 온실가스 감축을 통한 인위적 온실효과의 감소와 지구 온난화 완화에 따른 이익의 향유로부터 특정 국가를 배제할 수 없으며, 어떤 국가가 그러한 이익을 향유한다고 해서 다른 국가가 얻을 수 있는 이익이 줄어들지도 않는다.

어떤 서비스가 공공재적 성격을 띨 때 발생하는 매우 중요한 현상이 있는데, 바로 무임승차(free rider) 문제이다. 공공재를 공급하는 비용은 공급하는 주체가 온전히 떠안게 되지만 그로 인한 이익은 모두가 함께 향유하게 되는 반면, 다른 주체들이 공급하는 공공재의 이익은 아무런 비용 감수 없이 누릴 수 있기 때문이다. 공공재적 특징을 갖는 서비스는 서로 남의 노력으로 공급한 서비스에 무임승차 하려는 유인이 크게 작용하기 때문에 바람직한 수준보다 부족하게 공급되는 현상을 초래하게 된다.[1]

---

1 무임승차 문제는 게임이론에서 '죄수의 딜레마(prisoner's dilemma)' 혹은 용의자의 딜레마로 표현된다.

통상적인 사적 재화의 경우 자유시장경제는 효율적인 자원배분을 보장한다는 것이 경제학의 고전적인 '정리(theorem)'이다. 물론 시장이 독과점 없이 경쟁적이어야 하고 불확실성이 없고 모든 정보가 투명하게 공유되어야 하며 거래 비용이 없어야 하는 등 비현실적인 다수의 가정이 필요함에도 불구하고, 개개인의 자발적이고 이기적인 동기에 기초한 행동이 시장에서의 거래를 통해 사회적으로 바람직한 수준의 (효율적인) 생산과 소비 활동을 유도할 수 있다는 점은 이론의 여지가 별로 없다. 하지만 이러한 시장의 효율성이 공공재에 대해서는 성립하지 않는다. 무임승차의 유혹으로 인해 공공재에 대한 수요는 넘쳐나도 공급은 너무나 부족 할 수밖에 없는 상황, 소위 '시장의 실패'가 발생한다.

현대국가에서 정부(government)의 가장 중요한 기능 중의 하나가 이러한 '시장의 실패'를 교정하기 위해 시장에 개입하는 것이다. 국방, 환경 등이 대표적인 공공재 서비스이며, 각국 정부는 '적정한' 수준의 국방 및 환경 서비스를 제공하기 위해 다양한 정책을 시행하고 있다. 시장의 실패를 교정하기 위한 정부의 개입은 공공재 서비스의 '적정한' 공급량에 대한 선택과 이의 공급을 위한 생산 활동 관리가 주된 내용이다. 그리고 적정한 공공재 공급량의 선택을 위해 비용편익 분석과 같은 경제적 방법론을 활용하기도 하는데, 다양한 경제주체의 공공재 수요 특성과 같은 정보를 충분히 획득하기 어려울 뿐만 아니라 복잡한 정치적 이해관계도 영향을 주기 때문에 또 다른 실패, 즉 '정부의 실패'를 초래하기도 한다. 하지만 공공재의 효율적 공급을 위해 시장이 할 수 있는 역할은 거의 없기 때문에, 비록 최선의 효율적인 결과를 보장하지 못할지라도 정부에 대한 의존은 불가피하다. 만일 정치적 의견수렴 과정이 효율적으로 작동하고 정부의 정책 분석 역량이 우수하다면 최선에 가까운 공공재 공급을 기대할 수 있다.

기후변화 문제를 해결하기 위한 온실가스 감축은 전형적인 공공재 서비스에 해당되므로, 이 역시 자유로운 시장 경제를 통해서는 해결될 수 없으며 정부와 같은 관리자가 필요하다. 문제는 기후변화가 전 세계적인 문제여서 어느 하나의 정부가

공범인 두 용의자가 체포되어 독방에 갇힌 상태에서 검사의 조사를 받게 된다. 두 용의자는 모두 자백하지 않으면 증거 부족으로 석방되지만, 한 명이 자백하고 다른 한 명이 자백하지 않을 경우 자백하지 않은 용의자는 중처벌을 받게 된다. 두 명 모두 자백할 경우 가중처벌은 면하게 된다. 이러한 상황에서 두 명의 용의자는 모두 자백하는 것이 최선의 선택이 된다. 즉, 서로 협력하면 모두가 더 유리한 결과(모두 석방)를 얻을 수 있음에도 불구하고 냉정하고 합리적인 이기적 행동의 결과는 모두가 자백을 하는 것이다. 그 결과 두 용의자 모두 최악의 결과에 이르게 된다.

아닌 모든 국가가 개입하여야 한다는 점이다. 여러개의 국가가 관여될 경우 공공재 문제의 해결은 한층 더 어려워진다. 개별 국가 내에서도 무임승차 문제를 극복하기 위해 적정한 온실가스 감축 수준을 결정하고 이행하는 것이 어려운데, 국제환경문제는 '국가간에도' 무임승차 문제가 발생하기 때문이다.

국제 환경문제와 같은 글로벌 공공재를 효율적으로 관리하기 위해서는 '세계 정부'가 필요하게 된다. UN과 같은 국제기구가 그러한 기능을 할 수 있다면 금상첨화일 것이다. 하지만 아쉽게도 무임승차를 억제하고 공공재 서비스를 각국에 배분하여 공급하도록 강제할 수 있는 힘이 있는 국제기구는 존재하지 않는다. 전 세계 각국이 모여 합의한 국제법(기후변화협약: UNFCCC)과 국제기구(UNFCCC 사무국)가 있지만 각국 정부를 행위를 강제할 수 있는 힘은 없다. 조약의 가입과 탈퇴가 자유롭고 행사할 수 있는 보복조치도 없기 때문이다.

강력한 세계 정부 없이 온실가스 감축을 통해 기후변화에 대응한다는 것은 지극히 어렵고 복잡한 문제이다. 그럼에도 불구하고 세계 각국은 기후변화협약을 토대로 지속적인 노력을 기울이고 있다. 교토의정서와 파리협정이라는 의미 있는 진전도 이루어냈다. 또한 비정부 기구, 지방정부, 민간 기업 등 다양한 분야에서 기후변화 완화를 위해 다양한 노력이 진행되고 있다. 이러한 많은 노력들은 충분한 감축 행동을 강제하지는 못하지만 여러 가지 경로를 통해 직간접적으로 감축 노력을 유도하고 있다. 특히 이러한 많은 노력들은 온실가스를 획기적으로 줄일 수 있는 혁신적 기술의 개발을 촉진하게 되는데, 이러한 기술의 출현으로 온실가스 감축비용이 크게 감소될 경우 문제의 해결은 훨씬 용이하게 된다.

본고에서는 경제적 관점에서 온실가스 감축이 갖는 의미를 분석하고 몇 가지 중요한 주제에 대해 보다 심층적인 논의를 진행함으로써 온실가스 감축 문제에 대한 독자의 이해를 돕고자 한다. 지금까지 온실가스 감축이 갖는 공공재적 특성과 무임승차 문제를 설명하였다. Ⅱ.에서는 '적정한' 온실가스 감축 수준을 도출하는 과정이 어떠한가를 살펴보도록 한다. 온실가스 감축을 위해 소요되는 비용과 온실가스 감축에 따른 이득을 계산하고 양자를 비교하여 최선의 감축수준을 도출해 내기 위해서는 매우 복잡한 모형과 의견수렴 과정이 필요하며, 주관적인 가치판단을 배제하기 어려운 복잡한 문제라는 점을 이해하게 될 것이다. Ⅲ.에서는 적정한 온실가스 감축 수준이 정해진 이후에 이를 달성하기 위해서는 어떠한 정책과 조치를 활용할 수 있는가를 논의하도록 한다. 탄소세와 온실가스 배출권 거래제를 비롯한 다양한 경제적 정책수단들이 소개될 것이다. Ⅳ.에서는 국가 간의 이해충돌과 무임승차 문제의 해결을 위한 대안은 어떤 것이 있는지 경제학적 분석결과와 시사점을 살펴보도록 한다. Ⅴ.에서 간략한 맺음말로 본고를 마무리하도록 한다.

Ⅱ. 온실가스를 얼마나 줄여야 하는가?

온실가스를 줄이기 위한 노력은 당연히 필요하다. 하지만 인위적 온실가스 배출이라 하더라도 이를 당장 모두 줄이는 것은 현실적으로 불가능하다. 물론 모든 사람이 당장 모든 활동을 중지하고 모든 공장의 가동을 중지시키고 모든 발전기도 정지시키고 집에서 숨만 쉬고 지낸다면 가능할 것이다. 하지만 그렇게 하는 것은 기후변화로 인한 피해보다 훨씬 큰 충격을 초래할 것이다. 온실가스 배출을 완전히 중지시키는 것이 최선이 아닌 것이다. 이보다는 감당할 수 있는 수준의 '적정한' 배출 감축 노력이 바람직하다. 그렇다면 어느 만큼의 감축노력이 '적정한' 수준일까? 이 문제에 대해 경제학은 대안을 제시한다.

우리는 온실가스를 얼마나 줄여야 하는가를 결정해야 하며, 이는 과학적 분석에 근거해야 한다. 경제적으로 온실가스를 줄이는 데 드는 부담 혹은 '비용(cost)'과 온실가스를 줄였을 때 얻게 되는 이득 혹은 '편익(benefit)'을 비교·평가하여 최적의 수준을 도출할 수 있다. 경제학에서는 이러한 방법론을 '비용-편익 분석'이라 부른다. 감축의 비용과 편익을 추정할 수 있다면 최적의 감축 수준을 계산할 수 있다. 편익에서 비용을 뺀 순편익을 최대화 하는 감축 수준을 찾으면 된다. 문제는 온실가스 감축의 비용관과 편익을 추정하는 것이 대단히 어렵다는 것이다.

온실가스 감축비용은 예상되는 온실가스 배출량에서 배출을 줄일 때 발생하는 비용인데, 이를 계산하기 위해서는 먼저 예상되는 온실가스 배출량을 추정해야 한다. 그 다음 어떤 방법으로 온실가스를 줄일 수 있는지 확인하고 그 대안을 실행했을 때 얼마의 비용이 줄어드는지를 계산하여야 한다. 가능한 대안의 수도 매우 많을 뿐만 아니라 대안별로 소요되는 비용을 계산하는 것은 대단히 복잡한 문제여서 이러한 분석을 위해서는 고도의 수리적 모형을 필요로 한다. [그림 8-1]은 수리적 모형을 통해 우리나라 전력부문의 온실가스 감축비용(2030년)을 분석한 사례이다. 매 시간단위

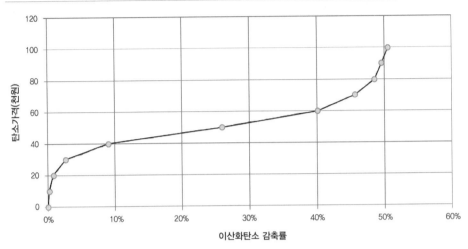

그림 8-1 우리나라 전력부문의 온실가스 한계 감축비용(2030년)

자료원: 김용건(2019)

로 바뀌는 전력수요에 대응하기 위해 200여 개의 발전기를 켜고 끄는 문제를 혼합정수계획법이라는 수리적 모형을 통해 시뮬레이션 한 결과이다.[2] 이산화탄소 감축률이 높아질수록 보다 높은 비용의 감축 대안을 실행하여야 함을 보여주고 있다.

온실가스 감축에 따른 편익은 비용보다 더욱 복잡하고 불확실성도 높다. 편익의 추정을 위해서는 우선 비용의 경우와 마찬가지로 예상되는 배출량을 추정하여야 한다. 기후변화에 따른 영향은 범지구적 온실가스 농도변화에 따라 발생하므로 전 세계 전체의 온실가스 배출에 대한 예측이 필요하다. 예상되는 전 세계 배출량을 기준으로 배출을 줄임에 따라 지구 온실가스 농도가 얼마나 완화될 것인가를 평가하여야 하며, 이어서 지구 각 지역의 기온과 강수량 등 기후 변수들이 어떤 영향을 받게 되는지를 분석하여야 한다. 이를 위해서는 방대한 규모의 지구순환모형(Global Circulation Model)이 필요하다. 다음으로 이렇게 평가된 기후변화에 따라 인간이 어떤 피해를 입게 될 것인지를 분석해야 하는데, 이는 더욱 어렵고 복잡한 문제이다. 기온이 상승

---

2 국가 기관인 전력거래소에서는 매일 다음날의 시간대별 전력수요 예측치를 기초로 가장 저렴한 비용으로 수요를 만족할 수 있도록 200여개의 발전기별 가동 여부를 지시하는데, 이 때 혼합정수계획법(Mixed Integer Programming: MIP)이라는 수리적 모형을 활용한다. 혼합정수계획법은 주어진 제약조건을 만족하면서 전력 공급비용을 최소화하는 발전기 운영계획을 도출하는 문제를 수리적으로 표현한 것이다. 제약조건에는 시간대별 전력수요를 만족해야 한다는 수요제약, 발전기별 최대 발전용량보다는 발전량이 작아야 한다는 용량 제약, 최소 및 최대 가동시간 제약 등이 포함된다.

하면 어떤 영향이 있을지, 강수량 분포가 변하면 생태계와 인간 활동에 어떤 영향을 미칠지 등을 분석한다는 것은 대단히 광범위한 주제를 포괄하는 대규모 연구를 필요로 하게 된다. 설상가상으로 이러한 모든 분석이 끝난 다음에도 화폐적 가치로 평가하는 어려운 작업이 기다리고 있다. 복잡다기한 피해들을 하나의 화폐적 가치로 종합하지 못한다면 적정한 수준의 온실가스 감축을 얘기하기 곤란하기 때문이다. 모든 비용과 편익을 단일의 화폐가치로 종합하여 비교할 때 비로소 최적의 온실가스 감축 수준을 정할 수 있게 된다(OECD, 2018).

비용과 편익을 화폐가치로 환산하기 위해서는 여러 가지 윤리적 문제까지 등장하게 된다. 기후변화는 장기적 문제이고 지금 배출되는 이산화탄소는 수백 년간 대기중에 체류하면서 기후변화를 일으키기 때문에 수백 년에 걸쳐 발생하는 피해를 현재가치로 평가하여야 한다. 이 때 서로 다른 시기에 발생하는 피해를 합산하기 위해서는 할인율이 필요하게 되는데, 얼마의 할인율이 적절한 것인가에 대해서는 경제학자들 사이에서도 논란이 많다. 투자 의사결정에 활용되는 통상적인 시장 이자율을 적용하면 1백년, 2백년 이후의 피해는 현재가치로 거의 제로 수준으로 할인되므로 기후변화의 심각성이 과소평가되며, 미래 세대에 대한 도덕적 책임감에 기초하여 매우 낮은 할인율을 적용하면 피해가 무한대에 가까이 가게 되어 당장 모든 경제활동을 멈추어야 한다는 과격한 결론에 도달할 수도 있다(Stern, 2006; Nordhaus, 2017).

현 세대 내에서도 지역 간 계층 간 불평등 문제도 중요한 고려사항이다. 서로 다른 국가의 피해 정도를 어떻게 종합하여 하나의 화폐가치로 평가할 것이냐는 쉬운 일이 아니다. 기상이변으로 인명의 손실이 발생할 때 미국 시민 한사람과 아프리카 에티오피아 국민 한 사람의 생명을 얼마로 평가할 것인가 역시 학자들 사이에 논쟁이 끊이지 않는 주제이다. 생명에 대한 지불의사(Willingness-to-pay)를 측정하여 활용하는 경우가 많은데, 이러한 방법은 부유한 선진국의 생명을 빈곤국가 국민의 생명보다 몇 배 혹은 몇 십배 크게 평가하는 결과를 초래한다. 생명의 가치가 무한하다고 이를 무한한 값으로 가정하면 비용편익분석은 아무런 결론도 낼 수가 없게 된다.

마지막으로 적정한 온실가스 감축 수준을 정하기 위한 비용편익분석에서 편익의 발생을 어느 범위에서 측정할 것인가도 중요한 문제이다. 예를 들어 미국에서 온실가스 감축 목표를 선택하기 위해 비용편익분석을 할 경우, 온실가스 감축의 편익을 어느 범위에서 평가하여야 할 것인가? 미국에 한정하여 편익을 평가할 것인가 아니면 전 세계 모두의 편익을 평가할 것인가? 미국의 온실가스 감축에 따른 편익은 전 세계가 공유할 수밖에 없다. 그럼에도 불구하고 미국에 한정하여 편익을 평가하여 비용과 비교할 경우 매우 소극적인 감축이 최적의 선택이 될 것이다. 전 세계 모두의 편익을 고려할 경우 글로벌 차원에서 최적의 감축 수준을 도출할 수 있지만 미국 국민 입장에서는 자국이 왜 다른 국가의 편익을 위해서 부담스러운 감축 노력을 실행해야 하는지 설득되지 않는다면 정치적으로 수용되기 어려울 것이다. 미국 정부는 학계 전문가 집단에 의뢰하여 온실가스 감축의 편익(탄소의 사회적 비용: Social cost of carbon)을 추정하여 정책 결정에 반영하고 있는데, 트럼프 대통령이 집권한 이후 편익 평가의 범위를 지구 전체에서 미국으로 축소하였고 이는 감축의 편익을 크게 낮추는 결과로 이어졌다(National Academy of Science, 2017). 감축의 편익이 낮아지면 감축목표도 약화될 수밖에 없다.[3]

III. 온실가스 감축을 위한 정책수단

적정한 온실가스 감축 수준이 정해지면, 그러한 목표를 달성하기 위한 노력이 실천되어야 한다. 세상에는 수십억명의 사람이 자유롭게 활동하고 있으며 수없이 많은 기업과 기관과 자동차와 비행기와 공장이 돌아가고 있어 과연 정해진 목표를 달성하기 위해 누가 어떤 노력을 해야 할 것인지는 또 하나의 어려운 과제이다.

다행히도 경제학에서는 이러한 목표 달성을 위해 효율적인 정책수단을 제시하고 있다. 가장 효과적인 정책수단은 온실가스 배출에 대해 세금을 부과하는 탄소세(carbon tax) 정책과 배출 총량에 대한 시장 기반 정책수단인 배출권 거래(emissions trading) 제도(탄소 시장)이다. 온실가스 배출에 대해 세금을 부과하는 정책을 대표적인 온실가스가 이산화탄소라는 점을 고려하여 탄소세라고 부른다.

온실가스 배출권 거래제도는 총 배출량에 대한 한도를 정하고 그게 상응하는 배출권을 나누어 준 다음, 온실가스를 배출하는 기업 및 개인 등으로 하여금 배출권을 확보하여 제출하는 만큼만 배출할 수 있도록 허용하는 정책수단이다. 배출권은 경제

---

3 탄소의 사회적 비용은 대상 범위를 전세계에서 미국으로 좁힘에 따라 이산화탄소상당량톤당 40달러에서 1달러 수준으로 떨어지게 된다. 이는 온실가스를 줄이기 위한 노력을 1/40으로 감소시키는 의미를 갖는다.

주체 간에 자유롭게 거래될 수 있으며, 이러한 시장에서 형성된 배출권 가격은 탄소세 정책하에서의 탄소세와 동일한 효과를 갖는 탄소 가격(carbon price)이 된다. 즉, 이산화탄소 1톤을 배출할 경우 탄소세 정책 하에서는 탄소세율에 해당하는 세금을 지불해야 하며, 배출권 거래제 하에서는 배출량 1톤에 대한 배출권을 시장에서 구입(확보)해야 하므로 탄소세율과 배출권 가격은 모두 온실가스 배출에 대한 가격으로서의 역할을 하게 된다. 온실가스 배출에 대해 가격을 부담시킴으로서 배출을 억제한다는 점에서 탄소세와 온실가스 배출권 거래제를 통칭하여 탄소가격(carbon pricing) 정책이라 부른다.

온실가스를 규제하는 정책수단으로는 전통적으로 북유럽을 중심으로 탄소세가 주로 활용되어 왔으나 1997년 제3차 기후변화협약 당사국총회에서 국가 간 온실가스 배출권 거래제를 허용하는 교토의정서가 채택된 이후 배출권 거래제가 보다 보편적인 정책수단으로 자리 잡고 있다. 특히 EU에서 2005년부터 역내 모든 국가의 일정 규모 이상 온실가스 배출업체를 대상으로 배출권 거래제를 시행한 이후 미국, 호주, 일본, 캐나다, 뉴질랜드 등 대부분이 선진국에서 국가 단위 혹은 지방정부 단위에서 온실가스 배출권 거래제를 시행하고 있다.

온실가스 배출권 거래제 및 탄소세를 비롯한 탄소가격 정책은 국제적으로는 물론 각국의 중앙정부 및 지방정부 차원에서 온실가스 감축을 위한 핵심적인 정책수단으로 적용이 확산되고 있다. 세계은행에 따르면 2019년 6월 현재 전 세계적으로 시행중인 탄소가격정책은 배출권 거래제 28건, 탄소세 29건 등 총 57건에 이르며, 이들 정책이 규제하는 온실가스 규모는 약 110억 tCO2e(전 세계 배출량의 약 20%)에 달한다(World Bank, <State and Trends of Carbon Pricing 2019>, 2019).

탄소가격 수준은 낮게는 US\$ 1/tCO2e[4]에서 높게는 US\$ 127/tCO2e까지 다양하게 나타나고 있는데, 시간이 지남에 따라 지속적인 상승 추세를 보이고 있다. 그럼에도 불구하고 대부분의 탄소가격은 파리협약의 비용효과적 달성에 요구되는 수준(2020년 기준 US\$40~80/tCO2e)에 크게 못 미치는 수준이다. [그림 8-2]는 전 세계적으로 시행중인 탄소가격 정책의 가격 수준과 규제대상 온실가스 양의 크기를 종합적으로 표시하고 있다. 개별적인 탄소가격 정책이 각각 하나의 사각형으로 표현되는데

---

4 'tCO₂e'란 'ton of CO₂ equivalent'의 약자로서 온실가스 배출량의 단위로 1톤의 이산화탄소에 상당하는 수준의 온실가스 배출량을 나타내기 때문에 '이산화탄소상당량톤'이라 함.

사각형의 높이가 탄소가격 수준이 되며 폭은 규제대상 온실가스의 크기이다. 온실가스 규제의 강도는 탄소가격 수준이 높을수록, 규제대상 범위가 넓을수록 크다고 평가할 수 있다는 점에서 사각형의 넓이는 탄소가격 정책의 영향력을 대표한다고 볼

그림 8-2 전 세계 탄소가격정책 현황(탄소 가격 및 적용 범위)

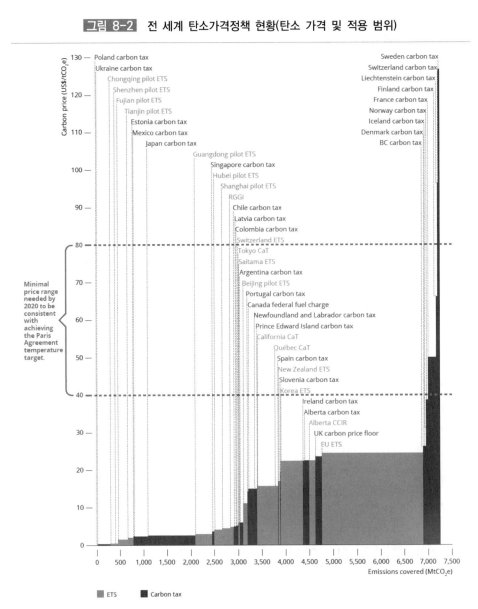

자료원: 세계은행, 2019 탄소 가격 정책 현황 및 추세

수 있다. [그림 8-2]에서 볼 수 있듯이, 전 세계적으로 가장 큰 규모의 탄소가격 정책은 EU에서 실시중인 배출권 거래제(ET Emissions Trading System: EU-ETS)이며, 우리나라의 온실가스 배출권 거래제도도 EU-ETS 다음으로 큰 규모를 보여주고 있다. 또한 우리나라는 물론 EU-ETS의 경우도 파리협정 이행에 필요한 수준의 탄소가격에는 못 미치고 있는 상황이며, 이산화탄소상당량톤당 40불 이상의 탄소가격을 갖는 경우는 스웨덴, 스위스, 리히텐슈타인, 핀란드, 프랑스 등에서 시행중인 탄소세 정책에 불과한 실정이다.

우리나라도 2009년에 2020년 국가 온실가스 감축목표를 수립한 이후 이의 달성을 위한 핵심 정책수단으로서 온실가스·에너지 목표관리제와 온실가스 배출권 거래제를 도입하였다. 온실가스 배출권 거래제는 12만5천 이산화탄소상당량톤 이상을 배출하는 업체 또는 2만5천 이산화탄소상당량톤 이상을 배출하는 시설을 대상으로 의무적으로 시행중이며, 1차 계획기간은 2015~2017년, 2차 계획기간은 2018~2020년, 제3차 계획기간부터는 5년간을 이행기간으로 시행중이다. 발전, 산업, 건물, 수송 등 전 부문을 대상으로 적용되며, 교토의정서상의 6대 온실가스 모두(이산화탄소, 메탄, 아산화질소, 육불화황, 수소불화탄소, 과불화탄소)를 대상으로 시행되고 있다. 이처럼 경제 전 부문과 다양한 온실가스를 포괄적으로 관리하고 있다는 점은 다른 선진국에서도 찾아보기 드문 매우 체계적이고 선진적인 제도 형태라 볼 수 있다.

우리나라의 배출권 할당은 1차 계획기간의 경우 100% 과거실적기반 무상할당(grandfathering)으로 진행되었으며, 2차 계획기간의 경우 3% 범위 내에서 민감업종을 제외하고는 일부 유상 할당이 진행되고 있고, 3차 계획기간부터는 최대 10%까지 유상할당 비중이 확대될 예정이다. EU-ETS의 경우와 같이 탄소 비용의 비중이 5% 이상이면서 무역집약도가 10% 이상 또는 양자 중 어느 하나가 30% 이상인 업종은 EITE(Emission Intensive Trade Exposed) 업종으로 지정되어 유상 할당이 면제된다.

우리나라 배출권 시장가격은 2015년 개장 이래 꾸준히 증가해 왔으며, 거래량도 점차 확대되고 있다. 현재 1차 계획기간이 종료되고 2018년부터 2차 계획기간이 시행중인데, 1차 계획기간 중 배출권 총 거래량은 약 9천만 tCO2e이며, 거래금액은 1.8조원에 이른다. 거래가격도 개장 초 8,400원/tCO2e이던 것이 1차 계획기간에 대한 정산기간이 만료될 즈음(2018년 3분기)에는 22,500원/tCO2e까지 상승하였고, 이후 꾸준히 증가하여 최근에는 이산화탄소상당량톤당 40,000원 수준에서 가격이 형성되고 있는데, 배출권 시가총액(배출권 가격×배출권 총 발행량) 기준으로 EU 배출권 시장 다음으로 큰 규모이며, 개별 국가 단위별로는 독일과 비견할 만한 수준으로 세계 최대 수준에 상당한다.

IV. 온실가스 감축을 위한 국제 협력

1절에서 설명하였듯이 공공재의 무임승차 문제는 범지구적 공동협력을 어렵게 만드는 요인이다. 공공재의 무임승차 문제는 경제학에서 '죄수의 딜레마(Prisoner's Dilemma)' 게임으로 설명된다. 공범으로 체포되어 독방에 격리된 두 범죄자는 서로 자백을 하지 않는 것이 최선이지만 상대방이 자백하는데도 불구하고 자백하지 않을 경우 가중처벌을 받게 되는 상황이다. 두 범죄자 모두 서로 협력하지 않는 것이 유리하게 되며, 보복할 수 있는 방법이 없는 한 결코 협력할 인센티브가 없다. 국제환경문제도 이와 유사한 유인 구조를 갖게 되어 모든 국가가 서로 다른 국가의 노력에 편승하는 것이 유리한 상황이 되며, 보복 조치가 작동하지 않는 한 국제 협력은 매우 어려운 상황이다.

이러한 무임승차 문제는 관련 국가의 수가 많을수록 더 심각해지며, 관련된 이해 규모가 클수록 해결이 더 어려워진다. 기후변화 문제는 사실상 지구상의 모든 국가가 관련되며 그 수는 200개 이상에 달한다. 또한 온실가스를 감축하는 노력은 에너지 수급 전반에 부담을 초래하는 것으로 경제시스템 전반에 큰 변화와 비용을 수반하게 된다. 이처럼 다수의 플레이어가 심각한 비용을 수반하는 공공재 문제를 해결하는 것은 대단히 어려운 과제이다.

게임이론에서는 죄수의 딜레마 게임에서 최선의 협력을 유도하기 위한 방안으로 적절한 보복 전략의 행사를 제시한다. '포크 정리(Falk Theorem)'에 따르면 무한히 반복되는 죄수의 딜레마 게임에서 보복 전략을 잘 구사한다면 완전한 협력을 균형 상태로 실현할 수 있다. 하지만 이러한 포크 정리의 해결책도 플레이어의 수가 많고 이해관계의 상충성이 커지면 한계에 직면하게 된다. 더욱이 기후변화 문제의 경우 높은 불확실성과 정보 비대칭성이라는 점 또한 해결을 더욱 어렵게 하는 요인으로 작용한다.

2018년 기후경제 통합평가모형(Integrated Assessment Model)을 통한 온실가스

감축 목표 분석으로 노벨경제학상을 받은 Nordhaus는 자신이 개발한 DICE 모형으로 온실가스 감축의 국가 간 게임을 분석하였다. 그 결과는 기존의 게임이론 문헌들과 동일하다. 즉, 불참국에 대한 보복 조치 없이는 감축 협정에의 참여를 유인할 수 없다. 그는 효과적인 보복 조치로 통상규제(관세)를 제시하고 있으며, 높지 않은 관세를 통해서도 상당한 수준의 감축을 실현하는 안정적인 연합이 가능함을 보여주고 있다. 다만 감축목표 수준을 높일수록 안정적인 연합의 규모는 점점 작아지게 된다. 즉, 감축목표의 강도와 국제협력의 크기는 서로 상충적인 관계에 있는 것이다 (Nordhaus, 2015).

기후변화협약, 교토의정서, 파리협정 등 기후변화와 관련된 지금까지의 국제법은 불참국에 대한 보복 조치를 담지 않고 있다. 경제학 이론에 따를 때 이처럼 보복 조치가 결여된 국제협력은 적극적인 온실가스 감축노력을 유도하기 어렵다. 이론과 달리 현실에서는 많은 국가에서 다양한 의미있는 감축노력을 시행하고 있다. 제3절에서 살펴보았지만 범지구적으로 탄소세와 배출권 거래제를 비롯한 많은 규제정책이 확대·강화되고 있다. 이러한 정책은 어떻게 가능한 것일까? 경제학 이론에 충실하게 해석한다면, 그러한 정책은 해당 국가에 정책의 부담에 상당하는 '부수적 편익 (ancillary benefit)'을 동반할 것이며 따라서 해당 국가에 양의 순편익을 제공하기 때문일 것이다. 그러한 부수적 편익에는 화석연료 소비 감소에 따른 무역수지 개선과 대기오염 완화, 기후기술 발전에 따른 미래 성장 동력 확충, 탄소세 재원의 고용 지원 재원 활용을 통한 실업 감소 및 녹색성장 실현 등 다양한 형태가 있을 수 있다. 여하튼 자국이 얻는 순편익 없이 다른 나라의 기후변화 완화 편익을 위해 순비용을 감수하면서 희생하지는 않을 것이라는 점이다.

경제학적으로 볼 때 교토의정서는 실패가 예정된 협력방식이다. 감축목표의 강도는 높은데 반해 불참국에 대한 제재 조치는 없었기 때문에 이를 이행하는 것이 어려운 상황이 되면 어느 나라든 탈퇴할 가능성이 클 수밖에 없다. 미국이 자국의 국제경쟁력 약화를 우려하여 비준을 거부하였으며, 일본, 뉴질랜드 등 유럽을 제외한 대부분의 의무부담국가가 감축목표 달성이 부담스런 상황이 발생할 때마나 점점 탈퇴하였고 결국 유명무실화되고 말았다. 국제협약을 일방적으로 탈퇴하는 것은 여러 가지 무형의 손해를 끼칠 수 있지만 그 정도에 비하면 감축의무의 이행 비용이 너무 컸던 것이다.

온실가스 감축을 위한 국제적 공조에서 이탈하는 국가에 대해 제재 조치를 취하자는 주장이 점차 공감대를 확대해 나가고 있다. 미국은 물론 프랑스, EU 등에서 '탄소관세(carbon tariff)'의 필요성을 제기하고 있다. 탄소관세란 수입품에 대해서 생산과정에서 발생시킨 온실가스 배출에 비례하여 관세를 부과하는 것으로, 온실가스 규제에 동참하지 않는 불참국에 대해 일종의 보복조치 역할을 할 수 있다. 탄소관세와 같은 제재조치가 현실화 된다면 적어도 경제학적으로는 국제협력이 보다 강화될 가능성이 높아지게 된다.

탄소관세와 같은 제재조치 도입과 함께 온실가스 규제에 동참하는 국가들이 늘어나게 되면, 참여 국가들 간에 추가적인 협력을 통한 상호 이익 증대 가능성도 커진다. 대표적인 사례가 탄소시장의 국가 간 연계를 통한 감축비용의 절감이다. 각국이 서로 합의한 감축목표를 이행하는 과정에서 여건에 따라 배출감축 노력을 상호이전하고 그에 따라 재정적 대가를 지불하는 탄소시장의 연계는 참여하는 국가에 서로 이익이 되면서도 전체 감축 비용을 줄일 수 있다. 이처럼 전체 감축비용이 줄어들게 되면 그로 인한 이득을 활용해 더 적극적인 감축노력에 투자할 수도 있다.

파리협정의 발효와 함께 국제 탄소시장의 역할에 대한 기대도 커지고 있다. 카토비체에서 개최된 제24차 UNFCCC 당사국총회에서 파리협정의 이행 지침을 담고 있는 Katowice Climate Package가 타결되었다. 파리협정은 2020년 4월 22일 현재 195개국이 서명하였으며 189개국(전 세계 배출량의 97% 점유)이 비준하였는데, 96국이 NDC 이행을 위해 탄소가격 정책을 활용할 것임을 표명하고 있다. 파리협정의 제6조는 보다 강화된 감축목표와 지속가능발전 및 환경보호를 위해 NDC 달성을 위한 국가간 협력 및 국제탄소시장 메커니즘을 허용하고 있는데, 우리나라는 물론 캐나다, 일본 등 다수의 국가에서 NDC 달성을 위해 국제탄소시장을 활용할 계획이다. 구체적인 국제탄소시장에 대한 규칙은 앞으로 추가적인 협상이 필요한 상황이나, 과거 교토의정서에 따라 형성되었던 국제 온실가스 배출권 거래제 및 CDM 크레딧 시장과 유사한 형태의 글로벌 탄소시장이 출현할 것으로 기대가 모아지고 있다.

Ⅴ. 맺음말

합리적인 온실가스 감축 노력을 위해서는 많은 어려운 문제를 풀어야 한다. 얼마만큼의 온실가스 감축이 바람직한지를 분석하기 위해서 과학적인 모델링 연구가 필요하며 정해진 감축 목표를 달성하기 위해서는 효과적인 정책 수단과 국제협력 메커니즘을 만들어야 한다. 무임승차 문제를 내포하는 공공재적 특성을 갖는 온실가스 감축 서비스의 제공은 서로간의 견제와 협력이 동시에 필요한 분야이다.

기후변화 문제는 인류가 당면한 가장 중요한 과제로 부각되고 있다. 기후변화의 심각성은 미래에 예상되는 피해의 규모에만 있는 것이 아니다. 더욱 심각한 것은 피해가 뻔히 예상됨에도 불구하고 이를 해결할 수 있는 제도적 장치가 없다는 것이다. 경제학 이론은 온실가스 감축 노력에 국제사회가 협력하기 위해서는 필요악으로서 제재 수단이 병행되어야 한다는 것을 강조하고 있다.

최선의 온실가스 감축 노력을 유도하기 위해서는 정교한 경제에너지 모델링과 글로벌 기후모델 결과를 토대로 최적의 온실가스 감축목표를 선택하여야 하며, 이에 대한 국제적 협력 메커니즘을 구축하여야 한다. 또한 각국은 국내적으로 탄소세와 배출권 거래제와 같은 비용효과적인 정책 수단을 시행하여야 한다. 이와 함께 혁신적인 기술개발을 통해 저탄소 에너지 기술이 보편화될 수 있도록 최선의 노력을 경주해야 한다. 이 모든 노력이 동시에 진행되어야 비로소 기후위기 극복을 위한 인류의 노력이 가시적인 성과를 거둘 수 있을 것이다. 이러한 모든 과정에서 경제학적 사고와 분석은 노력의 비용 대비 효과를 높이는 데 기여할 수 있다. 개개인과 개별 국가의 인센티브와 양립가능한 정책이 도입되지 않는다면 아무리 좋은 목표라도 이를 실현할 수 없기 때문이다.

참고문헌

1. 김용건, 혼합정수계획법을 이용한 발전부문 온실가스 감축 잠재력 평가, 한국환경정책평가연구원, 2019.

2. 전의찬 외, 2012, 기후변화: 25인의 전문가가 답하다, 지오북.

3. 한삼희, 2016, 위키드 프라블럼, 궁리.

4. IPCC, 2014, *Climate Change 2014 (5th assessment report)*, *Mitigation of Climate Change* (WG-III).

5. National Academy of Science (2017), *Valuing Climate Changes: Updating Estimation of the Social Cost of Carbon Dioxide*, National Academy of Sciences.

6. Nordhaus, W. D. (2017), "Revisiting the Social Cost of Carbon", *Proceedings of the National Academy of Sciences*, Vol. 114, No.7, pp. 1518-1523.

7. Nordhaus, William (2015), Climate Clubs: Overcoming Free-riding in International Climate Policy, *American Economic Review 105(4): 1339-1370.*

8. OECD, 2018, *Cost-Benefit Analysis and the Environment - Further Developments and Policy Use.*

9. Stern, Nicholas (2006), *Stern Review on the Economics of Climate Change*, Government of United Kingdom.

10. World Bank and Ecofys (2019), *State and Trends of Carbon Pricing 2019*, by World Bank, Washington, DC.

PART
3

기후변화 적응

제 9 장

적응[Adaptation]

강주연(한국환경정책·평가연구원 전문연구원)

I. 들어가며

1. 개요

기후변화에 대응하는 방법으로 온실가스 감축(Mitigation)과 기후변화 적응(Adaptation)
이 있다. 적응은 현재에 나타나고 있거나 미래에 나타날 것으로 예상되는 기후변화
와 그 영향에 대하여 조정해 가는 과정으로(IPCC, 2014), 기후변화협약(United Nations
Framework Convention on Climate Change: UNFCCC)은 이를 '현재 또는 앞으로 예상

되는 기후 및 기후의 영향에 대하여, 피해를 완화하거나 긍정적인 기회를 창출하는 생태계 및 인간사회의 조정'으로 정의하고 있다(UNFCCC). 전 세계가 합의하여 지금 당장 온실가스 배출을 중지한다 하더라도, 이미 대기 중으로 배출된 온실가스로 인해 기후변화는 상당기간 지속될 것이다. 그러므로 기후변화의 부정적인 영향으로 인한 피해를 줄이기 위해서는 온실가스 감축뿐만 아니라 기후변화 적응이 필수적이다.

2. 파리협정 내 적응의 위상

기후변화 적응은 기후변화협약 초기부터 논의되었으나, 협약 내에서 존재감이 크지 않았다. 초기의 기후변화 협상은 감축 중심으로 이루어졌고, 적응은 주로 작업 프로그램이나 특별 그룹 및 위원회 차원에서 추진되었다(강주연 외, 2017). 최초의 적응관련 프로그램 및 그룹은 국가 적응행동 프로그램(National Adaptation Programmes of Action: NAPA)과 최빈개발도상국 전문가 그룹(Least Developed Countries Expert Group: LEG)으로 개발도상국의 적응을 지원하기 위해 설립되었다. 이후 적응위원회 (Adaptation Committe: AC), 국가적응계획(National Adaptation Plans: NAP), 나이로비 작업 프로그램(Nairobi Work Programme on Impacts, Vulnerability and Adaptation to Climate Change: NWP) 등이 설치되었으나 이들 역시 당시의 필요에 따라 설립된 기구나 프로그램이라 볼 수 있다.

그림 9-1 파리협정의 6대 주요 부문

※ 출처: 환경부(2016)

적응은 파리협정에 이르러서야 비로소 감축에 상응하는 주요 기후변화 대응 수단으로 인정받게 되었다. 감축 중심이었던 교토의정서와는 달리, 파리협정은 적응을 협정의 주요 요소로 간주한다. 적응을 파리협정을 구성하고 있는 6대 주요 부문에 포함시키는 것은 물론, 제2조에 수록된 파리협정의 목표에도 적응관련 내용을 분명히 명시하고 있다.

1. 이 협정은, 협약의 목적을 포함하여 협약의 이행을 강화하는 데에, 지속가능한 발전과 빈곤 퇴치를 위한 노력의 맥락에서, 다음의 방법을 포함하여 기후변화의 위협에 대한 전 지구적 대응을 강화하는 것을 목표로 한다.
   가. 기후변화의 위험 및 영향을 상당히 감소시킬 것이라는 인식하에, 산업화 전 수준 대비 지구 평균 기온 상승을 섭씨 2도보다 현저히 낮은 수준으로 유지하는 것 및 산업화 전 수준 대비 지구 평균 기온 상승을 섭씨 1.5도로 제한하기 위한 노력의 추구
   나. 식량 생산을 위협하지 아니하는 방식으로, 기후변화의 부정적 영향에 적응하는 능력과 기후 회복력 및 온실가스 저배출 발전을 증진하는 능력의 증대, 그리고
   다. 온실가스 저배출 및 기후 회복적 발전이라는 방향에 부합하도록 하는 재정 흐름의 조성

기후변화 적응은 파리협정의 목표 중 하나로 포함되고, 협정 내 이를 실천하기 위한 별도의 조항이 마련되었다는 점에서, 기후변화협약 체재 내에서의 위상이 상당히 높아졌다고 볼 수 있다.

3. 협상과정

협상 과정에서 적응이 부각되기 시작한 것은 2007년 제13차 당사국총회와 2010년 제16차 당사국총회에서였다. 제13차 당사국총회가 발리로드맵(UNFCCC, 2008)을 통해, 선진국뿐만 아니라 개발도상국까지 온실가스 감축에 참여하는 방안을 논의하기로 결정함에 따라, 적응에 대한 개발도상국의 요구도 함께 증가하기 시작하였다. 2009년 코펜하겐에서 개최된 제15차 당사국총회는 선진국과 개발도상국 간의 의견차로 극심한 진통을 겪었다. 이듬해 개최된 제16차 당사국총회가 칸쿤합의(UNFCCC, 2011)를 통해 개발도상국이 주장해온 적응 관련 사항을 대거 포함시키면서 협상 분위기가 다시 개선되었다. 칸쿤합의는 효과적이고 지속적인 이행을 위해 감축, 적응, 재정, 기술개발 및 이전, 역량배양 등을 균형 있고 통합적인 방식으로 다룬다는 비전을 제시하였고, 제17차 당사국총회에서 더반플랫폼 특별작업반(The Ad hoc Working Group on the Durban Platform for Enhanced Action: ADP)을 설립하여 이들을 고려하는 법적 합의문을 2015년 이전에 마련하기로 합의하였다. 이후 ADP 실무회의를 통해 적응행동 강화를 지속적으로 논의하면서 적응이 점차 중요한 의제로 부상되었고,

2014년에 이르러 적응이 감축과 동등한 중요성(parity)을 갖는다는 점에 많은 당사국들이 공감하게 되었다(이승준, 2015).

협상과정에서 주요 쟁점은 장기 및 전 지구적 측면, 의무 및 기여와 행동, 모니터링 및 평가, 제도적 장치, 손실과 피해[1]였다. 모든 의제에서 반드시 선진국과 개발도상국의 입장이 대립되는 것은 아니나, 대체적인 논의의 방향은 대립적인 구도로 이해될 수 있다. 개발도상국은 선진국의 지원이 명확하게 포함될 수 있도록 합의문을 이끌어내는데 초점을 두는 반면, 선진국은 지원에 관련한 사항을 최소화하여 부담을 줄이는데 중점을 두었다(이승준, 2015).

표 9-1 신기후체제 적응 합의문 협상문안의 주요 의제별 쟁점사항

핵심의제	쟁점사항
장기 및 전 지구적 측면	• 개발도상국은 장기적 관점에서 온도상승 억제와 적응을 연계하여 언급함으로써 협약의 4조와 CBDR-RC 원칙을 강조 • 개발도상국은 전 지구적 적응 목표를 정량화하여 지원에 관한 사항을 구체화하는 것을 희망 • 선진국은 전 지구적 목표를 설정하지 않거나 설정하더라도 정성적이고 규범적인 목표로 설정하는 것을 희망
의무 및 기여와 행동	• 개발도상국은 개발도상국의 적응을 위해 선진국의 재정 및 기술지원에 대한 사항을 포함하는 것을 희망 • 선진국은 재정 등의 의무사항보다 모든 국가가 취해야 할 적응 행동 및 기여에 관한 사항을 포함하기를 희망
모니터링 및 평가	• 개발도상국은 개발도상국의 적응 수요 파악과 관련한 선진국의 지원을 요구하고 그에 따른 모니터링 및 평가는 최소화하기를 희망 • 선진국은 모든 당사국들이 적응 관련 활동을 보고하는 것을 희망
제도적 장치	• 개발도상국은 대체적으로 GCF 등의 지원 영역을 확대하고 개발도상국 적응 지원과 관련한 제도적 장치들을 신기후체제 합의문에 포함하기를 희망 • 선진국은 대체적으로 기존의 제도적 장치들을 통해 적응 행동을 강화해 나가는 것을 희망
손실과 피해	• 군소도서개발도상국(AOSIS)을 포함한 개발도상국들은 신기후체제 합의에서 손실과 피해를 적응과 분리하여 별도의 섹션으로 다루는 것을 원하며, 손실과 피해에 관한 보상체계를 수립하고 신기후체제 합의문에 손실과 피해에 관한 영구적인 매커니즘을 정착시키는 것을 희망 • 선진국은 손실과 피해를 가급적 신기후체제 합의문에 포함시키지 않는 것을 원하며, 특히 보상체계나 손실과 피해를 적응과 별도의 섹션에서 다루는 것은 반대하는 입장

※ 출처: 이승준(2015)

---

1 본 책에서는 해당 내용을 별도의 장에서 다루고 있으므로, 동 장에서는 관련 사항을 다루지 않음.

파리협정이 채택되기까지 기여한 여러 요인들 중에서, ADP 실무회의, 사무국과 당사국의 노력 그리고 국제사회의 기대가 주요했다고 볼 수 있다. 특히, 국제사회의 기대가 높아지자, 사무국과 각국 대표들도 성공적인 결과 도출에 대한 의지를 보였다. 당사국들은 최빈개발도상국(least developed countries)이나 군소도서개발도상국(small island developing countries)의 적응 및 손실과 피해가 포함되는 새로운 기후체제가 무엇보다 필요하다는데 동의하였다. 그리고 각국의 노력에 따라 추가 적응비용의 축소는 가능하지만, 감축노력에도 불구하고 여전히 적응노력이 필요하다는데 동의하였다(이승준, 2016). 선진국과 개발도상국이 양보하고 조율하여 현재와 같은 모습으로 합의에 이르렀고, 기후변화협약 역사상 처음으로 법적 효력을 갖는 적응관련 합의문이 마련되었다(이승준, 2015).

Ⅱ. 제7조의 주요 내용

1. 개요

파리협정 내 적응의 추진은 제7조에서 상세히 다루고 있다. 제7조는 총 14개의 항으로 이루어져 있으며, 아래와 같이 구성되어 있다.

표 9-2 파리협정 제7조의 구조

목표와 역할	• 적응의 전 지구적 목표(1항), 적응의 역할(2항)
개발도상국 노력 인정	• 개발도상국의 적응노력 인정(3항)
감축, 재정과의 연계	• 적응/감축/재정 연계성(4항)
원칙	• 적응의 원칙(5항)
지원 및 협력	• 지원/협력의 중요성(6항), 지원의무(13항) • 협력을 통한 공동의 노력(7항) • UN 기구의 지원 권고(8항)
각 국의 적응행동	• 각 국의 적응 계획 및 행동 이행(9항)
적응보고	• 적응보고(10~12항)
전지구적 이행점검	• 전지구적 이행점검(14항)

자료: 이승준(2015, p. 74)

2. 제7조의 주요 요소

제7조는 크게 세 부문으로 나눌 수 있다. 첫 번째는 전 지구적 적응의 방향이다. 1항부터 5항까지는 전 지구적 적응 목표, 원칙 등을 통해 전 지구적 적응의 방향을 제시하고 있다. 두 번째 부문은 당사국에 요청하는 사항이다. 6항~13항까지를 통해 각 당사국에 적응행동, 지원 및 협력, 적응보고를 요구한다. 마지막은 전지구적 이행점검 관련 사항으로, 14항을 통해 적응도 전 지구적 차원에서 그 진척정도를 확인하는 전지구적 이행점검에 포함된다는 점을 명확히 하고 있다.

가. 전 지구적 적응의 방향 제시

우선 전 지구적 적응의 방향을 살펴보자. 가장 눈여겨 봐야할 부분은 1항으로, 처음으로 적응과 관련한 전 지구적 목표를 설정하였다. 그동안 기후변화협약은 원칙과 의무사항에 기후변화의 부정적인 영향에 대한 대응과 적응에 관한 사항을 일부 언급해왔으나(이승준, 2015), 본격적으로 적응과 관련한 전 지구적 목표를 설정한 것은 파리협정이 처음이다.

> 1. 당사자는 지속가능한 발전에 기여하고 제2조에서 언급된 기온 목표의 맥락에서 적절한 적응 대응을 보장하기 위하여, 적응역량 강화, 회복력 강화 그리고 기후변화에 대한 취약성 경감이라는 전 지구적 적응목표를 수립한다.

파리협정은 전 지구차원에서 추진해야 할 목표로 지속가능발전 및 2℃ 상승 목표[2]와 연계하여, 적응역량 강화, 회복력 강화, 취약성 저감이라는 세 가지 목표를 설정하였다. 이들 용어 정의에 대해서는 아직 학자간의 이견이 있으나, 일반적으로 기후변화와 같은 어떤 현상에서 부정적인 영향을 받는 경향을 줄이는 것을 '취약성 저감'으로, 부정적 영향에 대응하는 능력을 키우는 것을 '적응역량 강화'로, 그리고 이들 활동을 포함하여, 어떤 현상을 대응 혹은 흡수할 수 있는 능력을 키우는 것을 '회복력 강화'라고 이해할 수 있다. 파리협정은 전 지구적 적응목표에 적응과 관련한 주요 세 가지 개념을 다 포함함으로써, 적응 추진의 범위를 폭넓게 보고 있다고 할 수 있다.

---

2 UNFCCC. 2015. Paris Agreement, Article 1.

- **적응역량(Adaptive capacity)**: 시스템, 제도, 인간 및 기타 유기체가 잠재적인 피해를 조정하고 주어진 기회를 활용하며 결과적으로 초래되는 상황에 대응할 수 있는 능력
- **회복력(Resilience)**: 사회, 경제 및 생태계가 필수 기능, 독자성 및 구조를 유지하는 방식으로 위해한 (hazardous) 현상 및 경향 혹은 교란에 대응하고 조직을 재정비힘과 동시에 적응(adaptation), 학습 및 변형(transformation) 역량 또한 유지하는 것
- **취약성(Vulnerability)**: 부정적인 영향을 받는 경향 및 성향. 취약성에는 다양한 개념과 요소(예: 위험 (harm)에 대한 민감도 및 대처와 적응 능력의 부족)가 포함될 수 있음

※ 출처: IPCC(2014), 기상청 재인용(2015)

　　뿐만 아니라 제7조는 2항을 통해 기후변화 적응이 전 지구적 과제라는 점을 명확히 밝힌다. 적응관련 논의에서 선진국은 적응을 개별 국가의 문제로 보고, 적응의 이슈가 부각되지 않는 방향으로 논의를 전개해왔다. 이는 적응 관련 논의가 확대될수록 선진국의 역사적 책임에 대한 부담감 역시 커질 것을 우려하기 때문으로 보인다. 이에 반해 개발도상국은 적응이 개별 국가의 문제가 아닌 전 지구적 문제이며, 전 지구적 차원에서의 노력이 필요함을 강조하려는 경향을 보여왔다. 이 역시 적응의 필요성을 부각하여, 향후 재원 및 지원 관련 논의에서 유리한 위치를 확보하기 위함으로 보인다. 2항은 개발도상국이 기후변화에 특별히 취약함을 언급하고 있고, 적응을 전 지구적 과제로 규명한다는 점에서 개발도상국의 의견이 상당히 반영된 조항이라 볼 수 있다.

> 2. 당사자는 기후변화의 부정적 영향에 특별히 취약한 개발도상국 당사자의 급박하고 즉각적인 요구를 고려하면서, 적응이 현지적, 지방적, 국가적, 지역적 및 국제적 차원에서 모두가 직면한 전 지구적 과제라는 점과, 적응이 인간, 생계 및 생태계를 보호하기 위한 장기적이며 전 지구적인 기후변화 대응의 핵심 요소이며 이에 기여한다는 점을 인식한다.

　　3항은 개발도상국의 적응노력이 추후 채택되는 방법에 의해 인정된다는 점을 보여준다. 구속력 있는 단어를 사용하여 향후 반드시 인정될 것이라고 표현하고 있다. 파리협정은 적응의 주체를 각 당사국으로 보고 있으나, 상대적으로 적응역량이 부족한 개발도상국의 노력에 대해서는 특별한 인정이 필요하다는 점에서 추가되었다.

　　4항은 적응의 현재 수요가 상당히 높고, 향후 감축 수준에 따라 적응 수요 및

비용이 더 증가할 수도 있음을 보여준다. 이 부분은 현재 수준에서 적응의 필요성을 재확인함과 동시에, 향후 감축목표가 충분히 달성되지 않는 경우 적응의 필요성이 증가한다는 점을 강조한다.

> 3. 개발도상국 당사자의 적응 노력은 이 협정의 당사자회의 역할을 하는 당사자 총회 제1차 회기에서 채택되는 방식에 따라 인정된다.
> 4. 당사자는 현재 적응에 대한 필요성이 상당하고, 더 높은 수준의 완화가 추가적인 적응 노력의 필요성을 줄일 수 있으며, 적응 필요성이 더 클수록 더 많은 적응 비용이 수반될 수 있다는 점을 인식한다.

5항은 적응의 원칙을 제시한다. '국가 주도적'을 제일 먼저 언급하여 적응의 주체를 국가로 제시하고, 투명하고, 참여주의적이며, 소외되기 쉬운 계층/그룹을 포함하는 포괄적인 접근법을 취해야 한다고 명시한다. 아울러 적응은 최신의 과학과 지역의 관련 지식을 함께 사용할 것을 권고한다. 다만, 이 원칙은 비구속적인 표현과 각국의 재량을 허용하는 표현을 함께 사용하고 있어, 꼭 따라야하는 원칙이라기보다는 지향하는 방향성을 보여주는 수준이라 할 수 있다.

> 5. 당사자는, 적절한 경우 적응을 관련 사회경제적 및 환경적 정책과 행동에 통합하기 위하여, 취약계층, 지역공동체 및 생태계를 고려하면서 적응 행동이 국가 주도적이고 성 인지적이며 참여적이고 전적으로 투명한 접근을 따라야 한다는 점과, 이용 가능한 최선의 과학, 그리고 적절히 전통 지식, 원주민 지식 및 지역 지식체계에 기반을 두고 따라야 한다는 점을 확인한다.

지금까지 1항부터 5항까지를 통해 적응의 방향을 살펴보았다. 전 지구적 적응의 큰 틀을 제시하고, 목표, 원칙 등을 명확히 했다는 점에서 적응의 위상을 감축과 동등한 수준으로 높이고자 한 개발도상국의 의견이 상당부분 관철되었다고 볼 수 있다. 다만, 이들 조항은 대부분이 서술적이며, '인식', '확인' 등 비구속적인 표현을 사용하고 있어 강제력을 가지고 있다고 볼 수 없는 한계를 가지고 있다.

나. 각 당사국에 요청하는 사항

파리협정은 각 당사국에 크게 세 가지를 요청한다. 첫 번째로 각 당사국에 적응 계획을 수립하고 이행할 것을 요청하고, 두 번째로 각 당사국의 적응 관련 사항을 보고할 것을 요청하며, 마지막으로 적응과 관련하여 국제적으로 협력할 것을 요청한다.

9항은 당사국에 적응 계획을 수립하고 이에 기반을 두고 적응활동을 추진할 것을 권고한다. 그 과정으로 국가적응계획의 수립 및 이행(나), 기후변화 영향 및 취약성 평가(다), 적응 계획 및 활동의 모니터링 및 평가(라)를 제시함으로써, 체계적으로 계획을 수립하여 이행할 것을 권유하고 있다. 또한 사회경제적 체계뿐만이 아니라 생태계 역시 회복력 구축의 주체로 인정함으로써(마), 인간사회뿐만이 아니라 생태계 차원에서의 적응까지 고려한다.

9. 각 당사자는, 관련 계획, 정책 그리고/또는 기여의 개발 또는 강화를 포함하는 적응계획 과정과 행동의 이행에 적절히 참여하며, 이는 다음을 포함할 수 있다.
　가. 적응행동, 조치, 그리고/또는 노력의 이행
　나. 국가별 적응계획을 수립하고 이행하는 절차
　다. 취약인구, 지역 및 생태계를 고려하면서, 국가별로 결정된 우선 행동을 정하기 위하여 기후변화 영향과 취약성 평가
　라. 적응 계획, 정책, 프로그램 및 행동에 대한 모니터링, 평가 및 그로부터의 학습, 그리고
　마. 경제 다변화와 천연자원의 지속가능한 관리 등의 방식을 통하여 사회경제적 그리고 생태계의 회복력 구축

파리협정 전까지 기후변화협약 차원의 적응은 주로 개발도상국을 위한 프로그램이나 그룹 단위로 추진되었다. 이는 기후변화의 부정적인 영향에 피해를 받고 있는 개발도상국에 대한 선진국의 배상 개념의 차원에서 출발했다고 볼 수 있다. 그러나 파리협정은 적응의 주체를 국가로 제시하며, 각 당사국 차원에서 체계적으로 계획을 수립하고 이행하도록 한다. 국제협력 사업 형태로 주로 추진되던 적응을 국내 제도를 통해 추진하게 되면, 해당국의 수요, 여건 등을 고려한 자국 맞춤형 적응방안을 국내 제도를 통해 장기적이고 안정적으로 추진할 수 있게 된다. 이러한 변화는 선진국 배상의 개념에서 출발한 적응의 패러다임이 각 당사국의 주도성을 강조하는 패러다임으로 변화하고 있다는 사실을 보여준다.

기후변화협약은 적응의 절차를 다음과 같이 1) 영향, 취약성, 리스크 평가 2) 적응 계획 수립 3) 적응 방안의 이행 4) 적응 모니터링 및 평가의 순환과정으로 설명한다.

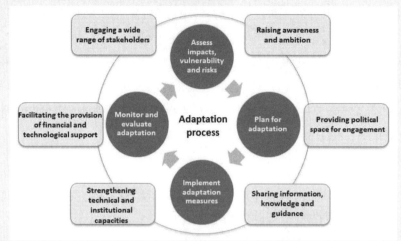

- **영향, 취약성, 리스크 평가**: 기후변화가 현재 생태계에 미치고 있거나, 향후 미칠 것으로 예상되는 영향의 정도를 파악하기 위한 초기 평가
- **적응 계획 수립**: 적응 방안을 발굴하고, 이 중 최적의 방안을 선택하는 과정. 적응방안의 중복과 오적응(maladaptation)을 방지하고, 지속가능발전을 강화하는 방향으로 추진되어야 함
- **적응 방안의 이행**: 이행은 국가, 지역, 지방을 포함한 다양한 수준에서, 프로젝트, 프로그램, 정책 및 전략을 포함한 다양한 방식으로 추진됨. 이는 단독으로 추진될 수 있으며, 부문별 정책 및 지속가능발전 계획과 연계하여 추진될 수도 있음
- **적응 모니터링 및 평가**: 적응 절차 전반에서 이루어질 수도 있으며, 이 과정을 통해 얻게 된 지식과 정보는 각 절차에 되먹임되어, 학습을 강화하고 향후 적응 노력을 성공적으로 만드는 데 기여함. 모니터링은 이행의 진척 정도를 기록하는 반면, 평가는 적응노력의 효과성을 판단

출저: UNFCCC 웹사이트(접근일: 2020.4.22.)

    파리협정이 당사국에 두 번째로 요구하는 사항은 적응 관련사항을 적응보고를 통해 주기적으로 보고하는 것이다. 제7조 10~12항에 언급된 적응보고는 적응 우선순위, 이행 및 지원 필요성, 계획 및 행동 등을 포함한 보고서로 국별결정기여(Nationally Determined Contribution: NDC), 국가적응계획(National Adaptation Plan: NAP) 및 국가보고서(National Communications: NC) 등과 같은 다른 제도와 함께 혹은 별도로 제출할 수 있다. 제출된 보고서는 온라인 공공 등록부에 등록된다.

10. 각 당사자는 개발도상국 당사자에게 어떤 추가적 부담도 발생시키지 아니하면서 적절히 적응보고서를 정기적으로 제출하고 갱신하여야 하며, 이 보고서는 당사자의 우선순위, 이행 및 지원 필요성, 계획 및 행동을 포함할 수 있다.
11. 이 조 10항에 언급된 적응 보고서는 국가별 적응계획, 제4조 2항에 언급된 국가 결정 기여, 그리고/또는 국가별보고서를 포함하여 그 밖의 보고서나 문서의 일부로서 또는 이와 함께 정기적으로 적절히 제출되고 갱신된다.
12. 이 조 10항에 언급된 적응 보고서는 사무국이 유지하는 공공 등록부에 기록된다.

기후변화협약 차원에서 당사국에 제출하도록 한 국가보고서가 일부 적응관련 사항을 포함하고 있기는 하나, 적응만을 보고하는 보고제도는 파리협정의 적응보고가 처음이다. 최초로 적응만을 단독으로 보고하도록 한 제도라는 점에서, 적응보고는 파리협정 내에서 높아진 적응의 위상을 반영한다고 할 수 있다. 다만 비구속적인 'should'를 사용하여 적응보고의 제출을 '권고'하고 있다는 점, '적절하게(as appropriate)' 덧붙여 각국의 재량을 인정한다는 점에서, 사실상 의무사항이라 볼 수 없다. 또한, 해당 문서를 다른 보고제도와 통합 제출할 수 있다는 점에서 단독 보고제도로서의 의미가 약해진다고 볼 수 있다.

마지막으로 제7조는 당사국에 적응 관련 국제적 협력을 장려한다. 특히 7항은 당사국에 정보 및 경험의 공유, 제도적 장치 및 과학적 지식의 강화, 그리고 개발도상국에 대한 지원 강화를 요구한다. 이 역시 비구속적인 표현을 사용하여 권고하는 수준에서 그친다.

7. 당사자는 다음에 관한 것을 포함하여 칸쿤 적응 프레임워크를 고려하면서 적응행동 강화를 위한 협력을 증진하여야 한다.
   가. 적응행동과 관련 있는 과학, 계획, 정책 및 이행에 관한 것을 적절히 포함하여, 정보, 모범 관행, 경험 및 교훈의 공유
   나. 관련 정보와 지식의 취합 및 당사자에 대한 기술적 지원 및 지침의 제공을 지원하기 위하여, 이 협정을 지원하는 협약상의 것을 포함한 제도적 장치의 강화
   다. 기후 서비스에 정보를 제공하고 의사결정을 지원하는 방식으로, 연구, 기후체계에 관한 체계적 관측, 조기경보시스템 등을 포함하여 기후에 관한 과학적 지식의 강화
   라. 개발도상국 당사자가 효과적인 적응 관행, 적응 요구, 우선순위, 적응행동과 노력을 위하여 제공하고 제공받은 지원, 문제점과 격차를 파악할 수 있도록, 모범관행 장려에 부합하는 방식으로의 지원, 그리고
   마. 적응행동의 효과성 및 지속성 향상

흥미로운 점은 13항의 '지속적이고 강화된 국제적 지원이 개발도상국 당사자에게 제공된다.'라는 표현이다. 재원, 기술메커니즘 및 역량강화 등을 통해 개발도상국이 필요한 국제적 지원을 받는다는 점은 구속적으로 표현하였으나, 선진국 등 공여주체를 규명하지 않아 적응에 대한 당사국의(특히 선진국의) 직접적인 공여 부담을 완화하였다. 아울러 공여에 대한 논의는 소위 파리협정의 이행수단으로 일컬어지는 재원, 기술메커니즘 및 역량강화 부문에서 중점적으로 논의되도록 하였다.

> 13. 제9조, 제10조 및 제11조의 규정에 따라 이 조 7항, 9항, 10항 및 11항을 이행하기 위하여 지속적이고 강화된 국제적 지원이 개발도상국 당사자에게 제공된다.

위와 같이 각 당사국에 요청하는 사항은 대부분 비구속적이거나 국가의 재량을 허용하고 있어 의무사항이라 보기 어렵다. 다만, 각 당사국에 적응계획 수립 및 이행을 요구하고, 이를 보고하며, 적응과 관련하여 국제적으로 협력하도록 요청하여, 각 당사국이 적응을 추진하는데 있어 명확한 로드맵을 제시했다는 점에서 의미가 있다.

다. 전 지구적 차원에서 적응의 진척 점검

전 지구적 적응 목표를 세우고, 당사국에 적응 계획의 수립 및 이행을 요청하였으므로, 그 진척사항을 모니터링하고 평가할 필요가 있다. 적응 진척사항의 모니터링은 앞서 언급된 적응보고 등을 통해 추진되고, 적응 진척사항의 점검은 전지구적 이행점검을 통해 수행된다.

14항은 전지구적 이행점검이 개발도상국의 적응 노력, 적응보고를 통해 보고된 적응의 이행 정도, 적응 및 적응에 제공된 지원의 적절성과 효과성, 전 지구적 적응목표의 전반적 진척 정도를 살펴본다는 점을 구속적으로 표현하고 있다.

> 14. 제14조에 언급된 전지구적 이행점검은 특히 다음의 역할을 한다.
> 　가. 개발도상국 당사자의 적응노력 인정
> 　나. 이 조 10항에 언급된 적응보고서를 고려하며 적응행동의 이행 강화
> 　다. 적응과 적응을 위하여 제공되는 지원의 적절성과 효과성 검토, 그리고
> 　라. 이 조 1항에 언급된 전 지구적 적응목표를 달성하면서 나타난 전반적인 진전 검토

제7조의 경우 비구속적인 조항이 대다수이므로 당사국에 적응을 지시하는 수준은 낮다. 그러나 전지구적 이행점검을 통해 적응과 관련한 핵심 이슈, 즉, 적응의 진척 수준과 적응 및 적응 지원에 대한 적절성과 효과성 등이 지속적으로 평가되고, 그 결과가 차기 협상에 반영된다면, 전 지구적 차원의 적응은 점진적으로 향상될 것으로 보인다. 그런 의미에서 14항은 제7조가 가지고 있는 비구속적인 한계를 보완하는 중요한 조항이다.

III. 제7조의 특징 및 의의

1. 제7조의 특징

제7조는 유연한 적용 체계를 가지고 있다는 특징이 있다. 대부분의 조항들이 비구속적인 표현을 사용하여 권고 수준에서 지시하거나, 각국의 재량을 허용하는 표현을 포함하고 있어, 당사국에 법적으로 구속력 있는 의무를 부여하고 있지 않다. 그러나 비구속적인 조항이 많다고 하여, 제7조의 의미가 약해지는 것은 아니다.

현재까지 제출된 국별결정기여의 경우, 적응 관련사항을 포함하는 것이 비의무 사항임에도 불구하고, 192개국(164개국 및 EU로 통합 제출한 28개국) 중 약 73%인 140개국의 국별결정기여가 적응을 포함하고 있다(2020.4.9. 기준).[3] 이는 적응에 대한 많은 국가들의 자발적 의지를 보여준다. 비록 의무사항은 아니지만, 전 세계 상당수의 국가가 자발적으로 적응을 추진한다면, 그 결과는 다른 의무조항의 결과에 비견되는 수준으로 나타날 수도 있다. 그러므로 제7조의 의미는 앞으로도 계속 지켜볼 필요가 있다.

제7조의 또 다른 특징은 현재 수준보다 더 발전할 가능성이 크다는 점이다. 제7조는 대부분 비구속적이거나 각 당사국의 재량을 허용한다는 점에서 법적 의무를 갖는 규범이라 볼 수 없다. 그러나 앞 문단에서 기술한 바와 같이 적응에 대해 개발도상국을 포함 대다수의 국가가 큰 의지를 보이고 있으므로, 향후에도 다수의 당사국은 적응에 대해 지속적으로 노력할 것으로 예상된다. 파리협정은 기본적으로 각국의

---

3 World Bank, NDCs Climate Change Adaptation Database
(http://spappssecext.worldbank.org/sites/indc/Pages/Adaptation.aspx).

기여방안에 기반을 둔 상향식 체계이다. 당사국이 기후변화 행동을 선언, 이행, 보고를 하고, 전 지구적 차원에서의 점검을 하는 행동주기(Cycle of Action)를 주기적으로 반복하게 되어있고, 이 과정에서 기후변화협약의 후퇴금지 원칙에 따라 각국의 기여와 행동은 강화되게 설계되어 있다(2017, 강주연). 다수 국가의 적응 기여와 행동이 강화될수록 전 지구 차원에서의 적응도 향상된다. 또한, 전지구적 이행점검 시, 적응의 진척 수준과 적응 및 적응 지원의 적절성 등이 검토됨에 따라, 그 결과가 공유되고 관련 당사국에 외교적인 부담으로 작용하게 되어, 장기적으로는 적응을 위한 자발적 노력이 지속될 것으로 예상된다. 그러므로 제7조는 파리협정의 조항 자체로서의 의미보다, 앞으로 유기적으로 발전해나가는 체계로서의 의미가 크며 향후 성장을 지속적으로 관찰할 필요가 있다.

2. 제7조의 의의

파리협정의 7조는 전 지구적 기후변화 적응 추진에 있어 큰 의의를 갖는다. 먼저, 적응이 전 지구적 차원의 도전과제이며, 이를 해결하기 위해 처음으로 전 지구적 적응 목표를 설정했다는 점에서 의의가 있다. 그동안 각 당사국 혹은 그 이하 단위에서 적응이 주로 추진되었다면, 파리협정에 이르러 적응이 전 지구 차원의 도전과제임을 시인하고, 다 함께 추진해야 할 적응의 방향을 전 지구적 적응 목표로 설정하였다.

아울러 전 지구적 단위에서의 적응 추진 체계를 마련하였다는 점도 주목할 만하다. 앞서 기술한 적응의 절차는 그동안 주로 국가, 지역, 지방의 단위에서 추진되어 왔다. 파리협정은 제7조를 통해 전 지구적 차원에서의 적응 절차를 완성하였다고 볼 수 있다. 아래 그림에 표현한 바와 같이, 파리협정을 통해 전 지구 차원에서도, 1) 영향, 취약성, 리스크 평가, 2) 적응 계획 수립, 3) 적응 방안의 이행, 4) 적응 모니터링 및 평가의 순환과정이 이루어지게 된다. 국제사회 차원에서 영향, 취약성, 리스크 평가는 기후변화에 관한 정부간 협의체(Intergovernmental Panel on Climate Change: IPCC)가 기존과 같이 주도하며, 적응 모니터링 및 평가는 적응보고 등과 전지구적 이행점검을 통해 파리협정 내에서 수행된다. 적응 계획 수립 및 이행은 파리협정에 의거, 각 당사국이 추진하게 된다. 동 절차는 순환적인 특성을 가짐에 따라, 이러한 절차가 완성되었다는 것은 향후 전 지구 차원의 적응이 지속적으로 강화될 것으로 기대할 수 있다는 점에서 큰 의미를 갖는다.

그림 9-2 전 지구적 적응 추진 절차

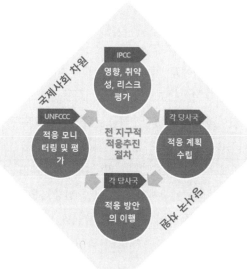

※ 출처: 저자작성

    또한 제7조는 적응 추진의 주체로 국가를 강조하면서, 적응 논의의 패러다임을 바꾸었다. 그간의 적응협상은 기후변화에 대한 역사적 책임이 있는 선진국이 기후변화에 피해를 받는 개발도상국을 지원해야 한다는 측면에서 주로 논의되었다면, 파리협정은 적응의 주체를 국가로 강조하면서 각국이 스스로 적응을 추진하고, 특별한 도움이 필요한 개발도상국의 경우는 별도의 이행수단을 통해 지원을 하는 형태로 논의의 방향을 바꾸게 되었다. 이로 인해 개발도상국을 포함한 모든 당사국은 파리협정을 통해 적응추진의 자발적인 주체가 되고, 개발도상국의 노력은 별도의 방식으로 인정받게 되었다. 이러한 변화는 환경 문제의 전통적인 유발자－피해자 간의 갈등과 같은 낡은 대결구도에서 벗어나, 모두가 함께 공동의 목표를 위해 노력한다는 긍정적인 태도의 전환을 보여준다.

    마지막으로 적응만의 별도의 보고체계를 만들었다는 점도 주목해야 한다. 그동안 적응 관련사항은 기후변화협약 차원에서 국가보고서에 일부 내용이 포함되었을 뿐, 이를 별도로 보고하는 보고제도가 없었다. 파리협정의 적응보고는 비록 구속적이지는 않으나, 주기적으로 적응의 진척사항이 보고되고, 그 내용이 전 지구적 차원에서 평가되며, 그 결과가 피드백되는 체계를 완성하였고, 이러한 과정이 전 지구적 적응의 향상에 기여한다는 점에서 의의가 있다.

IV. 제7조의 구체적 이행방안

파리협정이 전 지구 차원에서 기후변화 대응 추진방향을 수립한 것이라면, 2018년 채택된 파리협정 이행규칙(Katowice Climate Package)은 그 방향에 대한 구체적인 실천 방안을 마련한 것이라 볼 수 있다. 적응 관련 사항도 일부 포함되었는데, 제7조는 협정 차원에서 비구속적인 조항도 많고, 각국의 재량권을 인정하는 경우도 많아, 추가적으로 마련된 이행규칙이 많지 않은 편이다.

제7조 관련하여 파리협정 이행지침에서 제일 집중적으로 논의된 것은 적응보고 관련 사항이다. 이번 논의를 통하여 적응보고의 목적, 형식, 성격, 공공등록부 등록 방법, 제출시기, 포함 정보, 추가 가이드라인 등이 정리되었다.

표 9-3   적응보고 관련 구체적 이행방안 요약

분류		주요내용
목적		• 적응의 가시성 및 위상 강화와 감축과의 균형 확보 • 적응 행동 및 개발도상국에 대한 지원 강화 • 전지구적 이행점검의 투입자료 제공 • 적응 수요와 행동에 대한 이해 및 학습 강화
제출방법		• 국가적응계획, 국별결정기여, 국가보고서, 13조 투명성 체계 및 기타 보고제도와 함께 혹은 별도로 제출 가능
보고 내용의 성격		• 사전적, 사후적 정보 모두 포함 가능
포함 내용 (포함 가능 예시의 성격)	기본정보	• 국가 현황, 관련 제도 및 법적 체계 • (적절한 경우) 영향, 리스크, 취약성 • 국가 적응 우선순위, 전략, 정책, 계획, 목적 및 행동 • 개발도상국의 이행 및 지원 수요와 제공된 지원 사항
	부가정보	• 적응 행동 및 계획의 이행 사항 • 감축과의 공동 편익을 포함한 적응 행동 및/혹은 경제 다각화 계획 • 적응행동의 다른 국제 협력 체제 및/혹은 조약 기여 여부 • (적절한 경우) 성 인지적 적응 행동과 적응과 관련한 전통 지식, 토착 지식 및 지역 지식 체계 • 적응과 관련한 기타 정보

※ 출처: 파리협정 이행규칙(UNFCCC, 2018)

먼저 적응보고의 목적이 수립되었다. 일반적으로 어떤 제도를 만들 때 먼저 목적을 세우고, 그에 맞는 형태로 내용이 구성되게 마련인데, 파리협정 수립 당시에는 적응보고의 목적에 합의하지 못했다. 개발도상국은 적응의 위상과 행동 및 지원의 강화를 주장하였고, 선진국은 적응 사례 및 교훈 공유 차원으로 적응보고의 목적을 한정하고자 하였다. 선진국과 개발도상국의 의견을 조율하여 현재와 같이 최종적으로 정리되었다.

그 외 합의된 사항은 기존의 파리협정에 합의된 것을 조금 더 명확히 정리하는 수준이라 볼 수 있다. 적응보고 형식의 경우, 국가적응계획, 국별결정기여 그리고 국가보고서 및 기타 보고제도와 함께 혹은 별도로 제출하게 되어있었던 것을, 13조 투명성 체계의 보고서와 함께 제출하는 방안이 추가되었다.

적응보고의 성격에 대해서도 그동안 여러 이견이 있었다. 적응보고는 당초 당사국의 적응진척 사항을 보고하기 위해 설계되었으므로, 사후적 정보(post ante)가 주로 포함되어야 한다. 그러나 함께 제출이 가능한 보고체계의 태생적 성격이 달라, 국가적응계획, 국별결정기여는 사전적(ex ante) 정보를, 국가보고서는 사후적 정보를 주로 포함하게 되는 한계가 있었다. 이에 대해 이행규칙에서는 사전적 정보도 담을 수 있다고 명시함으로써, 결과적으로 사전적 정보와 사후적 정보를 모두 다 담을 수 있도록 허용하였다.

적응보고에 포함 가능한 내용에 대해서도 많은 논의가 있었다. 일부 선진국은 논의초기부터 적응보고는 비의무사항이므로 별도의 세부지침이 필요없다고 주장했고, 개발도상국은 보고 역량의 한계를 이유로 들어 세부지침이 마련되어야 한다고 주장했다. 이행규칙에는 포함 가능 항목을 기본정보와 부가정보로 나누어 부속서에 수록하였다. 해당 항목은 참고사항일 뿐이며, 포함 여부는 국가가 자율적으로 취사선택할 수 있다. 또한, 당사국의 보고를 지원하기 위해 기후변화에 관한 정부간 협의체(IPCC)와 함께, 더 상세한 보충 가이드라인을 개발하도록 하였다. 그러나 보충 가이드라인 역시 참고사항일 뿐, 활용 여부는 각 당사국에서 자율적으로 선택할 수 있다.

이번 논의에서 적응보고의 제출시기 또한 결정되었다. 파리협정 체결 당시 명확한 주기에 대한 언급이 없었으나, 이번 결정문에 '전지구적 이행점검에 정보를 제공하기에 적절한 시기'로 명시함에 따라 사실상 5년의 주기로 확정되었다. 개발도상국은 적응보고 관련 논의에서 적응보고의 중요성을 강조하면서도, 제출주기와 관련해서는 보고의 어려움을 주장하는 의견을 제기하기도 하였다. 결과적으로 전지구적 이행점검의 투입자료로 사용할 수 있도록 5년 주기로 제출하는 것으로 정리되었다.

제출된 적응보고는 공공등록부에 등록된다. 적응보고 공공등록부에 관한 논의는 그동안 국별결정기여 공공등록부 논의와 대체로 함께 논의되었다. 적응의 위상을 감축에 상응하게 격상시키고자 하는 개발도상국은 국별결정기여 공동등록부에 적응보고를 함께 등록하기를 주장하였고, 선진국은 국별결정기여와 적응보고 속성의 차이를 이유로 이에 반대했다. 결과적으로 적응보고 공공등록부는 통합된 공공등록부 포털에 등록되나, 국별결정기여와 적응등록부로 나눠진 세부 페이지에 각각 올라간다.

V. 맺으며

파리협정 제7조가 우리나라에 미치는 영향에 대해서 크게 두 가지 측면에서 바라보고자 한다. 파리협정이 각 당사국에 요청하는 사항에 대한 이행 가능 여부와 파리협정 체제 내에서 우리나라의 위상변화 관련이다.

먼저, 제7조가 당사국에 요청하는 사항을 우리나라가 잘 이행할 수 있는지를 살펴보자. 우리나라는 녹색성장기본법에 따라 2011년부터 5년 단위로 국가기후변화적응대책을 수립하여 이행 중에 있다. 현재 이행 중인 제2차 국가기후변화적응대책('16~'20)은 20개 부처가 참여한 종합대책으로, 대책에 따라 중앙 및 지방자치단체가 세부 시행계획을 수립하여 이행하고 있다. 우리나라의 국가기후변화적응대책은 여러 부문을 포괄하고 있다는 점에서 수평적으로도, 중앙에서부터 기초까지 다계층을 포함하고 있다는 점에서 수직적으로도 종합적인 체계라 볼 수 있다. 그러므로 우리나라는 파리협정이 권고하는 적응계획의 수립 및 이행을 이미 충실히 진행하고 있다고 볼 수 있다.

적응보고 제출 역시 큰 어려움이 없을 것으로 판단된다. 5년 단위로 수립·이행되는 국가기후변화적응대책을 통해 적응관련 제도 및 체계, 목표 및 계획 등에 대해 보고가 가능하다. 또한, 국가기후변화적응대책 내에 이행점검 체계가 있어 주기적으로 국내의 적응 이행현황이 점검되고 있으므로, 이를 활용하여 다양한 적응활동에 대한 보고가 가능하다. 기후변화 영향, 위험, 취약성에 대해서는 국내 많은 연구가 수행되고 있으며, '한국 기후변화평가 보고서' 등을 통해 주기적으로 그 내용들이 취합·

공유되고 있어 활용이 가능하다. 그러므로 우리나라는 적응보고의 기본정보 및 부가정보의 상당부분을 무리없이 보고할 수 있는 국내 체계를 갖추고 있다고 볼 수 있다.

그러나 적응 관련 국제협력에는 더 많은 노력이 필요하다. 우리나라의 적응 경험은 국제사회의 많은 관심을 받고 있다. 기후변화협약은 자체 발간한 기술 가이드라인을 통해, 각 당사국에 기후변화 관련 평가들을 먼저 수행하고 적응정책을 수립하도록 권고하고 있다. 그러나 우리나라의 경우, 국가기후변화적응대책을 수립하여 제도적 기반을 먼저 마련한 뒤, 이를 토대로 각종 기후변화 관련 평가들을 수행하고, 적응방안을 마련하여 점진적으로 적응을 추진해나갔다. 이러한 한국의 이례적인 사례는 많은 개발도상국 및 국제사회의 관심을 받고 있으며, 개발도상국의 전수요청 또한 많다[4]. 그러나 우리나라의 적응 관련 국제협력은 현재 매우 낮은 수준이다.

대다수 개발도상국의 국별결정기여에 적응이 포함되었다는 점에서, 적응에 대한 개발도상국의 협력 수요가 높다고 볼 수 있다. 우리나라는 초기부터 적응대책을 수립·이행하고, 수직·수평적으로 종합적인 적응체계를 갖추고 있으며, 우리나라만의 이색적인 적응 경험을 보유하고 있다는 점에서 적응 국제협력에 유리한 강점을 보유하고 있다. 우리나라의 경험과 노하우를 잘 살려 적응 국제협력을 강화한다면 좋은 성과를 거둘 수 있을 것으로 예상되며, 이는 산업 구조상 온실가스의 극적인 감축이 쉽지 않은 우리나라에게 좋은 외교적 전략이라고도 볼 수 있다.

두 번째로 우리나라가 고려해야 할 사항은 파리협정 내에서 우리나라의 위상이다. 파리협정은 선진국과 개발도상국 간의 경계가 없는 체제이다. 기후변화협약과 교토의정서는 당사국을 부속서 Ⅰ, Ⅱ와 비부속서 Ⅰ로 명확히 분리한 반면, 파리협정은 선진국 및 개발도상국이라는 용어는 사용하되 어떤 국가가 이에 해당하는지를 규명하지 않았다. 그동안 우리나라는 비부속서 Ⅰ 국가로 분류되어 공식적으로 개발도상국의 입장에 서 있을 수 있었으나, 파리협정 체제에서는 같은 지위를 유지하기 어려울 것으로 예상된다. 사실상 OECD 가입국이자 세계 12위의 경제규모를 가진 우리나라가 개발도상국의 지위를 계속해서 주장하는 것은 무리가 있을 것으로 보이며, 세계무역기구(WTO) 등의 협상에서 우리나라가 개발도상국 지위를 포기하기 시작함에 따라, 조만간 기후변화협약에서도 우리나라의 위상변화가 예상된다. 그러므

---

4 기후변화 적응 관련 국제협력을 담당하고 있는 '국가기후변화적응센터'에 개발도상국의 협력 요청이 많이 접수되고 있다.

로 기후변화협상에서 우리나라의 위상변화에 대한 중장기적 대비가 필요하다. 특히, 적응은 선진국이 역사적 책임을 가지고 지원해야만 하는 부문이다. 우리나라의 역사적 책임은 크지 않으나, 현재의 배출량은 경제규모에 상응하는 높은 수준이므로 국제사회에 대한 더 많은 기여가 필요하다. 우리나라는 이미 지난 10년간 적응정책의 추진 및 이행을 통해 많은 경험과 노하우를 보유하고 있으므로, 이를 새로운 기회 창출의 계기로 삼아 적응과 관련한 국제사회 기여 확대를 적극 고려해야 한다.

참고문헌

[국내문헌]

1. 강주연 외(2017), 「신기후체제 적응부문 국제논의 동향 파악 및 대응 연구」, 환경부.
2. 김은정(2017), 「지속가능발전을 위한 기후변화협약 이행방안연구」, 한국법제연구원.
3. 윤인숙 외(2019), 「파리협정 이행규칙의 분석을 토대로 한 신기후체계 규범연구」, 한국법제연구원.
4. 이승준(2015), "기후변화 적응의 신기후체제 합의: 전망을 위한 접근방법", 한국환경정책평가연구원, 환경정책연구 14권 3호, pp. 75-94.
5. 이승준(2015.12.29.), "신기후체제 파리협정의 채택과정과 주요내용 Adaptation (제7조) / Loss and Damage (제8조)", 「파리협정 협상실무자 초청 세미나」.
6. 이승준(2016), "기후변화 적응 및 손실과 피해에 관한 파리협정의 의의와 우리의 대응", 한국환경정책평가연구원, 환경포럼 206권, pp. 1-20.
7. 이승준 외(2016), Post-2020 신기후체제 협상 적응의제 대응방안 연구, 한국환경정책평가연구원.
8. 이승준, 안병옥(2016), 신기후체제의 기후변화 적응 및 손실과 피해에 관한 대응방안, 한국환경정책평가연구원
9. 환경부(2016), 「파리협정 길라잡이」, 환경부.
10. 환경부(2019), 「파리협정 이행규칙 안내서」, 환경부.

[국외문헌]

11. IPCC, 2014: Climate Change 2014: Synthesis Report. Contribution of Working Groups I, II and III to the Fifth Assessment Report of the Intergovernmental Panel on Climate Change [Core Writing Team, R.K. Pachauri and L.A. Meyer (eds.)]. IPCC, Geneva, Switzerland, pp. 151. 『IPCC 제5차 평가 종합보고서 국문판』. 기상청 다시 옮김. 2015
12. UNFCCC. 2015. Paris Agreement.
13. UNFCCC. 2016. Synthesis report on the aggregate effect of INDCs 2015 and its update 2016.

14. UNFCCC. 2018. Katowice Climate Package 관련 문서 일체.

[온라인 자료]

15. UNFCCC, "Paris Agreement", https://unfccc.int/files/essential_background/convention/application/pdf/english_paris_agreement.pdf 검색일: 2020.4.22.

16. UNFCCC, "Report of the Conference of the Parties serving as the meeting of the Parties to the Paris Agreement on the third part of its first session, held in Katowice from 2 to 15 December 2018", https://unfccc.int/sites/default/files/resource/cma2018_3_add1_advance.pdf#page=23 검색일: 2020.4.22.

17. UNFCCC, "Glossary of climate change acronyms and terms", https://unfccc.int/process−and−meetings/the−convention/glossary−of−climate−change−acronyms−and−terms 검색일: 2020.3.31.

18. UNFCCC, "The adaptation cycle under the UN climate change regime component: Monitor and evaluate adaptation", https://unfccc.int/topics/adaptation−and−resilience/the−big−picture/introduction−to−adaptation−and−resilience/the−adaptation−cycle−under−the−un−climate−change−regime−component−monitor−and−evaluate−adaptation 검색일: 2020.4.22.

19. UNFCCC, Climate Get the big picture, http://bigpicture.unfccc.int, 검색일: 2020.4.22.

20. UNFCCC, UNFCCC process and meetings, http://unfccc.int/2860.php, 검색일: 2020.4.22.

21. World Bank, "NDCs Climate Change Adaptation Database", http://spappssecext.worldbank.org/sites/indc/Pages/Adaptation.aspx, 검색일: 2020.4.9.

제 10 장

손실과 피해

정재희(외교부 P4G정상회의 준비기획단 외무행정관)

Ⅰ. 들어가며

유엔 기후변화 협상에서 논의되는 '손실과 피해(Loss & Damage)'는 '기후변화의 완화(mitigation) 및 기후변화에의 적응(adaptation)을 위한 노력만으로는 피할 수 없는 기후변화의 부정적 영향'으로 이해되고 있다.[1] 손실과 피해는 태풍, 싸이클론 등 갑자기 나타나는 극한 날씨현상(extreme weather events)은 물론, 해수면 상승, 빙하

---

[1] 국제사회에 손실과 피해에 관한 합의된 정의(definition)는 현재까지 존재하지 않는데, 이는 기후변화로 인한 손실과 피해를 바라보는 선진국과 개도국의 관점이 현저히 다르다는 것과 깊은 관계가 있다.

의 후퇴, 사막화 등과 같이 서서히 일어나는 현상(slow onset events)에 의해 발생하기도 한다. 극한 날씨현상은 기후변화 이전부터 존재해온 자연재해이지만, 2011년 발간된 IPCC 극한현상에 관한 특별보고서[2]에 의하면 기후변화가 이러한 기상이변의 빈도를 증가[3]시키고 그 강도를 높이는 원인이 된다고 한다.

아울러 기후변화는 그 부정적 영향에 매우 취약한 국가들에 막대한 경제적 피해를 입히기도 하며, 공동체 및 문화유산의 파괴와 같은 비경제적(non-economic losses) 손실을 주기도 한다. 특히, 세계은행(World Bank)은 2050년까지 약 1억 4천만 명 이상이 해수면 상승, 농작물 재배 실패, 물 부족 등 기후변화가 야기한 부정적 영향으로 인해 이주(displacement)하게 될 것으로 전망하기도 했다.[4] 즉 손실과 피해 이슈는 기후변화로 인해 삶의 터전을 잃게 되는 군소도서국가 및 최빈개도국(Least Developed Countries)에게 생존의 위협(existential threat)일 수 있는 것이다.

이러한 위협을 인지한 태평양 연안의 군소도서국가들은 파리협정이 채택되기 20여 년 전인 1990년대 초부터 군소도서국연합(Alliance of Small Island States: AOSIS)을 결성하여 국제사회에서 자신들의 이익을 대변하기 시작했다. 기후변화로 인한 피해는 군소도서국가들[5]에게 매우 부당(injustice)하게 여겨질 수밖에 없다. 선진국의 산업화 과정에서 배출된 온실가스로 인해 지구 온도가 상승하면서 이와 같은 피해가 발생했고, 앞으로도 적잖은 피해가 계속 발생할 것으로 예상되지만, 막상 작은 섬나라들은 온실가스 배출량이 매우 적어[6] 지구온난화에 대한 책임이 거의 없기 때문이다. 군소도서국연합(이하 AOSIS)은 선진국이 기후변화로 인한 손실과 피해에 대한 책임(liability)을 지고, 기후변화의 부정적 영향에 매우 취약한 국가를 위한 보상(compensation)을 해야 한다고 주장했지만, 선진국은 이를 그간 애써 외면해 왔다.

하지만 AOSIS를 비롯한 개도국 진영의 지속된 노력으로 마침내 손실과 피해 이

---

2 IPCC Special Report on Extreme Events, 2011.

3 뮌헨재보험(MunichRe, Weather, climate & catastrophe insight, 2018 annual report)에 따르면 매년 발생하는 자연재해 건수가 최근 100년간 연간 50여 건에서 연간 350여 건으로 7배 증가.

4 World Bank, "Groundswell: Preparing for Internal Climate Migration", 2018.

5 기후변화협약(UNFCCC) 그룹핑(grouping)상 군소도서개발국(Small Island Developing countries: SIDS) 라 칭하며, 이들의 이익을 대변하기 위해 군소도서국연합(AOSIS)이 결성됨. SIDS와 AOSIS는 거의 동일한 국가로 구성.

6 2017년 기준으로 SIDS의 온실가스 배출량은 전 세계의 1% 미만(UNDP, Small Island nations at the frontline of climate action, 2017).

슈는 2015년 채택된 파리협정 본문에 별도 조항(제8조)의 형태로 최초로 포함[7]되었고, 그 내용이 AOSIS가 만족할 만큼 급진적이지는 않더라도, 이는 분명 기후변화의 부정적 영향에 매우 취약한 국가들에게는 큰 성과라고 할 수 있다. 특히 손실과 피해 이슈가 파리협정에 포함된 만큼 관련 논의는 앞으로 매우 활발하게 진행될 것으로 예상된다.

본 장 제Ⅱ절에서는 총 5개의 조항으로 구성되어 있는 파리협정 제8조(손실과 피해)의 조항별 의미를 협상 과정을 중심으로 분석해보고자 한다. 제Ⅲ절에서는 파리협정 채택 이후(2016~2018년)의 '손실과 피해에 관한 바르샤바 국제메커니즘(WIM)[8]'을 중심으로 관련 진전사항을 살펴보고(Ⅲ절 1.), Paris Rulebook(파리협정 세부 이행규칙)상 손실과 피해에 관한 부분을 분석해보는(Ⅲ절 2.) 한편, 파리협정 이후 손실과 피해에 관한 바르샤바 국제메커니즘(WIM)의 활동을 종합적으로 검토하는 '2019년 WIM 검토(Review)'를 통해 최신 논의 동향을 분석해보고자 한다. 마지막으로 제Ⅳ절에서는 최근 논의 동향을 기반으로 향후 손실과 피해 논의 전개 방향을 조심스럽게 전망해볼 것이다.

Ⅱ. 파리협정 제8조(손실과 피해) 조항별 분석

1. 별도조항(stand-alone article)의 탄생

> **제8조 1항**
> (파리협정) 당사자는 극한 날씨현상과 서서히 발생하는 현상을 포함한 기후변화의 부정적 영향과 관련된 손실과 피해를 방지하고, 최소화하며, 해결해 나가는 것의 중요성(importance)과, 그 손실과 피해의 위험을 줄이기 위한 지속가능한 발전의 역할을 인식한다.

기후변화 협상에 있어 제8조 1항이 상징하는 바는 매우 크다고 할 수 있다. 손실과 피해에 대한 논의는 AOSIS 등 기후변화의 부정적 영향에 매우 취약한 개도국을 중심으로 1990년대 초 기후변화협약(UNFCCC) 채택 과정에서부터 있어 왔으나,

---

7 1992년 채택된 유엔기후변화협약(UNFCCC)에는 '손실과 피해'라는 문구 자체가 포함되지 못하였다. 다만, 동 협약 4조 8항에 '협약을 이행함에 있어, 개도국의 기후변화로 인한 부정적 영향 대처를 위해 보험(insurance) 등 요소를 고려해야 한다'고 명시.

8 WIM: Warsaw International Mechanism for Loss and Damage associated with Climate Change Impacts.

'손실과 피해'가 국제협약에 별도 조항으로 명시가 된 것은 파리협정이 최초이기 때문이다.

AOSIS는 그간 여러 차례의 제안서(submission)[9]를 통해, 선진국이 야기한 기후변화로 인한 개도국의 손실과 피해 문제를 해결하기 위해, 선진국이 주도하는 기금 마련을 통한 국제적 차원의 보험체계 등 대응 메커니즘 구축의 필요성을 주장해왔다. AOSIS는 파리협정 협상과정에서도 이러한 입장을 유지하였는데, 특히 손실과 피해 이슈를 협정 본문에 포함하여 파리협정상의 손실과 피해 대응 체계 마련은 결코 양보할 수 없는 요소였다.

반면, 손실과 피해 이슈가 새롭고 추가적인(additional) 재정적 부담으로 이어질 것이 명약관화(明若觀火)하다고 판단한 선진국은 그간 기후변화가 야기한 손실과 피해에 대한 '법적 책임(liability)'이 공식적으로 논의되는 것 자체를 회피 혹은 의도적으로 연기하려고 노력해왔다. 심지어 파리협정 문안 협상 당시에 선진국은 손실과 피해 관련 논의를 2016년 이후로 연기[10]해야 한다고 주장하기도 했다. 특히 미국의 경우에는 기후변화 완화(mitigation) 및 적응(adaptation)과 관련된 기존의 재정적 공약[11]을 파리협정에서 재차 강조하는 수준이 아닌, 손실과 피해 이슈와 같이 법적 구속력을 수반한 새로운 재정적 부담을 야기할 수 있는 조항 및 문구는 받아들일 수 없는 레드라인(redline)이었다.[12]

끝내 합의가 될 것 같지 않던 양측의 입장은 파리협정이 채택된 제21차 기후변화협약 당사국총회(COP21)의 결정문[13]에 책임(liability)과 보상(compensation)과 관련된 단서 조항을 삽입함으로써 합의점을 찾게 되었다. 즉, 미국의 주장으로 결정문(Decision 1/CP.21) 51항에 '(파리)협정 제8조가 책임(liability)이나 보상(compensation)을 수반하거나 그에 대한 근거를 제공하지 않는다는 데 합의한다.[14]'라는 문구가 포

---

9 그중 하나가 군소도서국연합(AOSIS)의, 「Multi-Window Mechanism to Address Loss and Damage from climate change impacts」, 2012.

10 후술하겠지만 2013년에 공식 출범한 '손실과 피해 대응을 위한 바르샤바메커니즘(WIM)'에 대한 첫 번째 활동 검토(review)가 2016년에 예정되어 있었다.

11 2009년에 개최된 제15차 유엔기후총회(COP15)에서 선진국은 2020년까지 개도국의 기후변화 완화 대응 등을 위해 1000억(100 billion) 달러를 조성하기로 합의함.

12 Daniel Bodansky, 「LEGAL OPTIONS FOR U.S. ACCEPTANCE OF A NEW CLIMATE CHANGE AGREEMENT」, 2015, p.17.

13 파리협정이 채택된 제21차 유엔기후변화협약 당사국총회(COP21)의 결과물(outcome)은 2가지로 구성이 된다. 첫째는 파리협정 본문 그 자체이며, 둘째는 협정의 부속서로 존재하는 COP21의 결정문이다.

14 (협정 원문) Agrees that Article 8 of the Agreement does not involve or provide a basis for

함되게 된 것이다. 이로써 선진국은 향후 파리협정을 통해 손실과 피해 문제는 지속 논의하되, 이 논의가 짧은 시일 내에 기후변화에 대한 선진국의 책임과 보상의 문제, 나아가 선진국의 추가적인 재정적 부담이 되는 방향으로 발전할 가능성은 우선 차단했다고 볼 수 있다.

결과적으로 파리협정 본문에 손실과 피해 내용을 포함하는 대가로 결정문 51항을 남겨두는 것으로 합의가 된 것인데, 여기서의 의문점은 손실과 피해를 파리협정 본문에 포함하는 것이 아무리 AOSIS 등 개도국 진영에 중요했다고 하더라도, 어떻게 손실과 피해의 핵심 내용을 언급하는 51항 단서조항을 받아들일 수 있었겠느냐는 것이다. 이에 대한 해답은 아래 두 가지 이유에서 찾을 수 있을 것 같다.

첫째, 결정문 51항은 아주 구체적이지는 않은 문구로서, 사실상 다양한 해석의 가능성을 열어두었다고 볼 수 있다. 즉, 51항은 책임의 주체가 자국의 온실가스 감축 관리 의무가 있는 국가인가, 아니면 실제 배출의 주체가 되는 민간 기업 등 산업계인가가 불분명하다. 또한 보상은 어떠한 형식의 보상을 말하는 것인가, 또는 조금 더 근본적으로 이 조항에 내포된 '책임'과 '보상'의 정의는 무엇인가[15] 등 다양한 의문에 대한 구체적인 해답을 51항의 문구만 가지고는 찾기 힘들다. 실제로 파리협정 채택 직후, 나우루 등 AOSIS 소속 국가는 향후 기후변화협약 및 파리협정 당사국 간 기후변화의 부정적인 영향으로 인한 '책임 및 보상' 논의에 있어 51항이 어떠한 제한도 될 수 없다는 선언을 하였다.[16] 즉 개도국 진영은 51항을 선진국이 이해하는 바대로 받아들이지는 않겠다는 것이다. 따라서 선진국과 개도국은 51항 문구에는 합의를 했지만, 그 해석에 대한 합의까지는 도달하지 못한 채 문제를 일단 봉합했던 것으로 보인다.

둘째는 '협상'의 측면인데, 기후변화 협상에서 선진국과 개도국 진영은 각각 원하는 바를 얻기 위해, 일정부분 포기해야 하는 부분이 생길 수밖에 없다. AOSIS가 손실과 피해 이슈만큼이나 중요하게 생각했던 부분은 파리협정의 지구 온도 목표에 '1.5℃'를 명시하는 것이었다. 결과적으로 개도국 진영은 '1.5℃'를 파리협정 목표에 포함함과 동시에 손실과 피해 조항을 파리협정에 포함시키는 대가로 손실과 피해에

---

any liability or compensation.

15 Mj Mace, Roda Verheyen, 「Loss, Damage and Responsibility after COP21; ALL Options Open for the Paris Agreement」, 2016, p.205.

16 전게서, p.205.

관한 결정문 51항을 받아들였던 것이다.[17]

　'손실과 피해'가 파리협정상 별도조항으로 설계되었다는 것의 의의는 손실과 피해 이슈를 기후변화 적응(adaptation) 이슈와 분리해냈다는 데에 있다. 그간 AOSIS를 비롯한 개도국 진영은 기후변화로 인한 손실과 피해가 기후변화 적응(adaptation) 차원의 노력만으로는 해결되기 어렵다고 주장해 왔다. 기후변화 적응 노력은 대개 개별 국가 차원에서 계획되고 이행되는데, 관련 재정, 기술 및 제도적 능력이 매우 부족한 국가에게 기후변화가 가지고 올 막대한 손실과 피해는 개별국가의 적응 노력으로 대처할 수 있는 범위를 벗어난다는 것이다. 즉 기후변화의 대응에 있어 감축(mitigation)만으로는 불충분하다는 인식이 적응(adaptation) 의제를 탄생시켰던 것과 같이, 손실과 피해 대응은 감축과 적응의 노력으로도 불충분하다는 것이 AOSIS 측 주장의 핵심이었다.

　또한, 기존의 개별국가의 적응 노력에 대한 국제적인 지원[18]에 손실과 피해의 보상과 관련된 내용은 포함되어 있지 않기 때문에 '손실과 피해'를 '적응'으로부터 분리해내 추가적인 국제적 지원(재정 및 기술적 지원, 역량배양 등)을 얻어내는 것은 파리협정 협상 과정에서 AOSIS에게는 반드시 필요한 작업이었다. 물론 그간 선진국은 이와 같은 AOSIS의 주장을 외면하면서 손실과 피해 문제는 적응의 하위 범주로 치부해왔다. 파리협정 협상 과정에서 선진국은 손실과 피해의 국제적 영향력 감소 및 향후 책임 및 보상 문제가 야기할 추가적인 재정적 부담을 줄이기 위해서라도 손실과 피해 이슈를 적응의 범주에 붙잡아두고 싶었다.

　하지만, 개도국 진영은 손실과 피해에 대해 매우 큰 중요성을 부여하고 이것이 적응과 분리된 별도 조항의 형태가 아니라면, 파리협정 채택 자체를 반대할 만큼 강경한 입장이었다. 아울러 파리협정 협상 당시까지 제출된 선진국의 온실가스 감축목표(INDC)는 개도국이 만족할 만큼 충분하지 못했기 때문에 개도국으로서는 더 이상 물러설 수 없다는 입장으로 손실과 피해 협상에 임할 수밖에 없었다. 파리협정 채택 자체가 무산되는 것을 우려한 선진국의 양보와 함께 당시 의장국 프랑스의 중재 노력으로 결국 파리협정 제8조(손실과 피해)는 제7조(적응)와 분리되었다.[19]

---

17 S.M. Saify Iqbal, 「Addressing climate-induced loss and damage: Major outcomes and challenges」, theindependent, 2020.

18 녹색기후기금(GCF), 적응기금(Adaptation Fund) 등.

19 Mj Mace, Roda Verheyen, 「Loss, Damage and Responsibility after COP21; ALL Options Open for the Paris Agreement」, 2016, p.203~204.

2. 손실과 피해에 관한 바르샤바 국제메커니즘(WIM)의 지속 결정

제8조 2항

기후변화의 영향과 관련된 바르샤바 국제메커니즘(WIM)은 파리협정 당사국회의(CMA)의 권한 및 지침을 따르며, 파리협정 당사국회의(CMA)가 결정하는 바에 따라 증진되고 강화될 수 있다.

제8조 2항을 이해하기 위해, 손실과 피해에 관한 바르샤바 국제메커니즘(Warsaw International Mechanism for Loss and Damage associated with Climate Change Impacts: WIM)의 설립 배경에 대해 간략히 살펴보도록 하자. 1990년대 초부터 AOSIS는 지속적으로 손실과 피해 의제를 기후변화협상의 공식 의제로 만들기 위해 노력해왔지만, 기후변화로 인한 손실과 피해의 책임 문제가 기후변화협상에서 공식적으로 논의되기 시작된 것은 2007년 발리행동강령(Bali Action Plan)부터이다.[20] 발리행동강령은 기후변화로 인한 손실과 피해에 특별히 취약한 국가를 위한 재난위험감소전략(disaster risk reduction strategies) 등 관련 방안을 마련하라고 요청한 바 있다.

이후 2010년 멕시코 칸쿤에서 개최된 제16차 기후변화협약 당사국총회(COP16)에서 군소도서개발국가들은 '손실과 피해' 논의를 선진국들의 구체적인 피해배상책임 차원에서 주장하기 시작하였고 이에 대해 선진국들은 배상의 문제는 기후변화협약(UNFCCC) 체제 내에서 논의대상이 되어서는 안 된다고 반박하는 등 본격적으로 정치적 쟁점화 되었다.[21] 그로부터 2년 뒤 카타르 도하에서 개최된 제18차 기후변화협약 당사국총회(COP18)에서 손실과 피해에 대한 3가지 논의 범위[22]를 확정하면서 향후 관련 논의의 물꼬를 트는 동시에 논의의 구체적인 방향을 설정하는데 성공하였고, 이듬해 폴란드 바르샤바에서 개최된 제19차 기후변화협약 당사국총회(COP19) 결정문에 의해 기후변화의 부정적인 영향에 매우 취약한 개도국에서 발생하는 손실과 피해 문제를 해결하기 위한 대응체제인 '손실과 피해에 관한 바르샤바 국제메커니즘(WIM)[23]'이 탄생하게 된다. 손실과 피해에 관한 바르샤바 국제메커니즘(이하

---

20 소병천, 「국제법상 기후변화피해책임 - 기후변화협상 '손실 및 피해' 논의를 중심으로」 2016, p.5.
21 전게서, p.6.
22 1) 위험관리접근에 대한 이해와 지식 증진, 2) 이해관계자 간 대화, 조정, 시너지 강화, 3) 재정, 기술, 역량배양 등 손실과 피해에 대한 행동 및 지원 강화.
23 실제 유엔 기후변화 협상장에서는 손실과 피해 대응을 위한 바르샤바국제 메커니즘을 WIM의 영문 발음대로 '윔'으로 축약하여 칭한다.

WIM)은 칸쿤 적응 프레임워크(Cancun Adaptation Framework)라는 적응(adaptation) 범주 산하의 기구로 탄생[24]하였으며, 2016년에 손실과 피해에 관한 바르샤바 국제메커니즘의 위임사항(mandate), 구조, 효과성 등 제도적 방식을 검토(review)하기로 하는 등 향후 3년만 존속하는 임시기구로 설립되었다. 이에 파리협정 협상 당시 WIM을 파리협정 이후에도 지속할 것인지 혹은 파리협정 채택에 따라 손실과 피해에 관한 전혀 새로운 형태의 대응 메커니즘을 창설할 것인지가 핵심 쟁점 중 하나였다. 파리협정 제8조 2항에서 확인할 수 있듯이, 결론적으로 당사국들은 파리협정 하 손실과 피해 대응을 위한 새로운 기구를 창설하기보다는 오랜 기간 논의 끝에 어렵게 탄생시킨 WIM을 파리협정 체제를 통해 강화해 나가는 쪽으로 합의를 하였다고 볼 수 있다.

제8조 2항에서 또 하나 주목해야 할 것은 'WIM이 파리협정 당사국회의(CMA)의 권한 및 지침을 따른다.'라는 표현이다. 파리협정의 채택에 따라 WIM이 파리협정 당사국회의의 권한 및 지침을 따르는 것은 어찌 보면 너무나 당연해보이지만, WIM이 어느 당사국총회(기후변화협약 당사국총회(COP) 혹은 파리협정 당사국회의(CMA))에 귀속(subject to)되는지 등, 소위 WIM의 거버넌스(governance) 이슈는 2020년 현재까지도 선진국, 개도국 간 치열하게 다투고 있는 문제이기도 하다.

파리협정 채택에 따라 유엔기후변화협상 관련 당사국회의는 총 3가지가 되었다. 기존의 기후변화협약 당사국총회(COP) 및 교토의정서 당사국회의(CMP)와 파리협정 채택에 따라 새롭게 만들어진 파리협정 당사국회의(CMA)가 그것인데, 실제로 위 3가지 회의는 매년 병렬적으로 개최된다. 교토의정서 당사국회의는 별론으로 하고, 만약 파리협정이 기존의 기후변화협약(UNFCCC)을 대체하는 형식으로 탄생했다면 WIM의 '거버넌스' 논의는 존재하지 않았을 것이다. 하지만 파리협정은 기후변화협약을 대체하는 형식으로 탄생하지 않았고, 이에 따라 두 개의 회의는 매년 일정 수준의 독립성을 지닌 채 병행 개최되고 있는데, 여기서 WIM의 '귀속'의 문제가 발생한다.

'병행 개최'의 의미는 예컨대, 기존의 기후변화협약(UNFCCC) 산하기관인 재정상설위원회(Standing Committee on Finance: SCF) 같은 경우, 1년간의 활동을 상부기관인 기후변화협약 당사국총회에 보고(report)하고 동 당사국총회의 결정사항을 일종의 향후 활동 지침으로 받게 되는데, 파리협정의 탄생으로 이와 같이 보고를 하고 지침

---

24 전술한 바 있듯이, 2015년 파리협정이 탄생되기 전까지 '손실과 피해'는 명백하게 '적응'의 하위범주였다.

을 받을 상부기관이 하나 더 생겼다고 보면 된다. 물론 보통의 경우에는 최고 상부 기관이 2개(COP 및 CMA)라고 할지라도 별다른 문제가 생기지는 않는다. 하위 기관 으로서[25]는 동일한 혹은 유사한 내용을 2개의 상부기관에 각각 보고하면 되고, 지침에 해당하는 각 총회의 결정문이 서로 배치되지 않는 형태로 작성되므로 각 하부기관으로서는 이 각각의 지침을 근거로 일관성 있는 활동을 할 수 있기 때문이다. 하지만 WIM의 경우는 다르다고 할 수 있다. 그 이유는 바로 제21차 기후변화협약 당사국총회(COP21)의 결정문 51항 때문이다.

전술한 바 있듯이, 손실과 피해 관련 내용이 파리협정 본문에 포함되는 과정에서 선진국은 손실과 피해의 책임과 보상 문제 등이 야기할 추가적인 재정적 부담 등을 덜기 위해 '파리협정 제8조가 어떠한 책임(liability)이나 보상(compensation)을 수반하거나 그에 대한 근거도 제공하지 않는다는 데 합의한다'는 문구를 COP21 결정문에 포함시켰다.

AOSIS 등 개도국 진영이 손실과 피해 이슈에서 궁극적으로 얻고자 하는 것은 피해에 대한 재정적인(나아가 기술적 지원 및 역량배양) 지원이라고 할 수 있는데 이를 주장할 수 있는 근거는 단연 손실과 피해에 대한 선진국의 책임 인정이고, 그 책임 인정에 기반을 둔 보상일 것이다. 2012년 국제사회에 제출한 AOSIS의 제안서[26]를 보면, AOSIS는 보험적 요소(insurance component), 복구 및 보상적 요소(compensatory component), 위험 관리적 요소 등 3가지 기능으로 구성된 손실과 피해에 관한 복합적인 대응 메커니즘 창설이 필요하고, 이 메커니즘의 운영을 위해 손실과 피해에 대한 책임이 있는 선진국이 그 기금을 마련[27]해야 한다고 주장했다. 이러한 AOSIS의 희망과 목표가 파리협정 결정문 51항으로 인해 좌절되는 것은 그들로서는 받아들일 수 없을 것이다. 파리협정 본문에 손실과 피해 내용을 포함시키기 위해 선진국에 일정 부분 양보하여 결정문 51항을 허용했지만 AOSIS에게는 51항이 눈엣가시인 것이 분명하다.

그래서 파리협정 채택 이후 AOSIS를 비롯한 개도국 진영은 WIM이 기후변화협

---

25 파리협정의 탄생으로 대부분의 UNFCCC 산하 기구는 2개의 상부 기관을 갖게 되었다.
26 AOSIS 제안서, 「Multi-Window Mechanism to Address Loss and Damage from climate change impacts」, 2012.
27 선진국(Annex1)의 기여금 조성(contribution) 기준으로 손실과 피해에 대한 책임(responsibility)에 근거한 ① 온실가스 배출량 및 그 능력(capacity)에 근거한 ② 국내총생산(GDP)를 들고 있다. 예컨대, 온실가스 배출량이 많으면서, 동시에 경제적 능력도 있는 선진국이 더 많은 기여금을 조성.

약 당사국총회(COP)에 귀속되고, COP의 권한 및 지침을 따른다고 주장하기 시작했다. 개도국 진영은 결정문 51항에는 '파리협정 제8조가 어떠한 책임(liability)이나 보상(compensation)을 수반하거나 그에 대한 근거도 제공하지 않는다'라고 되어 있을 뿐, 기후변화협약(UNFCCC) 차원에서는 그러한 결정이 내려진 적이 없으며, WIM을 그들이 원하는 방향으로 발전시켜 나갈 다양한 가능성이 COP에는 남아있다고 믿고 있었기 때문이다.[28]

마치 개도국 기후변화 대응의 재정 지원을 담당하는 녹색기후기금(GCF)이 기후변화협약 당사국총회의 결정문에 의해 탄생하였듯이, AOSIS는 결정문 51항에도 불구하고 COP 차원의 결정을 통해 WIM이 손실과 피해에 대한 실질적인 재정적 지원 등이 가능한 형태로 발전할 수 있다고 믿고 있는 것으로 보인다. 물론 선진국들은 이러한 개도국의 주장을 받아들일 수 없었을 것이고, 앞으로도 이러한 개도국의 주장에 강하게 반대할 것으로 보인다. 책임과 배상과 관련된 복잡하고도 근본적인 거버넌스 논의(WIM의 귀속 문제)는 2020년 현재까지 아주 치열하게 진행되고 있고 앞으로도 그러한 방향으로 전개될 것으로 보인다.

3. '협력과 촉진'을 기반으로 한 행동 및 지원 강화

제8조 3항
(파리협정의) 당사자는 협력과 촉진을 기반으로, 적절한 경우 손실과 피해에 관한 바르샤바 국제 메커니즘을 통하여 기후변화의 부정적 영향과 관련된 손실과 피해에 관한 이해, 행동(action) 및 지원(support)을 강화하여야(should enhance) 한다.

이 조항의 핵심은 조항에 손실과 피해에 관한 행동 및 지원을 '강화하여야(should enhance) 한다.'라는 비구속적인 'should[29]'라는 문구를 사용했다는 것이다. 또한 지원(support)의 경우도 '재정적(financial)' 지원과 같이 직접적인 수식어 사용을 자제한 형태로 3항의 문구가 구성되었다. 파리협정의 재정적 지원 분야를 규정한 제9조 1항이 '선진국 당사자는 협약상의 자신의 기존 의무의 연속선상에서 감축 및 적응 모두와 관련하여 개발도상국 당사자를 지원하기 위하여 재원을 제공한다

---

28 국제법적 구속력 측면에서 파리협정 본문이 아닌 결정문은 협정 본문보다 구속력이 약하다고 보는 입장 (Mj Mace, Roda Verheyen)도 있다.
29 파리협정에서 구속력을 갖는 조항은 'shall'을 사용.

(shall)'[30]와 같이 그 지원 주체와 해당 지원이 의무적임을 비교적 명확하게 표현[31]했다는 것을 감안한다면, 파리협정 제8조 3항은 매우 일반적인(general) 표현만 사용되었음이 명백해지며, 이는 제3항 초반에 '협력과 촉진을 기반(on a cooperative and facilitative manner)'으로 한다는 문구를 통해서도 조항의 비구속적 성격을 유추해 볼 수 있다. 여러 차례 언급한 바 있듯이 미국 등 선진국의 입장에서는 감축과 적응에 대한 기존의 재정 지원 공약 범위를 벗어난 손실과 피해에 관한 새롭고 추가적인 재정적 부담은 받아들이기 어려웠기 때문에 이와 같이 완화된 표현이 사용된 것으로 보인다.

제8조 3항에서 또 한 가지 주목해야 할 것은 WIM을 통하여 손실과 피해에 관한 행동 및 지원이 강화될 수 있다고 규정한 것이다. 이에 대한 이해를 위해 파리협정이 채택되기 2년 전 출범한 WIM의 기능에 대해 간략히 살펴보도록 하자.

2013년 폴란드 바르샤바에서 개최된 제19차 기후변화협약 당사국총회(COP19)에서 당사국들은 손실과 피해에 관한 바르샤바 국제메커니즘의 설립에 합의하고 기후변화로 인한 손실과 피해 대응을 위해 다음과 같이 3가지의 기능(functions)을 부여하였다. (가) 서서히 일어나는 영향(slow onset impact)[32]을 포함한 기후변화의 부정적인 영향과 연관된 손실과 피해를 해결하기 위한, 포괄적 위험관리접근(comprehensive risk management approaches)[33]의 **지식 및 이해 증진**, (나) 주요 이해관계자 간 **대화**, **조정**(coordination), **일관성 및 시너지 강화**, (다) 손실과 피해를 해결하기 위한 재원(finance), 기술 및 역량배양 등을 포함한 **행동과 지원 강화**.[34] 위에 나열된 WIM의 세 가지 기능을 요약하자면, 손실과 피해에 관련된 **이해**를 **증진**하고, **이해관계자 간 협력**을 강화하며, 실제 피해를 입는 국가에 **지원 등 행동을 강화**하는 것이다.[35]

---

30 (영어 원문) Developed country parties **shall provide** financial resources to assist developing country Parties with respect to both mitigation and adaptation in continuation of their existing obligations under the convention.

31 물론 파리협정 제9조 1항에도 국가별로 어느 정도의 재원을 제공해야하는지는 명시되지 않았다.

32 단기간에 발생하는 극한 날씨현상(extreme weather events)과 달리 해수면 상승, 사막화 등 장기간에 걸쳐서 발생하는 현상으로 인해 나타나는 영향.

33 기후변화의 영향에 따른 손실과 피해를 고려하는 관리정책에 있어 사후복구 과정뿐만 아니라 사전에 위험을 평가하고 대응전략을 수립하여 지속적으로 위험에 대처하여, 손실과 피해 규모를 최소화하는 것

34 제19차 유엔기후변화협약 당사국총회 결정문(Decision2/CP.19).

35 그리고 WIM의 세 가지 기능을 수행하기 위해 6가지 방법을 나열하였다. (1) 손실과 피해 행동 지원의 촉진, (2) 기존 기후변화협약 하 관련 기구의 업무 조정 강화, (3) 주요 전문가 및 이해관계자간 회의 개최, (4) 정보에 관한 취합, 분석, 종합 및 발전, (5) 기술적 지원과 가이드라인 제공, (6) 자원

그리고 위에 언급한 기능의 이행을 담당하며, 자문기구 역할까지 수행하는 WIM 집행위원회(Executive Committee: ExCOM)도 설립되었다. 선진국(UNFCCC 부속서 I 국가)과 개도국(비부속서 I 국가) 각각 10명의 위원으로 구성된 WIM 집행위원회는 매년 기후변화협약 당사국총회(COP)에 그 활동을 보고(report)하고, 손실과 피해와 관련된 적절한 제안(recommendations)도 가능하며, 산하에 전문가그룹, 하부위원회, 패널, 주제별 자문그룹 등을 창설할 수 있는 권한을 부여받았다.

WIM의 세 가지 기능의 확정 및 그 기능을 이행하는 WIM 집행위원회의 설립 등, 얼핏 보면 WIM의 출범을 계기로 기후변화로 인한 손실과 피해를 해결할 수 있는 국제메커니즘이 아주 잘 구축된 것처럼 보이지만, WIM의 세 번째 기능인 '재원(finance), 기술 및 역량배양 등을 포함한 행동과 지원 강화' 부분을 면밀히 살펴본다면 결코 그렇지 않다는 것을 알 수 있다.[36] 개도국의 행동과 지원을 위한 자금을 어떻게 마련하고 조성할 것인지에 대한 내용은 빠져있기 때문이다. WIM은 유엔기후변화협약 당사국총회(COP)의 결정문에 의거하여 기후변화협약(UNFCCC) 사무국 산하에 만들어진 조직이기 때문에 독립적인 법인격(legal entity)을 가지고 있지 못하며, 이로 인해 자체적으로 기금(fund)을 모집할 수도, 기금 지출을 위한 상대국과의 계약을 체결할 능력도 가지고 있지 못하다.[37, 38] WIM은 여타 UNFCCC 산하 기구와 마찬가지로 기후변화협약 각 당사국이 UNFCCC 사무국에 일정 비율로 내는 분담금의 일부로 운영될 수밖에 없으며, 일상적인 운영비 외에, 예컨대 개도국에서 직접 시행되는 프로젝트 사업 기금 등을 조성하고 운영할 능력은 없는 것으로 보인다.

AOSIS로서는 안타깝게도 이러한 태생적 한계를 가지고 있는 WIM의 재정적 기능을 강화하는, 즉 개도국의 행동을 실질적으로 가능하게 하는 어떠한 문구도 파리협정에 새롭게 삽입하지는 못했다. 손실과 피해의 내용을 파리협정 본문에 포함하는 것 자체가 개도국으로서는 힘겨운 싸움이었기 때문에, 그들이 원하는 모든 요소를

(resources)의 조성, 각계각층의 전문성 수급 등을 포함하여 기후변화협약 내외의 행동 및 관여를 증진시키기 위한 각종 제안(recommendations).

36 Mj Mace, Roda Verheyen, 「Loss, Damage and Responsibility after COP21; ALL Options Open for the Paris Agreement」, 2016, p.202.

37 전게서 p.202.

38 예컨대, 한국에 사무국을 두고 있으며, 2010년 설립된 녹색기후기금(Green Climate Fund: GCF)은 COP의 결정문에 의하여 설립되었으나, 자체적인 이사회(Board)를 구성하여 의사결정을 하는 등 UNFCCC와는 어느 정도 독립적인 기구로 운영되고 있으며, GCF 자체적으로 기금을 조성하고, 그 이행을 위해 지불(disbursement)과 관련된 계약을 체결할 능력을 가지고 있다.

협정에 포함하는 것은 협상 생리상 불가능했을 것이다. 물론 그렇다고 하여 WIM이 손실과 피해의 취약국을 위한 재정적, 기술적 지원이 영구적으로 불가능할 것이라고 단정하기는 어렵다. 왜냐하면 AOSIS를 비롯한 개도국진영은 향후 기후변화 협상에서 어떠한 방식으로든 WIM의 세 번째 기능 강화를 위해 지속적으로 노력할 것이고, 컨센서스로 의사결정이 이루어지는 유엔기후변화협상 방식을 감안한다면, 기후변화 대응을 주도적으로 이끌어가고 있는 선진국들은 향후 협상의 과정에서 선진국들이 원하는 바를 이루기 위해, 개도국 진영이 간절히 원하는 것에 대해 일정 수준 양보를 해야 할 순간이 반드시 오기 때문이다. 그 양보의 영역이 손실과 피해에 관한 재정적 기능 강화일지 모른다. 어쩌면 AOSIS에게 파리협정은 손실과 피해 협상의 끝이 아니라 앞으로 펼쳐나갈 기나긴 협상의 시작점일지도 모른다.

4. 협력과 촉진의 범위 확정

제8조 4항
이에 따라, 이해, 행동 및 지원을 강화하기 위한 협력과 촉진 분야는 다음을 포함할 수 있다.
(가) 조기경보시스템, (나) 비상준비태세, (다), 서서히 일어나는 현상, (라) 돌이킬 수 없고 영구적인 손실과 피해를 수반할 수 있는 현상, (마), 포괄적 위험 평가 및 관리, (바) 위험 보험제도, 기후 위험 분산 그리고 그 밖의 보험 해결책, (사) 비경제적 손실, (아) 공동체, 생계 및 생태계의 회복력

4항에 나열된 협력과 촉진 분야 중 몇 가지 중요한 개념에 대해서 간략히 살펴보도록 하자. 우선 조기경보시스템(early warning system)이란 자연재해의 부정적인 영향을 줄이기 위해 관련된 정보를 시의적절하고 체계적으로 제공하는 일련의 과정을 말한다.[39] 이와 같은 시스템이 효과적으로 구축된다면 개발도상국의 자연재해 및 기후변화 관련 위험에 대한 회복력은 강화될 것이다.[40] 예컨대, 방글라데시의 경우 현대적인 조기경보시스템의 사용으로 2007년 싸이클론 시디르(Sidir)로 인한 사상자 수는 3,000명 수준이었으며, 이는 1970년 싸이클론 볼라(Bhola) 시 발생한 사상자 300,000명의 1%밖에 되지 않았다.[41] 사실 조기경보시스템 구축 사업은 이미 녹색기후기금(GCF)에서 개도국의 기후변화 적응 지원 사업의 일환으로 활발히 진행 중이

---

39 UNDP, 「Early Warning System」, 2018, p.5.
40 전게서, p.5.
41 전게서, p.5.

기도 하다.

서서히 일어나는 현상(Slow Onset Events: SOE)이란 단기간에 일어나는 극한 날씨현상(extreme weather events)과 달리 해수면 상승이나 온도 상승과 같이 수년에서 수십 년에 걸쳐 서서히 진행되는 변화를 말한다.[42] 2012년에 UNFCCC에서 발간된 문서[43]에 의하면 서서히 일어나는 현상에는 해수면 상승, 온도 상승, 해양 산성화(ocean acidification), 빙하 후퇴, 염류화(salinization), 토지 및 숲 저하, 생물다양성 손실, 사막화 등이 포함된다. 서서히 일어나는 현상은 극한 날씨현상과 달리 장기간에 걸쳐 서서히 일어나는 현상이라는 점에서 다른 대응방식이 필요하다.[44] 특히, 극한 날씨현상으로 인한 피해는 자연재해보험 등을 통해 사후 구제 등의 방식으로 대응할 수 있겠지만, 서서히 일어나는 현상은 일반적인 보험체계를 적용하여 사후적으로 대응하기도 어렵다.[45] 이러한 성격으로 인해 AOSIS는 서서히 일어나는 현상에 대한 대응방안으로 보험풀이 아닌 기금(fund) 조성을 들고 있기도 하다.[46]

기후변화의 부정적인 영향에 의한 손실에는 자원, 재화, 서비스 등 시장에서 거래되어 화폐가치로 환산할 수 있는 경제적 손실이 있는가 하면, 기후변화로 인한 대규모 홍수로 이주를 하게 되면서 잃게 되는 사회적 네트워크 등 시장가치로 환산할 수 없는 비경제적 손실(non-economic losses)도 존재한다. 기후변화협약은 대표적인 비경제적 손실로 인간의 건강 악화 및 이주(human mobility), 문화유산의 파괴, 원주민의 지식 및 사회·문화적 정체성 파괴, 생물다양성의 손실, 생태계가 주는 서비스 악화 등을 그 예로 들고 있다. 비경제적 손실은 항목들 간 가치의 단위가 다르다는 점에서 동일한 표준으로 측정하기 어려운 성질(incommensurability)을 띠며,[47] 비교적 최근까지 비경제적 손실과 피해에 관한 논의가 학계나 국제사회에서 충분히 진행되지는 않았던 것으로 보인다.[48]

손실과 피해 관련 또 하나의 협력과 촉진 분야로서 '위험 보험제도, 기후 위험

---

42 이승준 외 공저, 「기후변화의 부정적 영향에 따른 손실과 피해 대응방안」, KEI, 2017, p.48.
43 UNFCCC, Slow Onset Events technical paper, 2012.
44 이승준 외 공저, 「기후변화의 부정적 영향에 따른 손실과 피해 대응방안」, KEI, 2017, p.48.
45 전게서, p.49.
46 AOSIS 제안서, 「Multi-Window Mechanism to Address Loss and Damage from climate change impacts」, 2012.
47 이승준 외 공저, 「기후변화의 부정적 영향에 따른 손실과 피해 대응방안」, KEI, 2017, p.43.
48 전게서, p.40(대략적인 비경제적 손실과 피해의 종류나 분류 등에 관한 최근 연구는 동 서적 p.40~47 참조).

분산 그리고 그 밖의 보험 해결책'도 명시되었다. 아울러 WIM 집행위원회가 보험 및 위험 이전에 대한 **정보저장소 역할을 수행**하는 클리어링하우스(clearing house)를 설치할 것을 결정하기도 하였다.[49] 손실과 피해에 있어 '보험(insurance)'이란 용어는 전술한 바 있듯이, AOSIS를 중심으로 군소도서국가 및 최빈개도국(Least Developed Countries: LDC)들이 그토록 열망하던, 기후변화의 부정적 영향에 매우 취약한 개도국이 향후 입게 될 손실 및 피해에 대한 국제적 보상(compensation) 개념 안에서 사용되어 왔다.[50] '보험'이라는 용어가 파리협정 본문에 명시되고, 그와 관계된 기구인 클리어링하우스 설치가 담보되었지만, 그렇다고 하여 AOSIS 등이 오랫동안 바라오던 형태의 보험 시스템이 구축된 것이라고 볼 수는 없다. 이 기구의 주된 역할은 보험과 위험이전에 관한 '정보의 공유' 정도에 그치고 있기 때문이다.

사실 파리협정 협상 당시 최빈개도국(LDC)은 클리어링하우스가 단순히 관련 정보를 저장하는 저장소 이상의 역할을 상정하고 있었다. 즉, 최빈개도국은 클리어링하우스가 보험과 위험전환(risk transfer)과 관련된 정보를 제공하는 역할은 물론, 각국의 위험관리전략과 우수한 보험제도(schemes)를 마련하는 데 실질적 도움을 주며, 피해 복구를 위한 재정적 지원을 촉진하는 역할까지 할 수 있는 기구가 될 것을 바랐지만[51] 이는 파리협정 최종 성과물로 받아들여지지 않았다.

과거에는 재난을 외부의 작용으로 간주하여 복구에 치중했다면, 최근에는 외부의 위험요인이 작용하더라도 내부의 취약성에 따라 재해의 정도가 달라진다는 인식이 확산되었으며, 이에 사후복구 과정뿐만 아니라 사전에 위험을 평가하고 대응전략을 수립하여 지속적으로 위험에 대처하는 포괄적 위험관리가 중요해졌다.[52] 특히 기후변화의 영향은 단발성 자연재난의 빈도와 강도를 높임으로써 재난 발생의 불확실성을 높이기 때문에 기후변화의 영향에 따른 손실과 피해를 고려하는 관리정책은 사전 대응을 포함하는 포괄적 위험관리를 통해 손실과 피해 규모를 최소화하는 것이 필요하다.[53] 포괄적 위험관리에는 조기경보시스템을 포함한 비상준비태세(emergency preparedness), 재건 및 복구를 강화하기 위한 방안, 사회 안전망을 포함한 사회 보호

---

49 COP21 결정문 48문단.
50 Mj Mace, Roda Verheyen, 「Loss, Damage and Responsibility after COP21; ALL Options Open for the Paris Agreement」, 2016, p.209.
51 Geneva Negotiating Text, optionⅢ, Para78.
52 이승준 외 공저, 「기후변화의 부정적 영향에 따른 손실과 피해 대응방안」, KEI, 2017, p.26.
53 전게서, p.27.

제도 구축 등을 포함한다고 할 수 있다.

비록 파리협정 본문에 협력과 촉진 분야 중 하나로 명시되어 있지는 않지만, COP21 결정문에 포함되어 있는 기후변화로 인한 이주(displacement) 문제도 간략히 언급하고자 한다. 제21차 기후변화협약 당사국총회(COP21) 결정문 49항에는 'WIM 집행위원회가 (…) 적절한 경우(…) 특별전담반(task force)을 자체 절차와 권한에 따라 설립하여 기후변화의 부정적 효과와 관련된 이주(displacement)를 방지하고 최소화하며 이에 대응할 수 있는 통합 접근법에 대한 권고를 개발하도록 할 것을 요청한다'라고 되어있다. 파리협정 협상 당시 개도국은 기후변화로 인한 이주 문제도 중점적으로 논의되고, 가능하다면 이주와 관련된 문구가 파리협정 본문에 포함되기를 희망했으며, 파리협정을 계기로 극한 날씨현상(extreme weather events)으로 인한 갑작스러운 이주 및 각국의 계획 하에 체계적으로 이루어지는 이전(relocation) 문제까지 지원하는 기관 혹은 조직이 창설되기를 바랐다. 하지만 협상 과정에서 선진국(특히 호주)의 반대로 이주(displacement) 관련 문구는 파리협정 본문이 아닌 결정문에 포함되었고, 관련 기관도 영속적이지 않은 특별전담반(task force) 형태로 설립되는 것으로 합의가 이루어졌다.[54]

5. 손실과 피해에 관한 바르샤바 국제메커니즘과 여타 조직 간의 협력

제8조 5항
손실과 피해에 관한 바르샤바 국제메커니즘은 이 협정상의 기존 기구 및 전문가그룹, 그리고 이 협정 밖에 있는 관련 기구 및 전문가 단체와 협력한다.

제8조 5항에 근거하여 손실과 피해에 관한 바르샤바 국제메커니즘(WIM)은 기후변화협약(UNFCCC) 산하기관은 물론 그 밖에 있는 여러 기관 및 조직들과의 협력을 활발히 이어가고 있다. 예컨대, 해안 지역의 손실과 피해에 관한 기술적 해결방안을 논의하기 위해 기술집행위원회(TEC)와 공동으로 정책워크숍을 진행하는가 하면, 재원 지원 분야 논의를 위해 재정상설위원회(SCF)와 공동으로 기술문서(technical paper)를 생산하기도 하며, 파리협정 역량배양위원회(PCCB)와의 공동 업무를 통해

---

54 Maxine Burkett, 「Reading between the Red Lines: Loss and Damage and the Paris Outcome」, 2016.

손실과 피해 문제 해결을 위한 능력 격차(capacity gaps) 등을 조사하기도 한다. 아울러 이주(displacement) 분야에서는 적응위원회(Adaptation Committee) 등 기후변화협약 산하 기관은 물론 관련 시민단체와의 공동 업무도 진행하고 있다. 특히 WIM이 개도국의 행동과 지원을 위한 재원으로 녹색기후기금(GCF)를 적극 활용하기 위해서는, 녹색기후기금은 물론이고, 동 기금의 지침(guideline) 초안을 작성하는 재정상설위원회(SCF)와의 협력은 필수적이라고 생각되며, 이러한 기관 및 조직과의 협력의 기반이 되는 조항이 바로 제8조 5항이라고 할 수 있다.

III. 파리협정 채택 이후의 진전사항

1. 손실과 피해에 관한 바르샤바 국제메커니즘의 2016~2018년 간 주요활동

2013년 출범 이후 손실과 피해에 관한 바르샤바 국제메커니즘(WIM)은 어떠한 주제에 집중하여 활동할 것인가에 대한 구체적인 계획을 세우기 시작했다. 사실 파리협정이 채택되기 1년 전에 개최된 제20차 기후변화협약 당사국총회(COP20)에서 WIM은 9가지의 활동영역(Action Area)[55]을 구축하고 각 활동영역에 따른 초기 2년간의 업무계획(initial two-year workplan)을 승인한 바 있다.

하지만 파리협정 채택 이후 처음 개최된 제22차 기후변화협약 당사국총회(COP22)에서 기존의 업무계획을 바탕으로 보완 및 정리 작업을 거쳐 향후 5년간의 연동업무계획(five-year rolling workplan)을 승인하면서 이 업무계획을 주기적으로 점검하고 발전시켜나가기로 최종 합의하였다. 그리고 총 5개의 전략적 주요업무(strategic work streams)를 마련하여 향후 5년간 중요하게 다룰 주제를 선정했는데, (1) 서서히 일어나는 현상(SOE), (2) 비경제적 손실(NEL), (3) 포괄적 위험관리 접근(CRM approaches), (4) 인간의 이동(human mobility), (5) 행동 및 지원(action & support)이 바로 그것이다.

---

55 (1) 특별히 취약한 국가의 인구 및 생태계, (2) 포괄적 위험관리 접근법, (3) 서서히 일어나는 현상
(SOE), (4) 비경제적 손실(NEL), (5) 회복, 복구 및 재건, (6) 이주 등 인간의 이동, (7) 재정기구와 방법
(tools), (8) 기존 업무 보완 및 여타 기구와의 협력, (9) 5년간의 업무연동계획(rolling workplan) 마련

위에서 언급한 각 주제별로 현재까지 비교적 활발한 활동이 이루어지고 있는데, 몇 가지 주목할 만한 활동을 언급해보고자 한다. 먼저 상기 주제 (1)과 관련하여, 2016년에 서서히 일어나는 현상(Slow Onset Event: SOE)에 대한 정보접근 촉진, 협력 채널의 발굴, 서서히 일어나는 현상의 영향을 추적할 수 있는 기술 정보 등을 포함하는 온라인 데이터베이스가 구축되어 지속 발전중이다.

주제 (3) 포괄적 위험관리 접근과 관련하여, 2017년에 개최된 제23차 기후변화 협약 당사국총회(COP23)에서 '위험이전을 위한 피지[56] 클리어링하우스(The Fiji Clearing House for Risk Transfer)'가 발족했다. 사실 이 클리어링하우스 창설은 COP21 결정문에 명시된 내용이었지만, 실제 출범은 2017년에 하게 되었다. 피지 클리어링하우스는 보험과 위험이전에 관한 정보저장소로서 각 당사국의 포괄적 위험관리 전략의 발전 및 이행을 촉진하는 역할을 한다. 그리고 피지 클리어링하우스의 일부(interactive part)로 'RISK TALK'라는 일종의 온라인 네트워크도 마련이 되었다. 'RISK TALK'는 인공지능(AI) 기술을 이용하여 위험전환에 관한 전문지식과 솔루션을 찾는 사용자들에게 맞춤 정보를 제공하는 온라인 플랫폼이다.

주제 (4) 인간의 이동과 관련하여 이주에 관한 특별전담반(Task Force on Displacement: TFD)이 2015년에 발족을 하였는데, 이 특별전담반은 WIM 집행위원회는 물론, 최빈개도국전문가그룹(LEG), 적응위원회(Adaptation Committee), YOUNGO[57]와 같은 시민단체, IOM,[58] Platform in Disaster and Displacement와 같은 인간이주에 관한 전문기관, 유엔난민기구(UNHCR), 유엔개발계획(UNDP) 및 국제노동기구(ILO) 등 다양한 분야의 기관 및 조직이 그 멤버십을 구성하고 있다.[59] 이 특별전담반은 매년 주기적인 모임을 갖고 있으며, 관련 워크숍 개최를 통한 지식 공유, 기술보고서(technical report) 생산 등을 통해 WIM 집행위원회에 적절한 제안을 하고 있다.

주제 (5) 행동 및 지원과 관련하여, 특히 재정적 지원에 관한 몇 가지 활동이 있었다. 먼저 2018년에 개최된 '재원 및 접근 방안에 관한 Suva 전문가 대화'[60]에서 관

---

56 제23차 유엔기후총회(COP23)는 UNFCCC 사무국이 있는 독일 본(Bonn)에서 개최되었지만 의장국은 피지가 수임하였다.
57 Youth NGOs라는 청년 시민단체로 UNFCCC에서 청년을 대변하는 공식적인 의견을 전달하기도 한다.
58 1951년에 설립된 국제이주기관(The International Organization for Migration).
59 Report of the Executive Committee of the Warsaw International Mechanism for Loss and Damage associated with Climate Change Impacts(FCCC/SB/2019/5).
60 회의 공식 명칭은 "the Suva Expert Dialogue on sources of finance and ways of accessing it"이다.

련 논의가 있었는데, 아쉽게도 이 회의에서는 사전적(ex－ante) 위험 저감(reduction)에 관한 논의에 집중했을 뿐, 개도국의 관심사인 피해 이후(ex－post)의 문제를 다루지는 못했다.[61] 다만 2019년 손실과 피해에 관한 바르샤바 국제메커니즘 검토(2019 WIM review)를 위해 UNFCCC 사무국 차원에서 마련된 손실과 피해 재원(sources of finance)에 관한 문서(technical paper)[62]는 비교적 의미가 있어 보인다. 이 문서에서는 손실과 피해 취약국이 접근 가능한 기후변화협약 기금과 다자개발은행 등을 포함한 양자 및 다자 채널을 기금의 성격(증여, 차관 등)에 맞게 분석하여 개도국으로 하여금 중요한 참고자료가 될 수 있을 것으로 전망된다.

위에서 언급한 활동들 외에도 WIM 집행위원회는 다양한 기구 및 조직과 공동 워크숍을 개최하고, 손실과 피해 관한 이해 증진 목적의 각종 문서를 생산해왔다. 다만, 손실과 피해에 관한 바르샤바 국제메커니즘(WIM)의 세 가지 기능, 즉 (1) 이해 및 지식의 증진, (2) 여타기구와의 협력 강화, (3) 행동 및 지원 강화를 고려해보았을 때 '행동 및 지원 강화' 분야의 활동에 큰 진전이 있었다고는 보기 어려울 것 같다. WIM의 대부분의 활동은 손실과 피해에 관한 다양한 기구와의 협력을 통한 '이해와 지식의 증진'에 집중되어 있었으며, '행동 및 지원 강화' 분야에 해당하는 활동들도, 예컨대 재정적 지원에 관한 '이해 및 지식 증진'을 위한 활동에 그친 것으로 보인다. 이는 AOSIS 등 손실과 피해에 취약한 개도국 진영이 바라던 직접적인 재정적, 기술적 지원은 아니었던 것으로 보인다. EU 등 선진국은 손실과 피해에 관한 이해와 지식의 증진, 즉 필요한 정보의 공유가 결과적으로 자국의 실질적 대응 행동에 큰 도움을 줄 것이라고 주장[63]하고 있다. 선진국들은 필요한 정보만 있다면 관련 시스템을 자체적으로 구축할 능력이 있기 때문에 정보 공유 자체가 큰 의미가 있다. 하지만 손실과 피해 대응을 위한 자체적인 시스템을 구축할 능력이 아예 없거나 부족한 개도국들에게 단순히 정보를 공유하는 수준은 손실과 피해에 대한 실질적인 대응 방안이 될 수 없을 것이다.[64]

---

61 Rebecca Byrnes and Swenja Surminski, 「Addressing the impacts of climate change through an effective Warsaw International Mechanism on Loss and Damage」, 2019.

62 Elaboration of the sources of and modalities for accessing financial support for addressing loss and damage(FCCC/TP/2019/1).

63 COP25(스페인 마드리드) 계기 손실과 피해 관련 워크숍이 개최(2019.12.1.)되었는데 당시 EU측의 주장.

64 예컨대, 선진국은 기상이변으로 인한 피해도 국내적 보험시스템으로 어느 정도 대응이 가능하다고 할 수 있지만, 보험시스템을 구축할 초기 자본이 부족한 최빈개도국의 경우는 그렇지 않다.

2. Paris Rulebook(파리협정 세부 이행규칙)에서의 손실과 피해

파리협정 세부 이행규칙의 주요 목적 중의 하나는 파리협정의 장기목표 달성을 위한 공동의 진전(collective progress) 현황을 종합적으로 평가할 수 있는 규칙(rules)을 마련하는 것이었다고 할 수 있다. 파리협정 세부 이행규칙 협상 당시 2018년까지 마련하기로 한 17개의 이행규칙 중 손실과 피해에 관한 단독 이행규칙 마련은 파리협정 결과물 상 위임사항(mandate)이 아니었다. 하지만 별도의 손실과 피해에 관한 이행규칙은 없더라도, 손실과 피해를 파리협정의 핵심 의제 중 하나로 생각하는 AOSIS 등 개도국 진영은 파리협정 제13조 투명성체계(Transparency framework)에 관한 이행규칙, 제14조 전지구적 이행점검(Global Stocktake: GST)에 관한 이행규칙, 제9조 재원(finance)에 관한 이행규칙 협상장에서 파리협정 이행규칙 안에 손실과 피해에 관한 내용이 충분히 담겨야 한다고 주장하였다.[65]

특히 개도국은 (1) 손실과 피해로 인한 인명 및 재산의 피해, 극한 날씨현상 발생 빈도 증가, 해수면 상승으로 인한 육지의 침수 정도 등 손실과 피해의 실제 규모(actual scale)에 관한 정보, (2) 손실과 피해 대응을 위한 각국의 행동(action)에 관한 정보, (3) 피해를 입는 국가를 돕기 위한 지원의 규모에 관한 정보 등은 파리협정 제8조(손실과 피해) 이행을 위해 반드시 필요하다는 입장[66]을 가지고 있었다. 즉, 개도국진영은 파리협정 투명성체계를 통해 개도국의 필요(needs)와 그 필요에 대한 국제사회의 지원 정도를 공식적으로 보고할 수 있도록 하고, 전지구적 이행점검 시 손실과 피해에 관한 체계적인 정보를 투입자료(input)로 활용하여, 손실과 피해에 관한 국제사회의 공동의 노력을 점검할 수 있게 되기를 바랐다. 이러한 점검을 통해 만약 국제사회의 노력이 부족하다고 드러나면, 각국의 향후 기후변화 대응 의욕 상향 시 기후변화 취약국이 받는 손실과 피해가 적극적으로 고려될 수 있게 하려는 목적을 가지고 있었던 것이다.

또한, 파리협정 재원에 관한 이행규칙에도 선진국 등이 개도국에 향후 제공할 기후재원 정보(파리협정 제9조 5항) 및 개도국을 위해 이미 조성되고 제공된 기후재원 정보(파리협정 제9조 7항) 보고 시 손실과 피해에 대한 내용을 주요 보고 요소(element)로 포함되게 하여, 기후재원에 관한 정보 제공 등의 의무를 가지고 있는 선

---

65 ClimateAnalytics, Loss and damage in the Paris Agreement rule book-state of play, 2018.
66 전게서.

진국을 압박하려는 목적도 가지고 있었다. 이러한 개도국 진영의 주장에 대해 선진국 진영은 당연히 반대하였다.

결과적으로 파리협정 이행규칙에 손실과 피해 관련 내용은 재원 파트를 제외한 투명성체계와 전지구적 이행점검 두 곳에 담기게 되었다. 투명성체계와 관련하여, 그것이 필요하다고 느끼는 개도국은[67] 극한 날씨현상과 서서히 일어나는 현상을 포함하여 그들이 과거에 받은 피해와 향후 일어날 영향에 관한 정보를 제공할 수 있게 되었다. 아울러, 투명성 세부 이행규칙을 통해 손실과 피해 대응과 관련된 활동과 이 활동을 이행하기 위한 제도적 장치에 관한 정보도 제공이 가능하게 되었다.[68]

전지구적 이행점검 세부 이행규칙에 손실과 피해 관련 내용은 두 곳에서 찾을 수 있는데, 첫째는 '전지구적 이행점검이 기후변화의 부정적 영향과 관련된 손실 및 피해의 해결 및 이를 최소화하는 노력을 고려(take into account)한다'라는 일반적인 문구이며, 둘째는 전지구적 이행점검의 투입자료 중 하나로 '협력과 촉진을 기반으로, 손실과 피해의 해결 및 최소화 등을 위한 행동과 지원에 관한 이해 증진 노력'을 명시한 것이다.

비록 기후재원과 관련된 이행규칙에는 빠지게 되었더라도, 손실과 피해에 관한 내용이 투명성체계와 전지구적 이행점검 세부 이행규칙에 포함됨으로써 기후변화의 비용(costs), 감축(mitigation)과 적응(adaptation) 노력만으로는 피할 수 없는 손실과 피해의 존재 등이 보다 객관적인 정보로서 국제사회에 제시될 것이고, 이는 국제사회가 기후행동을 해 나아감에 있어, 결코 회피하거나 무시할 수 없는 근거 자료가 될 것으로 전망된다.

3. 손실과 피해 관련 제25차 기후변화협약 당사국총회(COP25) 결과

유엔기후변화협상 손실과 피해 이슈에 있어 2019년은 매우 중요한 해였다. 손실과 피해에 관한 바르샤바 국제메커니즘(WIM)의 그간 활동에 대한 전반적인 검토(review)[69]가 2019년 제25차 기후변화협약 당사국총회(COP25)에서 예정되어 있었기 때문이다. 손실과 피해에 관한 바르샤바 국제메커니즘의 1차 검토는 사실 2016년에

---

67 'shall'과 같이 보고 의무를 부여한 것이 아니라, '관심이 있는 당사국은 제공할 수 있다(Each interested Party may provide)'와 같이 자발적인 보고 형식을 띄었다.
68 FCCC/PA/CMA/2018/3/Add.2.
69 2016년 개최된 COP22에서 당사국은 WIM에 대한 검토를 2019년에 하기로 결정했다.

있었지만, 2016년은 파리협정이 채택된 지 1년밖에 지나지 않은 시점이기도 했고, WIM 자체가 출범한 지 채 3년이 되지 않은 시점인 관계로 실질적인 검토가 이루어지기는 어려웠다고 볼 수 있다. 결과적으로 2019년 제25차 기후변화협약 당사국총회(COP25) 계기 개최된 '손실과 피해에 관한 바르샤바 국제메커니즘 검토(2019 WIM Review)'가 WIM의 그간의 활동 및 성과를 종합적으로 점검하는 사실상 최초의 검토라고도 할 수 있었다.

2019년 WIM 검토에서 쟁점이 되었던 부분은 크게 4가지로 볼 수 있다. 첫째는 WIM과 녹색기후기금(GCF)의 관계 강화 등을 포함한 손실과 피해 대응을 위한 **선진국의 '추가적인**(additional)' **재정 지원** 가능 여부, 둘째는 WIM 집행위원회 산하 손실과 피해 행동 및 지원 강화를 논의하는 **전문가그룹**(expert group) **창설 여부**, 셋째는 개도국의 이행을 지원하고 필요한 자원으로의 접근성을 증진하는 **네트워크의 창설 여부**, 마지막으로 WIM이 어느 상부 기관의 권한과 지침을 따르는지 소위 **거버넌스 문제**였다. 사실 위 쟁점들은 대부분 WIM의 세 번째 기능(functions)인 '손실과 피해를 해결하기 위한 재원, 기술 및 역량배양 등을 포함한 행동(action)과 지원(support) 강화'와 밀접하게 관계되어 있음을 알 수 있다.

제25차 기후변화협약 당사국총회(COP25)가 개최되기에 앞서 각 협상 그룹은 '2019년 WIM 검토'에 대한 의견을 제안서 형식으로 제출할 수 있었는데, 선진국을 대표하는 EU의 제안서[70]와 손실과 피해 관련 가장 진보적인 주장을 해왔던 AOSIS[71]의 제안서를 살펴보면, WIM의 3가지 기능 중 2가지(손실과 피해 관련 요소에 대한 **이해 증진** 및 여타 기구와의 **협력 강화**)에 대해서는 양 그룹 모두 대체적으로 긍정적인 평가를 하였다. 하지만 세 번째 기능인 '행동과 지원 강화' 부분에 있어서는 양측 입장이 극명하게 갈렸다. EU는 세 번째 기능에 대해서도 그간 대체적으로 잘되어 왔다고 평가[72]한 반면, AOSIS은 부정적인 평가[73]로 일관했다. 이러한 선진국－개도국 간 관점의 차이가 상기 4가지 쟁점들로 비화된 것이다.

---

70 Submission by Finland and the European Commision on behalf of the European Union and its Member States, 2019.
71 AOSIS submission on the 2019 review of the WIM.
72 전술한 바 있듯이, 손실과 피해에 관한 정보의 공유 등 이해 증진이 각국의 대응 행동에도 도움을 준다는 논지.
73 본격적인 협상 시작에 앞서 2019년 12월 1일에 WIM 검토 관련 워크숍이 개최되었는데, 이 때 AOSIS 와 LDC는 태풍 및 사이클론으로 인해 본국에 많은 인명 및 재산의 피해가 발생하고 있었을 때, WIM은 대체 무엇을 하고 있었느냐고 강하게 비판한 바 있다.

손실과 피해를 위한 '추가적인(additional)' 재정적 지원과 관련하여 AOSIS, 최빈개도국(LDC)을 비롯한 개도국 진영[74]은 손실과 피해의 재정메커니즘 창설이 어렵다면 우선 녹색기후기금(GCF) 등을 통한 추가적이고 새로운 재정적 지원이 필요하다고 주장하였다.

이에 미국, 일본, 호주 등 선진국 진영은 손실과 피해 대응을 위한 재정적 지원의 필요성은 인식하면서도 추가적인 재원보다는 기존의 녹색기후기금의 틀과 구조(즉 적응 사업의 범주)를 활용하면 될 것이라고 반발하였다. 손실과 피해를 위한 재정마련은 파리협정 협상 당시에도 매우 근본적이면서도 양 진영이 양보할 수 없는 민감한 문제였던 만큼, 이 논쟁은 2019년 검토 시까지 이견을 좁히지 못한 채 이어졌다고 할 수 있다.

행동과 지원 관련 전문가그룹 창설과 네트워크[75] 창설 역시, 개도국 진영은 그간 WIM의 행동과 지원 부분 활동이 미흡했기 때문에 이를 위한 별도의 조직을 창설해야 한다고 주장하였고, 선진국 진영은 설사 조직 및 기관 창설이 필요하더라도 해당 권한이 있는 WIM 집행위원에서 논의를 거쳐 창설하면 되는 문제이지, 군이 제25차 기후변화협약 당사국총회(COP25) 결정문에 이러한 내용을 포함할 필요는 없다고 주장했다.

기후변화로 인한 손실과 피해의 책임(liability)과 보상(compensation) 문제와 깊게 연관된 WIM 거버넌스 이슈도 위 쟁점들 못지않은 근본적인 문제였고 양 진영의 입장이 극명하게 갈렸다.

개도국 진영은 WIM이 기후변화협약 당사국총회(COP)의 결정문에 의해 탄생한 만큼, WIM은 당연히 COP에 귀속되며, 파리협정 발효 이후에는 파리협정 당사국회의(CMA)에도 귀속된다고 주장한 반면, 선진국 진영은 WIM이 COP 결정문에 의해 탄생하였지만, 파리협정 제8조 2항에 WIM이 CMA의 권한과 지침을 따른다고 규정되어 있으므로, WIM 탄생 이후에는 파리협정에 명확히 기술된 CMA에 귀속되는 것이지 COP까지 연계할 필요는 없다는 입장이었다.

---

74 협상이 진행되면서 AOSIS, LDC, G77+중국 등 개도국 진영 전체가 연합하여 손실과 피해 의제 관련 하나의 목소리를 냈다.

75 네트워크의 명칭은 '산티아고 네트워크(Santiago Network)'로 논의되었는데, 이는 COP25가 칠레의 국내 사정으로 인해 개최지는 스페인으로 변경되었지만, COP25의 의장국은 원래대로 칠레가 수임했기 때문이다.

만일 선진국의 주장대로 WIM이 파리협정 당사국회의(CMA)에만 귀속된다면, 제 21차 기후변화협약 당사국총회(COP21) 결정문 51항(파리협정 제8조가 어떠한 책임이나 보상을 수반하거나 그에 대한 근거도 제공하지 않는다)에 따라 개도국은 향후 손실과 피해 논의에 있어 '책임과 보상'이라는 핵심 내용을 주장하기 어려워지게 된다.

이에 대해 보충 설명을 하자면, WIM은 2013년 제19차 기후변화협약 당사국총회(COP19) 결정문에 의해 탄생을 했고, 동 결정문에 포함된 3가지 기능(이해 증진, 협력, 행동 지원)을 이행하기 위해 WIM 및 WIM 집행위원회는 미래의 COP 결정을 통해 활발한 기능과 다양한 활동을 해 나갈 수 있다. 하지만, WIM이 CMA에만 귀속된다면 업무범위는 자동적으로 파리협정 제8조의 범위 내로 한정[76]되고, 이에 따라 파리협정 제8조에 관한 COP21 결정문 51항이 적용되어 손실과 피해의 책임과 보상이 불가능한 상황에 처하게 되므로 개도국은 이를 수용하기가 어렵게 되는 것이다.

이러한 좁혀지지 않는 이견들로 인해 제25차 유엔기후변화협약 당사국총회(COP25)는 역대 총회 역사상 가장 오랫동안 지연된 총회가 되었으며, 결과물 없이(no outcome) 손실과 피해 의제를 종결하는 것도 논의가 되었지만, '2019년 WIM 검토'가 아무런 결과물 없이 종료되는 것은 향후 WIM의 앞날 및 기후변화 협상 전체에 부정적인 영향을 미치게 될 것을 우려하여 양 진영[77]은 극적인 합의로 결과물을 도출하였다.

'2019년 WIM 검토' 관련 총 50개 항의 결정문[78]이 도출이 되었는데, 이 중 손실과 피해에 관한 재원 관련 내용을 살펴보면, 우선 32항에 '기후변화의 부정적인 영향에 특히 취약한 개도국을 위해 재원(finance), 기술 및 역량배양을 포함한 행동과 지원을 확대(scaling-up)할 것을 촉구한다(urges)'라고 되어있다. 협상 당시 이 문단에는 행동과 지원의 확대 주체를 '선진국'으로 한정하였으나, 미국의 반대로 그 행동과 지원의 주체가 삭제되면서 선진국에게 재정적 지원 관련한 사실상 추가적인 부담은 생기지 않았다고 볼 수 있다.

아울러, 결정문 38항에 '녹색기후기금(GCF)이 개도국의 손실과 피해 대응을 위한 재정지원을 계속하기를 요청한다(invite)'라고 되어있지만, 미국에 의해 문단 하단

---

76 Madrid News Update 21 「Loss and Damage decisions adopted after intense and difficult negotiations」, TWN, 2019.12.20.
77 단정할 수는 없지만 WIM 검토 의제의 No outcome은 선진국보다는 개도국 진영이 더욱 받아들이기 어려웠을 것으로 생각된다.
78 FCCC/PA/CMA/2019/L.7.

부에 '녹색기후기금에 이미 존재하고 있는 투자, 기금 창구(windows)와 구조 내에서'라는 단서가 추가되면서 이 역시 손실과 피해를 위한 녹색기후기금 차원의 '추가적인' 재정 확대를 결정한 것이라고는 볼 수 없을 것이다. 다만, WIM 집행위원회와 녹색기후기금의 가이드라인 초안을 만드는 재정상설위원회(SCF)와의 관계를 강화[79]하고, 개도국이 GCF의 기금 접근성을 용이하게 하기 위한 협력을 강화해 나가기로 한 것[80]은 개도국으로서는 분명한 성과로 보인다.

개도국 진영으로서는 매우 흡족할 만한 성과도 있었는데, 행동과 지원 강화를 위한 전문가그룹 창설 및 손실과 피해 관련 개도국의 기술 지원을 촉진하는 산티아고 네트워크(Santiago Network)의 창설이 바로 그것이다. 먼저 전문가그룹은 2020년에 개최되는 첫 번째 회의에서 행동계획(plan of action)을 마련하는 것으로 결정했다. 그리고 이 전문가그룹의 활동 영역도 결정문에 언급을 했는데, 첫째 재정상설위원회(SCF) 및 녹색기후기금(GCF)와의 연계 강화, 둘째 개도국의 손실과 피해 최소화 및 대응을 위한 주요 활동에 관한 정보의 수집, 종합 및 전파, 셋째 기존 기후변화의 위험 평가와 관련된 주제별(thematic) 전문가그룹과의 협력, 넷째 기후변화협약 및 파리협정 내외의 주요 기관들과의 협력, 다섯째 적응 EXPO 및 각종 지역행사와 연계한 행사 조직, 여섯째 포괄적 위험 관리 측면에서 효과적인 위험이전(risk transfer)과 사회보장제 이행을 위한 조건 분석 등이 그것이다.[81]

아울러 산티아고 네트워크는 WIM 집행위원회의 일부(part)로서 손실과 피해 취약국의 지방(local), 국내적(national), 지역적(regional) 차원의 이행을 위한 기술지원을 촉진(catalyze)하는 역할을 할 것으로 예상된다.[82] 당초 개도국 진영이 산티아고 네트워크를 손실과 피해 취약국가의 자원 접근성을 확대하고, 현지에서(on the ground) 행동 이행을 지원하는 기구로 상정했음을 감안한다면, 산티아고 네트워크의 기능은 협상의 과정에서 다소 축소되었음을 알 수 있다.

다른 쟁점들과는 달리, WIM 거버넌스 이슈는 끝내 합의에 이르지 못하였다. 위에서 언급한 손실과 피해 관련 결정문들은 모두 파리협정 당사국회의(CMA) 결정문일 뿐, 기후변화협약 당사국총회(COP) 결정문으로 채택되지는 못했다. WIM이 COP

---

79 상기 결정문 37항.
80 상기 결정문 39항.
81 FCCC/PA/CMA/2019/L.7 41항.
82 상기 결정문 43항.

에도 귀속되어 그 권한과 지침을 따른다는 합의에 이르지 못했기 때문이다.

대신 '2019년 WIM 검토'와 관련하여 COP은 두 가지 결정을 내렸는데, 하나는 '2019년 WIM 검토'와 관련된 파리협정 당사국회의(CMA)의 결정을 주목(note)한다는 것과, 다른 하나는 거버넌스 이슈는 제26차 기후변화협약 당사국총회(COP26)에서 계속 논의한다는 것이다. 또한 기후변화협약 당사국총회 결정문 각주에 거버넌스 이슈와 관련하여 아무런 결과물을 만들지 못했다고 명시했다.[83] 결국 WIM 거버넌스 이슈는 2021년 11월 영국에서 개최될 것으로 예상되는 제26차 기후변화협약 당사국총회(COP26)에서도 선진국 개도국 간 치열하게 논의해 나갈 것으로 전망된다.

IV. 맺으며: 향후 전망

손실과 피해에 관한 유엔기후변화 협상장은 기후변화로 인해 삶의 터전을 잃어버릴 수도 있는 작은 섬나라들에게는 생존을 위한 몸부림의 공간이었던 동시에 그들의 요구가 서서히 반영되어가는 희망의 장이기도 했다. 기후변화로 인한 손실과 피해에 대해 공식적으로 논의조차 할 수 없었던 1990년대 및 2000년 초반과 비교한다면, 2020년 현재는 손실과 피해를 공식적으로 논의할 메커니즘(WIM)이 구축되었으며, 해당 결정을 집행하고 이행할 기구(WIM 집행위원회)도 마련되어 있다.

물론 군소도서국연합(AOSIS)이 줄곧 주장해오던, 국제적 지원을 전제로 한 보험 시스템 및 손실과 피해를 단독으로 관장하는 재정메커니즘의 구축은 아직 요원해보이지만, 제25차 기후변화협약 당사국총회에서의 결정으로 인해 개도국은 일정 부분 그 활로를 찾았다고도 할 수 있다. 그 활로는 우선 녹색기후기금(GCF)의 활용으로 보인다. 사실 군소도서개발국가(SIDS)는 GCF를 통해 기후변화 완화(mitigation) 및 적응(adaptation) 대응 사업으로 그간 약 87억 달러 규모의 총 26개 사업을 진행해 왔지만,[84] 이는 그들이 생각하는 손실과 피해 대응 사업과는 거리가 있었다고 할 수 있다. 이에 AOSIS 등 개도국 진영은 COP25 결정을 근거로 향후 GCF의 지침 초안을 작성하는 재정상설위원회(SCF)와의 연계를 강화하고, GCF와의 협력도 증진하여 동 기금을 통해 조성된 기후재원을 감축과 적응을 넘어서 손실과 피해 대응기금으로 확대해 나가기 위해 노력할 것이다.

---

83 FCCC/CP/2019/L.12.
84 https://www.greenclimate.fund/document/gcf-small-islands-developing-states-factsheet.

손실과 피해에 관한 책임(responsibility)과 보상(compensation)의 문제와 연관된 거버넌스 논의도 계속해서 치열하게 전개될 것으로 보인다. 손실과 피해에 관한 바르샤바 국제메커니즘(WIM) 거버넌스 이슈는 제26차 기후변화협약 당사국총회(COP26)에서 정식 의제로 논의될 것으로 예상되지만, 국제사회가 손실과 피해 관련한 이 근본적인 논의에 대해 빠른 시일 내에 어떠한 합의를 이룰 가능성은 높지 않아 보인다.

한국은 그간 손실과 피해 이슈에서 적극적인 의견을 개진하지는 않았다. 손실과 피해에 대한 책임, 보상 등 동 이슈가 갖고 있는 민감성 때문이기도 했지만, 유엔기후변화 레짐(regime)상 '자발적인' 형태로, 선진국 못지않은 재정적 지원을 해오고 있는 한국으로서는 이 이슈가 향후 사실상의 재정적 부담으로 작용할 가능성을 배제할 수 없었기 때문이다. 하지만, 군소도서국연합(AOSIS)이 책임과 보상의 주체로 온실가스 배출량 및 그 국가의 경제능력 두 가지를 강조하고 있는 이상, 한국은 손실과 피해 이슈에서 완전히 자유로울 수는 없을 것이다. 약 25년 이상 진행되어온 선진국과 개도국 간의 손실과 피해 관련 논의에 대한 정확한 이해를 기반으로, 앞으로 우리의 국익과 전 지구적인 차원에서의 기후변화 대응을 종합적으로 감안한 균형 잡힌 손실과 피해 대응 전략을 마련해 나가는 노력이 필요할 것으로 생각된다.

참고문헌

1. 소병천, 「국제법상 기후변화피해책임 – 기후변화협상 '손실 및 피해' 논의를 중심으로」 2016.

2. 이승준 외 공저, 「기후변화의 부정적 영향에 따른 손실과 피해 대응방안」, KEI, 2017.

3. AOSIS Proposal to the AWG – LCA, 「Multi – Window Mechanism to Address Loss and Damage from Climate Change Impacts」, 2012.

4. AOSIS submission on the 2019 review of the WIM, 2019.

5. AOSIS Views and information on elements to be included in the recomm – endations on loss and damage in accordance with Decision/CP.16(2012).

6. ClimateAnalytics, Loss and damage in the Paris Agreement rule book-state of play, 2018.

7. Daniel Bodansky, 「LEGAL OPTIONS FOR U.S. ACCEPTANCE OF A NEW CLIMATE CHANGE AGREEMENT」, 2015.

8. Geneva Negotiating Text, 2015.

9. Loss and Damage associated with Climate Change Impacts(FCCC/SB/2019/5).

10. Madrid News Update 21 「Loss and Damage decisions adopted after intense and difficult negotiations」, TWN, 2019.12.20.

11. Maxine Burkett, 「Reading between the Red Lines: Loss and Damage and the Paris Outcome」, 2016.

12. Mj Mace, Roda Verheyen, 「Loss, Damage and Responsibility after COP21; ALL Options Open for the Paris Agreement」, 2016.

13. Report of the Executive Committee of the Warsaw International Mechanism for Rebecca Byrnes and Swenja Surminski, 「Addressing the impacts of climate change through an effective Warsaw International Mechanism on Loss and Damage」, 2019.

14. Submission by Finland and the European Commision on behalf of the European Union and its Member States, 2019.

15. UNDP, 「Early Warning System」, 2018.

16. UNFCCC, Elaboration of the sources of and modalities for accessing financial support for addressing loss and damage(FCCC/TP/2019/1), 2019.

17. World Bank, "Groundswell: Preparing for Internal Climate Migration", 2018.

PART
4

국가간 협력과 이행수단

제 11 장

재 원

강정훈(국가기후환경회의 기후변화·지속가능발전팀 사무관)

Ⅰ. 들어가며

파리협정 제9조에 명시되어 있는 재원 조항은 총 9개의 항으로 구성되어 있으며 ① 재원조성·제공(1~4항), ② 보고·점검(5~7항), ③ 재정체계(Financial Mechanism, 8항), ④ 지원기관 고려사항(9항)을 포함한 4개의 파트로 나누어 볼 수 있다.[1] 먼저 재원조성·제공의 경우, 재원 조항의 핵심이라고 볼 수 있는 재원제공 및 조성의 주

---

[1] 파리협정 제9조 실제 조항 인용은 법제처 국가법령정보센터의 번역본을 기반으로 하였으나, 일부 용어는 저자가 수정했음.

체를 명시하고 있으며 개발도상국들의 기후대응을 위한 재원조성은 퇴보해서는 안 된다는 진전원칙을 함께 명시하고 있다. 보고·점검의 경우, 선진국들이 개발도상국 들을 위해 제공하고 조성한 지원 금액을 보고해야 하는 의무를 명시하고 있다. 재정체 계에서는 녹색기후기금(Green Climate Fund: GCF)과 지구환경기금(Global Environment Facility: GEF)이 파리협정의 이행도 지원해야 함을 명시하고 있으며, 마지막으로 지 원기관 고려사항에서는 파리협정의 이행을 지원하는 기관들이 고려해야 하는 사항들 에 대해 명시한다.

II. 파리협정 제9조(재원)

1. 재원조성 · 제공

1항에서는 선진국들이 개발도상국들의 기후변화 대응을 지원해야 한다는 점을 아래와 같이 명시하고 있다.

> **제9조 1항**
> 선진국 당사국은 협약상 자신의 기존 의무의 연속선상에서 완화 및 적응 모두와 관련하여 개발도상국 당사국을 지원하기 위하여 재원(financial resources)을 제공한다.

위의 조항을 통해서 선진국들은 개발도상국들의 기후변화 관련 완화(mitigation) 및 적응(adaptation) 관련 대응에 대한 지원 의무를 부여받게 된다. 동 조항에서 언급 되고 있는 기존의 의무(existing obligation)라 함은 유엔기후변화협약(UNFCCC) 제4 조[2]에 명시된 '개발도상국의 협약 이행에 필요한 재원에 대한 선진국들의 지원 의무' 를 의미한다.

> **참고** 유엔기후변화협약 내 선진국들의 재원지원 조항(제4조 3~5항)
>
> 3. 부속서 2에 포함된, 선진국인 당사국과 그 밖의 선진당사국은 개발도상국이 제12조 1항에 따른 공약 을 이행하는 데에서 부담하는 합의된 만큼의 모든 비용을 충족시키기 위하여 새로운 추가적 재원을 제공한다. 이러한 당사국은 또한 기술이전을 위한 비용을 포함하여, 본조 1항에 규정된 것으로서 개

---

2 UNFCCC Article 4, Commitments.

발도상국이 제11조에 언급된 국제기구 또는 국제기구들과 합의한 조치를 이행하는 데에서 발생하는, 합의된 만큼의 모든 부가비용을 충족시키기 위하여 제11조에 따라 개발도상국인 당사국이 필요로 하는 새로운 추가적 재원을 제공한다. 이러한 공약의 이행에는 자금 흐름의 충분성과 예측 가능성 및 선진국인 당사국간의 적절한 부담배분의 중요성을 고려한다.

4. 부속서 2에 포함된, 선진국인 당사국과 그 밖의 선진당사국은 또한 기후변화의 부정적 효과에 특히 취약한 개발도상국인 당사국이 이러한 부정적 효과에 적응하는 비용을 부담할 수 있도록 지원한다.

5. 부속서 2에 포함된, 선진국인 당사국과 그 밖의 선진당사국은 다른 당사국, 특히 개발도상국인 당사국이 이 협약의 규정을 이행할 수 있도록 환경적으로 건전한 기술과 노하우의 이전 또는 이에 대한 접근을 적절히 증진·촉진하며, 그리고 이에 필요한 재원을 제공하기 위한 모든 실행 가능한 조치를 취한다. 이러한 과정에서 선진국인 당사국은 개발도상국인 당사국의 내생적 능력과 기술의 개발 및 향상을 지원한다. 지원할 수 있는 위치에 있는 그 밖의 당사국과 기구도 이러한 기술이전을 용이하게 하도록 지원할 수 있다.

2항에서는 아래와 같이 선진국 외 기타 당사국은 이러한 지원을 자발적으로 제공하도록 장려하고 있다.

제9조 2항

그 밖의 당사국은 자발적으로 그러한 지원을 제공하거나 제공을 지속하도록 장려된다.

위의 조항을 통해서 재원 제공(provision)의 의무를 갖고 있는 선진국 외에도 기타 당사국들은 개발도상국들의 기후변화 대응에 대한 지원을 하도록 장려되고 있지만 이는 기타 당사국에는 의무사항이 아닌 '자발적'으로 지원을 할 수 있음을 의미한다. 따라서 재원 조항에서는 1~2항을 통해서 개발도상국들을 위한 재원제공은 선진국들의 의무로 한정되고, 기타 당사국은 재량에 따라 제공을 하도록 장려되고 있다.

위의 두 개 조항은 파리협정 협상 당시 선진국들과 개발도상국들의 첨예한 대립이 발생했던 이슈였다. 그러한 이유로는 선진국들이 파리협정은 모든 국가들에게 적용될 수 있어야 함에 따라 재원제공의 의무도 모든 당사국들의 참여를 전제로 해야 한다고 주장했고, 이는 개발도상국들의 강력한 반발을 사게 된다. 반면, 개발도상국들은 기후변화협약의 원칙[3] 중 '공동의 그러나 차이가 나는 책임(Common But Differentiated Responsibilities)'과 온실가스 배출에 대한 선진국들의 '역사적 책임'을

---

3 UNFCCC 서문 참고.

강조하며, 재원제공의 의무는 선진국 국가들로 한정해야 한다고 주장했다. 치열한 대립 끝에 개발도상국들의 의견이 반영된 지금의 조항이 탄생한다.

3항에서는 아래와 같이 선진국들의 기후재원 조성 선도 및 조성 시 고려사항을 명시하고 있다.

제9조 3항
전 지구적 노력의 일환으로, 선진국 당사국은 다양한 행동을 통하여 국가 주도적 전략 지원을 포함한 공적 재원의 중요한 역할에 주목하고 개발도상국 당사국의 요구와 우선순위를 고려하면서, 다양한 재원, 수단 및 경로를 통하여 기후재원을 조성하는 데 주도적 역할을 지속하여야 한다. 그러한 기후재원 조성은 이전보다 진전되는 노력을 보여주어야 한다.

위의 조항을 통해서 선진국들은 공적 재원을 중심으로 하는 재원의 조성(mobilization)에 있어서 주도적인 역할을 지속해야 한다. 또한 기후재원의 조성 시 재원의 출처(sources), 금융수단(Instrument), 경로(channels)는 다양해야 함을 명시하고 있다. 이때 출처는 해당 재원이 공공영역 혹은 민간영역에서 왔는지를 의미한다. 금융수단의 경우, 증여(grant), 차관(loan), 지분(equity), 보증(guarantee) 등을 의미하며 일반적으로 증여는 무상지원, 차관은 유상지원을 의미한다. 경로의 경우, 해당 재원의 조성 경로가 양자차원(국가 대 국가)인지, 지역차원(ex. 아시아, 중남미, 아프리카 등)인지, 다자차원(ex. UN, World Bank, GCF 등 국제기구)인지 여부라고 볼 수 있다. 또한 선진국들은 재원조성 시 수혜국인 개발도상국들의 요구(needs)와 우선순위(priority)를 고려해야 한다. 해당 조항이 포함된 이유는 기후변화를 포함한 국제개발 지원의 경우, 개발도상국들에게 필요한 사업이 아닌 선진국이 원하는 사업에 대한 지원이 이루어지는 경우가 있다. 이를 방지하기 위해 개발도상국들은 협상 당시 선진국들의 재원제공에 있어서 자국의 수요와 우선순위에 부합하는 지원이 이루어져야 한다는 주장을 수차례 언급한 바 있다. 마지막으로 동 조항은 선진국들이 재원 조성시 이전의 노력치를 상회해야 함을 명시하는 '진전원칙'(progression beyond previous efforts)을 포함하고 있다. 이를 통해 선진국들은 재원을 조성할 때마다 이전보다는 더 많은 금액을 조성해야 한다.

4항에서는 아래와 같이 재원제공 시 적응분야에 대한 고려가 함께 이루어져야 함을 명시하고 있다.

제9조 4항

확대된 재원의 제공은 적응을 위한 공적 증여기반 재원의 필요성을 고려하고, 국가 주도적 전략과 개발도상국, 특히, 최빈개도국, 소도서 개발도상국과 같이 기후변화의 부정적 영향에 특별히 취약하고 그 역량상 상당한 제약이 있는 개발도상국 당사국의 우선순위와 요구를 감안하면서 완화와 적응 간 균형 달성을 목표로 하여야 한다.

위 조항을 통해서 재원을 제공하는 국가들은 적응 분야에 대한 지원 시, 출처는 공적재원인 동시에 증여를 기반하는 재원을 활용해야 한다고 명시한다. 이러한 조항이 포함된 이유로는 적응사업의 경우, 일반적으로 완화사업에 비해 수익성이 적은 편이기 때문이다. 따라서 그간 기후변화 지원의 경우, 선진국들은 완화사업에 집중해 왔고 이는 개발도상국들의 불만으로 이어지고는 했다. 이러한 이유로, 당사국들은 파리협정을 계기로 적응 지원에 대한 중요성을 동 조항에서 명확히 하고 있다. 또한 동 조항에서는 최빈개도국(least developed countries: LDCs)이나 군소도서국(small island developing states: SIDS)과 같은 기후변화 영향에 특히 취약한 국가들에 대한 우선순위가 필요함을 명시하고 있다. 마지막 조항에서는 적응 분야에도 완화 분야만큼 지원이 균형있게 이루어질 수 있어야 함을 명시하면서 적응지원에 대한 중요성을 재차 강조하고 있다.

2. 보고 · 점검

5항에서는 아래와 같이 선진국들이 향후 제공하게 될 공적재원의 예상 수준을 보고하도록 명시하고 있다.

제9조 5항

선진국 당사국은 가능하다면 개발도상국 당사국에게 제공될 공적 재원의 예상 수준을 포함하여, 이 조 1항 및 3항과 관련된 예시적인 성격의 정성적 · 정량적 정보를 적용 가능한 범위에서 2년마다 통보한다. 재원을 제공하는 그 밖의 당사국은 그러한 정보를 자발적으로 2년마다 통보하도록 장려된다.

위 조항을 통해서 선진국들은 향후 제공하고 조성하게 되는 재원의 예상 수준을 정성적이고 정량적인 방식으로 보고해야 하며, 보고 주기는 2년으로 명시하고 있다. 이러한 보고를 사전보고(ex-ante communication)라고 하며 선진국 외 기타 당사국들은 이러한 보고를 자발적으로 하도록 장려하고 있다. 해당 조항은 재원 내 9개 조항

중 선진국들이 가장 예민하게 협상에 임했던 이슈였다. 선전국은 재원제공 및 조성에 대한 기본적인 부담감을 가지고 있으며, 미래에 지원하게 될 금액을 미리 확정해서 국제사회에 공표하는 것은 기술적으로도 어렵기 때문이다. 또한 기존에 발표한 금액보다 적은 지원을 하게 될 경우, 선진국들은 지원을 이행하고도 비난을 받게 될 여지가 있기 때문에 선진국들은 동 조항 관련 협상에 상당히 방어적으로 대응했으며, 개발도상국들은 동 조항을 최대한 상세하게 만들어서 선진국들의 재원 의무를 더욱 공고히 만드는 수단으로 활용하고자 했다. 결과적으로 지금의 조항이 탄생했고, 선진국들은 자국이 향후 행하게 되는 공적인 재원공급 및 조성에 관한 정보를 정성적이고 정량적인 방식으로 기술하여 격년 주기로 보고해야 하는 의무를 부여 받게 된다. 선진국을 제외한 기타 당사국들은 원하는 국가에 한해서 자발적으로 사전 보고를 하면 된다.

6항에서는 아래와 같이 기후재원 노력도 전지구적 이행점검(global stocktaking)의 대상이 됨을 명시하고 있다.

제9조 6항
제14조에 언급된 전지구적 이행점검은 기후재원 관련 노력에 관하여 선진국 당사국 그리고/또는 협정 상의 기구가 제공하는 관련 정보를 고려한다.

파리협정 제14조에서는 전지구적 이행점검 조항을 두고 파리협정 이행경과를 점검하는 조항이 있는데 제9조(재원)에 명시된 당사국들의 노력도 이러한 점검의 대상이 된다는 점을 동 조항을 통해서 명시하고 있다.

7항에서는 아래와 같이 선진국들이 조성하고 제공한 지원에 대한 정보를 보고하도록 명시하고 있다.

제9조 7항
선진국 당사국은, 제13조 13항에 명시된 바와 같이 이 협정의 당사국회의 역할을 하는 당사국회의 제1차 회기에서 채택되는 양식, 절차 및 지침에 따라, 공적 개입을 통하여 제공 및 조성된 개발도상국 당사국에 대한 지원에 관하여 투명하고 일관된 정보를 2년마다 제공한다. 그 밖의 당사국은 그와 같이 하도록 장려된다.

위 조항을 통해서 선진국들은 공적인 개입을 통해 제공되고 조성된 지원에 대한 정보를 제공해야 하며 그 주기는 2년으로 한다는 의무를 부여받고 있다. 이러한 의무는 사후보고(ex-post communication)라고 불리기도 한다. '공적 개입(public intervention)'이 포함된 이유로는 기후재원 조성의 출처는 공공과 민간의 영역을 아우르는데 정부의 지원 및 혜택을 통해 민간 영역에서의 재원 조성이 확대되는 사례들까지도 보고의 대상으로 포함하자는 취지라고 볼 수 있다. 민간영역에서만 조성된 재원정보의 경우, 국가를 당사자로 하는 기후변화협약 및 파리협정 체제에서 원칙적으로는 포함될 이유가 없다. 하지만 당사국들은 이와 같은 조항을 통해 기후대응에 유입되는 민간재원의 정보까지도 파악하여 기후재원의 규모를 늘리고자 하였다. 또한 동 조항에서는 제13조 13항[4]이 등장하는데 동 조항에서 명시하는 '사후보고'의 양식·절차·지침은 파리협정 전체 조항을 아우르는 제13조 투명성 체계(transparency framework)를 통해서 일괄적으로 관리가 될 것이기 때문이다. 마지막으로 선진국 외 기타 당사국들은 사전보고(제9조 5항)와 마찬가지로 보고에 참여하도록 장려만 될 뿐 의무를 갖지는 않는다.

3. 재정체계

8항에서는 아래와 같이 운영주체들의 역할을 명시하고 있다.

제9조 8항
운영 주체를 포함한 협약의 재정체계는 이 협정의 재정체계의 역할을 한다.

위 조항을 통해서 기후변화협약의 재정체계의 운영 주체인 녹색기후기금(GCF)과 지구환경기금(GEF)은 파리협정의 재정체계 역할도 하게 된다는 점을 명시하고 있다. 재정지원체계 혹은 재정메커니즘이라고도 불리는 재정체계는 기후변화협약 제11조에 명시되어 있으며, 1항은 아래와 같이 명시한다.[5]

---

4 The Conference of the Parties serving as the meeting of the Parties to this Agreement shall, at its first session, building on experience from the arrangements related to transparency under the Convention, and elaborating on the provisions in this Article, adopt common modalities, procedures and guidelines, as appropriate, for the transparency of action and support (para13, Article13, Paris Agreement).

5 A mechanism for the provision of financial resources on a grant or concessional basis, including for the transfer of technology, is hereby defined. It shall function under the guidance of and be accountable to the Conference of the Parties, which shall decide on its policies, programme priorities and eligibility criteria related to this Convention. Its operation shall be entrusted to one or more existing international entities (para1, Article11, UNFCCC).

제11조 1항
기술이전을 포함하여 무상 또는 양허성 조건의 재원제공을 위한 지원체제를 이에 규정한다. 이 지원체제는 협약에 관련되는 정책, 계획의 우선순위 및 자격기준을 결정하는 당사국총회의 지침에 따라 기능을 수행하고 총회에 책임을 진다. 그 운영은 하나 또는 그 이상의 기존 국제기구에 위탁된다.

위의 조항에서 기술된 바와 같이 재정지원체계란 기후변화협약의 이행에 필요한 재원의 지원체계이며 이러한 체계의 운영주체는 GCF[6]와 GEF[7] 이다. 그리고 동 조항에서는 기존 협약의 재정지원 운영주체인 두 기관이 '15년 새로이 채택된 파리협정의 이행도 수행해야 할 것을 명시하고 있다. 이에 따라 GCF와 GEF는 개발도상국 당사국들이 파리협정 이행에 필요한 지원을 제공해야 할 의무를 갖게 된다.

4. 지원기관 고려사항

9항에서는 아래와 같이 파리협정의 이행을 지원하는 기관이 고려해야 하는 사항들을 명시하고 있다.

제9조 9항
협약의 재정메커니즘의 운영 실체를 포함하여 이 협정을 지원하는 기관은, 국가별 기후 전략과 계획의 맥락에서, 개발도상국 당사국, 특히 최빈개도국 및 소도서 개발도상국이 간소한 승인 절차 및 향상된 준비수준 지원을 통하여 재원에 효율적으로 접근하도록 보장하는 것을 목표로 한다.

위 조항을 통해서 재정체계의 운영주체인 GCF와 GEF를 포함하여 어떠한 기관이 파리협정을 지원하는 행위를 할 때 사업수혜 대상국의 기후 전략과 계획의 맥락을 고려해야 한다. 이는 개발도상국들의 수요와 우선순위 고려 및 국가 주도(country driven)가 추구하는 바와도 유사한 맥락이며 재정지원을 하는 공여국 혹은 기관은 사업대상국의 국가계획 및 전략을 고려하며 사업을 수행해야 함을 의미한다. 동 조항은 공여국 혹은 원조기관의 선호에 따른 무분별한 기후변화 대응지원 사업은 지양되

---

6 Decides to establish a Green Climate Fund, to be designated as an operating entity of the financial mechanism of the Convention under Article 11 (para102, Decision 1/CP.16).
7 Decides to adopt the following guidance to the Global Environment Facility, as the interim operating entity of the financial mechanism of the Convention (para1, Decision 11/CP.2).

어야 하며, 개발도상국들의 여건과 환경 및 국가전략에 맞는 재정지원이 이루어져야 함을 명시하고 있다. 또한 동 조항에는 최빈국과 군소도서 국가들을 위한 간소화된 승인절차와 향상된 준비수준(readiness)을 통해 효율적인 재원접근을 보장하는 내용이 포함되어 있다.

간소화된 승인절차(simplified approval procedures)가 포함된 배경으로는 국제기관(UN, World Bank, GCF 등)의 기후변화 지원사업 승인절차가 더디게 진행되어 개발도상국들의 시급한 상황을 해결하기 어렵다는 비판이 지속됨에 따라 이러한 승인절차를 간소하게 만들어서 조속한 사업이행이 가능해야 한다는 개발도상국들의 주장 때문이라고 볼 수 있다. 마지막으로 '준비수준(Readiness)'이란 일반적으로 역량강화 혹은 능력배양 사업(본 사업을 위한 이전 단계)을 의미한다. 따라서 동 조항은 개발도상국들이 원조기관들로부터 필요한 지원을 효율적으로 받을 수 있는 기반을 마련해주는 내용을 포함하고 있다고 볼 수 있다.

III. 파리협정 이행규칙(재원)

파리협정 제9조(재원)의 경우 세부이행규칙이 만들어진 조항은 사전보고(제9조 5항) 및 사후보고(제9조 7항)이며, 두 이행규칙 모두 제1차 파리협정 당사국회의(CMA 1)에서 채택되었다. 사후보고 이행규칙의 경우, 투명성 체계(제13조)에 포함되어 있다.

1. 사전보고[8]

'파리협정 제9조 5항에 따라 사전적으로 보고되어야 하는 지원 정보'에 관한 사항은 Decision 12/CMA.1에 명시되어 있으며, 내용으로는 보고의 주체, 보고 개시 시점, 보고 방식, 보고 내용 등이 포함되어 있다.

먼저, 선진국들은 격년주기 보고(biennial communication)를 '20년부터 개시해야 하며, 기타 당사국들은 자발적으로 참여하게 된다. 보고 내용의 경우, 동 결정문에 포함되어 있는 부속서(annex)에 총 15개 항목으로 명시되어 있다. 보고 방식의 경우, 선진국들은 UNFCCC 사무국이 개설하는 온라인 포털에 해당 정보를 등록하게 되며,

---

8 Identification of the information to be provided by Parties in accordance with Article 9, paragraph 5, of the Paris Agreement (Decision 12/CMA.1).

사무국은 선진국들이 제출한 격년보고들을 취합하여 '21년부터 종합보고(compilation and synthesis of the information)를 준비하게 된다. 또한 '21년부터 회기중 워크샵(in-session workshop)과 기후재원 관련 장관급 회의를 2년 주기로 개최하게 된다. 그리고 '23년에 개최되는 제6차 파리협정 당사국회의(CMA 6)에서는 부속서(보고항목)에 포함된 정보 유형들에 대한 갱신을 논의할 예정이다. 사전보고 이행규칙 역시 파리협정의 사전보고(제9조 5항)에서 언급한 바와 같이 결정문 도출이 가장 험난했던 부분이다. 협상 당시 쟁점이 되었던 부분은 동 이행규칙의 핵심이라고 볼 수 있는 부속서(Annex, 보고 항목)를 보면서 살펴보기로 한다.

참고 9.5조 관련 사전적으로 제공되어야 하는 정보 유형(부속서)

☐ 선진국 당사국들은 개발도상국 당사국들을 위해 조성하고 지원할 공공재원의 예상 수준에 대해 (보고 및 적용가능한) 정성 · 정량 정보를 격년 주기로 보고 해야 하며, 기타 당사국들에게는 자발적인 참여를 장려함. 동 보고는 아래 기준들을 포함해야 함

보고 항목
a. 개발도상국들에게 제공될 공공재원의 예상 수준에 대한 명확성을 증대시킬 수 있는 강화된 정보
b. 예상수준, 채널, 금융수단이 포함된 프로그램 관련 정성 · 정량 정보
c. 지역, 지리, 수혜국, 수혜대상, 대상그룹, 영역, 젠더를 포함하는 정책 및 우선순위
d. 목적 및 지원의 유형 관련 정보(감축, 적응, 교차, 기술이전, 역량강화)
e. 기후재원 제공자가 사업제안서 평가시 참고하는 요소
f. 새롭고 추가적인 재원과 당사국들이 이를 어떻게 판단하는지에 대한 지표
g. 국가 상황 및 사전 정보보고 제공시 봉착하는 한계
h. 기후재원의 수준 예측시 활용된 관련 방법론 및 가정
I. 그간의 장애 및 어려움, 교훈 및 이를 극복하기 위해 취해진 조치
j. 국가주도 전략 및 개발도상국의 수요와 우선순위를 고려하는 가운데 감축과 적응 사업의 균형을 어떻게 달성하는지, 특히 최빈국 및 군소도서국과 같은 기후 취약국의 적응을 위한 공공 및 증여 기반 재원의 수요를 잘 고려하는지에 대한 정보
k. 공적 개입 및 민간재원 조성을 포함하여 다양한 자금원을 통해 기후재원을 조성하고자 하는 전세계 차원의 노력의 일환으로 추가적인 기후재원 조성을 위한 계획 및 행동
l. 재정지원이 어떻게 개발도상국의 수요와 우선순위를 효과적으로 다루는지, 그리고 국가 주도전략을 지원하는지에 대한 정보
m. 지원이 개발도상국들의 파리협정 장기목표 달성(저탄소 및 기후회복적 개발과 일관적인 재원흐름 확보 노력 포함) 노력에 어떻게 도움이 되는지에 대한 정보
n. 기후변화 요소를 개발도상국의 개발지원에 통합시키고자 하는 노력
o. 개발도상국에 제공되어야 하는 지원이 어떻게 그들의 역량을 강화시키는지에 대한 정보

먼저, 선진국들은 개발도상국들에게 제공될 공공재원(public financial resources)의 예상 수준에 대한 명확성을 증대시킬 수 있는 강화된 정보(a)를 제공해야 하고, 해당 정보는 예상수준(projected levels), 경로(channel), 수단(instruments)이 포함된 프로그램과 관련된 정성·정량적 정보(b)여야 한다. 이 두 개 항목은 정량적 정보(quantitative information)를 포함하기 때문에 협상시 선진국들이 강력하게 반발했던 항목이었다. 선진국들이 재기했던 쟁점으로는 자국의 예산제도를 고려해볼 때 향후 몇 년 뒤에나 지원하게 될 개발도상국들의 기후대응 지원 금액을 산정한다는 것은 물리적으로나 기술적으로 불가능하다는 것이었다. 또한 항목 (c)를 보면 지역, 지리, 수혜국, 수혜대상, 대상그룹, 영역, 젠더를 포함하는 정책 및 우선순위를 제출해야 하고, 항목 (d)의 경우, 목적 및 지원의 유형과 관련된 정보들을 미리 보고해야 하는데, 이러한 항목들은 사전에 보고되기 힘들다는 점을 선진국들은 수차례 지적한 바 있다. 이러한 선진국들의 강력한 반발로 인해 사전보고 조항은 사후보고(제9조 7항)에 비해서 상당 부분 불명확하게 명시가 되어 있다는 점을 알 수 있다. 예를 들어, 사전보고의 경우 제출의 시점('20년)은 정해졌으나, 향후 몇 년 동안의 지원을 미리 보고해야 하는지에 대한 내용이 없다. 또한 '지원하게 될 재원'과 같이 명확한 용어가 아닌 '공공재원의 예상 수준에 대한 명확성을 증대시킬 수 있는 강화된 정보'라는 용어는 당사국 간의 자의적 해석 여지가 가능한 모호한 단어라고 볼 수 있다. 또한 사후보고에서도 쟁점으로 떠오른 바 있는 '새롭고 추가적인 재원'이 명시된 항목 (f)에 대한 개념 정의는 여전히 당사국 간에 논란이 있는 부분이다. 항목 (h)에서는 선진국들이 이러한 보고를 위해 활용한 방법론 및 가정(assumption)을 보고하게 되고 항목 (g)와 (i)를 통해서 선진국들은 사전정보 제공 시 봉착하는 한계 및 이를 위해 취해진 조치들을 보고하게 될 것이다. 그리고 당사국들이 제출한 이러한 보고들은 취합되어 종합보고서로 발간될 것이며, '23년에는 그간의 교훈을 바탕으로 정보유형 갱신 작업이 개시될 것이다.

2. 사후보고[9]

사후보고의 경우, 사전보고와는 달리 선진국 당사국들이 조성하고 제공한 재정

---

9 Modalities, procedures and guidelines for the transparency framework for action and support referred to in Article 13 of the Paris Agreement (Decision 18, CMA1).

지원을 보고하는 챕터[10]와 개발도상국 당사국들의 수요 및 수령한 지원을 보고하는 챕터[11]로 구분된다.

먼저, 선진국들이 준수해야 하는 '파리협정 제9조 7항 관련, 공적개입을 통해 조성되고 제공된 재정지원 정보'에 관한 사항은 Decision 18/CMA.1에 명시되어 있으며, 보고의 주체, 보고 개시 시점, 보고 방식, 보고 내용 및 항목 등이 포함되어 있다. 사전보고(제9조 5항)와는 달리 사후보고(제9조 7항)인 '공적개입을 통해 조성되고 제공된 지원 정보'를 위한 양식·절차·지침(Modalities, Procedures, Guidelines: MPGs)의 경우, '투명성 체계(제13조)를 위한 양식·절차·지침'하에 소챕터로 수록되어 있다. 먼저, 보고 주체의 경우 파리협정(제9조 7항)에 명시된 바와 같이 선진국들에게만 의무적으로 해당되며 기타 당사국들의 참여는 장려된다. 사후보고는 모든 당사국들이 제출해야 하는 격년투명성보고서(Biennial Transparency Report: BTR) 소챕터에 포함됨에 따라, 선진국들은 의무적으로 사후보고를 동 보고서에 포함해야 한다. 또한 파리협정 이행규칙 결정문에 따르면 당사국들은 '20.11월까지 투명성체계의 양식·절차·기준을 개발해야 하고, 선진국들의 사후보고가 기입될 수 있는 공통표양식(Common Tabular Formats: CTF)이 만들어질 예정이다.

사후보고의 경우, 사전보고에 비해 보고 의무대상국인 선진국들의 반발이 심하지 않았다. 이미 조성하고 제공한 재원을 보고하는 것은 사전보고에 비해 그 부담이 덜하기 때문이다. 그러나 사후보고는 사전보고에 비해 더 많은 항목과 함께 세분화된 정보를 제공해야 하며, 여전히 일부 정보에 대해서는 선진국들과 개발도상국들의 첨예한 갈등이 지속된 바 있다. 이러한 쟁점들은 동 이행규칙의 핵심이라고 볼 수 있는 챕터 V. '재정지원 관련 양식·절차·지침(이하 MPGs)'을 살펴보며 다루기로 한다. 동 MPGs는 서두에서 보고의 주체를 재차 명시[12]하고 있으며, 3개의 하위 섹션으로 세분화 된다.

---

[10] chapter V. Information on financial, technology development and transfer and capacity-building support provided and mobilized under Articles 9-11 of the Paris Agreement.
[11] chapter VI. Information on financial, technology development and transfer and capacity-building support needed and received under Articles 9-11 of the Paris Agreement.
[12] 선진국 당사국들은 개발도상국 당사국들을 위해 조성하고 제공한 재정지원에 대한 정보를 아래의 MPG를 통해 보고해야 하며, 재정지원을 제공한 기타 당사국들은 아래의 MPG 활용을 통해 보고를 장려함 (para. 118, FCCC/PA/CMA/2018/3/add.2).

(섹션 A) 국내 상황 및 제도

(a) 공적 개입을 통해 제공되고 조성된 지원을 보고, 추적, 규명하기 위해 사용된 체계 및 절차
(b) 보고 시 장애 및 한계점
(c) 추가적인 민간 기후파이낸싱 및 투자를 촉진하기 위한 공공정책 및 규제와 관련된 사례 및 경험
(d) 공적 개입을 통해 제공되고 조성된 지원의 정확성 및 상응성(comparability)을 강화하기 위한 노력
　　(예시: 국제기준 활용, 여타 국가, 기관 및 국제체제와의 조화 여부)

　　섹션 A를 통해서 당사국은 사후보고를 하는 과정에 있어서 어떠한 체계와 절차를 활용했는지와 보고 시 장애 및 한계점을 기술하게 된다. 또한 당사국은 공적개입을 통해 추가적인 민간재원을 끌어들이기 위해서 어떠한 노력을 했는지 기술해야 하며, 여타 공여국 및 기관들과 지원의 정확성과 상응성을 높이기 위해 어떠한 노력을 했는지 기술해야 한다.

(섹션 B) 기초가 되는 전제, 정의 및 방법론

(a) 해당 보고년도(Chosen reporting year): calendar year 또는 fiscal year
(b) 자국통화와 미국 달러간 변환
(c) 자금지원 상황(committed, disbursed)
(d) 재정지원 경로(양자, 지역, 다자-양자, 다자)
(e) 자금 출처(ODA, OOF,[13] other)
(f) 금융수단(증여, 양허성 차관, 비양허상 차관, 지분, 보증, 보험, other)
(g) 보고된 금융수단 및 자금출처(당사국은 어떻게 양허성 부여, ODA 등을 증여가치 환산법을 활용하여 결정했는지에 대한 정보)
(h) 지원 유형(적응, 감축, 교차)
(i) 지원분야
(j) 지원의 하위분야
(k) 지원이 역량강화, 기술개발 및 이전 중 어느 곳에 사용되었지 여부
(l) 기후특화(climate-specific) 지원 여부
(m) 여러 당사국들 간에 이중 산정(double counting) 회피 노력
(n) 기금 또는 사업주체들이 혼합되었을 경우, 공공 및 민간재원에 대한 정의
(o) 공적개입을 통해 조성된 민간재원을 어떻게 평가했는지 여부
(p) 조성하고 제공한 지원이 개발도상국의 수요와 우선순위(국가 주도 전략 및 수단(BTRs, NDCs NAPs))를 어떻게 효과적으로 반영하였는지 여부
(q) 조성하고 제공한 지원이 파리협정의 장기목표를 어떻게 반영하는지 여부
(r) 새롭고 추가적인 재원이 무엇이고, 어떻게 이를 결정했는지에 대한 지표
(s) 제공한 정보가 이전보다 진전됐다는 점을 어떤식으로 반영하였는지 여부
(t) 다자간 재원에 대한 보고 정보

---

13 기타공적흐름(Other Official Flows: OOF): 공여국이 개발도상국 내 민간기업에게 제공하는 공적 자금

섹션 B를 통해서 당사국들은 항목 (a)에서 (s)까지의 정보를 작성할 때 어떠한 가정과 정의 그리고 방법론을 사용했는지에 대해 기술하게 된다. 섹션 B에서 주목할 만한 부분은 기후특화 지원(i), 이중산정 회피(m), 새롭고 추가적인 재원(r)일 것이다. 먼저, 기후변화협약 하에 기후변화 관련 지원은 기후 관련 지원(climate-general)과 기후 특화 지원(climate-specific)으로 구분될 수 있다. 기후 관련 지원은 해당 지원이 기후변화 요소를 일부 포함할 경우를 의미하며, 기후 특화 지원은 해당 지원이 기후변화 대응을 주요 요소로 포함할 경우를 의미한다. 따라서 이러한 항목을 통해서 당사국들은 해당 지원이 기후변화와 무관한 사업까지도 포함했는지 여부를 추려낼 수 있다. 이중산정 방지 항목의 경우, 여러 당사국들이 공동으로 출자하여 개발도상국들을 지원할 경우, 지원액의 중복을 피할 수 있게 함이다. 또한 공적개입을 통해 민간재원을 끌어들였을 경우에도, 공적자금과 민간자금의 이중 산정이 방지될 수 있어야 할 것이다. 이러한 이중 산정은 다자기관을 통해 지원되는 경우에도 발생할 수 있다. 예를 들어 공여국이 국제기구에 일정 금액을 공여하고, 국제기구가 해당 금액을 개발도상국 기후대응 사업에 지원할 경우, 해당 지원금액은 공여국과 국제기구 모두가 지원한 금액으로 이중 산정이 될 우려가 있을 것이다. 따라서 이중산정 방지 항목은 이러한 사례들을 방지하기 위한 조항이라고 볼 수 있다. 새롭고 추가적인 재원(new and additional financial resources) 항목의 경우, 여전히 당사국들간의 첨예한 대립이 발생하는 부분이다. 해당 용어는 이미 '92년에 채택된 기후변화협약에도 등장하는 용어로서 그 의미는 '기존의 개발재원 등과는 다른 새로운, 그리고 추가적으로 제공되는 재원'이라고 풀어 쓸 수 있다. 이러한 용어가 등장한 배경으로는 공여국들은 기존의 공적개발지원(ODA)의 일부를 기후지원으로 산정하고 보고해오고 있다. 그러나 개발도상국들은 기후재원(climate finance)의 경우 ODA와는 별개로 새롭게 제공되는 금액이어야 한다고 주장하며 해당 용어를 항목에 추가했다. 이에 따라 당사국들은 무엇이 새롭고 추가적인 재원인지에 대한 개념과, 이러한 판단을 내리게 된 이유 등을 동 섹션에 기술해야 한다.

위에서 살펴본 바와 같이 섹션 A와 B는 정성적인 방법으로 기술을 하게 된다. 그러나 제공 및 조성된 재정지원 관련 정보를 기입해야 하는 섹션 C의 경우 정량적인 수치(지원한 금액 등)가 포함된다는 점에서 동 MPGs에서 실질적인 정보를 담은

중 ODA가 아닌 재원.

섹션이라고 볼 수 있다. 이를 위해서 현재 당사국들은 사후보고를 기입하는 공통표 양식(CTF)을 개발하고 있으며 해당 양식은 섹션 C를 기반으로 만들어질 예정이다. 섹션 C는 아래와 같이 총 3개의 하위 목차로 구성된다.

(섹션 C) 제공 및 조성된 재정 지원 관련 정보

1. 양자, 지역 및 기타 경로
   (a) 대상 년도(calendar year 또는 fiscal year)
   (b) 금액(USD 및 자국통화)(액면가와 증여환산 가치)
   (c) 수혜 지역 또는 국가, 사업 및 프로그램명 등이 포함된 수혜 관련 정보
   (d) 자금지원 상황(committed, disbursed)
   (e) 재정지원 경로(양자, 지역, 다자-양자, 다자)
   (f) 자금 출처(ODA, OOF, other)
   (g) 금융수단(증여, 양허성 차관, 비양허상 차관, 지분, 보증, 보험, 기타)
   (h) 지원 유형(적응, 감축, 교차)
   (i) 지원분야(예시: 에너지, 수송, 산업, 농업, 산림, 수자원 및 위생, 교차 등)
   (j) 지원의 하위분야(보고가능시)
   (k) 추가 정보(사업/프로그램 상세정보, 이행기관 등, 보고가능시)
   (l) 지원이 역량강화, 기술개발 및 이전 중 어느 곳에 사용되었지 여부

2. 다자 경로
   (a) 대상 년도(calendar year 또는 fiscal year)
   (b) 기관유형(예시: 다자기금, 재원체계 운영주체, 기술체계 운영주체, 다자금융기관, 국제기구, other)
   (c) 금액(USD 및 자국통화)(액면가와 증여환산 가치)
   (d) core-general 또는 기후특화 지원 여부(보고가능시)
   (e) Inflows and/or outflows(보고가능시)
   (f) 수혜정보(예시: 국가, 지역, 전세계, 사업, 프로그램 등(보고가능시))
   (g) 자금지원 상황(committed, disbursed)
   (h) 재정지원 경로(다자, 다자-양자)
   (i) 자금 출처(ODA, OOF, other)
   (j) 금융수단(증여, 양허성 차관, 비양허상 차관, 지분, 보증, 보험, 기타)
   (k) 지원 유형(적응, 감축, 교차)(보고가능시)
   (l) 영역(예시: 에너지, 수송, 산업, 농업, 산림, 수자원 및 위생, 교차 등)
   (m) 하위 영역(보고가능시)
   (n) 지원이 역량강화, 기술개발 및 이전 중 어느 곳에 사용되었지 여부

3. 공적개입을 통해 조성된 재원 정보
   (a) 대상 년도(calendar year 또는 fiscal year)
   (b) 금액(USD 및 자국통화)(액면가와 증여환산 가치)

(c) 지원액 조성을 위해 사용된 자원의 금액

(d) 공적개입 유형(예시: 증여, 양허성 차관, 비양허성 차관, 기술지원 등)

(e) 수혜정보(예시: 국가, 지역, 전세계, 사업, 프로그램 등)

(f) 재정지원 경로(양자, 지역, 다자)

(g) 지원 유형(적응, 감축, 교차)

(h) 지원분야(예시: 에너지, 수송, 산업, 농업, 산림, 수자원 및 위생, 교차 등)

(i) 지원의 하위분야

(j) 추가 정보

섹션 C의 3개 항목은 1. 양자(bilateral), 지역(regional) 및 기타 경로, 2. 다자 경로, 3. 공적개입을 통해 조성된 재원 정보로 세분화 된다. 첫 번째 하위 항목인 '양자, 지역 및 기타경로'에서는 지난 2년 동안 공여국들이 양자, 지역 혹은 기타 경로로(다자를 제외한) 재정지원을 조성 및 제공한 정보들을 보고하게 된다. 보고대상 기간이 2년인 이유는 격년투명성보고서(BTR)의 제출 주기가 2년이기 때문이다.

먼저, '1. 양자, 지역 및 기타 경로'를 항목별로 살펴보면, 보고년도(a)의 경우, 달력연도 혹은 회계연도를 선택할 수 있다. 금액(b)은 미화 혹은 자국통화로 기입이 가능하다. 수혜지역 또는 국가 관련 정보(c)에 수혜 대상지역 혹은 국가를 기입해야 하고, 자금지원 상황(d)을 통해 해당 지원이 단순히 약속(committed)만 된 것인지, 실제로 금액이 지출(disbursed)되었는지 여부를 기입해야 한다. 재정지원 경로(e)를 통해서 해당지원이 양자·지역·다자-양자 방식인지를 기입해야 하며, 자금 출처(e)를 통해서 해당 지원이 ODA인지 OOF인지 여부를 기입해야 한다. 금융수단(e)을 통해서 증여 및 차관 등의 여부를 기입해야 한다. 지원 유형(h)은 해당 지원이 적응 혹은 완화 분야에 투입되었는지를 기입하게 되며, 지원분야(i)를 통해서 해당 지원이 에너지, 수송, 산업 등 어느 분야로 투입되었는지를 기입하게 된다. 가능한 경우, 지원의 하위분야(j)를 기입해야 한다. 마지막으로 추가 정보(k)와 지원이 역량강화, 기술개발 및 이전 중 어느 곳에 사용되었는지 여부(l)를 기입해야 한다.

두 번째 하위 항목인 '다자 경로'에서는 일반적으로 공여국이 국제기관에 공여한 금액을 기입하게 된다. 이 항목의 경우, '양자, 지역 혹은 기타 경로'와 유사하며, '다자 채널'에서 새롭게 추가된 항목들을 중심으로 살펴보고자 한다. 먼저, 당사국들은 기관유형(b)을 통해 지원을 한 기관이 다자기금(multilateral fund)인지, 재정체계의 운영주체(GCF, GEF)인지 등을 기입해야 한다. 항목(d)을 통해 해당 지원이 기후일반 (core-general) 혹은 기후특화(climate-specific)인지 여부를 기입해야 한다. 항목(e) 을 통해 해당 국제기관에 유입(inflow)된 금액과 지원이 된(outflow) 금액도 가능하면 기입해야 한다. 동 항목의 경우, 일부 당사국들의 우려가 있었는데 자국이 공여한 금 액과 국제기관이 지원한 사업금액과 정확하게 일치시키는 것은 기술적으로 불가능하 다는 것이 그 이유였다. 해당 보고를 위해서는 당사국들이 국제기관의 재무정보 및 회계시스템에 접근할 수 있어야 하는데 이는 국제기관에 대한 월권행위로 이어질 수 도 있음을 선진국을 중심으로 하는 공여국들이 우려한 바 있다.

첫 번째와 두 번째 항목에서는 양자·지역·다자 경로를 통해 조성되고 제공된 지원정보를 기입했다면, 세 번째 하위 항목인 '공적개입을 통해 조성된 재원 정보'에 서는 재원조성을 위해 어떠한 공적인 개입(public intervention)이 있었는지를 중점적 으로 보고하게 된다. 먼저, 당사국들은 항목(c)을 통해 지원액(support) 조성을 위해 사용된 자원(resources)의 금액을 기입해야 한다. 그리고 항목(d)을 통해서 어떠한 유 형의 공적개입이 있었는지를 기입해야 하며, 여기에는 증여, 차관 등 금융수단을 포 함하여, 사용된 정책, 역량강화, 기술개발 및 이전 등까지도 포함된다.

사후보고의 경우, 위에서 기술한 선진국의 의무와는 별도로 개발도상국 당사국 들의 재정지원 수요 및 수혜를 보고하는 부분이 챕터 Ⅵ.에 포함되어 있다. 하지만 이에 대한 보고는 의무사항은 아니며, 보고항목도 선진국들의 챕터에 비해 매우 간 소하다. 해당 내용은 아래와 같다.

참고 필요로 되고 수령받은 재정지원 정보

(섹션 A) 국내 상황 및 제도
(a) 필요로 되고 수령받은 지원을 추적하기 위해 사용된 체계 및 절차
(b) 자발적 감축목표(NDC) 관련 당사국의 우선순위 및 전략 관련 정보

(섹션 B) 기초가 되는 전제, 정의 및 방법론
(a) 자국통화와 미국달러간 변환
(b) 필요되는 지원의 예상 금액
(c) 보고 년도 또는 타임프레임 판단
(d) 특정 자금으로부터의 지원 규명
(e) 공약, 수령 및 필요로되는 지원의 판단

(f) 지원된 사업의 현황 규명 및 보고

(g) 경로 규명 및 보고

(h) 지원 유형 규명 및 보고

(i) 금융수단 규명 및 보고

(j) 영역 및 하위영역의 규명 및 보고

(k) 필요로 되고 수령받은 지원의 활용, 영향력 및 예상 결과 보고

(l) 기술개발과 이전 및 역량강화에 기여하기 위한 지원의 규명 및 보고

(m) 필요로 되고 수령받은 지원 보고정보에 대한 이중산정 회피

(섹션 C) 필요로 되는 재정지원 관련 정보

(a) 사업명(activity, programme, project)

(b) 프로그램 및 사업 설명

(c) 예상 금액(자국통화 및 미국 달러)

(d) 예상 타임프레임

(e) 기대하는 금융수단

(f) 지원의 유형

(g) 분야 및 하위분야

(h) 해당 사업이 기술개발 및 이전과 능력배양에 기여하는지 여부

(i) 해당 사업이 국가전략 및 NDC와 연계가 있는지 여부

(j) 예상되는 활용, 영향 및 기대 결과

(섹션 D) 수령받은 재정지원 관련 정보

(a) 사업명(activity, programme, project)

(b) 프로그램 및 사업 설명

(c) 경로

(d) 수령받은 주체

(e) 이행주체

(f) 수령된 금액(자국통화 및 미국달러)

(g) 타임프레임

(h) 금융수단

(i) 현황(공약 및 수령)

(j) 영역 및 하위영역

(k) 지원의 유형

(l) 해당 사업이 기술개발 및 이전과 능력배양에 기여하는지 여부

(m) 사업 현황(계획, 진행 및 완료)

(n) 활용, 영향 및 기대 결과

IV. 파리협정 관련 여타 이슈

1. 신규재원 조성(New collective quantified goal on finance)[14]

파리협정 결정문 53항을 통해 당사국들은 늦어도 2025년까지는 1000억불을 상회하는 재원조성 목표를 설정하기로 결정한 바 있다. 이에 따라 파리협정 제1차 당사국회의(CMA1)에서는 해당 작업을 2020년 11월부터 개시하는 것으로 결정한다.

> **COP21 결정문 53항(1/CP.21)**
> 파리협정 제9조 3항에 의거하여 선진국들은 의미있는 완화행동 및 투명한 이행의 배경 하에 2025년까지 기존의 공동 재원조성 목표를 지속하는 것으로 당사국들은 결정하고, 파리협정 당사국회의는 개도국들의 수요와 우선순위에 대한 고려와 함께 매년 1,000억불을 기반으로 하는 새로운 공동 목표액을 2025년 이전까지 설정하는 것으로 결정

해당 결정문에서 1000억불을 기반(floor)으로 설정한 이유로는 2009년 COP15에서 선진국들은 2020년까지 매년 1000억불을 조성하여 개발도상국들의 기후대응을 지원하기로 결정한 바 있기 때문이다.[15] 이를 위해 당사국들은 2010년 COP16에서는 재원 조성 수단으로 녹색기후기금(GCF)의 역할을 강조했으며,[16] 2011년 COP17에서는 해당 목표를 위한 장기재원 관련 워크프로그램(work programme on long-term finance)을 설립한다.[17] 2013년 COP19에서는 장기재원을 위한 이행 기한을 2014~2020년까지 정하고, 선진국들의 격년보고서 제출, 워크숍, 격년 장관급 대화

---

14 Setting a new collective quantified goal on finance in accordance with decision 1/CP.21, paragraph 53 (Decision 14/CMA.1).

15 developed countries decided to commit to a goal of mobilizing jointly USD 100 billion dollars a year by 2020 to address the needs of developing countries. (Decision 2/CP.15)

16 developed countries country Parties committed to a goal of mobilizing jointly USD 100 billion per year by 2020 to address the needs of developing countries. The USD 100 billion may come from a wide variety of sources, public and private, bilateral and multilateral, including alternative sources, and that a significant share of new multilateral funding for adaptation should flow through the Green Climate Fund (Decision 1/CP.16).

17 established a work programme on long-term finance to inform developed country Parties in their efforts to identify pathways for mobilizing the USD 100 billion per year by 2020 from public, private and alternative sources, and to inform Parties in enhancing their enabling environments and policy frameworks to facilitate the mobilization and effective deployment of climate finance in developing countries (Decision 2/CP.17).

개설을 포함한 3가지 이행수단(activities)을 결정한다.[18]

지금까지 당사국들이 결정한 바에 따르면, 2020년까지의 목표는 매년 1000억불 조성(COP15)이며, 2025년까지는 새로운 재원조성 목표를 설정해야 한다(COP21). 따라서 2020년 이후의 재원조성 목표액은 현재 부재한 상황임을 알 수 있다. 이에 따라 개발도상국들은 장기재원 논의를 지속하여 2020년 이후의 재원조성 목표도 논의가 필요하다고 주장하고 있으나 선진국들은 장기재원의 경우 2020년에 종료해야 하는 논의라고 주장하며 갈등이 지속되고 있는 상황이다.

2. 적응기금 관련 이슈(Matters relating to the Adaptation Fund)

적응기금은 2001년 교토의정서 당사국 내 개발도상국들의 기후적응 사업을 지원하기 위해 설립되었으며, 동 기금의 재원은 교토의정서에 명시된 청정개발체제(CDM)의 거래에서 발생하는 수익금의 일부와 선진국들의 자발적인 공여를 통해 조달되고 있었다. 그러나 2015년 파리협정 결정문이 채택되고 동 결정문 59항을 통해 적응기금은 파리협정의 이행에도 사용될 것임을 당사국들은 확인한다.

> **COP21 결정문 59항(1/CP.21)**
> 교토의정서 당사국회의와 파리협정 당사국회의의 결정에 따라 적응기금은 파리협정을 수행할 수 있음을 당사국들은 인지한다.

이에 따라, 당사국들은 교토의정서 체제에서 운영되던 적응기금의 절차와 규정 및 자금의 조달 등을 파리협정 체제에 맞게 조정하게 된다. 2018년 파리협정 제1차 당사국회의(CMA1)와 교토의정서 제14차 당사국회의(CMP14)는 먼저, 2019년 1월 1일부로 적응기금은 파리협정 당사국들의 협정 이행을 지원(serve)해야 함을 결정한다.[19] 재원 조달의 경우, 기존의 교토의정서 조항에 더하여 파리협정의 시장 조항(제6조)을 통해 발생하는 수익금 일부(share of proceeds)도 적응기금에 조달될 수 있도

---

18 specified three types of activities concerning long-term climate finance for the period 2014 to 2020 (Decision 3/CP.19).

19 해당 결정문은 파리협정 당사국회의 내 의제인 'Matters relating to the Adaptation Fund(Decision 13/CMA1)'과 교토의정서 당사국회의 내 의제인 'Matters relating to the Adatptation Fund (Decision 1/CMP14)'에서 함께 다루어지고 있다. 그러한 이유로는 적응기금 관련 사안에 대한 결정 권한은 교토의정서 당사국회의가 가지고 있었기 때문이다. 그러나 향후 적응기금은 파리협정의 이행을 지원할 예정이였음에 따라 파리협정 당사국회의에서도 해당 의제를 함께 다루게 된다.

록 결정되었고, 공공 및 민간차원의 자발적인 재원도 조달될 수 있다. 또한 당사국들은 적응기금이 파리협정 시장 조항으로부터 조달되는 수익금을 받게 되는 순간부터는 교토의정서가 아닌 파리협정만을 지원해야 한다고 결정한다.

적응기금 이사회의 경우, 파리협정의 선진국·개발도상국 당사국들도 이사회직을 수임할 수 있게 되었다. 마지막으로 당사국들은 적응기금 이사진에게 적응기금이 파리협정 체제에 적절하게 편입될 수 있도록 절차규정(rules of procedure)의 변경을 요청한다. 이러한 당사국들의 결정문을 통해서 교토의정서 체제를 지원했던 적응기금을 파리협정 체제를 지원하는 기관이 될 수 있는 절차적 기반을 만들어주게 된다.

V. 맺으며

재원의 경우, 파리협정과 이행규칙을 통해서 기존의 협약(UNFCCC) 및 당사국들이 그간 채택해 온 결정문(decision)을 다시 한 번 명확히 하게 되었다. 먼저, 1~3항을 통해서 기후재원의 조성 및 제공 의무는 선진국에게 부여된다는 점을 명확하게 했고, 4항을 통해서 재원제공 시 당사국들이 고려해야 하는 사항을 명시한다. 5~7항을 통해서 선진국들은 향후 지원하게 되는 정보를 미리 보고해야 하며, 조성과 제공이 완료된 지원들도 사후적으로 보고를 하게 된다. 8항을 통해서 GCF와 GEF는 파리협정의 성공적 이행을 위해 지원이 필요한 당사국들에게 재정지원은 지속해야 하며, 9항을 통해서 파리협정을 지원하는 기관들이 고려해야 하는 사항을 명시하고 있다.

이러한 내용들은 새롭게 추가된 조항이라기보다는 기후변화협약 채택('92년) 이후 지속적으로 논의 및 이행되어 오던 내용들이다. 그러나 파리협정과 이행규칙을 통해 각 조항 및 규칙 및 절차들은 더욱 정교해졌다고 볼 수 있다. 또한 일부 조항 및 규정들은 지속적인 논의를 통해 향후 보완작업이 지속될 것으로 보인다. 사전보고 조항(제9조 5항)의 경우, 당사국들은 일정 기간 동안 시범적으로 보고를 이행한 뒤 2023년에 보고 내용들을 갱신(update)할 예정이다. 또한 적응기금 역시 신기후체제에 부합하는 기관이 될 수 있도록 당사국들은 지침과 결정을 내리게 될 것이다. 마지막으로 기후재원을 위한 공동의 노력을 상징적으로 보여줄 수 있는 신규재원 조성목표 의제를 통해서 당사국들은 2020년 이후의 재원조성 목표설정 논의를 이어나가게 될 것이다.

참고문헌

1. UNFCCC (1992) UNFCCC Convention.

2. UNFCCC (1996) Decision 11/CP.2 Guidance to the Global Environment Facility.

3. UNFCCC (2010) Decision 1/CP.16 The Cancun Agreements: Outcome of the work of the Ad Hoc Working Group on Long—term Cooperative Action under the Convention.

4. UNFCCC (2010) Decision 2/CP.15 Copenhagen Accord.

5. UNFCCC (2011) Decision 2/CP.17 Outcome of the work of the Ad Hoc Working Group on Long—term Cooperative Action under the Convention.

6. UNFCCC (2013) Decision 3/CP.19 Long—term climate finance.

7. UNFCCC (2015) Decision 1/CP.21 ADOPTION OF THE PARIS AGREEMENT.

8. UNFCCC (2018) Decision 1/CMP.14 Matters relating to the Adaptation Fund.

9. UNFCCC (2018) Decision 14/CMA.1 Setting a new collective quantified goal on finance in accordance with decision 1/CP.21, paragraph 53.

10. UNFCCC (2018) Decision 12/CMA.1 Identification of the information to be provided by Parties in accordance with Article 9, paragraph 5, of the Paris Agreement.

11. UNFCCC (2018) Decision 13/CMA.1 Matters relating to the Adaptation Fund.

12. UNFCCC (2018) Deicison 18/CMA.1 Modalities, procedures and guidelines for the transparency framework for action and support referred to in Article 13 of the Paris Agreement.

기술개발 및 이전

오채운(녹색기술센터 정책연구부 책임연구원)

Ⅰ. 파리협정에서 기술개발 및 이전의 위상

기후변화 대응에 있어서 '기술'은 상당히 특별한 의미를 갖는다. 기후변화에 관한 정부간 패널(IPCC) 보고서에 따르면,[1] "유엔기후변화협약 하의 궁극적인 목표를

---

[1] IPCC는 Intergovernmental Panel on Climate Change의 약자다. IPCC는 기후변화문제에 대처하기 위해 세계기상기구(WMO)와 유엔환경계획(UNEP)이 1988년에 함께 설립한 국제기구로, 기후변화에 관한 과학적 근거와 정책 방향을 제시하는 것이 주요 목적이다(기상청 2020).

달성하기 위해서는 기술혁신과 기술의 신속한 확산 및 이행이 필요하다"라고 명시되어 있다(IPCC 2000, p.3). 기후변화협약 하의 궁극적 목표는 "인류에 의한 위험한 영향이 기후 시스템에 미치지 않도록 방지하는 수준으로 대기중 온실가스 농도를 안정화"하는 것이다(UNFCCC 1992, article 2). 이를 위해 당사국들이 국가 차원에서 온실가스 감축을 위해 노력하는 과정에서, 선진국과 개도국은 기술개발 및 이전에 대해 어떠한 입장일까. 선진국의 경우, 경제활동을 축소하거나 산업구조를 변경하는 감축 행위보다 새로운 기후기술을 도입하여 경제 및 산업의 기존 활동과 구조를 유지하면서 기후변화에 대응하는 것이 보다 비용효과적인 행동양식일 수 있다(오채운 2018a; Glachant and Dechezleprêtre 2017). 한편, 개도국의 경우, 내생적인 경제성장에 있어 기술이 중요하기 때문에, 기술에 대한 접근성, 특히 기후기술에 대한 접근성을 높이는 것이 기후변화 대응과 경제개발이라는 두 가지 과제를 모두 해결할 수 있는 방안이 될 수 있다(오채운 2018a; TWN 2012).[2] 즉, 선진국과 개도국 모두에게 기술은 기후변화 대응에 있어 매우 필수적인 선택지인 것이다. 그리고, 기술에 대한 중요성을 인식하는 데서 더 나아가, '기술협력'에 대한 인식 역시 달라졌다. 국제적인 기술협력을 통해 도출되는 기술진보는 온실가스 감축의 장기적인 효과성 측면에서 필요하다. 또한, 기후변화에 대응하기 위한 국제제도 설계 시, 국가별 감축 목표 설정에 기반한 협력이 아니라 '기술협력'에 기반한 제도 구성에 대해서 오히려 당사국들의 정치적인 수용성이 높을 수 있다(Ueno 2006). 이러한 측면에서, 2020년 이후 기후변화 대응을 위해 모든 당사국들이 참여하는 국제제도인 파리협정 하에서 '기술개발 및 이전'은 종래와 다른 위상을 차지하게 되었다.

감축을 중심으로 설계된 교토체제와 달리, 파리협정은 크게 여섯 가지 요소로 구성된다. 달성하기 위한 목표로서의 감축과 적응, 그리고 이 목표 달성을 위한 이행수단으로서 재정, 기술개발 및 이전, 그리고 역량배양이 설정되었다. 그리고 이 다섯 가지 요소들에 공통적으로 적용되는 요소로서 투명성이 있다([그림 12-1] 참조). 여기서 주목할 점은 신기후체제 하에서 '기술 개발 및 이전'이 감축 및 적응 목표를 달성하기 위한 3대 이행수단의 하나로써 포함되었으며, 이는 기후변화 대응에 있어 기

---

2 기후기술이란 "온실가스를 감축하거나 또는 기후변화에 적응하기 위한 어떠한 기기, 테크닉, 실용적 지식 또는 스킬"을 의미한다(TEC 2017, p.7). 기후변화에 대응하기 위한 기술을 표현하기 위해 환경친화기술, 청정기술, 기후기술, 사회친화기술 등이 언급되어 왔다. 특히, 개도국은 환경친화기술, 선진국은 기후기술을 선호하였다. 최근 협상에서는 기후기술이 중립적인 표현으로 간주되며 주로 사용되고 있다.

술개발 및 이전의 위상이 종래에 비해 높아졌다는 점을 시사한다. 기술개발 및 이전에 대한 국제적 행동방향은 파리협정 제10조에 별도로 마련되었다(오채운 외 2016a).

이에 동 챕터에서는 파리협정 제10조가 어떻게 구성되고, 제10조의 협상과정에서 무엇이 쟁점이었는지를 우선 살펴보고자 한다. 그리고 제10조가 당사국들의 향후 행동방식에 어떠한 의미를 갖는지 살펴본다. 이후, 파리협정 제10조를 이행하는 데에 필요한 세부적인 이행규칙이 무엇이며, 이의 협상과정과 최종 도출된 이행규칙의 내용과 의미를 개괄한다. 그리고 2021년 파리협정 이행을 앞두고, 우리나라가 기술개발 및 이전 측면에서 향후 어떻게 대응해야 하는가에 대한 방향성과 시사점을 도출해 보고자 한다.

그림 12-1 신기후체제 구성 요소

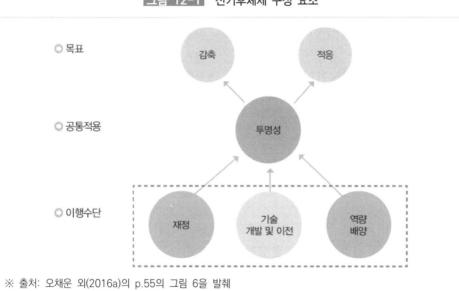

※ 출처: 오채운 외(2016a)의 p.55의 그림 6을 발췌

Ⅱ. 파리협정 제10조(기술개발 및 이전)의 협상과 구성[3]

파리협정에서의 기술개발 및 이행은 제10조에 6개 항으로 구성되어 있으며, 각 문단에 대한 내용은 다음의 [표 12-1]과 같이 정리될 수 있다(PA 2015, article 10). 각 항별로 어떠한 내용이며, 어떠한 의미를 갖는지에 대해서 살펴보도록 하겠다.

---

3 동 섹션은 오채운 외(2016b)의 pp.9-17과 오채운·이원아(2020)의 p.7의 내용에 기반하여 작성되었다.

표 12-1 파리협정 제10조(기술개발 및 이전) 개괄

조항	내용
10.1	• [장기비전] 당사국들은 기후변화에 대한 회복력을 증진하고 온실가스 배출량을 감축하기 위해 기술 개발과 이전을 충분히 실현하는 것이 중요하다는 장기 비전(long-term vision)을 공유한다.
10.2	• [이행주체로서 당사국들의 협력행동] 파리협정 하에서 감축과 적응 행동의 이행을 위한 기술의 중요성을 주목하고 기존의 기술 활용과 확산 노력을 인식하면서, 당사국들이 기술개발 및 이전에 대한 협력 행동(cooperative action)을 강화해야 한다고 명시되어 있다.
10.3	• [지원 주체] 유엔기후변화협약 하에서 설립된 기술 메커니즘이 파리협정의 '기술개발 및 이전'에 대해서도 수행주체라고 설정되어 있다.
10.4	• [기술 프레임워크(Technology Framework)] 기술 프레임워크가 제정되며, 이 프레임워크의 목적은 기술 메커니즘의 업무에 전반적인 지침을 제공하기 위함에 있다.
10.5	• [혁신(innovation)의 중요성] 개도국에서의 혁신 노력이 지원되어야 한다. 이 지원 주체에는 기술 메커니즘과 재정 메커니즘이 포함되며, 이러한 혁신노력은 R&D에 대한 협력적 접근과 기술 접근성(특히, 기술주기의 초기단계)을 촉진하기 위함이라고 명시되어 있다.
10.6	• [지원의 방식] 제10조의 이행을 위해 개도국에게 제공되는 지원은, 재정지원을 포함해서 감축과 적응을 위한 지원의 균형을 달성하는 것을 목표로 하고 있다. 이러한 지원은 기술 사이클의 다양한 단계에 관계된 기술개발 및 이전에 대한 협력활동을 강화하는 것을 포함한다. 또한, 파리협정 제14조에 규정된 전지구적 이행점검은 개발도상국 당사자를 위한 기술개발 및 이전 대한 지원 관련 노력에 대한 가용정보를 고려한다는 사항이 명시되어 있다.

※ 출처: 오채운(2019)의 p.35의 표1을 수정. 표1은 본래 PA(2015)의 제10조 및 오채운(2018)에 근거하여 작성되었음

먼저, 제10.1조는 장기비전(long-term vision)에 대해 다룬다. 파리협정 협상 과정에서 개도국은 기술 측면에서의 장기목표(long-term goal)를 설정하고, 이 목표에 따라 선진국들이 자국이 보유한 기술 중 개도국으로 이전가능한 기술들을 정기적으로 평가하여 개도국에 이전해야 한다고 강력히 주장하였다. 그러나 선진국은 감축목표 이외에 별도의 기술목표가 설정될 경우 선진국에 의무부담이 가중된다는 점, 기술목표가 정량적/정성적으로 설정되기 어려운 점, 기술개발 및 이전에 대한 목표 대비 감축효과에 대한 인과관계를 정량적으로 측정하기 어려운 점, 그리고 파리협정 하의 목표 외에 별도의 기술목표가 존재할 경우 파리협정 내의 일관성이 어려울 수 있다는 점 등의 이유로 개도국의 주장을 반대하였다. 그 대립의 결과 장기목표 대신 절충안으로 등장한 것이 바로 '장기비전'이다. 파리협정에 명시된 장기비전은

감축과 적응 목표를 달성하는 데에 있어, 기술개발 및 이전을 실현하는 것이 중요하다는 원칙적이고 근본적 차원(fundamental layer)으로서의 역할을 갖는 것으로 이해될 수 있다.

다음으로, 제10.2조는 기술개발 및 이전에 대한 이행주체와 이행주체의 행동에 대해 다루고 있다. 기술개발 및 이전에 대한 이행주체는 '당사국(Parties)'으로 명시되었다. 이 당사국들이 수행하게 될 이행은 기술개발 및 이전에 대해 '협력행동(cooperative action)을 강화'하는 것으로 명시되어 있다. 여기에서는 협력행동이 어떠한 방식을 갖는지 구체화 되지 않았다. 협상과정에서 개도국은 기술을 보유한 선진국이 기술을 보유하지 못하는 개도국에 환경친화기술 또는 기후기술을 이전하는 노력을 하며, 이 노력을 특정 형태의 협력행동으로 구체적으로 명시해야 한다고 강력히 주장하다. 이러한 개도국의 주장에 대해서, 선진국은 파리협정의 핵심은 선진국과 개도국을 구분하지 않고 모든 당사국이 참여한다는 점을 강조하였고, 협력의무의 부담이 선진국으로만 한정되어서는 안 된다고 주장하였다. 이에, 최종적으로는 협력의 주체가 선진국이나 개도국이 아닌 '당사국'으로만 명시되었다. 또한, 당사국들의 협력행동을 구체화하는 것에 대해서도 선진국은 다양한 협력행동을 일일이 구체적으로 기입할 수 없다고 반대하여, 파리협정에 포함되지 못했다. 이에, '협력행동'을 강화한다는 매우 일반적이고 포괄적인 표현으로 합의되었다.

제10.3조는 기술개발 및 이전과 관련하여 파리협정을 수행할 주체는 '기술 메커니즘'으로 결정되었다. 협상과정에서는 수행주체를 일반적인 기술 메커니즘(technology mechanism)으로 할 것이냐, 고유명사인 기술 메커니즘(Technology Mechanism)으로 설정할 것이냐, 아니면 기술제도(the institutional arrangements for technology)라는 표현으로 둘 것이냐가 쟁점이 되었다. 현재 우리가 쓰고 있는 기술 메커니즘은 2010년 칸쿤에서 개최된 제16차 당사국 총회의 결정문에 따라 유엔기후변화협약 하에서 설립 및 운영되는 고유명사로서의 조직체인 기술 메커니즘(Technology Mechanism)을 의미한다. 먼저, 기술 메커니즘이 파리협정의 수행주체가 되어야 한다는 입장은 기술 메커니즘이 2010년 수립되어 실제 운영 기간이 짧기 때문에 기술 메커니즘이 수행주체가 되지 않을 경우 기술 메커니즘이 약화될 수 있다는 우려가 있었기 때문이다. 한편, 모든 개도국은 아니나 상당수의 개도국들은 수행주체를 기술제도로 설정하자는 입장을 표명했다. 그 이유는 기술 메커니즘이 실질적으로 파리협정의 기술개발 및 이전을 단독으로 수행할 수 있을지에 대한 의문 때문이다. 또한 기술개발 및 이전은 기술 메커니즘 이외에도 다른 메커니즘 및 이니셔티브들과 관련이 있으므로 이를 포괄하는 형태로 기술되어야 한다고 주장하였다. 특히, 개도국에 기술지원을 제공하는 재정 메커니즘도 기술제도에 포함될 수 있다는 해석도 가능해진다. 따라서, 기술제도가 기술을 지원하는 다양한 주체들이 포함될 수 있는 단어이므로, 기술제도라는 표현을 삽입할 것을 주장하였다. 이에 대해서, 선진국은 재정 메커니즘이 '기술제도'에 포함되어서는 안 된다고 직접적으로 주장하지는 않았다. 그러나, 재정 메커니즘까지 포괄하는 기술제도가 설정될 경우, 재정 메커니즘의 개도국 기술지원에 대한 펀딩 압박의 가능성에 대해서 선진국 협상가들이 비공식적으로 우려를 표명하였다. 최종적으로는 앞서 언급된 '고유명사'로서의 기술 메커니즘(Technology Mechanism)이 수행주체로 결정되었다.

그렇다면, 기술 메커니즘이란 무엇인가? 기술 메커니즘은 유엔기후변화협약 하에서 당사국들의 기술개발 및 이전에 대한 원활한 협력을 도모하기 위해 설립된 조직이다. 이 기술 메커니즘은 정책기구인 기술집행위원회(echnology Executive Committee: TEC)와 이행기구인 기후기술센터네트워크(Climate Technology Centre & Network: CTCN)로 구성되어 있다(UNFCCC 2010, para 117)([그림 12-2] 참조).

앞서 설명된 바와 같이, 기술 메커니즘이 수립된 시기가 2010년이며 2020년 이후 파리협정 수행주체로서 자리매김 하기 위해서는 기술 메커니즘이 보다 강화될 필요가 있었다. 이에, 파리협정을 채택한 제21차 당사국총회 결정문에 따르면, 기술 메커니즘은 향후 기존의 역할을 강화해야 하는데, 특히 ① 기술의 연구/개발/실증과 ② 내생적 역량과 기술의 개발을 강화해야 한다고 명시되어 있다(UNFCCC 2015, para 67).

제10.4조는 기술프레임워크(technology framework)의 설립을 다루고 있다. 기술프레임워크는 장기비전을 추구하며 파리협정의 이행을 지원하는 데에 있어 기술 메커니즘의 작업에 전반적인 지침을 제공하기 위해 제정되었다. 이 기술 프레임워크의 제정은 파리협정 협상과정에서 아프리카 그룹이 제안하였는데, 기존에 2001년 제정된 기술이전프레임워크(Technology Transfer Framework: TTF)가 실질적으로 환경친화기술의 개발 및 이전을 만족할 수준으로 이끌어내지 못했다고 비판하며, 이에 TTF를 보완하는 신규의 기술행동 강화 프레임워크 제정을 제안하였다. TTF는 기술개발 및

그림 12-2 기술 메커니즘의 구성

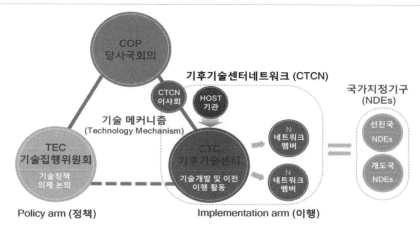

※ 출처: 오채운(2019)의 p.34의 그림1 및 오채운 외(2016)의 p.17의 그림1에서 발췌

이전에 대한 당사국들의 협력 방향성과 구체적인 행동내역을 담고 있는 지침이다.

그러나 이에 대해 선진국은 기존의 TTF만으로 충분하며, 신규로 제정될 프레임워크가 어떠한 개념으로 구성되며 어떠한 역할을 해야 할지에 대해 필요성과 명확성이 없고, 기존의 TTF와의 차별화가 어렵다며 반대하였다(오채운 2016a, p.61). 그러나 제10조 내에서 개도국이 주장한 장기목표 대신 선진국이 선호하는 장기비전이 채택되는 것에 대한 협상의 균형성(trade-off) 차원에서, 개도국이 주장한 기술 프레임워크의 신규 제정이 합의되었다.

동 기술 프레임워크의 제정을 둘러싸고 기술 프레임워크의 '대상'을 중심으로 논쟁이 있었다. 파리협정 협상과정에서 아프리카 그룹은 유엔기후변화협약 하에서 2001년 제정된 TTF가 '당사국'을 대상으로 한 지침임을 언급하며, '당사국'들의 협력 행동을 강화하기 위한 새로운 프레임워크를 제정해야 한다고 주장하였다.

이러한 대립에도 불구하고, 개도국 주장에 따라 신규로 기술 프레임워크를 제정한다는 내용을 파리협정에 포함하는 대신, 선진국의 주장에 따라 기술 프레임워크가 제공하는 지침의 대상은 '당사국'이 아닌 '기술 메커니즘'으로 설정하는 것으로 절충되었다. 따라서 기존의 TTF가 '당사국들'의 기술 개발 및 이전 활동에 대한 방향성을 제공한다고 한다면, 기술 프레임워크는 '기술 메커니즘'의 활동에 방향성과 지침을 제공한다는 점이 큰 차이점이다. 또한, 파리협정에서 기술 프레임워크가 제정되었을

CHAPTER 12 기술개발 및 이전　　**325**

뿐, 기술 프레임워크가 구체적으로 무엇이며 어떻게 구성되는지에 대한 사항은 아무 것도 정해지지 않았다.

제10.5조는 기술 사이클의 초기단계에서 필요한 '혁신(innovation)'을 다루고 있다. 기술개발 및 이전은 기술성숙단계에 따른 사이클을 가지고 있으며, 이는 연구(research), 개발(development), 실증(demonstration), 활용(deployment), 확산(diffusion), 이전(transfer) 또는 상업화(commercialization) 단계로 구성된다(UNFCCC 2010, para 115). 앞서 언급된 TTF의 명칭에서 알 수 있듯이 2001년부터 2015년까지는 기술사이클의 후반부인 '기술이전'에 초점이 맞추어져 있다면, 파리협정에서는 연구·개발·실증(research, development and demonstration: RD&D) 단계, 즉 크게 보면 기술개발에 초점이 맞추어져 있다.

이에, 파리협정에서는 개도국에서의 혁신 노력이 지원되어야 한다고 강조한다. 이 혁신노력에 대한 지원 주체에는 기술 메커니즘과 재정 메커니즘이 포함되며, 이는 R&D에 대한 협력적 접근과 기술 접근성(특히, 기술주기의 초기 단계)을 촉진하기 위함이라고 명시되어 있다.

여기서 언급된 기술 접근성(technology access)은 크게 두 가지 측면에서 쟁점이 있었다. 첫 번째 쟁점은 공공섹터의 R&D 기술에 대한 접근성에 관한 것이다. 개도국은 개도국의 기술적/재정적 역량의 부족이 기술개발 및 이전에 중대한 장애요소(barrier)라는 입장에서, 선진국이 보유한 공공섹터의 R&D 기술에 대한 접근성을 높여줄 것을 요청하였다. 반면, 선진국은 기술 장벽이라는 용어가 아닌 기술개발 및 이전을 촉진하는 가능여건(enabling environment)에 대해서 다루며, 공공섹터 기술에 대한 접근성 보다는 기술에 대한 소유권이 집중된 민간섹터의 참여를 유도해야 한다는 입장을 띄었다.

두 번째 쟁점은 지적재산권(intellectual property right: IPR)과 관련되어 있다. 개도국은 세계무역기구가 무역 관련 지적재산권에 관한 협정(Agreement on Trade-Related Aspects of Intellectual Property Rights: TRIPS Agreement) 하에서 IPR 보유자에게 독점적 지위를 20년간 보호함에 따라, IPR 가격이 상승하였고, 재정적 역량이 부족한 개도국에서는 이 'IPR의 존재'가 장애요소로 존재한다는 입장에서, 다음의 세 가지 입장을 펼쳤다. 첫 번째는 기후기술에 대한 IPR 확보를 위한 별도의 메커니즘을 유엔기후변화협약 또는 파리협정 하에 설립할 것, 두 번째는 기후기술 IPR 구매를 위해 재정 메커니즘이 이를 지원할 것, 세 번째는 TRIPS Agreement의 환경친화기술에 대한 강제실시(compulsory licensing) 등의 유연성 체계를 활용해야 한다는 것이다.

반면, 선진국은 IPR은 기술개발에 있어 매우 중요한 촉매제로서, 환경친화기술의 확산에 있어 오히려 'IPR의 부재'가 장애요소로 작용한다고 언급하였다. 이에, IPR에 대한 사항은 유엔기후변화협약이 아닌 유엔 하의 세계지적재산권기구(World Intellectual Property Organization: WIPO)에서 논의되어야 한다고 언급하였다. 즉, 개도국은 실질적으로 내생적 역량을 키우기 위한 원천기술에 대한 IPR을 바라고, 선진국은 R&D에 있어 IPR을 보호하는 체계를 강조하였다.

이러한 논쟁이 불붙어 더 이상 합의점을 찾기 힘들게 되자, 공공 기후기술에 대한 접근 또는 지적재산권에 대한 표현들이 모두 삭제되었다. 선진국과 개도국은 공공기술 접근 및 지적재산권이 공통적으로 다루고 있는 사항은 결국 R&D 단계의 '기술 접근성'이라는 합의점에 도달하였다. 그리고 기술 접근성을 높이기 행동은 '혁신'이라는 테두리 안에서 진행되어야 한다는 합의안이 도출되었다.

마지막으로, 제10.6조는 지원의 방식과 지원 노력의 활용에 대해서 다루고 있다. 파리협정에서는 기술개발 및 이전에 대한 지원의 수혜자를 '개도국'으로 명시하고 있다. 그러나 그 지원의 제공자는 명시하지 않고 있다. 다만, 지원은 재정지원을 포함해서, 감축과 적응을 위한 지원의 균형을 달성하기 위해, 기술 사이클의 다양한 단계에 관계된 기술개발 및 이전에 대한 협력활동을 강화하는 것을 포함한다는 지원의 '방식'에 대해서만 서술되어 있다.

이러한 지원의 노력 '결과물'에 대해서는, 개도국을 위해 기술개발 및 이전을 중심으로 이루어진 '지원'에 대해서, 이 지원노력에 대한 가용정보가 협정 제14조에 규정된 전지구적 이행점검(global stocktake) 차원에서 제공되어야 한다고 명시되어 있다. 파리협정 상에서는 제공 정보의 범주, 수준, 내용 등이 구체적으로 나오지 않은 상태다.

동 사항에 대해 논의할 때, 지원의 수혜자인 '개도국'을 대상으로, 지원의 '제공자'가 누구이며 그 재원은 어떠한 방식으로 조달되어야 하는가에 대해서 논쟁이 있었다. 개도국은 기술개발 및 이전을 위한 재정지원을 위해, 재정지원의 주체는 선진국이어야 한다고 주장했고, 또한 녹색기후기금(Green Climate Fund: GCF)에 기존의 감축 및 적응 재원 창구(funding window) 이외에 기술창구(technology window)가 마련되어야 한다고 주장했다.

반면, 선진국은 재정지원의 주체를 구체적으로 명시하는 것에 대해 반대하였다. GCF의 기술 창구 설치에 대해서도 이는 GCF 이사회가 결정할 사안이며, 기존의 감축 및 적응 창구를 통해서도 기술개발 및 이전에 대한 사업에 대해 재원이 지원되는 시스템이므로, 별도의 창구를 설립하는 것에 대해서 반대하였다. 최종적으로, 파리협정 상에서 개도국에 대한 지원의 제공자는 명시되지 않았다. 또한, 재원 마련 방식에 대해서도 별도의 문안이 명시되지 않았다.

III. 파리협정 제10조의 의미[4]

앞서 언급된 파리협정 제10조의 6개 항에 대해서 하나하나 살펴보았다. 이 파리협정에서 주목할 점은 바로 기술개발 및 이전에 대해 세 가지 '주체'가 존재한다는 점이다. 이들을 중심으로 신기후체제의 행동방향이 도출되었다.

첫 번째 주체는 바로 '당사국(Parties)'으로, 모든 당사국들은 감축 및 적응 목표 달성을 위한 기술의 중요성에 주목하고 이러한 기술의 개발 및 이전에 대한 협력행동을 강화해야 한다는 의무를 갖는다(PA 2015, article 10.2). 두 번째 주체는 바로 '기술 메커니즘(Technology Mechanism)'이다. 그리고 세 번째 주체는 '기술 프레임워크(technology framework)'로, 기술 메커니즘이 당사국을 지원하는 업무 활동에 대해서 기술 메커니즘에 지침을 제공하는 역할을 하며, 파리협정 하에 제정되었다.[5]

여기서 주목할 점은 기술협력을 강화해야 한다는 의무가 주어진 '이행주체'로서 당사국들이 향후 어떻게 기술협력 의무를 이행해야 하는가에 대해서는 구체적으로 아무것도 결정되지 않았다는 점이다. 즉, 당사국들이 서로간의 기술협력을 강화해야 하는 방식은 열려 있다. 대신, 당사국들을 지원하는 '지원주체'로서의 기술 메커니즘이 설정되었다는 점에 주목할 필요가 있다. 즉, 파리협정 하에서 기술개발 및 이전을 '수행(serve)'하는 주체로서 기술 메커니즘이 설정되었는데, 여기서 기술 메커니즘은 당사국을 지원하는 기관인 것이다. 그렇다면, 기술 메커니즘은 당사국을 향후 어떻게 지원해야 하는가? 이에 대한 답이 바로 기술 프레임워크를 통해 가능해진다. 그

---

4 동 섹션은 오채운·이원아(2020)의 pp.3-5의 내용에 기반하여 작성되었다.

5 기술 프레임워크는 기술 메커니즘과 같이 조직을 갖춘 기구가 아닌 문서형태의 지침이므로, 기술 프레임워크가 '설립되었다'라는 표현보다 '제정되었다' 또는 '규정되었다'는 표현을 선택하고자 한다.

이유는 기술 프레임워크가 기술 메커니즘의 업무에 지침을 제공하는 주체이기 때문이다.

따라서 '당사국들'은 이행주체로서 다양하고 자발적인 방식으로 협력할 수 있다. 그런데 이 협력행동을 수행하는 과정에서 당사국들은 '기술 메커니즘'을 활용하게 된다. 그리고 기술 메커니즘이 2020년 이후 어떠한 방향성을 가지고 어떠한 지원업무를 당사국들을 대상으로 수행해야 하는 지는 '기술 프레임워크'의 지침에 의해 결정된다. 따라서 기술 프레임워크가 어떠한 내용의 지침을 담고 있는가가 신기후체제의 기술협력을 결정하는 핵심이다(오채운 외 2018b).

이에 따라, 기술 프레임워크란 신기후체제 하에서 당사국들이 기술 메커니즘을 활용한 기술협력의 방향성, 분야, 주체, 방식을 담은 지침이라고 할 수 있다. 그렇다면, 기술 프레임워크는 구체적으로 어떠한 내용을 담고 있는가? 아쉽게도 파리협정에서는 '기술 프레임워크'만 규정되었을 뿐, 구체적인 내용은 포함되지 않았다.

이는 무엇을 의미하는가? 바로 파리협정의 기술개발 및 이전에 대한 핵심 주체는 바로 기술 메커니즘이라는 점이다. 즉, 기술 메커니즘은 파리협정의 '기술개발 및 이전' 이행의 핵심으로 기술 프레임워크의 지침에 따라 개도국을 지원하는 지원 주체로서의 역할을 수행한다. 기술 메커니즘을 중심으로 파리협정 제10조의 이해를 위해 다음의 [그림 12-3]이 참고될 수 있다. 이러한 상황에서 파리협정을 이행하기 위해서는 이 '기술 메커니즘'을 중심으로 한 구체적인 이행규칙이 도출되어야 하는 것이다. 이에, 2016년부터 2018년까지 3년간 파리협정 이행규칙의 일환으로 두 가지 사항이 논의되었는데, 첫 번째는 기술 메커니즘에 지침을 제공하는 '기술 프레임워크'를 구체화하는 것이며, 두 번째는 기술 메커니즘이 파리협정을 제대로 수행했는지 여부를 평가하는 데에 필요한 '기술 메커니즘 주기적 평가'의 범주와 양식을 구체화하는 것이다([그림 12-3] 참조).

기술 프레임워크의 경우 과학기술자문부속기구(Subsidiary Body for Scientific and Technological Advice: SBSTA)가 구체화하는 작업을 수행하고, 기술 메커니즘의 주기적 평가의 경우, 이행부속기구(Subsidiary Body for Implementation: SBI)가 평가의 범주와 방법론을 구체화하는 것으로 결정되었다(UNFCCC 2015, paras 68 and 71). 3년간의 논의 결과, 이 두 가지 이행규칙은 2018년 12월 카토비체 기후 패키지(Katowice climate package)의 일환으로 도출되었다. 이에 다음 섹션에서는 기술 프레임워크의

그림 12-3 파리협정의 '기술개발 및 이전'에 대한 두 가지 이행규칙 도출 배경

※ 출처: 저자 작성

구체화 작업과 기술 메커니즘 주기적 평가 범주 및 양식의 구체화 작업에 대해서 차례대로 살펴보도록 하겠다.

IV. 파리협정 이행규칙: ① 기술 프레임워크

동 섹션에서는 파리협정 이행규칙으로 논의된 기술 프레임워크에 대해서 기술 프레임워크가 갖는 제도적 위상, 기술 프레임워크의 구성, 그리고 그 구성요소인 원칙과 5대 주요주제를 중심으로 구체적으로 살펴보도록 하겠다.

1. 기술 프레임워크의 제도적 위상[6]

먼저, 기술 프레임워크가 갖는 제도적 위상은 무엇인가? 파리협정 차원에서 기술 프레임워크에 대한 일반적인 위상은 '기술 메커니즘의 업무에 대해 지침을 제공하는 주체'로 도출되었다. 나아가, 2016년부터 기술 프레임워크를 구체화하는 협상과정에서, 이 위상이 보다 명확하게 설정되었다. 기술 프레임워크의 위상은 기술개발 및 이전에 대한 장기비전과 기술 메커니즘과의 관계성 속에서 설정되어 있다.

우선 파리협정에서 제10.1조에는 기술개발 및 이전에 대한 장기비전이 설정되어 있다. 파리협정 조항 10.1에 명시된 기술개발 및 이전에 대한 장기비전이 근본적 차원 (fundamental layer)으로 설정되었고, 기술 프레임워크는 이 장기비전을 추구하도록 설정되었다. 기술 메커니즘은 당사국들의 협력행동을 지원하는 이행 차원(implementing layer)으로서 존재한다. 그리고 기술 프레임워크는 이 기술 메커니즘의 업무에 전반

---

6 동 섹션은 오채운·이원아(2020)의 pp.6-7의 내용에 근거하여 작성되었다.

적인 '지침'을 제공하는 전략적 차원(strategic layer)으로서 존재한다. 이 관계성에 대해서는 다음의 [그림 12-4]를 참조할 수 있다.[7]

그림 12-4 기술 프레임워크의 위상

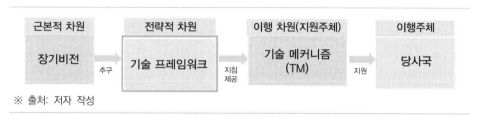

※ 출처: 저자 작성

한편, 2016년 이후의 파리협정 이행규칙 협상 과정에서 중남미카리브해연합(Independent Association of Lain American and the Caribbean: AILAC) 그룹은 신기후체제의 효과적인 이행에 필요한 기술 관련 업무라면 기술 메커니즘 뿐만 아니라 재정 메커니즘 등에서 수행하는 기술협력 사항을 모두 기술 프레임워크에 포함시키자고 주장하였다. 또한 이러한 접근법은 기술 프레임워크의 제도적·정책적 위상을 높일 수 있다고 주장하였다. 이에 선진국들은 기술 프레임워크의 중요성은 인정하나, 기술 프레임워크의 지침의 대상은 기술 메커니즘의 업무로만 한정해야 한다는 입장을 표명했다. 최종적으로는 선진국의 입장에 따라 기술 프레임워크가 제공하는 지침의 대상은 '기술 메커니즘'의 '업무(work)'로 한정되었다.

2. 기술 프레임워크의 구성

기술 프레임워크의 구체화 작업은 2016년 5월 제44차 과학기술자문부속기구(SBSTA) 회의를 기점으로 2018년 12월 제49차 SBSTA 회의를 거쳐 최종 마무리 되었다. 이를 통해 도출된 기술 프레임워크는 크게 i) 목적(purpose), ii) 원칙(principles), iii) 주요주제(key themes)의 세 가지 요소로 구성되어 있다([그림 12-5] 참조).

---

7 기술 프레임워크는 기술 메커니즘 업무의 효과성과 효율성을 증진시키는 데에 있어 전략적 역할을 수행한다는 점에 대해서 제46차 SBSTA 회의에서 논의가 시작되었다(UNFCCC 2016a, Annex). 관계성에 대한 사항은 기술 프레임워크는 기술개발 및 이전에 대한 장기비전과 일관성을 가지고 이를 추구하며, 기술 메커니즘은 기술개발 및 이전에 대해 파리협정을 수행하는 업무를 수행하고, 기술 프레임워크는 기술 메커니즘의 업무의 효과성 및 효율성을 위한 전략적 역할을 수행하는 것으로 결정되었다(UNFCCC 2016b, para 5).

먼저, 기술 프레임워크의 '목적'은 파리협정 제10.4조의 내용에 근거하여, 기술 개발 및 이전 행동 촉진에 관해 기술 메커니즘 업무에 지침 제공하는 데 있다. 기술 프레임워크는 파리협정에 명시된 전환적 변화(transformational change)와 기술개발 및 이전의 장기 비전 달성을 통해 기술집행위원회(TEC)와 기후기술센터네트워크(CTCN)로 구성되어 있는 기술 메커니즘 업무의 효과성과 효율성을 향상시키는 전략적인 역할을 할 수 있다.

다음으로, 기술프레임워크의 '원칙'은 기술 메커니즘이 업무를 수행하는 과정에서 지켜야 하고 지향해야 하는 근본적인 방향을 의미한다. 즉 기술 프레임워크는 ① 일관성, ② 포용성, ③ 결과지향성, ④ 전환적 접근, 그리고 ⑤ 투명성의 다섯 가지 원칙으로 구성되어 있다. 이중에서 일관성, 포용성, 결과지향성은 한국이 제안한 원칙이다. 전환적 접근은 중남미카리브해연합(AILAC) 그룹이 제안하였고, 투명성은 유럽연합(European Union: EU)이 제안하였다.

그리고 주요 주제는 기술 메커니즘이 반드시 지원해야 하는 업무 영역을 의미한다. 여기에는 다섯 가지 주요주제가 존재하는데, ① 혁신, ② 이행, ③ 가능여건과 역량배양, ④ 협력과 이해관계자 참여, 그리고 ⑤ 지원이 바로 그것이다.

그림 12-5 기술 프레임워크의 구성

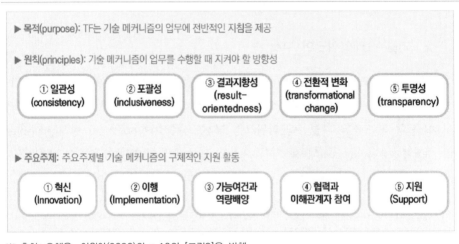

※ 출처: 오채운 · 이원아(2020)의 p.10의 [그림3]을 발췌

3. 기술 프레임워크의 원칙[8]

기술 프레임워크의 원칙은 다섯 가지로 구성되어 있다. 이 원칙에 대해 주의할 점은 '기술개발 및 이전에 대한 원칙'이 아니라, '기술 프레임워크에 대한 원칙'이라는 점이다. 기술 프레임워크의 구체화를 위한 협상 당시, '기술개발 및 이전에 대한 원칙'으로서 논의가 이루어지는 것에 대해 선진국들은 이 원칙들이 기술개발 및 이전에 대한 국제협력의 일반적인 원칙으로 확장되는 것을 우려하였다. 이에 따라 논의를 '기술 프레임워크'에 대한 원칙으로 한정함으로써, 이 원칙이 적용되는 일차적이고 직접적인 대상은 기술 메커니즘으로 그 범위를 명확히 하였다. 이제 이 원칙에 대해서 하나씩 살펴보도록 하겠다.

첫 번째로, 일관성(consistency)은 크게 세 가지 측면에서 해석된다. 먼저 기술 메커니즘의 지원 행동/활동이 파리협정의 기술개발 및 이전에 관한 장기비전(제10.1조)과 파리협정의 여타 조항과 일관되어야 한다는 점이다. 다음으로, 기술 메커니즘의 지원 행동/활동이 유엔기후변화협약 하에서 수행되는 당사국들의 국가계획 및 국가전략과 연계되어야 한다는 점이다. 마지막으로, 국제적으로 존재하는 다양한 기후변화제도 하에서 수행되는 여러 국제적 행동과 연계되어야 한다는 점이다.

두 번째 원칙은 포괄성(inclusiveness)으로, 이 역시 다면적이다. 우선 이해관계자들의 포괄적인 참여가 이루어져야 한다는 점이다. 다음으로 국제사회에 존재하는 중요한 가치들에 대해서 포용적으로 접근해야 한다는 것이다. 이러한 가치들로는 지속가능 발전(sustainable development), 젠더(gender), 최빈국 및 군소도서국들의 특별한 상황(special circumstances)에 대한 고려, 토착민들의 역량(indigenous capacity) 및 내생적 역량(endogenous capacity)의 강화 등이 있다.

세 번째 원칙은 결과지향성(result-orientedness)이다. 기술 메커니즘의 당사국들의 협력행동에 대한 지원 활동은 결과에 기반해야 하며, 이는 결과(output), 성과(outcome), 그리고 영향(impact)을 도출해야 한다는 내용이다.

네 번째는 전환적 변화(transformational change)이다. 기술협력 지원 행동/활동은 단순한 기술협력이 아니라, 기술적 전환 그리고 더 나아가 사회적 전환으로 이어지는 전환적 변화(transformational change)를 추구해야 한다는 내용이다.

---

8 동 섹션은 오채운·이원아(2020)의 pp.11-12의 내용에 기반하여 작성되었다.

다섯 번째는 투명성(transparency)이다. 기술 메커니즘의 지원활동에 대한 결과, 비용, 업무 프로세스가 투명하게 진행되어야 하며, 이는 계획 수립, 자원 관리, 활동 및 지원에 대한 정보의 보고(reporting)에 적용된다.

4. 기술 프레임워크의 5대 주요 주제[9]

기술 프레임워크의 핵심은 바로 주요주제(key themes)다. 이는 기술 메커니즘이 당사국들의 협력행동을 지원하는 분야로, 기술 메커니즘의 업무 분야라고도 할 수 있다. 다섯 가지 주요주제는 1) 혁신, 2) 이행, 3) 가능여건과 역량배양, 4) 협력과 이해관계자, 5) 지원이다.

가. 혁신

첫 번째 주요주제는 혁신(innovation)이다. 혁신은 파리협정 제10.6조에도 등장하는 용어로서, 신기후체제 기술협력의 중점 영역이다. 파리협정 하에서 혁신의 가속화(accelerating) · 촉진(encouraging) · 가능화(enabling)가 강조되었고, 그 방식으로는 연구개발에 대한 협력적 접근과 기술사이클의 초기단계에 대한 기술접근성이 강조되었다(PA 2015, article 10.6). 주요주제를 설정하는 과정에서 개도국은 '혁신과 연구 · 개발 · 실증(Research, Development and Demonstration: RD&D)'을 제안하였다. 또한, 제목뿐만이 아니라 동 주제 하에서 기술 메커니즘이 수행해야 하는 활동으로 RD&D가 반드시 포함되어야 한다고 주장하였다. 그러나 선진국은 RD&D 과정에서 필요한 재원 이슈와 혹여 발생할 수도 있는 IPR 이슈를 우려하였고, 혁신이 RD&D를 포괄하는 표현이기 때문에 RD&D를 제목에서 삭제해야 할 뿐만 아니라 RD&D 활동은 기술 메커니즘이 수행해야 할 행동/활동이 아니라고 주장하였다. 최종적으로는 개도국의 강력한 주장에 따라 RD&D에 대한 활동이 구체적인 활동으로 포함되는 대신, 제목에서는 RD&D가 빠진 혁신으로만 결정되었다.

동 주요주제 하에서는 기후기술의 RD&D를 위한 새로운 협력적 접근 방법으로 관련된 정책이나 재정 기반을 설립하여 국가의 혁신 환경을 조성하고, 민간분야의 참여와 협력을 모색하는 것과 같이 하나의 방법론이 아닌 다양한 접근방식을 시도하고 있다. 이러한 혁신을 위한 기술 메커니즘의 행동/활동으로 크게 3가지 업무 분야

---

9 동 섹션은 오채운 · 이원아(2020)의 pp.13-18의 내용에 기반하여 작성되었다.

가 도출되었는데, 이는 ① 협력적 RD&D, ② 혁신을 위한 가능정책 및 재정의 활성화, ③ 민간분야의 참여와 민관협력이다. 이 각각의 분야를 토대로, 기술 메커니즘의 행동/활동이 다음과 같이 도출되었다([표 12-2] 참조).

표 12-2 '혁신'에 대한 기술 메커니즘 행동/활동

• **(① 혁신을 위한 가능정책 및 재정의 활성화)** – 국가 차원에서 제도(환경전략, 법적, 규제 프레임워크 등) 개선에 대한 지원과 국가혁신시스템 강화를 통한 지원 – 국제 기술 RD&D 파트너쉽/이니셔티브에 대한 정보를 공유하고, 또한 국가 차원의 RD&D 정책/활동에 대한 정보를 공유 – 신규 이머징(emerging) 기술의 규모화 및 기존 혁신기술의 개발·보급 촉진 – 기후변화 적응 및 온실가스 감축 측면에서 장기적인 기술적 변화를 통해 기후 기술이 개발될 수 있도록 지원
• **(② 협력적 RD&D)** 협력적 RD&D에 대한 보편적 정의는 아직 내려지지 않은 상태. 다만, RD&D가 수행되는 형태가 '협력적'으로 이루어진다는 방법론적 측면을 강조 (오채운 외 2019). – 국제 RD&D 파트너십 및 이니셔티브를 활용한 기후기술 RD&D 촉진 – 당사국들의 공동 RD&D 활동 착수 시 당사국들에 대한 지원 – 협력적 RD&D에 대한 개도국의 효과적 참여를 제고할 수 있는 방안 모색
• **(③ 민간분야 참여 및 민관협력)** – 혁신기술 개발 단계에서 민간분야 참여 활성화를 도모해야 하며, 이를 위해 민간분야 참여를 장려하는 방안을 모색하고, 민관 분야 파트너십을 촉진

※ 출처: 오채운·이원아(2020)의 p.14의 [그림1]을 발췌. 원 자료는 UNFCCC(2019a)의 para 8에 기반.

나. 이행

두 번째 주요주제는 이행(implementation)이다. 이 주요주제는 개도국이 제시하였는데, 이에 대해서 선진국은 '이행'이 무엇을 의미하며, 이 주요주제 하에서 기술 메커니즘이 어떠한 지원을 해야 하는가에 대해서 의문을 제기했다. 이에 따른 논의의 결과, 여기서 말하는 '이행'은 기본적으로 당사국들의 이행을 의미한다. 즉, 당사국들이 감축 및 적응 행동을 위해 사업/프로그램(project/programme) 수준에서 이행을 촉진한다는 것이다. 따라서 동 주요주제 하에서 기술 메커니즘은 당사국들이 '이행'하는 데에 필요한 사항으로 기술수요평가(Technology Needs Assessment: TNA)와

기술 로드맵을 효과적으로 사용하도록 지원해야 한다는 것이다. 또한 TNA와 기술로드맵에 기반하여 감축/적응 행동을 이행할 때 필요한 사항은 이전가능 기술(technologies that are ready to transfer)에 대한 평가와 기술이전의 장벽에 대한 이해와 대응법이다. 이에, 당사국들의 이행을 지원하기 위해 기술 메커니즘이 지원해야할 업무 분야는 ① 기술수요평가(TNA), ② 이전 가능 기술의 평가, ③ 장애요소(barrier)가 세 가지로 설정되었다([표 12-3] 참조).

표 12-3 '이행'에 대한 기술 메커니즘 행동/활동

- **(① 기술수요평가)**
- 당사국들의 국가 기술수요평가 활동 및 이에 대한 갱신을 촉진하고, TNA 결과물의 이행 향상
- 당사국들의 TNA 결과를 국가결정기여(Nationally Determined Contribution: NDC)와 연계, 국가 적응계획(National Adaptation Plan: NAP)과 연계, 그리고 국가 저탄소개발 전략의 이행과 이행의 일관성 제고
- TNA 작성 지침에 대한 검토 및 갱신

- **(② 이전 가능 기술의 평가)**
- 이전가능한 기술을 평가하는 데 필요한 접근법/수단/방법을 모색하고 개발

- **(③ 장애요소)**
- 사회 및 환경적으로 건전한 기술의 개발 및 이전을 위한 가능환경을 증대시키고 장애요소를 해결하기 위한 권고사항을 모색하고 개발

※ 출처: 오채운·이원아(2020)의 p.15의 〈표2〉를 발췌. 원 자료는 UNFCCC(2019a)의 para 12에 기반.

다. 가능여건과 역량배양

세 번째 주요주제는 가능여건과 역량배양(enabling environment and capacity-building)이다. 개도국은 기술개발 및 이전을 위한 국가 차원의 활동을 수행하는 과정에서 여러 가지 문제점들을 직면하게 되는데, 이 문제점들은 경제·재정적 측면, 시장 상황, 법·규제, 네트워크, 제도, 기관역량, 인적자원, 사회·문화·행동의 차이 등 매우 다차원적이다. 이러한 문제들을 극복하기 위해서는 개도국의 상황과 필요사항들을 고려하여 지원할 필요가 있다. 이에, 기술 메커니즘은 개도국에서 기술개발 및 이전 활동에 필요로 되는 가능한 여건(enabling environment)을 조성하고 개도

국의 역량을 강화(capacity-building)하기 위한 지원을 수행해야 한다([표 12-4] 참조).

표 12-4 '가능여건과 역량강화'에 대한 기술 메커니즘 행동/활동

- (① 가능여건)
- 기후기술의 개발 및 이전에 대한 대중 인식 제고
- 기후기술에 대한 투자 친화적인 환경 증대
- 내생적(endogenous) 및 성인지적(gender-responsive) 기술 촉진 환경 증대
- 민간 및 정부의 노력을 장려하는 가능환경 정책 개발
- 가능환경과 우호적 시장 여건을 조성하는 정책, 규제, 표준을 계획하고 이행
- 기술 개발 및 이전을 위한 모범사례, 경험, 지식의 교환

- (② 역량강화)
- 기술 사이클 상 각기 다른 단계에서 필요한 역량강화 정보를 구성 및 분석
- 기후기술의 내생적 역량 개발/증대 및 토착 지식의 활용
- 역량배양 조직 및 기관들의 협력을 통한 시너지 창출
- 당사국들의 국가지정기구(NDE, National Designated Entity) 역량 증대
- 파리협정 목표에 따라 기술적 전환을 계획·점검·달성하는 데에 필요한 역량 증대

※ 출처: 오채운·이원아(2020)의 p.16의 〈표3〉을 발췌. 원 자료는 UNFCCC(2019a) para 16에 근거.

라. 협력과 이해관계자

네 번째 주요주제로서, 기후기술의 개발 및 이전에서 이해관계자들의 참여와 협력(collaboration and stakeholder engagement)은 매우 중요하다. 특히, 기술 사이클의 여러 단계에서 지역·국가·국제 단위로 이해관계자들의 참여가 중요하다. 또한 이해관계자들 간의 협력은 중복성을 회피하고, 일관성을 확보하는 것이 필요하다. 이에 따라, 기술 메커니즘은 개방적이고 포괄적으로 이해관계자들의 적극적인 협력과 참여를 도모해야 하며, 이를 위해 ① 주요 이해관계자와의 참여와 ② 기타 기관 및 이니셔티브와의 협력으로 지원 활동/행동이 구분되어 있다([표 12-5] 참조).

표 12-5 '협력과 이해관계자 참여'에 대한 기술 메커니즘 행동/활동

- (① 이해관계자 참여)
- 기술 메커니즘 활동의 계획 및 이행 시, 해당 개도국 이해관계자*의 참여와 협력의 강화
* 지역 커뮤니티, 정부기관, 국가 정책 입안자, 민간섹터, 시민단계

> – 민간 섹터의 자발적인 참여와 협력 증대
> – 국가지정기구(NDE)와 이해관계자 간의 참여 증대

> • (② 협력)
> – 학계와 과학공동체를 포함해 관련 국제기구, 기관, 이니셔티브와의 협력 및 시너지를 증대시켜 이들
> 의 새로운 혁신기술에 대한 세부적인 전문성, 경험, 지식을 활용

※ 출처: 오채운·이원아(2020)의 p.17의 〈표3〉을 발췌. 원 자료는 UNFCCC(2019a)의 para 20에 근거.

마. 지원

다섯 번째 주요주제인 지원(support)은 단순한 재정 지원을 넘어서, 파리협정의 기술개발 및 이전에 해당하는 제10조를 이행하기 위해 필요한 모든 측면의 지원을 의미한다. 이와 관련하여, 기술 메커니즘이 당사국들을 지원할 때에는 젠더, 기술개발 및 이전의 내생성과 토착성을 고려해야 한다. 또한, 다양한 출처로부터 공급 및 동원되는 지원은 파리협정 제10조의 이행에 결정적이며 기술개발 및 이전을 위한 협력 활동을 증진시킬 수 있다. 또한 기술 메커니즘의 모니터링 및 평가는 제공된 지원의 효과성을 강화시킬 수 있다. 이러한 관점에서 기술 메커니즘의 '지원'활동/행동은 ① 지원의 제공과 ② 지원 정보의 모니터링 및 제공에 대한 활동으로 구분된다([표 12-6] 참조).

표 12-6 '지원'에 대한 기술 메커니즘 행동/활동

> • (① 지원의 제공)
> – 기술 메커니즘과 재정 메커니즘 간의 협력 증대
> – 기술 사이클상에서의 각 단계별로 혁신재정 및 투자를 모색하고 장려
> – 개도국 기술지원 증대 및 기존 주요주제 상에서 논의된 사항들에 대한 지원
> – 무상 및 현물 지원과 같은 다양한 출처와 다양한 형태의 지원 동원 강화

> • (② 지원 정보의 모니터링 및 제공에 대한 활동)
> – 기술 메커니즘의 활동과 지원을 모니터링하고 추적하는 시스템의 개발 및 향상. 여기서 도출된 정보
> 를 파리협정 제13조(강화된 투명성체계) 및 제14조(국제이행점검)에 기여(활용)하는 활동을 의미

※ 출처: 오채운·이원아(2020)의 p.18의 〈표5〉를 발췌. 원 자료는 UNFCCC(2019a)의 para 25에 근거.

V. 파리협정 이행규칙: ② 기술 메커니즘의 주기적 평가 범주 및 양식[10]

앞서 살펴본 파리협정의 기술개발 및 이전에 대한 첫 번째 이행규칙인 '기술 프레임워크'에 이어, 이제 두 번째 이행규칙인 '기술 메커니즘의 주기적 평가에 대한 범주(scope) 및 양식(modalities)'에 대해서 살펴보겠다. 이 논의는 제21차 당사국 총회에서 기술 메커니즘의 파리협정 수행에 대한 주기적 평가를 진행할 것을 결정한 이후, 이와 관련하여 평가에 대한 범주와 양식에 대한 논의가 이행부속기구(SBI)를 통해 진행되었다.

1. 평가 범주

주기적 평가 '범주'와 관련하여, 평가범주는 크게 효과성(effectiveness)과 적정성(adequacy)으로 구분된다. 효과성 범주는 기술 메커니즘인 기술집행위원회(TEC)와 기후기술센터네트워크(CTCN)가 업무를 효과적으로 수행하고 있는지를 평가하는 논의이다.

효과성 평가 범주는 '평가지표'와 평가 '대상업무(work)'를 중심으로 협상이 진행되었다. 먼저 평가지표의 경우, 처음에는 기술 메커니즘이 수행한 활동의 영향(impact), 결과(outcome), 그리고 대응성(responsiveness)으로 논의가 되었다. 그런데, 이에 대해서 선진국들은 평가지표를 줄이고 특히 기술 메커니즘 활동의 평가 수준을 낮추기 위해서 결과(outcome) 지표를 제외한 여타 지표들을 삭제해야 한다는 입장이었다.[11] 이에 영향/성과(결과)/대응성이라는 평가지표별로 구체적인 세부 평가지표를 도출하는 접근 자체를 반대하였다. 한편, 개도국들은 세 가지 평가지표를 유지하는 것에 대해서 찬성하고 각 지표별로 세부 평가지표를 도출하는 것을 주장하였다. 또한, 세부적인 평가지표를 도출하는 과정에서, 개도국들은 기술 메커니즘 업무의 결과로써 기술적 요소(기술개발 및 이전 흐름 및 정도 등)가 포함되어야 한다고 주장하고, 선진국은 기술적 요소에 대해 정보 측정이 어렵기 때문에 세부 평가지표로 포함하는 것에 대해서 반대하였다.

---

10 동 섹션은 오채운(2019), 오채운 외(2018), 협상에 직접 참여하여 수집한 내용을 근거로 작성되었다.
11 기술 메커니즘에 대한 평가수준이 강화될수록 평가비용이 상승할 뿐만 아니라 평가의 엄격성으로 인해 기술 메커니즘 업무의 미비함이 지적될 가능성이 높게 된다. 이는 기술 메커니즘의 활동이 강화되는 것으로 연결되어 궁극적으로는 기술 메커니즘에 필요한 재원 확대가 필요하다는 논리의 근거가 되기 때문에, 선진국은 평가 프로세스의 간소화를 선호하는 것으로 판단된다.

한편, 평가대상이 되는 기술 메커니즘의 업무의 경우, 개도국들은 기술 메커니즘의 업무 중에서 어떠한 업무가 평가대상이 되어야 하는지를 구체적으로 나열해야 한다고 주장하였고, 선진국들은 평가기준과 평가 대상업무의 구분이 불명확하다고 반대하였다.

최종적으로는 '평가지표'의 경우 선진국의 주장에 따라, 평가지표를 설정하는 방향성으로서 영향(impact)·결과(outcome)·산출(output)을 설정하고 구체적인 평가항목들을 도출하되 이 평가항목들을 각 평가지표 별로 구분하지는 않는 것으로 결정되었다. 구체적인 평가항목으로는 12개 항목이 도출되었는데, 이는 1) 전환적인 변화의 촉진 여부, 2) 파리협정 제10조에 명시된 장기비전 달성에 기여 여부, 3) 기술개발 및 이전에 대한 협력적 행동강화에 기여 여부, 4) 국가결정기여(NDC)과 기술수요평가(TNA)의 기술 요소의 이행 강화 여부, 5) 잠재적인 배출감축을 포함한 기술지원, 기술해결책 제공 건수, 투자 등을 통해 정량적인 영향 도출 여부, 6) 비용효과적 및 비용 효율적인 방식으로 업무 수행 여부, 7) 기술 메커니즘의 운영기구들이 각기 업무계획을 이행한 방법 및 이행 성공 여부, 8) 도전과제 극복 여부, 9) 개선 사항에 대한 확인된 기회들이 있었는지 여부, 10) 기술개발 및 이전과 관련한 사항에 대해서 파리협정 이행 지원에 있어 이해관계자들과 협력 여부, 11) 기술 프레임워크에 제공된 지침에 따른 대응 여부, 그리고 12) 파리협정에 기반한 기존 지침 및 당사국들로부터의 지침에 대한 대응 여부이다.

'평가대상 업무'에 관해서는 개도국의 주장에 따라 평가대상 업무를 유지하는 것으로 결정되었다. 그리고 평가대상 업무로는 크게 네 가지가 결정되었는데, 이는 1) 기술집행위원회(TEC)가 파리협정 이행을 지원한 업무, 2) 기후기술센터네트워크(CTCN)가 파리협정 이행을 지원한 업무, 3) TEC와 CTCN 간의 협력, 그리고 TEC 및 CTCN과 파리협정 하의 다른 기구/제도 간의 연계(linkage), 그리고 4) 기술수요평가 업무 및 기술행동계획(technology action plans)의 이행이 포함되었다(UNFCCC 2018, Decision 16/CMA.1 Annex I paras 2 and 3).

한편, 적정성에 대한 평가범주는 기술 메커니즘에 제공된 지원이 적절한지를 평가하기 위한 평가지표다. 기술 메커니즘에 제공된 지원의 종류에는 재정적(financial) 지원이나 현물(in-kind) 지원이 포함되는데 감축이나 적응 활동에 대한 내용, 기술 사이클의 다양한 단계에서 진행되는 활동을 포함한다. 기술 메커니즘에 제공된 지원의 적정성 범주에는 i) 지원 수혜기관, ii) 지원제공자, iii) 지원형태, iv) 지원활용, v) 지원 수준 및 변화, vi) 지원의 예산 및 계획 충족 정도 등에 대해 다룬다(*Ibid.*, Decision 16/CMA.1 Annex I para 4).

적정성 평가지표를 중심으로 한 협상은 크게 기술 메커니즘에 지원을 제공하는 주체, 지원의 수준, 그리고 지원의 갭(gap)을 중심으로 쟁점이 있었다. 먼저, 기술 메커니즘에 대한 지원 제공 주체에 대해서 개도국은 선진국이 기술 메커니즘에 대한 지원을 제공해야 한다고 주장하였고, 선진국은 파리협정은 '모든 당사국(all Parties)'의 참여와 지원이 필요하다고 주장하였다. 특히, 스위스 등의 선진국은 '선진국'으로 지원 제공주체를 한정할 경우 한국과 같은 여타 당사국(other Parties/Parties in a position to do so)의 지원 노력을 충분히 반영할 수 없다고 반대하였다. 최종적으로는 선진국이 제공한다는 문안이 삭제되었다.

다음으로 지원의 수준과 관련하여, 개도국은 지원이 얼마나 강화되어(enhanced) 제공되었는지 여부를 판단할 수 있도록 동 사안이 평가기준에 포함되어야 한다고 주장하고, 선진국은 이를 반대하였다. 이에, 절충안으로 지원 제공이 얼마나 변화되었는가(changed)로 변경하는 것으로 합의되었다.

그리고 지원의 갭(gap)과 관련하여, 개도국은 기술메커니즘에 제공된 지원이 기술 메커니즘의 업무를 수행하는 데에 필요한 예산 및 지원 사항을 충족하는 지 여부를 평가기준으로 항목화해야 한다고 주장하였고, 선진국은 이를 반대하였다.

최종적으로 적정성 평가지표는 크게 6가지 항목으로 결정되었다. 첫 번째는 지원 수혜기관(recipients)으로 TEC와 CTCN이 합의되었고, CTCN은 국가지정기구(NDE)를 포함하는 것으로 합의되었다. 두 번째는 제공된 지원의 출처(sources)로 합의되었으며, 이에 지원제공자가 선진국인지, 모든 당사국인지, 여타 당사국인지에 대한 모든 표현이 삭제되었다. 세 번째는 지원의 형태(types)다. 네 번째는 기술 사이클 상의 다양한 단계별로 행동들을 고려하여, 지원의 활용(how the support was used)에 대해 다루고 있다. 이는 기술 메커니즘이 받은 지원이 감축행동, 적응행동, 또는 범분야 행동으로 활용되었는지 여부를 명시토록 합의되었다. 다섯 번째는 제공된 지원의 수준(level)과 이의 변화(change)이다. 마지막으로 여섯 번째는 제공된 지원이 기술 메커니즘이 수행해야 할 업무에 필요한 예산 및 계획을 충족했는지 정도(extent)로 합의되었다(*Ibid.*, Decision 16/CMA.1 Annex I para 4).

2. 평가 양식[12]

평가양식에 관해서는 크게 1) 평가 절차(프로세스), 2) 평가 형태, 3) 평가 시 활용 자료/정보, 4) 평가 시기 및 기간, 그리고 5) 평가 결과물 및 평가결과물의 활용이라는 다섯 가지 측면에서 논의가 이루어졌다.

먼저, '① 평가절차'의 경우, 개도국들은 기술 메커니즘의 운영기구인 CTCN에 대해 UNFCCC 하에서 4년마다 수행되는 CTCN 외부독립평가의 평가 수준이 기술 메커니즘 주기적 평가에도 적용되기를 희망하였다. CTCN 독립평가는 UNFCCC 당사국총회(Conference of the Parties to the UNFCCC: COP)가 평가주체이며, 평가수행자는 외부 평가전문기관이 담당하고 평가보고서를 작성하게 되어 평가의 독립성과 엄격성이 담보된다. 이에 기반해 개도국들은 협상 초창기에는 평가수행 및 보고서 작성자가 외부의 독립 평가자로 설정되어야 한다고 주장하였고, 중간평가는 SBI가 수행하고, 최종 평가주체는 파리협정 당사국총회(Conference of the Parties serving as the meeting of the Parties to the Paris Agreement: CMA)가 담당해야 한다고 주장하였다. 이 경우, SBI는 사무국이 작성한 보고서에 대해 분석 및 검토를 하고, 이에 대한 최종보고서 작성 지침을 사무국에 제공하며, 최종보고서에 대한 권고안을 준비하게 된다.

한편, 선진국들은 평가 수행 및 보고서 작성자가 UNFCCC 사무국으로 설정해야 하며, 최종 평가주체를 SBI로 하고, CMA는 평가 프로세스를 진행하는 주체로 남아야 한다고 주장하였다.

'② 평가 형태'의 경우 개도국들은 평가가 정량 및 정성적으로 이루어져야 한다고 주장하였다. 특히 UNFCCC 하의 CTCN 외부독립평가의 경우에 정량정보가 이미 수집되고 활용된다고 주장하였다. 이에 대해 선진국은 정성정보만으로 충분하다고 주장하였다.

다음으로 '③ 평가 활용자료'의 경우, 개도국들은 UNFCCC 하에서 4년마다 수행되는 CTCN 외부독립평가 결과, 파리협정 제13조의 행동과 지원의 투명성에 기반해 당사국들이 작성하는 투명성 보고서의 기술지원에 대한 사항, IPCC 보고서, 그리고 파리협정 제14조에 명시된 전지구적 이행점검의 실시 결과가 기술 메커니즘 평가시 활용되어야 한다고 주장하였다. 반면, 선진국은 당사국 투명성 보고서 및 전지구적

---

12 동 섹션은 2018년 12월 폴란드 카토비체에서 개최된 기후변화회의 협상내용을 토대로 작성되었다.

이행점검 결과를 평가 시 정보로 활용하는 것에 대해서 반대하였다.

다음, '④ 평가 시기'의 경우에는 일부 개도국은 CTCN 외부독립평가의 주기가 4년이라는 점을 감안하여 기술 메커니즘 주기적 평가의 주기를 4년에 맞추어야 한다고 주장하였으나, 선진국은 기술 메커니즘 주기적 평가가 '파리협정' 하에서 파리협정 이행에 대한 효과성 및 적정성을 평가하는 것이 주목적이므로 5년마다 수행되는 전지구적 이행점검 프로세스에 맞추어 5년 주기로 이행되어야 한다고 주장하였다. 평가기간과 관련해서는, 주기적 평가 프로세스를 시작하고 종료하는 데까지 걸리는 기간에 대해서는 개도국 및 선진국 모두 1년 또는 그 이하의 기간으로 수행되어야 한다는 입장으로 큰 이견이 없었다.

그리고 '⑤ 평가 결과'의 경우, 선진국은 주기적 평가의 결과로서 도출되는 '결과물'을 별도로 그리고 구체적으로 명시할 필요가 없다는 입장이었다. 반면, 개도국들은 결과물을 구체적으로 명시해야 한다고 주장하였다. 더 나아가, 개도국들은 구체적으로 명시된 평가 결과물들이 어떻게 활용되어야 하는지에 대해서도 명시되어야 한다고 주장하였다. 이에 대해서 개도국들은 '기술 프레임워크의 갱신', '기술 메커니즘의 기능 변경', 그리고 '전지구적 이행점검에 대한 자료'로 활용되어야 한다고 다양한 측면에서 주장하였다.

이상 다섯 가지의 논의과정에서 공통적으로 등장한 쟁점사항으로는, CMA 하의 기술 메커니즘의 주기적 평가와 COP 하에서의 CTCN 외부독립평가 간의 관계를 어떻게 설정할 것인가였다. 개도국은 평가시기 등이 중복될 수 있다는 점과 평가결과의 활용이 연계된다는 측면에서 두 프로세스 간의 연계(alignment)를 강조하였으나, 선진국들은 두 개 프로세스는 별개의 프로세스로 분리해서 접근해야 하며, 평가범주가 중복되는 문제에 대해서는 향후 추가적으로 고려될 수 있다는 입장이었다.

최종적으로, 먼저 '① 평가절차'에 대해서는, 개도국과 선진국의 입장을 절충하여, 평가 주체는 CMA로, 평가 수행 및 보고서 작성 주체는 UNFCCC 사무국으로, 그리고 중간보고서를 고려하고 사무국에 최종 보고서 작성에 대한 지침을 제공하는 주체로 SBI가 설정되었다. '② 평가 형태'의 경우 개도국의 주장대로 평가가 정량 및 정성적으로 고루 이루어지는 것으로 정리되었다. '③ 평가 활용자료'에 대해서는, 여섯가지 자료가 합의되었는데, 1) 기술 프레임워크, 2) TEC 및 CTCN이 CMA에 제출하게 되는 공동연차보고서, 3) 기술개발 및 이전과 관련된 사항에 대해 파리협정의 이행과 관련된 UNFCCC 여타 보고 문서 및 프로세스, 4) 이해관계자들이 제공한 정보, CTCN 외부독립평가를 통해 도출된 문서 및 결과물, 그리고 IPCC 보고서이다. 즉, 개도국이 요청한 IPCC 보고서는 삽입되었고, 선진국의 주장을 반영해 투명성 업무 및 전지구적 이행점검 결과는 모두 삭제하는 것으로 결정되었다. '④ 평가주기/기간'에 대해서는 5년마다 실시되며 수행기간은 1년 또는 그 이하로 결정되었다. '⑤ 결과물 및 이에 대한 활용'으로는 SBI를 통해 CMA에 제출되는 (평가결과) 보고서로 결정되었으며, 결과물의 활용은 기술 프레임워크의 갱신에 대한 CMA의 권고안을 도출하는 것으로 결정되었다(UNFCCC 2018, Decision 16/CMA.1 Annex I paras 6 and 11). 기술 메커니즘 주기적 평가의 범주 및 양식에 대한 최종 결정은 [그림 12-6]과 같이 정리될 수 있다.

그림 12-6 기술 메커니즘의 주기적 평가 범주 및 양식

▶ **평가** 범주
 – **기술 메커니즘이 수행한** 지원의 효과성
  ▪ **평가기준**: 영향(impact), 성과(outcome), 산출(output)
  ▪ **평가대상 업무**: TEC와 CTCN이 파리협정 이행의 지원 업무, TEC-CTCN 협력/여타 기구 및 제도 협력/TNA 업무 및 이행
 – **기술 메커니즘에 제공된** 지원의 적정성
  ▪ ①지원 수혜기관(TEC, CTCN), ②지원제공자, ③지원형태, ④지원활용, ⑤지원 수준/변화, ⑥지원의 예산/계획 충족 정도
▶ **평가** 양식
 – 평가 프로세스 (CMA, SBI 역할)
 – 평가 형태(정량 및 정성)
 – 평가 시 활용 정보
 – 시기/기간(매 5년, 1년 이하 수행)
 – 결과물(CMA 보고서 및 기술 프레임워크 갱신에 대한 CMA 권고안)

※ 출처: 오채운(2019)의 [그림3]을 발췌. 원 자료는 UNFCCC(2018)가 근거

VI. 파리협정 이행규칙 간의 관계성

파리협정의 '기술개발 및 이전'에 대한 세부 이행규칙은 기술 메커니즘을 중심으로 '기술 프레임워크'와 '기술 메커니즘 주기적 평가의 범주 및 양식'으로 구분된다. 앞서 설명한 바와 같이, 기술개발 및 이전에 대해서는 '기술 메커니즘'이라는 지원주체가 파리협정 제10조의 중심이 되었으며 이 메커니즘에 지침을 주는 전략적 차원으

로 기술 프레임워크가 존재하고, 기술 메커니즘이 파리협정을 제대로 수행했는지 여부를 평가하기 위한 주기적 평가가 평가 차원에 놓이게 된다. 이 주기적 평가 시 활용되는 주요 자료에 기술 프레임워크가 포함되어 있다(UNFCCC 2018, Decision 16/CMA.1 Annex).

즉, 기술 메커니즘이 기술 프레임워크의 지침에 따라 제대로 수행했는지 여부를 평가한다는 의미이다. 또한, 기술 메커니즘에 대한 주기적 평가 결과는 향후 기술 프레임워크의 갱신에 활용되는 것으로 결정되었다(Ibid., Decision15/CMA.1 para 7). 따라서 기술 메커니즘을 중심으로, 기술 프레임워크와 기술 메커니즘 주기적 평가 간의 환류적 관계가 '제도적'으로 합의되었다고 볼 수 있다. 이에 대한 사항은 다음의 [그림 12-7]로 설명될 수 있다.

사실, 우리나라는 기술 메커니즘의 주기적 평가와 기술 프레임워크를 연계하고 이에 기반한 환류체계를 처음 주장한 국가이다. 우리나라는 기술 메커니즘의 효과성 평가를 위한 대상업무는 '기술 프레임워크'에 기반해야 한다는 입장이었다. 기술 프레임워크는 기술 메커니즘이 파리협정 이행지원에 가장 필요한 활동을 담은 지침으로, 기술 프레임워크와 주기적평가의 환류체계를 통해서만이 지침과 실제 활동 간의 간극을 줄이고, 파리협정 내에서 기술 메커니즘 활성화의 체계를 구성한다는 점에서, 환류체계를 협상에서 적극 주장하였다. 결과적으로 우리나라가 주장한 세 가지 주장인 1) 기술 메커니즘의 주기적 평가 결과 도출되는 지침은 기술 프레임워크의 '결과지향성' 원칙에 기반을 두어야 하며, 2) 주기적 평가의 대상이 되는 기술 메커니즘의 업무는 기술 프레임워크의 5개의 주요 주제와 연계되어야 하며, 3) 주기적 평가의

그림 12-7 기술 프레임워크와 기술 메커니즘 주기적 평가 간의 관계성

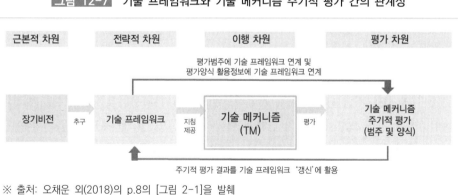

※ 출처: 오채운 외(2018)의 p.8의 [그림 2-1]을 발췌

결과에 따라 기술 프레임워크의 갱신이 연계되어야 한다는 사항들이 최종적으로 모두 반영되었다(오채운 외 2018).

VII. 파리협정의 '기술개발 및 이전' 세부이행규칙의 적용을 위한 준비

동 챕터에서는 파리협정의 제10조(기술개발 및 이전)의 내용과 파리협정의 기술개발 및 이전 측면에서의 이행을 위한 세부이행규칙으로 도출된 1) 기술 프레임워크와 2) 기술 메커니즘의 주기적 평가 범주 및 양식에 대한 협상쟁점 및 협상결과에 대해서 개괄하였다.

이미 언급된 바와 같이, 파리협정 상에서 이행주체는 당사국으로 설정되어있으나, 이 당사국들 간에 강화된 협력행동을 지원하는 지원주체인 기술 메커니즘의 역할이 사실은 핵심이라고 볼 수 있다. 따라서 파리협정 이행규칙으로 이 기술 메커니즘이 향후 당사국들을 어떻게 지원해야 하는가에 대해서 지침을 제공하는 기술 프레임워크가 도출되었으며, 이 기술 메커니즘이 수행한 업무가 효과적이었는지 여부 그리고 기술 메커니즘이 업무를 수행하는 과정에 필요한 지원이 적절하게 제공되었는지 여부를 평가하기 위한 평가 범주 및 양식이 2018년 12월 도출되었다.

이 파리협정 이행규칙을 향후 실제 이행하기 위한 제반 작업은 현재 진행중이다. 먼저, 기술 프레임워크의 경우, 2018년 CMA 결정에 따라, 2019년에 기술 메커니즘의 구성기구인 TEC와 CTCN은 각기 업무계획(work plan)과 업무 프로그램(programmes of work)에 기술 프레임워크의 지침을 반영하는 작업을 수행하였다(UNFCCC 2018, Decision 15/CMA.1 para 3). 그리고 TEC와 CTCN은 기술 프레임워크를 수행하는 데에 있어 서로 협력할 수 있는 공동 협력분야를 도출하기 위해 2019년 6개 분야를 도출하였고, 이에 기반하여 2020년 구체적인 협력활동분야를 도출코자 노력 중에 있다.

한편, 기술 메커니즘 주기적 평가의 범주 및 양식과 관련한 최종협상은 아직 끝난 것이 아니다. 기술 메커니즘의 이행기구인 CTCN의 외부독립평가와 기술 메커니즘의 주기적 평가 프로세스 간의 연계에 대해서는 2019년 12월 제51차 SBI 회의에서 논의가 시작되었고, 차기 SBI 회의에서 논의가 마무리되어야 한다. 지난 회의에서는 평가 프로세스 간의 '연계(alignment)'와 관련하여 이 연계라는 단어의 정의 또는 의미가 명확하지 않고, 아직까지 모호하다는 데에 선진·개도국 모두 공통된 입장이었다. 연계와 관련해서 각 당사국이 생각하는 의미와 이에 기반한 연계 방식 등이 모두 다양한 수준이었으며, 당사국들은 연계방안을 명확하게 제시하지 않았다. 이에, 향후 개최되는 제52차 SBI 회의에서 평가 프로세스 간의 연계 옵션들에 대해서 UNFCCC 사무국이 구체화하여 이를 정리한 정보 노트(Information note)를 준비하기로 하였고, 이를 토대로 당사국들이 논의를 재개하기로 하였다(UNFCCC 2019b, para 5).

VIII. 시사점

신기후체제 하에서 당사국들은 기후변화 대응 차원의 기후기술의 개발 및 이전에 대한 협력 활동을 강화해야 한다. 그 협력활동은 당사국들의 상황에 맞게 추진할 수 있도록 열려 있다. 당사국들은 협력활동을 추진하는 과정에서 지원주체인 기술 메커니즘을 활용할 수 있다. 이 기술 메커니즘이 어떠한 원칙과 업무분야에서 어떠한 활동들을 통해 당사국들을 지원해야 하는 지에 대한 방향성이 '기술 프레임워크'를 통해 구체적으로 도출되었다. 그리고, 이 기술 메커니즘이 당사국들을 지원하는 활동들에 대한 '주기적 평가'를 위해 평가의 범주와 양식이 도출되어, 기술 메커니즘이 중점적으로 평가받는 분야와 수준이 결정되었다. 이는 무엇을 의미하는가?

신기후체제 하에서 기후기술의 개발 및 이전을 위한 국제협력은 기술 메커니즘을 중심으로 보다 확대될 것이라는 것을 의미한다. 따라서, 우리나라는 향후 기후기술 국제협력 수행 시 기술 메커니즘을 적극 활용하는 것이 필요하다. 특히, 기술 메커니즘 하에서 다양한 분야의 네트워크를 보유하고 실질적인 기술협력 프로젝트를 수행하는 기후기술센터네트워크(CTCN)와 협력은 우리나라의 가시적인 성과 확대와 개도국 기술 지원 측면에서 가장 효과적일 것으로 판단된다(오채운 외 2016).

우리나라는 기술 메커니즘을 활용하기 위해 다양한 제도적인 기반을 마련하였고, 관련된 다양한 활동들을 수행해 왔다. 우리나라 과학기술정보통신부(이하, 과기정통부)는 기술 메커니즘 제도를 적극 활용하는 글로벌 기술협력을 위해 제도·조직·거버넌스 인프라를 구축해왔다.

먼저 유엔기후변화협약 하의 기후기술 협력을 위한 국가창구인 국가지정기구(NDE)에 과기정통부 원천기술과가 2015년 11월 지정되었다. 이후, 과기정통부는

NDE 역할을 수행하기 위한 전담조직으로서 기후기술협력팀을 2016년 2월 신설하였다. 이러한 제도적 기틀 위에, CTCN을 활용한 협력과 관련하여, 일차적으로 우리나라 기관들에 대해 CTCN 기술지원(Technical Assistance: TA) 사업 참여 기회를 제공하기 위해, 2016년도에 정부 출연연구소 및 특성화대학 등을 대상으로 글로벌 기후기술협력 협의회를 여러 차례 개최하였다. 이를 토대로, 국내 CTCN 회원기관으로 하여금 기후기술 분야 협력사업의 개발·수행을 위한 역량을 배양하고 선진국－개도국 관련 기관과의 기후기술협력 네트워크를 활성화하기 위해, 2016년부터 CTCN 협의회를 연 2회 이상 정례적으로 개최해 왔다. 그리고 우리나라는 CTCN의 재정과 관련하여, 2020년까지 10억원을 기여할 예정이다. 또한, 우리나라 NDE의 조정 역할을 통해, 우리나라는 지금까지 4건의 CTCN 기술지원(TA)을 수주하여, 이를 모두 완료하였다. 4건에는 기니 1건, 케냐 2건, 방글라데시 1건이다. 이외에도 우리나라 NDE는 2018년부터 CTCN 프로보노 TA 프로그램을 기획하여 국내 기관이 CTCN TA를 수행할 수 있도록 예산을 지원하고 있다. 2018년도에는 총 3건의 TA(스리랑카, 에티오피아, 세르비아)를 선정하여 국내 기관이 수행할 수 있도록 예산을 지원하였고 2019년 10월 수행이 완료되었다. 2019년 11월에는 새로이 총 4건의 TA(스리랑카, 토고, 탄자니아, 캄보디아)가 선정되어 현재 진행중이다(오채운 2018; 오채운 2019).

이러한 활동들은 과기정통부 원천기술과가 NDE 지정을 준비하는 과정과 NDE로 지정된 이후에 우리나라 기후산업의 글로벌 촉진을 위해 마련한 정책적 기반에 근거하여 추진되었다. 과기정통부는 2015년 「기후변화대응을 위한 글로벌 기술협력 전략」을 수립하였고, 2016년 「신기후 체제 대비 NDE 기술협력 전략」을 자체적으로 준비하였다. 또한, 2017년, 기후기술로드맵(CTR, Climate Technology Roadmap)을 도출하였다. 이어, 2018년 4월, 과기정통부는 우리나라 기후산업의 글로벌 촉진을 위해, 2018년부터 2030년에 해당하는 「기후기술 협력 중장기 이행계획」을 마련하였다.

앞서 설명된 바와 같이, UNFCCC 차원에서 파리협정 이행을 위한 세부 이행규칙이 차기 당사국총회에서 모두 마무리될 예정이며, 현재 이행규칙을 적용하기 위한 활동들이 진행 중에 있다. 이에, 우리나라는 2018년 국가 온실가스 감축로드맵 수정안을 확정하고 2020년 갱신된 NDC를 제출할 예정이다. 나아가, 이와 관련하여 우리나라는 지난 5년간 다양한 글로벌 기후기술협력 활동을 수행한 경험을 쌓아 왔는바, 이를 종합하여 기후기술로드맵(CTR) 갱신(안)과 보다 나은 기후기술협력 활성화

중장기 발전 전략을 수립할 필요가 있다. 특히, 이 과정에서 파리협정의 '기술개발 및 이전'에 대한 이행규칙으로 도출된 기술 프레임워크 지침과 기술 메커니즘 주기적 평가 범주 및 양식에 기반해 향후 기술 메커니즘 운영 방향을 깊이 고려할 필요가 있다.

참고문헌

1. 기상청. (2020). IPCC. http://www.climate.go.kr/home/cooperation/lpcc.php. (검색일: 2020년 4월 29일)

2. 오채운 외. (2016a). 신기후체제 하에서의 기술협력 제도적 방향: 기술 메커니즘을 중심으로. 녹색기술센터. https://gtck.re.kr/frt/center/insight/gtcPublication.do. (ISBN 979-11-86281-25-4) (검색일: 2020년 4월 29일)

3. 오채운 외. (2016b). 기후변화 대응 글로벌 기술협력 체계화 연구. 녹색기술센터. 연구보고 2016-007.

4. 오채운. (2018a). 신기후체제 하에서의 기술협상 현황과 기후기술 협력의 방향성. 기후변화와 녹색성장, Summer(15), 환경부 온실가스종합정보센터, pp.73-88.

5. 오채운 외 (2018b). UNFCCC 하의 기술협상 및 기술 메커니즘을 통한 국제 기술정책 방향 분석 연구. 녹색기술센터. 연구보고 2018-005.

6. 오채운. (2019). 신기후체제 하에서의 기술 개발 및 이전 협력의 방향성과 우리의 대응. 지속가능산업발전, 여름호, 한국생산기술연구원, pp.32-43. https://www.kncpc.or.kr/sid/sid2019/index.html#page=1. (검색일: 2020년 4월 29일)

7. 오채운·이원아. (2020). 기술 프레임워크: 신기후체제 하 글로벌 기후기술협력 방향과 범주. 녹색기술센터, 확산페이퍼, 2020년 1월. https://gtck.re.kr/frt/center/insight/gtcPublication.do. (ISBN 979-11-86281-74-2) (검색일: 2020년 4월 29일)

8. Glachant, M. and Dechezleprêtre, A., 2017. What role for climate negotiations on technology transfer? *Climate policy*, 17(8), 962-981.

9. IPCC. (2000). *IPCC Special Report: Methodological and technological issues in technology transfer*. https://www.ipcc.ch/site/assets/uploads/2018/03/srtt-en-1.pdf. Accessed on April 29, 2020.

10. PA. (2015). *Paris Agreement*. https://unfccc.int/sites/default/files/english_paris_agreement.pdf. Accessed on April 29, 2020.

11. TEC. (2017). *Enhancing financing for the research, development and demonstration of climate technologies*. http://unfccc.int/ttclear/docs/TEC_RDD%20finance_FINAL.pdf. Accessed on April 29, 2020.

12. TWN. (2012). *Climate change & technology transfer: Addressing intellectual property issues.* https://www.twn.my/title2/climate/pdf/TWN_submission_to_TECfinal. pdf. Accessed on April 29, 2020.

13. Ueno, T. (2006). *Reengineering the climate regime: Design and process principles of international technology cooperation for climate change mitigation.* Discussion paper 06−48. Resources for the Future, Washington, DC.

14. UNFCCC. (1992). United Nations Framework Convention on Climate Change. https://unfccc.int/resource/docs/convkp/conveng.pdf. Accessed on April 29, 2020.

15. UNFCCC. (2010). *Report of the Conference of the Parties on its sixteenth session, held in Cancun from 29 November to 10 December 2010.* http://unfccc.int/resource/docs/2010/cop16/eng/07a01.pdf#page=2. Accessed on April 29, 2020.

16. UNFCCC. (2015). *Adoption of the Paris Agreement. https://unfccc.int/resource/* docs/2015/cop21/eng/l09r01.pdf. Accessed on April 29, 2020.

17. UNFCCC. (2016a). *Technology framework under article 10, paragraph 4, of the Paris Agreement.* https://unfccc.int/sites/default/files/resource/docs/2016/sbsta/ eng/l08.pdf. Accessed on April 29, 2020.

18. UNFCCC. (2016b). *Technology framework under article 10, paragraph 4, of the Paris Agreement.* https://unfccc.int/sites/default/files/resource/docs/2016/sbsta/ eng/l21.pdf. Accessed on April 29, 2020.

19. UNFCCC. (2018). *Report of the conference of the parties serving as the meeting of the parties to the Paris Agreement on the third part of its first session, held in Katowice from 2 to 15 December 2018.* https://unfccc.int/sites/default/files/ resource/cma2018_3_add2_new_advance.pdf#page=4. Accessed on April 29, 2020.

20. UNFCCC. (2019a). *Technology framework under Article 10, paragraph 4, of the Paris Agreement (Decision 15/CMA.1, Annex).* https://unfccc.int/sites/default/ files/resource/cma2018_3_add2_new_advance.pdf#page=4. Accessed on April 29, 2020.

21. UNFCCC. (2019b). Alignment between processes pertaining to the review of the Climate Technology Centre and Network and the periodic assessment referred to in paragraph 69 of decision 1/CP.21. https://unfccc.int/sites/default/files/ resource/sbi2019_L18E.pdf. Accessed on April 29, 2020.

PART
5

이행체계

투명성체계

정재혁(외교부 기후녹색협력과 외무사무관)
강정훈(국가기후환경회의 기후변화 · 지속가능발전팀 사무관[1])

---

1 정재혁 외무사무관이 제13장의 주요 내용을 작성하고, 기후 재원 의제를 담당하였던 강정훈 사무관이
  본 원고의 Ⅳ.3. 제1-3차 파리협정 당사국회의 결정문(CMA1-3) 부속서(투명성체계 MPGs)의 '지원 관
  련 부문(3.5, 3.6)' 작성.

I. 들어가며

파리협정 투명성체계(Transparency Framework of Action and Support)[2]는 파리협정의 이행 기간 동안 각 당사국들이 수행해야만 하는 보고(reporting) 및 검토(review) 의무[3] 체계를 의미하며 간략하게 국제 보고·검토 체계라고도 한다.

기후변화협약(1992년 채택), 교토의정서(1997년 채택), 연례적으로 개최되는 당사국총회(Conference of Parties: COP) 결정문들을 살펴보면 협약 당사국들에 대한 국제 보고 및 검토 의무 관련 규정이 있는데, 당사국들은 이미 파리협정 채택 이전에도 자국의 기후변화 대응 관련 이행 정보를 국제사회에 오랜 기간 동안 보고하고 보고 정보에 대해서 검토를 받아왔다.[4] 그렇다면 파리협정에 포함된 국제 보고 및 검토 체계인 투명성체계와 기존 국제 보고 및 검토 체계의 차이점은 무엇일까? 그리고 파리협정 투명성체계의 주요 내용은 무엇일까? 파리협정 투명성체계를 이해하기 위해서는 과거 기후변화 협상의 2가지 주요 계기에 도출된 국제사회의 합의문을 살펴볼 필요가 있다.

첫 번째는 제21차 기후변화협약 당사국총회(2015.11.30.~12.12., 프랑스 파리)에서 채택된 파리협정[5] 및 관련 결정문이다. 파리협정은 제21차 기후변화협약 당사국총회(COP21) 결정문[6]의 부속서로 포함되어 있으며 총 29개 조(article)와 하위 항(paragraph)으로 구성되어 있다. 이 중에서 제4조 기후변화 감축(mitigation)[7] 및 제7조 기후변화

---

2 투명성체계에 대한 파리협정 및 파리협정 세부 이행규칙 관련 조항은 분량이 많은 점(세부 이행규칙의 경우, 41페이지)을 고려하여 본 장에서는 각 조항의 원문이 함께 제시되어 있지 않음. 투명성체계에 대한 이해를 위해 주요 조항의 원문을 확인하고자 하는 경우에는 해당 분야의 하단 각주 참조.

3 각 조항은 기본적으로 의무적인(shall) 보고·검토 사항 또는 자발적인(should 등) 보고·검토 사항으로 구분.

4 각 당사국들은 기후변화협약의 국가보고서(National Communication: NC), 국가인벤토리보고서(National Inventory Report: NIR) 격년보고서(Biennial Report: BR), 격년갱신보고서(Biennial Update Report: BUR) 등을 통해 기후변화 감축(mitigation), 적응(adaptation), 지원(support) 등 관련 이행 사항에 대하여 선진국은 의무적으로, 개도국은 자발적으로 보고하고 검토를 받음. 보고 및 검토는 측정, 보고, 검증(Measurement, Reporting, Verification: MRV)이라고 불리기도 함.

5 파리협정에 대한 협상은 제17차 기후변화협약 당사국총회(2011.11.28.~12.9, 남아프리카공화국 더반) 결정문에 따라 설립된 더반플랫폼 특별작업반(Ad Hoc Working Group on the Durban Platform for Enhanced Action: ADP) Workstream 1에서 약 4년 간(2012년~2015년) 진행되었으며, 2015년 12월 12일 프랑스 파리에서 타결.

6 https://unfccc.int/resource/docs/2015/cop21/eng/10a01.pdf#page=2.

7 제4조의 경우 개도국은 NDC 또는 감축 NDC로만 해석하는 반면 선진국은 감축으로만 해석하는 경향 존재. 기후변화 적응과 재원, 기술, 역량배양 등 주요 사항들은 개별 조(Article)로 규정되어 있는 만큼

적응(adaptation) 등 2가지 기후변화 대응 행동(action)과 제9조 재원(finance), 제10조 기술개발 및 이전(technology development and transfer), 제11조 역량배양(capacity building) 등 3가지 기후변화 대응 지원(support), 마지막으로 제13조 투명성체계를 통틀어서 파리협정의 6대 기둥(pillars)이라고도 한다. [그림 13 – 1] 파리협정 제13조는 총 15개 조항으로 구성되어 있으며, 제21차 기후변화협약 당사국총회 결정문 본문 84항~98항에도 향후 파리협정 세부 이행규칙(Paris Rulebook) 협상 관련 사항, 개도국의 투명성체계 이행에 대한 지원 등 투명성체계와 관련된 추가 합의사항이 명시되어 있다.

두 번째는 제24차 기후변화협약 당사국총회(2018.12.3.~12.14., 폴란드 카토비체)에서 채택된 파리협정 세부 이행규칙[8]과 관련 결정문이다. 파리협정 세부 이행규칙에는 감축, 적응, 재원 등 각 당사국들의 파리협정 이행과 관련된 보다 구체적인 규칙이 규정[9]되어 있다. 투명성체계에 대한 세부 이행규칙은 제1 – 3차[10] 파리협정 당사국회의 결정문(Decision 18/CMA.1)[11]의 부속서에 포함되어 있으며, 공식 명칭은 방식, 절차, 지침(Modalities, Procedures, Guidelines: MPGs)이라고 한다. MPGs는 총 8개 섹션(I~VIII), 총 199개항으로 구성되어 있고, 파리협정 세부 이행규칙 중 가장 방대한 분량으로 구성되어 있다. 또한, 제24차 기후변화협약 당사국총회 결정문[12] 본문 38항, 제1 – 3차 파리협정 당사국회의 결정문(Decision 18/CMA.1) 본문 3항에도 기존 기후변화협약의 보고 의무 종료, 파리협정의 신규 보고 의무 시작 등 관련 사항이 명시되어 있다.

제4조는 감축으로 보는 것이 타당해보이나 당사국간 명시적으로 합의하지 못한 채 파리협정 최종문안 타결.

8 파리협정 세부 이행규칙에 대한 협상은 제21차 UN 기후변화협약 당사국총회 결정문에 따라 설립된 파리협정 특별작업반(Ad Hoc Working Group on the Paris Agreement: APA)에서 약 3년간(2016년~2018년) 협상이 이뤄지고, 2018년 12월 14일 폴란드 카토비체에서 타결. 파리협정 세부 이행규칙은 Paris Rulebook 또는 Katowice Climate Package라고도 불림.

9 https://unfccc.int/process-and-meetings/the-paris-agreement/katowice-climate-package.

10 파리협정은 2016년 10월 5일, 협정 제21조에 따른 발효요건(기후변화협약 55개 당사국 이상, 전 세계 총 온실가스 배출량 55% 이상의 당사국 비준)이 충족되어, 30일 후인 11월 4일 발효. 예상보다 이른 시점에 파리협정이 발효됨에 따라 파리협정 세부 이행규칙은 2016~2018년간 총 3년에 나눠 걸쳐 개최된 '제1차 파리협정 당사국회의(Conference of the Parties serving as the meeting of the Parties to the Paris Agreement: CMA)'의 3번째 회의(제1-3차)에서 최종 합의.

11 https://unfccc.int/sites/default/files/resource/cma2018_3_add2_new_advance.pdf#page=18.

12 https://unfccc.int/sites/default/files/resource/10a1.pdf.

그림 13-1 파리협정의 29개 조항 및 6대 기둥(pillars)[13]

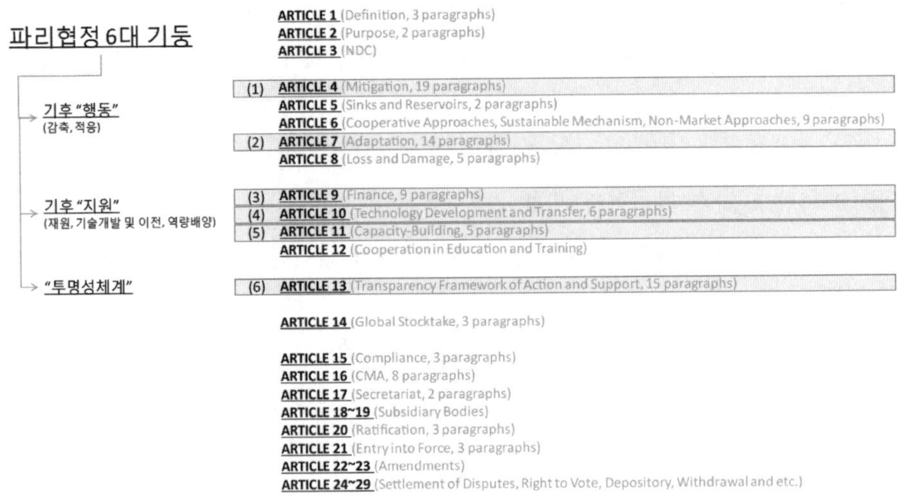

파리협정 6대 기둥

ARTICLE 1 (Definition, 3 paragraphs)
ARTICLE 2 (Purpose, 2 paragraphs)
ARTICLE 3 (NDC)

기후 "행동"
(감축,적응)

(1) **ARTICLE 4** (Mitigation, 19 paragraphs)
ARTICLE 5 (Sinks and Reservoirs, 2 paragraphs)
ARTICLE 6 (Cooperative Approaches, Sustainable Mechanism, Non-Market Approaches, 9 paragraphs)
(2) **ARTICLE 7** (Adaptation, 14 paragraphs)
ARTICLE 8 (Loss and Damage, 5 paragraphs)

기후 "지원"
(재원, 기술개발 및 이전, 역량배양)

(3) **ARTICLE 9** (Finance, 9 paragraphs)
(4) **ARTICLE 10** (Technology Development and Transfer, 6 paragraphs)
(5) **ARTICLE 11** (Capacity-Building, 5 paragraphs)
ARTICLE 12 (Cooperation in Education and Training)

"투명성체계"

(6) **ARTICLE 13** (Transparency Framework of Action and Support, 15 paragraphs)

ARTICLE 14 (Global Stocktake, 3 paragraphs)

ARTICLE 15 (Compliance, 3 paragraphs)
ARTICLE 16 (CMA, 8 paragraphs)
ARTICLE 17 (Secretariat, 2 paragraphs)
ARTICLE 18~19 (Subsidiary Bodies)
ARTICLE 20 (Ratification, 3 paragraphs)
ARTICLE 21 (Entry into Force, 3 paragraphs)
ARTICLE 22~23 (Amendments)
ARTICLE 24~29 (Settlement of Disputes, Right to Vote, Depository, Withdrawal and etc.)

※ 출처: 파리협정을 토대로 저자가 구성

Ⅱ. 투명성체계 수립 배경 및 의의

1. 최초의 국제 보고 및 검토 체계[14]

기후변화협약 및 교토의정서 체제에도 당사국의 주기적인 보고 및 검토 의무가 규정되어 있다.[15] 하지만 당사국들의 기후변화 감축, 적응, 지원에 대한 정보 보고 내용은 궁극적으로 협약의 목표 달성 여부를 추적하고 평가하기에 부족한 점이 많았다.

먼저 기후변화 감축의 관점에서 살펴보면, 첫째, 모든 당사국이 감축 관련 정보를 보고하거나 검토를 받지 않았다. 기후변화협약에는 개도국에 대한 강력한 보고 의무 규정이 없었기 때문에 유럽연합 회원국, 미국, 캐나다, 호주, 일본 등 43개국

---

13 파리협정에는 각 조(Article)에 대한 제목이 명시되어 있지 않음. 2015년 12월 파리협정 협상 회의의 제1주차에 회람된 협정문안 초안('Version 1 of 9 December 2015 at 15:00' 문서)에는 각 조의 제목이 명시되어 있었으나 협상 막바지에 Nationally Determined Contribution (NDC) 정의에 대한 선진국과 개도국간 해석상 이견 등으로 파리협정의 최종 문안에는 각 조에 대한 제목이 삭제됨. [그림 13-1]의 각 조 제목은 독자의 이해를 위해 협정문안 초안에 명시되었던 제목(안) 등을 토대로 저자가 작성.
14 https://unfccc.int/process-and-meetings/transparency-and-reporting/the-big-picture/what-is-transparency-and-reporting 및 https://unfccc.int/enhanced-transparency-framework 참조.
15 기존 국제 보고 및 검토 체계와 관련된 내용은 김승도 외(2015) 참조.

부속서I 당사국에 대한 감축 정보만 취합되었고 이로 인하여 전체 지구에 대한 감축 정보 파악이 불가능했다. 둘째, 협약의 목표 달성에 있어 가장 핵심이 되는 정보인 각 국의 온실가스 배출량 및 흡수량 자료(온실가스 인벤토리)가 매년 축적되지 못했다. 기존 체계에 따르면 부속서I 당사국도 협약 타결로부터 10년이 지난 2003년에서야 매년 온실가스 인벤토리를 제출하기 시작했고 제출 자료에 대하여 검토를 받아왔다.[16] 매년 축적, 보고되는 인벤토리는 한 국가 내에서 온실가스가 배출되는 거의 모든 부문(발전, 산업, 수송 등)의 물리적인 활동에 대한 정보이기 때문에 관련 지식은 개별 국가뿐만 아니라 지구 차원에서 온실가스 감축목표를 설정하고, 이행 경과나 달성 여부를 검토하는데 도움이 된다.

또한, 온실가스 산정 역량의 측면에서, 이미 검토 의무를 수행해온 부속서I 당사국들은 지난 17년간 지속적으로 자국의 역량을 개선해온 반면, 파리협정이 타결되기 이전까지 비부속서I 당사국들은 온실가스 인벤토리 보고 의무조차 없었기 때문에 자발적으로 산정 및 보고를 하지 않는 이상 과학적인 분석을 토대로 국가 감축목표조차 설정하기 어려웠다.[17] 즉, 기후변화협약에서 가장 중요한 사항인 온실가스 감축과 관련하여 기존의 국제 보고 및 검토 체계에서는 모든 당사국의 연간 온실가스 배출량 및 흡수량에 대한 정보를 축적해오지 못했고, 이러한 측면에서 각국이 국가 온실가스 감축목표를 수립하는 데 어려움이 있었다.

다음으로 기후변화 적응과 관련하여 당사국들은 국가보고서(National Communication: NC)내 일부 챕터에만 기후변화에 대한 영향, 취약성과 적응에 대한 정보를 보고해왔다. 특히 기후변화 대응 지원이 필요한 개도국에게 적응 관련 정보의 보고와 축적이 중요한 측면이 있지만 개도국은 자국의 정보 수집 및 관리 역량이 부족했고, 국제기구의 지원을 받아서야만 국가보고서를 작성·제출해오는 등 적응에 대한 정보를 제대로 보고하지 못했다. 또한, 감축 분야와 비교하여 볼 때 적응에 대해서는 관련 지

---

16 UNFCCC 사무국에 4월 15일까지 제출하고 있으며, 관련 지침에 대해서는 Decision 3, 6/CP.5 및 Decision 24/CP.19 참조.
17 개도국은 자국의 기후변화 대응 여건조차 파악되지 않는 상황에서 그간 수세적이고 소극적으로 기후변화 협상을 대응해온 측면이 있고 이로 인하여 기후변화 협상의 진전 속도가 더디었던 측면도 존재했음. 개도국은 선진국의 역사적인 배출량에 대한 책임, 기후·환경 문제보다 경제성장을 더 우선시 하는 국가 정책 등을 이유로 기후변화 협상에서 전향적인 입장을 취하지 않았는데 만약 개도국이 국가 감축목표를 수립 및 이행하고 싶었다고 하더라도 국가 인벤토리 산정 및 검증 역량 부족(관련 제도 및 전문가도 부족)으로 인하여 감축목표 수립조차 어려웠을 것으로 추정.

침[18]에 제대로 된 보고 사항조차 세부적으로 제시되어 있지 않았다.

마지막으로 기후변화 지원과 관련해서는 각 국의 재원, 기술개발 및 이전, 역량 배양에 대한 지원 및 수혜 정보의 보고와 검토가 모두 중요하지만, 주로 선진국의 재원 지원에 대해서만 보고가 이뤄져왔다. 재원 마저도 기후변화 협상에서 기후 재원(climate finance)의 정의에 대한 당사국 간 합의를 이뤄내지 못한 채 보고되어 왔다는 한계점이 있었다.

2. 2020년 감축목표와 개선된 국제 보고 및 검토 체계

앞 절에서 언급한 기후변화 감축, 적응, 지원에 대해서 선진국은 국가보고서와 국가인벤토리보고서(National Inventory Report: NIR)를 통해 관련 정보를 각각 매 4년~5년, 매년 보고해왔고, 개도국의 경우에는 국가보고서를 통해 비주기적이면서 자발적으로 보고[19]해왔다. 최초의 국제 보고 및 검토 체계는 코펜하겐, 칸쿤, 더반에서 개최된 COP15~17을 거치면서 개선될 수 있었다.[20] 2020년 감축목표 및 이행에 대한 협상을 거친 끝에 COP16에서 선진국은 감축목표 공약(Cancun Pledge),[21] 개도국은 국가별 감축행동(Nationally Appropriate Mitigation Actions: NAMAs)[22]을 제출하였고, 이에 대한 이행 및 달성 정보 관련 보고 및 검토 체계가 수립되었다. 해당 체계에서 선진국은 2014년부터 매 2년마다 격년보고서(Biennial Report: BR)를 보고하고, 국제 평가 및 분석(International Assessment and Review: IAR)을 통해 검토를 받도록 규정되었다. 개도국은 2014년 이후 첫 번째 보고연도를 자발적으로 선택하여 격년갱신보고서(Biennial Update Report: BUR)를 보고[23]하고, 두 번째 보고서부터는 매 2년

---

18 국가보고서 지침 관련, 협약 부속서 당사국에 대해서는 Decision 4/CP.5, 비부속서 당사국에 대해서는 Decision 17/CP.8 참조.

19 우리나라는 1998년 2월 12일 제1차 NC, 2003년 12월 1일 제2차 NC, 2012년 3월 20일 제3차 NC, 2019년 11월 30일 제4차 NC를 각각 제출.

20 국가보고서 및 국가인벤토리보고서를 통한 보고 및 검토 체계를 투명성체계의 1세대 형태(최초의 형태)라고 본다면, COP15~17 기간 동안 당사국들이 합의·개발한 개선된 보고 및 검토 체계를 2세대 형태, 파리협정 투명성체계를 3세대 형태라고 구분해볼 수 있음.

21 관련 정보는 FCCC/SB/2011/INF.1/REV.1 및 FCCC/SBSTA/2014/INF.6를 참고하기를 바라며, 선진국의 감축목표를 영문으로는 Quantified Economy-Wide Emissions Reduction Targets (QEWERTs)라고 표기.

22 관련 정보는 FCCC/AWGLCA/2011/INF.1 참조.

23 우리나라는 2014년 12월 29일 제1차 BUR, 2017년 11월 16일 제2차 BUR, 2019년 11월 3일 제3차 BUR 제출.

주기에 따라 보고하며, 국제 협의 및 분석(International Consultation and Analysis: ICA)를 통해 검토를 받도록 규정되었다.

2020년 감축목표 공약 및 국가별 감축행동에 대한 보고 및 검토 체계는 협약에서 최초로 규정된 보고 및 검토 체계보다는 개선된 점이 많다. 선진국의 경우 감축목표 및 지원 관련 사항에 대하여 공통의 표(Common Tabular Format: CTF)를 기반으로 가능한 정량적인 정보를 상세히 보고 해야 하며, 개도국은 감축행동에 관하여 가능한 많은 정보를 정성적으로 서술해야만 한다. 하지만 개선된 체계에서도 적응 보고에 대한 규정된 사항이 없었고, 개도국의 보고 의무와 관련해서는 공통의 형식이 없다 보니 개도국 간 감축행동에 대한 상호 비교는 어렵다는 한계가 있었다. 그리고 무엇보다 협약의 보고 및 검토 체계는 선진국과 개도국의 의무사항을 분리하는 이원화된(bifurcated) 체계에서 벗어나지 못했다.

3. 파리협정 투명성체계의 의의 및 역할

투명성체계는 소위 파리협정의 척추(backbone)라고도 불리며 파리협정에서 가장 중요한 역할을 한다고 알려져 있다. 국제 보고 및 검토 체계인 투명성체계가 도대체 왜 파리협정에서 척추의 역할을 하는 것일까? 이에 대한 이해를 위해서는 투명성체계의 기술적인 사항보다 그간 기후변화 협상의 역사와 국제사회에서의 다자 협정이 가지는 의미에 대해 생각해볼 필요가 있다. 파리협정은 기후변화협약이 채택된 지 약 23년 만에 타결된 협정이다. 2015년 12월 12일 파리협정 타결 직후, 국제사회에서는 파리협정에 대한 여러 가지 평가가 있었는데 지구상 거의 대부분의 국가가 참여하는 역사상 유례가 없는 협정이라는 측면에서 위대한 평가를 받은 반면, 통상의 국제환경법이 가지는 한계점인 강력한 법적 구속력의 부재로 인하여 신기후체제에서 파리협정의 지구 온도 목표가 실제로 달성될 수 없을 것이라는 우려와 비판도 제기되었다.

파리협정 체제에서는 각 당사국이 국가결정기여(Nationally Determined Contributions: NDCs)을 자율적으로 결정하고, NDC 문서는 법적 구속력이 없으며, 이행준수체계의 경우 비징벌적이라는 특징이 있다. 하지만 당사국들의 파리협정 "이행" 관련 의무에 대해서는 법적 구속력이 있다. 파리협정의 이행은 투명성체계를 통해 이뤄지므로 투명성체계는 파리협정의 성공적 이행을 담보하기 위해 결정적인 요소인 것이다. 현실적으로 주권 있는 국가간 상호 구속하는 강력한 다자 협정 수립이 어렵다는 점을 감안할 때, 개도국 또한 참여하고 기존의 보고 및 검토 체계보다 강화된 투명성체계는 파리협정의 목표 달성을 위한 핵심 전제조건이며 파리협정 체제가 성공적으로 작동하는데 긴요한 역할을 하는 것이다.

그럼 모든 당사국이 NDC를 수립·제출하고, 이행하며, 달성을 위해 노력하는 파리협정 체제하에서 투명성체계는 기존의 이원화된 체계와는 다르게 공통(common) 체계로 수립된 것일까? 본 장에서 다시 언급해나가겠지만 당사국들은 파리협정 투명성체계를 공통은 아니지만 '강화된' 투명성 체계(enhanced transparency framework: ETF)로 수립하고, 파리협정 투명성체계의 세부 이행지침(MPGs)을 '공통의' MPGs로 개발하였다. 체계는 공통이 아닌데, 세부 이행규칙은 공통이라니 대체 무슨 의미일까? 당사국들은 파리협정 투명성체계에 선진국과 개도국간 보고 및 검토 역량 차이를 고려하고 이를 균형적으로 반영하기 위해 '개도국에 대한 유연성(flexibility) 적용'이라는 개념을 도입하였다. 결국 당사국들은 '공통의', '강화된', 그러나 '유연한' 투명성체계에 합의한 것이다. 협정 제13조만 살펴보았을 때는 이러한 유연성이 모든 보고 및 검토 의무에 포괄적으로 적용되는 듯 보일 수도 있지만, 세부 이행규칙(MPGs)에서는 각각의 보고 및 검토사항에 대한 구체적인 유연성 규정이 개별적으로 존재하고 있으므로 이에 대해서는 후술키로 하겠다.

4. 파리협정 투명성체계(제13조) 및 세부 이행규칙(MPGs) 개요

파리협정 투명성체계는 협정 본문과 세부 이행규칙의 분량 자체가 많고, 파리협정의 감축, 적응, 지원을 모두 다루고 있기 때문에 이를 효과적으로 이해하기 위해서는 대략적인 구조를 미리 살펴보는 것이 좋다.

먼저 파리협정 투명성체계의 가장 본질적이고 기본적인 사항을 규정한 제13조에는 기본 원칙(1~4항)과 목적(5~6항)이 포함되어 있다. 그리고 보고 관련 사항은 감축(7항), 적응(8항), 지원(9~10항)으로 구분되어 있으며, 검토 관련 사항(11~12항)이 포함되어 있다. 또한, 세부 이행규칙 개발(13항), 개도국에 대한 지원(14~15항) 관련 사항도 담겨져 있다.

한편, 보고 및 검토와 관련된 기술적인 사항을 규정한 투명성체계 세부 이행규칙(MPGs)은 서론(제I장), 국가인벤토리보고서(제II장), 파리협정 제4조 NDC 이행 및 달성 진전추적에 필요한 정보(제III장), 파리협정 제7조 기후변화 영향 및 적응 관련 정보(제IV장), 파리협정 제9－11조 재원, 기술개발 및 이전, 역량배양 지원 제공 및 조성 정보(제V장), 파리협정 제9－11조 재원, 기술개발 및 이전, 역량배양 지원 필요 및 수혜 정보(제VI장), 기술 전문가 검토(제VII장), 진전에 대한 촉진적, 다자적 검토 (제VIII장)으로 이루어져 있다.

본 장에서는 파리협정 투명성체계에 대한 이해를 돕고자 파리협정 제13조와 MPGs뿐만 아니라 제21차 및 제24차 UN 기후변화협약 당사국총회 결정문, 제1－3차 파리협정 당사국회의 결정문의 투명성체계 관련 주요 조항을 살펴보고, 필요할 경우 특정 조항에 대한 합의 배경이나 각 조항이 주는 시사점도 함께 설명하고자 한다.

III. 파리협정 투명성체계

파리협정 투명성체계는 협정 제13조에 총 15개 조항으로 구성되어 있으며, 각 조항이 규정하고 있는 의무(자발적 의무 포함)에 따라 각 당사국은 파리협정 이행과 관련된 중요한 정보를 주기적으로 보고하고 검토를 받아야만 한다. 따라서 파리협정 제13조를 각 조항별로 살펴보는 것이 투명성체계를 통해 파리협정을 이해하는 데 있어서 도움이 될 수 있다.

1. 파리협정 제13조

가. 기본 원칙

(1) 강화된(enhanced) 투명성체계[24]

파리협정 투명성체계 협상 당시 선진국과 개도국 간 입장 대립이 심했던 쟁점 중 하나는 바로 투명성체계 앞에 '공통의(common)'라는 단어의 삽입 여부였다. 개도 국들은 선진국들과 동등한 보고 및 검토 의무 부담에 반대하면서 1항의 최종 문안에 는 결국 '공통의'라는 단어가 포함되지 않고, 대신 '강화된(enhanced)'이라는 단어만 포함되었다. 모든 당사국들은 기존 기후변화협약의 보고 및 검토 체계를 보다 강화 시키고 각 당사국의 이행 정보를 보다 투명하고, 정확하게 보고하고 보고 정보에 대

---

24 파리협정 제13조 1항.

하여 검토를 받는 체계로 합의하였다.

(2) 유연성(flexibility) 제공[25]

기후변화협약 발효 이후 20여 년 동안 정기적으로 보고 및 검토 의무를 수행하고 경험을 쌓아온 43개 부속서I(Annex I) 당사국들과는 달리, 상대적으로 덜 상세한 정보를 대부분 자발적으로만 보고해온 154개 비부속서I(Non-Annex I) 당사국들의 역량을 고려하여, 파리협정 투명성체계에서는 개도국에 대하여 유연성(flexibility)이 제공된다. 그러나 당사국들은 파리협정 협상 당시에는 구체적으로 유연성에 대한 정의를 규정하지 못했고, 파리협정 협상 타결 이후, 3년간 개발 예정이었던 투명성체계의 세부 이행규칙인 MPGs에 유연성을 반영해야만 한다고 합의하였다.

(3) 기후변화협약의 기존 체계에 기반한 촉진적 · 비침해적 · 비징벌적인 투명성체계[26]

모든 당사국들이 동등한 수준의 의무를 갖는 새로운 투명성체계 수립을 주장한 선진국들과 달리 개도국들은 오래 세월 동안 자발적으로 수행해온 기존의 보고 및 검토체계에 기반하여(build on) 점진적으로 강화시켜나가는 투명성체계 수립을 주장하였으며 이를 관철시켰다. 또한 모든 당사국들은 투명성체계가 촉진적(facilitative), 비침해적(non-intrusive), 비징벌적(non-punitive)이고, 국가 주권을 존중하며, 당사국들에 불필요한 부담을 주지 않는 방식으로 이행되어야만 한다는 데 합의하였다.

(4) MPGs 개발 시 기존 기후변화협약 체계의 보고 및 검토 경험 활용[27]

당사국들은 국가보고서(National Communications: NCs), 격년보고서(Biennial Reports: BRs), 격년갱신보고서(Biennial Update Reports: BURs)와 같은 기존의 보고 경험과 더불어 국제 평가 및 검토(International Assessment and Review: IAR), 국제 협의 및 분석(International Consultation and Analysis: ICA)과 같은 기존의 검토 경험이 MPGs 개발 시 활용되어야만 한다는 데 합의하였다.

---

25 파리협정 제13조 2항.
26 파리협정 제13조 3항.
27 파리협정 제13조 4항.

나. 투명성체계 목적

기후변화 대응 행동(action)의 투명성체계 목적[28]은 기후변화협약 제2조에 제시된 협약의 목적을 고려하여 기후변화 행동을 명확히 이해할 수 있도록 하고 제14조 전지구적 이행점검(global stocktake: GST)[29]에 대한 투입 정보를 제공하고자 하는 것이다. 기후변화 행동은 파리협정 제4조의 당사국들의 개별적인 국가결정기여(Nationally Determined Contribution: NDC)에 대한 명확성을 확보하고 NDC 이행 및 달성 경과를 진전 추적하는 것 뿐만 아니라 파리협정 제7조 하 당사국들의 기후변화 적응 행동 달성과 관련된 사항을 포함한다.

기후변화 대응 지원(support)의 투명성체계 목적[30]은 파리협정 제4조(감축), 제7조(적응) 등 기후변화 행동에 대한 각 당사국의 제9조(재원), 제10조(기술개발 및 이전), 제11조(역량배양) 지원 제공 및 수혜에 대하여 명확히 이해할 수 있도록 하고 제14조 전지구적 이행점검(global stocktake: GST)에 대한 투입 정보를 제공하고자 하는 것이다. 또한, 가능한 총체적인(aggregate) 재원 지원 제공에 대한 종합적인 개요(a full overview)를 제공하는 것이다.

행동(action)과 지원(support)의 투명성체계 목적의 공통점은 투명성체계를 통해 취합된 정보가 제14조 전지구적 이행점검 시 투입(input) 정보로 활용된다는 것이다. 투명성체계를 통해 취합된 전 세계 기후변화 대응 정보는 결국 각 국이 보고하고 검토를 받은 종합적이고 검증된 정보이며, 이러한 관점에서 기후변화협약과 파리협정의 목표 이행 및 달성에 투명성체계가 핵심적인 기능을 담당한다는 점을 알 수 있다.

다. 보고

(1) 감축(mitigation) 정보 보고[31]

각 당사국은 정기적으로(regularly) (a) 파리협정 당사국총회에서 합의한 기후변화에 관한 정부 간 패널(Intergovernmental Panel on Climate Change: IPCC) 방법론에

---

28 파리협정 제13조 5항.
29 2023년 제1차 전지구적 이행점검을 시작으로 매 5년마다 이행.
30 파리협정 제13조 6항.
31 파리협정 제13조 7항.

따라 작성된 국가인벤토리보고서(National Inventory Report: NIR)와 (b) 파리협정 제4조의 NDC 이행 및 달성 진전추적에 필요한 정보를 의무적으로 보고해야만 한다(shall).

국가 온실가스 인벤토리와 제4조 NDC[32]의 진전추적 정보는 선진국들이 가장 중요시 하는 보고사항으로 모든 당사국들에 대하여 보고를 의무화했다는 점에서 선진국들의 주장이 관철되었다고 볼 수 있다. 다만, 제7항 협상 당시 개도국은 선진국보다는 덜 주기적인 보고 의무를 확보하고자 정기적이라는 단어를 주장한 반면, 선진국은 그간 불규칙적이고 자발적으로 보고를 해오던 개도국에게 더 명확한 보고 주기를 따르도록 하고 선진국과 동등한 공통 주기의 보고 의무를 부여하고자 격년으로(biennially)라는 단어를 주장하였으나, 결국에는 '정기적으로'라는 표현으로 합의되었다. 다만, COP21 결정문 90항에는 최빈개도국(Least Developed Countries: LDCs)과 군서도서국(Small Island Developing States: SIDS)을 제외하고 모든 당사국들은 협정 제13조 7항, 8항, 9항, 10항 등에 대하여 '매 2년보다는 덜 주기적이지 않도록'(no less frequently than on a biennial basis) 관련 정보를 제출해야만 한다고 규정되어 있다. 이를 근거로 선진국들은 파리협정 세부 이행규칙 협상에서 '격년 보고 및 검토 체계' 수립을 주장하였다.

(2) 적응(adaptation) 정보 보고[33]

각 당사국은 제7조 기후변화 영향 및 적응과 관련된 정보를 자발적으로 보고한다(should).

8항 관련, 기후변화 적응 관련 보고를 의무 보고사항으로 만들고자 했던 개도국들의 주장은 관철되지 못했다. 따라서 각 당사국은 적응 관련 정보를 자발적으로 보고하면 된다.

(3) 지원 제공(support provided) 정보 보고[34]

선진국은 제9조, 제10조, 제11조에 따라 개도국에 대하여 재원, 기술개발 및 이전, 역량배양과 관련하여 지원 제공한 정보를 보고해야만 한다. 지원을 제공한 기타 당사국(other parties)은 자발적으로 보고한다(should).

---

32 제4조 NDC의 실질적인 내용은 기후변화 완화, 즉 온실가스 감축에 관한 사항을 주로 다루고 있음.
33 파리협정 제13조 8항.
34 파리협정 제13조 9항.

파리협정은 기후변화협약과는 다르게 당사국을 구분하기 위한 부속서가 없다. 선진국(developed county Parties)과 개도국(developing country Parties)이라는 용어로만 구분되는데, 기후변화협약 비부속서I 당사국 중에서 우리나라, 중국, 싱가포르처럼 다른 개도국에 지원을 하고 있는 당사국들은 기타 당사국(other Parties)으로 구분[35]된다. 기타 당사국은 지원 제공 관련 정보를 의무적으로 보고하지 않는다.

(4) 지원 수혜(support received) 정보 보고[36]

개도국은 제9조, 제10조, 제11조에 따라 재원, 기술개발 및 이전, 역량배양과 관련하여 지원을 수혜 받은 정보를 자발적으로 보고한다(should).

개도국은 지원을 수혜 받은 정보를 의무적으로 보고하지 않아도 된다. 선진국과 달리 개도국의 지원 관련 보고 의무는 자발적으로 규정됨에 따라, 파리협정 이행 기간 동안 지원 제공 및 수혜 정보에 대한 양방향(제공 및 수혜) 비교 또는 교차 확인은 어려울 것으로 보인다.

라. 검토[37]

7항(감축 관련 사항) 및 9항(재원 지원 제공 관련 사항)에 따라 각 당사국에 의해 제출된 정보는 기술 전문가 검토(technical expert review: TER) 대상이다(shall). 다만, 개도국에 대한 검토 절차에는 역량배양 필요사항 파악(identify)을 위한 지원(assistance)을 포함한다(shall). 각 당사국은 제9조에 따른 노력 및 개별적인 NDC 이행 및 달성 관련 진전에 대한 촉진적, 다자적 검토(facilitative, multilateral consideration of progress: FMCP)에 참여해야만 한다(shall).

검토는 의무 보고사항인 7항과 9항에 대해서만 진행된다. 파리협정에서 8항(적응 정보), 10항(개도국 지원 수혜 정보)에 대한 검토 의무 규정은 없다. 검토 규정이 없다는 것은 해당 정보에 대한 국제사회의 검증 체계가 없고, 해당 정보에 대한 당사국의 보고 역량 개선 촉진도 어려울 수 있다는 것을 의미한다.

전문가 기술 검토는 ▲당사국(선진국)의 지원 정보 보고 사항과 ▲각 국의 NDC

---

35 파리협정의 기타 당사국에 대한 별도의 당사국 목록이나 정의는 없음.
36 파리협정 제13조 10항.
37 파리협정 제13조 11항 및 12항. 구체적인 기술 전문가 검토(TER) 및 진전 관련 촉진적, 다자적 검토(FMCP) 내용은 세부 이행규칙인 MPGs 협상을 통해 합의.

CHAPTER 13 투명성체계   367

이행 및 달성 관련 정보 보고 사항에 대한 검토(consideration)로 이뤄진다(shall). 검토 과정에서 검토 전문가들은 당사국의 개선 분야를 파악하고, 개도국의 유연성을 고려하며, MPGs에 따라 보고된 정보의 일관성을 검토해야만 한다(shall). 또한, 검토 중에는 각 개도국의 개별적인 역량 및 여건에 대한 특별한 고려가 필요하다(shall pay particular attention).

마. 세부 이행규칙 개발[38]

파리협정 당사국회의는 제1차 회의에서 기후변화협약의 투명성과 관련된 기존 체계의 이행 경험에 기반(building on)하고, 제13조 조항들을 상술(elaborating)하여, 투명성체계를 위한 공통(common)의 방식, 절차, 지침(modalities, procedures, and guidelines: MPGs)을 채택해야만 한다(shall).

앞서 설명한 바와 같이 제13조 1항에서는 당사국들이 합의되지 못했던 '공통의(common)'라는 단어가 제13조 13항에 포함되었다. 파리협정 투명성체계는 공통의 투명성체계로 합의되지 못했지만, 당사국들은 투명성체계의 세부 이행규칙을 공통의 MPGs로 개발하기로 합의하였다.

바. 개도국에 대한 지원[39]

제13조 이행을 위해 개도국에게는 지원이 제공되어야만 한다(shall). 또한, 개도국의 투명성 관련 역량 배양을 위해서 지속적으로(on a continuous basis) 지원이 제공되어야만 한다(shall).

개도국들은 관련 보고서 작성·제출 및 보고 내용에 대한 검토 의무 대응 등 투명성체계의 이행에 필요한 지원 뿐만 아니라, 국내적으로 관련 정보의 수집 및 관리, 전문가 교육 등 투명성체계에 대한 전방위적 지원을 확보하기 위한 조항의 삽입을 주장하였고, 최종 협정 문안에 이를 포함시켰다.

---

38 협정 제13조 13항.
39 협정 제13조 14항 및 15항.

사. 투명성체계의 타 조항 간 연계성[40]

제13조에서 규정하고 있는 보고 및 검토 사항을 종합해 살펴보면, ▲온실가스 인벤토리 및 감축(산림 및 국제시장메커니즘 포함), ▲기후변화 적응 등 기후변화 대응 행동(action) 관련 정보와 ▲재원, 기술개발 및 이전, 역량배양과 같은 기후변화 대응 지원(support) 관련 정보가 모두 투명성체계를 통해 보고 및 검토된다는 점을 알 수 있다([그림 13-2]).

또한, 검토가 끝난 각 당사국의 정보는 제14조 전지구적 이행점검의 투입 정보로 활용되고, 전지구적 이행점검 결과는 각 당사국의 차기 NDC 수립 시 영향을 주게 된다. 만약 투명성체계의 이행과 관련하여 지속적으로 의무 위반이 발생하게 될 경우에는 제15조 이행 및 준수 메커니즘에 따라 의무 위반 당사국에 대하여 의무 이행이 요구될 수 있다.

그림 13-2 투명성체계의 타 조항 간 연계성

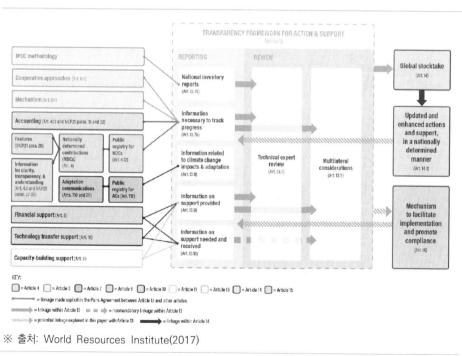

※ 출처: World Resources Institute(2017)

---

40 파리협정 투명성체계와 타 조항 간 연계성에 대해서는 Dagnet, Y., et al. (2017) 참조.

2. 제21차 UN 기후변화협약 당사국총회(COP21) 결정문[41]

COP21 결정문 84항~98항에도 투명성체계 관련 추가 합의사항이 명시되어 있다.

먼저 파리협정 투명성체계 관련 개도국 지원을 위한 신규 이니셔티브인 '투명성을 위한 역량배양 이니셔티브'(Capacity-building Initiative for Transparency: CBIT) 설립 관련 사항[42]이 합의되었다. CBIT 설립 및 운영을 지원하는 기관으로는 세계은행의 지구환경기금(Global Environment Facility: GEF)이 포함되었다.

유연성 관련,[43] 파리협정 제13조 2항에 따라 제13조 이행 시 개도국에는 보고 범위(scope), 주기(frequency), 세부 수준(level of detail)과 검토 범위(scope)에 있어서 유연성이 제공되어야만(shall) 한다.[44] 국가 방문 검토(in-country review)를 위한 검토의 범위는 선택될 수 있고, 관련된 유연성은 MPGs 개발 시 반영되어야만 한다(shall).

보고 주기 관련,[45] 최빈개도국(Least Developed Countries: LDCs)과 군소도서국(Small Island Developoing States: SIDS)을 제외하고 모든 당사국들은 협정 제13조 7항, 8항, 9항, 10항 등에 대하여 '매 2년보다는 덜 주기적이지 않도록'(no less frequently than on a biennial basis) 관련 정보를 제출해야만 한다.

MPGs를 위한 권고사항(recommendations) 개발 관련, 파리협정 특별작업반(Ad Hoc Working Group on the Paris Agreement: APA)이 MPGs에 대한 권고사항을 개발하고, MPGs에 대한 첫 번째 검토연도, 차기 검토연도, 갱신연도를 선정(define)하도록 합의했으며, COP24에서 검토(consideration)하고, CMA1에서 검토 및 채택될 수 있도록 합의하였다.[46] 특히, MPGs를 위한 권고사항 개발 시 고려사항[47]으로 (a) 점진적인 보고 및 투명성 개선 촉진의 중요성, (b) 유연성 제공의 필요성, (c) TACCC[48]

---

41 Decision 1/CP.21.
42 COP21 결정문 84~88항.
43 COP21 결정문 89항.
44 파리협정 투명성체계의 개도국에 대한 유연성 적용 방안에 대해서는 Ellis, J., et al. (2018) 참조.
45 COP21 결정문 90항.
46 COP21 결정문 91항.
47 COP21 결정문 92항.
48 Transparency, Accuracy, Completeness, Consistency, and Comparability로 국가 온실가스 인벤토리 산정을 위한 IPCC 지침의 원칙.

원칙의 중요성, (d) 중복 방지, 당사국 및 사무국에 대한 불필요한 부담 방지 필요성, (e) 기후변화협약의 개별적인 의무에 따른 당사국들의 최소한의 보고 주기 및 품질 유지의 필요성, (f) 이중산정 방지의 필요성, (g) 환경건전성 확보의 필요성이 제시되었다. 또한, 파리협정 제9조에 따라 지원 제공의 투명성 강화도 고려사항[49]으로 포함되었다.

MPGs 개발과 관련해서는 기후변화협약의 경험 및 기타 진행 중인 관련 보고 및 검토 절차를 고려하도록[50] 하였다. 또한, MPGs 개발 시 고려사항[51]으로, (a) 개도국을 위한 유연성의 유형, (b) NDC에 제출된 방법론과 각 당사국의 개별적인 NDC 달성 진전에 대한 보고를 위한 방법론간 일관성, (c) 적응 행동 및 계획 관련 정보를 보고하는 당사국, (d) 과학 및 기술 자문 부속기구(Subsidiary Body for Scientific and Technological Advice: SBSTA) 재원 정보 보고 방법론을 고려하고 공통 표양식 보고를 통한 적응과 완화에 대한 지원 제공 강화, 지원 수혜 활용(use), 영향(impact), 예상 결과(estimated results)를 포함한 개도국의 지원 수혜 보고 강화, (e) 재정상설위원회(Standing Committee on Finance) 및 협약 내 기타 관련 기구의 격년 평가(biennial assessment)의 정보 및 기타 보고서, (f) 대응조치의 사회적 경제적 영향 관련 정보가 제시되었다.

MPGs 개발 협상은 2018년 내에 종료[52]하고, 당사국들은 파리협정이 발효되면 MPGs를 적용[53]해야만 한다(shall). 파리협정은 2016년 11월 3일 발효되었으며, MPGs는 2018년 12월 14일 CMA1-3에서 채택되었으므로, 희망하는 당사국은 MPGs 채택 시점 이후부터 바로 MPGs 적용이 가능하다.

끝으로, 투명성체계의 MPGs는 COP16 및 COP17 결정문에 따라 수립된 기존의 MRV[54] 시스템에 기반하여 개발되고, 파리협정의 투명성체계는 최종 격년보고서(biennial reports: BRs) 및 격년갱신보고서(biennial update reports: BURs) 제출 이후 기존의 MRV 시스템을 최종적으로 대체한다(shall eventually supersede).[55]

---

49 COP21 결정문 95항.
50 COP21 결정문 93항.
51 COP21 결정문 94항.
52 COP21 결정문 96항.
53 COP21 결정문 97항.
54 온실가스 배출량 및 흡수량에 대한 측정(Measurement), 보고(Reporting), 검증(Verification)의 약자로 일반적으로 온실가스 인벤토리 제도 또는 시스템을 MRV 시스템이라고 통칭.
55 COP21 결정문 98항.

IV. 투명성체계의 방식, 절차, 지침(MPGs)

2015년 12월 12일 파리협정이 체결된 이후, 약 3년간 파리협정 후속협상인 특별작업반 협상(Ad Hoc Working Group on the Paris Agreement: APA)이 진행되었다. 파리협정 세부 이행규칙 협상을 위한 마지막 회의인 제7차 APA 회의(APA1-7)가 COP24에서 진행되었으며, 모든 당사국은 약 2주간의 협상을 통해 "파리협정 세부 이행규칙(Paris Rulebook)"을 2018년 12월 14일 최종 타결시켰다.

파리협정 제13조 투명성체계 MPGs에 대한 최종 협상회의에서는 1) 기존 격년/격년갱신보고서 최종 제출시기 및 격년투명성보고서 최초 제출시기, 2) 국가 인벤토리 보고 작성에 기반이 되는 IPCC 지침과 당사국들이 적용해야만 하는 공통의 지구온난화지수, 3) 제4조 NDC 진전추적 관련 정보 보고사항 등의 쟁점이 있었으나, 결국 당사국들은 투명성체계의 최종 방식, 절차, 지침(Modalities, Procedures, Guidelines: MPGs)에 합의하였다.

파리협정 투명성체계 MPGs 개발 협상 결과는 COP24 결정문 뿐 아니라, CMA1-3 결정문과 그 부속서 내용을 포함하며, 주요 합의사항은 아래와 같다.

1. 제24차 UN 기후변화협약 당사국총회(COP24) 결정문[56]

기후변화협약에 따라 모든 당사국은 국제사회에 2020년 감축목표(선진국은 의무 감축목표, 개도국은 자발적 감축행동)에 대한 이행 현황을 알리기 위한 보고 및 검토 의무를 수행해오고 있는데, 당사국들은 파리협정의 신규 보고 및 검토 의무를 시작하면서 기존 기후변화협약의 보고 및 검토 의무를 종료시키기로 합의[57]하였다.

기후변화협약에 따라 선진국들이 제출해오던 최종 격년보고서(Biennial Report: BR)는 2022년 12월 31일까지, 개도국들이 제출해오던 격년갱신보고서(Biennial Update Report: BUR)는 2024년 12월 31일까지 제출되어야만 한다.[58]

기존 보고 및 검토 제도는 각국의 2020년 감축목표의 달성 여부를 확인하기 위

---

[56] Decision 1/CP.24.
[57] COP24 결정문 43항에 따라 기존 기후변화협약 국가보고서(National Communication: NC) 관련 일부 보고 사항(연구 및 체계적 관측, 기후변화 적응)은 격년투명성보고서(Biennial Transparency Report: BTR)와 취합하여 단일의 보고서로 제출 가능. 단, 파리협정 당사국이 아닌 기후변화협약 당사국(예: 미국)은 국가보고서 등 기존의 기후변화협약 보고 및 검토 의무 준수 필요.
[58] COP24 결정문 38항.

한 목적으로 수립된 바 있다. 우리나라의 경우, 2020년 감축목표는 국내법에서 2030년 목표로 대체된 바 있으며, 감축 노력에 대한 최신 현황을 보고하기 위하여 격년 갱신보고서(BUR)를 제출해오고 있다.

2. 제1-3차 파리협정 당사국회의(CMA1-3) 결정문[59]

파리협정 의무를 수행하는 당사국들은 최초 격년투명성보고서 및 국가인벤토리 보고서를 2024년 12월 31일까지 제출해야만 한다.[60]

최초 보고서 제출시점은 가장 중요했던 쟁점 중 하나로, 선진국, 개도국 구분 없이 모두가 동시에 제출하는 시점으로 타결되었으며, 개도국이 주장해오던 2026년은 관철되지 못했다. 향후 국제사회에 중국, 인도, 브라질 등 주요 다 배출 개도국의 인벤토리 및 감축 이행 정보가 가능한 조속히 격년으로 보고 및 검토가 되어 해당 국가들의 감축 노력도 점진적으로 강화될 수 있도록 파리협정의 투명성체계를 정착시켜 나갈 필요가 있다.

3. 제1-3차 파리협정 당사국회의 결정문(CMA1-3) 부속서(투명성체계 MPGs)

가. 제장 서론(Introduction)

개도국에 대한 유연성 적용은 각국이 결정(self-determined)하는 것으로 합의되었다. 개도국은 (1) 유연성을 적용한 조항을 명확히 제시하고, (2) 역량 제약사항을 정확하게 설명하며, (3) 자국이 결정한 개선 일정(self-determined estimated time frames)을 제시해야만 한다.[61]

중국을 비롯한 강성 개도국들은 개선 일정까지 제시할 수는 없다고 반대해왔으나 개선 일정 제시를 주장해온 선진국의 입장으로 합의되었다. 우리나라의 경우 일부 보고 항목 중 유연성을 적용키로 결정한 항목이 있다면 해당 항목을 개선코자 하는 미래 계획을 국제사회에 제출할 경우 개선 일정 등 작성에 유의할 필요가 있다.

---

59 Decision 18/CMA.1.
60 CMA1-3 결정문 3항.
61 CMA1-3 결정문 부속서 6항.

나. 제III장 국가인벤토리보고서(National inventory report of anthropogenic emissions by sources and removals by sinks of greenhouse gases)

(1) IPCC 지침

각 당사국은 CMA에서 동의한 2006년 및 차기 IPCC 지침을 사용해야만 한다.[62]

국내에서는 이미 국가 온실가스 총괄관리계획에 따라 2006년 지침 사용을 위한 시범기간을 적용하고 있으므로, 2021년 배출량 및 흡수량을 작성 보고하는 2023년 국가인벤토리보고서부터는 2006년 지침을 완전히 적용을 할 수 있도록 준비해나갈 필요가 있다.

(2) 주요 배출원 분석

각 당사국은 제2장 E.3절(시계열, time-series)에 따라 주요 배출원을 파악해야만 한다. 유연성이 필요한 개도국은 IPCC 지침에 따른 95% 임계치 대신, 85%의 임계치를 사용하여 주요 배출원을 파악(identify)할 수 있다.[63]

(3) 불확도 평가

각 당사국은 배출량과 흡수량의 불확도를 정량적으로 추정하고, 정성적으로 설명해야만 한다. 유연성이 필요한 개도국은 최소한 주요 배출원의 불확도에 대하여 정성적인 정보를 제공하도록 한다.[64]

국내에서는 에너지경제연구원 등 부문별 산정기관 및 온실가스종합정보센터에서 각 배출량 및 흡수량에 대한 불확도 평가가 IPCC 지침에 따라 주기적으로 이뤄질 수 있도록 준비할 필요가 있다. 불확도 평가의 경우, 선진국 또한 많은 개선이 필요한 분야이므로, 독일 환경청(UBA), 미국 환경보호청(EPA) 등 선진국의 인벤토리 전문기관과 공동세미나 등을 통한 상호 간 협력이 도움이 될 수 있다.

(4) 완전성 평가

각 당사국은 한 카테고리의 배출량이 국가 총배출량(excl. LULUCF[65])의 0.05%

---

62 CMA1-3 결정문 부속서 20항.
63 CMA1-3 결정문 부속서 25항.
64 CMA1-3 결정문 부속서 29항.
65 Land Use, Land-Use Change and Forestry.

이하이고, 500ktCO$_2$-eq. 이하이면 중요하지 않은(insignificant) 것으로 간주하고, 'NE(not estimated)'로 표기할 수 있다. 취합된 총량으로는 국가 총배출량(excl. LULUCF)의 0.1% 이하를 중요하지 않은(insignificant) 것으로 간주해야만 한다. 유연성이 필요한 개도국은 국가 총배출량(excl. LULUCF)의 0.1% 이하이고, 1,000ktCO$_2$-eq. 이하이면 중요하지 않은(insignificant) 것으로 간주하고, 'E(not estimated)'로 표기할 수 있다. 취합된 총량으로는 국가 총배출량(excl. LULUCF)의 0.2% 이하를 중요하지 않은(insignificant) 것으로 간주해야만 한다.[66]

(5) 매트릭스(Metrics)

각 당사국은 CMA에서 합의하는 IPCC 제5차 평가보고서(5th Assessment Report: AR5) 및 차기 보고서의 지구온난화지수(Global Warming Potential: GWP)를 사용해야만 한다.[67]

투명성체계 MPGs 협상 당시, 많은 당사국들은 최신의 과학 지식을 활용하자는 주장을 스스럼없이 하면서도 AR5의 최신 GWP 수치 적용에 있어서는 소극적이었다. 선진국과 개도국 모두 기존에 사용해오던 GWP가 아닌 새로운 GWP 수치로 교체하는 정치적 부담을 지기 싫었기 때문이다. 온실가스 인벤토리는 당사국들에게 제공되는 소프트웨어 또는 마이크로소프트 엑셀시트에서 산정이 가능하기 때문에 GWP 수치 교체는 기술적으로 크게 어려운 측면은 없는 것으로 알려져 있다. 그런데 이미 다수의 회원국들간 합의를 통해 기후 협상에 참여하고 있는 유럽연합 뿐만 아니라 여타 선진국들은 이미 교토의정서에 따라 기존의 AR4 GWP를 적용하여 온실가스 인벤토리를 산정해오고 있다 보니 신규 GWP 적용에 반대했다. 반면 대다수의 개도국은 AR2 GWP 수치를 적용하고 있었다. 브라질을 필두로 하여 개도국들은 최대한의 유연성을 적용받기 위한 협상 카드로 AR2 또는 복수의 GWP 적용을 고수하고자 하였다. 브라질은 AR5 GWP를 적용하여 자국의 INDC를 이미 제출한 국가였음에도 불구하고, 정치적 측면에서 '공통의' 매트릭(Metric) 적용을 반대하고, 선진국은 AR4, 개도국은 AR2로 구분하여 공통이 아닌 이원화된 GWP 적용을 주장했다. 또한, 브라질은 지구온난화지수가 아닌 지구기온변화지수(Global Temperature Change Potential: GTP)의 병행 적용이 협상의 주된 목적이었기 때문에 '공통의 AR5 GWP'적용에 강하게

---

66 CMA1-3 결정문 부속서 32항.
67 CMA1-3 결정문 부속서 37항.

반대해왔다. 이에 대하여 한국은 그간 투명성체계 수립 협상에 있어서 최신 과학 지식의 적용을 최우선 원칙으로 하자는 당사국간의 합의가 깨지고 있다는 점을 지적하고, 신규 GWP로의 수치 변경에 정치적인 어려움이 따른다고 하더라도 투명성체계 세부 이행규칙 수립에 있어 최신 과학 지식을 적용하자는 원칙을 지켜가야만 한다고 주장하였다. COP24 개최 직전인 2018년 11월 13~15일 폴란드 바르샤바에서는 COP24 의장국인 폴란드 정부의 주관으로 투명성체계 의제에 한해서만 추가 협상 워크숍이 개최되었었는데, 한국과 브라질은 공통의 GWP 적용과 관련하여 치열하게 논쟁한 바 있다. COP24에서도 공통의 GWP 적용 쟁점은 협상 2주차인 고위급 협상에서도 다뤄졌으며, 우리 측은 Umbrella Group, 유럽연합, 환경건전성그룹의 선진국들을 지속 설득하고, 고위급 협상에서도 강하게 지속 주장함으로써 공통의 매트릭스는 AR5 GWP로 최종 합의되었다. 다만, 각 당사국은 GTP와 같은 기타 매트릭스를 추가적으로 사용할 수 있다.

(6) 부문 및 가스

각 당사국은 7대 온실가스를 보고해야만 한다. 유연성이 필요한 개도국은 최소 3대 온실가스를 보고하되, 기타 가스의 경우 제4조 NDC 범위에 포함되어 있거나, 제6장 활동에 포함되어 있거나, 기존에 보고해오던 경우라면 보고한다.[68]

(7) 시계열

각 당사국은 1990년부터 일관성 있는 연간 시계열 자료를 보고해야만 한다. 유연성이 필요한 개도국은 최소한 제4조 NDC의 기준연도 배출량과 함께 2020년 이후부터는 연간 시계열 자료를 보고한다.[69]

중국은 국내적으로 국가 온실가스 배출량 및 흡수량을 격년으로 산정할 계획이라는 점을 이유로 연간 시계열 자료를 보고하는 것에 크게 반대해왔으나, 최종적으로는 연간 시계열 자료를 보고하는 것으로 합의되었다.

(8) 보고연도

온실가스 인벤토리 자료는 국가인벤토리보고서 제출 연도보다 2년이 초과된 연

---

68 CMA1-3 결정문 부속서 48항.
69 CMA1-3 결정문 부속서 57항.

도의 자료여서는 안 된다. 유연성이 필요한 개도국의 경우 3년이 초과된 연도의 자료여서는 안 된다.[70]

예를 들어 향후 파리협정 이행 기간 중 2026년 말에 국가인벤토리보고서를 제출하는 경우 선진국은 최소 2024년의 인벤토리 정보를 최신 정보로 보고해야만 하고, 개도국은 최소 2023년의 정보를 보고해야만 한다는 것을 의미한다.

다. 파리협정 제4조 NDC 이행 및 달성 진전추적에 필요한 정보(Information necessary to track progress made in implementing and achieving nationally determined contributions under Article 4 of the Paris Agreement)

(1) 제4조 NDC 설명

각 당사국은 다음의 정보를 제공해야만 한다; (a) 목표 및 목표유형을 포함한 설명, (b) 목표연도 및 단년도/다년도 목표여부, (c) 기준연도 및 각 수치, (d) 이행기간, (e) 범위, (f) 협력적 접근법 사용 의향, (g) 추가 정보[71]

투명성체계 MPGs 개발이 완료되기 이전에는 각 당사국이 파리협정 제4조 정보지침 및 산정지침[72]에 따라 제출한 NDC의 감축목표 관련 정보를 검증할 수 있는 방안이 없었다. 하지만 MPGs 개발이 완료되어 동 64항에 따라 사후적으로도 제출된 감축목표 관련 정보는 투명성체계의 기술 전문가 검토(Technical Expert Review: TER)의 대상이므로 해당 정보에 대한 검증이 가능해졌다. 선진국들은 제4조 관련 세부 이행규칙 협상이 타결되지 않을 수도 있다는 점, 당사국들이 NDC 문서에는 세부내용을 작성하지 않는다는 점 등을 고려하여 감축목표 관련 정보가 제13조 투명성체계 MPGs에 근거하여 NDC 제출 이후에도 보고될 수 있도록 MPGs에 관련 조항을 마련하였다. 특히, 기존 NDC에는 선진국들도 기준연도와 감축목표율(%)만 보고했었으나, NDC에 기준연도에 대한 배출량도 적시하도록 함으로써, 목표연도의 목표배출량이 NDC 제출 시점에서 확인될 수 있게 되었다.

---

70 CMA1-3 결정문 부속서 58항.
71 CMA1-3 결정문 부속서 64항.
72 관련 지침에 따른 세부 보고사항에 대해서는 파리협정 제4조에 대한 세부 이행규칙인 Further guidance in relation to the mitigation section of decision 1/CP.21(4/CMA.1) 참조.

(2) 제4조 NDC 진전추적 정보

각 당사국은 이행 및 달성 관련 진전추적 지표를 파악(identify)해야만 한다. 지표들은 정성적이거나 정량적일 수 있다.[73]

65항이 포함된 제3장의 C절은 제1－6차 APA 협상회의(태국 방콕)에서 투명성체계 의제 공동주재자의 요청으로 한국과 미국이 관련 문안을 우선 작성하고, 당사국들에게 공유한 문안이며, 제1－7차 APA 협상회의(폴란드 카토비체)에서 LMDC그룹과 아랍그룹의 반대가 없어 방콕 협상문안을 기반으로 최종 협의를 거쳐 합의되었다. 파리협정의 온도 목표 달성이라는 측면에 있어서 파리협정의 목표달성을 위한 이행정보 중 가장 중요한 보고요소는 국가인벤토리보고서(제II장)와 제4조 NDC 진전추적정보(제III장)의 C절이라고 볼 수 있다. 당사국들이 선정할 수 있는 관련 지표들은 순 온실가스 배출 및 흡수량, 온실가스 원단위 감축률, 정성적 지표 등이 될 수 있다.[74]

선진국과 같이 절대값 유형을 감축목표로 사용하는 당사국 이외에 배출전망치(business－as－usual: BAU) 목표, 원단위 목표 등[75]을 사용하는 당사국도 가능한 진전추적 관련 지표를 '온실가스 인벤토리의 배출량 및 흡수량'으로 선정할 수 있도록 만들어진 조항으로, 향후 파리협정 이행 협상에서는 BAU 유형을 감축목표로 수립한 당사국이 정기적으로 보고하는 미래 배출량 전망치가 진전추적 관련 지표로 사용하지 않도록 방지하고, 사후적으로 검증된 온실가스 인벤토리를 지표로 선정해나갈 수 있도록 견인해나갈 필요가 있다.

각 당사국은 감축목표의 기준연도, 최신연도(격년마다 보고되는 정보)의 지표 값을 각각 보고하고, 두 지표 값을 비교해야만 한다.[76] 그렇게 함으로써, 파리협정 이행 기간 중, 당사국들이 자체 설정한 지표 값을 기준연도와 최신연도간 지속 비교해가며 정량적으로 이행 및 달성 여부를 판단할 수 있다.

NDC 목표연도의 정보를 포함한 격년투명성보고서의 경우, 각 당사국은 NDC 달성여부에 대한 평가결과와 선택했던 지표의 최신정보를 제공해야만 한다.[77]

---

73 CMA1-3 결정문 부속서 65항.
74 CMA1-3 결정문 부속서 66항.
75 파리협정의 다양한 NDC 감축목표 유형과 관련 보고 방안에 대해서는 Briner, G. and Moarif S., (2016) 참조.
76 CMA1-3 결정문 부속서 67~69항.
77 CMA1-3 결정문 부속서 70항.

그간 투명성체계 MPGs 협상 논의에서 제III장은 본래 'NDC 이행 진전추적 정보'와 'NDC 달성 진전추적 정보' 등 두 개의 각기 다른 장으로 구성되었었으나, 최종적으로 하나의 장 아래에 2가지 정보를 함께 포함하는 방식으로 최종 타결되었다. 70항에서 'NDC 달성 진전추적 정보'를 보고하도록 규정하고 있다.

또한, NDC 산정지침에 따른 관련 정보를 보고해야만 한다.[78]

NDC 산정지침은 제2차 및 그 이후의 NDC부터 적용해야만 하나, 제1차 NDC부터도 당사국이 자율적으로 해당 지침을 적용할 수 있다.

각 당사국은 (a) 목표(제64항), (b) 베이스라인 설정(64항), (c) 각 지표(65항) 등과 관련된 방법론 또는 회계·산정 접근방식을 설명해야만 한다.[79]

(b)는 BAU 당사국에 대한 선진국들의 요구사항이 관철된 것으로, 선진국들은 BAU 설정방법, 전제, 사용 자료에 대한 불신이 있으며, BAU 과대산정에 대한 의구심을 가지고 있다. (c)는 원단위 국가들 또는 그 이외의 지표를 사용하는 국가들에 대한 요구사항이다.

74항의 정보는 다음의 사항을 포함한다; (a) 주요 패라미터(parameter), 전제조건, 정의, 자료출처, 모형, (b) IPCC 지침, (c) 매트릭스, (d) 특정 부분에 대한 정보(특히, (i)~(iii)와 같은 LULUCF 부문 정보), (e) 적응 및 경제다변화계획의 감축 공동편익, (f) 제6조 지침에 따른 협력적 접근법 관련 방법, (g) 정책 및 수단 이행과정 추적에 활용한 방법, (h) 기타 다른 방법, (i) 기타 요건 및 전제조건[80]

(a)는 BAU 및 원단위 당사국들을 고려한 요구 정보로 특히, 원단위를 사용하는 중국이 원단위를 구성하는 분자, 분모를 지칭하는 용어로 지속 "패라미터"라는 언어를 사용해온 점을 고려하여, 중국 등 원단위를 국가 감축목표이 유형으로 사용하는 당사국이 GDP, 인구, 온실가스 관련 정보를 보고토록 하기 위해 "패라미터"라는 용어가 최종 문안에 삽입되었다.

각 당사국은 진전추적을 위해 65~76항과 관련된 정보를 구조화된 요약(structured summary)의 형식으로 제공해야만 한다.[81]

구조화된 요약은 파리협정의 NDC 이행과 관련하여 격년투명성보고서를 통해 보

---

78 CMA1-3 결정문 부속서 71~72항.
79 CMA1-3 결정문 부속서 74항.
80 CMA1-3 결정문 부속서 75항.
81 CMA1-3 결정문 부속서 77항.

고해야만 하는 사항 중 가장 '핵심'인 보고사항이다. COP26(2021년, 영국 글래스고 개최 예정)까지 표, 양식 개발 관련 추가 후속협상을 통해서, 65~76항 관련 세부 보고방안을 고려한 구조화된 요약이 완성될 예정이다. 기본적으로 '배출량 및 흡수량→LULUCF 관련 정보(인벤토리에 포함되지 않았을 경우)→제6조 관련 정보'의 순으로 기입되도록 구조화된 요약이 개발될 것으로 보이며, 77(d)항은 제6조 관련 세부 이행규칙 협상이 완료되기 전까지는 세부 보고사항이 도출되지 않을 것으로 보인다.

각 당사국은 65~76항과 관련된 정보를 서술적(narrative)이고 공통의 양식(common tabular format: CTF)에 따라 보고해야만 한다.[82]

'서술적'이라는 단어가 포함된 이유는 브라질이 정량적인 NDC 진전추적 방식에 대해서 강하게 반대해왔기 때문이다. 브라질은 정량적인 연도별 정보보고는 감축목표를 단년도가 아닌 다년도로 보이게 할 우려가 있으며, 정량적인 정보는 최종 목표연도에 대해서만 보고하면 된다고 주장해왔다. 브라질은 절대값 유형의 감축목표를 수립했음에도 불구하고, NDC 이행기간 중 정량적인 정보 보고에 대해서는 계속해서 부정적인 입장을 취하고 있다.

(3) 감축 정책 및 수단, 행동 및 계획

각 당사국은 각 감축 정책 및 수단의 감축잠재량(expected) 또는 감축량(achieved) 추정치를 가능한 수준까지 제공해야만 한다. 유연성이 필요한 개도국은 보고가 장려된다(encouraged).[83]

감축 정책 및 수단의 감축잠재량 또는 감축량 정보는 선진국들도 기존 기후변화협약 격년보고서를 통한 보고에 있어서도 어려움을 겪고 있는 사항으로 개도국에게 유연성이 제공된다.

각 당사국은 각 감축 정책 및 수단의 감축수준을 추정하기 위해 사용된 방법 및 전제조건을 설명해야만 한다. 해당 정보는 격년투명성보고서의 부속서 형식으로 제시할 수 있다.[84]

미국을 제외한 선진국들도 정보를 제공하지 않았던 자발적 보고사항으로, 우리나라가 작성할 경우, 미국의 제2차 격년보고서와 함께 제출된 관련 방법론 보고서[85]

---

82 CMA1-3 결정문 부속서 79항.
83 CMA1-3 결정문 부속서 85항.
84 CMA1-3 결정문 부속서 86항.
85 https://unfccc.int/documents/198949.

를 참조할 수 있겠다.

(4) 온실가스 배출량 및 흡수량 요약 정보

각 당사국은 온실가스 배출량 및 흡수량 요약 정보를 제공해야만 한다.[86]

MPGs 제II장에 국가인벤토리보고서의 보고의무가 규정되었음에도 불구하고 본 사항이 다시 제III장에 포함된 이유는, 선진국들은 제III장이 감축목표의 이행과정을 이해하는 데 꼭 필요하며 제III장만 검토하더라도 감축목표의 이행과정을 한 눈에 이해할 수 있어야만 한다고 주장해왔기 때문이다. 또한, 국가인벤토리보고서를 단독보고서로 따로 제출하는 선진국들 뿐 아니라, 개도국들이 제II장에 따른 온실가스 인벤토리 보고를 완벽하게 이행하지 않아 미보고 정보가 많을 경우, 본 항목을 통해 국가 인벤토리의 개요 및 국가 총/순 배출량 등을 간략히 확인하려는 목적이 있다.

(5) 온실가스 배출량 및 흡수량 전망

각 당사국은 93~101항에 따라 온실가스 배출량 및 흡수량의 전망을 보고해야만 한다. 유연성이 필요한 개도국은 이에 대한 보고를 하도록 장려된다(encouraged).[87]

전망치 보고 항목(F절)은 한국이 주도하여 각 협상그룹을 협상장 밖에서(corridor negotiations) 따로 접촉해가며 최종 합의한 문안으로, MPGs 협상이 고위급 협상으로 넘어가기 직전인 2018년 12월 10일 월요일, MPGs의 각 섹션 중 유일하게 당사국 만장일치로 합의(clean text)된 보고 항목이다. 선진국은 전망 정보 보고를 필요로 했으나 정보 제공 의무를 너무 강하게 규정하고자 했고, 개도국은 전망 정보 보고 자체가 불필요하므로 삭제하자고 주장하며 대립했던 사항이다. 우리나라가 문안 조율을 주도한 의도는, BAU 유형으로 감축목표를 수립한 개도국들이 검증이 불가능한 전망치 정보를 'NDC 진전추적' 지표(제III장 65항)로 선택하여, 불투명하고 불확실한 정보를 보고해나가는 것을 방지하고, 동시에 BAU 당사국들도 사후검증이 된 온실가스 인벤토리를 지표로 선택토록 유도하여, 대다수 당사국들이 파리협정을 이행하는 데 있어 온실가스 인벤토리가 가장 중요한 지표로 활용될 수 있도록 하는 것이었다.

전망은 NDC 이행 및 달성 진전추적을 평가(assess)하는데 사용되어서는 안 된다.[88]

---

[86] CMA1-3 결정문 부속서 91항.
[87] CMA1-3 결정문 부속서 92항.
[88] CMA1-3 결정문 부속서 93항.

당사국이 '본 항목에 따라 보고하는 전망이 제III장 제B절에서 제시한 베이스라인이라고 명시하지 않는 이상' 본 절의 전망 관련 정보는 NDC 진전추적을 평가하는데 사용되지 않고 단지, 감축 정책 및 수단 영향의 미래 경향을 암시하는(indicative) 정보로서 보고하면 된다.

전망은 국가인벤토리보고서의 최신 보고연도부터 최소 15년을 연장해서 전망의 최종시점을 '0 또는 5'로 끝나는 연도로 보고해야만 한다. 유연성이 필요한 개도국은 NDC의 목표연도까지만 보고한다.[89]

각 당사국은 NDC 진전을 결정하는 주요 지표의 전망치를 보고해야만 한다.[90]

본 항목에 따라 보고하는 전망치는 제65항(감축목표 진전추적)의 지표로 설정한 경우에만, 관련 지표(GDP, 인구 등 전망을 위해 사용한 투입자료)의 전망치를 제공해야만 하는 것으로 엄격하게 해석할 필요가 있다. 만약, BAU 유형의 감축목표라고 할지라도, 진전추적 지표를 '온실가스 인벤토리'로 지정한 국가의 경우에는, 본 항목 하에서 보고하는 전망은 상기 언급한 대로 예시적인(indicative) 정보로만 보고하면 된다.

유연성이 필요한 개도국은 93~101항 관련하여 비교적 덜 세부적인 방법 또는 범위를 활용하여 보고한다.[91]

라. 제IV장 파리협정 제7조 기후변화 영향 및 적응 관련 정보(Information related to climate change impacts and adaptation under Article 7 of the Paris Agreement)

파리협정 제7조 기후변화 영향 및 적응 관련 정보 보고는 의무가 아니다.[92]

이 장은 총 9개 소절(A~I), 14개항으로 구성되어 있는데, 이 중에서 7개 보고항목에 대한 조항이 완전히 동일한 문장[93]을 포함하고 있다는 점에서 추측해볼 수 있을 만큼, 당사국들은 최종 협상 당시 제IV장의 개별 보고항목에 대해서는 세부적으로 논의하지 못했다. 특히, 마지막으로 폴란드 카토비체(COP24)에서 진행되었던 1주차 전체 실무협상 시간 중 약 3시간 정도만 적응 분야 협상을 위해서 할애된 바 있다. 개도국들은 적응에 대한 논의 확대가 기후협상에서 개도국에 유리하다는 점(역사

---

89 CMA1-3 결정문 부속서 95항.
90 CMA1-3 결정문 부속서 97항.
91 CMA1-3 결정문 부속서 102항.
92 CMA1-3 결정문 부속서 104항.
93 Each Party should provide the following information, as appropriate.

적 배출 책임으로 인한 피해 논의 확대, 적응 분야 지원 확대)을 인식하면서도, 구체적인 정보 보고의무 개발에는 소극적이었다.

또한, 적응의 경우 MPGs 제IV장의 적응 보고 이외에도 국가결정기여(Nationally Determined Contribution: NDC)의 적응 부문 보고, 적응 보고(Adaptation Communication), 국가 적응 계획(National Adaptation Plan: NAP), 국가 적응 프로그램(National Adaptation Programme of Actions: NAPA), 국가보고서(National Communication: NC)의 적응 부문 보고 등 개도국들이 다양한 적응 보고 방안을 개발해두었지만, 사전(ex−ante) 계획 보고와 사후(ex−post) 결과보고 구분의 모호함, 보고된 보고서가 검토 대상이 아니라는 점, 선진국들의 전략적 무관심 등 기후협상에서 적응 보고 관련 협상 의제의 결과가 조화롭게 잘 정리되지 못한 측면이 있다.

그럼에도 불구하고 MPGs 제IV장에서 가장 눈여겨 볼 부분은 바로 손실 및 피해와 관련된 G절[94]이다. 손실 및 피해는 개도국 중에서 최빈개도국(Least Developed Countries: LDCs), 군소도서국(Small Island Developing States: SIDS), 아프리카그룹(African Group of Negotiators: AGN)의 관심 의제이다. 손실 및 피해와 관련된 논의가 확대되면 역사적으로 온실가스를 많이 배출한 선진국들에 대한 법적 책임이 확대될 수 있고 재원 지원 제공 관련 부담이 높아지기 때문에 중요한 협상 쟁점으로 다뤄지고 있다. 우리나라는 그간 기후변화협약에 따른 의무 지원 제공 당사국이 아니었지만, 기후변화에 대한 피해 증가로 국제 수준에서 재원 조성 논의가 지속적으로 확대될 경우, 국제사회로부터 재원 기여 요청을 받을 수 있으므로 손실 및 피해 관련 논의에는 적극 참여하여 관련 동향을 미리 수집하고 대응 방안을 미리 마련해나갈 필요가 있다.

마. 제IV장 파리협정 제9−11조 재원, 기술개발 및 이전, 역량배양 지원 제공 및 조성 정보(Information on financial, technology development and transfer and capacity−building support provided and mobilized under Article 9−11 of the Paris Agreement

이 장은 선진국들이 제공하고 조성한 정보를 기술해야 하는 장이며, 3개의 하위

---

[94] 개도국의 강력한 요구가 있었음에도 관련 정보 보고는 자발적(may provide, as appropriate) 보고 사항으로 규정.

섹션으로 구성되어 있다. 먼저 섹션 A는 국내 상황 및 제도에 대해 기술하고 있다. 이를 통해서 당사국들은 (a) 공적 개입을 통해 제공되고 조성된 지원을 보고, 추적, 규명하기 위해 사용된 체계 및 절차, (b) 보고 시 장애 및 한계점, (c) 추가적인 민간 기후파이낸싱 및 투자를 촉진하기 위한 공공정책 및 규제와 관련된 사례 및 경험, (d) 공적 개입을 통해 제공되고 조성된 지원의 정확성 및 상응성을 강화하기 위한 노력을 보고한다.

섹션 B에서는 보고를 작성할 때 고려된 전제, 정의 및 방법론을 소개하고 있다. 선진국들은 해당 섹션을 통해서 아래와 같은 정보들을 작성할 때 사용한 정의 혹은 방법을 기술해야 한다. (a) 해당 보고년도, (b) 자국통화와 미국 달러간 전환, (c) 자금지원 상황, (d) 재정지원 경로(양자, 지역, 다자-양자, 다자), (e) 자금 출처(ODA, OOF, other), (f) 금융수단(증여, 양허성 차관, 비양허상 차관, 지분, 보증, 보험, 기타), (g) 보고된 금융수단 및 자금출처(당사국은 어떻게 양허성 부여, ODA 등을 증여가치 환산법을 활용하여 결정했는지에 대한 정보), (h) 지원 유형(적응, 감축, 교차), (i) 지원분야, (j) 지원의 하위분야, (k) 지원이 역량강화, 기술개발 및 이전 중 어느 곳에 사용되었지 여부, (l) 기후특화(climate-specific) 지원 여부, (m) 여러 당사국들 간에 이중 산정 (double counting) 회피 노력

섹션 C에서는 제공 및 조성된 재정 지원과 관련된 정보를 기술하게 되며, 해당 섹션을 통해서 선진국들은 3개의 하위 항목들에 대해 보고하게 된다. 3개의 하위 항목들이란 1. 양자, 지역 및 기타 경로, 2. 다자 경로, 3. 공적개입을 통해 조성된 재원 정보이며, 당사국들은 해당 섹션에 구체적인 수치를 기입하게 되기 때문에 챕터 V.에서 핵심 조항이 된다고 볼 수 있다.

먼저, 1. 양자, 지역 및 기타 경로에서는 (a) 대상 년도, (b) 금액(USD 및 자국통화)(액면가와 증여환산 가치), (c) 수혜 지역 또는 국가, 사업 및 프로그램명 등이 포함된 수혜 관련 정보, (d) 자금지원 상황, (e) 재정지원 경로(양자, 지역, 다자-양자, 다자), (f) 자금 출처(ODA, OOF, other), (g) 금융수단(증여, 양허성 차관, 비양허상 차관, 지분, 보증, 보험, 기타), (h) 지원 유형(적응, 감축, 교차), (i) 지원분야(예시: 에너지, 수송, 산업, 농업, 산림, 수자원 및 위생, 교차 등) (j) 지원의 하위분야(보고 가능 시), (k) 추가 정보(사업/프로그램 상세정보, 이행기관 등, 보고가능시), (l) 지원이 역량강화, 기술개발 및 이전 중 어느 곳에 사용되었지 여부를 보고하게 된다.

2. 다자 경로에서는 (a) 대상 년도, (b) 기관유형(예시: 다자기금, 재원체계 운영주체, 기술체계 운영주체, 다자금융기관, 국제기구, 기타), (c) 금액(USD 및 자국통화)(액면가와 증여환산 가치), (d) core－general 또는 기후특화 지원 여부(보고가능시), (e) Inflows and/or outflows(보고가능시)

(f) 수혜정보(예시: 국가, 지역, 전세계, 사업, 프로그램 등(보고 가능 시)), (g) 자금지원 상황, (h) 재정지원 경로(다자, 다자－양자), (i) 자금 출처(ODA, OOF, other), (j) 금융수단(증여, 양허성 차관, 비양허상 차관, 지분, 보증, 보험, 기타), (k) 지원 유형(적응, 감축, 교차)(보고가능시), (l) 영역(예시: 에너지, 수송, 산업, 농업, 산림, 수자원 및 위생, 교차 등), (m) 하위 영역(보고가능시) (n) 지원이 역량강화, 기술개발 및 이전 중 어느 곳에 사용되었지 여부를 보고하게 된다.

3. 공적개입을 통해 조성된 재원 정보에서는 (a) 대상 년도, (b) 금액(USD 및 자국통화)(액면가와 증여환산 가치), (c) 지원액 조성을 위해 사용된 자원의 금액, (d) 공적개입 유형(예시: 증여, 양허성 차관, 비양허성 차관, 기술지원 등), (e) 수혜정보(예시: 국가, 지역, 전세계, 사업, 프로그램 등), (f) 재정지원 경로(양자, 지역, 다자), (g) 지원 유형(적응, 감축, 교차), (h) 지원분야(예시: 에너지, 수송, 산업, 농업, 산림, 수자원 및 위생, 교차 등), (i) 지원의 하위분야, (j) 추가 정보들을 보고하게 된다.

바. 제Ⅵ장 파리협정 제9－11조 재원, 기술개발 및 이전, 역량배양 지원 필요 및 수혜 정보(Information on financial, technology development and transfer and capacity－building support needed and received under Article 9－11 of the Paris Agreement)

이 장은 개도국들에게 필요하고 실제로 수령받은 재정지원을 보고하는 장이며, 총 4개의 하위 섹션으로 구성된다. 섹션 A에서는 국내 상황 및 제도를 기술하고 있으며, (a) 필요하고 수령받은 지원을 추적하기 위해 사용된 체계 및 절차, (b) 자발적 감축목표(NDC) 관련 당사국의 우선순위 및 전략 관련 정보들을 기입하게 된다.

섹션 B에서는 기초가 되는 전제, 정의 및 방법론에 대해 기술하게 되며, (a) 자국통화와 미국달러간 전환, (b) 필요되는 지원의 예상 금액, (c) 보고 년도 또는 타임프레임 판단, (d) 특정 자금으로부터의 지원 규명, (e) 공약, 수령 및 필요로 되는 지원의 판단, (f) 지원된 사업의 현황 규명 및 보고, (g) 경로 규명 및 보고, (h) 지원 유형 규명 및 보고, (i) 금융수단 규명 및 보고, (j) 영역 및 하위영역의 규명 및 보고, (k) 필요로 되고 수령 받은 지원의 활용, 영향력 및 예상 결과 보고, (l) 기술개발과 이전 및 역량강화에 기여하기 위한 지원의 규명 및 보고, (m) 필요하여 수령받은 지원 보고정보에 대한 이중산정 회피 관련 정보들을 기입하게 된다.

섹션 C에서는 필요로 되는 재정지원 관련 정보에 대해 기술하고 있으며, (a) 사업명(activity, programme, project), (b) 프로그램 및 사업 설명, (c) 예상 금액(자국통화 및 미국 달러), (d) 예상 타임프레임, (e) 기대하는 금융수단, (f) 지원의 유형, (g) 분야 및 하위분야, (h) 해당 사업이 기술개발 및 이전과 능력배양에 기여하는지 여부, (i) 해당 사업이 국가전략 및 NDC와 연계가 있는지 여부, (j) 예상되는 활용, 영향 및 기대 결과 관련 정보들을 기입하게 된다.

섹션 D에서는 수령한 재정지원 관련 정보에 대해 기술하게 되며, (a) 사업명 (activity, programme, project), (b) 프로그램 및 사업 설명, (c) 경로, (d) 수령받은 주체, (e) 이행주체, (f) 수령된 금액(자국통화 및 미국달러), (g) 타임프레임, (h) 금융수단, (i) 현황(공약 및 수령), (j) 영역 및 하위영역, (k) 지원의 유형, (l) 해당 사업이 기술개발 및 이전과 능력배양에 기여하는지 여부, (m) 사업 현황(계획, 진행 및 완료), (n) 활용, 영향 및 기대 결과 관련 정보들을 기입하게 된다.

사. 제Ⅶ장 기술 전문가 검토(Technical expert review: TER)

기술 전문가 검토의 범위는 다음과 같이 구성된다; (a) 개도국의 유연성을 고려하여 제13조 제7항 및 제9항 정보의 일관성 검토, (b) 제4조 NDC 이행 및 달성 고려, (c) 지원 제공 고려, (d) 제13조 이행 관련 개선분야 식별, (e) 개도국에 대한 역량배양 필요사항 식별 지원[95]

기술 전문가 검토팀은 다음 활동을 금지한다; (a) 정치적 판단, (b) 제4조 NDC (제Ⅲ장 제B절 관련 설명, 제C절 관련 지표)의 충분함 또는 적정성 검토, (c) 국내행동의 충분한지 여부, (d) 지원제공의 충분한지 여부, (e) 유연성이 필요한 개도국의 경우, MPGs 6항에 명시된 자국이 결정한 개선일정 또는 유연성 없이 특정 조항을 이행하기 위한 역량 보유 여부 검토[96]

---

95 CMA1-3 결정문 부속서 146항.
96 CMA1-3 결정문 부속서 149항.

기술 전문가 검토는 중앙(centralized) 검토,[97] 방문(in-country) 검토, 서면(desk) 검토, 단순(simple) 검토의 형식으로 수행될 수 있다.[98]

단순 검토 외 3개 검토 형식은 기존 체계에서 활용되어오던 형식이며, 스위스가 새롭게 단순 검토를 제시하여 포함되었다. 스위스는 기존 체계에서도 선진국들이 매번 제출하는 보고서에 대한 기술 검토를 받기 어렵기 때문에, 당사국이 매년 혹은 격년마다 제출하는 보고서 수가 증가하는 신규 체계에서 중앙 검토, 방문 검토 등의 방식으로는 적시에 세부적인 검토를 받기 어려울 수 있기 때문에 단순화된 검토가 필요하다고 주장해왔다. 협상 시간 제약으로 단순 검토에 대한 정확한 정의, 내용에 대해서는 논의하지 못한 채, 국가인벤토리보고서에 대해서는 사무국이 '완전성 및 일관성'에 대해서만 초기 평가(initial assessment)를 수행한다고 155항에 명시되었다.

기술 전문가 검토 형식 관련, 당사국은 다음의 경우 방문 검토를 수행해야만 한다: (a) 첫 번째 격년투명성보고서, (b) 10년간 최소 2건의 격년투명성보고서, 그 중 1건은 제4조 NDC 달성 정보를 포함한 보고서, (c) 이전 격년투명성보고서에 대한 기술 전문가 검토의 권고가 있을 경우, (d) 당사국이 요청했을 경우[99]

158항 관련, 유연성이 필요한 개도국은 방문 검토 대신 중앙 검토를 수행하나, 방문 검토를 수행토록 장려된다(encouraged).[100]

아. 제VIII장 진전에 대한 촉진적, 다자적 검토(Facilitative, multilateral consideration of progress: FMCP)

FMCP의 범위는 제9조에 따른 당사국의 노력과 각 당사국의 NDC 이행 및 달성이다.[101]

FMCP는 COP24 협상회의에서 논의된 바가 없다. FMCP는 기술 전문가 검토 이후 당사국들이 수행하는 일종의 프레젠테이션 발표 및 상호간 질의응답 과정이며, 기술 전문가 검토가 이행 및 달성 검증에 있어 중요한 반면, FMCP는 당사국간 그간 이행경과를 서로 이해하는 상호 신뢰구축 과정의 일부분으로 이해하는 것이 바람직하다. 또한, 개도국의 이해에 따라, NDC보다, 제9조에 따른 선진국의 개도국에 대한

---

97 UN 기후변화협약 사무국(독일 본 소재)에 전문가들이 모여서 진행하는 검토를 의미.
98 CMA1-3 결정문 부속서 151항.
99 CMA1-3 결정문 부속서 158항.
100 CMA1-3 결정문 부속서 159항.
101 CMA1-3 결정문 부속서 189항.

지원 노력 검토를 더 중요시 하고, NDC도 제4조라고 특정하지 않고 있음을 유의해서 해석할 필요가 있다.

형식 및 단계 관련, FMCP는 서면 질의응답 단계 및 그룹세션 단계[102] 등 2단계를 포함해야만 한다.

2개의 단계는 이미 기존에 수행해오고 있는 선진국의 다자평가(Multilateral Assessment: MA)와 개도국 촉진적 다자공유(Facilitative Sharing of Views: FSV)와 매우 유사한 절차로 당사국들에게 이미 익숙한 체계이다.

주기 및 시점 관련, FMCP는 당사국의 기술 전문가 검토 보고서가 발간되자마자 (as soon as possible) 실시한다(will).[103]

FMCP의 정확한 실시 시점은 협상을 통해 합의되지 않았다. 197항, 198항에 명시된 바와 같이, 향후 파리협정 이행 중 당사국들의 격년투명성보고서 제출 및 기술 전문가 검토 대응 일정에 따라 잘 실시될지 불확실한 부분도 많기 때문에 주기 및 시점을 특정하지 않은 측면도 있는 것으로 보인다.

V. 향후 투명성체계 협상과 이행

파리협정 투명성체계의 총 15개 조항 및 투명성체계 MPGs의 총 199개 조항이 완성됨으로써 모든 당사국이 참여하는 새로운 보고 및 검토 체계에 대한 협상은 종료되었다. 다만, 보고에 필요한 공통의 표나 양식(table 또는 tabular format), 검토를 위한 기술 전문가 교육 프로그램 개발 등 일부 추가 작업이 필요한 사항에 대해서는 후속 협상이 진행 중이고 COP26(2021년 11월 1일~12일, 영국 글래스고 개최 예정)에서 완료될 예정이다. 그리고 지난 COP24에 이어 COP25에서도 파리협정 제6조 협상이 결렬됨에 따라 제6조 관련 세부 이행규칙 개발이 늦춰지고는 있지만, 제6조 협상이 마무리되면 투명성체계 MPGs 77(d)항 관련 사항도 최종 완성될 것이다.

파리협정 이행에 대한 세부규칙이 모두 완성되고 나면 앞으로 기후변화 협상 회의에서는 각 당사국의 NDC '이행' 점검과 '달성' 평가가 가장 중요하게 다뤄질 것이며, 파리협정 목표 달성을 위해 각 국은 점진적으로 NDC의 의욕을 증진해 나가고 주요 조항별 의무사항을 각각 이행하는 등 파리협정의 레쳇 메커니즘(Ratchet Mechanism)

---

102 CMA1-3 결정문 부속서 191항.
103 CMA1-3 결정문 부속서 197항.

그림 13-3 투명성체계 이행

※ 출처: 파리협정을 토대로 저자가 구성

[104]이 유기적으로 작동될 것이다. [그림 13-3] 각 당사국은 투명성체계에 따라 국가 인벤토리보고서와 격년투명성보고서를 매 2년마다 제출하고, 보고 내용 또한 매 2년 마다 검토를 받게 된다. 또한 각 당사국이 보고한 정보는 매 5년마다 진행되는 글로 벌 이행점검의 투입(input) 자료로 활용되고, 글로벌 이행점검의 결과는 다시 각 당사 국이 매 5년마다 제출해야만 하는 국가결정기여(NDC) 수립 시 의욕(ambition)을 증진 하도록 영향을 줄 것이다. 그리고 다시 새롭게 제출한 국가결정기여(NDC)를 이행하 면서 매 2년마다 투명성체계에 따라 관련 보고서를 제출하고 검토를 받게 된다.

우리나라는 2010년 1월 「저탄소 녹색성장 기본법」을 공포하고 녹색성장 5개년 계획, 기후변화대응 기본계획, 배출권거래제 기본계획 등의 정책을 시행하면서 기후 변화 대응을 위한 제도적 기반을 선제적으로 마련해왔다. 2020년 국가 감축목표를 수립한 바 있으며, 파리협정 하 2030년 국가 감축목표를 「저탄소 녹색성장 기본법

---

[104] Ratchet은 한쪽 방향으로만 회전하게 되어 있는 톱니바퀴를 의미하며, Ratchet up은 조금씩 증가하 다(시키다)를 의미함. 파리협정 체제에서는 각 국이 제4조에 따라 매 5년마다 NDC를 수립하고, 제13 조에 따라 매 2년마다 투명성체계를 통해 NDC 이행 및 달성 관련 정보를 보고하고 검토 받으며, 해당 정보를 취합한 뒤 제14조에 따라 매 5년 마다 전지구적 이행점검을 수행하고, 다시 제4조에 따라 차기 NDC를 수립할 때에 직전에 수행했던 전지구적 이행점검의 결과를 참조하여 NDC의 의욕(ambition) 을 진전(progression)하도록 설계된 특징이 있어 파리협정의 이행 체계를 "Ratchet Mechanism"이 라고 함.

시행령」 제25조에 명시하고 NDC에 포함하여 국제사회에 제출하였다. 따라서 우리나라도 본격적으로 파리협정을 이행해나가야 하며 관련 의무도 성실하게 준수해야할 것이다. 파리협정과 세부 이행규칙이 타결된 지 얼마 되지 않은 현 시점에서 전 세계 많은 국가들에게 파리협정의 투명성체계는 생소할 수 있고, NDC 이행 및 달성 관련 보고를 위한 자국의 통계 등의 부족으로 관련 제도나 대응 태세가 아직 덜 갖춰진 국가들도 많을 것이다. 그런데 이러한 기후변화 대응 목표에 대한 이행 점검 체계는 우리나라에게 생소한 체계가 아니다. 국내적으로 이미 2020년 감축목표 이행 점검을 추진한 바 있으며, 현재 2030년 감축목표에 대한 이행 점검 체계도 구축 중이다. 다만 그동안에는 온실가스 인벤토리와 감축과 관련된 이행 점검 체계에 대하여 발전을 이루어왔다면 앞으로는 기후변화 적응, 기후 재원, 기후 기술에 대한 이행 점검 체계도 발전시켜나갈 필요가 있겠다.

우리나라의 초기 기후변화 대응 체계에 대하여 다소 부족한 점이 있다는 평가가 있을 수도 있겠지만, 지난 10여 년간의 다양한 국내 정책 시행 경험을 점검해서 터득한 교훈을 살려 나간다면 파리협정의 투명성체계를 가장 모범적이고 선도적으로 이행하는 국가가 될 수 있을 것이다.

참고문헌

1. 김승도 외, (2015), *Post−2020의 MRV* 체계 수립을 위한 우리나라 대응 방향, 환경정 책연구, 14(4): 3−21.

2. Briner G. and Moarif S. (2016), "Enhancing transparency of climate change mitigation under the Paris Agreement: Lessons From experience", *OECD/IEA Climate Change Expert Group Papers*, No. 2016/04, OECD Publishing, Paris.

3. CMA1−3 Decision and Annex documents(FCCC/PA/CMA/2018/3/Add.1, FCCC/ PA/CMA/ 2018/3/Add.2).

4. COP5 Decision and Annex documents(FCCC/CP/1999/7).

5. COP8 Decision and Annex documents(FCCC/CP/2002/7/Add.2).

6. COP17 Decision and Annex documents(FCCC/CP/2011/9/Add.1).

7. COP18 Decision and Annex documents(FCCC/CP/2012/7/Add.3).

8. COP19 Decision and Annex documents(FCCC/CP/2013/10/Add.3).

9. CCP21 Decision and Annex documents(FCCC/CP/2015/10/Add.1).

10. COP24 Decision and Annex documents(FCCC/CP/2018/10/Add.1).

11. Dagnet, Y., et al. (2017), *Mapping the Linkages Between the Transparency Framework and Other Provisions of the Paris Agreement*, World Resources Institute.

12. Ellis, J., et al. (2018), "Operationalising selected reporting and flexibility provisions in the Paris Agreement", *OECD/IEA Climate Change Expert Group Papers*, No. 2018/03, OECD Publishing, Paris.

13. Kyoto Protocol.

14. Paris Agreement.

15. United Nations Framework Convention on Climate Change.

제 14 장

전지구적 이행점검

강상인(한국환경정책·평가연구원 국가기후변화적응센터 선임연구위원)

Ⅰ. 파리협정 전지구적 이행점검(Global Stocktakes)의 의의

기후변화협약 당사국 일부에 대해 정량적 온실가스 감축목표를 의무화한 교토의정서(Kyoto Protocol)의 이행 경험을 반면교사로 삼아, 선진국과 개발도상국을 나누지 않고 모든 당사국의 자발적 국가결정 기여(Nationally Determined Contributions)를 감축과 적응을 포함하는 기후변화 대응노력의 근간으로 설정한 파리협정(Paris Agreement)이 2015년 제21차 기후변화협약 당사국 총회(COP21)에서 채택되었다. 동 협정 제14조에 정한 전지구적 이행점검(Global Stocktakes)은 제13조 투명성(Transparency), 제15조 이행 및 준수(Implementation and Compliance)와 함께 2020년 이후 기후변화대응 국제

거버넌스의 성패를 결정짓게 될 핵심 의제이다. 파리협정에서 전지구적 이행점검이 차지하는 위치와 의의를 잘 이해하기 위해서는, 1992년 기후변화협약(이하 협약으로 약칭)으로부터 1997년의 교토의정서(이하 의정서로 약칭)와 2012년의 강화된 기후행동에 관한 더반 플랫폼을 거쳐 2015년 파리협정(이하 협정으로 약칭)에 이르는 국제사회의 기후변화 대응노력 경과를 간략히 살펴 볼 필요가 있다.

1. 파리협정: 보편적 기후변화 대응 거버넌스 구축

1992년 브라질 리우데자네이루에서 개최된 유엔환경개발회의(United Nations Conference on Environment & Development)에서 채택된 기후변화협약 당사국들은 '공동의 그러나 차별화된 책임(Common But Differentiated Responsibilities)'원칙에 따라 각자의 능력에 부합하는 기후변화 대응노력을 이행할 것을 합의하였다. 협약 최고 의사결정기구로 당사국총회(Conference of Parties, 이하 협약당사국총회)가 조직되었으며, 협약 이행을 지원하고 기후변화의 영향과 대응의 과학적 기술적 측면을 검토하기 위한 목적으로 이행부속기구(SBI)와 과학기술자문부속기구(SBSTA)가 설치되었다. 유엔 5개 지역을 순회하며 개최되는 협약당사국총회 결과물인 의장보고서는 그 해에 이루어진 협약 당사국간의 합의사항을 결정문 형태로 채택되며, 결정문에는 새로운 의정서(protocol)나 협정(agreement) 또는 이들 지위를 갖지 못하는 다양한 형태의 합의문서(accord, platform, plan, programme) 등이 담겨있다.

기후변화협약은 OECD 회원국과 동구권의 체제전환국 및 유럽경제공동체로 구성된 41개 당사국(parties)을 부속서1에 수록하고 이들이 2000년까지 온실가스 배출규모를 1990년 수준으로 안정화시킬 것을 권고하였으며, 부속서1에 포함되지 않은 당사국들에 대해서는 온실가스 감축과 기후변화 적응에 관한 보고, 계획 수립, 이행과 같은 일반적인 의무를 부여하였다. 부속서1 수록 41개 당사국 가운데 OECD 회원국과 유럽경제공동체를 포함하는 24개 당사국을 부속서2에 지정하여 개도국의 온실가스 감축노력을 위한 재정과 기술 지원, 기후변화에 취약한 최빈개도국의 적응 지원 의무를 추가함으로써 이후 국제 기후변화 거버넌스의 근간이 되는 공동의 그러나 차별화된 책임원칙을 구체화 하였다.[1] 1994년 발효된 기본협약에 대한 제1차 당

---

1 부속서1에 수록된 41개 당사국에는 비국가 당사국으로 유럽경제공동체(European Economic Community: EEC)가 포함된다. 터키는 부속서1 당사국으로 당초 EEC와 함께 25개 부속서2 당사국에 포함되어 있었으나, 2002년 부속서2 수정에서 제외되어 부속서2 당사국수는 현재 24개국으로 정리되어있다

사국총회(COP1)는 1995년 3월 독일 베를린에서 개최되었으며, 모두 21개 결정문을 통해 현행 국제 기후변화 거버넌스의 기본 골격을 완성하였다.

1997년 일본 교토에서 개최된 제3차 협약당사국총회(COP3)에서는 선진국들의 수량적인 온실가스 감축의무를 규정한 교토의정서가 채택되었다. 교토의정서는 이산화탄소를 포함하여 모두 6종의 온실가스(이산화탄소, 메탄, 이산화질소, 수소불화탄소, 과불화탄소, 육불화항)를 규정하고, 기본협약 부속서1 등재 국가들로 하여금 2008에서 2012년에 이르는 제1차 감축 공약기간 동안 41개 등재국 1990년 총배출량의 평균 5% 이상을 감축할 것을 의무화 하였다.

당사국별 감축목표치를 수록한 교토의정서 부속서 B에는 41개 부속서1 국가 가운데 벨라루스와 터키를 제외한 39개 당사국의 1990년 대비 정량 배출목표치가 백분율로 기재되었다. 다만, 제1차 감축공약기간에는 교토의정서 비준을 거부한 미국을 제외한 38개국만이 참여하였다. 부속서1 등재국 이외의 협약 당사국(비부속서1 국가)들에 대해서는 정량감축 목표 설정이 요구되지 않았으며, 협약에서와 같은 온실가스 감축과 기후변화 적응에 관한 보고, 계획 수립, 이행 등 일반적인 의무 이행이 요구되었다. 교토의정서는 선진국에 한정된 정량적인 특정 배출연도 기준 온실가스 감축의무를 부과하였다는 점에서 파리협정상 선진국과 개발도상국 모두가 국가결정기여(Nationally Determined COntributions: NDC) 형식의 온실가스 감축의무를 부담하는 보편적 기후변화 대응 거버넌스와 차별성을 갖는다.

또한 교토의정서는 부속서1 등재국 사이에 배출권거래제(Emission Trading Scheme) 및 공동이행제도(Joint Implementation)를 허용하고, 비부속서1 국가와 함께 하는 청정개발체제(Clean Development Mechanism: CDM)를 도입하는 등, '신축성 메커니즘(Flexibility Mechanism)'을 통해 비용 효율적인 부속서1 등재국의 감축의무 이행과 비부속서1 국가의 지속가능발전을 지원하고자 하였다. 이러한 감축의무 이행상의 유연성 인정은 파리협정체제에서도 협력적 접근법과 관련 메커니즘을 규정한 제6조에 의해 승계되고 있다.

2007년 발리에서 개최된 제13차 협약당사국총회(COP13)는 교토의정서에 불참한 선진국과 개도국이 모두 감축 목표를 설정하는 제1차 감축 공약기간 이후의 기후변화 대응체제를 가리키는 'Post – 2012 체제'를 2009년 코펜하겐에서 개최된 제15차

(FCCC/INFORMAL/84 GE.05-62220 (E) 200705, p.24).

협약당사국총회(COP15)에서 출범시킬 것을 골간으로 하는 '발리행동계획(Bali Action Plan)'을 채택하였다. 그러나 2009년 코펜하겐 제15차 당사국회의에서의 Post-2012 체제 출범은 선진국과 개도국 감축목표의 균형과 선진국의 대개도국에 재정지원에 대한 이견으로 무산되었다.

　　Post-2012체제 출범 무산에 따른 국제사회의 우려 속에 2010년 칸쿤에서 개최된 제16차 협약당사국총회(COP16)는 전년도 채택된 '코펜하겐 합의(Copenhagen Accord)'에 기초한 과도기적 조치로서, 산업혁명이전 대비 2℃ 이내로 기온 상승을 억제하는 장기목표 달성을 위해 장기협력행동, 강화된 적응행동, 강화된 선진국의 감축공약 또는 행동과 개도국의 감축 행동, 재원과 기술 및 역량배양, 주기적 검토 등을 주 내용으로 하는 '칸쿤 합의(Cancun Agreements)'를 도출함으로써, 후일 채택될 신기후 체제를 위한 파리협정의 기본 골격을 완성하였다.[2]

　　이어 2011년 더반에서 개최된 제17차 협약당사국총회(COP17)는 칸쿤 합의를 바탕으로 2020년 이후 모든 협약 당사국이 감축 의무를 부담하는 새로운 기후변화 대응체제 수립을 위한 협상을 담당할 '강화된 기후 행동을 위한 더반 플랫폼 작업반(Ad Hoc Working Group on the Durban Platform for Enhanced Action)'을 설치하고, 2012년 상반기부터 관련 작업을 개시하여 2015년 제21차 당사국총회에서 법적 강제력을 가진 합의 결과 혹은 법적 기구를 의정서의 형태로 채택하고, 동 의정서를 2020년부터 실행할 것을 결정하였다(Decision1/CP17, UNFCCC/CP/2011/9/Add.1). 무산된 'Post 2012'의 시작점인 2013년이 아니라 2020년을 출발점으로 하는 현행 신기후체제 논의의 출발점은 제17차 당사국총회(COP17) 결정문이 교토의정서 제2차 감축 공약기간의 종료 시점을 2017년 12월 31일 혹은 2020년 12월 31일로 잡았던 데서 찾을 수 있다.

　　2012년 도하에서 개최된 제18차 당사국총회(COP18)는 칸쿤 합의에서 결정되고, 더반 플랫폼이 승계한 신기후 체제 협상 기본골격의 세부 내용을 감축 공약 또는 행동, 접근법, 메카니즘, 프레임워크 등으로 구체화한 협상결과를 정리한 '발리행동계획 추진합의 성과(Agreed outcome pursuant to the Bali Action Plan)'에 관한 결정문

---

2 공식명칭 "The Cancun Agreements: Outcome of the work of the Ad Hoc Working Group on Long-term Cooperative Action under the Convention"으로 불리는 칸쿤 당사국총회에서의 합의사항은 제16차 당사국총회 결정문1(Decision 1/CP.16)로 채택되었을 뿐, 별개의 독립된 협정문으로 채택되지 않아, 국문 명칭에는 '칸쿤 협정' 대신 '칸쿤 합의'가 쓰인다.

(Decision1/CP18, FCCC/CP/2012/8/Add1)으로 채택하여 2015년 채택하게 될 파리협정의 기본구조를 가시화하였다. 제18차 당사국총회(COP18)에서는 협약 논의 초기부터 제기는 되었으나, 협약과 의정서 중심의 국제 기후거버넌스 논의에서는 본격적으로 다뤄지지 않았던 손실과 피해 문제에 대하여, 기후변화의 부정적 효과에 취약한 개발도상국의 기후변화 영향과 관련된 손실과 피해에 관한 별도 결정문(Decision3/CP.18)을 채택하여 현행 파리협정 제8조 도입 논의의 근거를 제공하였다.[3]

2013년 바르샤바 제19차 당사국총회(COP19)에서 협약당사국들은 더반플랫폼에 대한 추가적 작업 진전과 관련한 결정문(Further advancing the Durban Platform, Decision1/CP.19, FCCC/CP/2013/10/Add.1)을 채택하고, 지구 기온 상승을 산업화 이전 대비 2℃ 이내로 억제하기 위해 필요한 2020년 이후의 감축 공약 혹은 행동을 '국가별 기여 방안(Intended Nationally Determined Contributions: INDCs)'의 형태로 2015년 파리 제21차 협약당사국총회(COP21)에 충분히 앞선 시점에 사무국에 제출할 것에 합의하였으며, 아울러, 더반 플랫폼 작업반의 2014년 제1차 회기 초에 신기후체제 협상문서 초안의 구성 요소들을 도출할 것을 요청하였다. 제19차 당사국총회는 또한, 2010년 칸쿤 제16차 당사국총회의 결정문 1에 담긴 칸쿤 합의 26항과 2011년 더반 제17차 당사국총회 결정문 1의 99항에 담긴 손실과 피해 작업프로그램 및 2012년 도하 제18차 당사국총회 손실과 피해 관련 결정문 3을 바탕으로 기후변화 영향과 연계된 손실과 피해에 관한 바르샤바 국제 메카니즘 설치를 결정하였다.[4]

협상타결 1년 전인 2014년 리마 제20차 당사국총회(COP20)는 국가별 기여 방안(INDC) 제출 절차 및 일정에 합의하고, 기여 방안에 필수적으로 포함되어야 할 정보 등 2015년 합의문(2015 Agreement)의 주요 요소(element)를 담은 '리마선언(Lima Call for Climate Action)'을 채택함으로써 2015년 파리에서 개최된 제21차 당사국총회(COP21)에서의 신기후협상 타결을 위한 기반을 완성하였다. 2015년 파리 제21차 당사국총회(COP21)는 2020년부터 모든 국가가 참여하는 신기후체제의 근간이 될 더반 플랫폼 논의의 최종 결과물 가운데 하나로 그간 논의되어 오던 의정서 형태보다 격

---

3 "Approaches to address loss and damage associated with climate change impacts in developing countries that are particularly vulnerable to the adverse effects of climate change to enhance adaptive capacity", Decision 3/CP.18, FCCC/CP/2012/8.Add.1).
4 "Warsaw international mechanism for loss and damage associated with climate change impacts", Decision 2/CP.19, FCCC/CP/2013/10/Add.1.

상된 독립 협정의 형태로 파리협정(Paris Agreement)을 채택하였다.

이로써 선진국에만 온실가스 정량 감축 의무를 부과하던 기존 교토의정서 체제를 극복하기 위해 2007년 제13차 당사국총회 채택 발리행동계획 이후 9년에 걸친 보편적인 기후변화대응 거버넌스 구축을 목표로 한 국제사회의 지난한 노력은 소기의 성과를 거두고 일단락되었다. 2015년 파리 제21차 당사국회의에서 채택되고 2016년 4월 당사국 서명을 위해 유엔 뉴욕 본부에서 개방된 파리협정은 예상보다 이른 10월 5일 협정 발효요건이 충족되었고, 30일이 경과된 11월 4일 발효되었으며, 발효 이후 처음으로 개최된 2016년 마라케시 제22차 당사국총회(COP22)에서는 2018년까지 파리협정 이행에 필요한 세부 이행규칙 혹은 지침을 마련할 것에 대한 합의가 도출되었다.[5] 전지구적 이행점검은 세부 이행지침 마련이 요구된 주요 파리협정 후속 협상의제 가운데 하나였다.

2. 파리협정의 구조와 전지구적 이행점검의 위상

파리협정은 지구 평균기온 상승을 산업화 이전 대비 2℃보다 상당히 낮은 수준으로 유지하고, 1.5℃로 제한하기 위해 노력한다는 전 지구적 장기목표(협정 제2조) 하에 모든 국가가 2020년부터 자발적인 국가결정기여(NDC)의 형태로 기후행동에 참여(협정 제3조)하며, 국가결정기여 방식의 온실가스 배출 감축(협정 제4조)과 산림 등에서의 온실가스 흡수(sink) 기능을 활용한 배출된 온실가스의 제거(협정 제5조), 감축 기여 이행을 위한 협력적 접근(협정 제6조), 기후변화에 대한 적응(협정 제7조), 기후변화의 영향에 연계된 손실과 피해(협정 제8조)와 같은 국가결정기여 관련 조항들과 이들을 이행하는데 필요한 재원(협정 제9조), 기술(협정 제10조), 역량배양(협정 제11조)과 같은 협정 이행수단과 관련된 지원조항 외에 비당사국 이해관계자를 포함한 대중 참여(협정 제12조)를 보장하기 위한 별도의 조항을 도입하였으며, 이행과정 상의 투명성(협정 제13조)과 집단적 및 개별적 이행 상황을 평가 촉진하기 위한 조항들(협정 제14조 및 제15조)을 두었다.

파리협정을 통해 구현될 신기후 체제하에서의 온실가스 감축 목표는 협약 부속서1당사국 그룹의 평균배출량 감축목표를 설정한 교토의정서[6]와 여러 면에서 차별화

---

5 파리협정의 발효 요건은 55개국 이상의 가입국 비준과 비준 국가 온실가스 배출량 총합이 전 세계 온실가스 배출량의 55% 이상이 되는 두 가지 요건을 모두 충족시키는 것이었다.
6 교토의정서의 1차 공약기간은 2008~2012년이며, 2차 공약기간은 2013~2020년이다. 제1차 공약기

된다. 감축 중심이었던 교토의정서에 비해, 평균온도 상승 억제 목표를 협정의 전 지구적 장기목표로 설정하고, 이를 달성하기 위하여 온실가스 감축뿐만 아니라, 기후변화에 대한 적응, 적응범위를 넘어서는 기후변화의 부정적 영향에서 비롯되는 손실과 피해 조항의 도입, 재정지원, 기술이전, 역량강화, 대중 참여와 같은 이행수단과 투명성, 전지구적 이행점검, 이행 및 준수 조항들을 협정문에 포함함으로써 보다 체계적이고 포괄적인 기후변화 대응 기반 구축에 실질적인 성과를 거둔 것으로 이해된다. 또한, 선진국과 개도국 모두가 자발적 국가 기여 방식(Nationally Determined Contributions)을 통해 감축, 적응 및 이행수단 등 각 분야에서의 기후변화 대응 노력을 강화해 갈 수 있는 유연한 이행체계를 제공한 것은 협약의 관련 기본원칙을 성실히 반영한 것으로 평가 받고 있다.

이 가운데 본 장의 분석대상인 파리협정 전지구적 이행점검은 교토의정서상의 부속서 1국가의 정량적 감축 의무 이행이 의정서 기구들에 의한 중앙 통제를 통해 그 이행 및 준수 여부가 결정되는 것과는 달리, 협정 당사국 주도로 전체 협정 당사국의 국가결정기여 이행 상황을 점검하는 자율적이고 자발적인 검토과정이란 특징을 갖는다. 이점은 파리협정 체계가 기존의 교토의정서 체계와 근본적으로 차별화되는 부분이며, 이를 보완하기 위해 도입된 파리협정 제13조의 투명성조항은 이러한 당사국 주도의 전지구적 이행점검이 실질적이고 효과적으로 진행될 수 있도록 전지구적 이행점검 투입자료의 객관성과 실증 가능성을 보장하는 역할을 수행하게 된다.

2023년을 시작으로 매 5년 주기로 진행될 전지구적 이행점검(Global Stocktakes)은 협정 당사국의 집합적인 이행 수준을 검토하고, 관련 검토결과에 대한 정치적 결단을 통해 점차 기여 수준을 상향시켜 나간다는 기본 원칙하에 진행된다. 개별당사국의 협정의무 이행 및 준수에 관한 점검도 비징벌적 위원회에 의한 촉진적 성격의 점검과정이라는 특징을 갖고 있다. 파리협정은 또한 재원 조성과 관련하여 기후변화 협약 부속서2에 등재된 선진국이 선도적인 역할을 수행하고, 개도국이 아닌 여타 비(非)부속서2당사국은 자발적으로 재원 조성에 참여하도록 하였다. 협정은 기후행동 및 지원에 대한 투명성 체제 강화에 있어서도 각 당사국의 능력을 감안한 유연성을 인정하고 있다.

간에 '부속서 I' 국가 38개국은 2008년부터 2012년 사이에 온실가스 총 배출량을 지난 1990년 수준보다 부속서1 국가의 총배출량 평균 5% 이상 감축해야 하는 의무를 부여받았다.

특별히, 파리협정의 제8조 손실과 피해 및 제12조 비당사국 이해관계자를 포함하는 대중 참여 관련 조항들은 파리협정에 새로이 강조된 주제들로 협정 당사국간의 심화된 논의가 추가적으로 필요한 상태이며, 향후 파리협정 신기후체제 하의 전지구적 이행점검 과정에서 다양한 협정 당사국 및 비당사국 이해관계자의 다양한 요구와 의견이 제기될 것으로 예상되고 있다. [그림 14-1]은 이상에서 살펴본 파리협정의 목표, 이행방식, 국가결정기여행동, 이행수단 및 지원과 효율적이고 효과적인 협정이행을 보장하기 위한 추가 조치들을 구조화한 것이다.

그림 14-1 파리협정문 주요조항 연계 구조

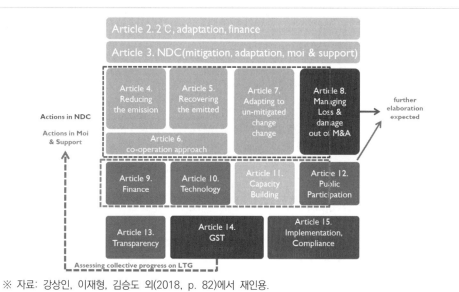

※ 자료: 강상인, 이재형, 김승도 외(2018, p. 82)에서 재인용.

II. 전지구적 이행점검(Global Stocktakes) 세부이행규칙 협상 결과

1. 파리협정 제14조 전지구적 이행점검과 관련 결정문 99, 100, 101항

전지구적 이행점검 관련 논의는 2015년 파리 제21차 당사국총회(COP21)를 앞두고 개최된 더반 플랫폼 작업반(Ad-hoc Working Group on Durban Platform) 회의 결과를 반영하여 전지구적 이행점검의 시행목적과 방식, 결과를 규정한 파리협정 제14

조와 관련 추가 지침에 대한 세부작업 내용을 상술한 제21차 당사국총회 결정문 1의 99, 100, 101항으로 정리되었다. 전지구적 이행점검의 근거가 되는 파리협정 제14조와 관련 결정문 99, 100, 101항에 합의된 사항과 위임된 업무의 주요 내용은 아래 [표 14-1]과 같다.

표 14-1 신기후체제하 전지구적 이행점검 관련 합의 및 위임사항

구분	조항	주요 내용
파리협정	제14조	(1항) CMA는 파리협정의 목적과 장기목표를 향한 전 지구 차원의 이행을 주기적으로 점검하고, 전지구적 이행점검은 감축, 적응, 이행수단 및 지원 등을 포괄적이고 촉진적인 방식으로 형평성 및 최고의 이용가능한 과학을 감안해 시행 (2항) 첫 번째 전지구적 이행점검은 2023년에 시행하며, 별다른 합의가 없는 한 이후 매 5년 마다 시행 (3항) 전지구적 이행점검 결과가 차기 NDC 그리고 관련 행동 및 지원의 갱신·강화, 기후행동을 위한 국제협력 강화에 영향
COP21 결정문1	99~101항	(99항) APA는 전지구적 이행점검을 위한 투입자료를 식별해 CMA1에 대한 권고를 위해 COP에 보고하고, 이때 NDC의 총체적 효과 관련 정보, 적응 커뮤니케이션, 온실가스 인벤토리, NDC 이행보고서 등에 명기된 적응노력, 지원, 적응 경험 및 우선순위 현황 관련 정보, 재원의 동원 및 제공 관련 정보, 최신의 IPCC 보고서, 부속기구회의 보고서 등을 고려 (100항) SBSTA는 IPCC 평가가 전지구적 이행점검을 위해 조언할 수 있는 방안을 권고 (101항) APA는 CMA1에서 심의·채택을 위해 전지구적 이행점검의 시행지침을 개발

※ 자료: 강상인, 이재형, 김승도 외(2018, p. 82)에서 재인용.

먼저 파리협정 제14조는 전지구적 이행점검의 목적과 시점 및 위임사항을 모두 3개 항으로 나누어 제시하고 있다. 제14조 1항은 파리협정 당사국총회로 하여금 파리협정의 목적과 전 지구적 장기목표 달성을 위한 당사국 이행 노력을 주기적으로 점검하도록 하였다. 여기서 전지구적 이행점검은 온실가스 감축, 기후변화 적응 및 관련 이행수단과 지원 등을 포괄적이고 촉진적인 방식으로 점검하되, 형평성과 최고의 이용가능한 과학적 지식을 고려하도록 되어 있다. 전지구적 이행점검 시점과 주기를 정한 협정 제14조 2항은 첫 번째 전지구적 이행점검을 2023년 시행하고, 다른 합의가 없는 경우, 첫 이행점검 후 매 5년 주기로 후속 이행점검을 실시할 것을 결정하였다. 협정 제14조 3항은 전지구적 이행점검 결과가 이행점검 이후 제출되는 국가결정기여 및 관련 행동과 지원을 갱신하고 강화하는데 필요한 정보를 제공할 뿐만 아니라, 기후행동을 위한 국제협력 계획에도 영향을 미쳐야 한다는 점을 명시하였다.

전지구적 이행점검의 세부 이행규칙 마련을 위해 필요한 작업들은 협정과 함께 채택된 제21차 협약 당사국총회(COP21) 결정문 1의 99, 100, 101항에 상술되었다. 결정문의 99항은 파리협정의 세부 이행규칙 협상을 진행하기 위해 구성된 파리협정 작업반(Ad Hoc Working Group on The Paris Agreement)으로 하여금 전지구적 이행점검을 위한 투입자료를 식별하여 제1차 협정 당사국총회(CMA1)에 권고할 사항을 협약 당사국총회에 보고하도록 하고, 그 과정에서 개별 당사국 국가결정기여(NDC)의 총체적 효과 관련 정보, 적응 보고[7], 온실가스 인벤토리, NDC 이행보고서 등에 명기된 적응노력, 지원, 적응 경험 및 우선순위 현황 관련 정보, 재원의 동원 및 제공 관련 정보, 최신의 IPCC 보고서, 부속기구회의 보고서 등을 고려하도록 하였다. 결정문 100항은 파리협정 제14조 1항에 언급된 최고 수준의 활용가능한 과학적 지식에 대한 고려를 근거로, 기후변화에 관한 정부간 패널(IPCC)의 평가를 어떻게 전지구적 이행점검에 필요한 정보로 제공할 것인지를 정하도록 하였다. 끝으로 결정문 101항은 99항에서 100항에 이르는 위임사항과 관련하여 파리협정작업반이 제1차 협정 당사국총회(CMA1)에서 심의 채택될 전지구적 이행점검에 쓰일 투입자료의 식별과 시행방식에 관한 세부 이행지침을 마련하도록 하였다.

전지구적 이행점검 관련 세부 이행규칙 마련은 파리협정 작업반이 진행하는 협상의제 가운데 하나로 채택되었다 동 작업반은 선진국과 개도국 협상그룹이 추천한 당사국 대표 2인의 공동 의사진행으로 2016년부터 2018년 말까지 모두 7차례의 전지구적 이행점검 세부 이행지침에 관한 협상회의를 개최하였고, 최종 결과가 2018년 말 제1-3차 협정 당사국총회(CMA1-3)에서 심의 채택되어, 이어서 개최된 제24차 협약 당사국총회(COP24)에 보고되었다.

---

7 기본협약과 파리협정 하의 다양한 경로(vehicles)를 통해 제출하도록 되어있는 적응관련 보고 및 통보를 포함하는 것으로 'adaptation communications'를 가리키며 '적응통보'로 번역하는 것이 적합하나, 그간의 용례를 따라 본고에서는 적응보고란 용어를 사용한다.

2. 전지구적 이행점검과 관련된 파리협정 조항

협정 제14조 1항에 명시된 전지구적 이행점검 범위에서 보듯이 이행점검은 협정 내 감축, 적응, 재정 및 기술 지원 조항들과 밀접하게 연계되어 있으며, 그 개요는 아래 [표 14-2]와 같이 정리할 수 있다.

먼저 협정 제4조 9항은 당사국들이 매 5년마다 제출할 온실가스 감축 관련 국가결정기여(NDC)에 전지구적 이행점검의 결과가 반영되도록 하여 이행점검의 결과가 국가결정기여 강화와 연결될 수 있도록 하였다. 기후변화 적응에 관한 파리협정 제7조 14항은 전지구적 이행점검이 종종 선진국의 개도국 지원에 대한 전제 조건으로 강조되는 개도국 적응노력의 인정에 기여하며, 적응보고에 들어있는 적응행동의 적절성과 효과성 그리고 적응을 위해 제공된 지원에 대한 검토 등을 통해 기후변화에 대한 적응을 강화할 것을 요구하고 있다.

표 14-2 전지구적 이행점검 관련 파리협정 조항

관련 조항		내용 요약
제4조	9항	전지구적 이행점검 결과를 고려한 NDC 제출
제7조	14항	적응 목표 달성을 위한 이행상황을 전지구적 이행점검에 고려
제9조	6항	기후재원 관련 정보를 전지구적 이행점검에 고려
제10조	6항	기술개발 및 이전 관련 정보를 전지구적 이행점검에 고려
제13조	5항	NDC 성취 및 적응 노력에 대한 투명성 정보를 전지구적 이행점검에 제공
	6항	재정적 지원에 대한 투명성 체계 하 정보를 전지구적 이행점검에 제공
제14조	1항	전지구적 이행점검은 감축, 적응, 이행수단 및 지원을 고려하며 포괄적이고 촉진적인 방식으로 진행하고, 형평성과 최적 가용 기술 반영함
	2항	첫 전지구적 이행점검은 2023년에 시행하며 이후 매 5년마다 시행
	3항	전지구적 이행점검의 결과는 당사국들의 행동과 국제협력 강화에 기여

자료: UNFCCC(2015), 저자 작성.

기후재원 조항인 파리협정 제9조 6항은 선진국 및 여타 협정기구가 제공한 재원 정보를 전지구적 이행점검이 고려해야 한다는 점을 명시하였으며, 기후기술 조항인 파리협정 제10조 6항도 전지구적 이행점검이 개도국 기술개발 및 이전을 위해 제공된 선진국의 지원 노력에 관한 정보도 고려할 것을 규정하고 있다. 투명성 조항인 파리협정 제13조 5항과 6항은 투명성체계의 목적이 협약목표를 달성하기 위한 기후

변화 행동을 명확히 이해하는데 있음을 확인하고, 투명성 조항이 협정 제4조에 규정된 NDC의 이행, 제7조의 적응 노력, 제4, 7, 9, 10, 13조에 연계된 기후변화 행동의 일부로 선진국이 개도국에 제공하는 재정적 지원에 대한 명확성을 높임으로써, 전지구적 이행점검에 필요한 정보를 제공한다는 점을 명시하였다.

이상에서 살펴본 바와 같이 전지구적 이행점검은 파리협정의 여타조항들과 밀접한 직 간접적 연관관계를 형성하고 있으며, 여타 조항들의 이행 결과물이 전지구적 이행점검의 투입자료가 되고, 전지구적 이행점검의 결과가 다시 타 조항들에 연계된 당사국 기후변화 대응행동 강화에 고려되는 환류체계를 형성하고 있다.[8]

이러한 환류체계의 세부내용을 확인하기 위해서는, 파리협정의 조기발효 이후 진행된 파리협정 각 조항의 세부이행 지침협상 결과를 살펴봐야 할 것이다. 2016년 11월 모로코 마라케시 제22차 당사국총회 결정(COP22)에 따라 2018년 제24차 당사국총회까지 진행된 파리협정 이행규칙(Paris Rulebook)에 대한 협상구조는 [표 14−3]과 같이 정리된다. 2018년 카토비체 제24차 당사국총회(COP24)에서는 파리협정 제6조 감축 결과물의 국제적 이전과 관련된 문제, NDC 이행에 대한 공통기간(common time−frame)을 제외한 모든 파리협정 세부 이행규칙에 대한 합의가 도출되었다.

표 14-3 파리협정 세부 이행규칙(Paris Agreement Work Programme) 협상 개요

근거조항		위임사항(mandate)	회의체
대분류조	세분류항		
협정 4조 및 결정문 22~35항		NDC 감축에 관한 추가 지침	APA
	협정 4조 12항	NDC 공공등록부의 운용 방식과 절차	SBI
	협정 4조 10항	NDC 공통기간 및 주기 설정	SBI
	협정 4조 15항	파리협정 하에서 협약에 정한 기후변화 대응조치 이행 영향 포럼 운영방식, 작업프로그램, 기능 규명	SBI/SBSTA
협정 6조 및 결정문 36~40항	협정 6조 2항	'협력적 접근(Cooperative Approach)' 지침	SBSTA
	협정 6조 4항	협정 제6.4조 메커니즘 규칙, 방식, 절차	SBSTA
	협정 6조 8항	비시장 접근 프레임워크 관련 작업프로그램	SBSTA
협정 7조 및 결정문	협정 7조 10, 11항	적응보고 추가지침	APA

---

8 [그림 14-1] 하단의 환류 점선 참조.

41, 42, 45항	협정 7조 3항	협약 적응관련 기구(AC) 역할 검토	SBSTA/SBI
		개도국 적응노력 인정 절차(AC/LEG)	SBSTA/SBI
		개도국 적응지원 조성 및 촉진 방법론(AC/LEG/SCF)	SBSTA/SBI
	협정 7조 14(c)항	적응 및 지원의 적절성과 효과성 검토 방법론(AC/LEG/SCF)	SBSTA/SBI
협정 8조 및 결정문 47~51항		기후변화 영향에 연계된 손실과 피해에 관한 바르샤바 국제 메카니즘	WIM ExCom
협정 9조 및 결정문 52~64항	협정 9조 5항	사전 기후재원 정보 제공 절차	COP
	협정 9조 7항	공공개입을 통해 제공/조성된 재원의 산정 방식	SBSTA
		제1차 CMA 준비 관련 사항	APA
		적응기금 위원회 보고	CMP
협정 10조 및 결정문 66~70항		기술개발 및 이전: 파리협정 이행지원과 연관된 기술메커니즘의 주기적 평가 범위 및 방식	SBI
	협정 10조 4항	기술 프레임워크	SBSTA
협정 11조 및 결정문 81항		2017년 역량 배양에 관한 파리역량배양위원회(PCCB)의 연간 기술진척보고서	COP
		파리역량배양위원회(PCCB)	COP
협정 12조 및 결정문 82~83항		파리협정 하 교육, 훈련, 대중인식제고, 공공 참여 및 공공접근성 이행 강화를 위한 방안	SBI
협정 13조 및 결정문 84~98항		행동과 지원에 관한 투명성 체계의 방식, 절차, 지침	APA
		지구환경기금(GCF)의 COP 보고 및 지침	COP
협정 14조 및 결정문 99~101항		전지구적 이행점검(GST) 관련 사항	APA
		IPCC 평가를 전지구적 이행점검에 정보로 활용하는 방안에 대한 자문	SBSTA
협정 15조 및 결정문 102~103항	협정 15조 2항	이행 및 준수 촉진을 위한 위원회의 효과적 운영 방식 및 절차	APA
기타		제1차 CMA 준비 관련 추가 사항	APA

자료: UNFCCC(2018b) PAWP Compilation(version 9 September @16:00) 참조, 저자작성

3. 파리협정 전지구적 이행점검 이행지침 협상 경과

2018년 4월 본에서 개최된 제1-5차 파리협정특별작업반(Ad Hoc Working Growp on the Paris Agreement) 전지구적 이행점검 의제협상에서는 2016년에서

2017년 말까지 진행된 협상결과를 정리한 전지구적 이행점검 의제 작업반 비공식 문서(informal note)가 회람되었고, 그간 이견이 제기된 주요 쟁점을 중심으로 협상이 진행되었다. 1-5차 협상에서는 파리협정의 장기 목표 달성을 위한 집단적 진전을 평가하고 이를 자발적 국가기여 확대를 위한 당사국 의욕 고취에 반영하는 과정을 포괄하는 전지구적 이행점검의 일반 원칙으로 고려되어 온 형평성 문제를 전지구적 이행점검 범위에 포함시켜 구체화할 것인지 여부와 이를 이행점검 과정에 어떻게 반영할 것인지가 주된 대립 쟁점이었고, 투입자료 목록 작성에 형평성을 어떻게 고려할 것인지와 같은 기술적인 쟁점에 대한 논의도 병행되었다. 전지구적 이행점검 지침에 형평성을 구체적으로 반영해야 한다는 개도국협상그룹과 중국의 입장에 맞선 EU 등 선진국 협상그룹은 형평성이 전지구적 이행점검 대상이 될 수 없다는 주장을 폈다.

협상은 앞선 회의결과를 정리한 비공식 문서(informal note)를 중심으로 합의된 시간동안 2인의 공동진행자 주관 하에 진행되며, 회기 중 합의 혹은 확인된 협상그룹의 대립 입장을 반영한 수정 비공식문서가 회람되고, 최종 수정된 비공식 문서에는 종종 특정 당사국이 논의 진전을 위해 제안한 질문지 등이 부속서로 포함되기도 한다. 1-5차 협상에서 우리나라는 EIG를 대표하여 기존 비공식문서에 누락되어 있던 일부 EIG 제안서 내용을 새로운 비공식문서에 반영해 줄 것을 요청하였다.

2018년 12월로 예정된 제24차 당사국회의까지 전지구적 이행점검 관련 투입자료원 식별 및 지침 개발을 완료할 것에 대한 당사국간 합의가 도출되어 있으나, 구체적이고 세부적인 지침 마련에 대한 협상진전은 더디게 진행되었다. 이는 당사국들이 형평성 원칙의 반영방식, 전지구적 이행점검의 범위, 관련 투입자료, 진행시기 및 기간 등과 관련된 세부 쟁점에서 첨예하게 대립한 때문이기도 하였으나, 전지구적 이행점검에 주요한 투입자료를 제공할 투명성, 재원 등 관련 의제 부문에서의 협상 또한 더디게 진행된 이유도 있다. 여기에는 최초의 전지구적 이행점검 종료 시점이 2023년으로 정해져 있어서, 2020년이 시한인 수정 NDC 제출 관련 NDC 감축 추가 지침 개발 의제 등에 비해 시급성이 떨어진다는 인식도 작용한 것으로 보였다. 1-5차 협상에서 다뤄진 주요 협상쟁점은 아래 [표 14-4]와 같다.

표 14-4 전지구적 이행점검 1-5차 협상 쟁점과 주요그룹 입장

구분	주요 내용
형평성	- 형평성 포함여부 및 반영 방식에 대한 개도국과 선진국의 대립 지속
세부절차 진행시기 및 기간	- 1년 이상의 이행점검 진행기간 설정을 주장한 협상그룹(일본, EIG)과 필요한 세부 절차들을 동시에 진행하는 방식으로 진행기간을 단축해야한다는 협상그룹(사우디아라비아, G77, LMDC) 입장이 대립. - 세부절차 진행시기 및 기간과 같은 형식적인 틀보다 이행점검의 내용에 대한 논의 진전을 주장하며 논점을 회피(EU)
투입자료의 종류와 범위	- 형평성 관련 이행점검 대상범위 논쟁이 투입자료의 식별과 목록화 논의까지 이어지는 가운데, 감축, 적응, 이행수단 및 지원의 3개 작업대상(workstream)에 한정된 투입자료 논의지지 입장(선진국 그룹)과 다양한 주제에 대한 자료가 이행점검과정에 투입되어야 한다는 주장(개도국 및 사우디아라비아)이 대립 - 이행점검 관련 논의가 투명성, 재원 등 다른 의제들과 함께 진전되어야 한다는 논점 회피 주장도 제기(인도)
거버넌스	- 공동컨택그룹 지원을 위한 기술적 대화(technical dialogue) 설치 주장(AOSIS 협상그룹)에 공조하는 EIG 입장 표명
검토범위	- 이행점검 범위에 손실과 피해 문제를 포함시켜야 한다는 주장(최빈개도국그룹(LDC))과 재원 흐름(financial flow) 문제를 감축, 적응, 이행수단 및 지원에 포괄적으로 고려해야한다는 입장(EU) 등이 개진

자료: 저자 작성.

파리협정작업반의 1-5차 협상 이후, 임박한 협상종료 시한에 비해 진전이 더딘 의제들에 대한 추가협상 회기 개최에 대한 합의가 도출되었으며, 여기에 전지구적 이행점검 의제가 포함되어 2018년 9월 방콕에서 1-6차 파리협정작업반 전지구적 이행점검 의제협상이 진행되었다. 9월 협상에서는 1-5차 협상결과를 반영하여 배포된 수정 비공식 문서(revised informal note)를 토대로 의장단 책임 하에 작성된 방콕회의 추가협상 문서(additional tool)가 회람되었으며, 형평성 원칙 포함 여부에 더하여 정보수집, 기술적 평가, 정치적 고려로 나누어진 전지구적 이행점검의 3단계 세부절차 각 단계의 시행시기 및 기간, 투입 자료와 각 단계의 거버넌스, 파리협정 제8조에 정한 손실과 피해 문제의 포함여부에 대한 협상이 진행되었다. 방콕에서의 협상 결과는 수정 추가협상 문서(revised additional tool, 2018.9.9, Bangkok outcome)로 정리 배포되었다.[9]

---

9 APA1.6.Informal.1.Add.4, https://unfccc.int/sites/default/files/resource/APA1.6.Informal.1.Add_.4.pdf

1-6차 협상 쟁점별 주요 협상그룹의 입장은 아래 [표 14-5]와 같이 정리되는데, [표 14-4]와 [표 14-5]는 협상종료 임박시점에 이르러 변화된 협상그룹의 입장을 통해 각 협상그룹이 갖고 있는 협상의제 세부쟁점에 대한 우선순위와 협상전략을 가늠하는데 유용한 시사점들을 제공한다. 1-6차 협상에서는 형평성 반영방식,[10] 이행점검 대상, 종합보고서 작성, 정보 출처 등이 집중적으로 다뤄졌으나 최종 합의 문안은 도출되지 않았다.

표 14-5 전지구적 이행점검 1-6차 협상 쟁점과 주요그룹 입장

구분	주요 내용
형평성	구체화 실행개념으로서의 형평성을 이행점검에 반영해야 한다는 입장에서 LMDC와 남아공 등이 IPCC 1.5도 특별보고서 내용 등을 인용하면서 탄소배출총량(carbon budget), 누적 배출량 등을 형평성 지표로 사용할 수 있다고 주장한데 대해 선진국은 형평성에 대한 별도의 입장을 표명하지 않음으로써 논의진행 자체를 회피
이행점검 대상 및 종합보고서 작성	선진국은 파리협정 제14조 와의 일관성 유지를 위해 이행점검은 감축, 적응, 이행수단 및 지원 등 3개 분야에 국한해야 한다고 주장하였으며, 개도국은 3개 부문 이외에 추가적으로 대응조치, 손실과 피해 등이 이행점검 대상이 되어야 한다는 입장과 함께, 이행 및 지원 부문에서 재원 문제를 특별히 강조
정보 출처	선진국은 감축, 적응, 이행수단 등 3개 분야를 주장한 반면, 개도국은 추가적으로 파리협정의 지역적 영향, 대응조치의 사회경제적 영향, 손실과 피해, 경제 다변화, 형평성 및 지속가능개발과 관련된 모든 요소, 개도국의 기술과 재원 및 능력형성에 대한 장애 요소와 도전, 국제협력 등이 포함되어야 한다고 주장하였으며 특히 대부분의 개도국은 손실과 피해가 매우 중요한 요소임을 강조

자료: 저자 작성.

방콕에서의 1-6차 협상은 전지구적 이행점검 각 단계의 세부절차를 정리한 이행점검 진행 방식(modality)과 투입되는 정보의 출처에 대한 체계적인 협상문서 구조를 도출하고, 주요 협상그룹 간의 비공식 협의(informal-informal meeting)를 통해 2023년 실시할 전지구적 이행점검 기간을 2021~2023년으로 확장할 것에 대한 공감대를 형성하였다는 점에서 상당한 진전을 이룬 것으로 평가되었다. 그러나, 협상결과 문서에 해당하는 수정 추가협상 문서에는 선진국 협상그룹과 개도국 협상그룹의 의견을 그대로 반영한 다수의 옵션 문안이 기재되어 차기 협상회기인 1-7차 협상에서

10 방콕회의에서 제기된 형평성 지표(equity indicator)와 관련하여 다수의 당사국이 일인당 국내총생산(GDP per capita)을 지표 기준으로 삼을 것을 요청했으나 관련 내용은 최종 지침에 반영되지 않았다.

는 관련 옵션을 삭제, 수정, 병합하는 작업에 많은 시간이 소요될 것으로 예상되었다.

2018년 12월 카토비체에서 개최된 파리협정작업반의 1−7차 회기는 파리협정 세부이행 규칙 도출을 위한 최종 협상회의로 의장단은 전차 회의 결과를 총괄 정리한 의장 문서(joint reflection note)를 배포하여 1−7차 회기 협상문서로 삼았다. 동 의장문서의 전지구적 이행점검 문안(의장문서 초안 첨문7, Joint reflection note add.7)을 대상으로 공동진행자 주재하의 비공식 협상회의와 함께 개별 쟁점에 대해 특별히 대립하는 주요 협상그룹간의 양자 혹은 복수 비공식 협의(informal−informal)가 집중적으로 진행되었다. 전차 협상회의에서와 마찬가지로 형평성 원칙의 반영 방식, 대응조치 및 손실과 피해에 대한 이행점검 여부, 재원 기여에 대한 주요 당사국 간 이견 조정 작업이 진행되었으나, 최종 합의 없이 공동진행자 주관의 실무협상은 종료되었고, 실무회의 결과물인 의장문서 3차 수정안은 당사국 수석대표가 참석하는 상위 의사결정단계인 고위급 협상으로 이송되었다. 1주간 진행된 실무협상에서 투입요소 목록에 남아있는 관련 정보항목에 대한 문안 수정작업이 이루어졌으며, 손실과 피해, 대응조치 포함 문제가 지속적으로 제기되었고, 우리나라는 EIG 협상그룹 내 전지구적 이행점검 의제 대표국가로서 해당 쟁점들에 대한 EIG 입장을 조율하고, 최종협상 문안에 대한 수정 의견서와 제안 문안 등을 제출하였다.

이어서 개최된 2주차 고위급 협상에서도 주요 선진국 협상그룹인 EU와 미국, 호주 등(Umbrella Group)은 손실과 피해를 이행점검 대상에서 배제하고, 형평성을 실행개념이 아닌 이행점검의 선언적 원칙으로 파악하여 전문에만 수록해야 한다는 입장을 고수하였고, 중국을 비롯한 G77그룹은 이에 반하여 손실과 피해를 이행점검 대상에 포함시키고 형평성을 실행개념으로 구체화하여 투입자료 목록 작성에 반영해야 한다는 입장으로 대립했다. EU 등 선진국은 의장문서 3차 수정안을 대체로 환영하는 입장이었으나, 77그룹 및 중국 등 개도국 그룹은 해당 수정안에 나타난 형평성 고려 수준에 대한 강한 우려를 나타냈다.

EIG 협상그룹에서 전지구적 이행점검 의제를 대표하는 우리나라는 고위급 협상에 배석하여, 1주차 협상에서 제출한 입장문을 바탕으로 양 협상그룹 주장의 문제점을 지적하고, 합의가 가능한 대안을 제시하여 2주차 협상 결과물인 의장문서 최종안에 관련 취지를 반영한 옵션 대체 문안들을 포함시킬 수 있었다.[11] 이번 협상에서 관

---

11 (i)alt2: The responsibility for historical and current emission as noted in the third preamble

찰된 사항은 EIG 그룹 내에서 스위스와 조지아는 EU 및 엄브렐라그룹과 일부 의제를 공조하는 모습을 보였고, 멕시코는 중남미 협상그룹(AILAC)과 양자협의 채널을 유지하고 있는 것으로 파악되어 곧이어 개최될 최종협상의 과정에서는 단일 협상그룹으로서의 EIG 공동입장을 우선하는 협상구심력 제고 방안 마련이 필요할 것으로 판단되었다.

4. 파리협정 전지구적 이행점검 이행규칙 협상 결과 분석

2018년 12월 1일 일요일에서 8일 토요일까지 진행된 최종 실무협상에서 당사국들은 모두 다섯 차례에 걸친 공동진행자 주관 비공식 협상회의(informal consultation)를 가졌으며, 비공식협상회의 중간에는 당사국이 주도하는 비공식·비공식 협의(informal-informal로 불림)를 통해 협상 기준이 되는 의장문서 초안(joint reflection note add.7)을 논의하였고, 초안 내용을 명확히 하거나 각 당사국 입장을 반영하여 수정한 결과들은 의장문서의 1차, 2차, 3차 수정안으로 정리되었다.

이 과정에서 9페이지 분량의 1차 의장문서 수정안에 반영되어 있던 개도국 입장의 일부가 6페이지 분량의 2차 수정안으로 축약되었으며 동 과정에서 삭제된 것에 대한 G77그룹의 강한 항의가 있었으나, 2차 수정안의 기조는 3차 수정안까지 유지되었다. 실무협상의 최종단계에서는 EIG, EU, UG 협상그룹과 다양한 개도국 협상그룹이 G77그룹과 함께 참여하는 컨택그룹 협상 이 진행되었다. G77그룹이 공동제안한 협상문안을 기준으로 그룹 간 이견을 조율하였으며, 전지구적 이행점검의 범위(scope), 형평성(equity) 반영방식, 이행점검 진행일정(time line) 및 관할(governance)에 대한 최종 논의가 이루어졌다. 통상적으로 이러한 논의는 새로운 협상문서를 도출하기 보다는 고위급 협상회의로 넘겨지는 최종 실무협상문서(의장문서 3차 초안)에 대한 각 협상그룹의 핵심쟁점을 확인하기 위한 목적으로 진행된다.

---

of the Convention and acknowledged in the second preamble of Section III.A of decision 1/CP.16, the relationship of climate actions, responses and impacts with Equitable access to sustainable development, as emphasized in the 8th preamble of the Paris Agreement, and the leadership by developed countries in combating climate change and its adverse effects as stated in Article 3, paragraph 1, of the Convention and Article 4, paragraph 3 and 4, of the Paris Agreement. (j)alt1: The inputs to inform equity considerations under the global stocktake could include qualitative or quantitative information, for example, indicative and non-prescriptive references, relating to equity, as voluntarily provided by Parties in their nationally determined contributions.

우리나라는 이 과정에서 EIG를 대표하여 발언하기도 했고 특정 의제에 대해 독자적인 입장을 가진 EIG 회원국들간의 이견을 조정하고, 발언권을 배분하는 역할을 하게 된다. 최종 실무협상까지 우리나라는 1차 비공식회의 이후, EIG 공동입장 정립 이전까지 단독 제안서 1건, 1차 수정안 회람 이후 EIG 공동제안서 2건을 제출하였고, 고위급 협상회의에서는 3차 수정안에 반영되지 않은 EIG 공동입장을 반영해 줄 것을 재차 요청했다.

당시 협상의 가장 큰 쟁점으로 부각된 형평성 반영방식에 있어서, 1차 수정안에 개도국 주장을 반영하여 삽입된 형평성 원칙의 실행 개념화(operationalization) 문안 (1bis)에 대해 우리나라는 EIG 그룹의 반대 입장을 표명하고 관련 제안서면을 내면서 여타 세부 항에 존재하는 절차적 문안들에 대한 수정문안도 함께 제출하였다. 또한, 손실과 피해 및 대응조치의 포함여부와 관련하여 의장문서 1차 수정안이 개도국 주장을 반영하여 파리협정 손실과 피해조항(제8조)을 서문에 언급하고, 투입정보(31항)와 기술평가(44항) 문안 부분에 대응조치를 명시한 작업계획을 반영한데 대하여, 해당 문안들이 파리협정 제14조에 명시한 전지구적 이행점검의 범위를 벗어나는 것임을 지적하고 관련 수정 문안을 제시한 의견서를 제출하였다.[12]

지구적 이행점검 관련 최종 협상결과 문서는 공동의장과 당사국 수석대표, 주요 협상 그룹 당사국 대표가 참여하는 고위급 협상을 통해 도출되었다. 동 협상과정에 참가한 대표들은 개도국 의견을 반영하여 손실과 피해 및 대응조치의 영향을 전지구적 이행점검 과정에서 고려(consider) 하거나 감안(take into account)하는 문안을 최종 협상결과문서에 수용하는 대신, 선진국 입장을 따라 형평성 개념을 실행개념이 아닌 일반원칙으로 전지구적 이행점검의 서문에 한정하여 밝히는 합의를 도출한 것으로 확인되었다. 손실과 피해 및 대응조치 영향은 형평성 원칙과 밀접하게 연계된 쟁점이다.

전지구적 이행점검 지침에 대한 이번 협상에서 형평성, 손실과 피해, 대응조치의 영향 관련 결과물은 차후 전지구적 이행점검의 실행과정에서 제기될 이해관계 협

---

12 형평성 원칙의 실행 개념화 문안과 손실과 피해 조항 및 대응조치 명시 문안은 다수 개발도상국 협상그룹의 지지입장에도 불구하고, 삽입을 반대하는 선진국 협상그룹의 의견이 반영되어 의장문서 2차 수정안에서 삭제되었다. 이러한 문안들은 고위급 협상에 이은 최종 의사결정과정에서 전지구적 이행점검 관련 여타 세부 쟁점에 대립된 각 협상그룹 입장의 균형적 반영과 전지구적 이행점검 의제와 여타 의제에 대한 대립된 각 협상그룹 입장의 균형 반영 과정에서 다시 삽입되거나 수정된 문안으로 대체되었다.

상그룹의 입장과 함께 심층 연구가 필요한 부분이다. 특히 손실과 피해 및 대응조치의 영향 부문에서 손실과 피해에 관한 바르샤바 국제 메커니즘과 연계된 피지 클리어링 하우스의 역할과 기능 강화, 기후변화의 부정적 영향과 위험관리 부문에서 당사국이 취할 기후변화 대응조치의 영향에 대한 후속 작업계획 개발 등과 관련해서는 심층 분석과 대응전략 마련이 반드시 진행되어야 한다.

형평성 원칙의 실행 개념화도 이번 지침 협상에 반영되지는 않았지만, 감축, 적응, 손실과 피해 및 이행수단 등 신기후체제 세부이행 지침 실천과정에서 대부분의 개도국 그룹이 지속적으로 제기할 협상 쟁점의 하나이며, 신기후 체제에서 격상된 비국가 이해당사자의 위상과 함께 고려될 필요가 있는 새로운 협정 대응영역의 하나로 간주되어야 한다.

최종협상 결과물과 각 문단에 투영된 쟁점별 주요 협상그룹의 입장은 다음과 같다. 합의된 협상결과물의 공식 명칭은 "파리협정 이행과 파리협정 당사국회의(MOP)로서의 협약당사국 1차 회의 준비를 위한 의장제안서(Preparations for the implementation of the Paris Agreement and the first session of the Conference of the Parties serving as the meeting of the Parties to the Paris Agreement Proposal by the President)"이다. 이렇게 정리된 최종협상 합의문서는 당사국총회 전체회의에 제출되고, 여전히 이견을 가진 총회참가 당사국들의 발언을 청취한 뒤, 출석 당사국의 총의로 채택된다.

최종합의문은 먼저 "당사국총회 권고(Recommendation of the Conference of the Parties)"라는 문서형태로서 협약 당사국총회가 파리협정 당사국회의 및 협약당사국총회의 첫 번째 회기에서 심의 및 채택을 위한 결정문 초안을 권고하였음을 밝혔다(The Conference of the Parties, at its twenty-fourth session, recommended the following draft decision for consideration and adoption by the Conference of the Parties serving as the meeting of the Parties to the Paris Agreement at its first session:). 이 협정당사국 제1차 총회 결정문(Draft decision-/CMA.1)이라는 최종 채택문서 형식과 함께 공식 의제명인 "파리협정 제14조 및 결정문 1/CP.21의 99~101항에 관한 사항(Matters relating to Article 14 of the Paris Agreement and paragraphs 99-101 of decision 1/CP.21)"이 후술되고, 관련 결정 주체로서 파리협정 당사국총회 결정 배경을 모두 두 개의 문단으로 정리하였다.

본문은 총 38개 항으로 정리되었으며, 이행점검 방식(Modalities)과 투입자료 원천(Sources of input)을 담은 2개의 장으로 편성되었다. 제1장 이행점검 방식은 이행점검의 전반적인 실행절차를 담은 포괄 요소(Overarching Elements)를 담은 18개 항의 제1절과 정보수집 및 준비절차(Information Collection and Preparation)를 담은 7개 항의 제2절, 기술적 검토에 관한 7개항을 담은 제3절, 이행점검 결과에 대한 고려(Consideration of Output)를 담은 2개 항의 4절, 총 34개 항으로 나뉘어졌다.

투입자료 원천(Sources of input)을 담은 제2장은 모두 4개 항으로 절 구분 없이 각각 전지구적 이행점검이 다뤄야할 범위와 주제의 세부내용, 예시 투입자료의 종류, 보충 투입자료를 규정하고 있다. 결정문 전문과 38개 항의 본문을 살펴보면 다음과 같다.

■ 전문

결정문 전문(chapeau)의 첫번째 문단은 "파리협정 제2조 및 제14조, 결정문 1/CP.21, 99~101항 및 여타 파리협정의 관련 조항과 결정문1/CP.21의 문단을 상기하면서, 파리협정 제14조에 언급 된 전지구적 이행점검이 파리협정의 목적과 장기목표 달성을 향한 행동과 지원을 위한 당사국 전체(collective)의 의지(ambition)를 강화는 데 결정적이란 점을 재인식하고"로 해석되며, 이어지는 두 번째 문단은 협정 제2조와 제14조의 관계를 상술하였다.

이는 협상 중간단계의 의장 문서에서 쟁점이 되었던 형평성과 손실과 피해 등 세부 주제 논의의 근거 및 관련조항에 대한 언급을 삭제하고, 감축 행동과 관련된 온도상승 제한폭 설정과 적응 및 재원 관련 장기목표를 언급한 파리협정 제2조와 전지구적 이행점검 근거조항인 파리협정 제14조 및 관련 21차 당사국회의 결정문 제 99~101문항만을 언급함으로써, 첨예하게 대립된 형평성, 손실과 피해 관련 조항 및 결정문 문단들을 직접 언급하는 것을 피하는 동시에, 전지구적 이행점검(Global Stocktakes)이 감축, 적응, 재원 부문의 협정 장기목표 달성을 위한 집단적 진전 (collective progress)을 보장함으로써 기후변화 대응 국제 거버넌스의 성패를 결정짓는 핵심이 된다는 점을 분명히 하였다.

■ 방식(I. Modality)

□ 포괄요소(Overarching Elements)

먼저 결정문 1항과 2항은 전지구적 이행점검의 목적과 범위를 분명히 하였다.

전지구적 이행점검 결정문 본문의 1항은 이행점검의 목적이 개별 당사국 차원의 이행점검이 아닌 집단적인 진전을 포괄적이고 촉진적인 방식으로 평가하기 위한 것으로서, 협약－의정서 체제의 감축의무 이행준수 점검과는 그 성격을 달리함을 명시하고 있다.

결정문 2항에서 전지구적 이행점검의 고려(consider) 대상은 감축, 적응과 통상 재원, 기술, 역량배양으로 인식되는 이행수단 및 그에 대한 지원에 한정되며, 형평성과 손실과 피해, 대응조치 영향 등은 전지구적 이행점검의 주제별(thematic areas) 점검대상이 아니며, 실행개념화가 되지 않았다.

실무협상의 출발점이었던 의장 문서(JRN(add.7)) 및 제1차 의장문서 수정안에 명시되었던 형평성의 "실행개념화(operationalize)" 문안은 선진국과 EIG의 반대 입장을 반영한 2차 초안에서 삭제되었으며, 최종 합의문에는 전지구적 이행점검 전 과정에 형평성을 "조명(in the light of)"한다는 문안으로 대체되었다. 협상초기 EIG, 호주, 미국 등 선진국은 형평성을 실행 개념화하여 전지구적 이행점검의 작업영역(work－stream)으로 다루는 것은 파리협정 제14조 위임사항을 벗어나는 것으로 판단했다.

이에 반하여 77그룹 및 중국, 사우디아라비아 등은 형평성을 실행개념화하고, 관련 정성 및 정량 지표 혹은 벤치마크를 전지구적 이행점검에 투입자료로 활용해야 한다고 주장하였다. 아프리카그룹이 주장한 형평성 프레임워크 개념은 1차 수정안의 부록 16번 질문 항에 반영되었었다. 인도는 개인별, 국가별, 세대 간 형평성을 고려하여 국가별 배출량의 궤적을 기준으로 한 형평성 반영을 주장했다.

최종 합의문의 1항과 2항은 결국 선진국의 입장을 투영한 것으로 판단되며, 파리협정 체계에서 형평성 문제는 추후 관련 이해당사국이 전지구적 이행점검 안팎에서 주도하는 논의를 통해 구체화될 것이다. 이번 협상과정에서 EIG는 형평성의 실행개념화 논의는 전지구적 이행점검 세부치침 협상 범위 밖의 일로 별도 논의가 필요하다는 입장을 취했다.

결정문의 3항은 전지구적 이행점검 절차를 상술하였다.

전지구적 이행점검은 정보 수집과 준비(Information collection and preparation), 기술적 평가(Technical assessment), 검토 결과물에 대한 고려(Consideration of outputs), 모두 3단계로 진행됨을 명시하였다. 비록 전지구적 이행점검이 집단적 진전을 평가하는 것이나, 이행점검 과정에서 확인된 사항(findings)들이 점검 결과물에 대한 고려 과정에서 당사국들이 자신의 국가결정기여를 갱신하고, 강화하는데 필요한 정보를 제공하는 것임을 부연하여, 전지구적 이행점검 결과가 개별당사국의 행동에 환류 되는 경로를 마련하였다.

결정문 4항에서 8항은 전지구적 이행점검 과정에서 협약 부속기구(subsidiary bodies) 및 회의체들(joint contact group, chairs of the SBs, co-facilitators of the contact group)이 수행해야 할 임무 및 각 단계 이행점검 절차의 시기와 기간을 정하고 있다.

먼저 결정문 4항은 전지구적 이행점검이 이행부속기구와 과학기술자문기구의 도움을 받아 진행되며, 두 부속기구는 이를 위한 공동협의그룹(joint contact group)를 구성한다는 점을 밝혔다. 여기서 전지구적 이행점검의 주체는 이 결정문 작성 주체를 고려할 때, 개별 파리협정 당사국이 참여하는 당사국총회가 된다. 이 부분에서 협약-의정서 체제의 당사국이나 파리협정 당사국이 아닌 개별 국가의 전지구적 이행점검 참여 적격 여부문제가 제기될 수 있다.

결정문 5항은 협정 당사국들이 결정문의 36항과 37항에 명시된 투입자료에 대한 전문가 고려(expert consideration)를 통해 공동협의그룹 작업 지원을 위한 기술적 대화에 참여하도록 하였다.

결정문 6항은 당사국총회가 구성할 기술적 대화가 당사국총회 기간 중에 관점, 정보, 아이디어 교환을 위한 라운드테이블, 워크숍 등 다른 활동들의 형태로 진행되며(6항 (a)), 협정의 목적과 장기목표 관련 집단적 진전 평가의 연장선에서(6항 (b)), "적절한 경우, 대응조치의 사회·경제적 결과와 영향을 다루고(address, 6항 (b)의 (i)), 기후변화의 부정적 효과에 따른 손실과 피해를 회피하거나(avert) 최소화(minimize)하거나 다루는(address, 6항 (b)의 (ii)) 작업과 관련된 노력을 감안할 수(may take into account efforts related to its work that...)" 있도록 하였다. 합의로 추대된 두 명의 공동진행자(co-facilitators)는 기술적 대화 진행을 책임지며, 사무국의 조력을 얻어 기술적 평가의 현황 종합보고서(a factual synthesis report)와 여타 결과물들(other outputs)들을 작성할 수 있다(6항의 (c)).

　파리협정에서 독립조항(제8조)으로 분리된 손실과 피해를 전지구적 이행점검 대상으로 할 것인지에 대하여, 손실과 피해 문안은 당초 제1차 의장문서 수정안 서문에 포함되어 있었으나 선진국과 EIG의 반대로 제2차 의장문서 수정안에서 삭제되었고, 제3차 의장문서 수정안에서는 이행점검 대상(scope)을 명시한 5항에 개도국 지지 옵션1로 포함되어 있었다. EIG는 공동의견서를 통해 개도국 주장을 따라 손실과 피해 문안을 전지구적 이행점검 대상에 포함시키는 것은 파리협정 제8조 손실과 피해를 전지구적 이행점검 대상으로 명시하지 않은 협정 제14조의 취지를 위반하는 것이므로 반대하며, 전 지구적 이행 점검에 손실과 피해 관련 고려가 필요하다는 합의가 도출되더라도 전지구적 이행점검 대상인 파리협정 제7조 적응에 나오는 기후변화 영향 및 취약성 관련 문안을 참조함이 바람직하다는 입장을 취했다.

　결정문 7항은 당사국총회가 두 부속기구의 의장들이 전지구적 이행점검 관련 절차들이 진행되는 시점을 기준으로 부속기구 1회기차 앞선 시점에(one session of the subsidiary bodies prior to the relevant activities under the global stocktake being carried out) 특정 범주의 주제(specific thematic)와 전체범주에 연관된(cross cutting) 주제를 포함하는 전지구적 이행점검의 모든 요소에 대한 지침적 질문항들(guiding questions)을 개발하도록 하였는데, 이는 전지구적 이행점검 관련 활동들이 정보의 수집과 준비, 기술적 평가, 결과물의 고려 등 전지구적 이행점검의 각 단계를 개별적으로 고려할 것을 명시한 것으로, 부속기구의 의장들은 각 단계 시작 전 1기 부속기구 회의 차에 앞서 관련 절차의 진행지침이 되는 질문항을 개발토록 하였다.

　전지구적 이행점검의 단계적 진행과 관련하여 실무협상 과정에서 EU 및 UG를 포함한 선진국 협상그룹과 EIG, 77그룹 및 중국을 포함한 개도국 그룹은 대체로 전지구적 이행점검이 정보 취합, 기술적 평가, 정치적 고려[13] 등 3단계의 시기 및 기간을 명확하게 규정하기보다는 유연하게 운영하는 것이 필요하다는데 동의하였다. EIG, 호주, 미국 등 선진국은 각 단계별로, 사무국, 전문가그룹, 당사국 컨택 그룹의 역할이 차별화되어 객관적이고 과학적인 전지구적 이행점검 절차가 진행되어야 한다는 입장을 견지했으며, 개도국은 각 단계의 투입과 결과물의 역할이 명확히 구별되

---

13 협상초기 검토 결과물에 대한 고려(Consideration of outputs)는 종종 검토결과에 대한 정치적 고려 (political consideration)로 불렸다.

고 형평성이 고려되어야 한다는 입장을 유지했다. 노르웨이는 정보수집 마감기한을 유연하게 적용할 것을 주장하였다. 결정문 8항은 전지구적 이행점검의 정보 수집과 준비 절차는 부속기구회의에서 기술적 평가를 시작하기 1회기 전에 시작하는데, 기술적 평가는 2023년 11월 개최될 예정이고 기술적 평가 결과물에 대한 고려가 진행될 제6차 파리협정 당사국총회에 앞서 연속되는 부속기구회의 2회기 동안 진행되지만, 기후변화에 관한 정부간기구(IPCC)의 평가보고서 발간 주기가 문제되는 경우 연속되는 3회기에 걸쳐 진행될 수 있도록 하였다. 이후 전지구적 이행점검은 매 5년을 주기로 진행된다.

결정문 9항에서 12항은 전지구적 이행점검의 기본 특성과 개도국의 참여지원을 위한 당사국의 의무 및 권고사항을 규정하고 있으며 관련쟁점에 대한 논의는 협상 그룹간 큰 대립 없이 순조롭게 진행되었다.

결정문 9항은 먼저 전지구적 이행점검이 포괄적이고 촉진적이며 효과적이고 효율적인 방식으로 진행되어야하며 협약과 의정서 및 협정에서 수행할 관련 작업의 성과를 중복 없이 고려할 것을 언급하였다.

이어지는 10항은 전지구적 이행점검이 비당사국 이해관계자(non−Party stakeholders)의 참여와 함께 당사국이 주도하는 투명한 방식으로 진행되어야 하며 이들의 효과적이고 형평한 참여를 지원하기 위해서 당사국들이 21항에 언급된 온라인 수단을 포함하는 모든 투입자료들에 완전하게 접근할 수 있도록 결정하였다.

결정문 11항은 모든 전지구적 이행점검 활동에 대한 개발도상 당사국의 참여와 대표성을 보장할 수 있도록 적절한 재원 지원이 보장되어야 하며, 여기에는 기술적 대화, 워크숍, 라운드테이블과 부속기구회의 및 협정당사국총회가 포함된다. 재원지원이 기존의 관행을 따르도록 한 것(in accordance with existing practice)은 전지구적 이행점검을 위한 특별한 재원지원을 고려하지 않은 것으로 보인다.

결정문 12항은 특별히 선진국들이 최빈개도국, 개발도상의 군소도서국 및 기타 개도국들이 효과적으로 전지구적 이행점검에 참여하고, 필요한 정보를 얻을 수 있도록 이들의 역량배양에 대한 지원을 동원하도록 요청(invite)하였다.

결정문 13항에서 18항은 전지구적 이행점검 결과물들의 용도와 후속 전지구적 이행점검 관련 경과조치 및 부속기구의장, 유엔사무총장의 역할들을 정리하였다.

먼저 결정문 13항에서 협정당사국총회는 또한 결정문 3항에 언급된 전지구적 이행점검 구성 요소들의 결과물들이 협정 제14조 3항이 언급한 성과를 달성하기 위한 목적에서 교훈과 모범 관행뿐만 아니라 형평성과 가용한 최상의 과학 관점에서 행동과 지원을 강화하기 위한 기회와 도전을 요약해야 한다고 결정하였다.

결정문 14항은 또한 전지구적 이행점검의 결과물이 개별 당사국이 아닌 당사국 전체의 집단적 진전을 평가하는데 초점을 두어야 하며, 파리협정의 관련 조항을 따라 자발적인 당사국 국가결정방식으로 기후행동에 관한 국제적 협력을 강화하는 한편 그들의 행동과 지원을 경신하고 강화할 수 있는 정보를 제공할 수 있도록 집단적 진전에 관한 비정책 규범적 고려(non-policy prescriptive consideration)도 포함할 것을 강조했다(결정문 14항).

결정문 15항은 제1차 전지구적 이행점검과 그 이후의 전지구적 이행점검 경험들을 토대로 전반적인 전지구적 이행점검의 절차적이고 실무적인 요소들에 대한 세부조정이 이루어지도록 하였고, 16항은 두 부속기구 의장들로 하여금 전지구적 이행점검을 유연하고 적절한 방식으로 진행함으로써 진행과정에서의 학습경험(learning by doing) 기회들을 규명하고, 추가적으로 활용 가능하게 되는 투입자료들을 고려하는데 필요한 절차들을 취할 것을 요청(request)했다.

결정문 17항의 해석은 당사국들이 전지구적 이행점검 결과로부터 정보를 얻은 국가결정기여를 유엔 사무총장이 주관하는 특별행사에서 소개할 것을 요청(invite)한다는 것이다. 특별행사의 목적은 전지구적 이행점검 결과를 고려(consider)하기 위한 것이 아니고, 전지구적 이행점검 결과로부터 정보를 얻은(informed) 국가결정기여를 소개(present)하는 것이다. 이는 이행점검의 결과가 초주권적인 국제규범에 의해 NDC의 갱신과 강화에 직접 연결되는 것에 대한 우려를 반영한 것이다. 결정문 제17항의 해석에는 통상 유엔총장 주최 특별행사들이 규범적인 의사결정을 위한 것이라기보다는 고도의 정치적이고 선언적인 의사 표명을 위한 것이란 점을 고려할 필요가 있다.

이러한 관점에서 18항은 기후변화협약 내부 혹은 외부의 여타 관련 행사들이 전지구적 이행점검과 그 결과의 이행에 기여할 수 있다는 점을 인지한 것으로 보이는데 이는 17항에 언급한 유엔 사무총장 주최행사 및 여타 연관행사들의 결과가 다시 전지구적 이행점검 절차와 그 결과물의 이행에 환류(feed-in)되는 연계 구조를 구성하는 것임을 가리킨다.

□ 정보수집 및 준비(Information Collection and Preparation)

결정문 19항에서 23항은 전지구적 이행점검을 위한 정보 수집 및 준비 단계의 시작 절차와 사무국의 역할 및 작업결과물에 대한 내용을 정리하였다.

결정문 19항은 전지구적 이행점검 정보 수집 및 준비 단계의 시작이 두 부속기구의 의장들의 기술적인 평가가 시작되기 3개월 이전까지로 정해진 정보제출 기한을 감안하여 결정문 36항에 정의된 정보 내용(information on)들을 고려할 37항의 정보출처(sources of input)들에 정보제공을 요청(issue a call for the inputs)하는 것으로 시작된다고 규정한다.

결정문 제20항에서 협정당사국 총회는 전지구적 이행점검의 정보 수집 및 준비 과정(component)이 이행점검의 최종 과정인 결과물에 대한 고려가 시작되기 최소 6개월 이전까지 종료되도록 하였으나, 결과물의 고려에 결정적(critical)인 정보가 정보 수집 및 준비 과정 종료일 이후에 나오는 경우에는 이에 대한 정보 수집 및 준비가 가능하도록 허용하였다.

결정문 21항은 정보수집 및 준비에 있어 사무국이 당사국으로부터 제공된 모든 전지구적 이행점검 정보(all inputs to the global stocktake from Parties)를 온라인상에서 주제 영역별로 구할 수 있도록 촉진하고, 수집 및 준비 과정 종료 후에 투입자료 집계(aggregation)에 사용된 가정과 방법론에 대한 온라인 세미나(webinar)를 결정문 19항에 언급된 정보 제출기한 종료 이후 및 기술적 평가 이전 시점에 개최토록 하였다.

결정문 22항은 사무국이 기술적 평가가 시작되는 시점으로부터 2차 부속기구회의 회기 이전까지 37항의 정보출처들로부터 제공된 가장 최근의 투입자료에 대한 취합작업(compiling)을 시작하도록 요청(invite)하였다.

결정문 23항에서 당사국 총회는 또한 사무국이 결정문 6항 (c)에 언급된 기술적 대화를 주제하고, 기술적 평가결과를 담은 현황보고서와 여타 관련 결과물을 준비할 책임을 진 공동 진행자들의 지도하에 기술적 평가를 위해서 모두 4개의 종합보고서를 준비토록 요구(request)하였다. 23항 (a)에서 (d)에 열거된 종합보고서들은 ① 결정문 36항 (a)에 확인된 당사국들의 완화 및 온실가스 회수(sink) 노력과 관련된 그리고 현재까지의 관련 보고 경험을 감안한 원천별 온실가스 배출과 제거 현황 정보에 관한 종합보고서; ② 결정문 36항 (c)에 확인된 가장 최근의 정보를 요약한 적응노력, 경험, 우선순위 현황에 관한 종합보고서; ③ 결정문 36항 (b)에 확인된 가장 최근의 정보를 요약하여 당사국이 통보한 국가결정기여의 전반적인 영향에 관한 종합보고서; ④ 36항 (d)에 확인된 정보에 관한 종합보고서들을 포함한다.

결정문 24항은 파리협정과 또는 협약 하에서(under) 또는 이들을 위하여(serving) 구성된 기구들(constituted bodies)과 포럼들 및 여타 법적 제도들(institutional arrangements)이 기술적인 평가를 위하여 그들의 전문영역에서 결정문 36항에 확인된 내용에 관한 종합보고서를 사무국 협조 하에 작성할 것을 요청하였다.

결정문 25항에서 당사국총회는 두 부속기구들로 하여금 기후변화에 관한 정부간기구(IPCC) 보고서에 확인된 유관 격차와 그 격차의 파리협정 목적 및 장기목표와 관련된 영향을 감안하여 전지구적 이행점검과 관련된 잠재적 정보격차를 규명하고, 정보 수집과 준비 과정의 시한(cut-off date)과 결정적인 정보의 필요성을 고려하여 가능하고 필요한 부분에서 추가적인 투입정보를 요구하도록 하였다.

□ 기술적 평가(Technical Assessment)

결정문 26항에서 28항은 기술적 검토 과정에서 참고할 일반적인 원칙들에 대한 주의를 환기하거나 이들을 인지 혹은 확인하였다.

결정문 26항은 효과적인 시간 운영을 위해 기술평가 과정이 전지구적 이행점검의 정보 수집 및 준비과정과 겹칠 수 있도록 한 점에 대해 주의를 환기하였다.

이어지는 27항에서 모든 투입자료와 주제들, 특히 다양한 쟁점(issues) 간의 연계성이, 형평성과 가용한 최상의 과학을 감안하여, 주제 영역들 간에 균형된 시간 배분을 통해 균형적이고 일관적이며 포괄적인 방식으로 논의되어야 한다는 점을 확인했다.

결정문 28항은 제21차 협약당사국총회 결정문 100항을 따라 과학기술자문부속기구가 제안한 권고를 고려하여, 기술적인 평가는 기후변화 정부간기구의 평가결과(IPCC Assessment Report)를 지난 평가경험과 함께 균형된 방식으로 고려해야 한다는 점을 인지하였다.

결정문 29항에서 32항은 과학기술자문부속기구와 기후변화 정부간기구의 협력, 기술적 대화의 원칙, 결과물의 종류, 대응조치 이행 영향 포럼 결과물 등 기술적 평가 과정의 요체인 기술적 대화와 관련된 세부 사항들을 확인하거나 결정하고 있다.

먼저 결정문 29항은 IPCC-SBSTA special events를 통한 IPCC 전문가들과 당사국간의 대화는 IPCC가 발견한 사실들에 대한 명확한 과학적 기술적 정보의 교환에 중점을 두고 활용되어야 하며, 기존 IPCC-SBSTA 공동작업반도 계속하여 전지구적 이행점검에 있어서 양 기구간의 소통과 협력에 활용되어야 한다는 점도 인지하였다.

결정문 30항에서 당사국총회는 결정문 6항에 언급된 기술적 대화가 공개적이고, 포용적이며, 투명하고, 촉진적이어야 하며, 당사국들이 협약 구성기구, 포럼 및 제도기구, 전문가들과 함께 참여하여 토론하는 것과 더불어 투입자료를 고려하고 집단적인 노력을 평가하는 것도 허용해야 한다고 결정하였다.

결정문 31항은 기술적 대화의 공동 진행자들이 형평성과 최상의 가용 과학을 감안한 대화 결과 요지를 결정문 6항 (b)에 언급된 주제 영역 각각에 대한 요약보고서들과 이들 요약보고서를 포괄적 방식(in a cross-cutting manner)으로 종합한 전체(overarching) 현황보고서에 포함되도록 결정하였다.

끝으로 결정문 32항은 또한 대응조치 이행의 영향에 관한 포럼이 제21차 협약당사국총회 결정문 34항에 정한 유관 요소별 운영방식(modalities), 작업계획 및 기능을 따라 포럼 결과를 요약 정리할 것에 대해 결정하였다.

  □ 결과물에 대한 고려(Consideration of Outputs)

결정문 33항과 34항은 기술적 평가 결과물에 대한 고려와 관련된 절차의 구성방식과 관련 결과물들을 구체적으로 명시하였다.

먼저 결정문 33항은 결과물에 대한 고려가 기술적 평가에서 발견된 사실들이 발표되어 그 함의에 대한 토론이 진행되고 당사국들에 의해 고려되는 고위급 행사들로 구성되며, 파리협정당사국총회 개최 의장단과 두 부속기구 의장들로 구성되는 고위급 위원회가 동 행사들을 주재하도록 하였다.

결정문 34항에서 당사국총회는 전지구적 이행점검의 결과물에 대한 고려 과정이 도출할 결과물의 특성을 결정문 34항의 (a)에서 (c)에 걸쳐 정리하였다: (a) 결정문 6항의 (b)에 언급된 전지구적 이행점검의 주제영역에 연관된 집단적 진전에서의 행동과 지원 및 가능한 수단과 우수사례와 국제 협력 및 관련된 우수사례들을 강화하기 위한 기회와 도전 요인들을 규명하고, (b) 결정문 33항에 언급된 행사들로부터 행동을 강화(strengthening)하고 지원을 향상(enhancing)시키기 위한 권고안들을 포함하는 정치적인 핵심 메시지를 요약해야 하며, (c) 결과물의 고려 결과는 파리협정 당사국총회의 선언 및/또는 파리협정 당사국총회가 심의(consideration)하고 채택할 결정문에 언급(reference)되어야 한다.

■ 투입 자료원(Sources of Input)

결정문 35항에서 38항은 전지구적 이행점검에 사용될 정보의 내용과 관련 정보의 출처를 명시하였다.

결정문 35항은 전지구적 이행점검에 이용될 자료들과 관련하여 결정문 6항의 (b)에 열거된 주제별 전지구적 이행점검 대상에 관한 정보를 제공해야 한다는 투입 자료원 식별의 일반 원칙을 언급한 것이다.

결정문 36항에서 당사국총회는 전지구적 이행점검 투입 자료원이 집단적인 수준에서 모두 8종에 이르는 정보를 제공해야한다고 결정하고, 이를 결정문 36항 (a)에서 (h)에 걸쳐 정리하였다: (a) 파리협정 제13조 투명성 7항의 (a)와 제4조 감축 NDC 7항, 15항 및 19항에 언급된 정보를 포함하는 당사국들의 온실가스 감축 및 흡수 노력과 관련된 원천별 온실가스 배출과 제거 현황; (b) 파리협정 제13조 투명성 7항 (b)에 관한 정보를 포함하여 당사국의 국가결정기여 이행의 전반적 진전과 효과; (c) 파리협정 제7조 적응 2항, 10항, 11항과 14항에 언급된 정보와 제13조 투명성 8항에 언급된 보고서를 포함하여 적응노력, 지원, 경험과 우선순위 현황; (d) 파리협정 제2조 장기목표 2항 (c)를 포함하는 재원흐름 관련 정보, 제9조 재원 4항과 6항을 포함하는 이행수단 및 지원, 재원 동원(mobilization)과 제공(provision) 관련 정보, 제10조 기술 6항 관련 정보, 제11조 역량배양 3항 관련 정보, '특별히' 제13조 투명성 9항 및 10항 관련 정보, 또한 재정상설위원회가 기후재원의 흐름과 관련하여 작성하는 격년 평가(assessment) 및 전망(overview)에 관한 최근 정보; (e) 기후 변화의 악영향과 관련된 손실 및 피해의 회피, 최소화 및 이를 다루는 것과 관련된 협조적이고 촉진적인 기초 위에서 이해, 행동 및 지원을 강화하려는 노력; (f) 재원을 포함하여, 개도국이 직면하고 있는 기술 및 역량배양의 격차를 포함하는 장애요인과 도전; (g) 감축 및 적응에 관한 국제 협력을 강화하고 파리협정 제13조 5항에 따른 지원을 증가시키기 위한 우수 관행, 경험 및 잠재적 기회; (h) 형평성을 포함하여,

당사국들이 자국의 국가결정기여에 따라 통보한 공평성에 대한 고려.

전술한 바와 같이 전지구적 이행점검 지침에 관한 협상 과정에서 선진국 협상그룹과 개도국 협상그룹 간에 지속적인 대립쟁점이 되었던 손실과 피해의 포함여부 및 형평성의 실행개념화 관련 문제는 투입자료원에 대한 논의에서도 중요한 대립쟁점이 되었다. 여기서 손실과 피해는 결정문 6항 (b) (ii)에 전지구적 이행점검 과정에서 관련 노력에 대한 감안이 가능한 항목으로 언급되는 외에 결정문 36항 (e)에 투입 자료원으로 언급되어 있으나, 관련된 이해, 행동 및 지원 노력이 협조적이고 촉진적인 기초 위에 있다는 점을 명시함으로써 전지구적 이행점검 과정에 손실과 피해 문제를 다루는 것에 대한 선진국의 우려를 완화시키고 있음을 알 수 있다.

결정문 37항은 결정문 36항에 언급한 종류 혹은 내용의 정보를 제공하는 전지구적 이행점검 정보의 출처를 37항의 (a)에서 (i)에 걸쳐 모두 9가지로 명시하였다: (a) 특별히 협약 및 협정 하에 제출되는 것을 포함하는 당사국의 보고서(reports) 및 통보서(communications); (b) 제21차 협약당사국총회 결정문(decision 1/CP21) 제99항에 따른 기후변화 정부간기구(IPCC)의 최근 보고서; (c) 제21차 협약당사국총회 결정문(decision 1/CP21) 99항에 따른 부속기구들의 보고서; (d) 파리협정 및/또는 기후변화협약 소관 또는 이들을 위한(serving) 유관 구성 기구(constitutes bodies), 포럼 및 제도 기구(institutional arramngements)들의 보고서; (e) 이 결정문 23항에 언급된 사무국 종합 보고서; (f) UNFCCC 절차를 지원하는 유엔기구 및 기타 국제기구로부터의 관련 보고서; (g) 전지구적 이행점검 하의 형평성 고려 관련 정보제공을 위해 투입자료를 포함하여 당사국이 제출한 자발적 제안서; (h) 지역 그룹 및 기관의 연관 보고서; (i) 비 당사국 이해 관계자 및 UNFCCC 옵서버 기구로부터의 제안서.

결정문 37항에서 형평성관련 정보 투입자료의 출처를 협정이나 협약 기구 및 포럼 등의 보고서가 아니라 당사국이 자발적으로 제출하는 제안서에 국한하고 있는 것은 앞서 말한 바와 같이 당장은 형평성과 관련된 논의 혹은 협상을 협정체계 내에서 공식화하지 않으려는 선진국 협상그룹의 입장을 반영한 것이라 볼 수 있다. 전지구적 이행점검 정보의 종류 및 출처에 대한 협상 과정에서 선진국은 감축, 적응, 이행수단 및 지원의 3개 워크스트림 이행에 필요한 투입자료를 주장하였고, 개도국 및 사우디아라비아는 형평성, 손실과 피해, 대응조치, 경제다변화, 지속가능발전 등 다양한 주제에 대한 자료가 전지구적 이행점검 투입자료에 포함되어야 한다고 주장한 바 있다. EU, 호주, 노르웨이의 경우 보다 중립적인 입장에서 감축, 적응, 이행수단 및 지원을 담당하는 3개의 주제별 투입요소 이외의 자료를 기타자료 항목으로 표시할 것을 주장했고, EIG는 특히 3차 초안까지 개도국 지지 옵션에 포함되어 있는 손실과 피해, 형평성, 역사적 책임과 관련된 투입자료 종류와 출처들이 파리협정 제14조의 위임 범위에 맞는 투입요소로 대체되어야 한다는 입장을 견지했다.

관련 최종 협상 결과에서 살펴본 바와 같이 손실과 피해 및 형평성의 경우, 간접적이고 부가적인 형식으로 언급되었고, 특별히 선진국 협상그룹의 민감한 정책적 고려가 내재된 역사적 책임에 관한 문구는 최종 협상과정에서 배제되었다는 점에 주목할 필요가 있다.

끝으로 결정문 38항은 과학기술자문부속기구로 하여금 적절한 경우 전지구적 이행점검의 주제 영역과 국가 수준의 보고를 촉진(leveraging)할 중요성을 감안하여, 정보 수집과 준비에 앞서 개최되는 부속기구 회기에서 결정문 36항 및 37항에 언급된 정보 종류 및 출처 목록을 보충할 것을 요청하였다.

이러한 당사국총회의 결정은 전지구적 이행점검이 개별당사국의 행동과 지원 기여 및 이행 노력에 한정된 폐쇄적인 점검과정이 아니라, 열린 상태의 진화적인 집단적 이행점검이란 점을 반영한 것으로 볼 수 있다.

III. 세부지침 협상결과에 대한 평가

2018년 12월 카토비체에서 개최된 제1-7차 파리협정특별작업반 전지구적 이행점검 의제 협상에서 합의되고, 2019년 파리협정 제1차 당사국총회에서 채택된 전지구적 이행점검의 세부지침에 대해서 살펴보았다. 파리협정은 온실가스 감축 및 기후변화 적응 등 기후변화에 대한 국제사회의 공동 대응영역에서 선진국과 개발도상국을 구분하지 않고, 평균온도 상승억제 목표를 비롯한 적응과 재원 부문의 장기목표, 손실과 피해, 재원, 기술, 역량 배양, 대중 참여 등 다양한 기후변화 대응 행동 영역에서의 국제규범을 포괄적으로 규정한 보편적인 기후변화 대응 국제 거버넌스이다. 파리협정의 전지구적 이행점검은 당사국 주도의 보편적인 기후변화 대응에 있어서 국가결정기여 이행의 집단적 성과와 진전을 보다 강화된 행동과 지원으로 연계 시키는 기본 틀이다.

전지구적 이행점검의 범위는 감축, 적응과 통상 재원, 기술, 역량배양으로 인식되는 이행수단 및 그에 대한 지원이다. 형평성은 조명되며, 손실과 피해는 관련 노력이 고려되고, 대응조치는 그 사회·경제적 영향이 고려된다.

협상초기 주요 대립쟁점이 되었던 역사적 책임에 대한 언급은 세부지침에 없다. 전지구적 이행점검 과정에서 형평성, 손실과 피해, 대응조치에 대한 조명 또는 고려 결과로 당사국에 부과되는 추가적인 의무는 없다. 따라서 전지구적 이행점검의 기술적 검토결과물에 대한 고려는 협정 당사국의 자발적인 국가결정기여의 강화에 필요한 정보를 제공하는데 그치며, 실제적인 국가결정기여 강화 여부는 협정 당사국 개개의 주권적 의사결정에 따르는 것으로 이해된다.

그럼에도 불구하고, 전지구적 이행점검 세부지침 결정문의 각 문항은 서로 대립하는 주요 협상그룹의 이견을 모두 반영한 것으로, 세부지침의 적용에 있어서 결정문의 특정 문구에 대한 서로 다른 해석의 양립성이 배제되는 것은 아니라는 점을 주의할 필요가 있다. 전지구적 이행점검 세부지침에 대한 최종 합의결과로 도출된 결정문에 담긴 주요 협상그룹의 전략적 모호성은 보다 정밀하고 학술적인 문안분석을 통해 그 다양한 의미를 명확하게 밝혀 볼 필요가 있으나 이는 다음 과제로 남겨둔다.

우리나라는 EIG 그룹 내에서 전지구적 이행점검 의제를 담당하는 대표국가로서 이번 세부지침 협상에서 주요 협상그룹과의 비공식 양자 혹은 복수 논의를 통해 선진국과 개발도상국 협상그룹의 이견을 조정하고 합의 가능한 결정 문안을 찾는데 노력하였다. 이러한 적극적인 대응기조는 2021년부터 본격화될 전지구적 이행점검에 대한 국가적 대응방안 마련과 이어 진행될 각 단계의 전지구적 이행점검 과정에서 지속적으로 유지될 필요가 있다.

끝으로, 파리협정 제14조를 따라 진행되는 전지구적 이행점검(Global Stocktakes)과 기후변화협약을 따라 진행되는 기존의 주기적 검토(Periodic Review)의 관계는 이번 전지구적 이행점검 세부지침 협상에서 다뤄지지 않았다. 선진국들이 개발도상국에 비해 보다 강화된 기후변화 대응 의무를 부담하던 협약－의정서체제로부터 협약－협정체제로 변화된 기후 거버넌스 구조에서, 협약에 따른 주기적 검토와 협정에 따른 전지구적 이행점검의 연계 문제에 대한 논의는 필연적이다. 2020년까지의 협약－의정서체제 이행성과에 대한 후일 검토과정에서 마주치게 될 교토의정서 체제의 실패

사례[14]는 파리협정의 자발적이고 촉진적인 국가결정기여 이행구조 강화에 유용한 반면교사가 된다. 감축부문에서 당사국 국가결정기여 달성의 구속력을 강조하는 선진국과 일부 개도국의 입장 및 행동에 대한 재원과 기술, 역량배양 지원에 대한 구속력 있는 선진국 의무를 강조하는 여타 개도국의 입장이 서로 배타적이지 않다는 점은 파리협정 하에서도 공동의 차별화된 책임 원칙이 적용될 여지를 보장하는 것이다.

세부지침에 따라 파리협정 제14조에 정한 전지구적 이행점검은 자발적이고 촉진적이며 비구속적인 방식으로 진행될 것이며, 이를 뒷받침하기 위한 재원과 역량배양 부문의 행동과 지원, 특히 기술부문에서의 보다 강화된 협력이 필수적이라는 점을 확인해 줄 것이다.

---

14 교토의정서 1차 공약기간 목표달성 실패에도 불구하고, 38개 '부속서Ⅰ' 당사국들은 2011년 더반에서 열린 제7차 의정서당사국총회에서 부속서1 국가의 추가적인 감축공약 문제를 논의했고((Decision 1/CMP.7 Outcome of the work of the Ad Hoc Working Group on Further Commitments for Annex Ⅰ Parties under the Kyoto Protocol at its sixteenth session, FCCC/KP/CMP/2011/10/Add.1), 2012년 도하에서 채택된 제8차 의정서당사국총회에서 제2차 공약기간을 2013년 1월 1일부터 2020년 12월 31일까지로 결정하고, 해당기간 동안 38개 '부속서Ⅰ' 당사국들은 1990년 수준에서 38개국 평균 18% 이상 감축할 것에 합의한바 있으나(Decision1/CMP.8 Amendment to the Kyoto Protocol pursuant to its Article 3, paragraph 9, FCCC/KP/CMP/2012/13/Add.1), 캐나다가 교토의정서 탈퇴서면을 통고하고, 일본과 러시아연방이 제2차 공약기간 불참을 통보하였으며, 뉴질랜드가 제2차 공약기간 감축목표를 제시하지 않은 반면, 벨로루스, 사이프러스, 카자흐스탄, 말타가 감축목표를 제시하여, 제2차 공약기간 정량 감축목표치를 제시한 '부속서Ⅰ' 의무당사국 수는 모두 38개로 유지되었으나, 교토의정서 비준을 거부한 미국과 더불어 일본 등 주요 온실가스 배출국가의 제2차 공약기간 불참으로 참여국 전체의 배출량이 전 세계 배출량의 15%에 불과하게 되었다.

참고문헌

1. 강상인 외(2018). 파리협정 세부이행지침 마련을 위한 기후변화협상 대응전략 연구, 한국환경정책·평가연구원, 2018.

2. 강상인·신하나(2019) 기후변화 파리협정 적응보고 세부이행규칙 대응방안 연구, 한국환경정책·평가연구원, 2019−05.

3. UNFCCC. (2018a). Report of the conference of the parties serving as the meeting of the parties to the Paris Agreement on the third part of its first session, https://unfccc.int/sites/default/files/resource/cma2018_3_add2_new_advance.pdf#page=4, 검색일: 2020. 04. 20.

4. UNFCCC(2018b), Revised Additional Tools, APA1.6.Informal.1.Add.4, https://unfccc.int/sites/default/files/resource/APA1.6. 검색일: 2020. 04. 20.

5. UNFCCC(2018c), PAWP Compilation, https://unfccc.int/sites/default/files/resource/Latest%20PAWP%20documents_9Sep_0.pdf.

6. UNFCCC(2015), ADOPTION OF THE PARIS AGREEMENT, FCCC/CP/2015/L.9/Rev.1, https://unfccc.int/resource/docs/2015/cop21/eng/l09r01.pdf, 검색일: 2020. 04. 20.

7. UNFCCC(2013a), Further advancing the Durban Platform, Decision1/CP.19, FCCC/CP/2013/10/Add.1.

8. UNFCCC(2013b), Warsaw international mechanism for loss and damage associated with climate change impacts, Decision 2/CP.19, FCCC/CP/2013/10/Add.1.

9. UNFCCC(2012a), Agreed outcome pursuant to the Bali Action Plan, Decision1/CP18, FCCC/CP/2012/8/Add1.

10. UNFCCC(2012b), Approaches to address loss and damage associated with climate change impacts in developing countries that are particularly vulnerable to the adverse effects of climate change to enhance adaptive capacity", Decision 3/CP.18, FCCC/CP/2012/8.Add.1.

11. UNFCCC(2012c), Decision1/CMP.8 Amendment to the Kyoto Protocol pursuant to its Article 3, paragraph 9, FCCC/KP/CMP/2012/13/Add.1.

12. UNFCCC(2011a), Durban Platform, Decision1/CP17, UNFCCC/CP/2011/9/Add.1.

13. UNFCCC(2011b), Decision 1/CMP.7 Outcome of the work of the Ad Hoc Working Group on Further Commitments for Annex I Parties under the Kyoto Protocol at its sixteenth session, FCCC/KP/CMP/2011/10/Add.1.

14. UNFCCC(2010), The Cancun Agreements: Outcome of the work of the Ad Hoc Working Group on Long−term Cooperative Action under the Convention. http://unfccc.int/resource/docs/2010/cop16/eng/07a01.pdf#page=2. 검색일: 2020. 04. 20.

15. UNFCCC(2007), UNITED NATIONS FRAMEWORK CONVENTION ON CLIMATE CHANGE, FCCC/INFORMAL/84 GE.05−62220 (E) 200705, 2007. https://unfccc.int/resource/docs/convkp/conveng.pdf, 검색일: 2020. 04. 20.

이행준수

이재형(고려대학교 법학전문대학원 교수)

Ⅰ. 들어가며

남아프리카공화국 더반에서 2011년 11월 28일부터 개최된 기후변화협약 제17차 당사국총회(Conference of the Parties: 이하 COP)는 2020년부터 모든 당사국에게 적용될 새로운 기후변화체제를 수립하기 위한 협상을 2012년 상반기에 개시하여, 가능한 한 조속하게 그리고 늦어도 2015년까지 완료하기로 결정하고, 이 협상을 위하여 「행동 강화를 위한 더반플랫폼 특별작업반」(Ad Hoc Working Group on the Durban Platform for Enhanced Action: ADP)을 설치하기로 결정하였다.[1] 이에 따라 2012년부

---

[1] UNFCCC, Decision 1/CP.17, paras. 2-4, in the "Report of the Conference of the Parties

터 개시된 ADP 협상은 프랑스 파리에서 2015년 11월 30일부터 개최된 제21차 COP 에서 파리협정의 채택과 함께 종료되었다.

신기후변화체제 수립을 위한 협상에서 당사국들은 2015년 합의에 이행준수체제 를 포함시킬 것인지, 만약 그러하다면 어떠한 형태로 포함시킬 것인지를 논의하였다. 신기후변화체제 협상이 국제기후거버넌스에 있어 장기간 동안 적절한 체제를 확립해 줄 수 있을 지속가능한(durable) 합의의 도출에 초점이 맞추어지고 있다는 점에 비추 어 보아 이행준수 문제는 매우 중요하다.

국제협정에서 이행준수체제는 협정상 의무의 이행과 준수를 감독하는 권한을 협 정 상의 특정 기관에 위임하는 것으로서 국제협정의 이행과 준수의 핵심적 요소이다. 이행준수체제는 당사국 사이의 신뢰를 구축하고 유지시키며, 당사국의 이행 및 준수 역량과 관련된 문제를 해결하고, 규범상의 모호성을 명확히 하며, 일부 당사국의 무 임승차를 방지함으로써, 협정 상 의무의 실효적 이행과 준수를 증진시키는 역할을 한 다. 따라서 신기후변화체제에서 이행준수체제는 매우 중요한 의미를 갖는다.[2]

오늘날의 다자간환경협정들(Multilateral Environment Agreements: MEAs)은 보통 별도의 이행준수체제를 두고 있다. 즉, 해당 협정상 의무의 불이행 문제를 다루고 실 효적 이행을 촉진할 것을 위임받은 기관을 설치한다. 이러한 이행준수체제는 1990년 대 초에 '1979년 대기오염의 장거리 국경이동에 관한 제네바 협약'과 '오존층 보호를 위한 비엔나협약에 대한 몬트리올 의정서'에서 처음 도입되었던 이래, 오늘날에는 수 십 개의 전세계적 또는 지역적 MEAs에 의무이행체제가 포함되어 있다. 유해폐기물 의 국가 간 이동 및 그 처리의 통제에 관한 바젤협약, 생물다양성협약의 카르타헤나 바이오안전성의정서, 폐기물 및 그 밖의 물질의 투기에 의한 해양오염방지에 관한 런던 협약, 식량농업식물유전자원국제조약, 수은에 관한 미나마타 협약 등이 그 예 이다.

한편 UNFCCC와 교토의정서 모두 이행준수체제의 설치에 관해 규정하고 있다. UNFCCC는 제13조에서 당사국총회(COP)가 "이 협약의 이행관련 문제의 해결을 위

---

on its seventeenth session, held in Durban from 28 November to 11 December 2011: Addendum Part Two: Action taken by the Conference of the Parties at its seventeenth session", FCCC/CP/2011/9/Add.1(15 March 2012).

2 Klein, Daniel, Maria Pia Carazo, Meinhard Doelle, Jane Bulmer & Andrew Higham (ed), The Paris Agreement on climate Change: Analysis and Commentary, Oxford University Press(2017), p. 338.

CHAPTER 15 이행준수 **429**

하여 … 다자간 협의절차의 수립을 고려"할 것을 규정하였다.[3] 그러나 관련 위원회의 설립에 있어 당사국 사이에 의견의 일치를 보지 못하여, 충분히 구체적인 절차는 채택되지 못한 상태이다.[4] 교토의정서는 제18조에서 당사국들이 "이 의정서의 규정에 대한 비준수의 경우를 결정하고 다루기 위한 적절하고 효과적인 절차 및 체제를 승인"할 것을 규정하였다.[5] 이에 따라, 교토의정서의 이행준수체제가 당사국들 사이에 합의되어 채택되었다.

파리협정은 제15조에서 이행준수메커니즘을 설치하고, 이 메커니즘의 구성, 성격, 기능방법을 규정하였으며, 이 위원회의 효과적 운영을 위한 방식·절차의 개발을 「파리협정 특별작업반」(Ad Hoc Working Group on the Paris Agreement: APA)에 위임하였다. 폴란드 카토비체에서 2018년 12월 2일부터 개최된 제24차 COP은 3년간의 APA 협상 결과물인 「이행준수위원회의 효과적 운영을 위한 방식·절차」를 채택하였다.

II. 이행준수체제의 개념

1. 개관

기후변화 체제에서 당사국들은 자신들이 약속한 국제 의무를 이행하고, 준수하지 않는 경우 이를 바로잡아야한다. 기후변화협약에서는 이러한 당사국들의 이행준수체제를 규정하고 있는데, 동 조문들은 전통적 방식의 분쟁해결절차부터 보다 더 새로운 방식인 의무준수 절차와 구조를 포함하고 있다. 전통적 분쟁해결절차는 그 본질상 다른 국가의 의무 위반에 대응한 보복적이고 양자적인 방식이다. 한 국가가 의무를 다하지 못하는 경우 다른 국가 또한 보복적으로 자신의 의무를 이행하지 않는 방식인 것이다.

그러나 다자적 환경협약의 경우, 보복적인 의무준수 강제가 계속된다면, 결국 당사국 전체에게 있어 환경협약의 목적이 상실되어 버리는 위험이 있다. 아무리 법적으로 명확히 한 국가의 위반이 판정된다고 해서 다른 국가들마저 이러한 의무를

---

3 UNFCCC 제13조: "consider the establishment of a multilateral consultative process … for the resolution of questions regarding the implementation of the Convention".
4 Decision 10/CP.4.
5 교토의정서 제18조: "approve appropriate and effective procedures and mechanisms to determine and address cases of non-compliance with the provisions of this Protocol".

함께 위반한다면, 이는 법적 구제절차로서 정당화될 수 있겠으나 환경협약이 추구하는 환경보호라는 최종 목표 달성에 저해되는 것이다. 이는 '환경'이라는 추구 가치 자체가 일개 국가만이 지니는 책임이 아니라 국제사회 공동체 전체가 함께 보호해야 하는 공동가치이기 때문이다. 따라서 모든 다자적 환경협약에서 의무 위반이 있는 경우 대부분 보복적 조치를 취하지 않고 있는 것이다. 이러한 문제점을 해결하기 위해서 다수의 다자적 환경협약들에서는 의무준수절차라는 새로운 방식을 도모하게 되었다.

기후변화협약 초기에 의무준수절차를 도입하고자 많은 노력이 있었고, 이후 COP7과 교토의정서에서 이러한 절차가 채택되었다. 특히 1987 몬트리올 의정서에서의 의무준수절차는 기후변화체제에 많은 영향을 미쳤다. 교토의정서의 수량적 의무를 달성하기 위해서 필요한 기술 및 능력과 관련하여 문제가 있는 경우 의무준수절차를 사용할 수 있게 된 것도 이러한 영향의 일환이다. 현대 기후 체제에서의 의무준수는 앞으로의 의무준수를 더 강제하는 방법으로 이루어진다. 그리고 비대립적이고 보호적 태도로써 보다 더 전문적인 COP과 같은 협약상 기관을 통해 이루어진다. 즉, 의무준수에 있어서 각 개별국가의 의무에만 초점을 둔 것이 아니라 국제기구들이 중심이 되어 문제를 해결하도록 하는 다자적 체제인 것이다.

물론 국제기구들의 적극적인 개입으로 각 당사국의 의무준수를 장려하는 것이 중요한데, 이러한 동기를 부여하는 방법에는 자문 및 금전적 지원을 하거나, 또는 의무를 준수하지 않는 경우 장래에 의무를 준수하도록 강제적 의무를 부과하는 방식 등이 있다. 그리고 어떠한 이유로 해당 국가가 의무를 준수하지 못하였는지 그 원인을 파악하고 이의 해결에 더 중점을 두고 있다. 의무준수절차의 경우 비록 그 특성상 의무를 준수하지 않는 경우 보복적 제재보다는 미약한 제재가 가해지지만, 향후 의무준수로 유도하는 것은 전체 체제의 유지를 위해서도 매우 중요하다. 의무비준수가 계속적으로 지속된다면 결국 기후변화 체제의 본질이 훼손될 것이기 때문이다.

2. 핵심 개념

'의무준수'라는 용어는 광범위한 의미로 사용된다. 기후변화체제에서 다양한 의무들이 존재하는데, 여기에는 실체적 의무(배출량을 특정 한도 이내로 배출하는 것 등)와 절차적 의무(환경 영향 평가를 보고하거나 실시하는 등)가 있다. 또한 제3의 분류로서 기관적 의무(institutional obligation)가 있는데, 이는 동 체제의 기관들(예를 들어 COP의 경우 의무의 적절성을 검토할 의무 보유)에 의해 이행되는 의무들을 일컫는다.[6]

실체적, 절차적 의무의 준수를 강제하고자 하는 노력은 국가적 그리고 국제적 수준 모두에서 이루어질 수 있다. 국가적 수준에서의 준수는 한 당사국이 자국의 법적 지위를 확보하고 각 개인들이 당사국의 국제적 의무준수가 가능하게끔 하는 노력일 것이다. 당사국의 환경 정책 및 조치에 따른 국내적 이행이 이에 해당할 것이다. 하지만 기후변화체제 내에서 국내법원을 통한 국내적 수준의 이행은 다루고 있지 않다. 물론 국가가 자국의 경제적 이익을 고려하여 적절한 환경 정책을 취하지 않을 수도 있는데, 이에 대항하여 민간단체 등의 개인이 국내 법원에 정부를 제소함으로써 행해지는 국제 환경의무 이행이 있을 수도 있다. 하지만 기후변화체제 내에서 이러한 수준의 이행까지 직접적으로 다루고 있지는 않는다.[7]

국제적 수준의 의무는 기후변화협약과 교토의정서상 당사국들의 의무 준수가 중심이 된다. 의무준수 절차에는 다음의 세 가지 사항이 있다. 첫째, 국가통계보고서와 국가보고서를 통한 보고의무가 있다. 둘째, 제공된 정보의 검토, 즉 기후변화 체제 내에서는 전문가 검토에 의한 심층 검토가 있다. 셋째, 의무준수의 평가 및 대응, 그리고 의무준수위원회와 같은 특별 기구를 통한 의무준수 절차가 있다. 기후체제는 그 어떤 다자적 환경 협약들보다도 보고 및 검토 의무에 대해서는 앞서고 있다.[8]

3. 분쟁해결제도와의 구별

가. 분쟁해결제도의 범위와 목적

기관과 절차를 통제하는 규범이 완전히 부재한다면 이러한 체제에 대한 법적 확실성이 없어질 것이다. 국제법의 기본 규범상 국제 의무의 위반이 있는 경우 이에 대한 배상을 하는 것이 원칙이겠다. 이러한 규범의 실제 적용을 위해서 국제법적 체제들에서는 다양한 일반적 또는 구체적인 국제법적 기관들을 설립하고 있으며, 국제 의무 위반으로 인해서 다른 국가의 권리가 침해되는 경우 법적으로 바로 잡기 위해

---

6 Farhana Yamin & Joanna Depledge, The International Climate Change Regime: A Guide to Rules, Institutions and Procedures, Cambridge University Press(2004), pp. 380-381.

7 op.cit. p. 381.

8 Ibid.

중재 및 사법 절차를 규정하고 있다. 따라서 전통적인 분쟁해결절차가 비록 국제환경법의 영역에 있어서 완전히 적합하지는 않지만, 기후변화체제에서도 다른 국가들을 견제하는 규범 체제 확립을 위하여 이러한 방식의 분쟁해결절차 또한 규정하고 있다.[9]

또한 예를 들어 '협력(촉진)(facilitative)' 방식에 적합하지 않은 부유한 국가가 의무를 위반하는 경우 전통적 분쟁해결절차의 구제 방식이 어느 정도 적용되어야 적절할 것이다. 협약 제14조와 교토의정서 제19조에서는 이러한 전통적 분쟁해결절차를 규정하고 있다. 두 조문 모두 '수권규정(권능부여규정)(enabling provision)'으로서 COP, CMP 등 각 기관별로 의무준수를 장려하는 비전통적인 방식(협약 제13조, 의정서 제18조)의 채택을 촉구하고 있다.[10]

나. 기후변화협약 제14조와 교토의정서 제19조

교토의정서 제19조는 '분쟁의 해결에 관한 협약 제 14조의 규정들이 동 의정서에 준용된다(mutatis mutandis)'고 규정하고 있다. 이러한 인용은 제14조의 핵심 부분들이 모두 의정서에서도 포함되어 있다는 것을 의미한다. 이는 제14조가 COP에 의해 채택된 모든 관련 법적 체제에 대해서 적용된다고 규정한 제14.8조와 상통하는 것이다.[11]

협약 제14.1조는 둘 또는 그 이상의 당사국들 간 분쟁이 발생하는 경우 협약의 해석과 적용에 있어서 협상 또는 다른 평화적 수단에 의해 해결할 것을 원칙으로 두고 있다. 이는 한 당사국이 먼저 다른 당사국에게 우려되는 사안들에 대해 통보하고 바로 잡을 것을 시도하고, 되도록 공격적인 절차를 피하고자 노력하여야 한다는 의미이다. 제14.2조는 한 당사국이 협약을 비준, 수락, 허용, 또는 가입하는 경우 그 어떤 분쟁에 대한 협약의 해석과 적용에 있어서 특별한 협약이 없는 이상, 의무적으로 사실 그 자체에(ipso facto) 기초하여야 한다는 것을 선언하여야 한다. 그리고 모든 당사국들은 COP이 채택하는 절차에 따른 ICJ 및 중재판정부의 관할권을 '실행 가능한 한' 수락하도록 하고 있다.[12]

---

9 *op.cit.* p. 382.
10 *Ibid.*
11 *Ibid.*
12 *op.cit.* pp. 382-383.

제14.3조와 14.4조는 이러한 선언의 계속적인 법적 유효성과 철회에 대해서 규정하고 있다. 만약 한 당사국이 제14.2조의 방법을 사용하지 않기로 한다면, 분쟁의 상대인 당사국에게 통보가 취해진지 12개월 이후엔 협의 등의 평화적 방법으로 분쟁을 해결하는 데 실패했다고 간주된다. 제14.3조에서는 이러한 분쟁은 조정의 대상이 되어야 한다고 규정하고 있으며, 제14.6조에서는 이러한 경우의 조정 위원회 구성요건에 대해 규정하고 있다. 조정의 결과는 법적으로 구속적이지는 않지만 당사국들에 의해 고려되어야 한다. 제14.7조는 '조정에 관련한 추가적인 절차'가 COP에 의해 실행 가능한 한 채택되어야 한다고 규정하고 있다. 결국 제14조는 ICJ와 중재판정부에 대해서는 선택적인 청구를 규정하였지만 한 당사국의 요청이 있는 경우 비구속적인 조정에 대해서는 법에 의해 정해진 청구를 규정하고 있다.[13]

COP은 특별 의무준수 절차의 발전에 보다 더 초점을 두었기에 제14.2조 (b)에서 언급된 중재판정부 절차 및 제14.6조상의 조정 절차에 대해서 구체적인 부속서 등을 채택하지는 않았다. 하지만 협약에 이미 조정 절차가 제시되어 있으므로 '추가적인 절차'가 채택될 필요 없이 바로 원용될 수 있을 것이다. 제13조에 규정된 다자적 협의 절차(multilateral consultative process: MCP)의 채택이 없는 경우, 협의 절차는 당사국들이 협약 상 의무를 준수함에 있어 우려를 표할 수 있는 방법 중 하나로 사용될 수 있을 것이다. 그리고 전통적 분쟁해결 절차의 '국가 대 국가'적 성격으로 인하여 비국가 주체들은 제14조에 규정된 구제 절차를 사용할 수 없다.[14]

III. 이행준수 관련 파리협정 규정

1. 주요 쟁점

이행준수 메커니즘에 대한 논의 초기에 당사국들은 이행준수 메커니즘을 합의문에 규정할지 여부와 합의문에 규정하는 경우 무엇을 합의문에 규정하고 어떤 것을 추후 논의하여 결정문에 포함할지에 대하여 이견을 보였다. 그리고 이행준수 메커니즘을 규정하는 경우 (i) 메커니즘의 성격, (ii) 메커니즘의 대상, (iii) 메커니즘의 차별화, (iv) 메커니즘의 발동요건 중 어느 범위까지 포함할지에 대하여 견해를 달리

---

13 *op.cit.* p. 383.
14 *op.cit.* pp. 383-384.

하였다.

한편 (i) 이행준수 메커니즘의 성격, 즉 이행 촉진만을 위한 메커니즘을 규정할 것인지 또는 약속을 준수하지 못한 당사국에 대한 제재 메커니즘을 도입할 것인지 여부, (iii) 이행준수 메커니즘의 대상에 감축, 투명성 이외에 재정지원, 기술개발 및 이전, 역량강화를 포함할지 여부, (iv) 메커니즘 적용에 있어 선진국과 개발도상국을 차별할 것인지 여부, (v) 메커니즘의 구체적 발동 요건에 대하여 협상 마지막까지 극심한 대립을 보였다.

2. 내용

파리협정 제15조 1항은 파리협정의 이행을 원활하게 하고 준수를 촉진하기 위한 메커니즘을 설치하였다.[15] 이 조 2항은 이 메커니즘이 전문성에 기초한 촉진적 성격의 하나의 위원회로 구성되며, 그 위원회는 투명하며 비대립적이며 비징벌적인 방식으로 기능할 것 그리고 당사국들 각각의 능력과 사정을 고려할 것을 규정하고 있다.[16] 따라서 이행준수메커니즘은 이행준수위원회에 의하여 작동되며, 전문성에 기초한 촉진적 성격을 갖는다. 그리고 위원회는 비대립적이며 비징벌적인 방식으로 기능하게 된다. 이 조 3항은 위원회가 제1차 파리협정당사국총회에서 채택되는 방식과 절차에 따라 운영될 것을 규정하고 있다.[17] 한편 COP21은 제1차 CMA가 검토하고 채택할 수 있도록 위원회를 효과적으로 운영하기 위한 방식과 절차를 개발할 것을 APA에 요청하였다.[18]

---

15 파리협정 제15조 1항, "A mechanism to facilitate implementation of and promote compliance with the provisions of this Agreement is hereby established."

16 파리협정 제15조 2항, "The mechanism referred to in paragraph 1 of this Article shall consist of a committee that shall be expert-based and facilitative in nature and function in a manner that is transparent, non-adversarial and non-punitive. The committee shall pay particular attention to the respective national capabilities and circumstances of Parties."

17 파리협정 제15조 3항, "The committee shall operate under the modalities and procedures adopted by the Conference of the Parties serving as the meeting of the Parties to this Agreement at its first session and report annually to the Conference of the Parties serving as the meeting of the Parties to this Agreement."

18 UNFCCC, Adoption of the Paris Agreement, Decision 1/CP.21, para. 103.

IV. 이행준수위원회의 방식 · 절차

1. 주요 쟁점[19]

가. 개별 당사국 능력과 사정의 고려

이행준수위원회의 운영 방식에 개별 당사국의 능력과 사정을 어떻게 작동시킬 수 있는지에 관하여 개도국은 위원회 활동의 핵심적 원칙이며 위원회의 모든 절차에서 국가별 특수성이 고려되어야 함을 주장한 반면, 선진국들은 국가별 차별화는 파리협정에 이미 반영되었으므로 이행준수 메커니즘은 모든 국가에 동일하게 적용되어야 하고 다만 국가별 특수성과 유연성이 사안별로 고려될 수 있을 뿐임을 주장했다. 한편 이 원칙을 위원회 절차에 어떻게 반영할지에 대하여 개도국들은 방식과 절차에 포함된 위원회에 대한 지침에 따라 반영되어야 할 것을 주장한 반면 선진국들은 사안별(case-by-case)로 적용할 것을 주장했다.[20]

나. 다른 제도와의 연계

파리협정의 다른 제도들의 독립성을 유지하면서 이행준수위원회의 효과적 운영을 보장하기 위해서는 위원회와 다른 제도 간의 연계를 어떻게 설계할 것인지에 관하여 선진국들은 투명성제도(제13조), 전지구적 이행점검(제14조), 시장 메커니즘(제6조)과 강한 연계가 있음을 주장한 반면, 개도국들은 주로 대응조치포럼, 재정상설위원회(Standing Committee on Finance: SCF), 기술집행위원회(Technology Executive Committee: TEC), 손실과 피해에 대한 바르샤바 메커니즘(Warsaw International Mechanism for Loss and Damage: WIM) 등과의 연계를 주장하였다. 특히 투명성제도와의 연계에 대하여 선진국들은 투명성제도의 전문가검토(Technical Expert Review: TER)가 이행 · 준수 위원회 작업의 개시요건 및 배경정보가 될 수 있음을 주장한 반면 개도국들은 투명성제도 관련 협상이 진행 중인 상황에서 이를 논의하는 것은 시기상조임을 주장하거나 연계가 불가함을 주장하였다. 다만 일부 개발도상국은 투명성제도 결과물이 위

---

19 이 부분은 이재형, 파리협정 후속협상의 내용과 동향, 한국법제연구원(2018년 1호), 23~25면을 원용
20 UNFCCC, Draft elements of APA agenda item 7: Modalities and procedures for the effective operation of the committee to facilitate implementation and promote compliance referred to in Article 15.2 of the Paris Agreement-Informal note by the co-facilitators-Final iteration, p. 2(8 May 2018).

원회 작업의 개시요건이 될 수 없으나 위원회 작업의 정보가 될 수 있다는 점에 동의했다. 한편 지원제도와의 연계에 대하여 개도국들은 강한 연계를 주장하는 반면 선진국들은 지원제도와의 중복 가능성 및 의무 이행 주체가 개별 국가가 아님을 이유로 연계에 반대했다.[21]

다. 위원회의 재량

일부 개도국들은 주로 위원회에 대하여 방식과 절차를 준수하여야 할 위임사항을 부여하고 준수 여부를 검토할 것을 주장한 반면, 선진국들은 이를 CMA가 결정할 문제로 생각하여 이견이 존재했다. 한편 일부 개도국은 예를 들어 모든 단계의 과정이 위원회의 활동 개시방법부터 출발해야 하는 것과 같은 위원회의 활동과 과정을 방식과 절차에 포함하여야 한다고 주장한 반면, 일부 선진국들은 절차 규칙에 관한 상당 부분을 일정한 제한 하에 위원회의 재량에 따라야 한다고 주장했다.[22]

라. 제1차 CMA에서 채택할 수준

대다수 개도국은 제1차 CMA에서 완전하고 포괄적인 방식과 절차의 채택을 주장한 반면, 선진국은 일부 문제는 제1차 CMA 이후 적절한 때 채택해도 될 것이라고 주장했다.[23]

마. 원칙 규정의 필요성

개도국은 주로 위원회의 지침이 되는 원칙에 대한 규정이 방식과 절차에 포함되어야 하며, 여기에 개별국가의 상이한 상황에 비춘 공동의 그러나 차별화된 책임과 개별국가의 능력이 포함되어야 하고, 그 외에 투명성, 보충성, 독립성, 부가가치의 필요성, 다른 제도와의 중복 회피가 원칙으로 추가되어야 함을 주장한 반면, 선진국은 위원회의 지침이 되는 원칙이 파리협정 제15조에 이미 포함되어 있으므로 위원회 절차에서 유연하게 사안별로 반영되는 것으로 충분하다는 의견을 주장했다.[24]

---

21 *Ibid.*
22 *Ibid.*
23 *Ibid.*
24 *op.cit.* pp. 2-3.

바. 위원회의 기능

다양한 국가들이 이행촉진과 준수증진을 별개의 구별되는 기능으로 파악하고 다만 상호 보완적이며 배타적이지 않다고 파악하는 반면, 일부 선진국들은 이들이 하나의 연속체이며 다만 문제가 되는 규정의 법적 특성에 따라 차이가 있어 법적 구속력이 있는 규정에 대해서는 이행촉진과 준수증진이 가능하고 법적 구속력이 없는 규정에 대해서는 이행촉진만이 가능하다고 주장했다. 한편 일부 당사국들은 위원회에 하나의 기능만이 있으므로 위원회 결과물은 지원을 제공하는 성격이며 비구속적인 면에서 차이가 없음을 주장했다.[25]

사. 위원회의 대상범위

당사국들은 위원회의 대상 범위에 대하여 파리협정의 모든 규정에 대하여 포괄적으로 정할 것, 기능에 비추어 범위를 정할 것, 구체적 규정에 따라 정할 것, 절차 개시 측면에서 정할 것 등 다양한 주장을 개진했다. 선진국들은 주로 법적 구속력이 있는 의무를 부과하는 규정만을 대상으로 할 것을 주장한 반면 일부 개도국들은 포괄적 규정을 선호했다. 구체적 규정에 따른 구별에 있어서도 제4조·제6조·제7조·제9조·제10조·제11조·제13조의 구체적 의무를 대상으로 해야 한다는 주장, "shall"을 포함하는 모든 규정, 당사국의 개별적 의무에 대한 법적 구속력이 있는 규정 등 다양한 옵션이 계속 유지되고 있다.[26]

아. 위원회 절차개시 신청자

이행 또는 준수에 문제가 있는 당사국 스스로 절차개시를 신청할 수 있으며, 문제의 당사국에 대해 위원회의 모든 절차에 참여가 보장되어야 한다는 점에 당사국들 사이에 이견이 없다. 다만 LMDC 등 대다수의 개도국은 관련 당사국만이 신청할 수 있어야 한다고 주장한 반면, AILAC과 AOSIS 및 선진국들은 추가적인 신청자 인정을 주장하고 있는바, 이에 대하여 NDC 공공등록부의 정보, 투명성제도 하의 통보에 대한 사무국 보고서, 투명성제도 하의 전문가 보고서 등 다양한 절차 개시 방법에 대한 논의가 진행 중이다. 이러한 옵션에 대해서도 위원회가 직권으로 개시하는 방

---

25 *op.cit.* p. 4.
26 *op.cit.* pp. 8-9.

법 그리고 CMA 요청에 의하여 개시하는 방법 등이 논의되고 있으며, 다른 당사자 또는 복수의 다른 당사자에 의한 개시를 주장하는 의견도 제기되고 있다.[27]

자. 위원회의 활동 결과물

어떤 조치가 효과적으로 이행을 촉진하고 준수를 증진할 수 있으며, 어떻게 촉진·증진할 것인지에 대하여, 개도국은 이행준수 메커니즘의 목적이 당사국들의 이행준수를 지원하는 것이므로 정보·경험·교훈의 공유, 당사국이 직면한 문제의 확인, 활동계획 수립, 전문가 파견, 기술적 재정적 지원, 권고 등으로 제한되어야 한다고 주장한 반면, 일부 선진국들은 위원회에 의한 지속적 모니터링과 미준수 판정 등의 포함을 주장했다.[28] 2018년 본 회의에서 일정한 통제 하에서 위원회 재량에 따라 특정 사안에 적용되는 조치에 대한 다수의 결과물이 가능하다는 것에 당사국들의 공감대가 형성되었다.

차. 위원회의 조직

위원회 구성에 대하여 각 위원별 대체위원 임명 여부, 위원 임기(2년 또는 3년, 연임 가능 여부), 매년 교체할 위원(대체위원)의 수(임기 2년의 경우 매년 6명 교체, 임기 3년의 경우 매년 4명 교체), 후임 위원 임명 시까지 위원자격 지속 여부, 위원의 사퇴 및 보충, 집행부 구성 여부 및 방법, 위원회 회합 빈도(연간 최소 1회 또는 2회 또는 연간 몇 회) 및 위원회 활동 개시 시기(2019년 또는 2020년), 위원회 회의의 공개 여부, 의사정족수, 의결정족수, 전자적 방법에 의한 활동 및 의사결정 여부, 위원회 결정에 대한 판단 이유 제시 여부, 위원의 이해 충돌 등에 대하여 당사국들은 다양한 선택이 가능한 옵션을 제시하고 있다.[29]

2. 내용

가. 목적·원칙·성격·기능·범위

이행준수위원회의 작업은 제2조를 포함하여 파리협정의 규정을 따라야 하며, 위

---

27 *op.cit.* pp. 9-10.
28 *op.cit.* pp. 12-13.
29 *op.cit.* pp. 5-8.

원회는 작업 과정에서 다른 제도와의 중복을 회피하고 집행 및 분쟁해결 기능을 수행하지 않으며, 페널티 또는 제재를 부과하지 않고, 국가 주권을 존중하여야 한다.[30]

나. 기관 규정

이행준수위원회는 12인으로 구성되며, CMA가 위원 및 각 위원의 대체위원을 선출하고, 위원과 대체위원의 임기는 3년으로 1회에 한하여 연임이 가능하다.[31] 이행준수위원회의 효과적 운영을 위한 방식·절차는 2019년 11월에 개최되는 제2차 CMA에서 2년 임기의 위원 6인과 대체위원 6인 및 3년 임기의 위원 6인과 대체위원 6인을 선출하고, 이후 관련 회기에 임기 3년의 위원 6인과 대체위원 6인을 선출할 것을 규정하였으며,[32] 이에 따라 스페인 마드리드에서 개최된 제2차 CMA는 위원과 대체위원을 선출하였다. 한편 위원 및 대체위원은 후임자가 선출될 때까지 위원 직위를 유지한다. 위원이 사퇴하거나 임무를 수행할 수 없는 경우, 그 위원과 동일한 당사국의 전문가를 동 당사국이 지명하여 잔여 임기를 수행한다.[33] 위원과 대체위원은 독립된 전문가 자격으로 임무를 수행한다.[34]

이행준수위원회는 지리적 대표성을 고려하여 2명의 공동의장을 선출하며,[35] 달리 결정하지 않는 한, 위원회는 파리협정 부속기구 회의와 결합하여 회합하는 것이 바람직함을 고려하여 2020년부터 적어도 연 2회 회합한다.[36] 그리고 위원회가 결정을 도출하고 채택하는 회의에는 위원, 대체위원 및 사무국 직원만 참석할 수 있다.[37] 한편 위원회, 당사국 또는 기타 위원회 절차에 참여하는 자는 비공개자료의 비밀을 보호하여야 한다.[38]

---

30 Preparation for the implementation of the Paris Agreement and the first session of the Conference of the Parties serving as the meeting of the Parties to the Paris Agreement, Proposal by the President, Recommendation of the Conference of the Parties: Draft decision -/CMA.1: Modalities and procedures for the effective operation of the committee to facilitate implementation and promote compliance referred to in Article 15, paragraph 2, of the Paris Agreement, FCCC/CP/2018/L.5 (14 December 2018), Annex paras. 1-4.
31 *op.cit.* paras. 5-7.
32 *op.cit.* para. 8.
33 *op.cit.* para. 9.
34 *op.cit.* para. 10.
35 *op.cit.* para. 11.
36 *op.cit.* para. 12.
37 *op.cit.* para. 13.
38 *op.cit.* para. 14.

이행준수위원회가 결정을 채택하기 위한 회의를 개최하는 경우 10명의 위원이 출석하여야 개회될 수 있다.[39] 위원회는 총의(consensus)에 의하여 결정에 합의할 수 있도록 모든 노력을 다하여야 하며, 총의가 이루어지지 않을 경우 최후 수단으로 출석하여 투표한 위원의 3/4 이상의 찬성으로 결정을 채택할 수 있다.[40] 그리고 위원회는 2020년 11월에 개최되는 제3차 CMA에서 채택될 수 있도록 절차규칙을 개발하여 권고하여야 하며, 절차규칙은 공동의장의 역할·이해 충돌·위원회 작업 스케줄 등을 포함하여 위원회가 적절하고 효과적으로 기능할 수 있는데 필요한 모든 문제를 포함하여야 한다.[41]

다. 절차 개시 및 과정

이행준수위원회는 그 기능을 함에 있어 위원회가 추후 개발하는 절차규칙의 관련 항목을 적용하여야 하고, (i) 위원회 작업이 파리협정 규정의 법적 성격을 변경할 수 없고, (ii) 이행과 준수 촉진 방법을 검토할 때, 관련 당사국에 서면제출과 코멘트 기회를 부여하는 등 매 단계에서 관련 당사국과의 협의에 건설적으로 임해야 하며, (iii) 당사국의 능력과 사정에 특별한 주의를 기울여야 하며, (iv) 작업의 중복을 피하기 위하여 다른 기구 또는 제도의 작업을 고려해야 하며, (v) 대응조치 이행의 영향을 고려해야 한다.[42]

이행준수위원회는 자신의 이행 또는 준수와 관련된 당사국의 서면 청구에 기초하여 그 당사국의 파리협정 규정의 이행 또는 준수와 관련된 문제를 다루며, 위원회는 관련 당사국이 제출한 서면이 충분한 정보를 포함하고 있는지를 확인하기 위하여 예비 검토를 시행한다.[43]

그리고 이행준수위원회는 당사국이 (i) 파리협정 제4조 12항의 공공등록부에 나타난 최신 자료를 기초로 제4조의 NDC를 제출하지 않거나 유지하지 않는 경우, (ii) 파리협정 제13조 7항, 9항 또는 제9조 7항의 강제적 보고서 또는 정보제출을 이행하지 않는 경우, (iii) 촉진적 다자검토에 참여하지 않는 경우, (iv) 파리협정 제9조 5항의 강제적 정보제출을 이행하지 않는 경우 위원회 절차를 개시하여야 한다.[44] 한편

---

39 *op. cit.* para. 15.
40 *op. cit.* para. 16.
41 *op. cit.* paras. 17-18.
42 *op. cit.* para. 19.
43 *op. cit.* paras. 20-21.
44 *op. cit.* para. 22(a).

위원회는 관련 당사국이 동의하는 경우 당사국이 제출한 정보가 파리협정 제13조 13항의 방식·절차·지침에 심각하고 지속적으로 불일치하는 경우 그 절차를 개시할 수 있다. 이 절차는 파리협정 제13조 11항과 12항에 따라 작성된 최종 전문가 보고서의 권고와 전문가 검토 과정에서 제시된 당사국의 코멘트에 기초하여 위원회 검토가 이루어진다.[45]

이행준수위원회 직권에 의하여 절차가 개시되는 앞의 두 경우에 위원회는 당사국의 NDC·통보·정보·보고서의 내용을 검토 대상으로 하지 않으며, 관련 당사국에 절차 개시 결정을 통보해야 한다.[46] 위원회 절차와 관련하여 (i) 관련 당사국은 위원회 결정 도출 및 채택을 위한 회의를 제외한 위원회 논의에 참여할 수 있으며, (ii) 관련 당사국의 서면에 의한 요청이 있는 경우, 그 당사국에 관한 문제를 논의하는 회의에서 협의를 가져야 하며, (iii) 위원회는 검토 과정에서 추가 정보를 취득할 수 있으며, 파리협정의 관련 기구 또는 제도의 대표에게 회의 참석을 요청할 수 있고, (iv) 위원회는 결론·조치·권고 초안을 관련 당사국에 송부하여야 하며, 최종 결론·조치·권고를 정함에 관련 당사국의 코멘트를 고려하여야 한다.[47]

이행준수위원회는 절차 시간표에 당사국이 필요로 하는 유연성을 그들의 능력과 사정을 고려하여 부여하여야 한다.[48] 재원 이용이 가능한 경우, 관련 개발도상국이 위원회 회의에 참여할 수 있도록 당사국 요청이 있는 경우 지원이 제공되어야 한다.[49]

라. 조치 및 결과물

이행준수위원회는 적절한 조치·결정·권고를 정함에 있어, 파리협정 관련 규정의 법적 성격을 고려하고 관련 당사국으로부터 접수한 코멘트를 고려해야 하며, 관련 당사국의 능력과 사정을 고려하여야 한다.[50] 그리고 문제의 당사국은 특정한 능력상 한계, 제공된 지원을 포함하여 필요한 것 또는 난제에 대한 정보를 위원회에 제공할 수 있다.[51]

---

45 *op.cit.* para. 22(b).
46 *op.cit.* paras. 23-24.
47 *op.cit.* para. 25.
48 *op.cit.* para. 26.
49 *op.cit.* para. 27.
50 *op.cit.* para. 28.
51 *op.cit.* para. 29.

위원회가 발동할 수 있는 적절한 조치에는 (i) 재정 등 지원의 평가를 포함하여 당면 문제의 확인, 권고, 정보 교환을 목적으로 관련 당사국과의 협의, (ii) 관련 당사국과 재정 등 지원기관과의 접촉 지원, (iii) 관련 당사국에 대한 당면 문제와 해결 방안에 대한 권고 그리고 관련 당사국의 동의가 있는 경우 관련 기구에 대한 권고의 통보, (iv) 행동계획 개발의 권고 및 요청이 있는 경우 그 개발의 지원, (v) NDC 미제출 등 의무 위반의 경우 사실관계 결정 등이 포함된다.[52]

마. 기타 규정

이행준수위원회는 파리협정 규정의 이행 또는 준수와 관련하여 다수 당사국이 직면하는 체계 문제를 확인하고 CMA에 검토를 요청할 수 있으며, CMA는 위원회에 이 문제의 검토를 요청할 수 있고 그 경우 위원회는 적절하다고 판단 시 CMA에 보고하여야 한다.[53] 이 때 위원회는 개별 당사국의 이행 또는 준수 관련 문제를 다룰수 없다.[54] 그리고 위원회는 작업 과정에서 전문가 조언을 구할 수 있으며, 파리협정 하의 절차·기구·제도·포럼으로부터 정보를 구하거나 이들로부터 정보를 받을 수 있다.[55] 한편 위원회는 CMA에 연례보고서를 제출해야 하며,[56] 파리협정의 사무국이 위원회의 사무국 기능을 한다.[57] CMA는 이번에 채택된 위원회의 효과적 운영을 위한 방식 및 절차를 2024년에 개최되는 제7차 CMA에서 1차 재검토를 실시하고 이후 정기적으로 재검토할지 여부를 결정하기로 했다.[58]

---

52 *op.cit.* para. 30.
53 *op.cit.* paras. 32–33.
54 *op.cit.* para. 34.
55 *op.cit.* para. 35.
56 *op.cit.* para. 36.
57 *op.cit.* para. 37.
58 Preparation for the implementation of the Paris Agreement and the first session of the Conference of the Parties serving as the meeting of the Parties to the Paris Agreement, Proposal by the President, Recommendation of the Conference of the Parties: Draft decision -/CMA.1: Modalities and procedures for the effective operation of the committee to facilitate implementation and promote compliance referred to in Article 15, paragraph 2, of the Paris Agreement, FCCC/CP/2018/L.5 (14 December 2018), para. 2.

참고문헌

1. 이재형, 파리협정 후속협상의 내용과 동향, 한국법제연구원(2018년 1호).

2. Bodansky, Daniel, Jutta Brunnée & Lavanya Rajamani, International Climate Change Law, Oxford University Press, 2017.

3. Klein, Daniel, Maria Pia Carazo, Meinhard Doelle, Jane Bulmer & Andrew Higham (ed), The Paris Agreement on climate Change: Analysis and Commentary, Oxford University Press, 2017.

4. Voigt, Christina, The 'Article 15 Committee' to Facilitate Implementation and Promote Compliance, Paris Agreement Policy Brief, 25(2) RECIEL 1 (2016).

5. Yamin, Farhana & Joanna Depledge, The International Climate Change Regime: A Guide to Rules, Institutions and Procedures, Cambridge University Press, 2004.

6. UNFCCC, Decision 1/CP.17, paras. 2−4, in the "Report of the Conference of the Parties on its seventeenth session, held in Durban from 28 November to 11 December 2011: Addendum Part Two: Action taken by the Conference of the Parties at its seventeenth session", FCCC/CP/2011/9/Add.1 (15 March 2012).

7. UNFCCC, Draft elements of APA agenda item 7: Modalities and procedures for the effective operation of the committee to facilitate implementation and promote compliance referred to in Article 15.2 of the Paris Agreement – Informal note by the co−facilitators−Final iteration, p. 2 (8 May 2018).

8. UNFCCC, Preparation for the implementation of the Paris Agreement and the first session of the Conference of the Parties serving as the meeting of the Parties to the Paris Agreement, Proposal by the President, Recommendation of the Conference of the Parties: Draft decision −/CMA.1: Modalities and procedures for the effective operation of the committee to facilitate implementation and promote compliance referred to in Article 15, paragraph 2, of the Paris Agreement, FCCC/CP/2018/L.5 (14 December 2018).

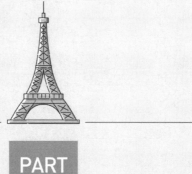

PART
6

파리협정의 국내이행과 향후과제

제 16 장

파리협정과 국내이행

유승직(숙명여자대학교 기후환경융합학과 교수)

Ⅰ. 들어가며

2015년 프랑스 파리에서 개최된 제21차 유엔기후변화협약 당사국 총회에서 채택된 파리협정(Paris Agreement)은 다음과 같은 측면에서 교토의정서(Kyoto Protocol)와는 다른 측면이 있다. 첫째로 교토의정서 체제의 온실가스 감축에 있어서 명시적으로 적용된 부속서 Ⅰ 국가와 비부속서 Ⅰ 국가 간의 이분법적인 구분이 파리협정 체제에서는 적용되지 않는다는 것이다. 교토의정서의 부속서 B에는 유엔기후변화협약 부속서 Ⅰ 국가들에 대한 제1차 온실가스 감축 공약기간의 온실가스 배출허용량이 제시되어 있다. 파리협정에서는 선진국과 개도국에 대한 구분만 존재할 뿐 감축과 관련하여 명시적인 국가들에 대한 구분은 없다. 대신에 파리협정에서는 제2조 2항의 이행에 관한 원칙에서 "상이한 국내 여건에 비추어 형평 그리고 공동의 그러나 차별화된 책임과 각자의 능력의 원칙"을 언급하여 차별성을 도입하고 있다.[1]

---

1 Paris Agreement, Article 2.2.

둘째로 교토의정서 합의 과정에서는 각 국가 또는 EU와 같은 집단 단위의 감축 목표 설정 자체가 협상의 대상이었으나 파리협정을 채택하는 과정에서는 각국의 국가 온실가스 감축 목표 설정 수준과 형식 등에 대한 구체적인 협상과 내용 검토 또는 토론 과정이 존재하지 않았다. 국가가 자발적으로 유엔기후변화협약 사무국에 제출한 감축 목표인 INDCs(Intended Nationally Determined Contributions: INDCs)를 그대로 받아들이고 2020년까지 수정 또는 갱신(update)하여 제출토록 하였다. 이는 파리협정에서 채택하고 있는 국가단위 온실가스 감축 목표는 협상 과정을 통하여 국가 단위로 결정되는 것이 아니라 각 국이 자국의 상황을 고려하여 최대한 야심차게 설정하여 제시하고 있는 목표임을 의미하는 것이다.

셋째로 교토의정서 체제와는 달리 파리협정체제는 개별 국가가 자발적으로 설정하여 제출한 국가 감축 목표를 이행하는 방식이기 때문에 국가별로 감축 목표의 대상, 수준, 형식 등이 매우 다양하다는 것이다. 교토의정서 부속서 B에서 국가별로, EU의 경우는 집단 단위로, 설정된 국가 온실가스 감축 목표는 1990년 국가 온실가스 배출량을 기준으로 2008년부터 2012년까지의 국가 단위 연평균 배출량을 일정 수준 이하로 낮추거나 제한하겠다는 절대량 방식의 단일 형식을 취하고 있다. 하지만 파리협정체제에서 각국이 제출한 감축목표는 매우 다양한 형태를 취하고 있다.

IGES의 분석[2]에 의하면 2020년 3월 말 현재 186개국이 제출한 국가결정기여 목표(Nationally Determined Contribution: NDC) 중 172개국이 국가 단위 목표를 설정하였으며 11개 국가가 부문(sector) 단위 목표를 설정하였다. 목표 형식에 있어서도 83개 국가가 교토의정서의 부속서 B와 같은 방식인 절대량 방식으로 목표를 설정하였으며 59개국은 상대적 목표 방식을 채택하였다. 그리고 30개 국가는 구체적 수치 목표를 설정하는 대신에 정책과 조치를 도입 또는 이행하겠다는 목표를 설정하였다. 그리고 9개의 국가는 탄소집약도(탄소배출량/국내총생산액(GDP)) 방식을 취하였으며 3개국은 배출량이 최고치에 도달하는 연도를 제시하고 있다.

이러한 이유로 국가 온실가스 감축 목표 이행 여부 혹은 이행 준수를 판단하는 것이 기술적으로 매우 어려울 수 있다. 특히 교토의정서 체제의 이행 준수위원회 구성과정에서 경험하였듯이 파리협정체제에서는 개도국에 대한 감축목표 이행 준수는 징벌적 성격보다는 이행을 촉진시키는 지원적인 성격이 강조될 것이다.

---

2 https://www.iges.or.jp/en/pub/iges-indc-ndc-database/en.

본 글은 2008년부터 2020년까지의 전 지구적인 온실가스 감축을 주도한 교토의 정서에 이어 2021년부터 적용되는 파리협정체제의 이러한 특징을 고려하여 국내 온실가스 감축에 대한 의미와 이에 대한 대책을 살펴보고자 한다. 이를 위하여 다음 절에서는 그동안 국내에서 이행되어온 국내 온실가스 감축 정책에 대하여 살펴보도록 하겠다. Ⅲ.에서는 파리협정 내용 중에서 국내 온실가스 감축 정책과 관련한 내용을 살펴보고 시사점을 도출한 후 이에 대한 국내 대응 방향을 살펴보도록 하겠다.

Ⅱ. 우리나라의 국내 온실가스 감축: 목표 설정과 이행

1. 2020년 국가 온실가스 감축 목표

우리나라는 2009년 덴마크 코펜하겐에서 개최된 제15차 당사국 총회에서 2020년을 기준으로 국가 단위 온실가스 배출량을 전망치 대비 30%를 감축하는 목표를 제시하였다. 그리고 2015년에는 2030년을 기준으로 BAU(Business as Usual)하의 국가 온실가스 배출량 전망치 대비 37%를 감축하겠다는 국가 감축 목표를 포함한 INDC를 기후변화협약 사무국에 제출하였다. 2020년 온실가스 감축 목표는 교토의정서의 부속서 A에서 정의하고 있는 6개 종류의 온실가스를 모두 포함하여 국가 단위로 설정한 감축 목표이다. 2020년 기준 이산화탄소로 환산한 온실가스 배출량 전망치는 776백만 톤CO_2eq.이다. 2009년 국제사회에 발표한 우리나라의 온실가스 감축 목표는 2020년 감축 후 배출량으로 환산하면 약 543백만 톤CO_2eq.에 해당한다.

2009년 15차 기후변화협약 당사국 총회에서 2020년 국가 온실가스 감축 목표를 발표할 당시에는 post-2012 전 세계 온실가스 감축 목표 설정이 논의되고 있었다. 즉, 교토의정서 제2차 공약 기간에 대한 논의가 진행되고 있었으므로 우리나라의 국가 감축 목표는 교토의정서 1차 공약 기간의 온실가스 감축 의무 국가인 부속서 B 국가들과 차별화를 위하여 교토의정서 제2차 공약 기간의 목표연도인 2020년의 배출량 전망치 대비 30%를 감축하는 상대적 목표 형태를 취하였다. 2009년 국가 온실가스 감축 목표를 국제사회에 발표한 이후 우리나라는 국가 온실가스 감축 목표 이행을 위한 실질적인 이행체제 구축을 추진하였다.

2009년 12월 제15차 기후변화 당사국 총회에서 국가 온실가스 감축 목표를 발표한 이후 2009년 12월 29일 정기국회에서 '저탄소 녹색성장 기본법'이 통과되었고 2010년 4월 14일부터 시행령과 함께 시행되었다. '저탄소 녹색성장 기본법'과 '저탄소 녹색성장 기본법 시행령'에는 2020년 국가 온실가스 감축 목표 이행을 위한 주요한 내용이 포함되어 있다.

첫째로 2020년 국가 온실가스 감축 목표가 명기되어 있었다. '저탄소 녹색성장 기본법 시행령' 제25조에는 2020년의 국가 온실가스 감축 목표는 2020년의 온실가스 배출전망치 대비 100분의 30까지 감축하는 것으로 규정하였다.

둘째로 국가 온실가스 감축 목표를 이행하기 위하여 온실가스 및 에너지 목표관리제도를 시행하는 것이다. '저탄소 녹색성장 기본법' 제42조, 그리고 '저탄소 녹색성장 기본법 시행령' 제26조에서 제36조에서는 온실가스 및 에너지 목표관리제도의 원칙과 역할, 지정기준, 목표 설정과 관리, 배출량 보고와 검증 등의 절차 등을 명시함으로써 배출원 단위의 실질적인 관리를 체계화하고 있다.

이러한 온실가스 및 에너지 목표관리제는 2012년부터 2014년까지 국가 온실가스 감축 목표 이행에 있어서 핵심적인 역할을 담당하였다. 온실가스 및 에너지 목표관리제를 통하여 정부는 시설단위의 온실가스 배출량과 에너지 사용량 상세자료를 2007년부터 확보할 수 있었을 뿐만 아니라 이러한 자료를 정부에 제출하기 이전에 국가 자격시험을 통과한 검증 심사원에 의한 제3자 검증과정을 거치도록 함으로써 2015년부터 시행되는 온실가스 배출권 거래제가 성공적으로 조기에 정착할 수 있는 기반을 다졌다.

셋째로 '저탄소 녹색성장 기본법 시행령' 제36조에서 국가 온실가스 종합정보관리체계를 구축·관리하기 위하여 '온실가스 종합정보센터'를 설치하였다. 온실가스 종합정보센터를 통하여 체계적으로 매년 국가 온실가스 배출량과 흡수량에 관한 검증 통계를 발표하며, 동시에 국가 단위 온실가스 감축 목표의 설정과 이행에 관한 관리를 지원하는 업무를 수행하도록 하였다. 또한 온실가스 에너지 목표관리제, 그리고 배출권 거래제 등에 있어서 기초적인 시설단위 배출량 보고서인 명세서를 관리 분석하고 배출권 할당량을 설정하는 업무 등을 수행하도록 하였다. 이러한 온실가스 종합정보센터의 설치는 국가 온실가스 감축 목표의 설정과 이행, 그리고 성과에 대한 체계적이고 일관성 있는 관리뿐만 아니라 국제사회에서 요구하고 있는 감축 이행의 투명성 확보에 있어서 모범적인 사례가 될 수 있다.

우리나라 정부는 저탄소 녹색성장 기본법이 발효된 이후 온실가스 종합정보센터를 중심으로 2020년 국가 온실가스 감축 목표 이행을 위한 세부 이행 계획을 수립하여 2011년 7월 11일에 부문별·업종별·연도별 온실가스 감축 목표를 확정 발표하였다.[3]

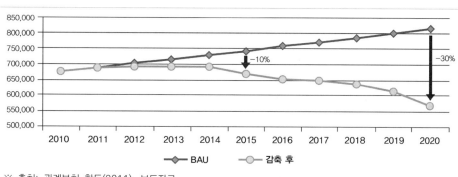

그림 16-1 연도별 감축경로

※ 출처: 관계부처 합동(2011), 보도자료.

2011년 7월에 발표한 부문별·업종별·연도별 감축 목표는 연도별 감축경로뿐만 아니라 업종별·부문별 감축률, 그리고 주요 감축 수단 등을 매우 상세하게 제시하고 있는 계획으로서 2015년을 전후하여 경제성장과 온실가스 배출량과의 탈동조화를 제시하였다. 2011년에 확정 발표한 부문별·업종별·연도별 감축 목표는 2012년부터 시행된 온실가스 및 에너지 목표관리제 대상업체에 대한 배출권 할당의 기준으로 원용되었다. 우리나라 정부는 2014년 1월에 관계부처 합동으로 2020년 국가 온실가스 감축 목표 이행을 위한 2015년 이후의 계획인 '국가온실가스 감축목표 달성을 위한 로드맵'을 발표하였다.[4]

2014년 1월에 발표된 로드맵은 이전에 발표된 '부문별·업종별·연도별 계획'과 마찬가지로 2016년부터 2020년까지 연도별·업종별·부문별 배출량 전망치 대비 감축량이 제시되었으며 주요 감축 수단도 함께 제시되었다. 특히 2014년 1월에 발표된 '국가온실가스 감축목표 달성을 위한 로드맵'은 2015년부터 시행된 배출권 거래제 제1차 계획기간(2015~2017)에 대한 초기할당의 기준으로 활용되었다.

2020년 국가 온실가스 감축 목표 설정과 국내 감축 이행에 있어서 가장 가시적

---

3 관계부처 합동, 「2020년 저탄소 녹색사회 구현을 위한 로드맵, 부문별·업종별·연도별 온실가스 감축 목표 확정」, 보도자료, 2011.7.12.
4 관계부처 합동, 「국가 온실가스 감축목표 달성을 위한 로드맵」, 2014.1.

인 국내 정책은 배출권 거래제의 도입이며 배출권 거래제는 성공적으로 조기에 안착하였다. 우리나라의 배출권 거래제도는 2012년 5월 2일 '온실가스 배출권의 할당 및 거래에 관한 법률'이 국회에서 통과된 이후 2015년부터 본격적으로 시행되었다. 2015년부터 2017년까지 제1차 계획기간에 시행된 배출권 거래제에는 연간 국가 온실가스 배출량 대비 약 70%에 해당하는 배출이 이루어지는 약 600여 개의 업체들이 할당대상업체로 포함되어 있었다. 현재는 제2차 계획기간에 대한 배출권 거래가 시행되고 있으며 배출권 거래가격도 2020년 5월 기준 톤당 약 40,000원 수준으로 안정적인 가격을 유지하고 있다.

온실가스 및 에너지 목표관리제 이후 우리나라 배출권 거래제 시행에 있어서 배출권 거래제 대상 배출업체는 매년 3월 31일까지 제3자 검증을 거쳐 온실가스 배출에 관한 명세서를 제출하도록 되어 있다. 이러한 검증과정을 거친 명세서는 배출권 거래에 있어서 거래되는 배출권의 품질을 보장할 뿐만 아니라 국내 온실가스 감축 정책이행에 있어서 정책의 효과성을 높이고 국가 온실가스 감축 목표 이행평가에 있어서도 객관성과 투명성을 높인다.

이상에서 살펴본 바와 같이 우리나라는 2007년 인도네시아 발리에서 개최된 13차 기후변화 당사국 총회에서부터 본격적으로 논의된 2012년 이후의 국제사회의 온실가스 감축 노력에 적극적으로 대처하는 협상 전략을 수립하였다. 우리나라는 2009년 선제적으로 교토의정서 부속서 B 국가들의 감축 목표와는 차별화된 2020년의 국가 온실가스 감축 목표를 2009년 덴마크 코펜하겐에서 개최된 당사국 총회에서 발표한 이후 국내적으로 실질적인 감축 목표 이행을 위한 법·제도를 도입하고, 구체적 이행계획을 수립하였으며 온실가스 종합정보센터, 검증심사원과 같은 제3자 관리, 검증 주체를 도입하여 파리협정에서 강조하고 있는 투명성(Transparency)을 확보하고 있었다. 이러한 노력과 조치들은 Ⅲ.에서 살펴보고자 하는 파리협정의 이행에 있어서 국내 감축정책에 대한 시사점과 밀접한 관계가 있다.

2. 2030년 국가 온실가스 감축 목표

우리나라 정부는 2015년 6월 유엔기후변화협약 사무국에 2030년을 기준으로 국가 온실가스 배출량을 전망치 대비 37% 감축하겠다는 국가 온실가스 감축 목표를 제출하였다. 국가 온실가스 감축 목표를 제출한 이후 프랑스 파리에서 개최된 제21차

유엔기후변화협약 당사국 총회에서 파리협정이 채택되었다. 2016년 제22차 유엔기후
변화협약 당사국 총회가 모로코 마라케쉬에서 개최되기 직전인 11월 4일 90개국이
파리협정을 비준하여 파리협정은 예상보다 빨리 발효되었다. 2016년 11월 3일 파리
협정을 비준한 우리나라는 이에 따라 2016년 12월 6일 '제1차 기후변화대응 기본계
획'과 '2030 국가 온실가스 감축 기본로드맵'을 확정하여 발표하였다.[5] '제1차 기후변
화대응 기본계획'에는 2030년 국가 온실가스 배출량 전망치인 851백만 톤CO_2eq. 대
비 37%를 감축한 이후 국가 온실가스 배출량을 536백만 톤CO_2eq.으로 낮추기 위한
주요 정책, 기술 등을 포함한 10대 기후기술 투자 확대 계획 등이 포함되었으며 에너
지 신산업 적극 육성계획 등이 포함되었다. 한편 '2030 국가 온실가스 감축 기본로드
맵'에는 2030년 국가 온실가스 감축 목표를 부문별로 세분화한 계획을 발표하였다.

그림 16-2 2030년 부문별 목표 감축량

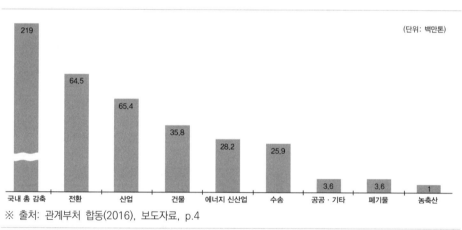

※ 출처: 관계부처 합동(2016), 보도자료, p.4

또한, 부문별 온실가스 감축 세부 내용에 있어서 업종별 감축량도 제시되어 있다.
하지만, 2020년 국가 온실가스 감축 목표가 제시된 이후 2011년 부문별·업종별·연
도별 감축 목표가 제시된 것과는 달리 연도별 감축 목표가 제시되지 않았다. 2012년
카타르 도하에서 개최된 18차 당사국 총회에서 교토의정서에 의한 제2차 공약기간
이 2020년까지로 설정되어 지속적으로 이행하는 것으로 합의하였으므로[6] 파리협정

---

5 관계부처 합동, 「신기후체제 출범에 따라 효율적 기후변화대응을 위한 국가차원의 중장기 전략과 정책
   방향 제시」, 보도자료, 2016.12.6.
6 교토의정서 개정안은 미국, 러시아, 캐나다, 일본 등이 참여를 거부함에 따라 불완전한 합의가 이루어졌

에 의한 온실가스 감축이행은 2021년부터 이행하는 것으로 이해할 수 있다. 그러므로 국내적으로 2014년에 확정 발표한 '국가 온실가스 감축 목표 달성을 위한 로드맵'에 의해서 2020년의 감축 목표를 이행한다면 2020년까지의 새로운 연도별 목표를 제시할 필요는 없었다.

하지만, 2015년 2030년 국가 온실가스 감축 목표 확정 발표와 함께 2009년에 발표한 2020년 국가 온실가스 감축 목표는 더 이상 유효성을 가지지 못하였다. [그림 16-3]에서와 같이 2009년에 발표한 우리나라의 국가 온실가스 감축목표는 국내감축을 통하여 2020년을 기준으로 배출량 전망치 대비 30%를 감축하는 것으로서 2020년 국가 온실가스 배출량을 543백만 톤CO_2eq.으로 낮추는 것이었다. 2015년에 제시된 2030년 국가 온실가스 감축목표는 2030년을 기준으로 BAU하의 배출량 전망치 대비 37%를 감축하는 것이다. 감축률만을 기준으로 살펴볼 때 2030년의 국가 온실가스 감축 목표는 2020년의 국가 온실가스 감축 목표보다 상향조정된 것으로 볼 수 있다.

2030년 국가 온실가스 감축 목표를 유엔기후변화협약 사무국에 제출하는 과정에서 국내에서는 보도자료를 통하여 전체 37%의 감축률 중 11.3%p에 해당하는 감축량은 해외탄소시장 등을 활용하여 감축량을 확보하며 국내적으로는 25.7%를 감축하겠다는 설명을 추가하였다. 2016년에 발표한 '2030 국가 온실가스 감축 기본로드

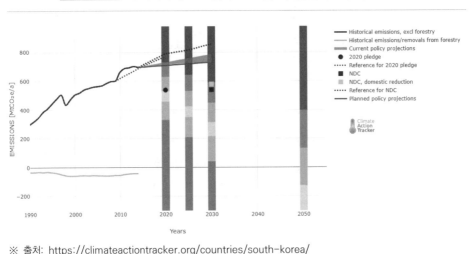

그림 16-3 우리나라의 2020년과 2030년 국가온실가스 감축목표 비교

※ 출처: https://climateactiontracker.org/countries/south-korea/

고 결국 최근까지도 비준에 실패함으로써 교토의정서 개정안이 발효되지 못한 채로 사장되었다.

맵'의 부문별 감축 계획은 이러한 국내 감축량을 반영하고 있는 것이다.

2015년에 유엔기후변화협약 사무국에 제출한 INDC에는 2030년 국가온실가스 감축목표에 관한 설명이 제시되었다. 2030년까지 5년 단위로 제시된 온실가스 배출량 전망치에 의하면 2020년 기준 BAU하의 국가 온실가스 배출량 전망치는 782.5백만 톤CO_2eq.이고 2030년 기준 국가 온실가스 배출량 전망치는 850.6백만 톤CO_2eq. 이다. 2030년 국가 온실가스 배출량 전망치인 850.6백만 톤CO_2eq.를 기준으로 국내 감축률인 25.7%를 적용하면 감축 후 국내 배출량은 약 632백만 톤CO_2eq.이 된다.

한편 2020년 기준 BAU하의 배출량 782.5백만 톤CO_2eq.은 2009년 2020년 기준 국가 온실가스 감축목표를 설정할 당시 전망한 BAU하의 배출량 776백만 톤CO_2eq. 과 차이가 1% 미만이다. 따라서 새로이 발표된 2030 국가온실가스 감축목표 경로에서 2020년의 감축 후 배출량은 2014년에 확정 발표한 '국가온실가스 감축목표 달성을 위한 로드맵'의 2020년 감축 후 배출량인 543백만 톤CO_2eq.보다 훨씬 상회할 것은 자명하다. 2016년 11월 파리협정이 발효됨에 따라 이에 대한 대응책으로 제시된 '제1차 기후변화대응 기본계획'과 '2030 국가 온실가스감축 기본로드맵'에서는 2020년까지의 연도별·부문별·업종별 감축경로와 감축 수단 등의 내용이 포함되었어야 했다.

우리나라 정부는 2018년 6월에 '2030 온실가스 감축 기본로드맵 수정안 및 2018~2020년 배출권 할당계획 확정'을 통하여 2030년까지의 연도별 감축경로를 제시하였다.[7] 2016년에 발표한 '2030 온실가스 감축 기본로드맵'에서 설정한 국내 온실가스 감축률을 25.7%에서 32.5%로 상향 조정하여 국내 온실가스 감축 정책 이행을 통하여 국가 온실가스 배출량을 574백만 톤으로 낮추는 것으로 확정하였다. 그리고 2018~2020년 배출권 할당계획 확정을 위하여 발표한 '2030 온실가스 감축 로드맵'에서는 2030년까지의 국내 온실가스 감축경로를 확정 발표하였다. 2019년 10월에는 '제2차 기후변화대응 기본계획'을 확정하여 발표하였다.

'제2차 기후변화대응 기본계획'은 2020년부터 2030년까지의 온실가스 배출량 전망과 감축 목표, 2030년까지의 국내 온실가스 감축경로와 주요 정책과 감축 기술 등에 관한 내용을 포함하고 있는 계획이다. 2016년 11월 파리협정이 발효된 이후 2020

---

7 환경부, 「2030 온실가스 감축 로드맵 수정안 및 2018~2020년 배출권 할당계획 확정」, 보도자료, 2018.7.24.

년부터 시행을 앞둔 상황에서 비로소 진정한 의미의 국내 대책이 이루어진 것으로 간주할 수 있다.

'제2차 기후변화대응 기본계획'의 특징을 간단히 살펴보면 첫째로, 2030년의 국가 온실가스 감축 목표를 2017년 국가 온실가스 배출량 대비 24.4%를 감축하는 절대량 방식으로 전환하여 설정한 것이다. 또한 국내 감축을 통한 감축 후 배출량을 574.3백만 톤CO_2eq.로 설정하였다. 이러한 감축 목표 설정 형태의 전환은 파리협정 제4조 4항의 진전의 원칙을 선도적으로 이행하는 긍정적인 행위라 할 수 있다.

둘째로 국내 온실가스 감축 목표 중 전환부문에서 불분명하였던 감축량을 전환부문 등에 분명히 반영하여 이를 국내 감축량으로 확정하였다는 것이다. 이는 파리협정의 감축이행에 있어서 확실한 정책목표를 제시함으로써 정책이행의 효과를 높일 수 있게 되었음을 의미한다.

셋째로 '제2차 기후변화대응 기본계획'에서는 [그림 16-4]에서와 같이 2017년까지의 배출실적을 기준으로 이후 2030년도까지의 연도별 배출량 전망치와 감축 후 국내 배출량을 제시하고 있다. 즉 2030년까지의 국내 온실가스 감축정책을 이행한 이후의 국가 온실가스 배출목표 경로를 제시하고 있다.

특히 2030년에 제시된 감축 후 국가 온실가스 배출목표인 574백만 톤CO_2eq.과

그림 16-4 **2030년 국가 온실가스 감축 경로**

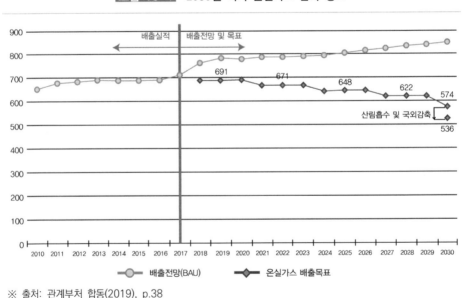

※ 출처: 관계부처 합동(2019), p.38

더불어 산림흡수와 파리협정 제6조의 해외 탄소시장을 활용하여 추가적으로 38백만 톤$CO_2eq.$을 감축하여 국가 온실가스 순배출량을 536백만 톤$CO_2eq.$으로 낮추어 파리협정의 우리나라 온실가스 감축 목표를 달성하겠다는 계획을 제시하고 있다.

넷째로 '제2차 기후변화대응 기본계획'에서는 부문별·업종별 주요 온실가스 감축 기술, 수단, 그리고 정책과 조치 등을 주요과제 형태로 제시하고 있다. 주요 온실가스 감축 수단에 대해서는 2030년을 기준으로 감축량을 제시하고 있으나 2030년까지 연도별 온실가스 감축 목표량을 상세하게 제시하고 있지는 못하다.

마지막으로 '제2차 기후변화대응 기본계획'에서는 2020년 국가 온실가스 감축 목표와 실적을 비교함으로써 2020년 국가 온실가스 감축 목표 이행에 대한 총량적, 부문별 평가를 시행하였다. 특히 국가, 부문별 온실가스 배출량의 변화를 요인분해분석법을 적용하여 분석함으로써 소득효과, 정책효과 등에 대한 분석을 추진하였다. '제2차 기후변화대응 기본계획'의 2020 국가 온실가스 감축 목표 이행에 대한 정량적 평가는 파리협정에서 제13조의 투명성과 관련한 중요한 의미를 담고 있는 내용이다.

Ⅲ.에서 살펴보는 바와 같이 파리협정체제하에서의 국가 온실가스 감축 목표는 국가가 자발적으로 설정하여 제시하는 것으로서 기본적인 원칙을 준수하는 범위 내에서 최대한의 자율권이 보장된다고 할 수 있다. 하지만 설정된 국가 온실가스 감축 목표 이행에 있어서는 파리협정 제13조의 투명성 체계에 의해서 주기적으로 진전 사항을 보고하여야 하므로 감축 이행에 대한 관리와 평가가 매우 중요하다. '제2차 기후변화대응 기본계획'의 이러한 시도는 파리협정 이행을 위한 국내 감축 목표 이행에 있어서 매우 중요한 사항이라 할 수 있다.

Ⅲ. 파리협정과 국내 감축 이행

국내 온실가스 감축 이행과 관련한 파리협정의 주요 내용을 살펴보도록 하겠다. 파리협정 2조에서는 전 지구적인 온실가스 감축 목표를 제시하고 있으며 이를 달성하기 위한 국내 감축 이행의 방향을 제시하고 있다. 즉, 지구의 온도상승을 산업혁명 이전의 2℃보다 훨씬 낮은 수준으로 억제하며 동시에 1.5℃ 이내로 억제할 수 있도록 노력할 것을 명시하고 있다. 또한, 각국은 상이한 국가 상황을 반영하여 능력에 따라 차별화된 공동의 책임을 이행하도록 하는 원칙을 정하고 있다.

유엔기후변화협약 사무국에서 각국이 제출한 INDC에 대한 평가에 의하면 현재 제시된 감축 목표를 100% 달성하여도 2030년까지 전 세계 온실가스 배출량은 지속적으로 증가한다. [그림 16-5]는 UNEP의 2019년 Emission Gap 보고서의 내용이다.

그림 16-5 2030년 국가 온실가스 감축 경로

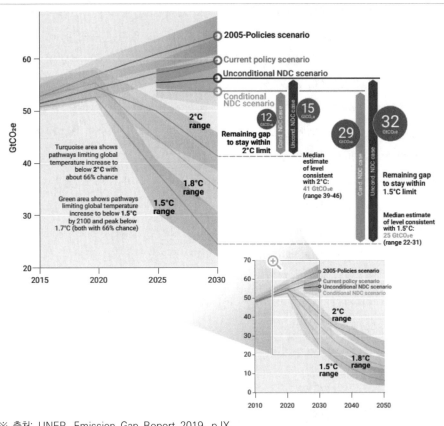

※ 출처: UNEP, Emission Gap Report 2019, p.IX

2030년을 기준으로 파리협정 당사국들이 제시한 무조건부 감축목표를 100% 달성하여도 1.5℃이내로 온도 상승을 억제하는 목표를 달성하기 위하여 필요한 감축량 대비 320억 톤CO_2eq.이 부족하다. 그리고 2℃ 또는 1.5℃ 목표를 달성하기 위해서는 전 지구적인 온실가스 배출량이 2020년을 기준으로 감소추세로 전환되어야 한다. 우리나라의 국내 온실가스 감축 정책은 이러한 국제적인 온실가스 감축 방향과 부합하는 방향으로 설정되어야 한다. 1992년 유엔기후변화협약이 체결된 당시에 비하여 우리나라의 경제 규모는 급격히 성장하였으며 1인당 국민소득도 3만불 이상이 되는 고소득 국가로 분류되는 만큼 파리협정 제4조 4항의 선진국들의 선도적 역할에 해당되는 것으로 인식하고 이에 부합하는 국내 이행을 해야 한다.

파리협정 제3조에서는 각국이 제출하는 NDC에서 제2조의 목표 달성을 위한 야심찬 노력의 진전 원칙을 제시하고 있다. 일반적으로 국제협약 등에서 의무조항에 사용되는 "shall"을 사용하는 대신에 협약에서 거의 사용하지 않는 "be to" 또는 "will"을 사용하고 있어 의무 여부에 대한 해석은 다양하다. 하지만 우리나라의 입장에서는 '진전의 원칙' 준수가 일반적 의무사항 여부와 상관없이 이행하여야 한다. 그러므로 파리협정 제2조와 제3조를 고려할 때 파리협정의 국내 온실가스 감축 이행에 있어서는 체계성, 일관성, 야심찬 장기적 비전 설정과 이행이 중요하다 하겠다.

앞에서 살펴본 바와 같이 2009년에 설정된 2020년 국가 온실가스 감축 목표는 2015년 2030년 국가 온실가스 감축 목표 설정과 함께 유명무실한 목표가 되었다. 2009년 2020년 국가 온실가스 감축 목표 설정 시 우리나라의 장기적인 온실가스 감축에 관한 비전(Vision)이 제시되어 있지 못한 관계로 단기적인 목표 설정에 급급하였다. 또한, 감축 신기술 위주의 감축 잠재량을 도출하고 이를 근거로 감축 목표를 설정하였으므로 신기술의 보급에 대한 장애 요인 등에 대한 체계적이고 실증적인 분석과 결과가 반영되지 못했다. 그 결과 낙관적인 국가 온실가스 감축 목표가 설정되었다.

2030년 국가 온실가스 감축 목표 설정 과정에서 많은 지적이 있었듯이 우리나라 온실가스 감축 정책에 있어서 가장 큰 과제는 정책의 일관성을 확보하는 것이다. 온실가스 감축은 장기적인 관점에서 신기술을 개발하고 대규모 투자를 추진하는 것이므로 정책의 일관성을 갖는 것이 기본이다. 파리협정 국내 이행을 위해서는 무엇보다도 정책의 일관성을 확보하는 것이 중요하다.

파리협정 제2조와 제3조와 관련하여 국내 이행에 있어서 반드시 고려해야 할 것은 진전의 원칙이다. '제2차 기후변화대응 기본계획'에서 제시된 2017년 배출량 대비 24.4%를 감축하는 2030년의 절대량 방식 감축 목표는 진전의 원칙에 부합한다. 이미 우리나라는 국가단위 온실가스 감축 목표를 제시하고 있으므로 감축 목표 형식을 절대량 방식으로 전환하여 이를 유지하면 파리협정 제4조 4항을 충실히 이행하고 있는 것이다.

파리협정 제4조는 감축에 관한 내용을 담고 있다. 제4조에서는 국가 온실가스 배출량 최고점의 조기 달성과 급격한 감소를 파리협정 국내 이행의 목표로 설정하도록 하고 있다. 진전의 원칙은 'will'을 사용함으로써 일반적 의무사항은 아닌 것으로 해석할 수 있지만 파리협정 제4조 2항에서는 각국은 상향 조정하여 설정된 NDC를 5년마다 제출하여야 하며 동시에 감축 목표 이행을 위한 국내 조치(domestic measures)를 이행하도록 의무화 하고 있다. 파리협정 제4조 2항과 더불어 파리협정 제13조 7항에서는 NDC 이행 추적과 목표 달성에 관한 정보제출 의무를 당사국에 부여하고 있다.

파리협정 제4조와 제13조는 파리협정의 국내 이행에 관하여 시사하는 바가 크다. 첫째로 앞에서 언급한 바와 같이 국가별 온실가스 감축 목표 설정은 자발적이고 자율적으로 할 수 있다. 하지만 여기에는 최소한 적용되어야 하는 원칙이 있다. 그것은 진전의 원칙이다. 5년 단위로 제출하는 국가 온실가스 감축 목표는 전기에 제출된 목표보다 상향조정되어야 하며 특히 온실가스 배출량의 최고점이 최대한 빠른 시기에 도달하도록 하며 이후 급격한 감소가 이루어지도록 하는 것이다.

[그림 16-5]에서와 같이 1.5℃ 이내로 온도상승을 억제하기 위해서는 급격한 온실가스 배출량 감소는 필연적이다. 따라서 우리나라도 장기적인 온실가스 감축 계획에 따라 계속적으로 제출해야 하는 온실가스 감축 목표의 상향조정 계획을 수립하고 이를 국내 온실가스 감축 이행 계획(로드맵)에 반영하여야 한다. 이러한 계획은 감축 계획 기간 마지막 연도의 목표만 제시되는 것이 아니라 경로의 형태로 제시되어야 함을 의미한다. 국내 온실가스 감축 목표 경로가 제시되어야만 국내 온실가스 감축 정책의 핵심인 배출권 거래제의 배출권 할당량이 결정될 수 있으며 파리협정 제6조의 핵심사항인 이중계산 방지 또는 상응 조정이 가능하고 상응 조정을 반영한 국가 온실가스 감축 목표 이행에 대한 평가가 가능하게 된다.

최소한의 원칙을 적용하여 설정한 국가 온실가스 감축 목표에 대하여 파리협정은 국내이행 관리와 평가에 대하여 더욱 중요성을 부여하고 있다. 앞에서 살펴본 바와 같이 각국이 자발적으로, 그리고 자율적으로 설정한 감축 목표 이행 추적과 목표 달성에 관한 정보 제공을 의무화하고 있으며 이러한 내용은 전문가 검토를 받도록 되어 있다. 이러한 파리협정의 국내 이행 관련 요구사항은 우리나라가 2020년과 2030년 국가 온실가스 감축 목표 설정 이후 '세부이행계획' 혹은 '(기본)로드맵' 수립 등을 통하여 국내이행을 추진한 경험에 시사하는 바가 크다.

2020년 국가 온실가스 감축 목표 설정 이후 발표한 2011년 '부문별·업종별·연도별 세부이행계획'과 2014년의 '온실가스 감축로드맵'에서는 업종별 주요 감축 수단 혹은 정책과 감축량 등이 제시되어 있다. 하지만 2030년 국가 온실가스 감축 목표와 관련된 '기본로드맵'에서는 부문별·업종별 주요 감축 수단에 대한 감축량이 2030년을 기준으로 제시되어 있으나 연도별 세부내용이 제시되어 있지 않다. 파리협정 제4조 2항의 감축 목표 이행을 위한 구체적인 국내 감축 조치 이행과 파리협정 제13조 7항의 감축 목표 이행 추적과 목표 달성에 관한 정보 제공 의무, 제공한 정보에 대한 전문가 검토는 이러한 계획과 목표가 과학적이고 상세하게 분석되어 공개가 가능하여야 한다는 것을 의미한다.

파리협정 당사국들은 2024년부터 격년 투명성 보고서(Biennial Transparency Report)를 제출하여야 한다. 우리나라도 파리협정의 국내 이행을 위해서는 국내 이행을 위한 세부 조치별 목표 설정, 진전 사항 관련 정보와 자료, 그리고 목표 달성에 대한 주기적인 평가 결과 등을 축적해 나가야 2년 단위 격년 투명성 보고서를 작성하여 제출할 수 있다. 2019년 '제2차 기후변화대응 기본계획'에서는 앞에서 살펴본 바와 같이 2020년 국가 온실가스 감축 목표 이행에 관한 정량적 평가가 포함되어 있으며 동시에 2020년부터 매년 단위로 국가 온실가스 감축 목표 이행을 위한 국내 관장기관별 감축 목표 이행 성과를 매년 평가하여 이를 녹색성장위원회, 국무회의 등에 심의, 보고하는 계획을 포함하고 있다. 이러한 계획은 파리협정의 국내 이행을 위한 필요 조치라 할 수 있다.

파리협정 제4조 2항의 의무 사항 중 국내 감축 조치(mitigation measure) 이행의무가 의미하는 바를 검토할 필요가 있다. 파리협정체제에서는 파리협정 2조의 전 지구적인 온도상승 억제를 위하여 설정된 각국의 온실가스 감축 목표를 달성하기 위한 국내 감축 조치를 이행할 의무를 부여하고 있다. Winkler(2017)는 이러한 의무를 행위 의무로 규정하고 있다. 즉, 국내 감축 조치를 취하는 행위를 할 의무를 규정하는 것이지 그 결과인 감축 목표 달성에 대한 책임까지 부여하는 것은 아닌 것으로 해석하고 있다.[8]

교토의정서 체제에서는 국가별 감축 목표가 부속서 B에 명기되어 있었으며 교

---

8 Winkler, Harald,(2017), pp.147~148.

토의정서 이행규칙에 관한 합의 내용인 마라케쉬 합의문(Marrakesh Accord)에서는 1차 공약 기간 감축 목표 대비 초과배출량에 대해서는 1.3배 할증을 하여 제2차 공약 기간의 배출허용량에서 차감하는 방식의 징벌조항을 포함하고 있다. 교토의정서 체제에서는 각국이 온실가스 감축 목표 이행을 위한 국내 감축 조치를 이행하는 행위 의무뿐만 아니라 결과에 대한 책임도 명시적으로 부여하고 있다. 파리협정에서는 국가별 감축 목표를 명기한 부속서가 존재하지 않으며, 동시에 국가들이 감축 목표를 하향 조정하지 않는다는 전제하에 언제든지 수정할 수 있도록 하고 있으며 교토의정서의 초과배출량에 대한 할증 규정과 같은 징벌적 조항을 포함하고 있지 않다.

물론 각국이 제출한 2030년 감축 목표 이행과 NDC 감축 목표 이행에 관한 진전 사항 등에 대한 이행 여부 판단은 궁극적으로 파리협정 제15조에 규정된 파리협정 이행준수위원회에서 이루어지게 되어 있다. 이러한 파리협정의 특징은 국가 온실가스 감축 목표 달성이라는 결과 중심의 이행 평가보다는 국내 이행을 위한 법, 제도, 정책과 조치 등의 도입과 실질적이고 실효성있는 이행 여부의 평가가 더 중요함을 의미하는 것이다.

파리협정 제4조 2항과 관련한 국내 이행과 관련하여 우리나라는 2020년 국가 온실가스 감축 목표 설정 이후 '저탄소 녹색성장 기본법', '배출권거래법', '온실가스 종합정보센터' 설립 등 국내 조치를 이행하고 있다. 이러한 법과 제도를 이미 구축하였으므로 파리협정의 국내 이행을 위해서는 이러한 국내 조치 등이 실효성을 가질 수 있도록 제도의 내실화를 추진하고, 동시에 이러한 법, 제도에 기반하여 시행되고 있는 조치들의 정량적 성과를 측정하고 평가하는 시스템을 조속히 구축하고 자료와 결과 등을 축적해야 할 것이다. 2020년 국가 온실가스 감축 목표 이행 경험이 시사하는 바는 이행계획 수립뿐만 아니라 이행계획의 실효성을 확보하는 것이다. 또한, 배출권 거래제뿐만 아니라 건물부문과 비에너지 부문의 온실가스 감축 이행계획에 대한 세부 감축 목표 설정과 이행 평가가 진행되는 경우 이를 기반으로 파리협정의 국내 이행이 안착할 수 있을 것이다.

참고문헌

[국문]

1. 관계부처 합동, 「2020년 저탄소 녹색사회 구현을 위한 로드맵, 부문별·업종별·연도별 온실가스 감축목표 확정」, 보도자료, 2011.7.12.

2. 관계부처 합동, 「국가 온실가스 감축목표 달성을 위한 로드맵」, 보도자료, 2014.1.

3. 관계부처 합동, 「신기후체제 출범에 따라 효율적 기후변화대응을 위한 국가차원의 중장기 전략과 정책 방향 제시」, 보도자료, 2016.12.6.

4. 관계부처 합동, 「제2차 기후변화대응 기본계획」, 2019.10.

5. 박덕영, 「기후변화 국제조약집, 2017」, 박영사.

6. 환경부, 「2030 온실가스 감축 로드맵 수정안 및 2018~2020년 배출권 할당계획 확정」, 보도자료, 2018.7.24.

7. 환경부, 한국환경공단, 「파리협정 이행규칙 안내서」, 2019.6.

[영문]

8. Oberthur, Sebastian, "Options for a Compliance Mechanism in a 2015 Climate Agreement,"*Climate Law*, 4(1−2), pp.30~49, 2014.

9. Oberthur, Sebastian, and Eliza Northrop, *The Mechanism to Faciliate Implementation and Promote Compliance with the Paris Agreement: Design Options*, Working Paper, Project for Advancing Climate Transparency, 2018.

10. UNEP, *Emission Gap Report 2019*, 2019.

11. Winkler, Harald, "Mitigation (Article 4)," in *The Paris Agreement on Climate Change: Analysis and Commentary* edited by Daniel R. Klein, María Pía Carazo, Meinhard Doelle, Jane Bulmer, Andrew Higham, 2017, Oxford University Press.

[웹페이지]

12. https://climateactiontracker.org/countries/south−korea/.

13. https://www.iges.or.jp/en/pub/iges−indc−ndc−database/en.

제 17 장

파리협정의 향후과제

유연철(외교부 기후변화 대사)

이수영(외교부 기후녹색협력과 외무서기관)

Ⅰ. 들어가며: 그 후 5년 - 파리협정은 과연 살아남을 수 있을까?

지금까지 파리협정의 탄생 배경 및 구조와 함께 6대 중요분야(pillar)인 감축, 적응, 재원, 기술이전, 역량배양, 투명성 등을 포함하는 파리협정의 내용을 살펴보았다.

이러한 내용을 분야별로 정리해 보면 ▲행동(action) 분야에는 감축 행동과 적응 행동이 있고, ▲지원(support) 분야에는 세 가지 이행수단(means of implementation)인 재원·기술이전·역량배양이 있으며, ▲감독 체계(oversight system)에는 투명성·전지구적 이행점검·이행준수가 포함된다고 할 수 있겠다.

또한 이러한 분야는 상호 연계가 되어 있어 각 요소별로 관련성을 염두에 두고 보면 파리협정에 대한 전체적인 이해를 하는 데 도움이 될 것이다.

즉, 선진국의 지원(support)이 있어야 개도국의 행동(action)이 강화될 수 있으며, 지원과 행동 모두 투명성 체계 및 전지구적 이행점검, 이행준수의 대상이 된다는 것이다.

아울러 적응과 감축, 지원 간에도 밀접한 연관성이 있는데 더 높은 수준의 감축은 추가적인 적응 노력의 필요성을 감소시킬 수 있으며,[1] 확대된 재원은 감축과 적응에 균형적으로 제공되도록 노력해야 한다는 것이다.[2]

이 책의 전반부에 상세히 서술된 바와 같이, 국제사회는 기후변화 대응을 위해 그간 꾸준히 노력해 왔다. 기후변화에 관한 정부간 협의체(Intergovernmental Panel on Climate Change: IPCC)[3]는 1990년 기후변화를 인정하면서 이를 다루는 국제규범의 필요성을 지적하였다. 이에 각국은 1992년 국제사회가 기후변화에 대응하는 기본 틀의 역할을 하는 유엔기후변화협약(UN Framework Convention on Climate Change: UNFCCC)을 채택하였고, 1997년 온실가스 감축을 구체적으로 실행하기 위한 교토의정서(Kyoto Protocol)를 채택하였다. 이후 2015년에는 모든 당사국이 온실가스 감축 목표를 자발적으로 설정하고 이행하는 파리협정이 타결되었다.

파리협정이 타결된 이후 벌써 5년이 지났다. 파리협정은 국제사회의 열망을 담아 예상보다 빠른 2016년 11월 4일 발효될 수 있었다. 교토의정서가 채택 8년 만에 발효된 것과는 대조된다. 하지만 2017년 미국 행정부가 교체되면서 트럼프 대통령은 미국은 파리협정에서 탈퇴하겠다고 그 해 6월 1일 전격 선언하였다. 국제사회의 단합된 기후변화 대응에 찬물을 끼얹는 이러한 돌발적인 행동에 대해 전 세계의 촉각이 곤두서게 되었다. 그럼에도 불구하고 2018년 12월에는 폴란드 카토비체에서 국제탄소시장 분야를 제외한 파리협정 세부 이행규칙이 타결되었다. 국제탄소시장 이행

---

1 파리협정 제7조 4항 중 발췌: Greater level of mitigation can reduce the need for additional adaptation efforts.
2 파리협정 제9조 4항 중 발췌: The provision of scaled-up financial resources should aim to achieve a balance between adaptation and mitigation.
3 기후변화에 관한 정부간 협의체(IPCC)는 세계기상기구(WMO)와 유엔환경계획(UNEP)이 기후변화에 대한 위험을 평가하고 국제적인 대응방안을 마련하기 위해 1988년 설립한 국제기구이다. 전 세계 과학자가 참여하여 5~7년마다 작성하는 IPCC의 평가 보고서는 그간 국제사회의 기후변화 대응에 결정적인 역할을 해 왔다. 1차 보고서(1990)는 유엔기후변화협약(UNFCCC)의 탄생에 기여하였고, 2차 보고서(1995)는 기후변화가 인간의 행위로 인해 발생하고 있다는 점을 지적하였다. 3차 보고서(2001)에서 66%였던 인간의 행위로 인한 기후변화 발생 가능성은 5차 보고서(2014)에 이르면서 97%까지 치솟았다. IPCC는 국제사회의 기후변화 대응에 대한 공로를 인정받아 2007년 노벨평화상을 수상하였다. 현재 우리나라의 이회성 박사가 2015년 10월부터 IPCC 의장직을 수행하고 있다.

규칙은 참여를 희망하는 당사국에 한해 적용되는 만큼 모든 당사국을 대상으로 적용되는 세부 이행규칙은 2018년에 모두 도출되었다고 볼 수 있다. 각국이 파리협정을 이행할 수 있는 기반이 마련된 셈이다. 2019년 9월 유엔사무총장은 미국 뉴욕에서 기후행동 정상회의(Climate Action Summit)를 개최하여 각국 온실가스 감축목표의 상향 조정을 독려하였다. 2020년에는 파리협정의 탈퇴 규정에 따라 2020년 11월 4일부로 미국의 탈퇴 효력이 발생하게 되어 미국은 파리협정 최초의 탈퇴국이 된다.

교토의정서는 당시 온실가스 최대 배출국인 미국이 2001년에 비준을 거부하면서 지속되지 못하고 파리협정으로 대체되었다. 파리협정에 대해서도 파리협정이 미국의 탈퇴로 인해 커다란 영향을 받아 끝내 살아남지 못하는 것이 아닌가하는 회의적인 시각이 제기될 수 있다. 많은 사람들이 궁금해 하는 대목이기도 하다.

과연 파리협정은 살아남을 수 있을까? 결론적으로 얘기하자면 파리협정은 교토의정서의 '시간적·공간적 확대체제'로서 교토의정서의 단점을 보완한 '지속가능한 체제'라고 볼 수 있겠다. 따라서 미국의 탈퇴 여부와 상관없이 파리협정은 모법(母法)에 해당하는 유엔기후변화협약(UNFCCC)과 더불어 신기후체제(New Climate Regime)를 형성하고 국제사회가 이를 지속적으로 이행해 나감으로써 살아남을 것이다. 이에 대해 좀 더 자세히 살펴보자.

2015년에 국제사회는 지속가능한 평화와 번영을 위해 지속가능발전목표(Sustainable Development Goals: SDGs)와 파리협정(Paris Agreement)을 채택하였다. 국제사회가 그간 축적해 온 빈곤퇴치와 기후변화 대응에 대한 경험을 바탕으로 마련된 이 두 가지 체제는 인류의 생존과 삶의 질 개선을 위해 '새로운 접근법'을 취했다. 핵심은 모든 국가와 이해관계자의 참여를 독려하는 포용성(inclusiveness)과 과거뿐만이 아닌 현재와 미래에 대한 책임을 강조하는 지속가능성(sustainability)에 있다.

이는 각각 이전의 새천년개발목표(MDGs)와 교토의정서의 단점을 보완한 것이다. 즉, 2000년에 채택된 새천년개발목표는 개도국의 빈곤퇴치에만 중점을 두어 많은 국가들의 호응을 받지 못하였는데, 2015년에 채택된 지속가능발전목표는 모든 국가의 참여를 통해 빈곤퇴치를 넘어 사회공동체와 지구 생태계의 복원에 중점을 두면서 새천년개발목표보다 진일보하였다.

교토의정서는 지구온난화에 역사적 책임이 있는 '선진국'에만 온실가스 배출을 감축하도록 했고, 따라서 실패하고 말았다. 미국은 의정서를 비준하지 않았고, 캐나다는 제1차 공약기간 후 의정서에서 탈퇴하였으며, 일본, 러시아, 뉴질랜드는 탈퇴하지는 않았지만 제2차 공약기간에는 참여하지 않겠다고 선언했다. 교토의정서는 한쪽에만 책임과 강제적인 의무를 부여하여 현실적으로 작동하지 않은 것이다. 이에 교훈을 얻은 국제사회는 어느 한쪽이 아닌 '모든 국가'가 '자발적'으로 참여할 수 있도록 하는 신기후체제를 구상하였고, 이를 구현하기 위해 교토의정서의 공간적 확대체제로서 파리협정 체제가 2015년에 출범한 것이다.

또한, 파리협정 체제는 지구온난화에 대한 역사적 책임뿐만 아니라 '현재와 미래에 대한 책임'을 이야기한다. 과거부터 온실가스를 배출해 온 선진국만이 아닌 현재 배출하고 있는 모든 국가가 책임을 지고 자발적으로 감축 노력을 하여, 미래에도 성장이 가능한 지속가능한 체제 구현을 목표로 하는 것이다. 이러한 측면에서 파리협정은 교토의정서를 시간적으로 확대한 체제라고도 할 수 있겠다.

종합해보면, 파리협정은 교토의정서의 시간적·공간적 확대체제로서 지속가능한 체제라고 평가할 수 있다.

한편, 시장에서의 반응은 미국의 교토의정서 비준 거부 때와 파리협정 탈퇴 선언(2017년) 때가 완전히 다른 점이 주목된다. 즉, 2001년 당시 부시 대통령이 교토의정서 비준을 거부하자 시장은 즉각적으로 반응하여 기업들은 더 이상 기후변화 대응 관련 사업 등을 추진하지 않고 종전과 같은 대형차 생산 등에 주력하기 시작하였다. 이는 그 당시만 해도 신재생에너지 관련 사업이 정부 보조금에 의존할 수밖에 없었던 상황과 연관이 있다.

이후의 상황은 많이 변했다. 지금은 기후변화 대응의 중요성이 강조되면서 대응의 주체가 정부만이 아닌 기업, 도시, 주(洲)정부 및 미래세대·시민사회 등으로 확대되었다. 기후변화 대응 사업에 대한 자금의 흐름도 원활히 이루어져 많은 기업들이 정부의 보조금 없이 관련 사업을 실시할 수 있는 기반이 형성되어 있다. 이에 따라 2017년 6월 1일 미국 트럼프 행정부의 파리협정 탈퇴 선언 직후인 2017년 6월 5일에 미국의 10개 주정부, 289개 도시, 2,239개 기업, 353개 대학 등은 'WASI(We Are Still In) 성명서'를 발표[4]하였고 여전히 파리협정의 이행을 견지해 오고 있다.

---

4 2020년 3월 현재 총합계 GDP 9조 4,600억 불에 달하는 1억 5천 명 이상의 서명자가 참여하고 있다(https://www.wearestillin.com/ 참조).

이상 살펴본 바와 같이, 파리협정은 교토의정서가 시간적·공간적으로 확대된 견고한 체제로서 다양한 이해관계자(stakeholder)의 적극적인 참여를 통해 협정의 지속가능성을 담보해 줄 것으로 전망된다. 2020년 새로운 이행의 10년을 맞이하여 파리협정의 향후 과제가 무엇인지 살펴보기로 한다.

II. 향후 과제 1 – 의욕적인 목표 설정

파리협정은 모두의 참여를 이끌어내기 위해 "공동의 그러나 차별화된 책임(Common But Differentiated Responsibility: CBDR)"과 "국별 능력(Respective Capabilities: RC)" 원칙을 도입했다. 기후변화에 모든 국가가 공동의 책임을 지지만 선진국의 역사적 책임을 고려할 때 선진국과 개도국은 다른 정도의 책임을 지며, 기후변화에 대한 대응은 각국의 서로 다른 능력 수준을 고려하여 이루어져야 한다는 기후변화 협약의 원칙을 그대로 따른 것이다. 그런데 파리협정은 각국이 온실가스를 얼마나 감축해야 하는지 정하고 있지 않다. 각국이 자국의 능력과 상황에 맞게 파리협정의 온도 목표[5] 달성에 얼마나 기여할지를 자발적으로 정하면 된다.[6]

파리협정의 이행을 모두가 분담해서 해야 하는 숙제라고 생각해 보자. 한 명도 빠짐없이 모두가 열심히 해야만 숙제를 완성할 수 있다. 그런데 이 숙제를 얼마만큼 할지는 학생이 스스로 정한다. 무슨 문제가 발생할 수 있을까? 가장 쉽게 생각할 수 있는 문제는 학생이 숙제를 조금씩만 하는 것이다. 숙제를 본인의 능력보다 조금만 하기로 정하고 조금만 해서 제출한다. 나중에 다른 학생도 착실하게 제출한 숙제를 다 모아보니 숙제를 완성하기에는 너무도 부족해진다.

우리가 풀어나가야 할 파리협정의 첫 번째 과제가 여기에 있다. 각국이 각자의 목표를 자발적으로 세우다보니 너무 낮게 설정할 위험이 있는 것이다. 파리협정의 자발적 특성은 지속가능한 체제를 유지하는 데 기여하지만 각국이 의욕적인(ambitious) 온실가스 감축목표를 설정하는 데는 한계가 있는 이중적 특성을 갖고 있는 것이다. 이에 따라 파리협정 제3조는 진전(progress)의 원칙을 도입하여 시간의 경과에 따라

---

5 파리협정 제2조는 산업화 이전 수준 대비 지구 평균기온 상승을 2℃보다 현저히 낮은 수준으로 유지하고 더 나아가 1.5℃로 제한하기 위한 노력을 추구할 것을 규정하고 있다.

6 이를 국가가 스스로 결정한 기여라는 뜻에서 각국의 온실가스 감축목표를 "국가결정기여(Nationally Determined Contribution: NDC)"라고 부른다.

이전의 목표보다 상향된 목표를 설정하도록 하는 보완책을 두고 있다.

그럼에도 불구하고 각국이 의욕적인 목표를 설정하도록 하는 것은 파리협정의
커다란 과제이다. 2020년은 각국이 유엔기후변화협약 사무국에 "갱신한 국가결정기
여(updated NDC)"와 2050년 "장기 저탄소 발전전략(long-term Low greenhouse gas
Emissions Development Strategy: LEDS)"을 제출하는 해이다. 이에 따라 2019년 9월 유
엔사무총장 주최로 미국 뉴욕에서 개최된 기후행동 정상회의(Climate Action Summit)[7]
나 2020년 1월 스위스 제네바에서 개최된 세계경제포럼(WEF) 연차총회(일명 다보스
포럼)에서 의욕적인 목표 설정을 통한 행동의 중요성이 강조된 것도 모두 이 때문이
다. 현재 추세대로 가게 된다면 2100년에 지구의 기온은 1.5℃를 넘어 2℃는 커녕
3.4℃에서 3.7℃까지 오르게 될 것이라는 분석이다.[8] 이를 피하기 위해서는 2020년
에 각국이 사무국에 제출할 두 가지 숙제에 반드시 의욕적인 목표가 담겨 있어야 한

유연철 외교부 기후변화대사와 Patricia Espinosa UNFCCC 사무총장이 2019년 6월 벨기에
브뤼셀 Egmont궁에서 면담을 하고 있다.

---

7 우리 문재인 대통령께서도 유엔 정상회의 국가 기조연설을 통해 지속가능한 저탄소 경제로의 전환을 위
   해 노력하고, 우리나라에 소재한 녹색기후기금(GCF)에 대한 재원 공여를 2배 상향할 것을 약속했다. 아
   울러, 제2차 P4G 정상회의의 한국 개최를 선언하면서 대기 질 개선 관련 국제사회의 협력 촉진을 위해
   "세계 푸른 하늘의 날" 지정도 제안했다.
8 The Emissions Gap Report 2016(UNEP 2016).

다. 우리를 포함한 각국은 이를 위해 노력하고 있다. 하지만 말은 쉽고 행동은 어렵다. 각국이 처한 서로 다른 상황이 모두 고려되어야 한다면, 적극적인 행동은 더욱 어려워질 것이다. 과연 국가의 자발적인 이행에만 맡겨두어도 되는 것일까?

III. 향후 과제 2 - 투명한 이행체계 구축

파리협정은 국제조약이고 각국은 이를 지킬 의무가 있다. 국제조약은 통상적으로 각국이 의무를 준수하지 않는 경우 이를 강제하거나 처벌하는 이행준수 메커니즘을 갖고 있기 마련이다. 다만 파리협정은 강력한 이행준수 메커니즘을 갖추고 있지 않다. 각국의 이행을 강제하거나 불이행 시 제재할 수 있는 수단이 없는 것이다. 하지만 이는 파리협정의 흠결이 아니다.

파리협정은 강력한 이행준수 메커니즘 대신 "투명성 체계(Transparency Framework)"를 마련해두고 있다. 각국이 스스로 설정한 목표를 어떻게 이행하고 있는지 서로 투명하게 공유하여, 잘못한 부분은 고치고 잘한 부분은 더 잘할 수 있도록 독려해 나가는 것이다. 각국은 투명성 체계를 통해 습득한 정보를 바탕으로 다른 국가보다 목표를 너무 낮게 설정했으면 언제든지 높일 수 있고 다른 국가의 이행 모범사례를 보고 배울 수도 있다. 투명성 체계를 통해 목표를 이행하지 않은 국가가 알려지게 되면 이 국가는 다른 국가로부터의 압력, 즉 일종의 사회적 압력(peer pressure)에 직면할 수 있다.

파리협정의 투명성 체계는 기본적인 이행준비를 마쳤다. 2018년 파리협정의 세부 이행규칙으로서 채택된 투명성 체계의 방식·절차·지침[9]은 국가 온실가스 배출량(inventory) 보고서, NDC 이행 및 달성의 진전을 추적하기 위한 정보, 적응(adaptation) 관련 정보, 재원·기술·역량배양 관련 지원한 정보 및 지원받은 정보 등[10]을 모든 당사국이 2024년부터 2년마다 "격년투명성보고서(Biennial Transparency Report)"를 통해 보고하도록 하고 있다. 스스로 보고역량이 부족하다고 판단하는 개도국의 경우에는 유연성 조항을 적용받을 수 있다.

---

9 정식명칭은 행동과 지원에 관한 투명성 체계의 방식·절차·지침(modalities, procedures and guidelines for the transparency framework for action and support referred to in Article 13 of the Paris Agreement)이다.

10 다만, 이러한 정보를 보고할 공통의 양식은 2021년까지 추가적으로 개발토록 되어 있다.

우리가 주목할 부분은 투명성 체계 지침이 늦어도 2028년까지 검토를 거쳐 개정된다는 점이다. 각국이 이행의 과정에서 얻은 교훈은 지침을 개정할 때에 반영될 수 있다. 이행하지 않은 국가를 비난하는 것이 아니라 이행되지 않은 부분을 어떻게 메꾸어 갈 것이며 이행을 잘 하는 국가를 어떻게 다른 국가가 자국의 상황을 고려하여 배울 수 있을지에 논의가 집중될 필요가 있다. 이렇게 된다면, 파리협정은 투명성 체계의 지속적인 보완을 통해 온전한 이행에 한층 더 가까워질 수 있을 것이며 지속 가능한 체제로 갈 수 있을 것이다.

IV. 향후 과제 3 - 개도국에 대한 지원 강화

다시 숙제 이야기로 돌아가 보자. 숙제를 할 때 컴퓨터를 지원 받아 프로그램을 활용하고 인터넷을 통해 정보를 수집하거나 먼저 숙제를 한 사람으로부터 조언을 받을 수 있다면 보다 수월하고 정확하게 끝마칠 수 있다. 이를 파리협정 이행의 측면에서 보면 선진국의 개도국에 대한 지원 제공의 문제로 연결된다. 선진국이 역량이 안 되는 개도국에 이행수단(Means of Implementation: MOI), 즉 재원(finance), 기술이전(technology transfer), 역량배양(capacity building)을 지원해 준다면 개도국은 보다 의욕적인 목표를 설정하고 파리협정을 더 잘 이행할 수 있다. 파리협정이 선진국이 개도국에 대해 이행수단을 지원하도록 하고 있는 이유이다.

하지만 누가 어느 정도로 지원할지가 항상 문제가 되어 왔다. 파리협정의 타결 이후 파리협정 세부 이행규칙 도출 등 후속 기후변화 협상 과정에서도 지원 문제, 특히 재원 지원의 문제는 선진국과 개도국 간 이견을 좁히기 힘든 부분으로 후속 협상의 진전 여부를 결정하는 핵심이 되어 왔다. 선진국은 재원 지원이 이루어지고 있는 기존의 메커니즘을 최대한 활용하고 지원된 재원이 어떻게 쓰이고 있는지 투명하게 들여다보면서 재원이 효율적으로 사용될 수 있도록 해야 한다는 입장이다. 이에 반해 개도국은 기후변화에 제대로 대응할 수 있으려면 새로운 재원 지원 메커니즘을 통해 현재 지원되고 있는 재원의 규모를 대폭 확대해야 하며 개도국이 동 재원에 쉽게 접근할 수 있도록 해야 한다고 주장하고 있다.

선진국과 개도국 사이에서 타협점을 찾기란 쉽지 않지만 우리나라는 교량의 역할을 적절히 수행할 수 있도록 노력해 오고 있다. 우리는 유엔기후변화협약의 비(非)

부속서 I(non-Annex I)국가[11]로서, 개도국에 재원과 기술을 지원할 의무는 없지만 빠른 시간 안에 경제성장을 이룩하여 선진국과 개도국의 입장을 모두 이해할 수 있는 위치에 있기도 하다. 이에 우리나라는 기후변화에 대한 역사적 책임은 없지만 현재와 미래에 대한 책임은 진다는 측면에서 국제사회의 기후변화 대응에 있어 선도적 역할을 확대하기 위해 노력해 온 것이다. 2019년 기후행동 정상회의에서 인천에 소재한 녹색기후기금(Green Climate Fund: GCF)에 대한 재원 공여액을 기존의 1억불에서 2억불로 2배 상향하겠다고 발표한 것도 이러한 노력의 일환이다. 아울러, 파리협정 후속 협상 과정에서는 개도국에 자발적인 재원을 지원하는 기타 당사국(other Party)으로서 선진국과 개도국의 이견을 좁히기 위해 힘쓰고 있다.

우리나라, 스위스, 멕시코, 리히텐슈타인, 모나코, 조지아로 구성된 환경건전성그룹(EIG) 구성원이 2019년 6월 제50차 유엔기후변화협약 부속기구회의 폐막식에서 "과학은 협상 대상이 아니다"라고 적힌 단체 티셔츠를 입고 있다.

※ 출처: https://enb.iisd.org/climate/sb50

---

11 부속서 I 국가에는 경제협력개발기구(OECD) 회원국 등 선진국을 중심으로 감축 의무를 부담하는 국가들이 명시되어 있다. 1992년 당시 우리는 OECD 국가가 아니었기 때문에(1996년 가입) 비부속서 I 국가로 분류되었다. 부속서 I 국가 중 경제성장을 이룬 국가는 부속서 II에 명시하여 개도국에 재원과 기술을 지원할 의무를 부과하였다.

파리협정을 이행할 때 우리가 잊지 말아야 할 점은 국제사회가 2015년에 선진국과 개도국의 구분 없이 인류 공동의 난제인 기후변화에 대응하기 위해 모든 국가가 참여하는 새로운 체제를 만들었다는 점이다. 선진국과 개도국이 모두 파리협정의 목표를 달성하기 위해 진정성을 갖고 서로 소통해 가면서 한 방향으로 나아간다면 지원의 문제도 점차 진전을 이룰 것으로 믿는다. 이 소통의 과정에서 우리의 역할을 확대해 나가면서, 파리협정의 투명성 체계 강화를 통해 선진국과 개도국이 서로를 신뢰할 수 있게 되기를 기대해 본다.

V. 향후 과제 4 – 모든 이해관계자의 참여 (미래세대의 역할 증대)

지금까지 살펴본 ▲의욕적인 목표 설정, ▲투명한 이행체계의 구축과 ▲개도국에 대한 지원 강화 모두 파리협정을 이행함에 있어 모두가 함께 풀어나가야 할 과제이다. 하지만 파리협정을 이행하는 데 있어 가장 중요한 것은 정부뿐 아니라 지방자치단체, 기업, 시민사회 등 미래 세대에 지구를 물려줄 책임이 있는 모든 이해관계자가 동참하는 것이다. 이는 구기후체제에서 기후변화에 대응하는 주요 행위자가 국가였다는 점과 대비되는 부분이다. 기후변화 대응을 위해 모든 이해관계자의 참여가 중요하다는 점은 파리협정과 함께 채택된 제21차 유엔기후변화협약 당사국총회 결정문(1/CP.21)에도 명문화[12]되어 있다.

정부가 아닌 민간 부문에서는 기후변화에 어떻게 대응하고 있을까? 최근 국제사회에서는 그린 대세론(大勢論)이 화두로 부상하고 있다. 기업은 그린 대세론 시대의 생존(Green Survival)을 위해 소비자의 요청에 따른 친환경기준을 수용할 수밖에 없는 상황에 직면하게 것이다. 스웨덴의 청소년 환경운동가 그레타 툰베리(Greta Thunberg)처럼 최근 기후변화 대응의 주체로 급부상한 미래 세대는 현 세대가 기후변화에 적극적으로 대처할 것을 강력히 요청하면서, 친환경 제품을 소비하고 친환경 기업을 선호하고 있다. 곧 주력 소비층이 될 미래 세대의 선호에 이미 전 세계의 투자자가 반응하고 있으며, 이들은 기업에 대해 기후 위험(risk)에 대처하고 제품 생산 및 서비스 제공에 있어 친환경적인 요건을 충족할 것을 요청하고 있다. 유럽에서는

---

12 제21차 유엔기후변화협약 당사국총회 결정문(1/CP21)은 시민사회, 민간부문, 금융기관, 도시 및 지방정부 등 모든 비당사국 이해관계자(non-Party stakeholders)의 기후변화 대응 노력을 환영하면서(133항) 이들이 기후변화 대응 활동에 활발하게 참여할 것을 요청(invite)하고 있다(134항).

시민사회가 친환경 선언 기업에 대해 친환경 기준이 모호하다고 비판하면서 기업이 정부에 친환경의 기준을 제시해 줄 것을 요청하였고, 이에 유럽연합(EU) 집행위원회 (European Commission)가 2019년 6월에 유럽연합의 친환경기준서[13]를 발간하기도 하였다. 시민사회, 기업, 정부가 함께 기후변화에 대응해 나가는 대표적인 사례로 볼 수 있다. 이러한 전 세계적인 그린대세론은 높은 무역의존도로 인해 국제사회의 동향에 민감할 수밖에 없는 우리나라에 주는 시사점이 크다.

기후변화 대응에 있어 단기적으로는 비용이 들 수 있다. 저탄소 사회로의 전환은 모든 부문에 걸친 혁신이 전제가 되어야하기 때문이다. 하지만 이러한 단기적 비용은 비용이 아닌 투자로 보아야 한다. 장기적으로 기후변화에 대응하지 않았을 때 인류가 치러야 할 비용은 천문학적이며, 이미 일부 군소도서국은 생존의 기로에 놓여있다. 주로 그 해의 경제적 이슈를 선점해 매년 초에 개최되는 다보스 포럼에서도 올해는 기후변화 및 환경 이슈가 화두였다. 포럼측이 2020년 1월 15일 발간한 「2020년 글로벌 위기 보고서」는 향후 10년간 기후변화와 환경으로 인한 위기를 강조하기도 하였다. 2006년 이 보고서가 최초로 발간된 이래, 향후 일어날 가능성이 큰 5대 위기[14]가 모두 기후변화와 환경 문제인 경우는 올해가 처음이었다.

이해관계자 모두 각자의 역할을 잘 해야겠지만, 기후변화 대응에 있어 전통적인 주체로 활약해 온 정부의 역할은 여전히 중요하다. 정부는 의욕적인 목표 설정을 통해 저탄소 사회를 실현하고 더 나아가 파리협정의 규정대로 이번 세기 안에 온실가스 배출과 흡수 간 균형을 달성할 수 있도록[15] 장기적인 비전을 제시해 주어야 한다. 기후변화는 단기간 내에 일어나지 않고 서서히 일어나기 때문에 기후변화에 대한 대응도 긴 호흡을 갖고 일관적이고 꾸준하게 해 나가야 한다. 정부가 저탄소 경제로의 전환이라는 명확한 방향을 제시할 때, 재원과 투자도 자연스럽게 같은 방향으로 흐를 것이며 이는 4차 산업혁명 시대에 우리 경제의 새로운 성장 동력을 발굴하는 데에도 큰 역할을 할 것이다. 2050년에는 지금의 미래 세대가 파리협정 이행의 주체가

---

13 「Taxonomy: Final Report of the Technical Expert Group on Sustainable Finance」이며, 최종 보고서가 2020년 3월 발간이 되었고 이후 입법 예정이다.

14 「2020년 글로벌 위기 보고서」에서는 이상기후, 기후변화 대응 실패, 대규모 자연재해, 생물다양성 손실 및 생태계 파괴, 인위적 환경 손상 및 재해 등 5가지가 향후 일어날 가능성이 큰 5대 위기로 꼽혔으며, 향후 10년간 심각성 측면의 5대 위기도 대량살상무기를 제외하고는 4대 위기(기후변화 대응 실패, 생물다양성 손실 및 생태계 파괴, 이상기후, 물 위기)가 기후변화와 환경 관련 문제였다.

15 파리협정 제4조 1항.

된다. 이들이 무엇을 할 수 있고 무엇을 할 수 없을지 현 세대가 섣불리 판단해서는 안 되며 판단할 수도 없다. 이미 지구가 1.5℃ 온도 상승에 근접한 지금, 현 세대는 보다 높은 목표를 설정하여 미래 세대의 요구에 응답해야 할 것이다.

파리협정의 향후 과제는 이외에도 국제탄소시장의 원활한 운영 등이 있을 것이다. 각국은 비용효과적으로 온실가스를 감축하기 위해 국제탄소시장을 활용하여 양국 간 협정 체결 등 여러 협력 수단을 통해 파리협정 상의 목표를 이행할 수 있다. 이러한 탄소시장을 어떻게 운용해 나갈 것인지에 대한 논의는 현재 진행 중에 있다. 우리나라도 파리협정 제6조 메커니즘(국제탄소시장 메커니즘)의 세부 이행규칙을 만드는 협상에 적극 참여해 오고 있다. 국제탄소시장 관련 규칙이 향후 어떻게 우리나라에 적용될 수 있을지 미리 그려보고 이를 협상 과정에 충분히 반영하는 노력도 필요하다고 할 것이다.

VI. 맺으며: 일일신 우일신(日日新 又日新) - 혁신 그리고 혁신

IPCC 1.5℃ 특별 보고서[16]로 끝을 맺어볼까 한다. 파리협정이 채택된 제21차 기후변화협약 당사국총회는 IPCC에 대해 산업화 이전 수준 대비 1.5℃ 높은 지구 온난화의 영향에 대한 특별 보고서를 2018년까지 제출하도록 요청(invite)하였고, IPCC는 이를 2016년 4월 수락하여 보고서 작성 준비를 시작하였다. 2018년 10월 인천 송도에서 개최된 제48차 IPCC 총회에서 승인·채택된 이 보고서는 지구 평균기온이 2℃ 상승하는 것에 비해 1.5℃ 상승한다면 생태계 전반에 미치는 지구 온난화의 부정적인 영향이 대폭 감소한다는 것을 과학적으로 입증하였다. 한편, 이 보고서는 1.5℃ 목표를 달성하기 위해 국제사회가 2050년까지 이산화탄소 배출량 순제로(net-zero)를 달성해야 한다고 제시한 것으로 널리 알려졌다.

우리가 이 보고서에서 눈여겨보아야 할 대목이 하나 더 있다. 국가가 적절한 온실가스 감축 노력을 한다면 이를 통해 지속가능한 발전을 이룰 수 있다고 제시하는

---

16 동 보고서의 정식명칭은 기후변화 위협에 대한 지구적 대응 강화, 지속가능한 발전, 빈곤 퇴치 노력 측면에서 산업화 이전 수준 대비 지구온난화 1.5℃의 영향과 관련 온실가스 배출 경로에 대한 IPCC 특별보고서(An IPCC Special Report on the impacts of global warming of 1.5℃ above pre-industrial levels and related global greenhouse gas emission pathways, in the context of strengthening the global response to the threat of climate change, sustainable development, and efforts to eradicate poverty)이다.

부분이다. 얼핏 보면 이 보고서가 1.5℃ 목표를 달성하지 못했을 때 생태계 전반이 파괴될 수 있다는 공포의 메시지를 전달하는 것처럼 보일 수 있지만, 실은 기후변화 대응과 경제성장을 동시에 이룰 수 있다는 희망의 메시지를 담고 있는 것이다.

유럽의 선진국은 이미 경제성장이 온실가스 배출량과 비례하지 않는 탈동조화(decoupling)를 이루었다. 우리나라는 아직 배출정점에 도달하지는 않았으나, 상대적 배출량으로 볼 수 있는 GDP당 배출량은 1990년부터 지속 감소해 오고 있다. 저탄소 경제로의 전환은 우리나라도 이룰 수 있는 목표이며, 먼 미래의 일이 아닌 것이다. 피할 수 있지도 않으니 이를 조금이라도 앞당겨 실현하는 지혜가 필요하다. 이를 위해 가장 중요한 부문은 기술 혁신이다. 기후변화 대응과 국가경쟁력의 마지막 승부는 기술혁신이라고 해도 과언이 아닐 것이다. 나날이 새로워진다는 뜻의 일일신 우일신(日日新 又日新)을 나날이 혁신한다는 뜻으로 바꾸어 생각해 볼 수 있겠다.

우리가 제4차 산업혁명을 생각할 때 인공지능이나 사물인터넷 등 디지털화(digitalization) 관련 기술을 떠올리기 마련인데, 대부분의 제4차 산업혁명 기술은 에너지의 효율 향상과 탈탄소화(decarbonization)와 매우 밀접하게 연계되어 있어 기후변화 대응에 커다란 기여를 할 수 있다. IPCC 보고서가 제시한 2050년까지 탄소중립(carbon neutrality)을 달성하는 목표도 온실가스의 마이너스 배출을 가져오는 탄소 포집·활용·저장(CCUS) 기술 등 탈탄소화 관련 기술개발이 핵심 수단이 된다.

1980년대 1세대(1G) 이동통신기술이 등장한 이래 1990년대 2세대(2G) 이동통신 기술이 개발되었고, 2019년 4월 우리가 세계 최초로 상용화한 5세대(5G) 기술까지 발전하는 데 40년이 채 걸리지 않았다. 특히 우리나라에 2010년대 초 스마트폰이 도입된 이래 5G 기술까지 발전하는 데에는 10년도 채 걸리지 않았다. 기술발전의 단계에 있어 다음 세대로 넘어가는 속도가 더욱 빨라지고 있는 것이다. 정부가 기후변화 대응을 위한 의욕적인 목표를 세우고 과학기술 정책을 강화한다면 저탄소 경제로의 전환도 충분히 앞당겨질 수 있다는 얘기다. 파리협정의 제반 법적인 한계는 각국의 정치적인 의지(political will)와 기술혁신(technological innovation)으로 극복될 수 있다는 것이다.

2020년과 함께 파리협정의 이행이 시작되었다. 2020년은 각국이 국가결정기여(NDC)를 갱신하고 장기전략(LEDS)을 수립하여 유엔기후변화협약 사무국에 제출해야 하는 해이다. 2020년이 기후변화 대응에 있어 중요한 해(super year)라고 불리는 이유이다. 2030년은 대부분의 국가가 각국의 온실가스 감축목표인 국가결정기여(NDC)를 달성하는 목표연도이자 국제사회가 지속가능발전 목표(SDGs)를 달성하는 해이다. 즉, 2030년은 목표달성의 해(target year)라고 할 수 있다. 이에 따라 국제사회는 2020년부터 2030년까지의 향후 10년을 탈탄소화와 디지털화의 시기로 본다(Next 10 years will be a decade of decarbonization and digitalization). 목표달성의 해로 나아가는 새로운 10년 앞에 선 지금, 우리는 10년 후의 새로운 도약을 위해 부지런히 준비해야 한다. 우리에게 두 번의 기회는 없을 수 있다. 2030년에 이르러 지난 10년을 미소 지으며 회고할 수 있기를 기대해 본다.

참고문헌

1. 김연규, 글로벌 기후변화 거버넌스와 한국의 전략(한울아카데미, 2018).

2. 김성우, 지구를 살리는 쿨한 비즈니스(퍼블리터, 2018).

3. 김찬우, 21세기 환경외교(상상커뮤니케이션, 2006).

4. 김해동·정응호·노백호·김학윤, 기후변화와 미래사회(계명대학교출판부, 2018).

5. 이승은·고문현, 기후변화와 환경의 미래(21세기북스, 2019).

6. 전의찬 외, 기후변화: 27인의 전문가가 답하다(지오북, 2016).

7. 최기련, 에너지와 기후변화(자유아카데미, 2018).

8. 제러미 리프킨(안진환 옮김), 글로벌 그린 뉴딜(민음사, 2020).

9. EU Technical Expert Group on Sustainable Finance, Taxonomy: Final report of the Technical Expert Group on Sustainable Finance(2020년 3월).

10. IPCC Special Report on the impacts of global warming of 1.5℃ above pre−industrial levels and related global greenhouse gas emission pathways, in the context of strengthening the global response to the threat of climate change, sustainable development, and efforts to eradicate poverty(IPCC, 2018년 10월).

11. Klein·Carazo·Doelle·Bulmer·Higham, The Paris Agreement on Climate Change Analysis and Commentary(Oxford University Press, 2017).

12. The Emissions Gap Report 2016(UNEP, 2016).

13. The Emissions Gap Report 2019(UNEP, 2019).

14. The Global Risks Report 2020(World Economic Forum, 2020년 1월).

부 록

국회기후변화포럼, 미래세대를 위한 기후변화 교육 10주년!

대학생 기후변화 아카데미 & COP 대학생 참관단을 말하다

이성조(국회기후변화포럼 사무처장)

Ⅰ. 국회 태양광 나무 1호: 파리협정과 국회기후변화포럼

대한민국 국회에는 파리협정을 상징하는 나무가 있다. 국회기후변화포럼은 2017년 8월, 창립 10주년을 기념하고 기후변화를 막기 위한 전 지구적 약속, 바로 신기후체제인 '파리협정'의 성공적 이행을 위해 대한민국 국회의 적극적인 동참과 실천의지를 담아 태양광 나무를 식수하였다.

국회기후변화포럼의 시작은 지난 2007년으로 거슬러 올라간다. 그해 노벨평화상의 두 주인공인 기후변화에 관한 정부간 협의체(IPCC)와 미국 전 부통령 앨 고어는 각각 'IPCC 4차보고서(AR4)'와 '불편한 진실'을 통해 전 지구적 기후변화의 심각성을 강조하며, 문제 해결을 위한 국제사회의 야심찬 행동과 협력을 촉구하고 있었다.

이에, 국내에서도 범국민적인 기후변화 대응 모색이 요구되었고, 국회는 물론 정부, 산업계, 시민사회, 학계 등, 정책결정자와 이해당사자, 그리고 전문가가 참여하는 기후변화 거버넌스 조직 '국회기후변화포럼'이 탄생하게 되었다.

기후변화에 관한 사회 대표적 인사들이 참여하며 협의체 성격을 띠고 있는 국회기후변화포럼은 그동안 입법토론회, 정책세미나, 현장연구, 실천캠페인, 녹색기후상 등, 다방면에서의 활동을 지속해 왔다.

무엇보다도 미래 세대들에게 기후변화에 관한 올바른 인식을 함양하고 전문가로 성장할 수 있는 계기를 제공하고자, 지난 2011년부터 '대학생 기후변화 아카데미'와 'COP 대학생 참관단' 프로그램을 운영해 오고 있으며, 2019년까지 약 450여 명의 학생들이 참여를 마쳤다. 이와 더불어 어려운 환경 속에서도 기후변화에 대한 관심과 학업의지가 높은 학생들을 대상으로 2019년부터는 '기후변화 장학생' 프로그램 역시 진행해 오고 있다.

Ⅱ. 대학생 기후변화 아카데미

국내 최고의 기후변화 전문가와 함께 하는 대학생 기후변화 교육의 종합 프로그램으로서, 총 60시간 동안 진행되는 대학생 기후변화 아카데미 교육과정은 크게 4가지 세부 프로그램(기후변화 종합강좌, 현장 인터뷰, 현장 견학, 국회 모의 유엔기후변화협약 당사국 총회)으로 구성되어 있다.

4가지 세부 프로그램은 각각의 독립적인 활동으로 그치는 것이 아니라 이론과 현장의 유기적 사고 연결을 추구하고 있다. 즉 고위급 실무자 및 전문가의 수준 높은 이론적 강의와 더불어 기후변화 현장인터뷰 그리고 현장견학(지자체, 기업, 시민사회)을 통해, 기후변화에 관한 다양한 이해당사자들의 의견과 견해를 청취하고 서로의 입장을 비교해가며 학생들 스스로 기후변화 인식 증진의 기회를 얻고 있다.

이러한 인식을 바탕으로 기후변화 국제협상 의제를 다루는 '국회 모의 유엔기후변화협약 당사국총회'를 준비하고, 각 당사국의 역할을 맡게 된다. 스스로 당사국의 입장을 조사하며 대변도 하지만 서로의 입장을 이해하면서 보다 올바르고 균형감 있는 기후변화 대응의 시각을 갖게 하는 것이 '대학생 기후변화 아카데미'교육 프로그램의 궁극적 목표이기도 하다.

1. 기후변화 종합강좌

기본적으로 기후변화 과학에서부터 영향과 적응대책, 그리고 온실가스 감축 정책의 이해로 아카데미 교육과정은 출발한다. 이를 바탕으로 기후변화 국제 협상을 이해하고 있으며, 구체적 정책과 현장 적용 사례를 파악하기 위해 지자체 차원의 기후변화 대책, 기업과 시민사회의 기후변화 대응 전략 활동을 접하고 있다. 무엇보다도 기후변화 인식 제고를 위해 사회, 예술, 언론, 생태 등, 다양한 화두를 통해 기후변화 대응의 철학적 담론과 시대정신을 살펴보고 있다.

2. 현장인터뷰

포럼에 참여하고 있는 기후변화 전문가를 찾아가, 분야별 전문지식과 생생한 현장 이야기를 듣는 프로그램이다. 특히 정부기관, 국회, 기업, 시민단체, 학교, 연구소, 언론 등 다양한 분야에 계신 분들과의 인터뷰는 기후변화와 관련한 진로 설정에 있어 간접적 체험의 기회를 제공하고 있다.

〈박덕영 연세대학교 법학전문대학교 교수〉

〈이승훈 녹색성장위원회 위원장〉

〈오인환 녹색기술센터 소장〉

〈양이원영 환경운동연합 처장〉

3. 현장견학

기후변화 대응을 위해 자체적으로 노력하고 있는 지자체, 기업, 시민사회 등의 현장을 방문하여 우수 활동사례를 직접 듣고 경험하기 위한 프로그램이다. 2014년부터 현재까지 부안 등용마을, 충남도청, 포스코 저탄소그린빌딩, LG화학 오창공장, 안산시청, 성대골 에너지자립마을, 서울에너지드림센터, 신대방동 현대아파트, 당진환경운동연합, 예꽃재 에너지자립마을, 현대기아자동차 남양연구소, 홍릉동부아파트, 아산시청 등을 방문하였다.

4. 국회 모의 유엔기후변화협약 당사국총회

아카데미 과정의 꽃이라 불리는 모의총회는 '유엔기후변화협약 당사국총회'의 실제 주요 협상의제(감축, 재정, 적응, 손실과 피해, 시장 매커니즘)를 바탕으로 G77, BASIC, LDC, AOSIS, UMBRELLA, LMDC, EU, EIG, ARAB, AILAC 등 협상 그룹별 당사국을 선택하고, UNFCCC 문서 등을 통해 각 당사국의 입장들을 조사한다. 이후 심도 깊은 토론과 세부협상과정을 거쳐 COP의 성격은 물론, 의제별 당사국들의 첨예한 이해관계를 간접적으로 체험하게 된다. 이후 우수학생으로 선발된 아카데미 학생들은 실제 COP 참관을 하면서 자신들이 준비했던 모의 총회가 실제 총회의 모습과 다르지 않음을 경험하게 된다.

III. COP 대학생 참관단

기후변화 아카데미를 우수한 성적으로 수료한 학생들에게 제공되는 참관 프로그램이다. 기후변화 국제협상의 현장 속에서, 협상의제에 따른 각 당사국들과 옵저버들의 입장을 비교해보며 관련 시각을 넓히고 있다. 이와 더불어 현장에서의 온오프라인 활동을 통하여 기후협상에 관심 있는 관계자 및 제3자에게 활동의 경험과 내용을 공유하는 공공의 목적도 있다.

협상의 시작부터 종료시점까지 2주간의 기간 동안, 세션별 의제에 관한 공식 및 비공식 회의 참관을 기본활동으로 한다. 또한, 기후변화에 관한 한국 청년의 인식을 전달하고 현장에서의 국내외 기후협상 전문가와 관계자와의 소통을 위해, Korea Pavilion 세미나, 캠페인, 간담회 등, 다양하고 능동적인 활동을 하고 있다.

1. 세미나

국회기후변화포럼 참관단은 페루 리마에서 개최된 COP20부터 스페인 마드리드 COP25까지 Korea Pavilion을 통해 한국 청년이 경험하고 생각하는 기후변화 이슈와 해법을 제시해 왔다. 무엇보다도 다국적 참여자들과의 다양한 의견 교환과 소통은 기후변화 대응의 국제협력과 연대의 중요성을 깨닫는 기회가 되었다.

〈Korea Pavilion 대학생 참관단 세미나 주제〉
- COP20: 기후변화 대응을 위한 그린캠퍼스 활동
- COP21: 기후변화와 청년 일자리
- COP22: 한국 대학의 배출권 거래제 대응 현황과 과제
- COP23: 새 정부 기후변화 과제에 관한 청년들의 정책제언
- COP24: 기후변화 대응, 한국의 그린투어에 오신 것을 환영합니다!
- COP25: 기후변화 라이프 스타일: 한국의 의식주, 청년이 말하다!

2. 캠페인

COP에 참여한 각국 협상대표단과 관계자들에게 적극적인 기후행동과 동참을 촉구하며, 미래세대를 위해 기후협상의 조속한 타결을 희망하는 캠페인을 진행해왔다.

〈COP20 윤성규 前 환경부장관 'Zero Wallet' 캠페인 참여〉

Zero의 의미는 CO_2 배출 제로와 기후부채(Climate Debt)를 의미함. COP회의장에서 다 쓰고 버려진 이면지 등의 종이를 이용하여 COP참관단이 직접 만든 Zero Wallet으로 지구와 다음 세대에게 진 기후부채(Climate Debt)를 갚아야 한다는 메시지를 전달

〈COP21 'Tree of Climate Change' 캠페인〉
지난 20년 동안 일어났던 기후변화 피해모습을 나무 하단에 담았고 나무를 향해 올라가고 있는 사람들은 기후변화로 인해 삶의 터전을 잃게 된 그들의 기후변화 대응 의지를, 나뭇잎은 기후변화로 인해 사라질지 모르는 196개국의 아름다운 모습을 담아 COP21 이후의 인류의 희망을 표현하여 카드로 제작, COP회의에 참가한 사람들에게 전달

〈COP22 'Butterfly Effect to 1.5℃' 캠페인〉
산업화 이전 대비 지구 평균온도 상승을 1.5℃ 이내로 막기 위해 개개인의 작은 생각과 다짐, 그리고 행동 등의 작은 날갯짓을 모아 1.5℃ 목표 달성을 위한 커다란 나비효과를 만들어내자는 취지를 담음

IV. 기후변화 아카데미 & COP 참관 그 후! 수료생 이야기

1. 기후변화와 나의 이야기, 그리고 기후위기 시대의 당신께

이동길(기후변화 아카데미 4기, COP20 참관단)

□ 두 눈에는 별, 그리고 바다

돌이켜 보면, 스물둘 여름, 바다 한가운데서의 경험은 나의 삶을 송두리째 바꾸어 놓았다. 나는 스물둘에 해군으로 입대하여 2년간 군 복무를 했는데, 첫 번째 부대에서 맡은 역할은 군함을 타고 동해 바다를 지키는 일이었다. 출항하면 마주하게 되는 청명한 바람, 끝없이 사방으로 펼쳐진 바다, 밤하늘에 가득한 별, 때때로 목격하는 힘차게 유영하는 돌고래 떼는 나에게 자연이 얼마나 아름다운지 느끼게 해주었다. 한편으로는 지난 20여 년간 도시에서 생활하면서 당연하게만 여겼던 흐린 하늘, 회색빛 풍경이 당연하지 않으며, 인간의 무분별한 개발로 인해 푸른 자연이 훼손된 것이라는 사실을 깨닫게 되었다.

그런 생각을 하면서도 나는 자연을 파괴했다. 비록 상관의 명령이긴 했지만 바다에 폐기물을 버렸다. 깜깜한 밤, 배 뒤편으로 가서 페인트를 몇 통씩 버릴 때면 죄책감으로 가슴이 어는 듯 했다. 환경을 보전하는 일을 하며 살자고 다짐한 것은 그때부터였다.

스물넷에 복학하여 환경 관련 공부를 시작하게 되면서, 나의 관심은 기후변화 문제로 확장되었다. 산업화로 인한 인류의 인위적인 온실가스 배출은 지구평균온도를 상승시켜 기후변화 문제를 야기하였으며, 이는 해수면 상승, 폭염, 태풍 등의 이상기후현상, 사막화, 해양 산성화, 생태계 파괴, 전염병 등을 발생시켜, 심지어는 인류의 종말로 이어질 수 있다고 했다. 나는 환경보전을 넘어서 기후변화를 완화하는데 기여하는 삶을 살겠다는 꿈을 가지게 되었고, 대학원으로 진학하여 본격적으로 기후변화 정책을 공부하게 되었다.

□ COP20 참관, 스물일곱에 찾아온 일생일대의 기회

석사 과정은 만만치 않았지만 없는 시간을 쪼개서라도 꼭 잡아야할 기회가 있었다. 그것은 국회기후변화포럼에서 주관하는 기후변화 아카데미 프로그램이었다. 기후변화 아카데미는 일주일간 양질의 기후변화 강의를 무료로 제공할 뿐만 아니라 우수 수료생에게는 유엔기후변화협상 당사국총회를 참관할 수 있는 특전을 준다고 했다. 유엔기후변화협약(United Nations Framework Convention on Climate Change: UNFCCC)은 1992년에 채택되고, 1994년에 발효된 기후변화 대응에 관한 국제 조약으로, 매년 개최되는 당사국총회(Conference of the Parties: COP)에서 기후변화 대응 관련 주요사항이 논의되기 때문에 기후변화를 공부하는 학생으로서 많은 경험을 해볼 수 있는 기회였다. 특히 2014년에 개최된 제20차 당사국총회(COP20)에서는 교토의정서를 대체하는 신기후체제 마련을 위한 협상이 진행되기에 더욱 의미가 깊었다.

선발과정을 거쳐 최종적으로 참관이 확정되었고, 2014년 12월에는 COP20이 열리는 페루 리마에 도착하게 되었다. 2주 동안 매일 일찍 일어나 총회장으로 향하고 밤늦게까지 참관일지를 작성해야 했지만, 아침마다 새로운 경험을 맞이할 생각에 설렜다. 각국의 기후변화 협상 전문가들은 첨예한 대립 속에서도 합의를 이끌어내기 위해 늦은 시각까지 논의를 이어나갔고, NGO 활동가들은 캠페인 활동이나 세미나를 개최하고 소식지를 작성·배포함으로써 각국 협상가들이 기후변화에 적극 대응하도록 독려하였다. 그 속에서 우리들은 협상 회의에 참관하고, 캠페인 및 세미나 행사를 개최하는 등 매우 분주히 보냈다. 우리는 기후 부채(Climate Debt)를 갚아야 한다는 취지로 사람들이 영수증에 서명하도록 하는 캠페인을 진행하였는데, 기발한 아이디어와 재치로 많은 사람들의 호응을 얻었다. 그리고 한국 파빌리온에서 국내 대학의 그린캠퍼스 활동을 주제로 세미나를 진행하였는데, 다소 부족한 영어실력에도 불구하고 최선을 다해 준비한 결과, 성공리에 세미나를 마칠 수 있었다. COP20에서의 여러 값진 경험들은 나를 한층 성장시켰다.

□ 정부대표단으로 다시 찾은 COP23

COP20을 다녀온 이후, 1년간 졸업논문에 몰두한 결과 무사히 석사과정을 졸업할 수 있었다. 한국의 온실가스 감축목표 수립과정에서의 거버넌스를 분석하는 것을

주제로 한 연구였는데, COP20 참관 경험을 통해 각국이 감축목표(Intended Nationally Determined Contributions: INDC)를 제출하게 된 배경이 무엇인지 미리 알 수 있었으므로 보다 수월하게 연구를 진행할 수 있었다.

졸업 후 여러 번의 구직활동 끝에 환경부 온실가스종합정보센터에서 전문위원으로 일하게 되었다. 처음에는 온실가스 배출권 거래제 운영을 지원하는 업무를 맡았다. 약 1년간 상쇄등록부 시스템을 관리하고 운영하여 우리나라 배출권 거래제가 원활히 운영될 수 있도록 도왔다. 기술적인 업무가 대부분이었지만 기후변화 완화에 기여할 수 있다는 마음가짐으로 충실히 일했다.

그리고 1년 뒤 부서이동으로 국제 업무를 수행하게 되었다. 기후변화 협상 업무에 대한 의지를 지속적으로 어필한 결과, 마침내 기회를 얻게 된 것이다. 온실가스종합정보센터는 정부대표단내에서 투명성체계 의제 담당이었는데 투명성체계란 각국이 온실가스 인벤토리, 감축목표, 기후변화 적응, 지원 제공 등의 정보를 보고하고 검토하는 절차로, 2015년 파리협정 채택 이후 새로운 투명성체계 규칙을 마련하기 위한 협상이 진행되고 있었다. 3년 전 참관단(Observer)이었던 나는, 이제는 정부대표단(Delegate)의 일원이 되어, 투명성체계 의제 대응에 적게나마 보탬이 될 수 있었다. 2017년 11월 COP23을 시작으로 다섯 차례의 기후변화 협상 회의에 참여하였으며, 국제행사를 두 차례 기획 및 운영하였다. 처음엔 국제 업무가 낯설고 어려웠지만 점차 자신감이 붙게 되었으며 자부심을 갖고 업무를 수행하게 되었다. 이 모든 것이 COP20 참관 경험이 없었다면 거의 불가능했을 것이다. 그런 생각을 하면 적정 시기에 찾아온 기회가 얼마나 소중한 것인지 매번 감사한 마음이 든다.

□ 기후위기 시대의 당신께

때는 바야흐로 기후위기의 시대이다. 기후변화에 관한 정부 간 협의체(Intergo-vernmental national Panel on Climate Change: IPCC)에서 2018년 10월 발간한 지구온난화 1.5℃ 특별보고서에 따르면 산업화 이전 대비 지구평균온도는 이미 1℃ 상승하였으며, 1.5℃ 상승을 막기 위해서는 2050년까지 온실가스 배출량과 흡수량의 합이 0이 되는 상태인 넷제로(Net Zero)에 도달해야 한다고 한다. 에너지 전환 등을 포함한 사회 구조의 전반적인 변혁 없이는 결코 도달할 수 없는 목표이다. 1.5℃, 2℃에서 멀어질수록 인류는 더 큰 피해를 입게 되고, 상상하기조차 싫은 재앙은 현실이 되어 종국에는 인류가 지구상에서 절멸하는 날이 올지도 모른다.

이를 막기 위해서는 모두가 기후위기를 대응하는 데에 동참하여야 하며, 특히 청년과 청소년이 중요하다. 보통의 기성세대는 기후변화 대응이라 하면 에너지를 절약하는 정도의 활동을 주로 떠올리게 된다. 물론 절약도 중요하지만 그것만으로는 충분하지는 않다. 선거에서 기후변화 대응 공약을 내세운 후보를 지지하고, 정부에 기후변화 대응을 강력히 촉구하고, 직접 태양광 설비를 설치하여 에너지를 생산하는 등의 보다 적극적인 활동이 필요하다.

그리고 가급적 많은 분들이 기후위기 대응 관련 일자리를 가져야 한다. 최근 전 세계적으로 그린뉴딜(Green New Deal) 정책이 다시 부상하고 있는데, 그린뉴딜 정책이 전 세계적으로 확산된다면 기후위기 대응 관련한 수많은 일자리가 창출될 것이다. 이는 기후변화 관련 분야에서 일하고 싶은 분들에게 크나큰 기회가 아닐 수 없다.

마지막으로, 주위를 둘러보면 기후변화에 관심을 가진 청년, 청소년이 꾸준히 늘어나고 있다. 기후위기 대응은 이들과 함께 해야 한다. 작은 물결이 모여 큰 물결이 되고, 이는 세상을 바꿀 수 있는 힘을 갖게 된다. 나도 당신과 함께 기후위기 대응을 위해 계속해서 노력할 것이다.

2. 불평등 시대에 기후변화 말하기

박지원(기후변화 아카데미 6기, COP22 참관단)

□ 기후변화 이슈가 삶의 중심에 들어오다

기후변화가 내 삶에서 중요한 키워드가 된 지금, 어떻게 여기에 다다른 것인지 지인들에게 질문을 종종 받고는 한다. 기후변화만큼 광범위한 연결고리가 존재하는 이슈도 드물기에, 나 또한 다른 사람들에 대해 자주 궁금해지는 질문이다.

돌이켜보면 그리 특별하지 않은 계기였다. 고등학교를 졸업한 이후 나의 정체성은 저성장 시대에 실업난과 빈곤을 체감하는 청년이면서, 대학시절 세월호와 대통령 탄핵이라는 격동의 정치적 사건을 경험한 한 명의 시민이었다. 그리고 그 속에서 자연스레 불평등과 그를 해결하기 위한 사회제도 구축에 큰 관심을 갖게 되었다. 다행히도 주변에 비슷한 고민들을 하는 친구들이 있었고, 한 책모임에서 읽은 책이 시야를 크게 확장해주었다. 프랑스 철학자 앙드레고르의 '에콜로지카'라는 책이었는데, 기존 사회경제시스템의 모순을 설명해내고 보다 나은 사회적 목표를 구축하기 위해 정치적 생태주의의 유효함을 깨닫게 한 책이다. 산업사회 성장주의의 실패를 가리키는 다양한 징후 중에서도 기후변화는 단연 가장 큰 이슈 중 하나였다. 기후변화는 환경 이슈가 아니라, 산업과 노동을 전환하는 문제이기 때문이다. 시효를 다한 20세기 성장목표와, 그 목표를 향해 움직여 온 사회를 어떻게 바꿀 수 있을까?

위 질문의 토대 위에서 국회기후변화아카데미에 참여하며 기후변화를 주제로 일어나고 있는 다양한 국내외 활동들을 접했다. 기후변화에 대한 국제협상동향 뿐 아니라, 산업·언론·시민사회 등 다양한 영역에서 경주되고 있는 노력이 있음을 알게 되었다. 그 노력 속에 오래도록 동참하고 싶다고 생각했다.

□ 제22차 유엔기후변화협약 당사국총회에 가다

국회기후변화아카데미 프로그램의 일환으로 2016년 모로코 마라케시에서 열린 제22차 유엔기후변화협약 당사국총회에 참가할 수 있는 기회를 얻었다. 2015년에 파리협약이 체결되면서 국제사회의 기후변화대응 가능성에 대한 기대감이 한껏 고조된 해였다.

하지만 실제 협상은 순조롭지 않았다. 선진국과 개도국 간 이해관계의 차이는 여전히 명확했고, 실질적인 재정마련이나 국가결정기여(NDC) 목표 설정과 같은 민감한 분야에서는 기존의 협상수준에서 크게 나아가지 못했다. 이런 상황 속에서 미국 트럼프 대통령의 당선 소식이 들려오면서, 현장에서는 향후 국제 기후변화 협상이 어떻게 진행될지에 대해 열띤 토론이 이루어지기도 했다. 국제적 논의는 언제나 각 국가의 국내 정치와 조응하며 유기적으로 발전해나가고 있음을 체감할 수 있었다.

한편, 국제협상 참관단 경험은 역설적으로 국내 기후정치와 비국가 행위자들의 역할에 대해 더욱 깊이 고민하게 된 계기였다. 협상테이블에 올라오는 논의의 수준을 끌어올리고, 각 국가가 탄소배출 수준에 걸맞는 목표를 제시하는지 감시하는 데는 시민사회의 역할이 컸다. 뿐만 아니라 이들은 다양한 사이드이벤트와 세션을 개최하여 지식과 성과, 노하우를 적극 공유하기도 했다. 우리 참관단 또한 현장에서 기후행동 캠페인을 전개하면서 전 세계 활동가들과 함께 호흡을 맞추었다.

협상장에서의 기억을 떠올리면 모로코의 마라케시라는 도시를 언급하지 않을 수 없다. 말똥냄새와 매연을 내뿜는 오래된 연식의 차량으로 가득 찬 광장, 관광업에 의존하여 살아가는 시민들의 일상 풍경, 구시가지와 신시가지의 극심한 빈부격차 같은 장면들 말이다. 어쩌면 그때 나는 이 도시가 기후변화 대응과 가장 어울리지 않는 도시라고 느꼈던 것 같다. 당시만 하더라도 나에게 기후변화에 대응하는 도시는 언제나 태양광을 올린 예쁜 집들과 그 사이를 자전거로 달리는 사람들이 있는 도시였으니 말이다. 하지만 오히려 세계 대다수의 도시는 마라케시의 풍경과 비슷할 것이다. 그 도시들에서 기후변화 의제를 시민의 삶으로 확산한다는 건 어떤 모습일까? 한국에 돌아와서도 이 질문에 답하는 것이 나에게 오래도록 중요한 과제가 될 것 같은 느낌을 받았다.

□ 기후변화 시대, 나는 무엇을 하는가

대학을 졸업한 후, 이클레이 한국사무소라는 비영리단체에서 일을 시작했다. 이클레이(ICLEI)는 독일에 본부가 있는 지속가능발전을 추구하는 전 세계 지방정부들의 네트워크이다. 한국에는 각각 서울과 수원에 동아시아사무소와 한국사무소를 두고 있다. 지속가능발전이라는 폭넓은 주제 안에서 '저탄소 도시', '회복력 있는 도시', '자원순환 도시', '사람중심의 공정한 도시', '자연기반의 도시'라는 5개 도시 비전을 설정하고, 회원 지방정부가 관련 정책을 개발하고 파일럿 프로젝트를 수행할 수 있도록 돕는다. 지역 행동을 통해 국제적 영향력을 확산해간다는 이클레이의 비전은, 개별 국가의 자발적 기여를 통해 영향력 있는 국제 기후변화 대응을 이뤄나가는 유엔기후변화협약의 방향과도 일맥상통한다.

직업적 활동 이외에도 다양한 시민활동에 참여하려고 노력하고 있다. 녹색당을 통해 기후변화 대응을 위한 정치활동에 참여하기도 하고, 기후변화와 관련된 청년 네트워크에 가입하여 활동하기도 한다. 팍팍한 현실 속에서도 이 의제에 대한 관심과 열정을 놓지 않을 수 있는 건 어려움 속에서도 이 주제를 놓지 않고 살아가는 사람들과 더 많이 연결되고 있기 때문이다.

□ 나가며

얼마 전 '기후우울증'이라는 단어를 접했다. 기후변화로 인한 환경변화가 인간의 정신건강에 영향을 미친다는 점을 설명하는 단어이지만, 멸종에 준하는 재앙적 상황을 인식한 개인이 느끼는 정신적 고통과 불안을 가리키는 말이기도 하다. 이미 늦었다는 과학자들의 경고에도 견고한 사회경제 시스템과, 장기적 대응능력을 상실해버린 우리의 정치가 여기에 한 몫 더 하고 있다. 이런 종류의 우울증을 극복하는 방법은 아마 사실을 부정하거나, 더 시급한 문제가 있음을 이유로 행동을 연기하거나, 아니면 적극적으로 행동하는 방법이 있을 것이다.

기후변화가 아무리 심각하다지만, 왜 전 세계 어떤 국가도 제대로 대응하고 있지 못할까? 다양한 이유가 있겠으나, 기후위기만큼 우리들의 일상을 팍팍하게 만드는 요소와 시급히 해결해야 하는 사회문제들이 산적해있기 때문이다. 실업, 빈곤, 불평등 문제는 걷잡을 수 없이 심각해져 이 모습을 새로운 사회적 표준(New Normal)으로 받아들여야 할지도 모르는 시대이다. 이런 상황에서는 너무도 당연하게 한정된 사회적 자원을 어떤 문제 해결을 위해 사용할 것인지 고민하게 된다.

이 상황을 벗어나는 단 하나의 출구가 있다면, 기후변화 대응을 다른 문제와의 양자택일 문제에서 빼내는 것이 아닐까? 기후변화에 대응하는 사회가 동시에 일상을 살아가는 시민들에게 더 평등하고, 안전하며 살기 좋은 사회이도록 만드는 것 말이다. 기후변화 대응의 성공 여부는 더 나은 사회에 대한 상상력을 기후변화 대응이라는 목표와 얼마나 잘 조응하도록 만들 것인지에 달려있다.

끝으로, 가장 중요한 것은 아마 평범한 관심이 아닐까 싶다. 어떤 중요한 문제도 시민들의 관심이 없다면 사회적으로 가시화될 수 없기 때문이다. 지금 이 글을 보는 나와 당신이 조금의 목소리를 낸다면, 그 용기가 옆의 시민들에게 또 다른 용기가 되어 큰 목소리가 될 것이라 생각한다. 기후변화 대응이라는 멀고도 요원한 당위적 목표를 삶의 문제로 당겨오기 위해, 모두가 조금씩 목소리를 내야 한다. 그렇게 모두가 함께 지치지 않고, 좋은 사회를 향해 갔으면 좋겠다.

3. 모두가 만족하는 결론보다 모두가 행복해질 미래를 위해

정국찬(기후변화 아카데미 7기, COP23 참관단)

□ 절충안이 담지 못한 열정과 간절함

기후변화 아카데미의 끝자락에는 모의기후변화총회가 개최된다. 아카데미 참여자들은 협상그룹별(G77, Umbrella, EU, 군서도서국 등)로 나뉘어 그들이 처한 현실에 공감하고 그룹별 의견을 제시하고 이 과정에서 생각지도 못한 좋은 아이디어들이 많이 나온다. 그러나 서로 상충되는 이해관계를 조정하다보면 그리 강하지도 약하지도 않은 적당한 문장들만 남게 된다. 실제 협상문에서 조금은 무미건조하게 느껴지는 한 문장에도 이처럼 각 국가별 협상단들의 간절함이 서려 있을것이다. 그때 나는 기후변화 협상장에 처음으로 가보고 싶다는 결심이 섰다.

4개월 후, 노력 끝에 나는 기후변화 아카데미의 일원으로 제23차 유엔기후변화협약 당사국총회(이하 'COP23')에 참여하게 되었다. 역시나 그 곳에서는 협상에 가려 보이지 않던 수많은 사람들의 열정을 볼 수 있었다. 각 국가별 협상단과 더불어 NGO, 정부기관, 민간단체 등 많은 사람들이 기후변화 대응을 위해 목소리를 높이고 있었다.

□ 경험해보았기에 더 공감하는 기후변화

나를 포함한 7명의 단원들은 기후변화 대응력을 높이고, 기후재난의 심각성을 알리기 위해 부단히 노력했다. 그중 하나는 캠페인 활동이었다. 'Light on your Triple C(Climate Change Candle)'는 캠페인 참여자의 생일을 축하하면서도, 동시에 같은 시간, 다른 공간에서 발생한 기후재난을 소개하고 있다. 이를 통해 개인의 삶과 기후변화는 밀접하게 연관되어 있다는 사실을 강조한다. 일반 참여자들보다 더 적극적인 모습을 보인 사람들은 주로 그 기후재난이 발생한 국가의 국민이었다. 서로 당시의 일을 얘기하며 캠페인 장소는 어느덧 공감의 장이 되었다. COP23의 의장국은 해수면 상승으로 큰 피해를 입고 있는 군소도서국, 피지(Fiji)였다. 따라서 그 해 당사국 총회에서는 지역 토착민, 젠더 등 상대적으로 소외되었던 작은 의제들이 부상하는 좋은 기회였다. 그들은 이전과 달라진 현실을 이미 마주하고 있었기에, 중요하게 생각하는 것에 보다 적극 행동했다. 우리는 아직 경험하지 못하고 있기에 공감하기 어려운걸까. 위험의 순간까지 다다르기 전에 그들의 이야기를 통해 먼저 공감해나갈 수는 없을지 생각해 보았다.

☐ 완벽하지 않아도 좋습니다, 시작합시다.

피지 Frank Bainimarama 의장은 COP23 개회를 선언하며 이렇게 말했다.

> "우리는 모두 같은 카누를 타고 있습니다. 그래서 회의장 로비에는 Dura(피지에서 바다로 나갈 때 쓰는 카누)가 있습니다. 주어진 사명을 완수해내어 이 항해를 이끄는 우리들에게 주어진 임무를 되새겨봅시다. 우리 자신과 다가올 세대를 위해, 힘들지만 과감한 결단을 내려 봅시다. 앞으로 2주간 이 일을 끝내 봅시다."

많은 기대와 함께 시작했고, 탈라노아 대화, 해양경로 파트너십 등 결과물이 만들어졌지만 모두가 기대하는 실질적인 결과물을 얻지는 못했다. 전 세계 뛰어난 협상가들도 늘 그렇듯 국가간의 이익이 상충하다보면, 결과가 완벽하지만은 않다. 어떤 일을 하든지 기후변화 대응에 기여하는 일을 하며 살고 싶다는 나는 현재, 신재생에너지 관련 업무를 하고 있다. 이제 시작이지만, 이 길로 오기까지 어려운 순간이 많았다. 나의 세대가 느끼는 취업난, 그로 인한 우울감, "내가 무엇을 해낼 수 있을까?", 스스로가 참 작아 보였다. 그때는 일회용품 하나를 쓰면서도, "내 작은 행동 하나가 세상에 얼마나 영향을 미치겠어."라는 회의감도 느꼈다. 그럴 때마다 나에게 용기를 준 건 세상에 들려오는 희망적인 소식들이었다. 아이들부터 노인들까지 매일 전 세계에서 기후변화 대응을 외치는 사람들이 목소리가 들렸다. 그들의 목소리가 나에게는 희망 가득찬 응원으로 다가왔다.

☐ 그러게 내가 뭐랬어(I told you so.)

기후변화가 먼 미래의 일이 아닐 거라고 늘 말하면서도, 가장 걱정되는 게 바로 저 말을 하게 되는 시기가 올까봐, 그게 참 걱정이다. 가끔 캠페인의 현장에서 모두가 나를 없는 사람인 듯 지나칠 때, 나는 막상 아무도 노력하지 않아 찾아온 암울한 미래를 상상하였다. 그때 나는 "내가 말했잖아… 난 열심히 외쳤고, 이런 상황이 벌어진 건 내 탓이 아니야…"라고 책임을 회피하고 있을 것이다. 그런 생각을 하니 다시금 용기가 났다. 세상에 중요한 건 내가 외치는 말이 아니라 얼마나 많은 사람의 생각을 변화시켰는지, 그게 중요하다. 생각을 바꾸어 다시금 세상에 발을 내디뎌 더 소통을 하였다. "그러게 내가 뭐랬어!"라는 말을 하기 보다는 "다 네 덕분이야(It's all because of you)"라는 말을 더 듣고 싶다. 그렇게 나는 한 걸음 더 발전해 나가고 있다. 지식만 쌓아가던 내가 매일 생각을 나누고 공감하고 있다. 이제 걸음마 단계이지만 변화의 씨앗이 되기 위해 끊임없이 노력하고 있다.

□ 재생에너지가 만드는 희망찬 미래를 꿈꾸며, 오늘도 한걸음

내 역량을 100% 활용할 수 있는 길은 어디일까, COP23을 마치고 나는 기후변화 대응을 꿈꾸는 사람들과 많은 이야기를 나누며 진로를 결정하였다. 나의 목표는 재생에너지 보급 확대를 통해 발전부문 기후변화 대응에 기여하는 것이다. 기업들은 RE100 캠페인을 통해 재생에너지 사용을 본격화하고 있고, 여러 국가들도 화석연료를 사용하지 않는 Net-Zero를 향해 나아가고 있다. 나도 첫 발걸음을 이제 내딛었다. 그 걸음이 때론 완벽하지 않아도, 국내 신재생에너지 정책이 원활하게 이행될 수 있도록 꾸준히 이 길을 걸어 나가고자 한다. 지구를 지키기 위한 작은 행동들, 그 시작엔 실수도 있을것이다. 역경의 순간이 찾아와도 포기하지 않고, 다시금 일어나 달릴 것이다. 완벽하지 않더라도 조금씩 노력한다면, 매년 말에 지구에게 조금이라도 부끄럽지 않은 삶을 살아낼 것이다.

누구나 태어난 곳이 다르고 살아온 삶의 방식도 다르다. 그러나 각자의 삶을 살아온 사람들은 이제 하나의 것에 공감하기 시작한다. 기후변화이다. 누구도 안전할 수 없고, 언젠가는 마주해야 하는 현실이다. 그러니 지금, 시작하자. 모두가 만족하는 결론을 위해 다투기보다는 우리 모두가 행복해질 미래를 위해 조금 더 노력해보자. 지금 우리의 작은 날갯짓이 그려낼, 희망찬 내일을 상상하며 오늘도 한 걸음 더 나아가 보자. 지구를 위해, 우리 함께.

협상그룹 및 각종 통계지표, 기후조약 가입현황

1. UN 지역별 그룹[1]

그룹명	회원국					
아프리카 (African Group)	1	알제리	19	에스와티니 (舊스와질란드)	37	나미비아
	2	앙골라	20	에티오피아	38	니제르
	3	베냉	21	가봉	39	나이지리아
	4	보츠와나	22	감비아	40	르완다
	5	부르키나 파소	23	가나	41	상투메 프린시페
	6	부룬디	24	기니	42	세네갈
	7	카보베르데	25	기니비사우	43	세이셸
	8	카메룬	26	케냐	44	시에라레온
	9	중앙아프리카 공화국	27	레소토	45	소말리아
	10	차드	28	라이베리아	46	남아프리카공화국
	11	코모로	29	리비아	47	남수단
	12	콩고	30	마다가스카르	48	수단
	13	코트디부아르	31	말라위	49	토고
	14	콩고 민주공화국	32	말리	50	튀니지
	15	지부티	33	모리타니	51	우간다
	16	이집트	34	모리셔스	52	탄자니아
	17	적도 기니	35	모로코	53	잠비아
	18	에리트레아	36	모잠비크	54	짐바브웨

---

1 https://www.un.org/depts/DGACM/RegionalGroups.shtml.

그룹명	회원국					
아시아·태평양 (Asia-Pacific Group: APG)	1	아프가니스탄	20	키르기스스탄	39	사우디 아라비아
	2	바레인	21	라오스	40	싱가포르
	3	방글라데시	22	레바논	41	솔로몬 제도
	4	부탄	23	말레이시아	42	스리랑카
	5	브루나이	24	몰디브	43	시리아
	6	캄보디아	25	마셜 제도	44	타지키스탄
	7	중국	26	마이크로네시아	45	태국
	8	키프로스	27	몽골	46	동티모르
	9	북한	28	미얀마	47	통가
	10	피지	29	나우루	48	터키*
	11	인도	30	네팔	49	투르크메니스탄
	12	인도네시아	31	오만	50	투발루
	13	이란	32	파키스탄	51	아랍에미레이트 공화국
	14	이라크	33	팔라우	52	우즈베키스탄
	15	일본	34	파푸아뉴기니	53	바누아투
	16	요르단	35	필리핀	54	베트남
	17	카자흐스탄	36	카타르	55	예멘
	18	키리바시	37	대한민국		
	19	쿠웨이트	38	사모아		
동유럽 (East European Group)	1	알바니아	9	에스토니아	17	몰도바
	2	아르메니아	10	조지아	18	루마니아
	3	아제르바이잔	11	헝가리	19	러시아
	4	벨라루스	12	라트비아	20	세르비아
	5	보스니아 헤르체고비나	13	리투아니아	21	슬로바키아
	6	불가리아	14	몬테네그로	22	슬로베니아
	7	크로아티아	15	북마케도니아	23	우크라이나
	8	체코	16	폴란드		

그룹명	회원국					
중남미 및 카리브 (Latin America and Caribbean Group: GRULAC)	1	앤티가 바부다	12	도미니카	23	니카라과
	2	아르헨티나	13	도미니카공화국	24	파나마
	3	바하마	14	에콰도르	25	파라과이
	4	바베이도스	15	엘살바도르	26	페루
	5	벨리즈	16	그레나다	27	세인트키츠네비스
	6	볼리비아	17	과테말라	28	세인트루시아
	7	브라질	18	가이아나	29	세인트 빈센트 그레나딘
	8	칠레	19	아이티	30	수리남
	9	콜롬비아	20	온두라스	31	트리니다드토바고
	10	코스타리카	21	자메이카	32	우루과이
	11	쿠바	22	멕시코	33	베네수엘라
서유럽 및 기타 (Western European and Others Group: WEOG)	1	안도라	11	아이슬란드	21	노르웨이
	2	호주	12	아일랜드	22	포르투갈
	3	오스트리아	13	이스라엘	23	산마리노
	4	벨기에	14	이탈리아	24	스페인
	5	캐나다	15	리히텐슈타인	25	스웨덴
	6	덴마크	16	룩셈부르크	26	스위스
	7	핀란드	17	몰타	27	터키*
	8	프랑스	18	모나코	28	영국
	9	독일	19	네덜란드	29	미국
	10	그리스	20	뉴질랜드		

* 터키: 아시아·태평양 그룹과 서유럽 및 기타 그룹에 동시에 속해있으나, 지역그룹별 의사결정 시에는 서유럽
및 기타 그룹으로 분류

2. UN기후변화협약 협상그룹

구 분	비 고
AGN	(그룹명) African Group of Negotiators (구성현황) 남아프리카공화국, 케냐, 에티오피아, 르완다 등 아프리카지역 54개국 (홈페이지) https://africangroupofnegotiators.org/
AILAC	(그룹명) Independent Association of Latin America and the Caribbean (구성현황) 칠레, 콜롬비아, 코스타리카, 과테말라, 온두라스, 파나마, 파라과이, 페루 8개국 (홈페이지) http://ailac.org/en/sobre/#
ALBA	(그룹명) The Bolivarian Alliance for the Peoples of our America (구성현황) 베네수엘라, 쿠바, 볼리비아, 니카라과, 도미니카, 앤티가 바부다, 세인트 빈센트 그레나딘, 세인트루시아, 그레나다, 세인트키츠네비스 10개국 (에콰도르 '18.8월 탈퇴) (홈페이지) https://albainfo.org/what-is-the-alba/
AOSIS	(그룹명) Alliance of Small Island States (구성현황) 몰디브, 투발루, 싱가포르, 벨리즈, 피지 등 39개국 및 푸에르토리코 등 5개 옵저버 국가 (홈페이지) https://www.aosis.org/
ARAB Group	(그룹명) Arab Group (구성현황) 알제리, 바레인, 코모로, 지부티, 이집트, 이라크, 요르단, 쿠웨이트, 레바논, 리비아, 모리타니, 모로코, 오만, 카타르, 사우디 아라비아, 소말리아, 수단, 시리아, 튀니지, 아랍에미리트, 예멘, 팔레스타인 22개국
BASIC	(그룹명) BASIC countries (구성현황) 브라질, 남아프리카공화국, 인도, 중국
CACAM	(그룹명) Central Asia, Caucasus, Albania and Moldova (구성현황) 알바니아, 아르메니아, 카자흐스탄, 몰도바 우즈베키스탄 등 7개국
CARICOM	(그룹명) Caribbean Community (구성현황) 안티구아 바부다, 바하마, 바베이도스, 트리니다드토바고 등 15개국 (홈페이지) https://caricom.org/
CfRN	(그룹명) Coalition for Rainforest Nations (구성현황) 카메룬, 케냐, 나이지리아, 아르헨티나, 에콰도르, 방글라데시, 캄보디아, 자메이카, 파푸아뉴기니 등 53개국 (홈페이지) https://www.rainforestcoalition.org/

구 분	비 고
COMIFAC	(그룹명) Central African Forestry Commission (구성현황) 부룬디, 카메룬, 콩고, 가봉, DR 콩고, 차드, 적도 기니, 르완다, 상투메 프린시페 10개국 (홈페이지) https://www.comifac.org/
EIG	(그룹명) Environmental Integrity Group (구성현황) 대한민국, 스위스, 멕시코, 모나코, 리히텐슈타인, 조지아 6개국
EU	(그룹명) European Union (구성현황) 독일, 영국, 프랑스, 폴란드, 네델란드, 벨기에 등 27개국 (홈페이지) https://europa.eu
G77+China	(그룹명) Group of 77 and China (구성현황) 중국, 캄보디아, 이집트, 가나, 피지, 몰디브 등 134개국 (홈페이지) https://www.g77.org/
LDC	(그룹명) Least Developed Countries (구성현황) 방글라데시, 캄보디아, 에티오피아, 세네갈 등 48개국
LMDC	(그룹명) Like-Minded Developing Countries (구성현황) 중국, 인도, 에콰도르, 필리핀, 사우디아라비아 등 26개국
MLDC	(그룹명) Mountainous Landlocked Developing Countries (구성현황) 아르메니아, 아프가니스탄, 키르기스스탄, 타지키스탄 4개국
SICA	(그룹명) The Central American Integration System (구성현황) 벨리즈, 코스타리카, 엘살바도르, 과테말라, 온두라스, 니카라과, 파나마, 도미니카공화국 8개국 (홈페이지) https://www.sica.int/sica/sica_breve_en.aspx
Umbrella Group	(그룹명) Umbrella Group (구성현황) 호주, 벨라루스, 캐나다, 아이슬란드, 이스라엘, 일본, 뉴질랜드, 카자흐스탄, 노르웨이, 러시아, 우크라이나, 미국 12개국

3. 기후협상 관련 지표 (온실가스 통계)

가. 국가별 온실가스 배출량 순위

○ 국가별 온실가스 총배출량 현황 (전세계)

(단위: 백만톤 CO_2eq.)

순위	국가	1990	2000	2015	2016	2017[1]	1990–2016년 증감률(%)	2015–2016년 증감률(%)	출처 [2]
1	중국	–	–	12,266[3]	12,205[3]	–	–	-0.5	UNFCCC, IEA
2	미국[4]	6,371	7,232	6,624	6,492	6,457	1.9	-2.0	UNFCCC
3	인도	–	1,524	2,621[3]	2,687[3]	–	–	2.5	UNFCCC, IEA
4	러시아	3,187	1,901	2,094	2,097	2,155	−34.2	0.2	UNFCCC
5	일본[4]	1,270	1,375	1,321	1,306	1,290	2.8	-1.2	UNFCCC
6	브라질	551	728	1,036	956[3]	–	73.6	-7.7	UNFCCC, IEA
7	독일[4]	1,251	1,045	907	911	907	−27.2	0.4	UNFCCC
8	인도네시아	267	520	803	822	–	208.2	2.4	UNFCCC
9	이란	251	443	729[3]	742[3]	–	196.3	1.8	WRI, IEA
10	캐나다[4]	602	731	722	708	716	17.5	-2.0	UNFCCC
11	대한민국[4]	292	503	692	693	709	137.0	0.03	–
12	멕시코[4]	445	536	683	688[3]	–	54.6	0.7	UNFCCC, IEA
13	사우디아라비아	188	278	612[3]	607[3]	–	223.7	-0.8	WRI, IEA
14	호주[4]	420	485	535	547	554	30.1	2.2	UNFCCC
15	남아프리카공화국	347	439	541	546[3]	–	57.3	1.0	UNFCCC, IEA

※ 출처: 표2-6, 국가 온실가스 인벤토리 보고서(온실가스종합정보센터, 2019), p.46.
1) UNFCCC 부속서 I 당사국 배출량
2) UNFCCC 당사국 온실가스 배출량(부속서 국가: 국가인벤토리보고서, 비부속서 국가: 국가보고서), 세계자원연구소(World Resources Institute) 국가별 온실가스 배출량, 국제에너지기구(International Energy Agency) 국가별 연료연소 CO_2 배출량
3) 최신 국가보고서에 제공된 온실가스 총배출량에 IEA의 연료연소 CO_2 비중을 적용하여 계산한 추정치. 단, 2014년 이후 통계를 제공하는 국가보고서가 없는 사우디, 이란은 WRI 총배출량(1990-2014년)에 IEA 연료연소 CO_2 비중을 적용하여 추정
4) 경제협력개발기구(OECD) 회원국

O 1인당 이산화탄소 총배출량(OECD 회원국 및 IEA 자료 제출국)

(단위: 톤 CO_2/인)

순위	국가	1990	2000	2015	2016	2017	1990-2017년 증감률(%)	2016-2017년 증감률(%)
1	카타르	26.12	35.91	31.28	30.77	30.36	16.2%	-1.3%
2	퀴라소	14.10	26.77	29.69	25.94	23.28	65.1%	-10.3%
3	쿠웨이트	13.24	22.58	23.28	22.99	21.62	63.3%	-6.0%
4	아랍에미레이트 공화국	27.90	25.31	20.38	20.72	20.91	-25.1%	0.9%
5	지브롤터	5.10	11.73	17.34	18.99	20.70	306.0%	9.0%
6	바레인	21.53	23.82	21.92	20.80	19.97	-7.3%	-4.0%
7	사우디 아라비아	9.26	11.30	16.84	16.32	16.16	74.6%	-1.0%
8	브루나이	12.59	13.29	14.30	15.16	15.64	24.3%	3.2%
9	호주	15.03	17.36	15.70	15.79	15.63	4.0%	-1.0%
10	캐나다	15.15	16.82	15.62	15.18	14.99	-1.1%	-1.2%
11	미국	19.20	20.29	15.34	14.95	14.61	-23.9%	-2.3%
12	룩셈부르크	28.13	18.46	15.47	14.56	14.46	-48.6%	-0.7%
13	카자흐스탄	14.51	7.53	14.01	14.33	14.18	-2.3%	-1.0%
14	오만	5.61	9.00	15.15	14.27	14.13	151.9%	-1.0%
15	트리니다드 토바고	6.47	7.71	15.65	12.79	13.15	103.4%	2.9%
16	에스토니아	22.06	10.31	11.54	11.75	12.14	-45.0%	3.3%
17	투르크메니스탄	12.12	8.12	12.42	12.18	11.98	-1.1%	-1.6%
18	대한민국	5.41	9.19	11.41	11.50	11.66	115.7%	1.4%
19	대만	5.47	9.82	10.68	10.95	11.38	108.0%	4.0%
20	러시아	14.59	10.06	10.65	10.47	10.64	-27.1%	1.6%

※ 출처: CO_2 Emissions from Fuel Combustion(International Energy Agency, 2019)

나. 우리나라 온실가스 배출량

○ 분야별 온실가스 배출량 및 흡수량

(단위: 백만톤 CO_2eq.)

분야	온실가스 배출량						1990년 대비 증감률(%)	전년대비 증감률(%)
	1990	2000	2010	2015	2016	2017		
1. 에너지	240.4	411.8	566.1	600.8	602.7	615.8	156.2	2.2
2. 산업공정	20.4	51.3	54.7	54.4	52.8	56.0	174.1	6.0
3. 농업	21.0	21.2	21.7	20.8	20.5	20.4	-2.6	-0.3
4. LULUCF	-37.7	-58.3	-53.8	-42.4	-43.9	-41.6	10.1	-5.3
5. 폐기물	10.4	18.8	15.0	16.3	16.5	16.8	62.2	2.0
총배출량 (LULUCF 제외)	292.2	503.1	657.6	692.3	692.6	709.1	142.7	2.4
순배출량 (LULUCF 포함)	254.4	444.8	603.8	649.9	648.7	667.7	162.4	2.9

※ 출처: 표-1, 국가 온실가스 인벤토리 보고서(온실가스종합정보센터, 2019), p.4.

○ 1인당 온실가스 총배출량

구분	1990	2000	2010	2015	2016	2017	1990년 대비 증감률(%)	전년대비 증감률(%)
1인당 배출량 (톤 CO_2eq./명)	6.8	10.7	13.3	13.6	13.5	13.8	102.6	2.1
추계인구(천명)*	42,869	47,008	49,554	51,015	51,218	51,362	19.8	0.3

※ 출처: 표-9, 국가 온실가스 인벤토리 보고서(온실가스종합정보센터, 2019), p.10.
* 자료: 장래추계인구(통계청, 2019)

○ 실질 국내총생산(GDP) 대비 온실가스 총배출량

구분	1990	2000	2010	2015	2016	2017	1990년 대비 증감률(%)	전년대비 증감률(%)
GDP당 총배출량 (톤 $CO_2eq.$/10억)	696.5	612.9	519.7	472.0	458.7	455.7	-34.6	-0.7
GDP (천억원)*	4,195	8,208	12,653	14,668	15,098	15,560	270.9	3.1

※ 출처: 표-10, 국가 온실가스 인벤토리 보고서(온실가스종합정보센터, 2019), p.11.
* 자료: 국민계정, 경제활동별 GDP 및 GNI(실질) (한국은행, 2019)

4. 조약별 발효 현황 ('20.10.30 기준)

UNFCCC[2]		교토의정서[3]		도하개정문[4]		파리협정[5]	
채택	발효	채택	발효	채택	발효	채택	발효
1992.5.9	1994.3.21	1997.12.11	2005.2.16	2012.12.8	2020.12.31[6]	2015.12.12	2016.11.4

---

2 https://treaties.un.org/Pages/ViewDetailsIII.aspx?src=IND&mtdsg_no=XXVII-7&chapter=27&Temp=mtdsg3&clang=_en.
3 https://treaties.un.org/Pages/ViewDetails.aspx?src=TREATY&mtdsg_no=XXVII-7-a&chapter=27&clang=_en.
4 https://treaties.un.org/Pages/ViewDetails.aspx?src=IND&mtdsg_no=XXVII-7-c&chapter=27&clang=_en.
5 https://treaties.un.org/Pages/ViewDetails.aspx?src=TREATY&mtdsg_no=XXVII-7-d&chapter=27&clang=_en.
6 채택 후 8년여 만인 2020.10.2에 발효요건인 교토의정서 당사국 3/4(144개국) 비준 요건을 충족하여 교토의정서 제2차 공약기간 마지막 날인 2020.12.31.에 발효하게 되었다.

5. UNFCCC 당사국 조약별 비준 현황 ('20.10.30 기준)

연번	국가명	UNFCCC	교토의정서	도하개정문	파리협정
1	아프가니스탄	2002-09-19	2013-03-25		2017-02-15
2	알바니아	1994-10-03	2005-04-01	2010-10-22	2016-09-21
3	알제리	1993-06-09	2005-02-16	2015-09-28	2016-10-20
4	안도라	2011-03-02			2017-03-24
5	앙골라	2000-05-17	2007-05-08	2020-09-22	
6	앤티가 바부다	1993-02-02	1998-11-03	2016-09-23	2016-09-21
7	아르헨티나	1994-03-11	2001-09-28	2015-12-01	2016-09-21
8	아르메니아	1993-05-14	2003-04-25	2017-03-31	2017-03-23
9	호주	1992-12-30	2007-12-12	2016-11-09	2016-11-09
10	오스트리아	1994-02-28	2002-05-31	2017-12-21	2016-10-05
11	아제르바이잔	1995-05-16	2000-09-28	2015-07-01	2017-01-09
12	바하마	1994-03-29	1999-04-09	2015-11-04	2016-08-22
13	바레인	1994-12-28	2006-01-31		2016-12-23
14	방글라데시	1994-04-15	2001-10-22	2013-11-13	2016-09-21
15	바베이도스	1994-03-23	2000-08-07	2013-08-14	2016-04-22
16	벨라루스	2000-05-11	2005-08-26		2016-09-21
17	벨기에	1996-01-16	2002-05-31	2017-11-14	2017-04-06
18	벨리즈	1994-10-31	2003-09-26	2018-07-24	2016-04-22
19	베냉	1994-06-30	2002-02-25	2018-08-29	2016-10-31
20	부탄	1995-08-25	2002-08-26	2015-09-29	2017-09-19
21	볼리비아	1994-10-03	1999-11-30	2020-09-17	2016-10-05
22	보스니아 헤르체고비나	2000-09-07	2007-04-16		2017-03-16
23	보츠와나	1994-01-27	2003-08-08	2016-03-07	2016-11-11
24	브라질	1994-02-28	2002-08-23	2018-02-13	2016-09-21
25	브루나이	2007-08-07	2009-08-20	2014-11-14	2016-09-21
26	불가리아	1995-05-12	2002-08-15	2017-12-21	2016-11-29

연번	국가명	UNFCCC	교토의정서	도하개정문	파리협정
27	부르키나 파소	1993-09-02	2005-03-31	2016-11-29	2016-11-11
28	부룬디	1997-01-06	2001-10-18		2018-01-17
29	카보베르데	1995-03-29	2006-02-10		2017-09-21
30	캄보디아	1995-12-18	2002-08-22	2015-11-17	2017-02-06
31	카메룬	1994-10-19	2002-08-28		2016-07-29
32	캐나다	1992-12-04	비준철회[7]		2016-10-05
33	중앙아프리카공화국	1995-03-10	2008-03-18		2016-10-11
34	차드	1994-06-07	2009-08-18		2017-01-12
35	칠레	1994-12-22	2002-08-26	2015-11-10	2017-02-10
36	중국	1993-01-05	2002-08-30	2014-06-02	2016-09-03
37	콜롬비아	1995-03-22	2001-11-30		2018-07-12
38	코모로	1994-10-31	2008-04-10	2014-09-07	2016-11-23
39	콩고	1996-10-14	2007-02-12	2015-05-14	2017-04-21
40	쿡 제도	1993-04-20	2001-08-27	2018-11-05	2016-09-01
41	코스타리카	1994-08-26	2002-08-09	2016-09-21	2016-10-13
42	코트디부아르	1994-11-29	2007-04-23		2016-10-25
43	크로아티아	1996-04-08	2007-05-30	2017-12-21	2017-05-24
44	쿠바	1994-01-05	2002-04-30	2016-12-28	2016-12-28
45	키프로스	1997-10-15	1999-07-16	2015-12-10	2017-01-04
46	체코	1993-10-07	2001-11-15	2017-12-21	2017-10-05
47	북한	1994-12-05	2005-04-27		2016-08-01
48	콩고 민주공화국	1995-01-09	2005-03-23		2017-12-13
49	덴마크	1993-12-21	2002-05-31	2017-12-21	2016-11-01
50	지부티	1995-08-27	2002-03-12	2014-09-23	2016-11-11
51	도미니카	1993-06-21	2005-01-25	2019-07-15	2016-09-21
52	도미니카 공화국	1998-10-07	2002-02-12	2016-09-21	2017-09-21
53	에콰도르	1993-02-23	2000-01-13	2015-04-20	2017-09-20

---

7 2002.12.17 교토의정서를 비준하였으나, 2011.12.15자로 비준 철회서 제출 및 2012.12.15자로 비준 철회 효력이 발생하여 교토의정서 당사국 자격 상실.

연번	국가명	UNFCCC	교토의정서	도하개정문	파리협정
54	이집트	1994-12-05	2005-01-12	2020-02-03	2017-06-29
55	엘살바도르	1995-12-04	1998-11-30	2019-09-18	2017-03-27
56	적도 기니	2000-08-16	2000-08-16		2018-10-30
57	에리트레아	1995-04-24	2005-07-28	2018-05-03	
58	에스토니아	1994-07-27	2002-10-14	2017-12-21	2016-11-04
59	에스와티니	1996-10-07	2006-01-13	2016-09-21	2016-09-21
60	에티오피아	1994-04-05	2005-04-14	2015-06-26	2017-03-09
61	유럽 연합	1993-12-21	2002-05-31	2017-12-21	2016-10-05
62	피지	1993-02-25	1998-09-17	2017-09-19	2016-04-22
63	핀란드	1994-05-03	2002-05-31	2017-11-16	2016-11-14
64	프랑스	1994-03-25	2002-05-31	2017-11-30	2016-10-05
65	가봉	1998-01-21	2006-12-12	2017-12-01	2016-11-02
66	감비아	1994-06-10	2001-01-01	2016-11-07	2016-11-07
67	조지아	1994-07-29	1999-06-16	2020-06-16	2017-05-08
68	독일	1993-12-09	2002-05-31	2017-11-14	2016-10-05
69	가나	1995-09-06	2003-05-30	2020-09-24	2016-09-21
70	그리스	1994-08-04	2002-05-31	2017-12-21	2016-10-14
71	그레나다	1994-08-11	2002-08-06	2015-04-01	2016-04-22
72	과테말라	1995-12-15	1999-10-05	2019-10-15	2017-01-25
73	기니	1993-05-07	2000-09-07	2016-04-06	2016-09-21
74	기니비사우	1995-10-27	2005-11-18	2018-10-22	2018-10-22
75	가이아나	1994-08-29	2003-08-05	2014-12-23	2016-05-20
76	아이티	1996-09-25	2005-07-06		2017-07-31
77	온두라스	1995-10-19	2000-07-19	2014-04-11	2016-09-21
78	헝가리	1994-02-24	2002-08-21	2015-10-01	2016-10-05
79	아이슬란드	1993-06-16	2002-05-23	2015-10-07	2016-09-21
80	인도	1993-11-01	2002-08-26	2017-08-08	2016-10-02
81	인도네시아	1994-08-23	2004-12-03	2014-09-30	2016-10-31
82	이란	1996-07-18	2005-08-22		

연번	국가명	UNFCCC	교토의정서	도하개정문	파리협정
83	이라크	2009-07-28	2009-07-28		
84	아일랜드	1994-04-20	2002-05-31	2017-12-21	2016-11-04
85	이스라엘	1996-06-04	2004-03-15		2016-11-22
86	이탈리아	1994-04-15	2002-05-31	2016-07-18	2016-11-11
87	자메이카	1995-01-06	1999-06-28	2020-10-01	2017-04-10
88	일본	1993-05-28	2002-06-04		2016-11-08
89	요르단	1993-11-12	2003-01-17	2020-01-03	2016-11-04
90	카자흐스탄	1995-05-17	2009-06-19		2016-12-06
91	케냐	1994-08-30	2005-02-25	2014-04-07	2016-12-28
92	키리바시	1995-02-07	2000-09-07	2016-02-11	2016-09-21
93	쿠웨이트	1994-12-28	2005-03-11	2019-05-08	2018-04-23
94	키르기스스탄	2000-05-25	2003-05-13		2020-02-18
95	라오스	1995-01-04	2003-02-06	2019-04-23	2016-09-07
96	라트비아	1995-03-23	2002-07-05	2017-12-21	2017-03-16
97	레바논	1994-12-15	2006-11-13		2020-02-05
98	레소토	1995-02-07	2000-09-06	2019-01-18	2017-01-20
99	라이베리아	2002-11-05	2002-11-05	2015-08-17	2018-08-27
100	리비아	1999-06-14	2006-08-24		
101	리히텐슈타인	1994-06-22	2004-12-03	2015-02-23	2017-09-20
102	리투아니아	1995-03-24	2003-01-03	2017-11-22	2017-02-02
103	룩셈부르크	1994-05-09	2002-05-31	2017-09-21	2016-11-04
104	마다가스카르	1999-06-02	2003-09-24	2015-10-01	2016-09-21
105	말라위	1994-04-21	2001-10-26	2017-06-29	2017-06-29
106	말레이시아	1994-07-13	2002-09-04	2017-04-12	2016-11-16
107	몰디브	1992-11-09	1998-12-30	2015-07-01	2016-04-22
108	말리	1994-12-28	2002-03-28	2015-12-07	2016-09-23
109	몰타	1994-03-17	2001-11-11	2017-12-21	2016-10-05
110	마셜 제도	1992-10-08	2003-08-11	2015-05-07	2016-04-22
111	모리타니	1994-01-20	2005-07-22		2017-02-27

연번	국가명	UNFCCC	교토의정서	도하개정문	파리협정
112	모리셔스	1992-09-04	2001-05-09	2013-09-05	2016-04-22
113	멕시코	1993-03-11	2000-09-07	2014-09-23	2016-09-21
114	마이크로네시아	1993-11-18	1999-06-21	2014-02-19	2016-09-15
115	모나코	1992-11-20	2006-02-27	2013-12-27	2016-10-24
116	몽골	1993-09-30	1999-12-15	2019-02-20	2016-09-21
117	몬테네그로	2006-10-23	2007-06-04	2018-12-26	2017-12-20
118	모로코	1995-12-28	2002-01-25	2014-09-05	2016-09-21
119	모잠비크	1995-08-25	2005-01-18		2018-06-04
120	미얀마	1994-11-25	2003-08-13	2017-09-19	2017-09-19
121	나미비아	1995-05-16	2003-09-04	2015-02-17	2016-09-21
122	나우루	1993-11-11	2001-08-16	2014-12-01	2016-04-22
123	네팔	1994-05-02	2005-09-16		2016-10-05
124	네덜란드	1993-12-20	2002-05-31	2017-11-22	2017-07-28
125	뉴질랜드	1993-09-16	2002-12-19	2015-11-30	2016-10-04
126	니카라과	1995-10-31	1999-11-18	2019-07-03	2017-10-23
127	니제르	1995-07-25	2004-09-30	2018-08-01	2016-09-21
128	나이지리아	1994-08-29	2004-12-10	2020-10-02	2017-05-16
129	니우에	1996-02-28	1999-05-06	2019-12-10	2016-10-28
130	북마케도니아	1998-01-28	2004-11-18	2019-10-18	2018-01-09
131	노르웨이	1993-07-09	2002-05-30	2014-06-12	2016-06-20
132	오만	1995-02-08	2005-01-19		2019-05-22
133	파키스탄	1994-06-01	2005-01-11	2017-10-31	2016-11-10
134	팔라우	1999-12-10	1999-12-10	2015-03-10	2016-04-22
135	파나마	1995-05-23	1999-03-05	2015-09-29	2016-09-21
136	파푸아뉴기니	1993-03-16	2002-03-28		2016-09-21
137	파라과이	1994-02-24	1999-08-27	2019-02-21	2016-10-14
138	페루	1993-06-07	2002-09-12	2014-09-24	2016-07-25
139	필리핀	1994-08-02	2003-11-20	2016-04-13	2017-03-23
140	폴란드	1994-07-28	2002-12-13	2018-09-28	2016-10-07

연번	국가명	UNFCCC	교토의정서	도하개정문	파리협정
141	포르투갈	1993-12-21	2002-05-31	2017-11-22	2016-10-05
142	카타르	1996-04-18	2005-01-11	2020-10-28	2017-06-23
143	대한민국	1993-12-14	2002-11-08	2015-05-27	2016-11-03
144	몰도바	1995-06-09	2003-04-22		2017-06-20
145	루마니아	1994-06-08	2001-03-19	2016-05-03	2017-06-01
146	러시아	1994-12-28	2004-11-18		2019-10-07
147	르완다	1998-08-18	2004-07-22	2015-11-20	2016-10-06
148	사모아	1994-11-29	2000-11-27	2015-09-18	2016-04-22
149	산마리노	1994-10-28	2010-04-28	2015-08-04	2018-09-26
150	상투메 프린시페	1999-09-29	2008-04-25		2016-11-02
151	사우디 아라비아	1994-12-28	2005-01-31		2016-11-03
152	세네갈	1994-10-17	2001-07-20	2020-05-27	2016-09-21
153	세르비아	2001-03-12	2007-10-19	2017-06-30	2017-07-25
154	세이셸	1992-09-22	2002-07-22	2015-07-15	2016-04-29
155	시에라레온	1995-06-22	2006-11-10	2020-06-15	2016-11-01
156	싱가포르	1997-05-29	2006-04-12	2014-09-23	2016-09-21
157	슬로바키아	1994-08-25	2002-05-31	2017-11-16	2016-10-05
158	슬로베니아	1995-12-01	2002-08-02	2017-12-21	2016-12-16
159	솔로몬 제도	1994-12-28	2003-03-13	2014-09-05	2016-09-21
160	소말리아	2009-09-11	2010-07-26		2016-04-22
161	남아프리카공화국	1997-08-29	2002-07-31	2015-05-07	2016-11-01
162	남수단	2014-02-17			
163	스페인	1993-12-21	2002-05-31	2017-11-14	2017-01-12
164	스리랑카	1993-11-23	2002-09-03	2015-12-02	2016-09-21
165	세인트키츠네비스	1993-01-07	2008-04-08	2016-10-25	2016-04-22
166	세인트루시아	1993-06-14	2003-08-20	2018-11-20	2016-04-22
167	세인트 빈센트 그레나딘	1996-12-02	2004-12-31		2016-06-29
168	팔레스타인	2015-12-18			2016-04-22
169	수단	1993-11-19	2004-11-02	2014-02-03	2017-08-02

연번	국가명	UNFCCC	교토의정서	도하개정문	파리협정
170	수리남	1997-10-14	2006-09-25		2019-02-13
171	스웨덴	1993-06-23	2002-05-31	2017-11-14	2016-10-13
172	스위스	1993-12-10	2003-07-09	2015-08-28	2017-10-06
173	시리아	1996-01-04	2006-01-27		2017-11-13
174	타지키스탄	1998-01-07	2008-12-29		2017-03-22
175	태국	1994-12-28	2002-08-28	2015-09-01	2016-09-21
176	동티모르	2006-10-10	2008-10-14		2017-08-16
177	토고	1995-03-08	2004-07-02	2018-10-30	2017-06-28
178	통가	1998-07-20	2008-01-14	2018-10-22	2016-09-21
179	트리니다드토바고	1994-06-24	1999-01-28	2015-08-06	2018-02-22
180	튀니지	1993-07-15	2003-01-22		2017-02-10
181	터키	2004-02-24	2009-05-28		
182	투르크메니스탄	1995-06-05	1999-01-11		2016-10-20
183	투발루	1993-10-26	1998-11-16	2014-12-04	2016-04-22
184	우간다	1993-09-08	2002-03-25	2015-07-08	2016-09-21
185	우크라이나	1997-05-13	2004-04-12		2016-09-19
186	아랍에미레이트공화국	1995-12-29	2005-01-26	2013-04-26	2016-09-21
187	영국	1993-12-08	2002-05-31	2017-11-17	2016-11-18
188	탄자니아	1996-04-17	2002-08-26		2018-05-18
189	미국	1992-10-15			2016-09-03
190	우루과이	1994-08-18	2001-02-05	2018-09-12	2016-10-19
191	우즈베키스탄	1993-06-20	1999-10-12		2018-11-09
192	바누아투	1993-03-25	2001-07-17	2018-03-15	2016-09-21
193	베네수엘라	1994-12-28	2005-02-18	2018-03-01	2017-07-21
194	베트남	1994-11-16	2002-09-25	2015-06-22	2016-11-03
195	예멘	1996-02-21	2004-09-15		
196	잠비아	1993-05-28	2006-07-07	2019-08-22	2016-12-09
197	짐바브웨	1992-11-03	2009-06-30	2016-04-20	2017-08-07

파리협정 영한대역본

Paris Agreement (2015)

Date : 12 December 2015
In force : 4 November 2016
States Party : 189
Korea : 3 November 2016
Link : www.unfccc.int

The Parties to this Agreement,

Being Parties to the United Nations Frame-work Convention on Climate Change, herein-after referred to as "the Convetion",

Pursuant to the Durban Platform for Enhanced Action established by decision 1/CP.17 of the Conference of the Parties to the Convention at its seventeenth session,

In pursuit of the objective of the Conven-tion, and being guided by its principles, in-cluding the principle of equity and common but differentiated responsibilities and re-spective capabilities, in the light of different national circumstances,

Recognizing the need for an effective and

파리협정

이 협정의 당사자는,

「기후변화에 관한 국제연합 기본협약(이하 "협약"이라 한다)」의 당사자로서,

제17차 협약 당사자총회에서 결정(1/CP.17) 으로 수립된 「행동 강화를 위한 더반플랫폼」에 따라,

협약의 목적을 추구하고, 상이한 국내 여건에 비추어 형평의 원칙 및 공통적이지만 그 정도에 차이가 나는 책임과 각자의 능력의 원칙을 포함하는 협약의 원칙에 따라,

이용 가능한 최선의 과학적 지식에 기초하

progressive response to the urgent threat of climate change on the basis of the best available scientific knowledge,

Also recognizing the specific needs and special circumstances of developing country Parties, especially those that are particularly vulnerable to the adverse effects of climate change, as provided for in the Convention,

Taking full account of the specific needs and special situations of the least developed countries with regard to fund ing and transfer of technology,

Recognizing that Parties may be affected not only by climate change, but also by the impacts of the measures taken in response to it,

Emphasizing the intrinsic relatiohip that climate change actions, responses and impacts have with equitable access to sustainable development and eradication of poverty,

Recognizing the fundamental priority of safeguarding food security and ending hunger, and the particular vulnerabilities of food production systems to the adverse impacts of climate change,

Taking into account the imperatives of a just transition of the workforce and the creation of decent work and quality jobs in accordance with nationally defined development priorities,

Acknowledging that climate change is a

여 기후변화라는 급박한 위협에 대하여 효과적이고 점진적으로 대응할 필요성을 인식하며,

또한, 협약에서 규정된 대로 개발도상국인 당사자, 특히 기후변화의 부정적 영향에 특별히 취약한 개발도상국 당사자의 특수한 필요와 특별한 사정을 인식하고,

자금 제공 및 기술 이전과 관련하여 최빈개도국의 특수한 필요와 특별한 상황을 충분히 고려하며,

당사자들이 기후변화뿐만 아니라 그에 대한 대응 조치에서 비롯된 여파에 의해서도 영향을 받을 수 있음을 인식하고,

기후변화 행동, 대응 및 영향이 지속가능한 발전 및 빈곤 퇴치에 대한 형평한 접근과 본질적으로 관계가 있음을 강조하며,

식량안보 수호 및 기아 종식이 근본적인 우선 과제이며, 기후변화의 부정적 영향에 식량생산체계가 특별히 취약하다는 점을 인식하고,

국내적으로 규정된 개발우선순위에 따라 노동력의 정당한 전환과 좋은 일자리 및 양질의 직업 창출이 매우 필요함을 고려하며,

기후변화가 인류의 공통 관심사임을 인정하

common concern of humankind, Parties should, when taking action to address climate change, respect, promote and consider their respective obligations on human rights, the right to health, the rights of indigenous peoples, local communities, migrants, children, persons with disabilities and people in vulnerable situations and the right to development, as well as gender equality, empowerment of women and intergenerational equity,

Recognizing the importance of the conservation and enhancement, as appropriate, of sinks and reservoirs of the greenhouse gases referred to in the Convention,

Noting the importance of ensuring the integrity of all ecosystems, including oceans, and the protection of biodiversity, recognized by some cultures as Mother Earth, and noting the importance for some of the concept of "climate justice", when taking action to address climate change,

Affirming the importance of education, training, public awareness, public participation, public access to information and cooperation at all levels on the matters addressed in this Agreement,

Recognizing the importance of the engagements of all levels of government and various actors, in accordance with respective national legislations of Parties, in addressing climate change,

Also recognizing that sustainable lifestyles

고, 당사자는 기후변화에 대응하는 행동을 할 때 양성평등, 여성의 역량 강화 및 세대 간 형평뿐만 아니라, 인권, 보건에 대한 권리, 원주민·지역공동체·이주민·아동·장애인· 취약계층의 권리 및 발전권에 관한 각자의 의무를 존중하고 촉진하며 고려하여야 함을 인정하며,

협약에 언급된 온실가스의 흡수원과 저장 고의 적절한 보전 및 증진의 중요성을 인식 하고,

기후변화에 대응하는 행동을 할 때, 해양을 포함한 모든 생태계의 건전성을 보장하는 것과 일부 문화에서 어머니 대지로 인식되 는 생물다양성의 보존을 보장하는 것의 중 요성에 주목하고, 일각에게 "기후 정의"라는 개념이 갖는 중요성에 주목하며,

이 협정에서 다루어지는 문제에 대한 교육, 훈련, 공중의 인식, 공중의 참여, 공중의 정 보 접근, 그리고 모든 차원에서의 협력이 중 요함을 확인하고,

기후변화에 대한 대응에 당사자 각자의 국 내 법령에 따라 모든 차원의 정부조직과 다 양한 행위자의 참여가 중요함을 인식하며,

또한, 선진국인 당사자가 주도하고 있는 지

and sustainable patterns of consumption and production, with developed country Parties taking the lead, play an important role in addressing climate change,

Have agreed as follows:

속가능한 생활양식과 지속가능한 소비 및 생산 방식이 기후변화에 대한 대응에 중요한 역할을 함을 인식하면서,

다음과 같이 합의하였다.

Article 1

For the purpose of this Agreement, the definitions contained in Article 1 of the Convention shall apply. In addition:

(a) "Convention" means the United Nations Framework Convention on Climate Change, adopted in New York on 9 May 1992;

(b) "Conference of the Parties" means the Conference of the Parties to the Convention;

(c) "Party" means a Party to this Agreement.

제 1 조

이 협정의 목적상, 협약 제1조에 포함된 정의가 적용된다. 추가로,

가. "협약"이란 1992년 5월 9일 뉴욕에서 채택된 「기후변화에 관한 국제연합 기본협약」을 말한다.

나. "당사자총회"란 협약의 당사자총회를 말한다.

다. "당사자"란 이 협정의 당사자를 말한다.

Article 2

1. This Agreement, in enhancing the implementation of the Convention, including its objective, aims to strengthen the global response to the threat of climate change, in the context of sustainable development and efforts to eradicate poverty, including by:

(a) Holding the increase in the global average temperature to well below 2°C

제 2 조

1. 이 협정은, 협약의 목적을 포함하여 협약의 이행을 강화하는 데에, 지속가능한 발전과 빈곤 퇴치를 위한 노력의 맥락에서, 다음의 방법을 포함하여 기후변화의 위협에 대한 전지구적 대응을 강화하는 것을 목표로 한다.

가. 기후변화의 위험 및 영향을 상당히 감소시킬 것이라는 인식하에, 산업화 전 수

above pre-industrial levels and pursuing efforts to limit the temperature increase to 1.5°C above pre-industrial levels, recognizing that this would significantly reduce the risks and impacts of climate change;

(b) Increasing the ability to adapt to the adverse impacts of climate change and foster climate resilience and low greenhouse gas emissions development, in a manner that does not threaten food production; and

(c) Making finance flows consistent with a pathway towards low greenhouse gas emissions and climate-resilient development.

2. This Agreement will be implemented to reflect equity and the principle of common but differentiated responsibilities and respective capabilities, in the light of different national circumstances.

Article 3

As nationally determined contributions to the global response to climate change, all Parties are to undertake and communicate ambitious efforts as defined in Articles 4, 7, 9, 10, 11 and 13 with the view to achieving the purpose of this Agreement as set out in Article 2. The efforts of all Parties will represent a progression over time, while recognizing the need to support developing country Parties for the effective implementation of this Agreement.

준 대비 지구 평균 기온 상승을 섭씨 2도 보다 현저히 낮은 수준으로 유지하는 것 및 산업화 전 수준 대비 지구 평균 기온 상승을 섭씨 1.5도로 제한하기 위한 노력의 추구

나. 식량 생산을 위협하지 아니하는 방식으로, 기후변화의 부정적 영향에 적응하는 능력과 기후 회복력 및 온실가스 저배출 발전을 증진하는 능력의 증대, 그리고

다. 온실가스 저배출 및 기후 회복적 발전이라는 방향에 부합하도록 하는 재정 흐름의 조성

2. 이 협정은 상이한 국내 여건에 비추어 형평 그리고 공통적이지만 그 정도에 차이가 나는 책임과 각자의 능력의 원칙을 반영하여 이행될 것이다.

제 3 조

기후변화에 전지구적으로 대응하기 위한 국가결정기여로서, 모든 당사자는 제2조에 규정된 이 협정의 목적을 달성하기 위하여 제4조, 제7조, 제9조, 제10조, 제11조 및 제13조에 규정된 바와 같이 의욕적인 노력을 수행하고 통보하여야 한다. 이 협정의 효과적인 이행을 위해서는 개발도상국 당사자에 대한 지원이 필요함을 인식하면서, 모든 당사자는 시간의 경과에 따라 진전되는 노력을 보여줄 것이다.

Article 4

1. In order to achieve the long-term temperature goal set out in Article 2, Parties aim to reach global peaking of greenhouse gas emissions as soon as possible, recognizing that peaking will take longer for developing country Parties, and to undertake rapid reductions thereafter in accordance with best available science, so as to achieve a balance between anthropogenic emissions by sources and removals by sinks of greenhouse gases in the second half of this century, on the basis of equity, and in the context of sustainable development and efforts to eradicate poverty.

2. Each Party shall prepare, communicate and maintain successive nationally determined contributions that it intends to achieve. Parties shall pursue domestic mitigation measures, with the aim of achieving the objectives of such contributions.

3. Each Party's successive nationally determined contribution will represent a progression beyond the Party's then current nationally determined contribution and reflect its highest possible ambition, reflecting its common but differentiated responsibilities and respective capabilities, in the light of different national circumstances.

4. Developed country Parties should continue taking the lead by undertaking

제 4 조

1. 형평에 기초하고 지속가능한 발전과 빈곤 퇴치를 위한 노력의 맥락에서, 제2조에 규정된 장기 기온 목표를 달성하기 위하여, 개발도상국 당사자에게는 온실가스 배출최대치 달성에 더욱 긴 시간이 걸릴 것임을 인식하면서, 당사자는 전지구적 온실가스 배출최대치를 가능한 한 조속히 달성할 것을 목표로 하고, 그 후에는 이용 가능한 최선의 과학에 따라 급속한 감축을 실시하는 것을 목표로 하여 금세기의 하반기에 온실가스의 배출원에 의한 인위적 배출과 흡수원에 의한 제거 간에 균형을 달성할 수 있도록 한다.

2. 각 당사자는 달성하고자 하는 차기 국가결정기여를 준비하고, 통보하며, 유지한다. 당사자는 그러한 국가결정기여의 목적을 달성하기 위하여 국내적 완화 조치를 추구한다.

3. 각 당사자의 차기 국가결정기여는 상이한 국내 여건에 비추어 공통적이지만 그 정도에 차이가 나는 책임과 각자의 능력을 반영하고, 당사자의 현재 국가결정기여보다 진전되는 노력을 시현할 것이며 가능한 한 가장 높은 의욕 수준을 반영할 것이다.

4. 선진국 당사자는 경제 전반에 걸친 절대량 배출 감축목표를 약속함으로써 주도

economy-wide absolute emission reduction targets. Developing country Parties should continue enhancing their mitigation efforts, and are encouraged to move over time towards economy-wide emission reduction or limitation targets in the light of different national circumstances.

5. Support shall be provided to developing country Parties for the implementation of this Article, in accordance with Articles 9, 10 and 11, recognizing that enhanced support for developing country Parties will allow for higher ambition in their actions.

6. The least developed countries and small island developing States may prepare and communicate strategies, plans and actions for low greenhouse gas emissions development reflecting their special circumstances.

7. Mitigation co-benefits resulting from Parties' adaptation actions and/or economic diversification plans can contribute to mitigation outcomes under this Article.

8. In communicating their nationally determined contributions, all Parties shall provide the information necessary for clarity, transparency and understanding in accordance with decision 1/CP.21 and any relevant decisions of the Conference of the Parties serving as the meeting of the Parties to this Agreement.

9. Each Party shall communicate a nationally determined contribution every five

적 역할을 지속하여야 한다. 개발도상국 당사자는 완화 노력을 계속 강화하여야 하며, 상이한 국내 여건에 비추어 시간의 경과에 따라 경제 전반의 배출 감축 또는 제한 목표로 나아갈 것이 장려된다.

5. 개발도상국 당사자에 대한 지원 강화를 통하여 그들이 보다 의욕적으로 행동할 수 있을 것임을 인식하면서, 개발도상국 당사자에게 이 조의 이행을 위하여 제9조, 제10조 및 제11조에 따라 지원이 제공된다.

6. 최빈개도국과 소도서 개발도상국은 그들의 특별한 사정을 반영하여 온실가스 저배출 발전을 위한 전략, 계획 및 행동을 준비하고 통보할 수 있다.

7. 당사자의 적응 행동 그리고/또는 경제 다변화 계획으로부터 발생하는 완화의 공통이익은 이 조에 따른 완화 성과에 기여할 수 있다.

8. 국가결정기여를 통보할 때, 모든 당사자는 결정 1/CP.21과 이 협정의 당사자회의 역할을 하는 당사자총회의 모든 관련 결정에 따라 명확성, 투명성 및 이해를 위하여 필요한 정보를 제공한다.

9. 각 당사자는 결정 1/CP.21과 이 협정의 당사자회의 역할을 하는 당사자총회의

years in accordance with decision 1/CP.21 and any relevant decisions of the Conference of the Parties serving as the meeting of the Parties to this Agreement and be informed by the outcomes of the global stocktake referred to in Article 14.

10. The Conference of the Parties serving as the meeting of the Parties to this Agreement shall consider common time frames for nationally determined contributions at its first session.

11. A Party may at any time adjust its existing nationally determined contribution with a view to enhancing its level of ambition, in accordance with guidance adopted by the Conference of the Parties serving as the meeting of the Parties to this Agreement.

12. Nationally determined contributions communicated by Parties shall be recorded in a public registry maintained by the secretariat.

13. Parties shall account for their nationally determined contributions. In accounting for anthropogenic emissions and removals corresponding to their nationally determined contributions, Parties shall promote environmental integrity, transparency, accuracy, completeness, comparability and consistency, and ensure the avoidance of double counting, in accordance with guidance adopted by the Conference of the Parties serving as the

모든 관련 결정에 따라 5년마다 국가결정기여를 통보하며, 각 당사자는 제14조에 언급된 전지구적 이행점검의 결과를 통지받는다.

10. 이 협정의 당사자회의 역할을 하는 당사자총회는 제1차 회기에서 국가결정기여를 위한 공통의 시간 계획에 대하여 고려한다.

11. 이 협정의 당사자회의 역할을 하는 당사자총회가 채택하는 지침에 따라, 당사자는 자신의 의욕 수준을 증진하기 위하여 기존의 국가결정기여를 언제든지 조정할 수 있다.

12. 당사자가 통보한 국가결정기여는 사무국이 유지하는 공공 등록부에 기록된다.

13. 당사자는 자신의 국가결정기여를 산정한다. 자신의 국가결정기여에 따른 인위적 배출과 제거를 산정할 때는, 당사자는 이 협정의 당사자회의 역할을 하는 당사자총회가 채택하는 지침에 따라, 환경적 건전성, 투명성, 정확성, 완전성, 비교가능성, 일관성을 촉진하며, 이중계산의 방지를 보장한다.

meeting of the Parties to this Agreement.

14. In the context of their nationally determined contributions, when recognizing and implementing mitigation actions with respect to anthropogenic emissions and removals, Parties should take into account, as appropriate, existing methods and guidance under the Convention, in the light of the provisions of paragraph 13 of this Article.

15. Parties shall take into consideration in the implementation of this Agreement the concerns of Parties with economies most affected by the impacts of response measures, particularly developing country Parties.

16. Parties, including regional economic integration organizations and their member States, that have reached an agreement to act jointly under paragraph 2 of this Article shall notify the secretariat of the terms of that agreement, including the emission level allocated to each Party within the relevant time period, when they communicate their nationally determined contributions. The secretariat shall in turn inform the Parties and signatories to the Convention of the terms of that agreement.

17. Each party to such an agreement shall be responsible for its emission level as set out in the agreement referred to in paragraph 16 of this Article in accord-

14. 국가결정기여의 맥락에서, 인위적 배출과 제거에 관한 완화 행동을 인식하고 이행할 때 당사자는, 이 조 제13항에 비추어, 협약상의 기존 방법론과 지침을 적절히 고려하여야 한다.

15. 당사자는 이 협정을 이행할 때, 대응조치의 영향으로 인하여 자국 경제가 가장 크게 영향을 받는 당사자, 특히 개발도상국 당사자의 우려사항을 고려한다.

16. 공동으로 이 조 제2항에 따라 행동할 것에 합의한 지역경제통합기구와 그 회원국을 포함하는 당사자는 자신의 국가결정기여를 통보할 때, 관련 기간 내에 각 당사자에 할당된 배출 수준을 포함하는 합의 내용을 사무국에 통고한다. 그 다음 순서로 사무국은 협약의 당사자 및 서명자에게 그 합의 내용을 통지한다.

17. 그러한 합의의 각 당사자는 이 조 제13항 및 제14항 그리고 제13조 및 제15조에 따라 이 조 제16항에서 언급된 합의에 규정된 배출 수준에 대하여 책임을

ance with paragraphs 13 and 14 of this Article and Articles 13 and 15.

18. If Parties acting jointly do so in the framework of, and together with, a regional economic integration organization which is itself a Party to this Agreement, each member State of that regional economic integration organization individually, and together with the regional economic integration organization, shall be responsible for its emission level as set out in the agreement communicated under paragraph 16 of this Article in accordance with paragraphs 13 and 14 of this Article and Articles 13 and 15.

19. All Parties should strive to formulate and communicate long-term low greenhouse gas emission development strategies, mindful of Article 2 taking into account their common but differentiated responsibilities and respective capabilities, in the light of different national circumstances.

Article 5

1. Parties should take action to conserve and enhance, as appropriate, sinks and reservoirs of greenhouse gases as referred to in Article 4, paragraph 1(d), of the Convention, including forests.

2. Parties are encouraged to take action to implement and support, including through results-based payments, the existing

진다.

18. 공동으로 행동하는 당사자들이 이 협정의 당사자인 지역경제통합기구의 프레임워크 안에서 그리고 지역경제통합기구와 함께 공동으로 행동하는 경우, 그 지역경제통합기구의 각 회원국은 개별적으로 그리고 지역경제통합기구와 함께, 이 조 제13항 및 제14항 그리고 제13조 및 제15조에 따라 이 조 제16항에 따라 통보된 합의에서 명시된 배출 수준에 대하여 책임을 진다.

19. 모든 당사자는 상이한 국내 여건에 비추어, 공통적이지만 그 정도에 차이가 나는 책임과 각자의 능력을 고려하는 제2조를 유념하며 장기적인 온실가스 저배출 발전 전략을 수립하고 통보하기 위하여 노력하여야 한다.

제 5 조

1. 당사자는 협약 제4조제1항라목에 언급된 바와 같이, 산림을 포함한 온실가스 흡수원 및 저장고를 적절히 보전하고 증진하는 조치를 하여야 한다.

2. 당사자는, 협약하 이미 합의된 관련 지침과 결정에서 규정하고 있는 기존의 프레임워크인: 개발도상국에서의 산림 전용

framework as set out in related guidance and decisions already agreed under the Convention for: policy approaches and positive incentives for activities relating to reducing emissions from deforestation and forest degradation, and the role of conservation, sustainable management of forests and enhancement of forest carbon stocks in developing countries; and alternative policy approaches, such as joint mitigation and adaptation approaches for the integral and sustainable management of forests, while reaffirming the importance of incentivizing, as appropriate, non-carbon benefits associated with such approaches.

Article 6

1. Parties recognize that some Parties choose to pursue voluntary cooperation in the implementation of their nationally determined contributions to allow for higher ambition in their mitigation and adaptation actions and to promote sustainable development and environmental integrity.

2. Parties shall, where engaging on a voluntary basis in cooperative approaches that involve the use of internationally transferred mitigation outcomes towards nationally determined contributions, promote sustainable development and ensure environmental integrity and transparency, including in governance, and shall apply robust accounting to ensure, inter alia, the avoidance of double counting, consistent

과 산림 황폐화로 인한 배출의 감축 관련 활동, 그리고 산림의 보전, 지속가능한 관리 및 산림 탄소 축적 증진 역할에 관한 정책적 접근 및 긍정적 유인과; 산림의 통합적이고 지속가능한 관리를 위한 완화 및 적응 공동 접근과 같은 대안적 정책 접근을, 이러한 접근과 연계된 비탄소 편익에 대하여 적절히 긍정적인 유인을 제공하는 것의 중요성을 재확인하면서, 결과기반지불 등의 방식을 통하여, 이행하고 지원하는 조치를 하도록 장려된다.

제 6 조

1. 당사자는 일부 당사자가 완화 및 적응 행동을 하는 데에 보다 높은 수준의 의욕을 가능하게 하고 지속가능한 발전과 환경적 건전성을 촉진하도록 하기 위하여, 국가결정기여 이행에서 자발적 협력 추구를 선택하는 것을 인정한다.

2. 국가결정기여를 위하여 당사자가 국제적으로 이전된 완화 성과의 사용을 수반하는 협력적 접근에 자발적으로 참여하는 경우, 당사자는 지속가능한 발전을 촉진하고 거버넌스 등에서 환경적 건전성과 투명성을 보장하며, 이 협정의 당사자회의 역할을 하는 당사자총회가 채택하는 지침에 따라, 특히 이중계산의 방지 등을 보장하기 위한 엄격한 계산을 적용한다.

with guidance adopted by the Conference of the Parties serving as the meeting of the Parties to this Agreement.

3. The use of internationally transferred mitigation outcomes to achieve nationally determined contributions under this Agreement shall be voluntary and authorized by participating Parties.

4. A mechanism to contribute to the mitigation of greenhouse gas emissions and support sustainable development is hereby established under the authority and guidance of the Conference of the Parties serving as the meeting of the Parties to this Agreement for use by Parties on a voluntary basis. It shall be supervised by a body designated by the Conference of the Parties serving as the meeting of the Parties to this Agreement, and shall aim:

(a) To promote the mitigation of greenhouse gas emissions while fostering sustainable development;

(b) To incentivize and facilitate participation in the mitigation of greenhouse gas emissions by public and private entities authorized by a Party;

(c) To contribute to the reduction of emission levels in the host Party, which will benefit from mitigation activities resulting in emission reductions that can also be used by another Party to fulfil its nationally determined contribution; and

(d) To deliver an overall mitigation in global emissions.

3. 이 협정에 따라 국가결정기여를 달성하기 위하여 국제적으로 이전된 완화 성과는 자발적으로 사용되며, 참여하는 당사자에 의하여 승인된다.

4. 당사자가 자발적으로 사용할 수 있도록 온실가스 배출 완화에 기여하고 지속가능한 발전을 지원하는 메커니즘을 이 협정의 당사자회의 역할을 하는 당사자총회의 권한과 지침에 따라 설립한다. 이 메커니즘은 이 협정의 당사자회의 역할을 하는 당사자총회가 지정한 기구의 감독을 받으며, 다음을 목표로 한다.

가. 지속가능한 발전 증진 및 온실가스 배출의 완화 촉진

나. 당사자가 허가한 공공 및 민간 실체가 온실가스 배출 완화에 참여하도록 유인 제공 및 촉진

다. 유치당사자 국내에서의 배출 수준 하락에 기여. 유치당사자는 배출 감축으로 이어질 완화 활동으로부터 이익을 얻을 것이며 그러한 배출 감축은 다른 당사자가 자신의 국가결정기여를 이행하는 데에도 사용될 수 있다. 그리고

라. 전지구적 배출의 전반적 완화 달성

5. Emission reductions resulting from the mechanism referred to in paragraph 4 of this Article shall not be used to demonstrate achievement of the host Party's nationally determined contribution if used by another Party to demonstrate achievement of its nationally determined contribution.

6. The Conference of the Parties serving as the meeting of the Parties to this Agreement shall ensure that a share of the proceeds from activities under the mechanism referred to in paragraph 4 of this Article is used to cover administrative expenses as well as to assist developing country Parties that are particularly vulnerable to the adverse effects of climate change to meet the costs of adaptation.

7. The Conference of the Parties serving as the meeting of the Parties to this Agreement shall adopt rules, modalities and procedures for the mechanism referred to in paragraph 4 of this Article at its first session.

8. Parties recognize the importance of integrated, holistic and balanced non- market approaches being available to Parties to assist in the implementation of their nationally determined contributions, in the context of sustainable development and poverty eradication, in a coordinated and effective manner, including through, inter alia, mitigation, adaptation, finance, technology transfer and capacity-building, as appropriate. These approaches shall aim

5. 이 조 제4항에 언급된 메커니즘으로부터 발생하는 배출 감축을 다른 당사자가 자신의 국가결정기여 달성을 증명하는 데 사용하는 경우, 그러한 배출 감축은 유치 당사자의 국가결정기여 달성을 증명하는 데 사용되지 아니한다.

6. 이 협정의 당사자회의 역할을 하는 당사자총회는 이 조 제4항에 언급된 메커니즘하에서의 활동 수익 중 일부가 행정 경비로 지불되고, 기후변화의 부정적 영향에 특별히 취약한 개발도상국 당사자의 적응 비용의 충당을 지원하는 데 사용되도록 보장한다.

7. 이 협정의 당사자회의 역할을 하는 당사자총회는 제1차 회기에서 이 조 제4항에 언급된 메커니즘을 위한 규칙, 방식 및 절차를 채택한다.

8. 당사자는 지속가능한 발전과 빈곤퇴치의 맥락에서, 특히 완화, 적응, 금융, 기술이전 및 역량배양 등을 통하여 적절히 조율되고 효과적인 방식으로 국가결정기여의 이행을 지원하기 위하여 당사자가 이용 가능한 통합적이고, 전체적이며, 균형적인 비시장 접근의 중요성을 인식한다. 이러한 접근은 다음을 목표로 한다.

to:

(a) Promote mitigation and adaptation ambition;

(b) Enhance public and private sector participation in the implementation of nationally determined contributions; and

(c) Enable opportunities for coordination across instruments and relevant institutional arrangements.

9. A framework for non-market approaches to sustainable development is hereby defined to promote the non-market approaches referred to in paragraph 8 of this Article.

Article 7

1. Parties hereby establish the global goal on adaptation of enhancing adaptive capacity, strengthening resilience and reducing vulnerability to climate change, with a view to contributing to sustainable development and ensuring an adequate adaptation response in the context of the temperature goal referred to in Article 2.

2. Parties recognize that adaptation is a global challenge faced by all with local, subnational, national, regional and international dimensions, and that it is a key component of and makes a contribution to the long-term global response to climate change to protect people, livelihoods and ecosystems, taking into account the urgent and immediate needs of

가. 완화 및 적응 의욕 촉진

나. 국가결정기여 이행에 공공 및 민간 부문의 참여 강화, 그리고

다. 여러 기제 및 관련 제도적 장치 전반에서 조정의 기회를 마련

9. 지속가능한 발전에 대한 비시장 접근 프레임워크를 이 조 제8항에 언급된 비시장 접근을 촉진하기 위하여 정의한다.

제7조

1. 당사자는 지속가능한 발전에 기여하고 제2조에서 언급된 기온 목표의 맥락에서 적절한 적응 대응을 보장하기 위하여, 적응 역량 강화, 회복력 강화 그리고 기후변화에 대한 취약성 경감이라는 전지구적 적응목표를 수립한다.

2. 당사자는 기후변화의 부정적 영향에 특별히 취약한 개발도상국 당사자의 급박하고 즉각적인 요구를 고려하면서, 적응이 현지적, 지방적, 국가적, 지역적 및 국제적 차원에서 모두가 직면한 전지구적 과제라는 점과, 적응이 인간, 생계 및 생태계를 보호하기 위한 장기적이며 전지구적인 기후변화 대응의 핵심 요소이며 이에 기여한다는 점을 인식한다.

those developing country Parties that are particularly vulnerable to the adverse effects of climate change.

3. The adaptation efforts of developing country Parties shall be recognized, in accordance with the modalities to be adopted by the Conference of the Parties serving as the meeting of the Parties to this Agreement at its first session.

4. Parties recognize that the current need for adaptation is significant and that greater levels of mitigation can reduce the need for additional adaptation efforts, and that greater adaptation needs can involve greater adaptation costs.

5. Parties acknowledge that adaptation action should follow a country-driven, gender-responsive, participatory and fully transparent approach, taking into consideration vulnerable groups, communities and ecosystems, and should be based on and guided by the best available science and, as appropriate, traditional knowledge, knowledge of indigenous peoples and local knowledge systems, with a view to integrating adaptation into relevant socioeconomic and environmental policies and actions, where appropriate.

6. Parties recognize the importance of support for and international cooperation on adaptation efforts and the importance of taking into account the needs of developing country Parties, especially those that

3. 개발도상국 당사자의 적응 노력은 이 협정의 당사자회의 역할을 하는 당사자총회 제1차 회기에서 채택되는 방식에 따라 인정된다.

4. 당사자는 현재 적응에 대한 필요성이 상당하고, 더 높은 수준의 완화가 추가적인 적응 노력의 필요성을 줄일 수 있으며, 적응 필요성이 더 클수록 더 많은 적응 비용이 수반될 수 있다는 점을 인식한다.

5. 당사자는, 적절한 경우 적응을 관련 사회경제적 및 환경적 정책과 행동에 통합하기 위하여, 취약계층, 지역공동체 및 생태계를 고려하면서 적응 행동이 국가 주도적이고 성 인지적이며 참여적이고 전적으로 투명한 접근을 따라야 한다는 점과, 이용 가능한 최선의 과학, 그리고 적절히 전통 지식, 원주민 지식 및 지역 지식체계에 기반을 두고 따라야 한다는 점을 확인한다.

6. 당사자는 적응 노력에 대한 지원과 국제협력의 중요성을 인식하고, 개발도상국 당사자, 특히 기후변화의 부정적 영향에 특별히 취약한 국가의 요구를 고려하는 것의 중요성을 인식한다.

are particularly vulnerable to the adverse effects of climate change.

7. Parties should strengthen their cooperation on enhancing action on adaptation, taking into account the Cancun Adaptation Framework, including with regard to:

(a) Sharing information, good practices, experiences and lessons learned, including, as appropriate, as these relate to science, planning, policies and implementation in relation to adaptation actions;

(b) Strengthening institutional arrangements, including those under the Convention that serve this Agreement, to support the synthesis of relevant information and knowledge, and the provision of technical support and guidance to Parties;

(c) Strengthening scientific knowledge on climate, including research, systematic observation of the climate system and early warning systems, in a manner that informs climate services and supports decision-making;

(d) Assisting developing country Parties in identifying effective adaptation practices, adaptation needs, priorities, support provided and received for adaptation actions and efforts, and challenges and gaps, in a manner consistent with encouraging good practices; and

(e) Improving the effectiveness and durability of adaptation actions.

8. United Nations specialized organizations and agencies are encouraged to support

7. 당사자는 다음에 관한 것을 포함하여 「칸쿤 적응 프레임워크」를 고려하면서 적응 행동 강화를 위한 협력을 증진하여야 한다.

가. 적응 행동과 관련 있는 과학, 계획, 정책 및 이행에 관한 것을 적절히 포함하여, 정보, 모범관행, 경험 및 교훈의 공유

나. 관련 정보와 지식의 취합 및 당사자에 대한 기술적 지원 및 지침의 제공을 지원하기 위하여, 이 협정을 지원하는 협약상의 것을 포함한 제도적 장치의 강화

다. 기후 서비스에 정보를 제공하고 의사결정을 지원하는 방식으로, 연구, 기후체계에 관한 체계적 관측, 조기경보시스템 등을 포함하여 기후에 관한 과학적 지식의 강화

라. 개발도상국 당사자가 효과적인 적응 관행, 적응 요구, 우선순위, 적응 행동과 노력을 위하여 제공하고 제공받은 지원, 문제점과 격차를 파악할 수 있도록, 모범관행 장려에 부합하는 방식으로의 지원, 그리고

마. 적응 행동의 효과성 및 지속성 향상

8. 국제연합 전문기구 및 기관들은 이 조 제5항을 고려하면서 이 조 제7항에서 언급

the efforts of Parties to implement the actions referred to in paragraph 7 of this Article, taking into account the provisions of paragraph 5 of this Article.

9. Each Party shall, as appropriate, engage in adaptation planning processes and the implementation of actions, including the development or enhancement of relevant plans, policies and/or contributions, which may include:

(a) The implementation of adaptation actions, undertakings and/or efforts;
(b) The process to formulate and implement national adaptation plans;
(c) The assessment of climate change impacts and vulnerability, with a view to formulating nationally determined prioritized actions, taking into account vulnerable people, places and ecosystems;
(d) Monitoring and evaluating and learning from adaptation plans, policies, programmes and actions; and
(e) Building the resilience of socioeconomic and ecological systems, including through economic diversification and sustainable management of natural resources.

10. Each Party should, as appropriate, submit and update periodically an adaptation communication, which may include its priorities, implementation and support needs, plans and actions, without creating any additional burden for developing country Parties.

된 행동을 이행하기 위한 당사자의 노력을 지원하도록 장려된다.

9. 각 당사자는, 관련 계획, 정책 그리고/또는 기여의 개발 또는 강화를 포함하는 적응계획 과정과 행동의 이행에 적절히 참여하며, 이는 다음을 포함할 수 있다.

가. 적응 행동, 조치, 그리고/또는 노력의 이행
나. 국가별 적응계획을 수립하고 이행하는 절차
다. 취약인구, 지역 및 생태계를 고려하면서, 국가별로 결정된 우선 행동을 정하기 위하여 기후변화 영향과 취약성 평가

라. 적응 계획, 정책, 프로그램 및 행동에 대한 모니터링, 평가 및 그로부터의 학습, 그리고
마. 경제 다변화와 천연자원의 지속가능한 관리 등의 방식을 통하여 사회경제적 그리고 생태계의 회복력 구축

10. 각 당사자는 개발도상국 당사자에게 어떤 추가적 부담도 발생시키지 아니하면서 적절히 적응 보고서를 정기적으로 제출하고 갱신하여야 하며, 이 보고서는 당사자의 우선순위, 이행 및 지원 필요성, 계획 및 행동을 포함할 수 있다.

11. The adaptation communication referred to in paragraph 10 of this Article shall be, as appropriate, submitted and updated periodically, as a component of or in conjunction with other communications or documents, including a national adaptation plan, a nationally determined contribution as referred to in Article 4, paragraph 2, and/or a national communication.

12. The adaptation communications referred to in paragraph 10 of this Article shall be recorded in a public registry maintained by the secretariat.

13. Continuous and enhanced international support shall be provided to developing country Parties for the implementation of paragraphs 7, 9, 10 and 11 of this Article, in accordance with the provisions of Articles 9, 10 and 11.

14. The global stocktake referred to in Article 14 shall, inter alia:

(a) Recognize adaptation efforts of developing country Parties;

(b) Enhance the implementation of adaptation action taking into account the adaptation communication referred to in paragraph 10 of this Article;

(c) Review the adequacy and effectiveness of adaptation and support provided for adaptation; and

(d) Review the overall progress made in achieving the global goal on adaptation re-

11. 이 조 제10항에 언급된 적응 보고서는 국가별 적응계획, 제4조제2항에 언급된 국가결정기여, 그리고/또는 국가별보고서를 포함하여 그 밖의 보고서나 문서의 일부로서 또는 이와 함께 정기적으로 적절히 제출되고 갱신된다.

12. 이 조 제10항에 언급된 적응 보고서는 사무국이 유지하는 공공 등록부에 기록된다.

13. 제9조, 제10조 및 제11조의 규정에 따라 이 조 제7항, 제9항, 제10항 및 제11항을 이행하기 위하여 지속적이고 강화된 국제적 지원이 개발도상국 당사자에게 제공된다.

14. 제14조에 언급된 전지구적 이행점검은 특히 다음의 역할을 한다.

가. 개발도상국 당사자의 적응 노력 인정

나. 이 조 제10항에 언급된 적응보고서를 고려하며 적응 행동의 이행 강화

다. 적응과 적응을 위하여 제공되는 지원의 적절성과 효과성 검토, 그리고

라. 이 조 제1항에 언급된 전지구적 적응목표를 달성하면서 나타난 전반적인 진전

ferred to in paragraph 1 of this Article.   검토

Article 8   ## 제8조

1. Parties recognize the importance of avert-
ing, minimizing and addressing loss and
damage associated with the adverse ef-
fects of climate change, including ex-
treme weather events and slow onset
events, and the role of sustainable devel-
opment in reducing the risk of loss and
damage.

1. 당사자는 기상이변과 서서히 발생하는 현
상을 포함한 기후변화의 부정적 영향과 관
련된 손실 및 피해를 방지하고, 최소화하
며, 해결해 나가는 것의 중요성과, 그 손실
과 피해의 위험을 줄이기 위한 지속가능한
발전의 역할을 인식한다.

2. The Warsaw International Mechanism for
Loss and Damage associated with Climate
Change Impacts shall be subject to the
authority and guidance of the Conference
of the Parties serving as the meeting of
the Parties to this Agreement and may be
enhanced and strengthened, as determined
by the Conference of the Parties serving
as the meeting of the Parties to this
Agreement.

2. 기후변화의 영향과 관련된 손실 및 피해
에 관한 바르샤바 국제 메커니즘은 이 협
정의 당사자회의 역할을 하는 당사자총
회의 권한 및 지침을 따르며, 이 협정의
당사자회의 역할을 하는 당사자총회가
결정하는 바에 따라 증진되고 강화될 수
있다.

3. Parties should enhance understanding, ac-
tion and support, including through the
Warsaw International Mechanism, as ap-
propriate, on a cooperative and facilitative
basis with respect to loss and damage as-
sociated with the adverse effects of cli-
mate change.

3. 당사자는 협력과 촉진을 기반으로, 적절
한 경우 바르샤바 국제 메커니즘 등을
통하여 기후변화의 부정적 영향과 관련
된 손실 및 피해에 관한 이해, 행동 및
지원을 강화하여야 한다.

4. Accordingly, areas of cooperation and fa-
cilitation to enhance understanding, action
and support may include:
   (a) Early warning systems;
   (b) Emergency preparedness;

4. 이에 따라, 이해, 행동 및 지원을 강화하
기 위한 협력과 촉진 분야는 다음을 포함
할 수 있다.
   가. 조기경보시스템
   나. 비상준비태세

(c) Slow onset events;

(d) Events that may involve irreversible and permanent loss and damage;

(e) Comprehensive risk assessment and management;

(f) Risk insurance facilities, climate risk pooling and other insurance solutions;

(g) Non-economic losses; and

(h) Resilience of communities, livelihoods and ecosystems.

5. The Warsaw International Mechanism shall collaborate with existing bodies and expert groups under the Agreement, as well as relevant organizations and expert bodies outside the Agreement.

Article 9

1. Developed country Parties shall provide financial resources to assist developing country Parties with respect to both mitigation and adaptation in continuation of their existing obligations under the Convention.

2. Other Parties are encouraged to provide or continue to provide such support voluntarily.

3. As part of a global effort, developed country Parties should continue to take the lead in mobilizing climate finance from a wide variety of sources, instruments and channels, noting the significant role of public funds, through a variety of actions, including supporting

다. 서서히 발생하는 현상

라. 돌이킬 수 없고 영구적인 손실과 피해를 수반할 수 있는 현상

마. 종합적 위험 평가 및 관리

바. 위험 보험 제도, 기후 위험 분산 그리고 그 밖의 보험 해결책

사. 비경제적 손실, 그리고

아. 공동체, 생계 및 생태계의 회복력

5. 바르샤바 국제 메커니즘은 이 협정상의 기존 기구 및 전문가그룹, 그리고 이 협정 밖에 있는 관련 기구 및 전문가 단체와 협력한다.

제 9 조

1. 선진국 당사자는 협약상의 자신의 기존 의무의 연속선상에서 완화 및 적응 모두와 관련하여 개발도상국 당사자를 지원하기 위하여 재원을 제공한다.

2. 그 밖의 당사자는 자발적으로 그러한 지원을 제공하거나 제공을 지속하도록 장려된다.

3. 전지구적 노력의 일환으로, 선진국 당사자는 다양한 행동을 통하여 국가 주도적 전략 지원을 포함한 공적 재원의 중요한 역할에 주목하고 개발도상국 당사자의 요구와 우선순위를 고려하면서, 다양한 재원, 기제 및 경로를 통하여 기후재원을 조성하는 데 주도적 역할을 지속하여야

country-driven strategies, and taking into account the needs and priorities of developing country Parties. Such mobilization of climate finance should represent a progression beyond previous efforts.

한다. 그러한 기후재원 조성은 이전보다 진전되는 노력을 보여주어야 한다.

4. The provision of scaled-up financial resources should aim to achieve a balance between adaptation and mitigation, taking into account country-driven strategies, and the priorities and needs of developing country Parties, especially those that are particularly vulnerable to the adverse effects of climate change and have significant capacity constraints, such as the least developed countries and small island developing States, considering the need for public and grant-based resources for adaptation.

4. 확대된 재원의 제공은 적응을 위한 공적 증여기반 재원의 필요성을 고려하고, 국가 주도적 전략과 개발도상국, 특히, 최빈개도국, 소도서 개발도상국과 같이 기후변화의 부정적 영향에 특별히 취약하고 그 역량상 상당한 제약이 있는 개발도상국 당사자의 우선순위와 요구를 감안하면서 완화와 적응 간 균형 달성을 목표로 하여야 한다.

5. Developed country Parties shall biennially communicate indicative quantitative and qualitative information related to paragraphs 1 and 3 of this Article, as applicable, including, as available, projected levels of public financial resources to be provided to developing country Parties. Other Parties providing resources are encouraged to communicate biennially such information on a voluntary basis.

5. 선진국 당사자는 가능하다면 개발도상국 당사자에게 제공될 공적 재원의 예상 수준을 포함하여, 이 조 제1항 및 제3항과 관련된 예시적인 성격의 정성적·정량적 정보를 적용 가능한 범위에서 2년마다 통보한다. 재원을 제공하는 그 밖의 당사자는 그러한 정보를 자발적으로 2년마다 통보하도록 장려된다.

6. The global stocktake referred to in Article 14 shall take into account the relevant information provided by developed country Parties and/or Agreement bodies on efforts related to climate finance.

6. 제14조에 언급된 전지구적 이행점검은 기후재원 관련 노력에 관하여 선진국 당사자 그리고/또는 협정상의 기구가 제공하는 관련 정보를 고려한다.

7. Developed country Parties shall provide transparent and consistent information on support for developing country Parties provided and mobilized through public interventions biennially in accordance with the modalities, procedures and guidelines to be adopted by the Conference of the Parties serving as the meeting of the Parties to this Agreement, at its first session, as stipulated in Article 13, paragraph 13. Other Parties are encouraged to do so.

8. The Financial Mechanism of the Convention, including its operating entities, shall serve as the financial mechanism of this Agreement.

9. The institutions serving this Agreement, including the operating entities of the Financial Mechanism of the Convention, shall aim to ensure efficient access to financial resources through simplified approval procedures and enhanced readiness support for developing country Parties, in particular for the least developed countries and small island developing States, in the context of their national climate strategies and plans.

Article 10

1. Parties share a long-term vision on the importance of fully realizing technology development and transfer in order to improve resilience to climate change and to reduce greenhouse gas emissions.

2. Parties, noting the importance of technol-

7. 선진국 당사자는, 제13조제13항에 명시된 바와 같이 이 협정의 당사자회의 역할을 하는 당사자총회 제1차 회기에서 채택되는 방식, 절차 및 지침에 따라, 공적 개입을 통하여 제공 및 조성된 개발도상국 당사자에 대한 지원에 관하여 투명하고 일관된 정보를 2년마다 제공한다. 그 밖의 당사자는 그와 같이 하도록 장려된다.

8. 운영 실체를 포함한 협약의 재정메커니즘은 이 협정의 재정메커니즘의 역할을 한다.

9. 협약의 재정메커니즘의 운영 실체를 포함하여 이 협정을 지원하는 기관은, 국가별 기후 전략과 계획의 맥락에서, 개발도상국 당사자, 특히 최빈개도국 및 소도서 개발도상국이 간소한 승인 절차 및 향상된 준비수준 지원을 통하여 재원에 효율적으로 접근하도록 보장하는 것을 목표로 한다.

제 10 조

1. 당사자는 기후변화에 대한 회복력을 개선하고 온실가스 배출을 감축하기 위하여 기술 개발 및 이전을 완전히 실현하는 것의 중요성에 대한 장기적 전망을 공유한다.

2. 당사자는, 이 협정상의 완화 및 적응 행

ogy for the implementation of mitiga-
tion and adaptation actions under this
Agreement and recognizing existing tech-
nology deployment and dissemination ef-
forts, shall strengthen cooperative action
on technology development and transfer.

3. The Technology Mechanism established
   under the Convention shall serve this
   Agreement.

4. A technology framework is hereby estab-
   lished to provide overarching guidance to
   the work of the Technology Mechanism
   in promoting and facilitating enhanced
   action on technology development and
   transfer in order to support the im-
   plementation of this Agreement, in pur-
   suit of the long-term vision referred to in
   paragraph 1 of this Article.

5. Accelerating, encouraging and enabling
   innovation is critical for an effective,
   long-term global response to climate
   change and promoting economic growth
   and sustainable development. Such ef-
   fort shall be, as appropriate, supported,
   including by the Technology Mechanism
   and, through financial means, by the
   Financial Mechanism of the Convention,
   for collaborative approaches to research
   and development, and facilitating access
   to technology, in particular for early
   stages of the technology cycle, to devel-
   oping country Parties.

6. Support, including financial support, shall

동의 이행을 위한 기술의 중요성에 주목
하고 기존의 효율적 기술 사용 및 확산
노력을 인식하면서, 기술의 개발 및 이전
을 위한 협력적 행동을 강화한다.

3. 협약에 따라 설립된 기술메커니즘은 이
   협정을 지원한다.

4. 이 조 제1항에 언급된 장기적 전망을 추
   구하면서, 이 협정의 이행을 지원하기 위
   하여 기술 개발 및 이전 행동 강화를 촉
   진하고 증진하는 데 기술메커니즘의 작
   업에 포괄적인 지침을 제공하도록 기술
   에 관한 프레임워크를 설립한다.

5. 혁신을 가속화하고 장려하고 가능하게
   하는 것은 기후변화에 대한 효과적이고
   장기적인 전지구적 대응과 경제 성장 및
   지속가능한 발전을 촉진하는 데 매우 중
   요하다. 그러한 노력은, 연구개발에 대한
   협업적 접근을 위하여 그리고 특히 기술
   주기의 초기 단계에 개발도상국 당사자
   가 기술에 쉽게 접근할 수 있도록 하기
   위하여, 기술메커니즘 등에 의하여, 그리
   고 재정적 수단을 통하여 협약의 재정메
   커니즘 등에 의하여 적절히 지원된다.

6. 이 조의 이행을 위하여 재정적 지원 등의

be provided to developing country Parties for the implementation of this Article, including for strengthening cooperative action on technology development and transfer at different stages of the technology cycle, with a view to achieving a balance between support for mitigation and adaptation. The global stocktake referred to in Article 14 shall take into account available information on efforts related to support on technology development and transfer for developing country Parties.

지원이 개발도상국 당사자에게 제공되며, 이에는 완화와 적응을 위한 지원 간의 균형을 이루기 위하여, 상이한 기술 주기 단계에서의 기술 개발 및 이전에 관한 협력 행동을 강화하기 위한 지원이 포함된다. 제14조에 언급된 전지구적 이행점검은 개발도상국 당사자를 위한 기술 개발 및 이전 지원 관련 노력에 대한 이용 가능한 정보를 고려한다.

Article 11

제 11 조

1. Capacity-building under this Agreement should enhance the capacity and ability of developing country Parties, in particular countries with the least capacity, such as the least developed countries, and those that are particularly vulnerable to the adverse effects of climate change, such as small island developing States, to take effective climate change action, including, inter alia, to implement adaptation and mitigation actions, and should facilitate technology development, dissemination and deployment, access to climate finance, relevant aspects of education, training and public awareness, and the transparent, timely and accurate communication of information.

1. 이 협정에 따른 역량배양은, 특히 적응 및 완화 행동의 이행을 포함한 효과적인 기후변화 행동을 위하여 최빈개도국과 같은 역량이 가장 부족한 개발도상국 및 소도서 개발도상국과 같은 기후변화의 부정적 효과에 특별히 취약한 개발도상국 당사자의 역량과 능력을 강화하여야 하고, 기술의 개발·확산 및 효과적 사용, 기후재원에 대한 접근, 교육·훈련 및 공중의 인식과 관련된 측면, 그리고 투명하고 시의적절하며 정확한 정보의 소통을 원활하게 하여야 한다.

2. Capacity-building should be country-driven, based on and responsive to national needs, and foster country ownership of

2. 역량배양은 국가별 필요를 기반으로 반응하는 국가 주도적인 것이어야 하고, 국가적, 지방적 그리고 현지적 차원을 포함

Parties, in particular, for developing country Parties, including at the national, subnational and local levels. Capacity-building should be guided by lessons learned, including those from capacity-building activities under the Convention, and should be an effective, iterative process that is participatory, cross-cutting and gender-responsive.

3. All Parties should cooperate to enhance the capacity of developing country Parties to implement this Agreement. Developed country Parties should enhance support for capacity-building actions in developing country Parties.

4. All Parties enhancing the capacity of developing country Parties to implement this Agreement, including through regional, bilateral and multilateral approaches, shall regularly communicate on these actions or measures on capacity-building. Developing country Parties should regularly communicate progress made on implementing capacity-building plans, policies, actions or measures to implement this Agreement.

5. Capacity-building activities shall be enhanced through appropriate institutional arrangements to support the implementation of this Agreement, including the appropriate institutional arrangements established under the Convention that serve this Agreement. The Conference of the Parties serving as the meeting of the Parties to this Agreement shall, at its first session, consider and adopt

하여 당사자, 특히 개발도상국 당사자의 국가 주인의식을 조성하여야 한다. 역량배양은 협약상의 역량배양 활동을 통한 교훈을 포함하여 습득한 교훈을 따라야 하고, 참여적이고 종합적이며 성 인지적인 효과적·반복적 과정이 되어야 한다.

3. 모든 당사자는 이 협정을 이행하는 개발도상국 당사자의 역량을 강화하기 위하여 협력하여야 한다. 선진국 당사자는 개발도상국에서의 역량배양 행동에 대한 지원을 강화하여야 한다.

4. 지역적·양자적 및 다자적 접근 등의 수단을 통하여 이 협정의 이행을 위한 개발도상국 당사자의 역량을 강화하는 모든 당사자는, 역량배양을 위한 그러한 행동이나 조치에 대하여 정기적으로 통보한다. 개발도상국 당사자는 이 협정의 이행을 위한 역량배양 계획, 정책, 행동이나 조치를 이행하면서 얻은 진전을 정기적으로 통보하여야 한다.

5. 역량배양 활동은, 협약에 따라 설립되어 이 협정을 지원하는 적절한 제도적 장치 등 이 협정의 이행을 지원하기 위한 적절한 제도적 장치를 통하여 강화된다. 이 협정의 당사자회의 역할을 하는 당사자총회는 제1차 회기에서 역량배양을 위한 최초의 제도적 장치에 관한 결정을 고려하고 채택한다.

a decision on the initial institutional arrangements for capacity-building.

Article 12

Parties shall cooperate in taking measures, as appropriate, to enhance climate change education, training, public awareness, public participation and public access to information, recognizing the importance of these steps with respect to enhancing actions under this Agreement.

Article 13

1. In order to build mutual trust and confidence and to promote effective implementation, an enhanced transparency framework for action and support, with built-in flexibility which takes into account Parties' different capacities and builds upon collective experience is hereby established.

2. The transparency framework shall provide flexibility in the implementation of the provisions of this Article to those developing country Parties that need it in the light of their capacities. The modalities, procedures and guidelines referred to in paragraph 13 of this Article shall reflect such flexibility.

3. The transparency framework shall build on and enhance the transparency arrangements under the Convention, recognizing the special circumstances of the least

제 12 조

당사자는 이 협정상에서의 행동 강화와 관련하여 기후변화 교육, 훈련, 공중의 인식, 공중의 참여 그리고 정보에 대한 공중의 접근을 강화하기 위한 적절한 조치의 중요성을 인식하면서, 이러한 조치를 할 때 서로 협력한다.

제 13 조

1. 상호 신뢰와 확신을 구축하고 효과적 이행을 촉진하기 위하여, 당사자의 상이한 역량을 고려하고 공동의 경험에서 비롯된 유연성을 내재하고 있는, 행동 및 지원을 위하여 강화된 투명성 프레임워크를 설립한다.

2. 투명성 프레임워크는 각자의 역량에 비추어 유연성이 필요한 개발도상국 당사자가 이 조의 규정을 이행하는 데 유연성을 제공한다. 이 조 제13항에 언급된 방식, 절차 및 지침은 그러한 유연성을 반영한다.

3. 투명성 프레임워크는 최빈개도국과 소도서 개발도상국의 특수한 여건을 인식하면서 협약상의 투명성 장치를 기반으로 이를 강화하고, 국가주권을 존중하면서

developed countries and small island developing States, and be implemented in a facilitative, non-intrusive, non-punitive manner, respectful of national sovereignty, and avoid placing undue burden on Parties.

4. The transparency arrangements under the Convention, including national communications, biennial reports and biennial update reports, international assessment and review and international consultation and analysis, shall form part of the experience drawn upon for the development of the modalities, procedures and guidelines under paragraph 13 of this Article.

5. The purpose of the framework for transparency of action is to provide a clear understanding of climate change action in the light of the objective of the Convention as set out in its Article 2, including clarity and tracking of progress towards achieving Parties' individual nationally determined contributions under Article 4, and Parties' adaptation actions under Article 7, including good practices, priorities, needs and gaps, to inform the global stocktake under Article 14.

6. The purpose of the framework for transparency of support is to provide clarity on support provided and received by relevant individual Parties in the context of climate change actions under Articles 4, 7, 9, 10 and 11, and, to the extent possible, to provide a full overview of aggregate financial

촉진적·비침해적·비징벌적 방식으로 이행되며, 당사자에게 지나친 부담을 지우지 아니한다.

4. 국가별보고서, 격년보고서, 격년갱신보고서, 국제 평가 및 검토, 그리고 국제 협의 및 분석을 포함하는 협약상의 투명성 장치는 이 조 제13항에 따른 방식, 절차 및 지침을 개발하기 위하여 얻은 경험의 일부를 구성한다.

5. 행동의 투명성을 위한 프레임워크의 목적은, 제14조에 따른 전지구적 이행점검에 알려주기 위하여, 제4조에 따른 당사자의 국가결정기여와 모범관행·우선순위·필요·격차 등 제7조에 따른 당사자들의 적응 행동을 완수하도록 명확성 및 그 진전을 추적하는 것을 포함하여, 협약 제2조에 설정된 목적에 비추어 기후변화 행동에 대한 명확한 이해를 제공하는 것이다.

6. 지원의 투명성을 위한 프레임워크의 목적은, 제14조에 따른 전지구적 이행점검에 알려주기 위하여, 제4조, 제7조, 제9조, 제10조 및 제11조에 따른 기후변화 행동의 맥락에서 관련 개별 당사자가 제공하고 제공받은 지원과 관련하여 명확성을 제공하고, 제공된 총 재정지원의 전

support provided, to inform the global stocktake under Article 14.

7. Each Party shall regularly provide the following information:

(a) A national inventory report of anthropogenic emissions by sources and removals by sinks of greenhouse gases, prepared using good practice methodologies accepted by the Intergovernmental Panel on Climate Change and agreed upon by the Conference of the Parties serving as the meeting of the Parties to this Agreement; and

(b) Information necessary to track progress made in implementing and achieving its nationally determined contribution under Article 4.

8. Each Party should also provide information related to climate change impacts and adaptation under Article 7, as appropriate.

9. Developed country Parties shall, and other Parties that provide support should, provide information on financial, technology transfer and capacity-building support provided to developing country Parties under Articles 9, 10 and 11.

10. Developing country Parties should provide information on financial, technology transfer and capacitybuilding support needed and received under Articles 9, 10 and 11.

11. Information submitted by each Party un-

체적인 개관을 가능한 수준까지 제공하는 것이다.

7. 각 당사자는 다음의 정보를 정기적으로 제공한다.

가. 기후변화에 관한 정부 간 패널에서 수락되고 이 협정의 당사자회의 역할을 하는 당사자총회에서 합의된 모범관행 방법론을 사용하여 작성된 온실가스의 배출원에 의한 인위적 배출과 흡수원에 의한 제거에 관한 국가별 통계 보고서, 그리고

나. 제4조에 따른 국가결정기여를 이행하고 달성하는 데에서의 진전 추적에 필요한 정보

8. 각 당사자는 또한 제7조에 따라 기후변화의 영향과 적응에 관련된 정보를 적절히 제공하여야 한다.

9. 선진국 당사자는 제9조, 제10조 및 제11조에 따라 개발도상국 당사자에게 제공된 재정지원, 기술 이전 지원 및 역량배양 지원에 관한 정보를 제공하고, 지원을 제공하는 그 밖의 당사자는 이러한 정보를 제공하여야 한다.

10. 개발도상국 당사자는 제9조, 제10조 및 제11조에 따라 필요로 하고 제공받은 재정지원, 기술 이전 지원 및 역량배양 지원에 관한 정보를 제공하여야 한다.

11. 이 조 제7항과 제9항에 따라 각 당사자

der paragraphs 7 and 9 of this Article shall undergo a technical expert review, in accordance with decision 1/CP.21. For those developing country Parties that need it in the light of their capacities, the review process shall include assistance in identifying capacity-building needs. In addition, each Party shall participate in a facilitative, multilateral consideration of progress with respect to efforts under Article 9, and its respective implementation and achievement of its nationally determined contribution.

12. The technical expert review under this paragraph shall consist of a consideration of the Party's support provided, as relevant, and its implementation and achievement of its nationally determined contribution. The review shall also identify areas of improvement for the Party, and include a review of the consistency of the information with the modalities, procedures and guidelines referred to in paragraph 13 of this Article, taking into account the flexibility accorded to the Party under paragraph 2 of this Article. The review shall pay particular attention to the respective national capabilities and circumstances of developing country Parties.

13. The Conference of the Parties serving as the meeting of the Parties to this Agreement shall, at its first session, building on experience from the ar-

가 제출한 정보는 결정 1/CP.21에 따라 기술 전문가의 검토를 받는다. 개발도상국 당사자의 역량에 비추어 필요한 경우 역량배양 필요를 파악하기 위한 지원을 검토 절차에 포함한다. 또한 각 당사자는 제9조에 따른 노력과 관련하여 그리고 국가결정기여에 대한 당사자 각자의 이행 및 달성과 관련하여 그 진전에 대한 촉진적 · 다자적 고려에 참여한다.

12. 이 항에 따른 기술 전문가의 검토는, 관련이 있을 경우 당사자가 제공한 지원에 대한 고려와, 국가결정기여의 이행 및 달성에 대한 고려로 구성된다. 또한 검토는 당사자를 위한 개선 분야를 파악하고, 이 조 제2항에 따라 당사자에 부여된 유연성을 고려하여 이 조 제13항에 언급된 방식 · 절차 및 지침과 제출된 정보 간 일관성에 대한 검토를 포함한다. 검토는 개발도상국 당사자 각자의 국가적 능력과 여건에 특별한 주의를 기울인다.

13. 이 협정의 당사자회의 역할을 하는 당사자총회는 제1차 회기에서 협약상의 투명성과 관련된 장치로부터 얻은 경험을 기반으로 이 조의 규정을 구체화

rangements related to transparency under the Convention, and elaborating on the provisions in this Article, adopt common modalities, procedures and guidelines, as appropriate, for the transparency of action and support.

14. Support shall be provided to developing countries for the implementation of this Article.

15. Support shall also be provided for the building of transparency-related capacity of developing country Parties on a continuous basis.

Article 14

1. The Conference of the Parties serving as the meeting of the Parties to this Agreement shall periodically take stock of the implementation of this Agreement to assess the collective progress towards achieving the purpose of this Agreement and its long-term goals (referred to as the "global stocktake"). It shall do so in a comprehensive and facilitative manner, considering mitigation, adaptation and the means of implementation and support, and in the light of equity and the best available science.

2. The Conference of the Parties serving as the meeting of the Parties to this Agreement shall undertake its first global stocktake in 2023 and every five years thereafter unless otherwise decided by the

하여, 행동과 지원의 투명성을 위한 공통의 방식, 절차 및 지침을 적절히 채택한다.

14. 이 조의 이행을 위하여 개발도상국에 지원이 제공된다.

15. 또한 개발도상국 당사자의 투명성 관련 역량배양을 위하여 지속적인 지원이 제공된다.

제 14 조

1. 이 협정의 당사자회의 역할을 하는 당사자총회는 이 협정의 목적과 그 장기적 목표의 달성을 위한 공동의 진전을 평가하기 위하여 이 협정의 이행을 정기적으로 점검(이하 "전지구적 이행점검"이라 한다)한다. 이는 완화, 적응 및 이행 수단과 지원 수단을 고려하면서, 형평과 이용 가능한 최선의 과학에 비추어 포괄적이고 촉진적인 방식으로 행하여진다.

2. 이 협정의 당사자회의 역할을 하는 당사자총회는 이 협정의 당사자회의 역할을 하는 당사자총회에서 달리 결정하는 경우가 아니면 2023년에 첫 번째 전지구적 이행점검을 실시하고 그 후 5년마다 이

Conference of the Parties serving as the meeting of the Parties to this Agreement.

3. The outcome of the global stocktake shall inform Parties in updating and enhancing, in a nationally determined manner, their actions and support in accordance with the relevant provisions of this Agreement, as well as in enhancing international co-operation for climate action.

Article 15

1. A mechanism to facilitate implementation of and promote compliance with the pro-visions of this Agreement is hereby established.

2. The mechanism referred to in paragraph 1 of this Article shall consist of a commit-tee that shall be expert-based and facili-tative in nature and function in a manner that is transparent, non-adversarial and non-punitive. The committee shall pay particular attention to the respective na-tional capabilities and circumstances of Parties.

3. The committee shall operate under the mo-dalities and procedures adopted by the Conference of the Parties serving as the meeting of the Parties to this Agreement at its first session and report annually to the Conference of the Parties serving as the meeting of the Parties to this Agreement.

를 실시한다.

3. 전지구적 이행점검의 결과는, 이 협정의 관련 규정에 따라 당사자가 국내적으로 결정한 방식으로 행동과 지원을 갱신하고 강화하도록 또한 기후 행동을 위한 국제 협력을 강화하도록 당사자에게 알려준다.

제 15 조

1. 이 협정 규정의 이행을 원활하게 하고 그 준수를 촉진하기 위한 메커니즘을 설립한다.

2. 이 조 제1항에 언급된 메커니즘은 전문가를 기반으로 한 촉진적 성격의 위원회로 구성되고, 이 위원회는 투명하고 비대립적이며 비징벌적인 방식으로 기능한다. 위원회는 당사자 각자의 국가적 능력과 여건에 특별한 주의를 기울인다.

3. 위원회는 이 협정의 당사자회의 역할을 하는 당사자총회 제1차 회기에서 채택되는 방식 및 절차에 따라 운영되며, 매년 이 협정의 당사자회의 역할을 하는 당사자총회에 보고한다.

Article 16

1. The Conference of the Parties, the supreme body of the Convention, shall serve as the meeting of the Parties to this Agreement.

2. Parties to the Convention that are not Parties to this Agreement may participate as observers in the proceedings of any session of the Conference of the Parties serving as the meeting of the Parties to this Agreement. When the Conference of the Parties serves as the meeting of the Parties to this Agreement, decisions under this Agreement shall be taken only by those that are Parties to this Agreement.

3. When the Conference of the Parties serves as the meeting of the Parties to this Agreement, any member of the Bureau of the Conference of the Parties representing a Party to the Convention but, at that time, not a Party to this Agreement, shall be replaced by an additional member to be elected by and from amongst the Parties to this Agreement.

4. The Conference of the Parties serving as the meeting of the Parties to this Agreement shall keep under regular review the implementation of this Agreement and shall make, within its mandate, the decisions necessary to promote its effective implementation. It shall perform the functions assigned to it by this Agreement and

제 16 조

1. 협약의 최고기구인 당사자총회는 이 협정의 당사자회의 역할을 한다.

2. 이 협정의 당사자가 아닌 협약의 당사자는 이 협정의 당사자회의 역할을 하는 당사자총회의 모든 회기 절차에 옵서버로 참석할 수 있다. 당사자총회가 이 협정의 당사자회의 역할을 할 때, 이 협정에 따른 결정권은 이 협정의 당사자만이 갖는다.

3. 당사자총회가 이 협정의 당사자회의 역할을 할 때, 당사자총회 의장단의 구성원으로서 해당 시점에 이 협정의 당사자가 아닌 협약의 당사자를 대표하는 자는 이 협정의 당사자들이 그들 중에서 선출한 추가 구성원으로 대체된다.

4. 이 협정의 당사자회의 역할을 하는 당사자총회는 이 협정의 이행상황을 정기적으로 검토하고, 그 권한의 범위에서 이 협정의 효과적 이행의 증진에 필요한 결정을 한다. 이 협정의 당사자회의 역할을 하는 당사자총회는 이 협정에 의하여 부여된 기능을 수행하며 다음을 한다.

shall:

(a) Establish such subsidiary bodies as deemed necessary for the implementation of this Agreement; and

(b) Exercise such other functions as may be required for the implementation of this Agreement.

5. The rules of procedure of the Conference of the Parties and the financial procedures applied under the Convention shall be applied mutatis mutandis under this Agreement, except as may be otherwise decided by consensus by the Conference of the Parties serving as the meeting of the Parties to this Agreement.

6. The first session of the Conference of the Parties serving as the meeting of the Parties to this Agreement shall be convened by the secretariat in conjunction with the first session of the Conference of the Parties that is scheduled after the date of entry into force of this Agreement. Subsequent ordinary sessions of the Conference of the Parties serving as the meeting of the Parties to this Agreement shall be held in conjunction with ordinary sessions of the Conference of the Parties, unless otherwise decided by the Conference of the Parties serving as the meeting of the Parties to this Agreement.

7. Extraordinary sessions of the Conference of the Parties serving as the meeting of the Parties to this Agreement shall be held at

가. 이 협정의 이행에 필요하다고 간주되는 보조기구의 설립, 그리고

나. 이 협정의 이행을 위하여 요구될 수 있는 그 밖의 기능의 수행

5. 이 협정의 당사자회의 역할을 하는 당사자총회가 만장일치로 달리 결정하는 경우를 제외하고는, 당사자총회의 절차규칙 및 협약에 따라 적용되는 재정 절차는 이 협정에 준용된다.

6. 이 협정의 당사자회의 역할을 하는 당사자총회의 제1차 회기는 이 협정의 발효일 후에 예정되어 있는 당사자총회의 제1차 회기와 함께 사무국에 의하여 소집된다. 이 협정의 당사자회의 역할을 하는 당사자총회의 후속 정기회기는, 이 협정의 당사자회의 역할을 하는 당사자총회가 달리 결정하는 경우가 아니면, 당사자총회의 정기회기와 함께 개최된다.

7. 이 협정의 당사자회의 역할을 하는 당사자총회의 특별회기는 이 협정의 당사자회의 역할을 하는 당사자총회에서 필요

such other times as may be deemed necessary by the Conference of the Parties serving as the meeting of the Parties to this Agreement or at the written request of any Party, provided that, within six months of the request being communicated to the Parties by the secretariat, it is supported by at least one third of the Parties.

8. The United Nations and its specialized agencies and the International Atomic Energy Agency, as well as any State member thereof or observers thereto not party to the Convention, may be represented at sessions of the Conference of the Parties serving as the meeting of the Parties to this Agreement as observers. Any body or agency, whether national or international, governmental or non-governmental, which is qualified in matters covered by this Agreement and which has informed the secretariat of its wish to be represented at a session of the Conference of the Parties serving as the meeting of the Parties to this Agreement as an observer, may be so admitted unless at least one third of the Parties present object. The admission and participation of observers shall be subject to the rules of procedure referred to in paragraph 5 of this Article.

Article 17

1. The secretariat established by Article 8 of the Convention shall serve as the secre-

하다고 간주되는 다른 때에 또는 어느 당사자의 서면요청이 있는 때에 개최된다. 다만, 그러한 서면 요청은 사무국에 의하여 당사자들에게 통보된 후 6개월 이내에 최소한 당사자 3분의 1의 지지를 받아야 한다.

8. 국제연합, 국제연합 전문기구, 국제원자력기구 및 이들 기구의 회원국이나 옵서버인 협약의 비당사자는 이 협정의 당사자회의 역할을 하는 당사자총회의 회기에 옵서버로 참석할 수 있다. 이 협정이 다루는 문제와 관련하여 자격을 갖추고 이 협정의 당사자회의 역할을 하는 당사자총회의 회기에 옵서버로 참석하고자 하는 의사를 사무국에 통지한 기구나 기관은, 국내적 또는 국제적, 정부 간 또는 비정부 간인지를 불문하고, 출석당사자의 3분의 1 이상이 반대하는 경우가 아니면 참석이 승인될 수 있다. 옵서버의 승인 및 참석은 이 조 제5항에 언급된 절차규칙에 따른다.

제 17 조

1. 협약 제8조에 의하여 설립되는 사무국은 이 협정의 사무국 역할을 한다.

tariat of this Agreement.

2. Article 8, paragraph 2, of the Convention on the functions of the secretariat, and Article 8, paragraph 3, of the Convention, on the arrangements made for the functioning of the secretariat, shall apply mutatis mutandis to this Agreement. The secretariat shall, in addition, exercise the functions assigned to it under this Agreement and by the Conference of the Parties serving as the meeting of the Parties to this Agreement.

2. 사무국의 기능에 관한 협약 제8조제2항 및 사무국의 기능 수행에 필요한 장치에 관한 협약 제8조제3항은 이 협정에 준용된다. 또한 사무국은 이 협정에 따라 부여된 기능과 이 협정의 당사자회의 역할을 하는 당사자총회에 의하여 부여된 기능을 수행한다.

Article 18

1. The Subsidiary Body for Scientific and Technological Advice and the Subsidiary Body for Implementation established by Articles 9 and 10 of the Convention shall serve, respectively, as the Subsidiary Body for Scientific and Technological Advice and the Subsidiary Body for Implementation of this Agreement. The provisions of the Convention relating to the functioning of these two bodies shall apply *mutatis mutandis* to this Agreement. Sessions of the meetings of the Subsidiary Body for Scientific and Technological Advice and the Subsidiary Body for Implementation of this Agreement shall be held in conjunction with the meetings of, respectively, the Subsidiary Body for Scientific and Technological Advice and the Subsidiary Body for Implementation of the Convention.

제 18 조

1. 협약 제9조 및 제10조에 의하여 설립된 과학기술자문 보조기구와 이행보조기구는 각각 이 협정의 과학기술자문 보조기구와 이행보조기구의 역할을 한다. 이들 두 기구의 기능 수행에 관한 협약 규정은 이 협정에 준용된다. 이 협정의 과학기술자문 보조기구와 이행보조기구 회의의 회기는 각각 협약의 과학기술 보조기구 및 이행보조기구의 회의와 함께 개최된다.

2. Parties to the Convention that are not Parties to this Agreement may participate as observers in the proceedings of any session of the subsidiary bodies. When the subsidiary bodies serve as the subsidiary bodies of this Agreement, decisions under this Agreement shall be taken only by those that are Parties to this Agreement.

3. When the subsidiary bodies established by Articles 9 and 10 of the Convention exercise their functions with regard to matters concerning this Agreement, any member of the bureaux of those subsidiary bodies representing a Party to the Convention but, at that time, not a Party to this Agreement, shall be replaced by an additional member to be elected by and from amongst the Parties to this Agreement.

Article 19

1. Subsidiary bodies or other institutional arrangements established by or under the Convention, other than those referred to in this Agreement, shall serve this Agreement upon a decision of the Conference of the Parties serving as the meeting of the Parties to this Agreement. The Conference of the Parties serving as the meeting of the Parties to this Agreement shall specify the functions to be exercised by such subsidiary bodies or arrangements.

2. 이 협정의 당사자가 아닌 협약의 당사자는 그 보조기구의 모든 회기의 절차에 옵서버로 참석할 수 있다. 보조기구가 이 협정의 보조기구의 역할을 할 때, 이 협정에 따른 결정권은 이 협정의 당사자만 가진다.

3. 협약 제9조 및 제10조에 의하여 설립된 보조기구가 이 협정에 대한 문제와 관련하여 그 기능을 수행할 때, 보조기구 의장단의 구성원으로서 해당 시점에 이 협정의 당사자가 아닌 협약의 당사자를 대표하는 자는 이 협정의 당사자들이 그들 중에서 선출한 추가 구성원으로 대체된다.

제 19 조

1. 이 협정에서 언급되지 아니한, 협약에 의하여 또는 협약에 따라 설립된 보조기구나 그 밖의 제도적 장치는 이 협정의 당사자회의 역할을 하는 당사자총회의 결정에 따라 이 협정을 지원한다. 이 협정의 당사자회의 역할을 하는 당사자총회는 그러한 보조기구나 장치가 수행할 기능을 명확히 한다.

2. The Conference of the Parties serving as the meeting of the Parties to this Agreement may provide further guidance to such subsidiary bodies and institutional arrangements.

Article 20

1. This Agreement shall be open for signature and subject to ratification, acceptance or approval by States and regional economic integration organizations that are Parties to the Convention. It shall be open for signature at the United Nations Headquarters in New York from 22 April 2016 to 21 April 2017. Thereafter, this Agreement shall be open for accession from the day following the date on which it is closed for signature. Instruments of ratification, acceptance, approval or accession shall be deposited with the Depositary.

2. Any regional economic integration organization that becomes a Party to this Agreement without any of its member States being a Party shall be bound by all the obligations under this Agreement. In the case of regional economic integration organizations with one or more member States that are Parties to this Agreement, the organization and its member States shall decide on their respective responsibilities for the performance of their obligations under this Agreement. In such cases, the organization and the member States shall not be entitled to exercise

2. 이 협정의 당사자회의 역할을 하는 당사자 총회는 그러한 보조기구와 제도적 장치에 추가적인 지침을 제공할 수 있다.

제 20 조

1. 이 협정은 협약의 당사자인 국가와 지역 경제통합기구의 서명을 위하여 개방되며, 이들에 의한 비준, 수락 또는 승인을 조건으로 한다. 이 협정은 뉴욕의 국제연합본부에서 2016년 4월 22일부터 2017년 4월 21일까지 서명을 위하여 개방된다. 그 후 이 협정은 서명기간이 종료한 날의 다음 날부터 가입을 위하여 개방된다. 비준서, 수락서, 승인서 또는 가입서는 수탁자에게 기탁된다.

2. 그 회원국 중 어느 국가도 이 협정의 당사자가 아니면서 이 협정의 당사자가 되는 모든 지역경제통합기구는, 이 협정상의 모든 의무에 구속된다. 하나 또는 둘 이상의 회원국이 이 협정의 당사자인 지역경제통합기구의 경우, 그 기구와 그 회원국은 이 협정상의 의무를 이행하기 위한 각자의 책임에 관하여 결정한다. 그러한 경우, 그 기구와 그 회원국은 이 협정상의 권리를 동시에 행사하지 아니한다.

rights under this Agreement concurrently.

3. In their instruments of ratification, acceptance, approval or accession, regional economic integration organizations shall declare the extent of their competence with respect to the matters governed by this Agreement. These organizations shall also inform the Depositary, who shall in turn inform the Parties, of any substantial modification in the extent of their competence.

3. 지역경제통합기구는 그 비준서, 수락서, 승인서 또는 가입서에서 이 협정이 규율하는 문제에 관한 기구의 권한범위를 선언한다. 또한, 이러한 기구는 그 권한범위의 실질적 변동을 수탁자에게 통지하며, 수탁자는 이를 당사자에게 통지한다.

Article 21

1. This Agreement shall enter into force on the thirtieth day after the date on which at least 55 Parties to the Convention accounting in total for at least an estimated 55 per cent of the total global greenhouse gas emissions have deposited their instruments of ratification, acceptance, approval or accession.

2. Solely for the limited purpose of paragraph 1 of this Article, "total global greenhouse gas emissions" means the most up-to-date amount communicated on or before the date of adoption of this Agreement by the Parties to the Convention.

3. For each State or regional economic integration organization that ratifies, accepts or approves this Agreement or accedes thereto after the conditions set out in paragraph 1 of this Article for entry into force have been fulfilled, this Agreement shall enter

제 21 조

1. 이 협정은 지구 온실가스 총 배출량 중 최소한 55퍼센트를 차지하는 것으로 추정되는 55개 이상의 협약 당사자가 비준서, 수락서, 승인서 또는 가입서를 기탁한 날부터 30일 후에 발효한다.

2. 오직 이 조 제1항의 제한적 목적상, "지구 온실가스 총 배출량"이란 협약의 당사자가 이 협정의 채택일에 또는 그 전에 통보한 가장 최신의 배출량을 말한다.

3. 발효에 관한 이 조 제1항의 조건이 충족된 후 이 협정을 비준, 수락 또는 승인하거나 이에 가입하는 국가 또는 지역경제통합기구의 경우, 이 협정은 그러한 국가 또는 지역경제통합기구의 비준서, 수락서, 승인서 또는 가입서가 기탁된 날부터

into force on the thirtieth day after the date of deposit by such State or regional economic integration organization of its instrument of ratification, acceptance, approval or accession.

4. For the purposes of paragraph 1 of this Article, any instrument deposited by a regional economic integration organization shall not be counted as additional to those deposited by its member States.

Article 22

The provisions of Article 15 of the Convention on the adoption of amendments to the Convention shall apply mutatis mutandis to this Agreement.

Article 23

1. The provisions of Article 16 of the Convention on the adoption and amendment of annexes to the Convention shall apply mutatis mutandis to this Agreement.

2. Annexes to this Agreement shall form an integral part thereof and, unless otherwise expressly provided for, a reference to this Agreement constitutes at the same time a reference to any annexes thereto. Such annexes shall be restricted to lists, forms and any other material of a descriptive nature that is of a scientific, technical, procedural or administrative character.

30일 후에 발효한다.

4. 이 조 제1항의 목적상, 지역경제통합기구가 기탁하는 모든 문서는 그 기구의 회원국이 기탁하는 문서에 추가하여 계산되지 아니한다.

제 22 조

협약의 개정안 채택에 관한 협약 제15조는 이 협정에 준용된다.

제 23 조

1. 협약의 부속서 채택 및 개정에 관한 협약 제16조는 이 협정에 준용된다.

2. 이 협정의 부속서는 이 협정의 불가분의 일부를 구성하며, 명시적으로 달리 규정되는 경우가 아니면, 이 협정을 언급하는 것은 이 협정의 모든 부속서도 언급하는 것으로 본다. 그러한 부속서는 목록, 양식 및 과학적·기술적·절차적 또는 행정적 특성을 갖는 서술적 성격의 그 밖의 자료에 국한된다.

Article 24

The provisions of Article 14 of the Convention on settlement of disputes shall apply mutatis mutandis to this Agreement.

Article 25

1. Each Party shall have one vote, except as provided for in paragraph 2 of this Article.

2. Regional economic integration organizations, in matters within their competence, shall exercise their right to vote with a number of votes equal to the number of their member States that are Parties to this Agreement. Such an organization shall not exercise its right to vote if any of its member States exercises its right, and vice versa.

Article 26

The Secretary-General of the United Nations shall be the Depositary of this Agreement.

Article 27

No reservations may be made to this Agreement.

Article 28

1. At any time after three years from the date on which this Agreement has entered into force for a Party, that Party may withdraw from this Agreement by giving written notification to the Depositary.

제 24 조

분쟁해결에 관한 협약 제14조는 이 협정에 준용된다.

제 25 조

1. 각 당사자는 이 조 제2항에 규정된 경우를 제외하고는 하나의 투표권을 가진다.

2. 지역경제통합기구는 자신의 권한 범위의 문제에서 이 협정의 당사자인 그 기구 회원국의 수와 같은 수만큼의 투표권을 행사한다. 기구 회원국 중 어느 한 국가라도 투표권을 행사하는 경우, 그러한 기구는 투표권을 행사하지 아니하며, 그 반대의 경우에서도 또한 같다.

제 26 조

국제연합 사무총장은 이 협정의 수탁자가 된다.

제 27 조

이 협정에 대해서는 어떤 유보도 할 수 없다.

제 28 조

1. 당사자는 이 협정이 자신에 대하여 발효한 날부터 3년 후에는 언제든지 수탁자에게 서면통고를 하여 이 협정에서 탈퇴할 수 있다.

2. Any such withdrawal shall take effect upon expiry of one year from the date of receipt by the Depositary of the notification of withdrawal, or on such later date as may be specified in the notification of withdrawal.

3. Any Party that withdraws from the Convention shall be considered as also having withdrawn from this Agreement.

Article 29

The original of this Agreement, of which the Arabic, Chinese, English, French, Russian and Spanish texts are equally authentic, shall be deposited with the Secretary-General of the United Nations.

DONE at Paris this twelfth day of December two thousand and fifteen.

IN WITNESS WHEREOF, the undersigned, being duly authorized to that effect, have signed this Agreement.

2. 그러한 탈퇴는 수탁자가 탈퇴통고서를 접수한 날부터 1년이 경과한 날 또는 탈퇴통고서에 그보다 더 나중의 날짜가 명시된 경우에는 그 나중의 날에 효력이 발생한다.

3. 협약에서 탈퇴한 당사자는 이 협정에서도 탈퇴한 것으로 본다.

제 29 조

아랍어, 중국어, 영어, 프랑스어, 러시아어 및 스페인어본이 동등하게 정본인 이 협정의 원본은 국제연합 사무총장에게 기탁된다.

2015년 12월 12일에 파리에서 작성되었다.

이상의 증거로, 정당하게 권한을 위임받은 아래의 서명자들이 이 협정에 서명하였다.

사항색인

집필진 약력

박덕영
연세대학교 법학사, 법학석사, 법학박사
영국 캠브리지 대학교 법학석사(LL.M)
영국 에든버러 대학교 박사과정 마침

(현) 연세대학교 법학전문대학원 교수
(현) 대한국제법학회 회장
(현) 외교부 정책자문위원, 국회 입법자문위원

주요 저서 및 논문
국제환경법 / 국제기후변화법제(이상 공동)
국제법 기본조약집 / 미국법과 법률영어(이상 박영사)
Legal Issues on Climate Change and International Trade Law (Springer) 등 저서 및 논문 다수

유연철
연세대학교 정치외교학과 졸업
영국 옥스퍼드 대학교 외교관 과정 수료
영국 레딩 대학교 국제관계학 석사

(현) 외교부 기후변화대사
(현) 유엔 기후변화협약 이행부속기구(SBI) 부의장
(전) 외교부 에너지기후변화과장, 환경부 국제협력관, 주제네바 대표부 차석대사, 주쿠웨이트 대사

최재철
서울대학교 불문과 졸업
제네바 국제문제연구소 국제관계 Diploma
서울대학교 행정대학원 수료

(현) 국제박람회기구(BIE, 프랑스 파리) 총회의장, 기후변화센터(재단법인) 공동대표
(현) 서울대학교 환경대학원, 인하대학교 지속경영대학원, 연세대학교에서 강의 활동
(전) 외교부 국제경제국장, 기후변화대사, 주모로코 대사, 주덴마크 대사

주요저서
기후협상일지(박영사, 2020)
기후변화 27인의 전문가가 답하다(공저)
현대 국제법(공저)

박꽃님
연세대학교 경제학 학사
인디애나주립대학교 블루밍턴 공공환경대학 석사

(현) 외교부 기획조정실 혁신행정담당관실 외무서기관
(전) 외교부 기후변화환경외교국 기후변화환경과 근무(2013. 8~2017. 2)

김찬우
한국외국어대학교 영어과 졸업
서울대학교 행정대학원 수료
영국 옥스퍼드 대학교 외교관 과정 수료
영국 케임브리지 대학교 정치학석사

(현) 주브라질 대사

(전) 외교부 환경과학심의관, 환경부 국제협력관, 주케냐 대사, 북극협력대표, 기후변화대사

주요 저서 및 논문

21세기 환경외교(2006) / 포스트 2012 기후변화협상(2010)

Northeast Asian Environmental Cooperation: From a TEMM's Perspective 등 다수 기고

오진규

서울대학교 경제학사

미국 시라큐스 대학교 경제학박사

(전) 에너지경제연구원 선임연구위원

기후변화 협상 관련 저서 및 논문 다수

이대호

미국 플로리다 대학교(Gainesville) 경영학 학사

미국 시카고 대학교 The Committee on International Relations 과정 마침

서강대 국제대학원 석사, 박사과정

(현) 서강국제지역연구소 연구원

(현) 기후변화협상 정부대표단

파리협정 및 세부이행규칙 협상 감축 및 투명성 의제 실무협상 수행

주요 저서 및 논문

감축 NDC 지침 및 투명성체계 지침 관련 국제협상 대응전략 연구

감축의제 협상의 주요 결과와 시사점

온실가스 감축 이행 협상 대응전략 연구

김래현

고려대학교 농학사, 농학석사, 이학박사

(현) 국립산림과학원 국제산림연구과 임업연구관

(현) UNFCCC 검토전문가(LULUCF & REDD+)

주요 저서 및 논문

Forestry in NDCs / Global Land Outlook −Northeast Asia−

기후변화, 숲 그리고 인간 / 온실가스 배출과 통계 등 저서 및 논문 다수

박순철

한국항공대학교 경영학사

아주대학교 에너지경제학 석사

고려대학교 응용경제학 박사

(현) 한국생산기술연구원 국가청정생산지원센터 전문위원

(현) 배출권거래제 배출량 인증위원회 위원

(현) 기후변화협약 정부협상대표단 자문역

주요 저서 및 논문

파리협정 제6조의 상응조정 방식에 관한 연구

국제 탄소시장 협상 대응전략 연구

한국 탄소배출권 거래시장 분석과 활성화 방안 연구 등 보고서 및 논문 다수

임서영
경희대학교 경제통상학부 졸업
연세대학교 행정대학원 정책학 석사(공공정책 전공)

(현) 한국환경공단 기후변화대응처 과장
(현) 유엔기후변화협약 정부대표단 자문단

녹색성장을 위한 서울이니셔티브 사무국 운영, Rio+20 등 다수의 국제환경회의 참석 및 개최

주요 저서 및 논문
파리협정 이행규칙 안내서(2019, 환경부, 한국환경공단)
기후변화 국제동향 뉴스레터(2016~2020, 환경부, 한국환경공단)
온실가스 전문인력 양성과정(한국환경공단), 기후변화대응과정 사이버교육(국립환경인재개발원) 교재
    집필
"기후변화정책 집행 실패요인 분석: 2020 온실가스 감축 로드맵 중심으로"(2017, 석사학위논문)

오대균
서울대학교 공과대학 자원공학과 공학사
서울대학교 대학원 자원공학과 공학석사
서울대학교 대학원 자원공학과 공학박사

(현) 한국에너지공단 기후대응이사
(전) UNFCCC 청정개발체제 집행이사
(전) ISO 기후변화대응조정위원

김용건
서울대학교 경영학과 학사
KAIST 경영과학과 석사
KAIST 산업경영학과 박사

(현) 한국환경정책·평가연구원 선임연구위원
(현) IPCC 제5차 및 제6차 평가보고서(감축 부문) 주저자(2010. 8~)
(전) 온실가스종합정보센터 센터장 (2016. 4~2018. 3)

주요 저서 및 논문
혼합정수계획법을 이용한 발전부문 온실가스 감축 잠재력 평가, 한국환경정책평가연구원, 2019
Pricing carbon consumption: Synthesizing and emerging trend, Climate Policy, 2019
An Emissions Trading Scheme Design for Power Industries Facing Price Regulation, Energy Policy, 2014

강주연
싱가포르 국립대학교 공공정책학 석사

(현) 한국환경정책·평가연구원 국가기후변화적응센터 전문연구원
(전) 기후변화협약 정부대표단(적응), 기후변화에 관한 정부간 협의체 정부대표단(적응)
(전) 국별기여공약 적응부문 참여, 제2차 국가기후변화적응대책 국제협력 부문 참여(간사)

주요 저서 및 논문
신기후체제 적응부문 국제논의 동향 파악 및 대응 연구
Status of Climate Change Adaptation in Northeast Asian Region(공동)
NDC 및 적응 커뮤니케이션 세부 지침 마련을 위한 대응방안 연구(참여) 등 저서 및 보고서 다수

정재희

성균관대학교 국어국문학과 / 경영학과 졸업

(현) 외교부 2020 P4G 정상회의 준비기획단 외무행정관(2017년 외교부 입부)
(전) 외교부 기후환경과학외교국 기후녹색협력과(2018. 2~2020. 1)
(전) 외교부 남아시아태평양국 서남아태평양과(2017. 3~2018. 2)

강정훈

한동대학교 경영학 / 국제지역학 학사
서울대학교 환경대학원 환경계획학과 석사

(현) 국가기후환경회의 기후변화-지속가능발전팀 사무관
(전) 기획재정부 녹색기후기획과 연구원
(전) 유엔환경계획(UNEP) 아태지역사무소 Program Assistant

주요 논문
영국 기후변화법 제정의 네트워크, 한국사회와 행정연구 제27권 3호

오채운

고려대학교 영문학 학사 / 한국방송통신대학교 경제학 학사
와세다 대학교 국제관계학 석사
와세다 대학교 국제학 박사

(현) 녹색기술센터 책임연구원
(현) 한국차세대과학기술 한림원 회원, 환경부 배출권거래제 할당결정심의위원회 위원
(현) 기상청 IPCC 국내 대응협의회 제3실무그룹 전문위원

주요 저서 및 논문
기후변화제도의 제도분산, 유엔기후변화협약 하의 기술 관련 제도, 기술협력 등 관련 연구 발간물 및 논문 다수

정재혁

경희대학교 법과대학 국제법무학과 졸업
서울대학교 환경대학원 환경계획학과 졸업

(현) 외교부 기후환경과학외교국 기후녹색협력과 외무사무관
(현) UNFCCC SBSTA 투명성의제 Co-Facilitator
(전) 환경부/국무조정실 온실가스종합정보센터 사무관

주요 논문
Post-2020의 MRV 체계 수립을 위한 우리나라 대응 방향(공동)
GHG Emissions and Mitigation Potential of Building Sector in the Republic of Korea
미세조류를 이용한 생물학적인 저감의 경제적 가치 추정: 대체비용법의 응용(공동)

강상인

서울대학교 무역학사
서울대학교 국제경제학 석사
프랑스 파리1대학교 국제경제학 박사

(현) 한국환경정책·평가연구원 국가기후변화적응센터 선임연구위원
(현) 연구개발특구진흥재단 자문위원
(전) 유엔지속가능발전센터 P5개발관리담당관

주요 논문
환경과 무역 / 지속가능발전 / 기후변화 관련 정책연구 보고서 및 논문 다수

이재형
고려대학교 법과대학 법학사
고려대학교 대학원 법학과(국제법 전공) 법학석사
미국 펜실바니아대학교 법학석사(LL.M.), 법학박사(S.J.D.)

(현) 고려대학교 법학전문대학원 교수
(현) 환경부 UN기후변화협상 정부대표단 법률자문
(현) 미국 변호사(뉴욕주)

주요 저서 및 논문
「기후변화 대응조치 이행의 경제적 영향」의 협상 동향 및 국제법적 쟁점 연구
Post-2020 기후변화체제의 '공동의 그러나 차별화된 책임'에 관한 연구(공저)
기후변화협약과 환경세의 국경조정 등 다수 논문

유승직
연세대학교 경제학 학사
연세대학교 국제경제학 석사
미국 버클리대학교 환경경제학 박사

(현) 숙명여자대학교 TESOL 국제대학원 기후환경융합학과 부교수
(전) 환경부 온실가스종합정보센터 센터장
(전) 에너지경제연구원 선임연구위원

주요 논문
기후변화 협상 / 온실가스 감축목표
기후변화 정책 / 배출권거래제 시장 분석
에너지/온실가스 배출 전망 및 감축잠재량 효과 분석 모형 관련 논문 Energy policy, Applied Energy
　　등 저서와 논문 다수

이수영
연세대학교 정치외교학사
영국 옥스퍼드 대학교 주니어 외교관 과정 수료

(현) 외교부 기후녹색협력과 외무서기관(2006년 외교부 입부)
(전) 주중국대사관 근무(2013. 8~2016. 2)

이성조
경희대학교 러시아어 학사
영국 리즈대학교 Sustainability & Climate Change 석사

(현) 국회기후변화포럼 사무처장
(전) 환경운동연합 에너지기후변화팀장

파리협정의 이해 집필진 (집필순서별)

편집대표

박덕영 (연세대학교 법학전문대학원 교수)
유연철 (외교부 기후변화 대사(수석대표))

집필진

최재철 (국제박람회기구(BIE) 의장 / 기후변화센터 공동대표)
박꽃님 (외교부 혁신행정담당관실 외무서기관)
김찬우 (외교부 주브라질 대사, 前 기후변화 대사)
오진규 (에너지경제연구원 기후변화연구팀)
이대호 (서강국제지역연구소 연구원)
김래현 (국립산림과학원 국제산림연구과 임업연구관)
임서영 (한국환경공단 기후변화대응처 과장)
박순철 (한국생산기술연구원 국가청정생산지원센터 전문위원)
오대균 (한국에너지공단 기후대응이사)
김용건 (한국환경정책 · 평가연구원 선임연구위원)
강주연 (한국환경정책 · 평가연구원 전문연구원)
정재희 (외교부 P4G정상회의 준비기획단 외무행정관)
강정훈 (국가기후환경회의 기후변화 · 지속가능발전팀 사무관)
오채운 (녹색기술센터 정책연구부 책임연구원)
정재혁 (외교부 기후녹색협력과 외무사무관)
강상인 (한국환경정책 · 평가연구원 국가기후변화적응센터 선임연구위원)
이재형 (고려대학교 법학전문대학원 교수)
유승직 (숙명여자대학교 기후환경융합학과 교수)
이수영 (외교부 기후녹색협력과 외무서기관)
이성조 (국회기후변화포럼 사무처장)

파리협정의 이해

초판발행   2020년 7월 24일
중판발행   2020년 11월 20일

지은이   박덕영 · 유연철 외
펴낸이   안종만 · 안상준

편 집   이승현
기획/마케팅   장규식
표지디자인   조아라
제 작   우인도 · 고철민 · 조영환
펴낸곳   (주) 박영사
            서울특별시 금천구 가산디지털2로 53, 210호(가산동, 한라시그마밸리)
            등록 1959. 3. 11. 제300-1959-1호(倫)
전 화   02)733-6771
f a x   02)736-4818
e-mail   pys@pybook.co.kr
homepage   www.pybook.co.kr
ISBN   979-11-303-3671-8   93360

정 가   35,000원